BÍBLIA DE NAVARRA

ATOS DOS APÓSTOLOS

CARTAS

APOCALIPSE

QUADRANTE

Com aprovação eclesiástica

Dados Internacionais de Catalogação na Publicação (CIP)

Bíblia de Navarra, Atos dos Apóstolos, Cartas Paulinas, Cartas Católicas, Apocalipse de São João, 1 ed. – São Paulo: Quadrante Editora, 2024.

ISBN: 978-85-7465-623-6

1. Bíblia – Ensinamentos 2. Bíblia – Estudo e ensino 3. Evangelho – Estudo e ensino 4. Novo Testamento.

CDD-220.07

Índice para catálogo sistemático:

1. Bíblia: Estudo e ensino 220.07

QUADRANTE EDITORA
Rua Bernardo da Veiga, 47 - Tel.: 3873-2270
CEP 01252-020 - São Paulo - SP
www.quadrante.com.br / atendimento@quadrante.com.br

BÍBLIA DE NAVARRA

ATOS DOS APÓSTOLOS

CARTAS

APOCALIPSE

Tradução do texto bíblico
Pe. Matos Soares

Revisão técnica e adequação da tradução bíblica à Neovulgata
Artur Padovan

QUADRANTE

IMPRIMATUR
Dom Jaime Spengler
Arcebispo de Porto Alegre
Presidente da Conferência Nacional dos Bispos do Brasil

NIHIL OBSTAT
Dom Joel Portella Amado
Bispo de Petrópolis
Presidente da Comissão Episcopal Pastoral para Doutrina da Fé

SUMÁRIO

ATOS DOS APÓSTOLOS

CARTA AOS ROMANOS

PRIMEIRA CARTA AOS CORÍNTIOS

SEGUNDA CARTA AOS CORÍNTIOS

CARTA AOS GÁLATAS

CARTA AOS EFÉSIOS

CARTA AOS FILIPENSES

CARTA AOS COLOSSENSES

PRIMEIRA CARTA AOS TESSALONICENSES

SEGUNDA CARTA AOS TESSALONICENSES

PRIMEIRA CARTA A TIMÓTEO

SEGUNDA CARTA A TIMÓTEO

CARTA A TITO

CARTA A FILÊMON

CARTA AOS HEBREUS

CARTAS CATÓLICAS

CARTA DE SÃO TIAGO

PRIMEIRA CARTA DE SÃO PEDRO

SEGUNDA CARTA DE SÃO PEDRO

PRIMEIRA CARTA DE SÃO JOÃO

SEGUNDA E TERCEIRA CARTAS DE SÃO JOÃO

CARTA DE SÃO JUDAS

APOCALIPSE DE SÃO JOÃO

Atos dos Apóstolos

INTRODUÇÃO

O título em português *Atos dos Apóstolos* corresponde ao latino *Actus* ou *Acta Apostolorum* e ao grego *Praxeis Apostolon*. É uma designação que se encontra, desde meados do século II d.C., nos manuscritos gregos, nas versões antigas e nas citações de Padres e de escritores eclesiásticos. Parece, contudo, que o título não tem origem no autor, mas foi dado ao livro algum tempo depois da sua composição; com efeito, a obra não consiste propriamente num relato da atividade dos Apóstolos, mas numa espécie de monografia histórica que descreve as primeiras etapas do desenvolvimento do cristianismo, na sua relação com os trabalhos missionários dos dois principais apóstolos: Pedro e Paulo.

Nas coleções antigas dos livros do Novo Testamento, este livro aparece algumas vezes junto às cartas de São Paulo, antes ou depois delas, e outras vezes com as cartas católicas, também antes ou depois delas; no entanto, a sua localização mais habitual é depois dos quatro Evangelhos. Este volume funciona, pois, como uma ponte entre os evangelhos e as cartas apostólicas, mostrando como foi que os primeiros discípulos imitaram o Mestre e pregaram aquilo que mais tarde escreveriam; deste modo, o leitor pode situar no espaço e no tempo quase todos os autores dos restantes livros do Novo Testamento: Paulo, Pedro, Tiago, Judas e João.

As primeiras linhas do *Evangelho de São Lucas* e do livro dos *Atos dos Apóstolos* denotam que os dois escritos são do mesmo autor e fazem parte de um único projeto. Atualmente, os comentadores preferem sublinhar a unidade da obra de Lucas; na Antiguidade, pelo contrário, os dois livros aparecem sempre separados, e são comentados de forma independente pelos autores cristãos. A autoridade dos *Atos* na Igreja primitiva é notória, dado que aparecem citados nos testemunhos patrísticos mais importantes dos primeiros séculos[1]. O mais significativo talvez seja o de Irineu, que recorre aos *Atos* para defender a apostolicidade de Paulo contra os ebionitas e para refutar Marcião, que apenas reconhecia o Evangelho de Lucas e as cartas de Paulo[2].

Do texto dos *Atos* chegaram-nos duas tradições diferentes: a oriental, o texto alexandrino, representada pela maior parte dos códices, e a ocidental, representada por um códice importante, o de Beza, por alguns papiros e pelas versões latina e siríaca. A tradição ocidental é um décimo mais longa que a oriental; os acréscimos são geralmente explicações e pequenas paráfrases de esclarecimento. Para explicar esta ampliação de texto, surgiu a certa altura a hipótese de que se tratasse de uma segunda edição com esclarecimentos, escrita por Lucas em Roma;

---

1 São Justino (*Apologia*, 39, 49; 50, 12) parece citar o livro, que é expressamente mencionado no *Cânone de Muratori* e nos *Prólogos antimarcionitas*. A partir do século III, as referências a esta obra – por parte de Clemente de Alexandria, Orígenes, Tertuliano, Cirilo de Jerusalém etc. – já são constantes.

2 Santo Irineu, *Adversus haereses*, 3, 14-15.

a explicação mais provável, contudo, é que a Igreja tenha assumido imediatamente como canônico e inspirado o Evangelho de Lucas e que o livro dos *Atos*, embora gozasse de autoridade desde o princípio, tenha levado mais tempo a ser reconhecido como canônico; por essa razão, alguns copistas se sentiram com maior liberdade para introduzir pequenos esclarecimentos.

Dos primeiros séculos conserva-se um número relativamente reduzido de comentários: uma série de homilias de São João Crisóstomo e várias sequências de glosas aos textos dos *Atos*, a mais conhecida das quais é a de Santo Efrém. O comentário de São Beda, que normalmente recolhe os anteriores, é mais tardio.

I. ESTRUTURA E CONTEÚDO

Os *Atos dos Apóstolos* narram o estabelecimento da Igreja e a propagação inicial do Evangelho depois da Ascensão do Senhor. Podem ser considerados um livro histórico, uma espécie de primeira história do cristianismo; mas não são uma simples crônica de acontecimentos: o autor conseguiu fazer da sua obra uma unidade magnífica de teologia e história. O livro relata os começos da Igreja com o objetivo principal de consolidar a fé dos cristãos, para que estes se sintam seguros a respeito da firmeza da sua origem e do seu fundamento. Secundariamente, constitui um precedente discreto dos apologistas dos séculos II e III, dado que solicita para os discípulos de Cristo a mesma liberdade e o mesmo respeito que eram concedidos no Império às chamadas *religiões lícitas*, em especial o judaísmo. O cristianismo aparece nos *Atos dos Apóstolos* como uma religião ímpar, segura de Deus e de si mesma, que abomina a obscuridade e a vida de seita e não teme o debate público dos seus princípios e convicções. Pelo conjunto da narrativa perpassa uma extraordinária alegria espiritual; é a alegria que vem do Espírito Santo, da certeza sobre a origem sobrenatural da Igreja, da contemplação dos acontecimentos extraordinários com que Deus acompanha os pregadores do seu Evangelho, da proteção divina que defende os discípulos das perseguições.

Foram propostas várias divisões da obra, como seções naturais, para facilitar a sua leitura e a compreensão do conteúdo. Do ponto de vista dos planos divinos da salvação refletidos no livro, os 28 capítulos dividem-se em duas grandes partes, colocadas antes e depois do Concílio de Jerusalém, que é relatado no começo do capítulo 15. A assembleia de Jerusalém constitui, sem dúvida, o centro teológico da obra, pela singular importância que teve para a compreensão – segundo os desejos de Deus – do caráter católico da Igreja e da primazia da graça sobre a Lei mosaica, bem como para impulsionar a difusão universal do Evangelho.

Por outro lado, o relato parece ser um desenvolvimento pormenorizado do cumprimento das palavras que Jesus dirigira aos discípulos antes da Ascensão: «mas recebereis a virtude do Espírito Santo, que descerá sobre vós, e sereis minhas testemunhas em Jerusalém, em toda a Judeia, na Samaria e até as extremidades da terra»[3]. Desta perspectiva, os *Atos* narram os primeiros balbucios da Igreja de Jerusalém, o seu alargamento às zonas vizinhas da Judeia e da Samaria e a sua expansão pelas regiões mediterrânicas, até chegar a Roma, capital do Império. Em todas as fases dos acontecimentos, a ação dos discípulos é conduzida pelo Espírito Santo.

No entanto, dentro deste plano, observam-se algumas peculiaridades. Por exemplo, os doze primeiros capítulos, à exceção da narrativa da conversão de Paulo, giram principalmente em torno da pessoa de Pedro; pelo contrário, a partir do capítulo treze, à exceção dos episódios do Concílio de Jerusalém, em que Pedro é protagonista, o relato segue os passos de Paulo. Este duplo foco da narrativa pode ser prolongado para as cidades de Jerusalém e Antioquia: os primeiros capítulos narram a evangelização que parte de Jerusalém (Pedro), e a seguir constatam o vigor apostólico da igreja de Antioquia (Paulo).

Se tivermos em conta os episódios que formam o conteúdo dos diferentes capítulos e balizam o curso da história da pregação evangélica, *Atos dos Apóstolos* podem ser divididos em quatro partes, precedidas de uma breve apresentação:

---

3 At 1, 8.

APRESENTAÇÃO (1, 1-11), com ligação ao *Evangelho de São Lucas*. O prólogo (1, 1-5) se refere às primeiras palavras desse Evangelho (Lc 1, 1-4) e o relato da Ascensão (1, 6-11), às últimas (Lc 24, 50-53).

PRIMEIRA PARTE: A IGREJA EM JERUSALÉM (1, 12-7, 60). Narrativa da vida da Igreja nascente em Jerusalém. Depois de Matias ter sido escolhido para completar o grupo dos Doze (1, 15-26), é relatada a vinda do Espírito Santo no Pentecostes (2, 1-13) e a primeira pregação apostólica acerca de Jesus Cristo. A narrativa prossegue com o crescimento e o agrupamento da comunidade em torno de Pedro e dos restantes apóstolos (2, 14-47); a pregação dos Doze é acompanhada de milagres e fatos extraordinários (3, 1-10; 5, 1-16). Com alguns resumos intercalados ao longo do texto (1, 14; 2, 42-46; 4, 32-36; 5, 12-16), Lucas descreve a vitalidade espiritual da Igreja primitiva. O aumento dos fiéis (2, 42.47; 4, 4; 5, 14; 6, 1) impõe a eleição de diáconos (6, 1-5); a perseguição lançada em Jerusalém contra os cristãos «helenistas» (os que procediam da diáspora judaica) e o martírio de Estêvão (6, 8-7, 60) são o culminar desta seção, com o deslocamento da ação para as regiões limítrofes com a Judeia.

SEGUNDA PARTE: EXPANSÃO DA IGREJA PARA FORA DE JERUSALÉM (8, 1-12, 25). Relato da dispersão dos cristãos helenistas, que tinham se disseminado por causa da perseguição e que pregavam o Evangelho na Judeia, Samaria e Síria; a perseguição fora providencial, e a Igreja começa a abrir as suas portas aos gentios. É relatada a conversão do etíope (8, 26-39) e a recepção do batismo por parte de numerosos samaritanos (8, 14-17); a vocação de Paulo, chamado a ser apóstolo das gentes (9, 1-19), e a conversão do centurião Cornélio (caps. 10-11), de extraordinário significado para a superação das barreiras étnicas à aceitação do Evangelho, são relatadas com bastante pormenor. Esta parte termina com a morte de Tiago, irmão de João, e a detenção e libertação milagrosa de São Pedro (12, 1-19).

TERCEIRA PARTE: DIFUSÃO DA IGREJA ENTRE OS GENTIOS. VIAGENS MISSIONÁRIAS DE SÃO PAULO (13, 1-20, 38). Paulo é o instrumento escolhido por Deus para estender o caminho da salvação até os confins da terra. Nesta terceira parte, são relatadas as suas viagens apostólicas para a propagação do Evangelho e a fundação de novas comunidades. A partir desta altura, o trabalho missionário da igreja de Antioquia adquire especial importância, embora os *Atos* não deixem de salientar que os novos impulsos evangelizadores passam também por Jerusalém (9, 26; 15, 2; 20, 16; 21, 15).

QUARTA PARTE: SÃO PAULO, PRISIONEIRO E TESTEMUNHA DE CRISTO (21, 1-28, 31). Com a chegada de Paulo a Jerusalém, tem início a última parte do livro, que descreve o cativeiro do apóstolo; este, cumprindo o anúncio do Senhor (23, 11), será, a partir desta altura, prisioneiro e testemunha de Cristo e do Evangelho. A viagem de Paulo, como preso, até Roma é narrada com pormenores; com a sua chegada à urbe, fica aberto o caminho do Evangelho para todo o mundo.

II. COMPOSIÇÃO E ENQUADRAMENTO HISTÓRICO

O autor e as circunstâncias da composição

Uma vez que este livro pertence ao mesmo projeto que o do terceiro Evangelho, o autor e as circunstâncias da composição são os mesmos que foram analisados na introdução ao Evangelho de São Lucas. Mais ainda, e como também se mencionou, as hipóteses de identificação do autor, do local e da data de composição das duas obras se baseiam mais nesta obra que no Evangelho, pois nos *Atos* detecta-se com maior clareza um autor consciencioso, de imaginação sintética, que meditou intensamente as coisas antes de escrevê-las.

Características teológicas e literárias

Sendo uma obra histórica, os *Atos dos Apóstolos* não são uma simples história, sem mais, mas são também doutrina. A crítica liberal de séculos anteriores pretendeu ver nas suas narrativas produtos tardios da imaginação de um escritor anônimo, interessado em defender determinada imagem de Paulo e da Igreja. Para esses autores, a obra não seria um documento histórico, mas um escrito de compromisso, composto com o objetivo de limar as tensões entre as igrejas provenientes do judaísmo e as procedentes dos gentios; neste sentido, marcaria o começo do catolicismo, pois pretendia apresentar uma ideia de comunhão e de hierarquia na Igreja que, segundo os referidos autores, não existiu. Para outros comentadores, o volume assinalava o começo do cristianismo que se viveu na Igreja a partir do século II d. C. Na opinião destes estudiosos, Jesus e São Paulo teriam centrado a sua pregação no iminente fim do mundo; e, quando São Lucas notou que a segunda vinda de Cristo demoraria, concebeu a ideia de uma história da salvação em diversas etapas: a que vivemos é a última, e vivemo-la imitando Jesus, na expectativa da sua segunda vinda.

Contudo, a avaliação dos pesquisadores atuais é mais rigorosa que estas interpretações, que são um tanto arbitrárias e superficiais. É certo que a obra pretende ser o veículo de uma mensagem evangelizadora, mas essa intenção se conjuga, em São Lucas, com um rigoroso trabalho de compilação, avaliação e interpretação de fontes, que nos permite considerá-lo um excelente historiador; com efeito, o livro resiste ao exame da crítica histórica.

No que se refere a São Paulo, os acontecimentos narrados nos *Atos* recomendam e permitem uma comparação com as cartas do apóstolo, que assim se convertem na mais importante confirmação da historicidade da obra de São Lucas. É verdade que Lucas apresenta Paulo como uma personalidade plenamente madura, do ponto de vista cristão, desde a sua conversão. Esta simplificação – aliás compreensível – das circunstâncias históricas e dos desenvolvimentos espirituais não nos impede, contudo, de perceber que o Paulo dos *Atos* e o Paulo das cartas são a mesma pessoa: o Paulo dos *Atos* é o Paulo real, avaliado em retrospectiva pelo olhar de um discípulo que é simultaneamente um amigo[4].

A veracidade histórica da narrativa de Lucas fica igualmente estabelecida com a leitura das *Antiguidades judaicas*, de Flávio Josefo, obra escrita cerca de vinte anos depois dos *Atos*, e com os dados da arqueologia. Assim, com a ajuda de Josefo, podemos estabelecer a cronologia do reinado de Herodes Agripa I e apreciar a coincidência, por exemplo, do relato da morte deste monarca[5]; Josefo ajuda a compreender as referências aos judeus rebeldes: Judas da Galileia e Teudas[6]; a caracterização dos prefeitos

---

4 Com efeito, as relações entre os *Atos* e as cartas apontam para um mesmo Paulo: a sua atividade como perseguidor da Igreja é apresentada com uma linguagem semelhante em *Atos* (8, 3; 9, 1) e em Gl 1, 13 e 1 Cor 15, 9; que a conversão ocorre perto de Damasco (At 9, 3) é confirmado por Gl 1, 17; quer em At 9, 23-27, quer em Gl 1, 18, fica registrado que, depois de se converter e partir de Damasco, foi a Jerusalém que Paulo fez a sua primeira visita; o envio de Paulo a Tarso, depois da sua estadia em Jerusalém, é narrado em At 9, 30 e em Gl 1, 21; os companheiros de missão de Paulo depois da sua separação de Barnabé – a saber, Silas e Timóteo (At 15, 22.40; 16, 1) – figuram nas cartas escritas durante esse período; o itinerário Filipos-Tessalônica-Atenas-Corinto-Éfeso-Macedônia-Acaia (At 16-19) é confirmado em 1 Ts 2, 2; 3, 1; 1 Cor 2, 1; 16, 5-9; 2 Cor 12, 14ss; Rm 16, 1.23 etc.

5 Cf. At 12, 20-23 com *Antiquitates iudaicae*, 19, 274-363.

6 Cf. At 5, 36-37 e *Antiquitates iudaicae*, 20, 169-172. Neste caso, não existe uma coincidência precisa dos dados cronológicos nas duas fontes; mas os pesquisadores descobrem mais contradições entre as duas obras de Flávio Josefo – *Antiquitates judaicae* e *De bello iudaico* – que em Lucas.

Félix e Festo, bem como do rei Herodes Agripa II, também é confirmada e completada por Josefo. Ressalte-se, por fim, a confirmação do proconsulado de Galião na Acaia, mediante uma inscrição encontrada em Delfos, perto de Corinto. O mesmo se pode dizer acerca dos títulos e dos nomes dos funcionários imperiais e dos processos judiciais: a precisão dos *Atos* faz desta obra uma fonte para o conhecimento dos costumes e das instituições da época.

Os *discursos* contidos neste livro[7] foram objeto de numerosos e detalhados estudos. Os discursos proferidos seriam, naturalmente, mais longos que os que foram recolhidos, e Lucas teria fontes mais completas para uns que para outros; de qualquer maneira, nota-se a presença de elementos primitivos, ou seja, de modos judaicos tradicionais de ler e interpretar a Sagrada Escritura. Embora apresentem estrutura semelhante, os referidos discursos também acusam uma variedade considerável, refletindo assim a pregação original da Igreja e as particularidades dos diversos autores, locais e públicos.

Seguindo a norma dos autores helenistas e judaicos, São Lucas recorreu a fontes. Não foi testemunha ocular de todos os eventos que relata, mas também não se conformou com simples informações; deve ter utilizado documentos de vários gêneros, incluindo narrativas

---

7 Em especial os mais importantes, os proferidos por Pedro (cf. 2, 14ss; 3, 12ss; 10, 34ss; 11, 5ss), Estêvão (cf. 7, 1ss) e Paulo (cf. 13, 16ss; 17, 22ss; 20, 18ss; 22, 1ss; 24, 10ss; 26, 2ss).

breves, resumos de discursos, notas, diários de viagens, sumários etc. É muito provável que, para redigir os capítulos da primeira parte da obra, tenha se servido de materiais obtidos nas diferentes igrejas ou derivados dos protagonistas. Alguns autores supõem que terá existido: a) uma fonte antioquena que forneceria informação sobre Estêvão, Filipe, Barnabé e os primeiros tempos de São Paulo; b) uma coletânea de relatos acerca de São Pedro. Junto a isso havia, naturalmente, as notas do autor, transcritas na primeira pessoa do plural. Mas isso é, obviamente, uma hipótese.

Tampouco se pode afirmar com segurança se Lucas utilizou plenamente as suas fontes ou deixou de fora do livro materiais mais ou menos abundantes. É evidente que o autor concedeu a si próprio uma certa liberdade na integração das fontes no conjunto do relato; assim, por exemplo, enquanto os três primeiros anos da Igreja ocupam os nove primeiros capítulos, o restante do livro abarca cerca de 25 anos. É provável que Lucas tenha omitido o que não considerou necessário ao seu propósito e que, em determinadas ocasiões, tenha optado por abreviar, repetir, combinar ou separar elementos recebidos. O certo é que conseguiu imprimir ao conjunto da sua obra uma unidade magnífica, refletindo permanentemente a ação sobrenatural do Espírito de Deus que orientava a Igreja.

III. ENSINAMENTO

A leitura dos *Atos dos Apóstolos* nos situa, com profundidade e simplicidade, perante o conjunto da fé cristã. São Lucas apresenta ao leitor, com o propósito de instruí-lo, as principais verdades cristãs, assim como os elementos mais importantes da incipiente vida sacramental e litúrgica da Igreja nascente. Também são apreciados no livro alguns aspectos da organização eclesiástica e diversas atitudes dos cristãos face à vida social e política do seu tempo.

Merece especial atenção a doutrina sobre Cristo, o Espírito Santo e a Igreja.

Jesus Cristo

Os *Atos* fundamentam a sua doutrina sobre Cristo na vida terrena de Jesus e na sua exaltação, que constituem o núcleo do anúncio evangélico; e sublinham todos os aspectos do mistério pascal – paixão, morte, ressurreição e ascensão – de que os Apóstolos foram testemunhas e que são o cumprimento dos planos de Deus, já anunciados nas profecias do Antigo Testamento. O texto aplica a Jesus diversos títulos cristológicos, que exprimem a sua divindade e a sua missão redentora, tais como Senhor, Salvador, Servo do Senhor, Justo, Santo e, sobretudo, Cristo – Messias –, que se converte em nome próprio.

O Espírito Santo

São Lucas acentua a importância e a função determinante do Espírito Santo em toda a vida da Igreja: a terceira Pessoa é mencionada 57 vezes. O Espírito Santo, que tanto é o Espírito de Deus como o Espírito de Jesus Cristo, desce sobre os discípulos no dia de Pentecostes para manifestar publicamente a Igreja, tornando possível o começo da sua atividade salvadora; e é enviado ao centurião Cornélio, no chamado Pentecostes dos gentios. O Espírito é posse e bem comum de todos e de cada um dos cristãos, assim como é a fonte da alegria e da vibração espiritual que deve caracterizá-los. É o Espírito que enche e assiste de modo especial os cristãos ordenados para o desempenho dos diversos ministérios sagrados; e o mesmo Espírito Santo orienta a Igreja na escolha dos hierarcas e dos missionários, impulsionando-a e protegendo-a no desenvolvimento da sua atividade evangélica. Já se disse, e bem, que a segunda obra de Lucas bem poderia ser intitulada *Evangelho do Espírito Santo*.

A Igreja

Os *Atos* são indispensáveis para se conhecer a vida da Igreja nos primeiros trinta anos da sua história. Neste texto, a Igreja é apresentada como o prolongamento da obra de Jesus e o instrumento de Deus para o cumprimento das promessas do Antigo Testamento; a Igreja é, pois, o verdadeiro Israel, um povo novo e universal, unido por laços espirituais, cuja natureza é essencialmente missionária.

A Igreja transborda da presença, invisível mas real, do seu Senhor ressuscitado, que é o centro do culto cristão e o único nome que pode salvar os homens. A presença de Jesus torna-se real e verdadeira na «fração do pão», isto é, no sacrifício eucarístico, que já é celebrado pelos discípulos no domingo, o primeiro dia da semana.

A vida dos cristãos é descrita de forma simples e emocionante: está centrada na oração, na Eucaristia e na doutrina dos Apóstolos e se manifesta em disposições e ações excelentes de desprendimento, concórdia e amor. São Lucas nos apresenta este modo de vida como padrão e modelo para as futuras gerações de discípulos.

O livro une, em admirável harmonia, a expectativa da segunda vinda do Senhor, própria de todo o Novo Testamento, e a necessidade de cada cristão se concentrar com perseverança, por meio da oração, do trabalho e do sofrimento alegre, na edificação terrena do Reino de Deus.

Finalmente, os *Atos* instruem o leitor acerca da primitiva constituição da hierarquia eclesiástica, tendo conservado um relato de importância singular do primeiro Concílio da Igreja.

ATOS DOS APÓSTOLOS

PRÓLOGO

1 1 No meu primeiro livro, ó Teófilo, falei de todas as
coisas que Jesus fez e ensinou, desde o princípio 2 até
o dia em que, tendo dado as suas instruções por meio do
Espírito Santo aos apóstolos que tinha escolhido, foi ar-
rebatado ao céu; 3 aos quais também se manifestou vivo
depois da sua Paixão com muitas provas, aparecendo-lhes
durante quarenta dias e falando do Reino de Deus. 4 Es-
tando à mesa com eles, ordenou-lhes que não se afastassem
de Jerusalém, mas que esperassem a promessa do Pai:

«A qual ouvistes da minha boca: 5 que João na verda-
de batizou em água, mas vós sereis batizados no Espírito
Santo daqui a poucos dias.»

A Ascensão
(Mc 16, 19; Lc 24, 50-53)

6 Então os que se tinham congregado interrogavam-no:

“Senhor, porventura chegou o tempo em que vais res-
tabelecer o Reino de Israel?»

7 Ele disse-lhes:

«Não vos pertence a vós saber os tempos nem os mo-
mentos que o Pai reservou ao seu poder, 8 mas recebe-
reis a virtude do Espírito Santo, que descerá sobre vós,

e sereis minhas testemunhas em Jerusalém, em toda a Judeia, na Samaria e até as extremidades da terra.»

9 Tendo dito isso, elevou-se à vista deles e uma nuvem
o ocultou aos seus olhos. 10 Como estivessem olhando
para o céu quando ele ia subindo, eis que se apresentaram junto deles dois personagens vestidos de branco,
11 os quais lhes disseram:

«Homens da Galileia, por que estais aí parados olhando para o céu? Esse Jesus que, separando-se de vós, foi arrebatado ao céu virá do mesmo modo que o vistes ir para o céu.»

PRIMEIRA PARTE
A IGREJA EM JERUSALÉM

O colégio apostólico

12 Então voltaram para Jerusalém do monte chamado
das Oliveiras, que dista de Jerusalém a jornada de um sá-
bado. 13 Logo que chegaram, subiram ao Cenáculo, onde
estavam morando Pedro, João, Tiago, André, Filipe,
Tomé, Bartolomeu, Mateus, Tiago filho de Alfeu, Simão
o Zelota e Judas irmão de Tiago. 14 Todos estes perseve-
ravam unanimemente em oração com as mulheres e com
Maria, Mãe de Jesus, e os irmãos dele.

Eleição de São Matias

15 Naqueles dias, levantando-se Pedro no meio dos
irmãos (o número de pessoas ali reunidas era cerca de
cento e vinte), disse:
16 «Irmãos, é necessário que se cumpra o que o Espí-
rito Santo predisse na Escritura pela boca de Davi acerca
de Judas, que foi o guia daqueles que prenderam Jesus.
17 Ele estava contado entre nós e tinha recebido a sua parte
no nosso ministério. 18 Este homem, depois de adquirir
um campo com o salário da sua iniquidade, tendo caído
de cabeça, rebentou pelo meio, e todas as suas entranhas
se derramaram. 19 Esse fato tornou-se tão notório a todos
os habitantes de Jerusalém que se ficou chamando aquele
campo, na língua deles, Haceldamá, isto é, «Campo de
Sangue». 20 Com efeito, está escrito no livro dos Salmos:

Fique deserta a sua morada
e não haja quem habite nela.

E também:

Receba outro o seu ministério.

21 «É necessário, pois, que destes varões que têm esta-
do juntos conosco durante todo o tempo em que o Se-
nhor Jesus viveu entre nós, 22 desde o batismo de João
até o dia em que foi arrebatado dentre nós, um deles seja
constituído testemunha conosco da sua ressurreição.»

23 Foram apresentados dois: José, chamado Barsabás,
o qual tinha por sobrenome o Justo, e Matias. 24 E, oran-
do, disseram:

«Tu, Senhor, que conheces os corações de todos,
mostra-nos destes dois o que escolheste 25 para ocupar o
lugar deste ministério e apostolado, do qual se transviou
Judas para ir para o seu lugar.»

26 Tiraram os seus nomes à sorte e caiu a sorte em
Matias, o qual foi associado aos onze apóstolos.

II. PENTECOSTES

A vinda do Espírito Santo

2 1 Quando se completaram os dias do Pentecostes, es-
tavam todos juntos no mesmo lugar. 2 De repente,
veio do céu um estrondo, como de vento que soprava
impetuoso, que encheu toda a casa onde estavam senta-
dos. 3 E apareceram-lhes repartidas umas como línguas
de fogo, das quais pousou uma sobre cada um deles.
4 Ficaram todos cheios do Espírito Santo e começaram a
falar várias línguas, conforme o Espírito Santo lhes con-
cedia que falassem.

5 Estavam então residindo em Jerusalém judeus,
varões piedosos de todas as nações que há debaixo
do céu. 6 Logo que se deu esse ruído, acudiu muita gen-
te e pasmou-se, porque cada um os ouvia falar na sua

própria língua. 7 Estavam todos atônitos e admiravam-
-se, dizendo:
«Porventura não são Galileus todos estes que falam?
8 Como é que os ouvimos falar cada um de nós a nossa
língua materna?
9 «Partos, medos, elamitas, os que habitam a Meso-
potâmia, a Judeia, a Capadócia, o Ponto e a Ásia, 10 a
Frígia e a Panfília, o Egito e as partes da Líbia vizinhas
de Cirene, e os vindos de Roma, 11 tanto judeus como
prosélitos, cretenses e árabes: todos os ouvimos falar nas
nossas línguas das maravilhas de Deus.»
12 Estavam todos atônitos e fora de si, dizendo uns
para os outros:
«Que quer isto dizer?»
13 Outros, porém, escarnecendo diziam:
«Estão cheios de mosto.»

Discurso de São Pedro

14 Então Pedro, apresentando-se com os onze, levan-
tou a voz e disse-lhes:
«Homens judeus e vós todos os que habitais em Je-
rusalém, seja-vos isto conhecido e ouvi atentamente
as minhas palavras. 15 Estes homens não estão embria-
gados, como vós cuidais, pois ainda é a hora terceira
do dia; 16 mas isto é o que foi dito pelo profeta Joel:
17 *Acontecerá* nos últimos dias, diz Deus,

que derramarei o meu Espírito sobre toda a carne,
e profetizarão vossos filhos e vossas filhas,
e os vossos jovens terão visões,
e os vossos anciões sonharão sonhos.
18 *Naqueles dias derramarei do meu Espírito*
sobre os meus servos e sobre as minhas servas,
e profetizarão.
19 *Farei ver prodígios em cima no céu*
e sinais em baixo na terra,
sangue, fogo e nuvens de fumo.
20 *O sol se converterá em trevas*
e a lua em sangue,
antes que venha
o dia grande e glorioso do Senhor.
21 *Então acontecerá*
que todo aquele que invocar o nome do Senhor
será salvo.

22 «Varões israelitas, ouvi estas palavras: a Jesus Naza-
reno, homem acreditado por Deus entre vós por meio de
milagres, prodígios e sinais que Deus operou por meio
dele entre vós, como vós mesmos sabeis, 23 a esse ho-
mem que foi entregue, segundo os desígnios e presciên-
cia de Deus, vós o matastes, crucificando-o por mãos de
iníquos. 24 Deus o ressuscitou livrando-o dos laços da
morte, porquanto era impossível que por ela fosse retido.
25 Com efeito, Davi diz dele:

Eu via sempre o Senhor diante de mim,
porque ele está à minha direita,
para que eu não seja abalado.
26 *Por isso se alegrou o meu coração*
e exultou a minha língua,
e, além disso, a minha carne repousará na esperança;
27 *porque não abandonarás a minha alma na habitação dos mortos,*
nem permitirás que o teu Santo experimente a corrupção.
28 *Ensinaste-me os caminhos da vida*
e me encherás de alegria com a vista da tua face.

29 «Irmãos, seja-me permitido dizer-vos francamente
do patriarca Davi que ele morreu e foi sepultado, e o seu
sepulcro está entre nós até o dia de hoje. 30 Sendo ele
profeta e sabendo que Deus lhe tinha prometido com
juramento que um da sua descendência se sentaria sobre
o seu trono, 31 profeticamente falou da ressurreição de
Cristo, dizendo que não seria deixado na habitação dos
mortos, nem seria a sua carne sujeita à corrupção.

32 «A esse Jesus ressuscitou Deus, do que todos nós so-
mos testemunhas. 33 Elevado pela destra de Deus e tendo
recebido do Pai o Espírito Santo prometido, ele o derra-
mou como vós vedes e ouvis. 34 Porque Davi não subiu
ao céu, mas ele mesmo diz:

O Senhor disse ao meu Senhor:
"Senta-te à minha direita,
35 *até que eu ponha os teus inimigos*
por escabelo de teus pés".

36 «Saiba, pois, toda a casa de Israel com a maior certeza que Deus constituiu Senhor e Cristo a esse Jesus, a quem vós crucificastes.»

Batismo dos ouvintes

37 Ao ouvirem essas coisas, ficaram compungidos no seu coração e disseram a Pedro e aos outros apóstolos:

«Que devemos fazer, irmãos?»

38 Pedro disse-lhes:

«Fazei penitência, e cada um de vós seja batizado em
nome de Jesus Cristo para remissão de vossos pecados;
e recebereis, então, dom do Espírito Santo. 39 Porque a
promessa é para vós, para os vossos filhos, para todos os
que estão longe e para quantos o nosso Deus chamar.»

40 Com outras muitíssimas palavras os persuadia e exortava, dizendo:

«Salvai-vos desta geração perversa.»

41 Eles receberam a sua palavra e foram batizados; e ficaram agregadas a eles naquele dia cerca de três mil pessoas.

Os primeiros cristãos

42 Perseveravam na doutrina dos apóstolos, nas reu-
niões comuns, na fração do pão e nas orações. 43 Toda a
gente estava com temor, porque eram também realizados

pelos apóstolos muitos prodígios e maravilhas. 44 Todos
os que criam estavam unidos e punham tudo em comum.
45 Vendiam as suas propriedades e os seus bens, e distri-
buíam o preço por todos, segundo as necessidades de cada
um. 46 Todos os dias frequentavam em perfeita harmonia
o Templo e, partindo o pão de casa em casa, tomavam a
comida com alegria e simplicidade de coração, 47 louvan-
do a Deus e sendo bem vistos por todo o povo. O Senhor
aumentava cada dia mais o número dos que estavam no
caminho da salvação.

III. ATIVIDADE APOSTÓLICA EM JERUSALÉM

Cura do coxo de nascimento

3 1 Pedro e João subiam ao templo para a oração da hora
nona. 2 Era para ali trazido certo homem coxo de nas-
cimento, o qual punham todos os dias à porta do templo,
chamada a Formosa, para pedir esmola aos que entravam
no templo. 3 Este, quando viu que Pedro e João iam en-
trar no Templo, pedia que lhe dessem esmola. 4 Pedro,
pondo nele os olhos juntamente com João, disse:

«Olha para nós.»

5 Ele os olhava com atenção, esperando receber deles
alguma coisa. 6 Mas Pedro disse:

«Não tenho prata nem ouro; mas o que tenho, isso
te dou: em nome de Jesus Cristo Nazareno, levanta-te
e anda!»

7 E, tomando-o pela mão direita, o levantou. Ime-
diatamente se lhe consolidaram os pés e os tornozelos.
8 E, dando um salto, pôs-se em pé e andava. Depois en-
trou com eles no Templo andando, saltando e louvando a
Deus. 9 Todo o povo o viu andando e louvando a Deus,
10 e reconheciam que ele era o mesmo que se sentava à por-
ta Formosa do Templo a pedir esmola. E ficaram cheios de
espanto e fora de si pelo que lhe tinha acontecido.

Discurso de São Pedro no Templo

11 Estando ele agarrado a Pedro e a João, todo o povo
estupefato correu para estes ao pórtico chamado de Salo-
mão. 12 Pedro, vendo isso, falou assim ao povo:

«Varões israelitas, por que vos admirais disto, ou por
que pondes os olhos em nós, como se por nosso poder
ou por nossa piedade tivéssemos feito andar este homem?
13 O Deus de Abraão, Deus de Isaac e Deus de Jacó, o
Deus de nossos pais, glorificou o seu Filho Jesus, a quem
entregastes e negastes diante de Pilatos, sendo ele de opi-
nião de que se soltasse. 14 Negastes o Santo e o Justo, e
pedistes o perdão para um homicida; 15 e matastes o au-
tor da vida, a quem Deus ressuscitou dos mortos, do que
nós somos testemunhas. 16 Mediante a fé em seu nome é
que o seu mesmo nome deu firmeza a este que vós vedes
e conheceis; e a fé que vem dele é que deu a este uma cura
perfeita à vista de todos vós.

17 «Agora, irmãos, sei que procedestes por ignorância,
como também os vossos chefes. 18 Deus cumpriu assim
o que tinha anunciado por boca de todos os profetas:
que padeceria o seu Cristo. 19 Arrependei-vos, pois, e
convertei-vos, para que os vossos pecados sejam perdoa-
dos, 20 para que o Senhor faça vir os tempos da consola-
ção e envie aquele Jesus, o Cristo que vos foi destinado, 21
o qual o céu deve guardar até os tempos da restauração de
todas as coisas, de que Deus falou antigamente pela boca
dos seus santos profetas. 22 Moisés disse: *O Senhor vosso*
Deus vos suscitará um profeta dentre vossos irmãos como eu;
a esse ouvireis em tudo o que vos disser. 23 *Todo aquele que*
não ouvir esse profeta será exterminado do meio do povo.
24 E todos os profetas que falaram, desde Samuel em
diante, anunciaram estes dias.

25 «Vós sois os filhos dos profetas e da aliança que
Deus estabeleceu com vossos pais, dizendo a Abraão: *Na*
tua posteridade serão abençoadas todas as famílias da terra.
26 Foi primeiramente para vós que Deus suscitou o seu
servo e o enviou para vos abençoar, a fim de que cada um
se desvie da sua iniquidade.»

Prisão de São Pedro e de São João

4 1 Enquanto eles falavam ao povo, sobrevieram os sa-
cerdotes, o oficial do Templo e os saduceus, 2 des-
contentes de que eles ensinassem o povo e anunciassem
na pessoa de Jesus a ressurreição dos mortos. 3 Lançaram

mão deles e meteram-nos na prisão até o outro dia, porque era já tarde. 4 Porém, muitos daqueles que tinham ouvido a palavra creram, e o número de homens elevou-se a cerca de cinco mil.

Declaração diante do Sinédrio

5 Aconteceu que, no dia seguinte, se reuniram os seus chefes, os anciões e os escribas de Jerusalém, 6 assim como Anás, príncipe dos sacerdotes, Caifás, João, Alexandre e todos os que eram da linhagem pontifical. 7 Mandando-os vir à sua presença, interrogavam-nos:

«Com que poder e em nome de quem fizestes isso?»

8 Então Pedro, cheio do Espírito Santo, disse-lhes:

«Príncipes do povo e anciões, 9 já que hoje somos interrogados sobre um benefício feito a um homem enfermo, e por quem este homem foi curado, 10 seja notório a todos vós e a todo o povo de Israel que é em nome de Jesus Cristo Nazareno, que vós crucificastes e a quem Deus ressuscitou dos mortos, que este está são diante de vós. 11 Ele é a pedra que foi rejeitada por vós que edificais, a qual foi posta por pedra angular.

12 «Não há salvação em nenhum outro, porque sob o céu nenhum outro nome foi dado aos homens pelo qual devamos ser salvos.»

13 Vendo eles a firmeza de Pedro e de João, e sabendo que eram homens sem letras e do povo, admiravam-se e reconheciam ser os que andavam com Jesus; 14 e vendo

também em pé junto deles o homem que tinha sido cura-
do, não podiam dizer nada em contrário. 15 Mandaram,
pois, que saíssem para fora da assembleia e deliberaram
entre si, 16 dizendo:
«Que faremos destes homens? Porquanto foi feito por
eles um grande milagre, notório a todos os habitantes de
Jerusalém; é manifesto e não o podemos negar. 17 Mas
para que não se divulgue mais entre o povo, proibamos-
-lhes com graves ameaças que, para o futuro, não falem
mais a homem algum neste nome.»
18 Chamando-os, intimaram-lhes que absolutamente
não falassem mais nem ensinassem em nome de Jesus.
19 Mas Pedro e João replicaram-lhes:
«Se é justo diante de Deus obedecer antes a vós que a
Deus, julgai-o vós mesmos; 20 não podemos, pois, deixar
de falar das coisas que vimos e ouvimos.»
21 Eles então, ameaçando-os novamente, deixaram-
-nos ir livres, não encontrando pretexto para os castigar,
por causa do povo; porque todos glorificavam a Deus
pelo que tinha acontecido. 22 Já tinha mais de quarenta
anos o homem em quem tinha sido operada aquela cura
miraculosa.

Ação de graças e oração da Igreja

23 Postos em liberdade, foram ter com os seus e
referiram-lhes quanto lhes tinham dito os príncipes dos

sacerdotes e os anciões. 24 Eles, tendo-os ouvido, levan-
taram unânimes a voz a Deus e disseram:
«Senhor, tu és o Deus *que fizeste o céu, a terra, o mar e*
tudo o que há neles, 25 que mediante o Espírito Santo, pela
boca do nosso pai Davi, teu servo, disseste:

Por que se agitaram as gentes,
e os povos fizeram vãos projetos?
26 *Concertaram-se os reis da terra,*
e os príncipes se coligaram
contra o Senhor e contra o seu Cristo.

27 «Porque verdadeiramente se coligaram nesta ci-
dade contra o teu santo servidor Jesus, o qual ungis-
te, Herodes e Pôncio Pilatos com os gentios e com os
povos de Israel, 28 para executarem o que a tua mão e
a tua sabedoria determinaram que se fizesse. 29 Agora,
Senhor, olha para as suas ameaças e concede aos teus
servos que, com toda a confiança, anunciem a tua pa-
lavra, 30 estendendo a tua mão para que se façam curas,
milagres e prodígios por meio do nome do teu santo
servidor Jesus.»
31 Tendo eles assim orado, tremeu o lugar onde esta-
vam reunidos; ficaram todos cheios do Espírito Santo e
anunciavam com firmeza a palavra de Deus.

Vida dos primeiros cristãos

32 A multidão dos que criam tinha um só coração e
uma só alma, e nenhum dizia ser sua coisa alguma da-
quelas que possuía, mas tudo entre eles era comum.
33 Os apóstolos, com grande coragem, davam testemu-
nho da ressurreição do Senhor Jesus, e era grande sobre
todos eles a graça. 34 Não havia nenhum necessitado en-
tre eles, porque todos os que possuíam campos ou ca-
sas, vendendo-os, traziam o preço do que vendiam 35 e
depunham-no aos pés dos apóstolos; e distribuía-se por
cada um segundo a sua necessidade. 36 Ora, José, a quem
os apóstolos davam o sobrenome de Barnabé (que quer
dizer Filho da Consolação), levita e natural de Chipre,
37 tendo um campo, vendeu-o, levou o preço e o depôs
aos pés dos apóstolos.

O engano de Ananias e Safira

5 1 Um homem, porém, chamado Ananias, de combi-
nação com sua mulher Safira, vendeu uma proprieda-
de; 2 com a cumplicidade de sua mulher, reteve parte do
preço e, levando uma parte, a pôs aos pés dos apóstolos.
3 Pedro disse então:

«Ananias, como é que Satanás se apossou de teu cora-
ção para que mentisses ao Espírito Santo e retivesses parte
do preço do campo? 4 Não é verdade que, conservando-o,
era teu e, mesmo depois de vendido, não estava em teu

poder o preço? Por que motivo puseste em teu coração
fazer tal coisa? Não mentiste aos homens, mas a Deus.»

5 Ananias, ao ouvir essas palavras, caiu e expirou.
Infundiu-se um grande temor em todos os que ouviram
isso. 6 Levantando-se alguns jovens, cobriram o seu corpo
e levaram-no a enterrar.

7 Passado quase o espaço de três horas, entrou tam-
bém sua mulher, não sabendo o que tinha acontecido.
8 Pedro disse-lhe:

«Dize-me, é verdade que vendeste por tanto o campo?»

Ela disse:

«Sim, por tanto.»

9 Pedro então disse a ela:

«Por que vós combinastes para tentar o Espírito do
Senhor? Eis que estão à porta os pés daqueles que sepul-
taram teu marido, e te levarão a ti.»

10 Imediatamente ela caiu a seus pés e expirou. Os
jovens, entrando, encontraram-na morta, levaram-na e
enterraram-na junto do seu marido. 11 Então difundiu-se
um grande temor por toda a Igreja e entre todos os que
ouviram essas coisas.

Crescimento da Igreja

12 E eram feitos pelas mãos dos apóstolos muitos
milagres e prodígios entre o povo. Reuniam-se todos
unanimemente no pórtico de Salomão; 13 e nenhum

dos outros ousava juntar-se a eles, mas o povo dava-lhes
grandes louvores.

14 Cada vez aumentava mais o número dos homens
e mulheres que criam no Senhor, 15 de maneira que tra-
ziam os doentes para as ruas e punham-nos em leitos
e enxergões, a fim de que, ao passar Pedro, cobrisse ao
menos a sua sombra algum deles. 16 Concorria também
muita gente das cidades vizinhas de Jerusalém, trazendo
enfermos e vexados dos espíritos imundos, os quais eram
curados todos.

Novo encarceramento dos apóstolos e sua libertação milagrosa

17 Então, levantando-se o príncipe dos sacerdotes
e todos os do seu partido, que é a seita dos saduceus,
encheram-se de inveja, 18 deitaram as mãos sobre os após-
tolos e meteram-nos na cadeia pública. 19 Mas um anjo
do Senhor, abrindo de noite as portas da prisão e tirando-
-os para fora, disse:

20 «Ide e, apresentando-vos no Templo, pregai ao
povo todas as palavras que dizem respeito a esta Vida.»

21 Eles, obedecendo a esta ordem, entraram ao amanhe-
cer no Templo e puseram-se a ensinar.

Enquanto isso, tendo chegado o príncipe dos sacerdotes e os do seu partido, convocaram o Sinédrio e todo o conselho dos anciões dos filhos de Israel, e mandaram à prisão buscar os apóstolos para que fossem ali trazidos.

22 Tendo lá ido os guardas, não os encontraram e volta-
ram a dar a notícia, 23 dizendo:
«Encontramos a prisão fechada cuidadosamente e os
guardas de pé diante das portas, mas, abrindo-as, não
encontramos ninguém dentro.»
24 Ao ouvirem tais palavras, o oficial do Templo e os
príncipes dos sacerdotes ficaram perplexos e pergunta-
vam entre si o que aquilo queria dizer. 25 Nesse momen-
to, alguém foi dizer-lhes:
«Eis que aqueles homens, que metestes na prisão, es-
tão no Templo e ensinam o povo.»

Os apóstolos diante do Sinédrio

26 Então foi o chefe da polícia com os seus agentes e
trouxe-os sem violência, porque temiam que o povo os
apedrejasse. 27 Tendo-os conduzido, os apresentaram ao
Sinédrio. O príncipe dos sacerdotes os interrogou:
28 «Expressamente vos ordenamos que não ensinásseis
nesse nome, e eis que tendes enchido Jerusalém da vossa
doutrina, e quereis tornar-nos responsáveis pelo sangue
desse homem.»
29 Pedro e os apóstolos responderam:
«Deve-se obedecer antes a Deus que aos homens.
30 O Deus dos nossos pais ressuscitou Jesus, a quem vós
matastes, suspendendo-o num madeiro. 31 A este elevou
Deus com a sua destra como Chefe e Salvador, para
dar a Israel o arrependimento e a remissão dos pecados.

32 E nós somos testemunhas dessas coisas, assim como
o Espírito Santo, dado por Deus a todos os que lhe
obedecem.»

Intervenção de Gamaliel

33 Tendo ouvido isso, enraiveciam-se e formavam ten-
ção de os matar; 34 mas, levantando-se no Sinédrio um
fariseu chamado Gamaliel, doutor da lei respeitado por
todo o povo, mandou que saíssem aqueles homens por
um pouco de tempo, 35 e disse aos sinedritas:
«Varões israelitas, considerai bem o que estais para
fazer com estes homens. 36 Não há muito tempo apare-
ceu Teudas, que dizia ser um grande homem, ao qual se
associou um número de cerca de quatrocentos homens.
Ele foi morto, e todos aqueles que o acreditavam fo-
ram dispersos e reduzidos a nada. 37 Depois deste surgiu
Judas, o Galileu, nos dias do recenseamento e levou o
povo após si, mas também pereceu; e foram dispersos
todos os seus sequazes. 38 Agora aconselho-vos a que
não vos metais com estes homens e que os deixeis; por-
que, se esta ideia ou esta obra vem dos homens, por si
mesma se desfará; 39 mas, se vem de Deus, não a pode-
reis desfazer; assim não correis o risco de fazer oposição
ao próprio Deus.»

Eles seguiram o seu conselho.

Flagelação dos apóstolos

40 Tendo chamado os apóstolos, depois de os terem
mandado açoitar, ordenaram-lhes que não falassem mais
no nome de Jesus e soltaram-nos. 41 Porém, eles saíam da
presença do Sinédrio contentes por terem sido achados
dignos de sofrer afrontas por causa do Nome. 42 E todos
os dias não cessavam de ensinar e de anunciar a Boa-nova
de Jesus, o Cristo, no Templo e pelas casas.

IV. OS «DIÁCONOS» E SANTO ESTÊVÃO

Eleição dos Sete

6 1 Naqueles dias, crescendo o número dos discípulos,
levantou-se uma murmuração dos helenistas contra
os hebreus, porque as suas viúvas eram desatendidas na
partilha cotidiana. 2 Então os doze, convocando a multi-
dão dos discípulos, disseram:

«Não é conveniente que deixemos a palavra de Deus
para servir às mesas. 3 Portanto, irmãos, escolhei dentre
vós sete varões de boa reputação, cheios de Espírito San-
to e de sabedoria, aos quais encarreguemos desta obra.
4 Nós, porém, ocupar-nos-emos totalmente da oração e
do ministério da palavra.»

5 Agradou essa proposta a toda a assembleia, e esco-
lheram Estêvão, homem cheio de fé e do Espírito Santo,

Filipe, Prócoro, Nicanor, Timão, Parmenas e Nicolau,
prosélito de Antioquia. 6 Apresentaram-nos diante dos
apóstolos e estes, depois de terem orado, impuseram-lhes
as mãos.

7 A palavra do Senhor ia-se espalhando cada vez mais,
multiplicava-se muito o número dos discípulos em Jerusalém, e também uma grande multidão de sacerdotes
aderia à fé.

Prisão de Santo Estêvão

8 Estêvão, cheio de graça e de fortaleza, fazia grandes
prodígios e milagres entre o povo. 9 Porém, alguns da sinagoga chamada dos libertos, dos cirenenses, dos alexandrinos e dos que eram da Cilícia e da Ásia levantaram-
-se a disputar com Estêvão, 10 mas não podiam resistir à
sabedoria e ao Espírito que inspiravam as suas palavras.
11 Então subornaram alguns que disseram:

«Ouvimos dizer palavras de blasfêmia contra Moisés e contra Deus.»

12 Amotinaram assim o povo, os anciões e os escribas;
e, avançando contra ele, o arrebataram e levaram ao Sinédrio, 13 e apresentaram falsas testemunhas que diziam:

«Este homem não cessa de proferir palavras contra o
lugar santo e contra a Lei; 14 porque o ouvimos dizer que
esse Jesus de Nazaré há de destruir este lugar e há de mudar as tradições que Moisés nos deixou.»

15 E, fixando nele os olhos todos os que estavam sen-
tados no Sinédrio, viram o seu rosto como o rosto de um
anjo.

Discurso de Santo Estêvão diante do Sinédrio

7 1 Então o sumo sacerdote perguntou-lhe:
«Essas coisas são assim?»
2 Ele respondeu:
«Irmãos e pais, ouvi: o Deus da glória apareceu a nos-
so pai Abraão quando estava na Mesopotâmia, antes de
habitar em Harã, 3 e disse-lhe: "*Sai da tua terra e da tua
parentela, e vem para a terra que eu te mostrar*". 4 Então
saiu ele da terra dos caldeus e habitou em Harã. De lá,
depois que morreu seu pai, Deus o fez passar a esta terra,
na qual agora habitais. 5 E não lhe deu herança nela, nem
o espaço de um pé, mas prometeu *dar-lhe a posse dela
a ele e à sua posteridade depois dele*, quando ainda não
tinha filhos. 6 Deus disse-lhe que *a sua descendência seria
peregrina em terra estranha, a reduziriam à escravidão e
a maltratariam pelo espaço de quatrocentos anos.* 7 "*Mas
a nação da qual tiver sido escrava, eu a julgarei*", disse o
Senhor, "*depois do que sairão e me adorarão neste lugar*".
8 E deu-lhe a aliança da circuncisão; e assim gerou Isaac
e o circuncidou passados oito dias, e Isaac a Jacó, e Jacó
aos doze patriarcas. 9 Os patriarcas, invejosos de José,
venderam-no para ser levado ao Egito, mas Deus estava
com ele. 10 Livrou-o de todas as suas atribulações, *deu-lhe*

graça e sabedoria diante do Faraó, rei do Egito, o qual o fez
governador do Egito e de toda a sua casa. 11 *Veio depois a*
fome por toda a terra do Egito e de Canaã e uma grande
tribulação, e os nossos pais não achavam que comer. 12
Tendo Jacó ouvido dizer que havia trigo no Egito, en-
viou nossos pais uma primeira vez; 13 na segunda, José foi
reconhecido por seus irmãos e foi descoberta ao Faraó a
sua linhagem. 14 José mandou chamar seu pai Jacó e toda
a sua família, que constava de setenta e cinco pessoas.
15 Jacó desceu ao Egito, onde morreu com nossos pais.
16 E foram trasladados para Siquém e postos no sepulcro
que Abraão tinha comprado à custa de dinheiro aos fi-
lhos de Hemor, em Siquém.

17 «Mas, aproximando-se o tempo do cumprimen-
to da promessa que Deus tinha feito com juramento a
Abraão, o povo cresceu e multiplicou-se no Egito, 18 até
que *apareceu outro rei no Egito, que não tinha conheci-*
mento de José. 19 Este, usando de astúcia contra a nossa
raça, maltratou os nossos pais até o ponto de os obrigar a
expor seus filhos, para que não vivessem. 20 Naquele tem-
po nasceu Moisés, que era agradável a Deus. Foi criado
durante três meses em casa de seu pai. 21 Depois, quando
foi exposto, a filha do Faraó recolheu-o e criou-o como
seu filho. 22 Moisés foi instruído em toda a ciência dos
egípcios e era poderoso em palavras e obras. 23 Quando
completou a idade de quarenta anos, veio-lhe ao coração
o desejo de visitar seus irmãos, os filhos de Israel. 24 Ven-
do que um era maltratado, defendeu-o e vingou o que
padecia a injúria, matando o egípcio. 25 Ora, ele julgava

que seus irmãos compreenderiam que Deus os havia de
libertar por sua mão; mas eles não o compreenderam.
26 No dia seguinte, encontrou uns deles em rixa e, que-
rendo reconciliá-los, disse: "Ó homens, vós sois irmãos!
Por que vos maltratais um ao outro?" 27 Mas o que fa-
zia injúria ao seu concidadão o repeliu, dizendo: "*Quem
te constituiu chefe e juiz sobre nós?* 28 *Quereis porventura
matar-me, como mataste ontem o egípcio?*" 29 A esta palavra
Moisés fugiu e foi habitar na terra de Madiã, onde gerou
dois filhos.

30 «Passados quarenta anos, *apareceu-lhe no deserto
do monte Sinai um anjo na chama de uma sarça que ar-
dia.* 31 Vendo isso, Moisés admirou-se de tal aparição e,
aproximando-se para observar, ouviu a voz do Senhor,
que lhe disse: 32 "*Eu sou o Deus de teus pais, o Deus de
Abraão, de Isaac e de Jacó*". Moisés, porém, aterrado, não
ousava olhar. 33 *O Senhor disse-lhe:* "*Tira os sapatos dos teus
pés, porque o lugar onde estás é uma terra santa.* 34 *Eu vi e
considerei a aflição do meu povo, que reside no Egito; ouvi
os seus gemidos e desci a livrá-lo. Vem, pois, agora, e enviar-
-te-ei ao Egito*".

35 «A este Moisés, a quem renegaram dizendo: "*Quem
te constituiu chefe e juiz?*" — a este enviou Deus como
chefe e libertador, pela mão do anjo que lhe apareceu na
sarça. 36 Ele os fez sair, operando prodígios e milagres na
terra do Egito, no mar Vermelho e no deserto durante
quarenta anos. 37 Este é aquele Moisés que disse aos filhos
de Israel: *Deus vos suscitará dentre vossos irmãos um profeta
como eu.* 38 Este é o que esteve no meio da assembleia

do povo no deserto com o anjo que lhe falava no mon-
te Sinai e com os nossos pais, e o que recebeu palavras
de vida para no-las transmitir; 39 ele, a quem nossos pais
não quiseram obedecer, antes repeliram. Voltaram-se em
seus corações para o Egito, 40 dizendo a Aarão: "*Faze-nos*
deuses que vão adiante de nós, porque esse Moisés, que nos
tirou da terra do Egito, não sabemos o que foi feito dele". 41
Naqueles dias, fizeram um bezerro e ofereceram sacrifício
ao ídolo, e alegravam-se das obras das suas mãos. 42 Mas
Deus afastou-se deles e abandonou-os ao culto da milícia
do céu, como está escrito no livro dos Profetas:

Porventura oferecestes-me vós, casa de Israel,
algumas vítimas e sacrifícios
pelo espaço de quarenta anos no deserto?
43 *Transportastes a tenda de Moloc*
e o astro do vosso deus Renfa,
figuras que fizestes para as adorar;
pois eu vos transportarei para além de Babilônia.

44 «O tabernáculo do testemunho esteve entre os nos-
sos pais no deserto, segundo a ordem daquele que tinha
prescrito a Moisés que o construísse segundo o modelo
que tinha visto. 45 Nossos pais, tendo-o recebido, levaram-
-no sob a direção de Josué quando foram tomar posse
da terra das nações que Deus lançou de diante de nossos
pais até os dias de Davi, 46 o qual achou graça diante
de Deus e pediu que lhe fosse permitido construir um
tabernáculo para o Deus de Jacó. 47 Todavia, foi Salomão

que lhe edificou uma casa. 48 Porém, o Altíssimo não ha-
bitava em templos feitos pela mão do homem, como diz
o profeta:

49 *O céu é o meu trono,*
e a terra o escabelo dos meus pés.
Que casa me edificareis vós?, diz o Senhor.
Ou qual é o lugar do meu repouso?
50 *Não fez porventura a minha mão todas estas coisas?*

51 «Homens de cerviz dura, incircuncisos de coração
e ouvidos, vós resistis sempre ao Espírito Santo; assim
como vossos pais, assim vós também. 52 A qual dos pro-
fetas não perseguiram vossos pais? Mataram até os que
prediziam a vinda do Justo, do qual agora fostes traidores
e homicidas, 53 vós, que recebestes a Lei por ministério
dos anjos e não a guardastes.»

Martírio de Santo Estêvão

54 Ao ouvirem tais palavras, enraiveciam-se nos seus
corações e rangiam os dentes contra ele. 55 Mas, como
ele estava cheio do Espírito Santo, olhando para o céu
viu a glória de Deus e Jesus, que estava em pé à direita de
Deus. 56 E disse:

«Eis que vejo os céus abertos e o Filho do Homem em pé à direita de Deus.»

57 Então eles, levantando um grande clamor, taparam
os ouvidos e todos juntos arremeteram contra ele com

fúria. 58 E, tendo-o lançado fora da cidade, o apedreja-
vam, e as testemunhas depuseram os seus vestidos aos pés
de um jovem chamado Saulo. 59 Enquanto apedrejavam
Estêvão, ele orava assim:

«Senhor Jesus, recebe o meu espírito.»

60 Depois, posto de joelhos, clamou em voz alta:

«Senhor, não lhes imputes este pecado.»

Tendo dito isso, adormeceu no Senhor.

SEGUNDA PARTE EXPANSÃO DA IGREJA FORA DE JERUSALÉM

V. A IGREJA NA SAMARIA

Perseguição contra a Igreja

8 1 Saulo aprovava a morte de Estêvão. Naquele dia
levantou-se uma grande perseguição contra a Igreja
que estava em Jerusalém, e todos se dispersaram pelas
províncias da Judeia e da Samaria, exceto os apóstolos.
2 Alguns homens piedosos sepultaram Estêvão e fizeram
um grande pranto sobre ele. 3 Saulo assolava a Igreja
entrando pelas casas e, tirando com violência homens e
mulheres, os fazia meter na prisão.

4 Ora, os que se tinham dispersado iam de uma parte
para outra, anunciando a palavra de Deus.

Pregação de Filipe na Samaria

5 Filipe, tendo chegado à cidade de Samaria, pregava
aí Cristo. 6 As multidões estavam unanimemente aten-
tas ao que Filipe dizia, ouvindo-o e vendo os milagres
que fazia. 7 Com efeito, de muitos que tinham espíritos
imundos, estes saíam dando grandes gritos. E muitos pa-
ralíticos e coxos foram curados, 8 pelo que houve grande
alegria naquela cidade.

Simão, o mago

9 Ora, já se encontrava lá um homem, chamado Si-
mão, que exercia a magia, assombrando os samaritanos
e dizendo que era um grande personagem; 10 e todos lhe
davam ouvidos, desde o menor até ao maior, dizendo:

«Este homem é o Poder de Deus, que se chama Gran-
de.»

11 Aderiam a ele porque com as suas artes mágicas
os trazia seduzidos desde havia muito tempo. 12 Porém,
depois que creram em Filipe, que lhes anunciava o Rei-
no de Deus e o nome de Jesus Cristo, iam-se batizando
homens e mulheres. 13 Creu também o mesmo Simão e,
tendo-se batizado, ligou-se a Filipe, deslumbrado pelos
prodígios e grandes milagres que se faziam.

São Pedro e São João na Samaria

14 Ora, os apóstolos que estavam em Jerusalém, tendo
ouvido dizer que a Samaria havia recebido a palavra de
Deus, mandaram-lhes lá Pedro e João, 15 os quais, tendo
chegado, fizeram oração por eles, a fim de receberem o
Espírito Santo, 16 porque ele ainda não tinha descido so-
bre nenhum deles, mas somente tinham sido batizados em
nome do Senhor Jesus. 17 Então Pedro e João impuseram-
-lhes as mãos, e eles receberam o Espírito Santo.

O pecado de simonia

18 Quando Simão viu que se dava o Espírito Santo
por meio da imposição das mãos dos apóstolos, ofereceu-
-lhes dinheiro, 19 dizendo:

«Dai-me também a mim esse poder, a fim de que todo aquele a quem eu impuser as mãos receba o Espírito Santo.»

Pedro, porém, disse-lhe:

20 «O teu dinheiro pereça contigo, visto que julgas-
te que o dom de Deus se pode adquirir com dinheiro.
21 Tu não tens parte nem gerência neste ministério, por-
que o teu coração não é reto diante de Deus. 22 Faze, pois,
penitência desta tua maldade e roga a Deus que, se é pos-
sível, te seja perdoado esse pensamento do teu coração.
23 Porque eu vejo-te cheio de amargosíssimo fel e entre os
laços da iniquidade.»

24 Simão respondeu:

«Rogai por mim ao Senhor, para que não venha sobre mim nada do que acabais de dizer.»

25 Eles, depois de terem dado testemunho e anunciado a palavra do Senhor, voltaram para Jerusalém e anunciavam o Evangelho por muitas aldeias dos samaritanos.

Batismo do eunuco etíope

26 Um anjo do Senhor falou a Filipe nestes termos:

«Levanta-te e segue para o lado do meio-dia pela estrada que vai de Jerusalém a Gaza: ela está deserta.»

27 Ele, levantando-se, partiu. E eis que um homem
etíope, ministro de Candace, rainha da Etiópia, o qual
era superintendente de todos os seus tesouros, tinha ido a
Jerusalém para adorar a Deus 28 e voltava sentado sobre o
seu carro, lendo o profeta Isaías. 29 Então disse o Espírito
a Filipe:

«Avança e aproxima-te desse carro.»

30 Correndo Filipe, ouviu que o etíope lia o profeta Isaías e disse:

«Compreendes o que lês?»

31 Ele disse:

«Como o poderei eu compreender se não houver alguém que mo explique?»

E rogou a Filipe que subisse e se sentasse junto dele.

32 A passagem da Escritura que ia lendo era esta:

Como ovelha foi levado ao matadouro,
e, como cordeiro mudo diante daquele que o tosquia,
assim ele não abriu a sua boca.
33 *Na sua humilhação, se lhe negou a justiça.*
Quem poderá descrever a sua descendência?
Pois que a sua vida é arrancada da terra.

34 O eunuco disse a Filipe:
«Peço-te que me digas de quem disse isto o profeta: de
si mesmo ou de algum outro?»
35 Abrindo Filipe a sua boca e principiando por esta
Escritura, anunciou-lhe Jesus. 36 Ora, continuando eles o
seu caminho, encontraram água. O eunuco disse:
«Eis água; que motivo me impede de ser batizado?» (37)
38 Mandou parar o carro e desceram os dois à água, Fi-
lipe e o eunuco; e Filipe o batizou. 39 Tendo saído da água,
o Espírito Santo arrebatou Filipe, e o eunuco não o viu
mais; e continuava alegremente o seu caminho. 40 Filipe
encontrou-se em Azoto e anunciava o Evangelho a todas as
cidades por que passava, até que chegou a Cesareia.

VI. VOCAÇÃO DE SÃO PAULO

Saulo a caminho de Damasco

9 1 Entretanto Saulo, respirando ainda ameaças e mor-
te contra os discípulos do Senhor, apresentou-se ao
sumo sacerdote 2 e pediu-lhe cartas para as sinagogas de

Damasco, com o fim de levar presos a Jerusalém quantos
adeptos deste Caminho encontrasse, homens e mulhe-
res. 3 Prosseguindo ele a sua jornada, aconteceu que, ao
aproximar-se de Damasco, subitamente o cercou uma
luz fulgurante vinda do céu. 4 Caindo por terra, ouviu
uma voz que lhe dizia:

«Saulo, Saulo, por que me persegues?»

5 Ele disse:

«Quem és tu, Senhor?»

E ele:

«Eu sou Jesus, a quem tu persegues. 6 Levanta-te, en-
tra na cidade, e aí te será dito o que deves fazer.»

7 Aqueles que o acompanhavam estavam estupefa-
tos ouvindo a voz, mas não vendo ninguém. 8 Saulo
levantou-se da terra e, tendo os olhos abertos, não via
nada. Eles, porém, levando-o pela mão, o conduziram
a Damasco. 9 Esteve ali três dias sem ver, sem comer
nem beber.

Ananias batiza Saulo

10 Ora, em Damasco havia um discípulo chamado
Ananias. O Senhor, numa visão, disse-lhe:

«Ananias!»

Ele respondeu:

«Eis-me aqui, Senhor.»

[11] O Senhor disse-lhe:

«Levanta-te, vai à rua chamada Direita e busca em
casa de Judas um homem de Tarso chamado Saulo, por-
que eis que está orando [12] e viu numa visão um homem
chamado Ananias que entrava e lhe impunha as mãos
para recobrar a vista.»

[13] Ananias respondeu:

«Senhor, tenho ouvido dizer a muitos quantos males
esse homem fez aos teus santos em Jerusalém; [14] e aqui
ele tem poder dos príncipes dos sacerdotes para prender
todos os que invocam o teu nome.»

[15] Mas o Senhor disse-lhe:

«Vai, porque este é um instrumento escolhido por
mim para levar o meu nome diante das gentes, dos reis e
dos filhos de Israel. [16] Mostrar-lhe-ei quanto deve sofrer
pelo meu nome.»

[17] Foi Ananias, entrou na casa e, impondo-lhe as
mãos, disse:

«Irmão Saulo, o Senhor Jesus, que te apareceu no caminho por onde vinhas, enviou-me para que recuperes a vista e fiques cheio do Espírito Santo.»

[18] Imediatamente lhe caíram dos olhos umas como
escamas, recuperou a vista, levantou-se e foi batizado.
[19] Depois que tomou alimento, recuperou as forças.

Início da atividade apostólica de São Paulo

Esteve alguns dias com os discípulos que se encontra-
vam em Damasco. 20 Imediatamente, começou a pregar
a Jesus nas sinagogas:

«Este é o Filho de Deus.»

21 Pasmavam todos os que ouviam e diziam:

«Não é este aquele que perseguia em Jerusalém os que invocavam este nome, e não veio ele cá com o fim de os levar presos aos príncipes dos sacerdotes?»

22 Entretanto, Saulo muito mais se esforçava e confundia os judeus que habitavam em Damasco, demonstrando-lhes que Jesus é o Cristo.

Fuga de São Paulo

23 Tendo-se passado muitos dias, os judeus em conselho
resolveram matá-lo. 24 Porém, Saulo foi advertido das suas
ciladas. Eles faziam guarda às portas da cidade, de dia e de
noite, para o matarem. 25 Mas os discípulos, tomando-o
de noite, desceram-no numa cesta pela muralha.

São Barnabé e São Paulo em Jerusalém com os apóstolos

26 Tendo chegado a Jerusalém, procurava juntar-se com os discípulos; mas todos o temiam, não acreditando que

ele fosse discípulo. 27 Então Barnabé, tomando-o consigo,
o levou aos apóstolos, e ele contou-lhes como tinha visto
o Senhor no caminho, o qual lhe tinha falado, e como
em Damasco pregara confiantemente em nome de Jesus.
28 Desde então ficou com eles em Jerusalém, entrando e
saindo, e pregando confiantemente em nome do Senhor.
29 Falava e discutia com os helenistas; mas eles procuravam
matá-lo. 30 Tendo sabido isso os irmãos, conduziram-no a
Cesareia, e daí o enviaram a Tarso.

Crescimento da Igreja

31 Tinha então paz a Igreja por toda a Judeia, Galileia
e Samaria, edificava-se e caminhava no temor do Senhor,
e com a assistência do Espírito Santo ia-se multiplicando.

VII. ATIVIDADE DE SÃO PEDRO

São Pedro cura um paralítico em Lida

32 Ora, aconteceu que Pedro, indo por toda a parte de
cidade em cidade, foi também aos santos que habitavam
em Lida. 33 Encontrou ali um homem, chamado Eneias,
que havia oito anos jazia num leito, porque era paralítico.
34 Pedro disse-lhe:

«Eneias, Jesus Cristo cura-te! Levanta-te e faze tu mesmo a tua cama.»

Imediatamente se levantou. 35 Viram-no todos os que
habitavam em Lida e em Saron, os quais se converteram
ao Senhor.

São Pedro ressuscita Tábita em Jope

36 Havia em Jope uma discípula chamada Tábita, que,
traduzida em grego, quer dizer Dorcas. Estava cheia de
boas obras e esmolas que fazia. 37 Aconteceu naqueles dias
que, caindo enferma, morreu. Tendo-a lavado, puseram-
-na num quarto alto. 38 Como Lida era perto de Jope,
os discípulos, ouvindo dizer que Pedro se encontrava lá,
enviaram-lhe dois homens, rogando-lhe:

«Não te demores em vir ter conosco.»

39 Pedro, levantando-se, foi com eles. Logo que che-
gou, levaram-no ao quarto alto e cercaram-no todas as
viúvas, chorando e mostrando-lhe as túnicas e os vesti-
dos que Dorcas em vida lhes fazia. 40 Então Pedro, tendo
mandado sair todos e pondo-se de joelhos, orou. Depois,
voltando-se para o corpo, disse:

«Tábita, levanta-te.»

Ela abriu os olhos e, vendo Pedro, sentou-se. 41 Ele a
fez levantar, dando-lhe a mão. Então, tendo chamado os
santos e as viúvas, lha entregou viva.

42 Este fato foi sabido por toda Jope, e muitos creram
no Senhor. 43 Pedro ficou em Jope muitos dias, em casa
de um certo Simão curtidor.

Visão do centurião Cornélio

10 1 Havia então em Cesareia um homem chamado
Cornélio, centurião da coorte chamada itálica,
2 religioso e temente a Deus com toda a sua casa, o qual
dava muitas esmolas ao povo e orava a Deus assiduamente.
3 Este viu claramente numa visão, cerca da hora nona, que
um anjo de Deus se apresentava diante dele e lhe dizia:

«Cornélio!»

4 Ele, fixando os olhos no anjo e possuído de temor,
disse:

«Que há, Senhor?»

O anjo respondeu-lhe:

«As tuas orações e as tuas esmolas subiram como um
memorial à presença de Deus. 5 Agora envia homens a
Jope e manda vir um certo Simão, que tem por sobreno-
me Pedro, 6 o qual se encontra hospedado em casa de um
tal Simão curtidor, cuja casa fica junto ao mar.»

7 Tendo-se retirado o anjo que lhe falava, chamou dois
dos seus criados e um soldado temente a Deus, daqueles
que estavam às suas ordens, 8 e, tendo-lhes contado tudo
isso, os enviou a Jope.

Êxtase de São Pedro

9 No dia seguinte, indo eles em viagem e estando per-
to da cidade, subiu Pedro à parte superior da casa para
fazer oração, cerca da hora sexta. 10 Como tivesse fome,

quis comer. Mas, enquanto lho preparavam, caiu em êx-
tase: 11 viu o céu aberto e descer um objeto semelhante
a um grande lençol, suspenso pelos quatro cantos, que
baixava para a terra, 12 no qual havia de todos os quadrú-
pedes, répteis da terra e aves do céu. 13 Ouviu esta voz:

«Levanta-te, Pedro, mata e come.»

14 Mas Pedro disse:

«De nenhum modo, Senhor, porque nunca comi nada manchado ou impuro.»

15 Mas a voz tornou-lhe uma segunda vez a dizer:

«Não chames impuro ao que Deus declarou puro.»

16 Isso repetiu-se três vezes, e logo o objeto foi retirado
para o céu. 17 Enquanto Pedro estava incerto dentro de
si sobre o que queria significar a visão que tivera, e eis
que os homens enviados por Cornélio, perguntando pela
casa de Simão, chegaram à porta. 18 Tendo chamado, per-
guntaram se estava ali hospedado Simão, que tinha por
sobrenome Pedro. 19 Estando Pedro a pensar na visão,
disse-lhe o Espírito:

«Eis três homens que te procuram. 20 Levanta-te, pois,
desce e vai com eles sem duvidar, porque fui eu que os
enviei.»

21 Descendo Pedro para ir ter com os homens, disse:

«Aqui me tendes, sou eu quem buscais; qual é a causa por que viestes aqui?»

22 Eles disseram:

«O centurião Cornélio, homem justo e temente a Deus, tido em consideração por toda a nação dos judeus,

recebeu ordem de um anjo santo para te mandar chamar
a sua casa, para ouvir as tuas palavras.»
23 Então, mandando-os entrar, os hospedou.

São Pedro na casa do centurião

No dia seguinte, levantando-se, partiu com eles em
companhia de alguns irmãos de Jope. 24 No dia seguin-
te, entraram em Cesareia. Cornélio estava-os esperando,
tendo convidado os seus parentes e mais íntimos ami-
gos. 25 Quando Pedro estava para entrar, saiu Cornélio a
recebê-lo, prostrando-se a seus pés. 26 Mas Pedro o levan-
tou, dizendo:

«Levanta-te, que eu também sou um homem.»

27 E, conversando com ele, entrou em casa, onde en-
controu muitas pessoas reunidas. 28 Disse-lhes:

«Vós sabeis como é coisa abominável para um homem judeu o unir-se a um estrangeiro ou aproximar-se dele; mas Deus mostrou-me que a nenhum homem chamasse manchado ou impuro.
29 Por isso vim sem hesitação
logo que fui chamado. Pergunto, pois, por que motivo
me chamastes?»

30 Cornélio disse:

«Faz hoje quatro dias que eu estava orando em minha
casa, à hora nona, quando apareceu diante de mim um
homem de vestes resplandecentes, que me disse:
31 "Cornélio, a tua oração foi atendida e as tuas esmolas foram
lembradas na presença de Deus.
32 Manda, pois, a Jope

chamar Simão, que tem por sobrenome Pedro, o qual
está hospedado em casa de Simão curtidor, junto do mar.
33 Por isso mandei imediatamente chamar-te, e tu fizeste
bem em vir. Agora todos nós, reunidos aqui na presença
de Deus, estamos dispostos a ouvir tudo o que o Senhor
te ordenou que nos digas.»

Pregação de São Pedro a Cornélio

34 Então Pedro, tomando a palavra, disse:
«Na verdade reconheço que Deus não faz acepção de
pessoas, 35 mas que, em qualquer nação, aquele que o
teme e pratica a justiça lhe é agradável. 36 Deus enviou a
sua palavra aos filhos de Israel, anunciando-lhes a boa-
-nova da paz por meio de Jesus Cristo, que é o Senhor
de todos.

37 «Sabeis o que aconteceu por toda a Judeia, come-
çando pela Galileia, depois do batismo que João pregou:
38 como Deus ungiu com o Espírito Santo e com po-
der a Jesus de Nazaré, o qual andou, de lugar em lugar,
fazendo bem e sarando todos os oprimidos do diabo,
porque Deus era com ele. 39 Nós somos testemunhas
de tudo o que ele fez no país dos judeus e em Jerusa-
lém; mas mataram-no, suspendendo-o num madeiro.
40 Deus, porém, ressuscitou-o ao terceiro dia e fez que se
manifestasse, 41 não a todo o povo, mas às testemunhas
que Deus tinha escolhido antes, a nós que comemos e
bebemos com ele depois que ressuscitou dos mortos.

42 Mandou-nos pregar ao povo e dar testemunho de que
ele é aquele que Deus constituiu juiz dos vivos e dos
mortos. 43 Dele dão este testemunho todos os profetas:
todo aquele que crê nele recebe por meio do seu nome a
remissão dos pecados.»

Batismo de Cornélio e sua família

44 Estando Pedro ainda proferindo essas palavras,
desceu o Espírito Santo sobre todos os que ouviam a
pregação. 45 E os fiéis circuncisos, que tinham ido com
Pedro, admiraram-se de ver que a graça do Espírito
Santo foi também difundida sobre os gentios, 46 porque
os ouviam falar línguas e glorificar a Deus. Então Pedro
disse:

47 «Porventura pode alguém recusar a água do batis-
mo àqueles que receberam o Espírito Santo como nós?»

48 E mandou que fossem batizados em nome de Jesus
Cristo. Então rogaram-lhe que ficasse alguns dias com
eles.

São Pedro explica em Jerusalém sua atuação

11 1 Os apóstolos e os irmãos que estavam na Judeia
ouviram que também os gentios tinham recebido
a palavra de Deus. 2 Quando Pedro voltou a Jerusalém, os
que eram da circuncisão disputavam com ele, 3 dizendo:

«Tu entraste em casa de homens não circuncidados e
comeste com eles.»

4 Mas Pedro começou a expor-lhes as coisas por or-
dem, dizendo:

5 «Eu estava orando na cidade de Jope, quando tive
em êxtase esta visão: descia uma espécie de objeto como
um grande lençol, o qual, suspenso pelas quatro pontas,
baixava do céu e veio até mim. 6 Fixando eu os olhos
nele, estava-o contemplando e vi animais terrestres qua-
drúpedes, feras, répteis e aves do céu. 7 Ouvi também
uma voz que me dizia: "Levanta-te, Pedro, mata e come".
8 Eu disse: "De nenhum modo, Senhor, porque nunca
entrou na minha boca coisa manchada ou impura".
9 Respondeu-me outra vez a voz do céu: "O que Deus
declarou puro, não lhe chames tu impuro". 10 Isso suce-
deu por três vezes; depois tudo foi retirado para o céu.
11 Eis que chegaram logo três homens à casa onde eu
estava, enviados a mim de Cesareia. 12 O Espírito disse-
-me que fosse com eles sem hesitação alguma. Estes seis
irmãos foram também comigo e entramos na casa da-
quele homem. 13 Ele contou-nos como tinha visto na sua
casa um anjo apresentar-se diante dele, dizendo: "Manda
a Jope chamar Simão, que tem por sobrenome Pedro,
14 o qual te anunciará palavras pelas quais serás salvo, tu
e toda a tua casa". 15 Tendo eu começado a falar, desceu o
Espírito sobre eles como tinha descido sobre nós no prin-
cípio. 16 Lembrei-me então da palavra do Senhor, que ele
havia proferido: "João batizou em água, mas vós sereis
batizados no Espírito Santo". 17 Se Deus, pois, lhes deu a

mesma graça que a nós por terem crido no Senhor Jesus
Cristo, quem era eu para que me pudesse opor a Deus?»
18 Eles, tendo ouvido essas coisas, aquietaram-se e glo-
rificaram a Deus, dizendo:

«Logo Deus concedeu também aos gentios a penitên-
cia, a fim de que tenham a vida.»

Primórdios da Igreja em Antioquia

19 Aqueles que tinham sido dispersos pela perseguição
suscitada por causa de Estêvão chegaram até a Fenícia,
Chipre e Antioquia, não pregando a ninguém a palavra,
senão só aos judeus. 20 Entre eles havia alguns homens
de Chipre e de Cirene, os quais, tendo entrado em An-
tioquia, falavam também aos gregos, anunciando-lhes o
Senhor Jesus. 21 A mão do Senhor era com eles, e muita
gente, tendo crido, converteu-se ao Senhor.

22 Chegou a notícia dessas coisas aos ouvidos da
Igreja de Jerusalém, que enviou Barnabé a Antioquia.
23 Quando ele lá chegou e viu a graça de Deus, alegrou-se
e exortava todos a perseverar fiéis ao Senhor com coração
firme, 24 porque era um homem de bem e cheio do Espí-
rito Santo e de fé. E uniu-se ao Senhor grande multidão
de gente. 25 Dali Barnabé partiu para Tarso em busca de
Saulo; tendo-o encontrado, levou-o a Antioquia. 26 Nessa
Igreja passaram eles um ano inteiro, e instruíram uma
grande multidão. Em Antioquia foi dado pela primeira
vez aos discípulos o nome de cristãos.

Ajuda de Antioquia à igreja na Judeia

27 Naqueles dias, foram de Jerusalém a Antioquia uns
profetas. 28 Levantando-se um deles chamado Ágabo, fa-
zia saber, por virtude do Espírito, que haveria uma grande
fome por todo o mundo, a qual veio no tempo de Cláu-
dio. 29 Os discípulos, cada um segundo os seus meios, re-
solveram enviar algum socorro aos irmãos que habitavam
na Judeia; 30 o que eles efetivamente fizeram, enviando-o
aos anciões por mãos de Barnabé e de Saulo.

Perseguição de Herodes Agripa. Prisão de São Pedro e sua milagrosa libertação

12 1 Naquele mesmo tempo o rei Herodes mandou
prender alguns membros da Igreja para os mal-
tratar. 2 Matou à espada Tiago, irmão de João. 3 Vendo
que isso agradava aos judeus, mandou também pren-
der Pedro. Eram então os dias dos Ázimos. 4 Tendo-o
mandado prender, meteu-o na prisão, dando-o a guar-
dar a quatro piquetes de quatro soldados cada um, ten-
do intenção de o apresentar ao povo depois da Páscoa.
5 Pedro, pois, estava guardado no cárcere; entretanto, a
Igreja fazia sem cessar oração a Deus por ele. 6 Ora, na
mesma noite em que Herodes estava para o apresentar
ao povo, Pedro dormia entre dois soldados, ligado com
duas cadeias; e os guardas à porta vigiavam a prisão. 7 De
repente sobreveio um anjo do Senhor, e resplandeceu

uma luz no aposento. O anjo, batendo no lado de Pedro, despertou-o, dizendo:

«Levanta-te depressa!»

E caíram as cadeias das suas mãos. [8] O anjo disse-lhe:

«Toma o teu cinto e calça as tuas sandálias.»

E ele assim fez. E disse-lhe o anjo:

«Põe sobre ti a tua capa e segue-me.»

[9] Ele, saindo, seguia-o sem dar conta de que era realidade o que se fazia por intervenção do anjo; antes, julgava ter uma visão.

[10] Depois de passarem a primeira e a segunda guarda,
chegaram à porta de ferro, que dá para a cidade, a qual
se lhes abriu por si mesma. Saindo, passaram uma rua e,
imediatamente, o anjo afastou-se dele. [11] Então Pedro,
voltando a si, disse:

«Agora sei verdadeiramente que o Senhor mandou o seu anjo e me livrou da mão de Herodes e de tudo o que esperava o povo dos judeus.»

[12] Depois de um momento de reflexão, foi à casa de
Maria, mãe de João, que tem por sobrenome Marcos,
onde estavam muitos reunidos em oração. [13] Tendo ele
batido à porta da entrada, uma donzela, chamada Rode,
foi escutar. [14] Logo que reconheceu a voz de Pedro, ta-
manha a alegria, não lhe abriu a porta, mas, correndo
dentro, deu a nova de que Pedro estava à porta. [15] Eles,
porém, disseram-lhe:

«Estás louca.»

Mas ela afirmava que era assim. Eles diziam:

«É o seu anjo.»

16 Entretanto, Pedro continuava a bater. Tendo aberto,
viram-no e ficaram estupefatos. 17 Ele, porém, tendo-lhes
feito sinal com a mão para que se calassem, contou-lhes
de que modo o Senhor o tinha livrado da prisão. Disse:
«Fazei saber isto a Tiago e aos irmãos.»
Depois, tendo saído, foi para outra parte.
18 Ora, quando foi dia, houve não pequena pertur-
bação entre os soldados sobre o que tinha sido feito
de Pedro. 19 Herodes, tendo-o mandado buscar e não
o encontrando, feito inquérito a respeito dos guardas,
mandou-os conduzir ao suplício. Depois, passando da
Judeia a Cesareia, aí habitou.

Morte de Herodes

20 Ora, Herodes estava em conflito com os de Tiro e
de Sidônia. Mas estes, de comum acordo, foram ter com
ele e, com o favor de Blasto, camareiro do rei, pediram
paz, porque das terras do rei é que o seu país recebia a
subsistência. 21 No dia marcado, Herodes, vestido de tra-
je real, sentou-se sobre o trono e arengava-lhes. 22 E o
povo o aplaudia, dizendo:
«É voz de um deus, e não de um homem!»
23 Porém, subitamente, o anjo do Senhor o feriu, por-
que não tinha dado glória a Deus, e, roído de vermes,
expirou.

São Barnabé e São Paulo voltam a Jerusalém

24 E a palavra do Senhor crescia e multiplicava-se.
25 Barnabé e Saulo, tendo concluído o seu ministério,
voltaram de Jerusalém, levando consigo João, que tem
por sobrenome Marcos.

TERCEIRA PARTE
DIFUSÃO DA IGREJA ENTRE OS GENTIOS
VIAGENS MISSIONÁRIAS DE SÃO PAULO

III. PRIMEIRA VIAGEM APOSTÓLICA DE SÃO PAULO

Designação de São Paulo e São Barnabé

13 1 Havia na Igreja de Antioquia profetas e dou-
tores, entre os quais Barnabé, Simão, chamado
o Negro, Lúcio de Cirene, Manaém, colaço de Herodes
Tetrarca, e Saulo. 2 Estando eles a celebrar o culto do
Senhor e a jejuar, disse-lhes o Espírito Santo:

«Separai-me Barnabé e Saulo para a obra a que lhes destinei.»

3 Então, depois de terem jejuado e orado, impuseram-
-lhes as mãos e despediram-nos.

No Chipre

4 Eles, pois, enviados pelo Espírito Santo, foram à
Selêucia e, dali, navegaram para o Chipre. 5 Quando
chegaram a Salamina, começaram a pregar a palavra de
Deus nas sinagogas dos judeus. Tinham com eles João
como auxiliar. 6 Tendo percorrido toda a ilha até Pafos,
encontraram certo homem mago, falso profeta e judeu,
que tinha por nome Barjesus, 7 o qual vivia com o pro-
cônsul Sérgio Paulo, homem prudente. Este, tendo man-
dado chamar Barnabé e Saulo, mostrou desejos de ouvir
a palavra de Deus. 8 Mas Elimas, o mago (porque assim
se interpreta o seu nome), se lhes opunha, procurando
afastar da fé o procônsul. 9 Porém Saulo, que também se
chama Paulo, cheio do Espírito Santo, fixando nele os
olhos, 10 disse:

«Ó tu, que estás cheio de todo o engano e de toda
a astúcia, filho do diabo, inimigo de toda a justiça, não
acabarás de perverter os caminhos retos do Senhor? 11
Pois agora eis que a mão do Senhor está sobre ti e ficarás
cego, sem ver o sol durante certo tempo.»

Caíram logo sobre ele a obscuridade e as trevas; an-
dando à roda, buscava quem lhe desse a mão. 12 Então
o procônsul, vendo esse fato, creu, maravilhado com a
doutrina do Senhor.

Passagem à Ásia Menor

13 Tendo partido à vela de Pafos Paulo e os que com
ele se encontravam, chegaram a Perge da Panfília. Aqui
João, apartando-se deles, voltou a Jerusalém. 14 Eles,
porém, passando além de Perge, foram a Antioquia da
Pisídia e, tendo entrado na sinagoga em dia de sábado,
tomaram assento.

Pregação na sinagoga de Antioquia da Pisídia

15 Depois da leitura da Lei e dos profetas, os chefes da sinagoga mandaram-lhes dizer:

«Irmãos, se tendes alguma exortação a fazer ao povo, falai.»

16 Então Paulo, levantando-se e fazendo com a mão sinal de silêncio, disse:

«Varões israelitas e vós que temeis a Deus, ouvi:
17 o Deus deste povo de Israel escolheu nossos pais e
exaltou este povo enquanto eram estrangeiros na terra
do Egito, de onde os tirou com o poder do seu braço.
18 Alimentou-os no deserto durante cerca de quarenta anos
19 e, destruindo sete nações na terra de Canaã,
distribuiu entre eles o território delas
20 e deu-lhas em herança por espaço de cerca de quatrocentos e cinquenta anos. Depois disso, deu-lhes juízes até o profeta Samuel.
21 Então pediram um rei, e Deus deu-lhes
Saul, filho de Cis, homem da tribo de, por espaço de

quarenta anos. 22 Rejeitado este, suscitou-lhes como rei a Davi, ao qual, dando testemunho, disse: "*Achei Davi,* filho de Jessé, *homem segundo o meu coração*, que fará todas as minhas vontades".

23 «Da descendência deste, Deus, segundo a sua promessa, suscitou um Salvador a Israel, Jesus. 24 Tendo pregado antes da sua vinda o batismo da penitência a todo o povo de Israel, 25 João, chegando ao termo da sua missão, dizia: "Eu não sou quem vós pensais; mas eis que, depois de mim, vem aquele de quem não sou digno de desatar o calçado dos pés".

26 «Irmãos, filhos da descendência de Abraão e os que entre vós temem a Deus: a nós é que foi enviada esta palavra de Salvação. 27 Efetivamente, os habitantes de Jerusalém e os seus chefes, não conhecendo Jesus nem as vozes dos profetas que cada sábado se leem, condenando-o, as cumpriram. 28 Não encontrando nele nenhuma causa de morte, pediram a Pilatos para lhe tirar a vida. 29 Depois, tendo consumado todas as coisas que estavam escritas, tirando-o do madeiro, o puseram no sepulcro. 30 Deus, porém, ressuscitou-o dos mortos, 31 e ele foi visto durante muitos dias por aqueles que o tinham acompanhado da Galileia a Jerusalém, os quais agora são suas testemunhas perante o povo.

32 «Também nós vos anunciamos que aquela promessa que foi feita a nossos pais, 33 Deus a cumpriu com seus filhos, que somos nós, ressuscitando Jesus, como está escrito no Salmo segundo:

Tu és meu Filho,
eu te gerei hoje.

34 «Que o ressuscitou dos mortos para nunca mais
tornar à corrupção, ele o disse deste modo:

Dar-vos-ei fielmente os favores sagrados
prometidos a Davi.

35 «Por isso também diz noutro lugar:

Não permitirás que o teu Santo experimente a corrupção.

36 «Porque Davi, tendo durante a sua vida servido os
desígnios de Deus, morreu, foi reunir-se com seus pais e
experimentou a corrupção. 37 Porém, aquele que Deus
ressuscitou dos mortos não experimentou a corrupção.
38 Seja-vos, pois, notório, irmãos, que por ele vos é anun-
ciada a remissão dos pecados e de tudo aquilo de que não
pudestes ser justificados pela Lei de Moisés. 39 Por ele é
justificado todo aquele que crê. 40 Tomai, pois, cuidado
que não venha sobre vós o que foi dito nos profetas:

41 *Vede, ó desprezadores,*
admirai-vos e perecei,
porque eu vou fazer uma obra em vossos dias,
uma obra que vós não crereis, se alguém vo-la contar.»

42 Quando eles saíam da sinagoga, rogavam que, no
sábado seguinte, lhes falassem sobre o mesmo assunto.
43 Tendo-se dissolvido a reunião, muitos judeus e prosélitos piedosos seguiram Paulo e Barnabé, os quais, com as suas palavras, os exortavam a que perseverassem na graça de Deus.

São Paulo e São Barnabé se dirigem aos gentios

44 No sábado seguinte, concorreu quase toda a cida-
de a ouvir a palavra do Senhor. 45 Mas os judeus, vendo
aquela concorrência de gente, encheram-se de inveja e
responderam com injúrias às palavras de Paulo. 46 Então
Paulo e Barnabé disseram-lhes resolutamente:

«Vós éreis os primeiros a quem se devia anunciar a palavra de Deus, mas, porque a rejeitais e vos julgais indignos da vida eterna, eis que nos voltamos para os gentios,
47 porque assim nos ordenou o Senhor:

Eu te constituí luz das nações,
para que sejas a salvação
até a extremidade da terra.»

48 Os gentios, ouvindo isso, alegraram-se e glorifi-
cavam a palavra do Senhor. Creram todos os que eram
ordenados para a vida eterna. 49 A palavra do Senhor
espalhava-se por toda aquela região. 50 Mas os judeus

instigaram algumas mulheres devotas e nobres, assim
como os principais da cidade, e suscitaram uma perse-
guição contra Paulo e Barnabé, e os lançaram fora do
seu território. 51 Então estes, tendo sacudido contra eles
o pó dos seus pés, foram para Icônio. 52 E os discípulos
estavam cheios de alegria e do Espírito Santo.

Evangelização em Icônio e posterior perseguição

14 1 Aconteceu em Icônio que, segundo o seu pro-
ceder habitual, entraram juntos na sinagoga dos
judeus e falaram de tal modo que muitos judeus e gre-
gos abraçaram a fé. 2 Mas os judeus, que permanece-
ram incrédulos, excitaram e fizeram irritar os ânimos
dos gentios contra os irmãos. 3 Por isso demoraram-se
ali muito tempo, trabalhando cheios de coragem e de
confiança no Senhor, que confirmava a palavra da sua
graça concedendo que fossem operados por suas mãos
prodígios e milagres. 4 Dividiu-se o povo da cidade:
uns eram pelos judeus, outros pelos apóstolos. 5 Mas,
levantando-se um motim dos gentios e dos judeus com
os seus chefes para os ultrajar e apedrejar, 6 e tendo eles
sabido isso, refugiaram-se nas cidades de Licaônia, Lis-
tra e Derbe, e em toda aquela região em circuito. 7 Aí
pregavam o Evangelho.

Cura de um coxo em Listra

8 Ora, em Listra havia um homem leso dos pés, coxo
de nascença, o qual nunca tinha andado. 9 Este ouvia
pregar Paulo, o qual, pondo nele os olhos e vendo que
tinha fé de que seria curado, 10 disse em alta voz:

«Levanta-te direito sobre os teus pés.»

Ele levantou-se de um salto e pôs-se a andar. 11 A mul-
tidão, ao ver o que Paulo fizera, levantou a voz, dizendo
em língua licaônica:

«Estes são deuses que baixaram até nós em forma de
homens.»

12 E chamavam a Barnabé Zeus e a Paulo, Hermes,
porque era este que lhes dirigia a palavra.

13 Além disso, o sacerdote de Zeus, que estava à en-
trada da cidade, trazendo para diante das portas touros
com grinaldas, queria oferecer um sacrifício com o povo.
14 Mas os apóstolos Barnabé e Paulo, ao terem conheci-
mento disso, rasgando as suas túnicas, precipitaram-se
para o meio do povo, clamando:

15 «Ó homens, que ides fazer? Nós também somos
homens de natureza igual à vossa, que vos pregamos que
vos convertais destas coisas vãs ao Deus vivo, que fez o
céu, a terra, o mar e tudo o que há neles. 16 Nos sécu-
los passados, permitiu que todas as nações seguissem os
seus caminhos; 17 todavia, não se deixou a si mesmo sem
testemunho, fazendo benefícios, dando chuvas do céu e
estações favoráveis para os frutos, dando em abundância
o mantimento e a alegria aos vossos corações.»

18 Dizendo isso, a custo puderam impedir o povo de
lhes oferecer sacrifícios.

Lapidação de São Paulo

19 Então sobrevieram de Antioquia e de Icônio alguns
judeus que, tendo aliciado a multidão, apedrejaram Pau-
lo e o arrastaram para fora da cidade, julgando que esti-
vesse morto. 20 Mas, rodeado dos discípulos, levantou-se
e entrou na cidade. No dia seguinte, partiu com Barnabé
para Derbe.

Regresso a Antioquia

21 Tendo evangelizado aquela cidade e feito muitos
discípulos, voltaram para Listra, Icônio e Antioquia, 22
confortando as almas dos discípulos e exortando-os a
perseverar na fé, dizendo que é por muitas tribulações
que devemos entrar no Reino de Deus. 23 Por fim, ten-
do constituído para cada Igreja presbíteros, depois de
terem feito oração e jejuado, encomendaram-nos ao
Senhor, em quem tinham crido. 24 Em seguida, atra-
vessando a Pisídia, foram à Panfília 25 e, anunciada a
palavra do Senhor em Perge, desceram a Atália. 26 Dali
navegaram para Antioquia, donde tinham sido reco-
mendados à graça de Deus para a obra que tinham
concluído.

27 Tendo chegado e reunido a Igreja, contaram tudo o que Deus havia feito com eles e como tinha aberto a porta da fé aos gentios. Depois detiveram-se com os discípulos não pouco tempo.

IX. CONCÍLIO DE JERUSALÉM

Conflito com os judaizantes em Antioquia

15 1 Ora, alguns vindos da Judeia ensinavam aos irmãos:

«Se vós não circuncidais segundo o rito de Moisés, não podeis ser salvos.»

2 Tendo-se levantado uma discussão e uma viva altercação entre eles e Paulo e Barnabé, resolveram que fossem Paulo, Barnabé e alguns dos outros consultar os apóstolos e os presbíteros de Jerusalém sobre essa questão.

São Paulo e São Barnabé vão a Jerusalém

3 Eles, pois, acompanhados pelos membros da Igreja, iam passando pela Fenícia e pela Samaria contando a conversão dos gentios, o que causava grande contenta-
mento a todos os irmãos. 4 Tendo chegado a Jerusalém,
foram recebidos pela Igreja, pelos apóstolos e pelos anciões, e contaram todas as coisas que havia feito Deus

com eles. 5 Mas levantaram-se alguns da seita dos fariseus
que tinham abraçado a fé, dizendo:
«É necessário circuncidá-los e ordenar-lhes a obser-
vância da Lei de Moisés.»

Discurso de São Pedro ao concílio

6 Reuniram-se, pois, os apóstolos e os presbíteros para
examinar essa questão. 7 Tendo-se suscitado uma grande
discussão, levantando-se Pedro, disse-lhes:
«Irmãos, sabeis que Deus, há muito tempo, me
escolheu entre vós para que da minha boca ouvissem
os gentios a palavra do Evangelho e abraçassem a fé.
8 Deus, que conhece os corações, deu testemunho em
favor deles, conferindo-lhes o Espírito Santo como
também a nós, 9 e não fez diferença alguma entre nós
e eles, purificando com a fé os seus corações. 10 Logo,
por que tentais agora a Deus, impondo um jugo sobre
as cervizes dos discípulos que nem nossos pais nem nós
pudemos suportar? 11 Pelo contrário, pela graça do Se-
nhor Jesus Cristo cremos que somos salvos, do mesmo
modo que eles.»

Intervenção de São Tiago

12 Toda a assembleia se calou; e ouviam Barnabé e
Paulo contar todos os milagres e prodígios que Deus

tinha feito por intervenção deles entre os gentios. 13 De-
pois que se calaram, Tiago tomou a palavra, dizendo:
«Irmãos, ouvi-me: 14 Simão contou como Deus, des-
de o princípio, cuidou em tirar do meio dos gentios um
povo que fosse seu. 15 Com isso concordaram as palavras
dos profetas, como está escrito:

16 "*Depois disto voltarei*
e reedificarei o tabernáculo de Davi que caiu,
repararei as suas ruínas e o levantarei,
17 *a fim de que busquem a Deus*
todos os outros homens e todas as gentes
sobre as quais tem sido invocado o meu Nome",
diz o Senhor, que dá a conhecer
18 *estas coisas desde a eternidade.*

19 «Por isso sou de opinião de que se não devem in-
quietar os que dentre os gentios se convertem a Deus, 20
mas que se lhes escreva que se abstenham das contamina-
ções dos ídolos, da fornicação, das carnes sufocadas e do
sangue. 21 Porque Moisés, desde tempos antigos, tem em
cada cidade homens que o pregam nas sinagogas, onde é
lido todos os sábados.»

Resolução do concílio

22 Então pareceu bem aos apóstolos e aos presbíteros,
com toda a Igreja, eleger algumas pessoas dentre eles e

enviá-las a Antioquia com Paulo e Barnabé: Judas, que
tinha o sobrenome de Barsabás, e Silas, pessoas eminentes
entre os irmãos, 23 mandando por mão deles esta carta:
«Os apóstolos e os presbíteros irmãos, aos irmãos con-
vertidos dos gentios que estão em Antioquia, na Síria e na
Cilícia, saudações. 24 Tendo nós sabido que alguns, indo
do meio de nós sem nenhuma ordem da nossa parte, vos
perturbaram com discursos que agitaram as vossas almas,
25 aprouve-nos, depois de nos termos reunido, escolher
alguns homens e enviá-los a vós com os nossos muito
amados Barnabé e Paulo, 26 homens que têm exposto
as suas vidas pelo nome de Nosso Senhor Jesus Cristo.
27 Enviamos, portanto, Judas e Silas, que vos exporão as
mesmas coisas e de viva voz. 28 Com efeito, pareceu bem
ao Espírito Santo e a nós não vos impor mais encargos
além destes indispensáveis: 29 que vos abstenhais das coi-
sas imoladas aos ídolos, do sangue, das carnes sufoca-
das e da fornicação; destas coisas fareis bem em vos guar-
dar. Adeus.»

Efeitos do decreto

30 Eles, pois, tendo-se despedido, foram a Antioquia e,
tendo reunido a multidão, entregaram a carta. 31 Tendo-
-a eles lido, encheram-se de contentamento pela cora-
gem que lhes dava. 32 Judas e Silas, como eram também
profetas, consolaram e confortaram com muitas pala-
vras os irmãos. 33 Tendo-se demorado ali algum tempo,

foram remetidos em paz pelos irmãos aos que lhos tinham
enviado. (34)
35 Paulo e Barnabé demoraram-se em Antioquia, en-
sinando e evangelizando com outros muitos a palavra do
Senhor.

X. SEGUNDA VIAGEM APOSTÓLICA DE SÃO PAULO

Silas, companheiro de São Paulo

36 Passados alguns dias, disse Paulo a Barnabé:
«Tornemos a ir visitar os irmãos por todas as cidades
em que temos pregado a palavra do Senhor, para ver em
que estado se encontram.»
37 Barnabé queria levar consigo também João, que
tinha por sobrenome Marcos. 38 Paulo, porém, procu-
rava fazê-lo ver que um homem que se tinha separado
deles na Panfília e não tinha ido com eles àquela obra
não devia ser admitido. 39 E houve tal desacordo entre
eles, que se separaram um do outro. Barnabé, levando
consigo Marcos, embarcou para Chipre. 40 Paulo, ten-
do escolhido Silas, partiu, recomendado pelos irmãos
à graça de Deus. 41 Percorreu a Síria e a Cilícia confir-
mando as igrejas.

Timóteo acompanha São Paulo

16 1 Chegou a Derbe e a Listra. Havia lá um dis-
cípulo chamado Timóteo, filho de uma mulher
judia convertida à fé e de pai grego. 2 Os irmãos que esta-
vam em Listra e em Icônio davam bom testemunho dele.
3 Quis Paulo que ele fosse consigo e, tomando-o, o cir-
cuncidou por causa dos judeus que havia naqueles luga-
res, porque todos sabiam que o pai dele era grego.

Visita às igrejas da Ásia

4 Ao passar pelas cidades, recomendavam que guar-
dassem as decisões tomadas pelos apóstolos e pelos pres-
bíteros de Jerusalém. 5 Assim, pois, as igrejas eram confir-
madas na fé e cresciam em número a cada dia.

6 Tendo atravessado a Frígia e a província da Galácia,
foram proibidos pelo Espírito Santo de anunciar a pa-
lavra de Deus na Ásia. 7 Tendo chegado aos confins da
Mísia, intentavam passar a Bitínia, mas não lho permitiu
o Espírito de Jesus. 8 Depois de terem atravessado a Mí-
sia, desceram a Trôade. 9 Durante a noite, Paulo teve uma
visão: apresentava-se diante dele em pé um homem da
Macedônia, que lhe rogava: «Passa à Macedônia e ajuda-
-nos.» 10 Logo que teve essa visão, procuramos partir para
a Macedônia, certificados de que Deus nos chamava a ir
lá evangelizar.

Passagem à Macedônia

11 Tendo-nos, pois, feito à vela de Trôade, fomos em
direção à Samotrácia e, no dia seguinte, a Neápolis; 12 daí
a Filipos, que é uma colônia romana e principal cidade
daquela parte da Macedônia. Nessa cidade nos detivemos alguns dias.

Conversão de Lídia

13 No dia de sábado, saímos fora das portas, junto
de uma ribeira, onde julgávamos haver um lugar de oração. Sentando-nos, falávamos às mulheres que tinham
concorrido. 14 Uma mulher chamada Lídia, da cidade
de Tiatira, que negociava em púrpura, temente a Deus,
ouvia-nos. O Senhor abriu-lhe o coração para atender
àquelas coisas que Paulo dizia. 15 Tendo sido batizada ela
com sua família, fez este pedido:

«Se julgais que sou fiel ao Senhor, entrai em minha casa e ficai nela.»

E forçou-nos a isso.

Cura de uma endemoninhada e encarceramento de São Paulo

16 Aconteceu que, um dia, indo nós à oração, nos veio ao encontro uma jovem que tinha um espírito pitônico,

a qual, com as suas adivinhações, dava muito lucro a seus
amos. 17 Ela, seguindo a Paulo e a nós, gritava, dizendo:

«Estes homens são servos do Deus excelso, que vos anunciam o caminho da salvação.»

18 E fazia isso muitos dias. Paulo, porém, enfadado, tendo-se voltado para ela, disse ao espírito:

«Ordeno-te em nome de Jesus Cristo que saias dessa mulher!»

E ele na mesma hora saiu. 19 Mas, vendo seus amos
que se lhes tinha acabado a esperança do lucro, pegando
em Paulo e em Silas, os levaram ao foro às autoridades
20 e, apresentando-os aos magistrados, disseram:

«Estes homens amotinam a nossa cidade. Sendo ju-
deus, 21 pregam um gênero de vida que não nos é lícito
admitir nem praticar, sendo romanos.»

22 Então o povo levantou-se contra eles, e os magistra-
dos, depois de ordenarem que lhes arrancassem as vestes,
mandaram que fossem açoitados com varas. 23 Tendo-
-os ferido com muitos açoites, meteram-nos na prisão,
mandando ao carcereiro que os guardasse com cuidado.
24 Ele, recebida essa ordem, meteu-os no calabouço inte-
rior e apertou-lhes os pés no cepo.

Batismo do carcereiro

25 Mas, pela meia-noite, Paulo e Silas oravam, cantan-
do louvores a Deus, e os que estavam na prisão ouviam-
-nos. 26 Subitamente, sentiu-se um terremoto tão grande

que se moveram os fundamentos do cárcere. Abriram-se
logo todas as portas e quebraram-se as cadeias de todos.
27 Despertado o carcereiro e vendo abertas as portas do
cárcere, tirando a espada, queria matar-se, julgando que
haviam fugido os presos. 28 Mas Paulo gritou em alta voz:

«Não te faças nenhum mal, porque estamos aqui todos.»

29 Então, tendo pedido luz, entrou e, tremendo, lançou-
-se aos pés de Paulo e de Silas. 30 Depois, tirando-os para
fora, disse:

«Senhores, que é necessário que eu faça para me salvar?»

31 Eles responderam:

«Crê no Senhor Jesus e sereis salvo tu e a tua família.»

32 E pregaram a palavra do Senhor a ele e a todos os
que estavam em sua casa. 33 Então, tomando cuidado
deles naquela mesma hora da noite, lavou-lhes as chagas e imediatamente foi batizado com toda a sua família.
34 Feito isso, levou-os a sua casa, pôs-lhes a mesa e alegrou-
-se com toda a sua família por ter crido em Deus.

Libertação e saída de Filipos

35 Quando foi dia, os magistrados mandaram os litores dizerem ao carcereiro:

«Põe esses homens em liberdade.»

36 O carcereiro levou esta nova a Paulo:

«Os magistrados mandaram pôr-vos em liberdade.
Agora, pois, saindo daqui, ide em paz.»

37 Mas Paulo disse-lhes:

«Açoitados publicamente sem julgamento, embora
fôssemos cidadãos romanos, meteram-nos no cárcere, e
agora fazem-nos sair em segredo? Não será assim; mas
venham e tirem-nos eles mesmos.»

38 Os litores referiram essas palavras aos magistrados,
os quais, ouvindo que eram cidadãos romanos, tiveram
medo. 39 Foram, pois, pedir-lhes desculpa e, tirando-os
para fora, lhes rogaram que saíssem da cidade. 40 Saindo
do cárcere, entraram em casa de Lídia e, tendo visto os
irmãos, os consolaram e partiram.

Em Tessalônica, dificuldades com os judeus

17 1 Tendo passado por Anfípolis e Apolônia, chega-
ram a Tessalônica, onde havia uma sinagoga dos
judeus. 2 Paulo dirigiu-se a eles segundo o seu costume e,
por três sábados, disputou com eles sobre as Escrituras,
3 declarando e mostrando que Cristo devia sofrer e ressus-
citar dos mortos. «E este Jesus», dizia, «que vos anuncio
é o Cristo». 4 Alguns deles creram e juntaram-se a Paulo
e a Silas, como também uma grande multidão de gregos
tementes a Deus e não poucas mulheres nobres. 5 Porém
os judeus, cheios de inveja, tomaram consigo alguns maus
homens da ralé, provocaram motins, puseram a cida-
de em tumulto e, cercando a casa de Jasão, procuravam

apresentá-los ao povo. 6 Não os tendo encontrado, leva-
ram à força Jasão e alguns irmãos aos magistrados da ci-
dade, clamando:

«Estes, que têm perturbado o mundo, vieram até
aqui. 7 Jasão os recebeu e todos eles são rebeldes aos de-
cretos de César, dizendo que há outro rei, que é Jesus.»

8 Alvoroçaram o povo e os magistrados da cidade, que
ouviam tais coisas. 9 Mas, depois que Jasão e os outros
deram fiança, deixaram-nos ir livres.

Acolhida em Bereia

10 Os irmãos, logo que chegou a noite, enviaram Pau-
lo e Silas para Bereia. Chegados lá, entraram na sinago-
ga dos judeus. 11 Estes eram de sentimentos mais nobres
do que aqueles que estavam em Tessalônica. Receberam
a palavra com toda a avidez, examinando todos os dias
as Escrituras para ver se as coisas eram assim. 12 Muitos
deles creram, assim como mulheres nobres dos gentios
e não poucos homens. 13 Porém, quando os judeus de
Tessalônica souberam que também em Bereia tinha sido
pregada por Paulo a palavra de Deus, foram lá agitar e su-
blevar o povo. 14 Então os irmãos fizeram imediatamen-
te retirar Paulo, até que alcançasse o mar. Silas, porém,
e Timóteo ficaram lá. 15 Os que acompanhavam Paulo
conduziram-no até Atenas e, recebida ordem dele para
dizerem a Silas e Timóteo que fossem ter com ele o mais
depressa possível, partiram.

São Paulo em Atenas

16 Enquanto Paulo os esperava em Atenas, o seu espí-
rito afligia-se no seu interior vendo aquela cidade cheia
de ídolos. 17 Disputava, portanto, na sinagoga com os
judeus e com os prosélitos, e no foro todos os dias com
aqueles que encontrava. 18 Alguns filósofos epicúreos e
estoicos conversavam com ele. Uns diziam: «Que quer
dizer este palrador?» E os outros: «Parece que anuncia
deuses estrangeiros», porque lhes anunciava Jesus e a res-
surreição. 19 Tendo-o tomado com eles, levaram-no ao
Areópago, dizendo:

«Podemos saber que nova doutrina é essa que pregas?
20 Porque nos andas metendo pelos ouvidos umas coisas
estranhas. Queremos, pois, saber que vem a ser isto.»

21 Todos os atenienses e os domiciliados forasteiros
não se ocupavam noutra coisa, senão em dizer ou ouvir
as últimas novidades.

Discurso no Areópago

22 Paulo, estando em pé no meio do Areópago, disse:

«Homens atenienses, em tudo vos vejo muito reli-
giosos; 23 porque, indo eu passando e vendo os vossos
monumentos sagrados, encontrei também um altar sobre
o qual estava escrito: "Ao Deus desconhecido". Aquele,
pois, que vós adorais sem conhecer, esse vos anuncio.
24 Deus, que fez o mundo e tudo o que nele há, sendo o

Senhor do céu e da terra, não habita em templos feitos
pelos homens, 25 nem é servido pelas mãos dos homens,
como se necessitasse de alguma coisa, ele que dá a todos
a vida, a respiração e todas as coisas. 26 De um só homem
fez sair todo o gênero humano, para que habitasse sobre
toda a face da terra, fixando aos povos a ordem dos tem-
pos e os limites da sua habitação, 27 para que busquem
a Deus e o encontrem como que às apalpadelas, embora
ele não esteja longe de cada um de nós, 28 porque nele
vivemos, nos movemos e existimos, como até o disseram
alguns dos vossos poetas: «Somos verdadeiramente da sua
linhagem.» 29 Sendo nós, pois, linhagem de Deus, não
devemos pensar que a divindade é semelhante ao ouro, à
prata ou à pedra lavrada por arte e indústria do homem.
30 Porém Deus, não levando em conta os tempos des-
ta ignorância, anuncia agora aos homens que todos em
todo o lugar se arrependam, 31 porque fixou um dia em
que há de julgar o mundo conforme a justiça, por meio
de um homem que designou, do que dá certeza a todos
ressuscitando-o dos mortos.»

32 Quando ouviram falar da ressurreição dos mortos,
uns faziam zombaria; outros, porém, disseram:

«Outra vez te ouviremos sobre esse assunto.»

33 Assim saiu Paulo do meio deles. 34 Todavia, algu-
mas pessoas agregando-se a ele abraçaram a fé, entre as
quais foi Dionísio, o Areopagita, e uma mulher chamada
Dâmaris, e outros com eles.

São Paulo em Corinto, com Áquila e Priscila

18 1 Depois disso, tendo partido Paulo de Atenas, foi
a Corinto. 2 Encontrando aí um judeu chamado
Áquila, natural do Ponto, que pouco antes tinha chegado
da Itália, e Priscila sua mulher, pelo motivo de Cláudio
ter mandado sair de Roma todos os judeus, uniu-se a
eles. 3 Como tinha o mesmo ofício, morava com eles e
conjuntamente trabalhava: eram fabricantes de tendas.
4 Disputava todos os sábados na sinagoga e esforçava-se
por ganhar judeus e gregos.

Pregação a judeus e gentios

5 Quando Silas e Timóteo chegaram da Macedônia,
Paulo aplicava-se assiduamente à palavra, dando teste-
munho aos judeus de que Jesus era o Cristo. 6 Mas, como
o contradissessem e o injuriassem, ele, sacudindo as suas
vestes, disse-lhes:

«O vosso sangue caia sobre a vossa cabeça! Eu não tenho culpa; desde agora vou para os gentios.»

7 Saindo dali, entrou em casa de um chamado Tito
Justo, temente a Deus, cuja casa estava contígua à sina-
goga. 8 Crispo, chefe da sinagoga, creu no Senhor com
toda a sua família, e muitos dos coríntios, ouvindo-o,
acreditavam e eram batizados.

9 Uma noite, em uma visão, o Senhor disse a Paulo:
«Não temas; fala e não te cales, 10 porque eu sou con-
tigo e ninguém porá a mão sobre ti para te fazer mal,
porque tenho muito povo nesta cidade.»
11 Demorou-se ali um ano e seis meses, ensinando en-
tre eles a palavra de Deus.

São Paulo diante de Galião

12 Sendo Galião procônsul da Acaia, os judeus de co-
mum acordo levantaram-se contra Paulo e levaram-no ao
tribunal, 13 dizendo:
«Este persuade os homens a que adorem a Deus com
um culto contra a Lei.»
14 Começando Paulo a abrir a boca para responder,
disse Galião aos judeus:
«Se isto fosse na realidade alguma injustiça ou deli-
to grave, eu vos ouviria, ó judeus, conforme o direito.
15 Mas, se se trata de discussões sobre palavras, nomes, e
sobre a vossa Lei, isso é convosco; eu não quero ser juiz
de tais coisas.»
16 E mandou-os sair do tribunal. 17 Então eles todos,
lançando mão de Sóstenes, chefe da sinagoga, batiam-
-lhe diante do tribunal. E Galião em nada se importava
com isso.

Regresso a Antioquia, passando por Éfeso

18 Paulo, depois de se ter demorado em Corinto mui-
tos dias, despediu-se dos irmãos e navegou para a Síria,
e com ele Priscila e Áquila. Mandou cortar o cabelo em
Cêncreas, porque tinha um voto. 19 Chegaram a Éfeso,
onde Paulo os deixou. Tendo entrado na sinagoga, dis-
putava com os judeus. 20 Rogando-lhe eles que ficasse ali
mais tempo, não consentiu, 21 mas despediu-se, dizendo:
«Outra vez, se Deus quiser, voltarei a vós.»
E partiu de Éfeso. 22 Desembarcando em Cesareia,
subiu a Jerusalém, aí saudou a Igreja e foi em seguida a
Antioquia.

XI. TERCEIRA VIAGEM APOSTÓLICA DE SÃO PAULO

Começo pela Galácia e Frígia

23 Tendo estado ali algum tempo, partiu, atravessando
sucessivamente a terra da Galácia e a Frígia, fortalecendo
todos os discípulos.

Apolo em Éfeso e Corinto

24 Ora, tinha chegado a Éfeso um judeu chamado Apo-
lo, natural de Alexandria, homem eloquente e versado nas

Escrituras. 25 Havia sido instruído no caminho do Senhor, falava com fervor de espírito e ensinava com exatidão o que dizia respeito a Jesus, embora conhecesse somente o batismo de João. 26 Começou a falar com liberdade na sinagoga. Quando Priscila e Áquila o ouviram, levaram--no consigo e expuseram-lhe mais minuciosamente o caminho do Senhor. 27 Querendo ele ir a Acaia, os irmãos animaram-no a isso e escreveram aos discípulos que o recebessem. Chegado lá, foi de muito proveito para os que tinham crido, 28 porque, com grande veemência, refutava publicamente os judeus, mostrando pelas Escrituras que Jesus é o Messias.

Discípulos de São João Batista em Éfeso

19 1 Ora, aconteceu que, estando Apolo em Corinto, Paulo, depois de ter atravessado as regiões altas, chegou a Éfeso, onde encontrou alguns discípulos. 2 Disse-lhes:

«Vós recebestes o Espírito Santo quando abraçastes a fé?»

«Nem sequer ouvimos dizer que há Espírito Santo», responderam-lhe.

3 Ele replicou:

«Em que batismo, pois, fostes batizados?»

«No batismo de João», responderam.

4 Então disse Paulo:

«João batizou o povo com batismo de penitência, di-
zendo que cressem naquele que havia de vir depois dele,
isto é, em Jesus.»
5 Ouvindo isso, foram batizados em nome do Senhor
Jesus. 6 E, tendo-lhes Paulo imposto as mãos, veio sobre
eles o Espírito Santo, e falavam em línguas e profetiza-
vam. 7 Eram ao todo cerca de doze pessoas.

Pregação e milagres de São Paulo em Éfeso

8 Paulo, entrando na sinagoga, falou com liberdade
durante três meses, disputando e persuadindo-os acerca
do Reino de Deus. 9 Mas, endurecendo-se alguns e não
crendo e dizendo mal do caminho do Senhor diante da
multidão, apartou-se deles e formou um grupo à par-
te com os discípulos e ensinou todos os dias na escola
de Tirano.
10 Isso durou dois anos, de tal maneira que todos os
que habitavam na Ásia ouviram a palavra do Senhor, ju-
deus e gregos. 11 Deus fazia milagres não vulgares por
mão de Paulo, 12 de tal modo que, sendo aplicados aos
enfermos os lenços e aventais que tinham tocado no seu
corpo, não só saíam deles as doenças, mas também os
espíritos malignos se retiravam.
13 Alguns dos exorcistas judeus que percorriam o país
também tentaram invocar o nome do Senhor Jesus sobre
os que tinham espíritos malignos, dizendo:
«Eu vos esconjuro por Jesus, a quem Paulo prega.»

14 Os que faziam isso eram sete filhos de um tal Ceva,
judeu e príncipe dos sacerdotes. 15 Mas o espírito malig-
no, respondendo, disse-lhes:

«Eu conheço Jesus e sei quem é Paulo. Mas vós quem sois?»

16 E o homem possesso do espírito mau, saltando sobre eles e apoderando-se de ambos, maltratou-os de tal maneira que, nus e feridos, fugiram daquela casa.

Queima de livros mágicos

17 Esse fato tornou-se notório a todos os judeus e
gregos que habitavam em Éfeso; caiu sobre todos eles
o temor, e o nome do Senhor Jesus era glorificado.
18 Muitos dos que tinham crido iam confessar e mani-
festar as suas obras. 19 Muitos também daqueles que se
tinham entregado à magia trouxeram os seus livros e
queimaram-nos diante de todos. Calculando o seu va-
lor, acharam que montava a cinquenta mil moedas de
prata. 20 Desse modo crescia poderosamente e firmava-se
a palavra de Deus.

Planos de viagens de São Paulo

21 Concluídas essas coisas, Paulo concebeu o projeto de ir a Jerusalém atravessando a Macedônia e a Acaia, dizendo:

«Depois de ir lá, é necessário que veja também Roma.»
22 E, enviando à Macedônia dois dos que lhe assistiam, Timóteo e Erasto, demorou-se ainda algum tempo na Ásia.

Motim dos prateiros de Éfeso

23 Nesse tempo surgiu um grande tumulto a propó-
sito do caminho. 24 Com efeito, certo prateiro chamado
Demétrio, que fazia de prata uns pequenos templos de
Ártemis, dava muito ganho aos artífices. 25 Convocando
ele estes e outros que trabalhavam em obras semelhantes, disse:

«Amigos, sabeis que o nosso ganho nos vem des-
ta indústria. 26 Ora vedes e ouvis dizer que não só em
Éfeso, mas em quase toda a Ásia, este Paulo com as suas persuasões seduziu e afastou muita gente, dizendo que
não são deuses aqueles que se fabricam com as mãos.
27 É, pois, para temer não só que a nossa indústria caia em descrédito, mas também que o templo da grande Ártemis seja tido em nada e comece a cair por terra a majestade daquela a quem toda a Ásia e o mundo adoram.»

28 Ouvindo isso, encheram-se de ira e exclamaram:

«Grande é a Ártemis dos efésios!»

29 Encheu-se a cidade de confusão, e todos à uma ar-
remeteram ao teatro, arrastando consigo Gaio e Aristar-
co, macedônios e companheiros de Paulo. 30 Paulo queria
apresentar-se ao povo, mas os discípulos não o deixaram.

31 Até alguns dos asiarcas que eram seus amigos lhe man-
daram pedir que não se apresentasse no teatro.

32 Uns gritavam de um modo, outros de outro modo;
porquanto aquela concorrência do povo estava em con-
fusão, e a maior parte não sabia por que se tinha juntado.

33 Então tiraram Alexandre de entre a turba, levando-
-o aos empurrões os judeus. Mas Alexandre, pedindo si-
lêncio com a mão, queria defender-se perante o povo.
34 Todavia, logo que conheceram que ele era judeu, todos,
a uma voz, gritaram pelo espaço de quase duas horas:

«Grande é a Ártemis dos efésios!»

35 Então o secretário, tendo apaziguado a multidão,
disse:

«Homens de Éfeso, qual é o homem que não saiba
que a cidade de Éfeso é a guarda da grande Ártemis e da
sua estátua caída do céu? 36 Não podendo contradizer-se
isso, convém que sossegueis e que nada façais inconsi-
deradamente. 37 Porque estes homens, que conduzistes
aqui, nem são sacrílegos, nem blasfemadores da vossa
deusa. 38 Mas, se Demétrio e os artistas que estão com
ele têm alguma queixa contra algum, audiências foren-
ses se realizam e há procônsules; discutam lá entre si. 39
Se pretendeis alguma outra coisa, poderá decidir-se em
assembleia legal. 40 Com efeito, até corremos risco de ser
arguidos de sedição pelo que hoje se passou, não havendo
nenhum motivo por que possamos justificar este ajunta-
mento tumultuoso.»

Tendo dito isso, despediu o ajuntamento.

Passagem à Macedônia. Começa o regresso

20 1 Depois que o tumulto cessou, chamando Pau-
lo os discípulos e fazendo-lhes uma exortação,
despediu-se e partiu para ir à Macedônia. 2 Depois de
ter percorrido aquelas regiões e de ter feito muitas exor-
tações, passou à Grécia, 3 onde se demorou três meses.
Quando se dispunha a navegar para a Síria, foram-lhe
armadas ciladas pelos judeus e, por isso, tomou a reso-
lução de voltar pela Macedônia. 4 Acompanharam-no
Sópatro, filho de Pirro, de Bereia; Aristarco e Secundo,
de Tessalônica; Gaio, de Derbe, e Timóteo; e dos asiáti-
cos acompanharam-no Tíquico e Trófimo. 5 Estes, tendo
partido adiante, esperaram-nos em Trôade. 6 Nós, depois
dos dias dos Ázimos, fizemo-nos à vela de Filipos e, em
cinco dias, fomos ter com eles em Trôade, onde nos de-
moramos sete dias.

Celebração da Eucaristia e ressurreição de Êutico

7 No primeiro dia da semana, tendo-nos reunido para
a fração do pão, Paulo, que devia partir no dia seguinte,
falava com eles. Prolongou o discurso até a meia-noite.
8 Havia muitas lâmpadas na sala superior, onde estáva-
mos reunidos. 9 Ora, um jovem chamado Êutico estava
sentado sobre o peitoril da janela num profundo sono,
enquanto Paulo ia prolongando o seu discurso; vencido
pelo sono, caiu abaixo do terceiro andar da casa e foi

levantado morto. 10 Paulo, tendo descido, recostou-se so-
bre ele, tomou-o nos braços e disse:
«Não vos perturbeis, porque ele ainda está vivo.»
11 Tendo voltado acima e partido o pão e comido, ain-
da lhes falou largamente, até que surgiu a aurora; depois
disso partiu. 12 Levaram vivo o jovem, do que receberam
grande consolação.

De Trôade a Mileto

13 Nós, porém, embarcando num navio, navegamos
até Assos, para recebermos ali Paulo, pois assim o tinha
ordenado, devendo ele fazer a viagem por terra. 14 Tendo-
-se juntado conosco em Assos, depois de o tomarmos a
bordo, fomos a Mitilene. 15 Continuando dali a navegar,
chegamos no dia seguinte às alturas de Quio; no outro
dia, aportamos em Samos e, no seguinte, chegamos a Mi-
leto. 16 Com efeito, Paulo tinha determinado passar ao
largo de Éfeso, para se não demorar na Ásia. Apressava-
-se, pois, para estar em Jerusalém, se possível lhe fosse, no
dia de Pentecostes.

Discurso de despedida aos presbíteros de Éfeso

17 De Mileto mandou a Éfeso chamar os anciões da
Igreja. 18 Indo estes ter com ele, disse-lhes:

«Sabeis, desde o primeiro dia que entrei na Ásia, de
que modo tenho procedido convosco durante todo este
tempo, 19 servindo o Senhor com toda a humildade en-
tre as lágrimas e as provações que me sobrevieram das
maquinações dos judeus. 20 Sabeis que nada tenho ne-
gligenciado do que podia ser-vos útil, pregando-vos e
instruindo-vos publicamente e pelas casas, 21 anunciando
aos judeus e aos gentios a conversão a Deus e a fé em
Nosso Senhor Jesus. 22 E agora, impelido pelo Espírito,
vou a Jerusalém, não sabendo as coisas que ali me hão
de acontecer, 23 senão que o Espírito Santo por todas as
cidades me assegura e diz que me esperam em Jerusalém
prisões e tribulações. 24 Porém, de qualquer modo, a mi-
nha vida importa-me pouco, contanto que termine a
minha carreira e a missão que recebi do Senhor Jesus de
dar testemunho ao Evangelho da graça de Deus. 25 Ago-
ra eis que sei que não tornareis mais a ver a minha face
todos vós, entre os quais passei pregando o Reino. 26 Por
isso eu vos protesto, neste dia, que estou limpo do sangue
de todos, 27 porque não me esquivei a anunciar-vos todas
as disposições de Deus.

28 «Atendei a vós mesmos e a todo o rebanho, sobre que
o Espírito Santo vos constituiu bispos para governardes a
Igreja de Deus, que ele adquiriu com o seu próprio sangue.
29 Eu sei que, depois da minha partida, se introduzirão
entre vós lobos arrebatadores que não pouparão o reba-
nho. 30 E de entre vós mesmos hão de levantar-se homens
a ensinar doutrinas perversas, que tentarão levar atrás de
si discípulos. 31 Por isso estai vigilantes, lembrando-vos

de que, durante três anos, não cessei, de noite e de dia,
de admoestar com lágrimas a cada um de vós. 32 Agora
encomendo-vos a Deus e à palavra da sua graça, àquele
que é poderoso para edificar e dar a herança a todos os
santificados. 33 Não cobicei prata, nem ouro, nem vestes
de ninguém, 34 como vós mesmos sabeis, porque estas
mãos me serviram para as coisas que me eram necessá-
rias a mim e àqueles que comigo estavam. 35 Em tudo vos
mostrei que, trabalhando assim, é preciso acudir aos fracos
e lembrar-se das palavras do Senhor Jesus, porquanto ele
mesmo disse: "É maior ventura dar que receber".»

36 Dito isso, pôs-se de joelhos e orou com todos eles.
37 Levantou-se entre todos um grande pranto e, lançando-se
ao pescoço de Paulo, o abraçavam, 38 aflitos principalmente
pela palavra que tinha dito de que não tornariam mais a
ver a sua face. Em seguida acompanharam-no até o navio.

QUARTA PARTE
SÃO PAULO, PRISIONEIRO E TESTEMUNHA DE CRISTO

XII. SÃO PAULO EM JERUSALÉM

De Mileto a Cesareia

21 1 Tendo-nos feito à vela depois que nos separamos
deles, fomos diretamente a Cós; no dia seguinte,

a Rodes e, dali, a Pátara. 2 Tendo encontrado um navio
que passava pela Fenícia, embarcamos nele e fizemo-nos
à vela. 3 Chegados à vista de Chipre, deixando-a à esquer-
da, navegamos para a Síria e chegamos a Tiro, onde devia
o navio deixar a sua carga. 4 Tendo encontrado lá discí-
pulos, detivemo-nos sete dias. Inspirados pelo Espírito
Santo, diziam eles a Paulo que não subisse a Jerusalém.
5 Passados esses sete dias, partimos, acompanhando-nos
todos com as mulheres e filhos até fora da cidade. Pos-
tos de joelhos na praia, fizemos oração. 6 Em seguida,
tendo-nos despedido uns dos outros, embarcamos, e eles
voltaram para suas casas. 7 E nós, concluída a nossa na-
vegação, de Tiro chegamos a Ptolemaida, onde, saudados
os irmãos, nos demoramos um dia com eles.

8 Tendo partido no dia seguinte, chegamos a Cesareia
e, entrando em casa de Filipe, o Evangelista, que era um
dos sete, ficamos com ele. 9 Tinha ele quatro filhas vir-
gens que profetizavam.

O profeta Ágabo

10 Demorando-nos ali alguns dias, chegou da Judeia
um profeta chamado Ágabo. 11 Este veio ter conosco, to-
mou a cinta de Paulo e, atando-se os pés e as mãos, disse:

«Isto diz o Espírito Santo: Assim atarão os judeus em Jerusalém ao homem a quem pertence esta cinta, e o entregarão nas mãos dos gentios.»

12 Quando ouvimos isso, nós e os que eram daquele lugar rogamos-lhe que não fosse a Jerusalém. 13 Então Paulo respondeu:

«Que fazeis chorando e afligindo o meu coração? Porque estou pronto não só para ser atado, mas até para morrer em Jerusalém pelo nome do Senhor Jesus.»

14 E, não o podendo persuadir, cessamos com as nossas instâncias, dizendo:

«Seja feita a vontade do Senhor.»

Chegada a Jerusalém e encontro com os cristãos

15 Depois desses dias, tendo-nos preparado, subimos a Jerusalém. 16 Foram também conosco alguns discípulos de Cesareia, levando consigo um certo Mnason de Chipre, discípulo antigo, em casa de quem nos devíamos hospedar.

17 Tendo chegado a Jerusalém, os irmãos receberam-nos com alegria. 18 No dia seguinte, foi Paulo conosco à casa de Tiago, onde se haviam reunido todos os anciões. 19 Tendo-os saudado, contou-lhes, uma por uma, todas as coisas que Deus fizera entre os gentios por seu ministério. 20 Eles, depois que o ouviram, glorificaram a Deus e disseram-lhe:

«Bem vês, irmão, quantos milhares de judeus são os que têm crido, e todos são zeladores da Lei. 21 Ora, eles têm ouvido dizer que tu ensinas os judeus que estão entre os gentios a separarem-se de Moisés, dizendo que não

circuncidem os seus filhos, nem vivam segundo os cos-
tumes. 22 Que fazer, pois? Certamente ouvirão dizer que
chegaste. 23 Faze, pois, o que te vamos dizer: temos aqui
quatro homens ligados por um voto. 24 Toma-os conti-
go, purifica-te com eles e faze por eles os gastos dos sa-
crifícios, a fim de que rapem as cabeças. Assim saberão
todos que é falso o que ouviram de ti, mas que caminhas
ainda fiel à Lei. 25 Quanto àqueles gentios que creram,
nós já escrevemos, ordenando que se abstenham do que
for sacrificado aos ídolos, do sangue, do sufocado e da
fornicação.»

26 Então Paulo, tomando consigo aqueles homens, de-
pois de purificado com eles, entrou no Templo no dia se-
guinte, anunciando o termo dos dias da purificação, altura
em que se devia fazer a oferenda por cada um deles.

27 Quando estavam a terminar os sete dias, os judeus
da Ásia, vendo-o no Templo, amotinaram todo o povo e
lançaram-lhe as mãos, 28 gritando:

«Israelitas, acudi! Este é aquele homem que por toda
parte ensina a todos contra o povo, contra a Lei e contra
este lugar e, além disso, introduziu gentios no Templo e
profanou este lugar santo.» 29 Porque tinham visto com
ele pela cidade Trófimo de Éfeso, julgaram que Paulo o
tinha introduzido no Templo.

30 Agitou-se toda a cidade e juntou-se o povo.
Lançando mão de Paulo, arrastaram-no para fora do
Templo, e imediatamente foram fechadas as portas.
31 Procurando eles matá-lo, chegou aos ouvidos do tri-
buno da coorte que toda a Jerusalém estava amotinada.

32 Então ele, tendo logo tomado soldados e centuriões,
correu aos sediciosos, os quais, tendo visto o tribuno e os
soldados, cessaram de bater em Paulo. 33 Aproximando-
-se o tribuno, prendeu-o, mandou-o ligar com duas
cadeias e perguntou quem era e o que tinha feito.
34 Mas, naquela multidão, uns gritavam uma coisa, ou-
tros outra. Como, por causa do tumulto, não pudesse
saber coisa alguma ao certo, mandou que o levassem à
fortaleza. 35 Quando chegou aos degraus, tornou-se ne-
cessário que fosse levado pelos soldados, por causa da
violência do povo. 36 Porque a multidão do povo seguia-
-o, gritando:

«Mata-o!»

37 Estando Paulo para entrar na fortaleza, disse ao tri-
buno:

«É-me permitido dizer-te alguma coisa?»

Ele respondeu-lhe:

«Sabes grego? 38 Porventura não és tu aquele egípcio
que, nos dias passados, levantou um tumulto e levou ao
deserto quatro mil sicários?»

39 Paulo disse-lhe:

«Sou judeu, cidadão da ilustre cidade de Tarso, na Cilícia. Rogo-te que me permitas falar ao povo.»

40 Tendo-lhe permitido, Paulo, pondo-se em pé sobre os degraus, fez sinal ao povo com a mão e, fazendo-se grande silêncio, falou-lhes em língua hebraica nestes termos:

Discurso de defesa diante do povo

22 1 «Irmãos e pais, ouvi o que agora tenho a dizer-
-vos para minha defesa.»

2 Quando ouviram que lhes falava em língua hebrai-
ca, escutaram-no com maior atenção. E disse:

3 «Eu sou judeu, nascido em Tarso da Cilícia, mas
educado nesta cidade, aos pés de Gamaliel, instruído
a fundo na Lei de nossos pais, cheio de zelo de Deus,
como todos vós também o sois hoje. 4 Persegui de mor-
te esta doutrina, prendendo e metendo em cárceres ho-
mens e mulheres, 5 como o príncipe dos sacerdotes e
todos os anciões me são testemunhas; deles tendo rece-
bido cartas para os irmãos, caminhava para Damasco,
com o fim de os trazer dali presos a Jerusalém, para que
fossem castigados.

6 «Mas aconteceu que, indo eu no caminho, encon-
trando-me perto de Damasco ao meio-dia, de repente
resplandeceu em volta de mim uma grande luz do céu.
7 Caindo por terra, ouvi uma voz que dizia: "Saulo, Sau-
lo, por que me persegues?" 8 Respondi: "Quem és tu,
Senhor?" Disse-me: "Sou Jesus Nazareno, a quem tu per-
segues". 9 Os que estavam comigo viram luz, mas não ou-
viram a voz daquele que me falava. 10 Eu disse: "Senhor,
que devo fazer?" E o Senhor disse-me: "Levanta-te, vai a
Damasco, e lá te será dito tudo o que deves fazer". 11 Não
vendo eu nada pelo intenso clarão daquela luz, levado
pela mão dos companheiros, cheguei a Damasco.

12 «Um certo Ananias, homem segundo a lei, que
tinha o bom testemunho de todos os judeus que ali vi-
viam, 13 vindo ter comigo e pondo-se-me diante, disse-
-me: "Saulo, irmão, recupera a vista". E eu, no mes-
mo instante, o vi a ele. 14 Ele disse: "O Deus de nossos
pais te predestinou para que conhecesses a sua vontade,
visses o Justo e ouvisses a voz da sua boca, 15 porque
tu serás sua testemunha diante de todos os homens
das coisas que viste e ouviste. 16 Agora que esperas tu?
Levanta-te, recebe o batismo e lava os teus pecados, in-
vocando o seu nome".

17 «Voltando eu a Jerusalém e orando no Templo, fui
arrebatado fora de mim 18 e vi o Senhor que me dizia:
"Apressa-te e sai o mais depressa possível de Jerusalém,
porque não receberão o testemunho que darás de mim".
19 Eu disse: "Senhor, eles sabem que era eu o que metia
na prisão e açoitava pelas sinagogas os que criam em ti.
20 E, enquanto se derramava o sangue de Estêvão, tua
testemunha, eu estava presente, aprovava e guardava as
vestes dos que o matavam". 21 Mas ele disse-me: "Vai,
porque te enviarei a nações remotas".»

São Paulo, cidadão romano

22 Tinham-no ouvido até esta palavra, mas levantaram
então a sua voz, dizendo:

«Tira do mundo tal homem! Não é justo que viva!»
23 Como eles gritassem e arrojassem de si as suas ves-
tes e lançassem poeira ao ar, 24 o tribuno mandou metê-lo
na fortaleza, ordenando que o submetessem ao tormento
dos açoites para saber por que motivo clamavam assim
contra ele.
25 Tendo-o ligado com correias, disse Paulo ao centu-
rião que estava presente:
«É-vos permitido açoitar um cidadão romano que
nem mesmo foi condenado?»
26 Tendo ouvido isso, o centurião foi ter com o tribu-
no e avisou-o, dizendo:
«Que vais fazer? Este homem é cidadão romano.»
27 Vindo o tribuno, disse-lhe:
«Dize-me, és cidadão romano?»
«Sim», respondeu ele.
28 «A mim custou-me uma grande soma de dinheiro
alcançar este foro de cidadão», replicou o tribuno.
«Pois eu o sou de nascimento», disse Paulo.
29 Imediatamente afastaram-se dele os que o haviam
de pôr a tormento. Também o tribuno teve medo de-
pois que soube que era cidadão romano, e porque o tinha
mandado algemar.

Discurso diante do Sinédrio

30 No dia seguinte, querendo saber com mais exati-
dão a causa que tinham os judeus para o acusar, mandou

soltá-lo e ordenou que se juntassem os chefes dos sacerdotes e todo o Sinédrio; então, trazendo Paulo, colocou-o diante deles.

23 1 Paulo, fitando os olhos no Sinédrio, disse:
«Irmãos, até hoje tenho-me portado diante de
Deus com toda a boa consciência.»
2 Nisso Ananias, príncipe dos sacerdotes, ordenou aos
que estavam junto dele que lhe batessem na boca. 3 En-
tão disse-lhe Paulo:
«Deus te baterá a ti, parede branqueada! Tu estás sentado a julgar-me segundo a Lei e contra a Lei ordenas que me batam?»
4 Os assistentes disseram:
«Tu injurias o sumo sacerdote de Deus?»
5 Paulo respondeu:
«Eu não sabia, irmãos, que é o príncipe dos sacerdotes. Efetivamente está escrito: *Não dirás mal do príncipe do teu povo.*»
6 Ora, sabendo Paulo que uma parte do Sinédrio era de saduceus e outra de fariseus, exclamou em alta voz diante deles:
«Irmãos, eu sou fariseu, filho de fariseus, e sou julgado por causa da esperança na ressurreição dos mortos.»
7 Quando disse isso, estabeleceu-se uma grande dis-
senção entre os fariseus e os saduceus, e dividiu-se a as-
sembleia. 8 Porque os saduceus dizem que não há ressur-
reição, nem anjo, nem espírito, ao passo que os fariseus

reconhecem ambas as coisas. 9 Houve grande vozearia.
Levantando-se alguns fariseus, altercavam dizendo:

«Não achamos mal algum neste homem; quem sabe se lhe falou algum espírito ou anjo?»

10 Como a discórdia aumentava de violência, temendo
o tribuno que Paulo fosse despedaçado por eles, mandou
que descessem os soldados, que o tirassem do meio deles
e o levassem à fortaleza. 11 Na noite seguinte, aparecendo-
-lhe o Senhor, disse-lhe:

«Coragem! Assim como deste testemunho de mim em Jerusalém, assim importa que também o dês em Roma.»

12 Quando se fez dia, coligaram-se alguns judeus e
juraram com imprecações contra eles próprios que não
haviam de comer nem beber enquanto não matassem
Paulo. 13 Eram mais de quarenta os que tinham feito essa
conjuração. 14 Foram ter com os príncipes dos sacerdotes
e com os anciões, e disseram:

«Nós obrigamo-nos por voto, sob pena de maldição,
a não tomar nenhum alimento até que matemos Paulo.
15 Vós, pois, agora com o Sinédrio fazei saber ao tribuno
que o conduza à vossa presença, como se fosse para des-
cobrir alguma coisa de mais seguro acerca dele. Nós estare-
mos preparados para o matar antes que ele chegue.»

16 Mas um filho da irmã de Paulo, tendo conheci-
mento dessa conspiração, foi à fortaleza, entrou nela e
avisou Paulo. 17 Então Paulo, chamando um dos centu-
riões, disse:

«Leva este jovem ao tribuno, porque tem alguma coisa a comunicar-lhe.»

18 Tomando-o ele consigo, levou-o ao tribuno e disse:
«O preso Paulo rogou-me que trouxesse à tua presença este jovem, que tem alguma coisa a dizer-te.»
19 O tribuno, tomando-o pela mão, o levou à parte e perguntou-lhe:
«Que tens tu a comunicar-me?»
20 Ele disse:
«Os judeus combinaram pedir-te que amanhã apresentes Paulo ao Sinédrio, sob o pretexto de examinarem
mais a fundo a sua causa. 21 Mas não acredites, porque
mais de quarenta homens deles lhe preparam uma armadilha, os quais juraram, sob pena de maldição, não comer nem beber enquanto o não matarem, e agora estão preparados, esperando que lhes concedas o que pedem.»

XIII. DE JERUSALÉM A ROMA

Traslado a Cesareia

22 Então o tribuno despediu o jovem, mandando-lhe que a ninguém dissesse que lhe tinha dado aviso disso.
23 Chamando, então, dois centuriões, disse-lhes:
«Tende prontos à hora terceira da noite duzentos soldados para que vão até Cesareia, e setenta cavaleiros e
duzentos lanceiros. 24 Aparelhai as cavalgaduras para nelas fazer montar Paulo, a fim de o conduzir são e salvo ao governador Félix.»
25 E redigiu uma carta nos seguintes termos:

26 «Cláudio Lísias ao ótimo presidente Félix, sau-
dações! 27 Este homem foi preso pelos judeus e estava
prestes a ser morto por eles, mas, sobrevindo eu com os
soldados, o livrei, tendo sabido que é cidadão romano.
28 Querendo saber de que delito o acusavam, levei-o ao
Sinédrio. 29 Achei que era acusado por questões da Lei
deles, sem haver delito algum digno de morte ou prisão.
30 Tendo chegado a mim a notícia de uma armadilha que
lhe estavam a preparar, eu to envio, intimando também
os acusadores a que falem diante de ti. Adeus.»

31 Os soldados, pois, conforme a ordem que tinham,
tomaram Paulo com eles e levaram-no de noite a Anti-
pátrida. 32 No dia seguinte, deixando que os cavaleiros
fossem com ele, voltaram para a fortaleza. 33 Aqueles,
tendo chegado a Cesareia e entregado a carta ao presi-
dente, apresentaram-lhe Paulo. 34 Ele, depois de a ler e
de perguntar de que província era, sabendo que era da
Cilícia, disse:

35 «Ouvir-te-ei quando chegarem os teus acusadores.»

E mandou que Paulo fosse guardado no pretório de Herodes.

Processo diante de Félix, procurador romano

24 1 Passados cinco dias, veio o príncipe dos sacerdo-
tes, Ananias, com alguns anciões e com um certo
Tértulo, advogado, os quais apresentaram ao governador

a sua queixa contra Paulo. 2 Citado Paulo, começou Tér-
tulo a acusá-lo, dizendo:

«Pela tua autoridade é que nós gozamos de muita paz,
e pelas tuas providências se têm reformado muitas coisas;
3 nós o reconhecemos sempre e em todo o lugar, ótimo
Félix, com toda a gratidão. 4 Mas, para não te deter muito
tempo, rogo-te que nos ouças um momento com a tua
costumada bondade. 5 Encontramos este homem pestí-
fero, que excita sedições entre todos os judeus em todo o
mundo, que é cabeça da seita dos nazarenos 6 e que ten-
tou até profanar o Templo, de maneira que o prendemos.
(7) 8 Tu mesmo poderás, interrogando-o, tomar conheci-
mento de todas essas coisas de que o acusamos.»

9 Também os judeus confirmaram que as coisas eram
assim.

10 Paulo, tendo-lhe o presidente feito sinal para que
falasse, respondeu:

«Sabendo que governas esta nação há muitos anos, de
bom grado responderei por mim. 11 Podes certificar-te
facilmente que não há mais de doze dias que cheguei a
Jerusalém para fazer a minha adoração. 12 Não me encon-
traram no Templo disputando com alguém, nem fazendo
concurso de povo nas sinagogas ou na cidade. 13 Não te
podem provar as coisas de que agora me acusam. 14 Eu,
porém, confesso-te que, segundo aquele caminho a que
eles chamam heresia, sirvo o Deus de nossos pais, cren-
do todas as coisas que estão escritas na Lei e nos profetas,
15 e tenho esperança em Deus, como eles também têm, de
que há de ocorrer a ressurreição dos justos e dos pecadores.

16 Por isso, procuro ter sempre a minha consciência sem mancha diante de Deus e dos homens. 17 Depois de muitos anos, vim à minha nação trazer esmolas e oferendas. 18 No meio dessas coisas me encontraram purificado no Templo, não provocando ajuntamento nem tumulto. 19 Os que me encontraram foram certos judeus da Ásia, que deviam comparecer diante de ti e acusar-me, se tivessem alguma coisa contra mim. 20 Porém, digam estes mesmos se encontraram em mim alguma culpa quando compareci no Sinédrio, 21 senão só estas palavras que proferi em alta voz no meio deles: eu sou hoje julgado diante de vós por causa da ressurreição dos mortos.»

22 Félix, que estava bem informado acerca deste caminho, deu-lhes um adiamento, dizendo:

«Quando vier o tribuno Lísias, examinarei a fundo a vossa questão.»

23 E deu ordem ao centurião de que o guardasse deixando-lhe alguma liberdade, e não proibisse que os seus lhe prestassem serviços.

Novo comparecimento diante de Félix

24 Passados alguns dias, vindo Félix com sua mulher Drusila, que era judia, chamou Paulo e ouviu-o falar da fé em Cristo Jesus. 25 Mas, dissertando ele sobre a justiça, a castidade e o juízo futuro, Félix atemorizado disse:

«Por agora retira-te; na primeira ocasião te chamarei.»

26 Esperava, ao mesmo tempo, que Paulo lhe desse
dinheiro; por isso, mandando-o chamar frequentemente,
se entretinha com ele.

27 Passados dois anos, Félix teve por sucessor Pórcio
Festo. E, querendo Félix ser agradável aos judeus, deixou
Paulo na prisão.

Festo retoma o processo. São Paulo recorre a César

25 1 Tendo, pois, chegado Festo à província, foi,
passados três dias, de Cesareia a Jerusalém. 2 Aí
os príncipes dos sacerdotes e os principais dos judeus
compareceram diante dele contra Paulo e lhe rogavam,
3 pedindo por favor contra ele que o mandassem condu-
zir a Jerusalém, armando-lhe ciladas para o matarem no
caminho. 4 Mas Festo respondeu que Paulo estava preso
em Cesareia e que ele partiria para lá em breve.

5 «Por isso», disse ele, «os que dentre vós são os princi-
pais venham comigo e, se algum crime há neste homem,
acusem-no.»

6 Tendo-se demorado entre eles não mais de oito ou
dez dias, desceu a Cesareia e, no dia seguinte, sentou-se
no tribunal e mandou trazer Paulo. 7 Depois de ele ser
trazido, rodearam-no os judeus que tinham vindo de Je-
rusalém, acusando-o de muitos e graves delitos que não
podiam provar. 8 Dizia Paulo em sua defesa:

«Nada fiz de repreensível nem contra a Lei dos ju-
deus, nem contra o Templo, nem contra César.»

9 Mas Festo, querendo ser agradável aos judeus, res-
pondeu a Paulo:

«Queres ir a Jerusalém e ser ali julgado destas coisas
diante de mim?»

10 Paulo, porém, disse:

«Estou diante do tribunal de César, que é onde devo
ser julgado; nenhum mal fiz aos judeus, como tu sa-
bes muito bem. 11 Se lhes fiz algum mal ou coisa digna
de morte, não recuso morrer; mas, se nada há daquilo de
que estes me acusam, ninguém me pode entregar a eles.
Apelo para César!»

12 Então Festo, depois de ter conferido com o seu
conselho, respondeu:

«Apelaste para César. A César irás.»

Festo informa Agripa

13 Alguns dias depois, o rei Agripa e Berenice foram a
Cesareia para saudar Festo. 14 Demorando-se ali muitos
dias, Festo falou de Paulo ao rei, dizendo:

«Há aqui certo homem que Félix deixou prisioneiro,
15 sobre o qual, estando eu em Jerusalém, foram ter co-
migo os príncipes dos sacerdotes e os anciões dos judeus
pedindo a sua condenação. 16 Respondi-lhes que não era
costume dos romanos condenar homem algum antes

de o acusado ter presentes os seus acusadores e antes de
se lhe ter facilitado o defender-se dos crimes de que o
acusam. [17] Eles, pois, tendo acudido aqui sem a menor
dilação, no dia seguinte, sentando-se no meu tribunal,
mandei trazer este homem. [18] Comparecendo os seus
acusadores, nenhum delito lhe imputavam dos que eu
suspeitava, [19] mas tinham só contra ele algumas questões
sobre a sua religião e sobre um certo Jesus já morto, o
qual Paulo afirmava viver. [20] Estando eu embaraçado so-
bre semelhante questão, disse-lhe se queria ir a Jerusalém
e ali ser julgado dessas coisas. [21] Mas, apelando Paulo
para o julgamento de Augusto, ordenei que fosse guarda-
do até eu o remeter a César.»

[22] Agripa disse então a Festo:

«Eu também queria ouvir esse homem.»

«Amanhã», respondeu ele, «o ouvirás».

São Paulo diante do rei Agripa

[23] No dia seguinte, tendo ido Agripa e Berenice com
grande pompa e entrado na sala de audiência com os tri-
bunos e pessoas principais da cidade, foi trazido Paulo
por ordem de Festo. [24] Festo disse:

«Rei Agripa e vós todos que aqui estais conosco, aqui
tendes este homem, contra quem toda a multidão dos
judeus me fez recurso em Jerusalém, protestando em altos
gritos que não convinha que ele vivesse mais. [25] Porém,

reconheci que não fez coisa alguma digna de morte.
Mas, tendo ele mesmo apelado para Augusto, determinei
remeter-lho. 26 Dele não tenho coisa certa que escrever ao
senhor. Por isso vo-lo apresentei, e principalmente a ti, ó
rei Agripa, a fim de que, feito o interrogatório, eu tenha
alguma coisa para escrever. 27 Com efeito, parece-me sem
razão enviar um homem preso sem indicar os motivos.»

Discurso de São Paulo

26 1 Agripa disse, pois, a Paulo:
«É-te permitido falar em tua defesa.»

Então Paulo, estendendo a mão, começou a justificar-se:

2 «Considero-me feliz por ter hoje de me justificar na
tua presença, ó rei Agripa, de tudo quanto me acusam os
judeus, 3 principalmente porque conheces todos os cos-
tumes e questões que há entre os judeus; por isso peço-te
que me ouças com paciência. 4 Quanto à vida que tenho
levado desde os primeiros tempos da mocidade entre os
da minha nação em Jerusalém, ela é conhecida de todos
os judeus. 5 Conhecendo-me desde os meus princípios,
podem, se quiserem, dar testemunho de que vivi fariseu
segundo a seita mais rigorosa da nossa religião. 6 Agora
sou acusado em juízo por esperar a promessa que foi feita
por Deus a nossos pais, 7 a qual as nossas doze tribos,
servindo a Deus de noite e de dia, esperam ver cumpri-
da. Por causa dessa esperança, ó rei, sou acusado pelos

judeus. 8 Parece-vos porventura incrível que Deus ressus-
cite os mortos?

9 «Eu também tinha julgado que devia fazer a maior
resistência contra o nome de Jesus Nazareno. 10 E assim
o fiz em Jerusalém. Encerrei em cárceres muitos santos,
tendo recebido para isso poder dos príncipes dos sacer-
dotes, e, quando os faziam morrer, dava o meu voto.
11 Muitas vezes, percorrendo as sinagogas, usava com eles
de crueldade, obrigando-os a blasfemar, e, enfurecendo-
-me mais e mais contra eles, perseguia-os até nas cida-
des estrangeiras.

12 «Levado por tais intuitos, indo eu a Damasco com
poder e comissão dos príncipes dos sacerdotes, 13 ao
meio-dia vi, ó rei, no caminho uma luz do céu, mais res-
plandecente que o sol, a qual brilhou em volta de mim e
dos que iam comigo. 14 Tendo todos nós caído por terra,
ouvi uma voz que me dizia em língua hebraica: "Saulo,
Saulo, por que me persegues? Dura coisa te é recalcitrar
contra o aguilhão". 15 Então eu disse: "Quem és tu Se-
nhor?" E o Senhor respondeu: "Eu sou Jesus, a quem tu
persegues. 16 Mas levanta-te e põe-te em pé, porque eu te
apareci para te constituir servidor e testemunha das coi-
sas que viste e daquelas pelas quais eu te aparecerei ainda,
17 livrando-te deste povo e dos gentios, aos quais agora te
envio 18 a abrir-lhes os olhos, a fim de que se convertam
das trevas à luz, e do poder de Satanás a Deus, para que
recebam o perdão dos pecados e a herança entre os santos
mediante a fé em mim".

19 «Por isso, ó rei Agripa, não fui rebelde à visão celes-
te, 20 mas preguei primeiramente aos de Damasco, depois
em Jerusalém e por toda a terra da Judeia e aos gentios,
que se arrependessem e convertessem a Deus fazendo
dignas obras de penitência. 21 Por essa causa os judeus,
tendo-me prendido estando eu no Templo, tentavam
matar-me. 22 Mas, graças ao socorro de Deus, que até ao
dia de hoje me não faltou, continuo a dar testemunho a
pequenos e a grandes, não dizendo outras coisas fora da-
quelas que anunciaram os profetas e Moisés que haviam
de acontecer: 23 que o Cristo havia de padecer, que seria
o primeiro a ressuscitar dos mortos e que anunciaria a luz
a este povo e aos gentios.»

24 Dizendo ele essas coisas em sua defesa, disse Festo em alta voz:

«Estás louco, Paulo; o muito saber desorienta o teu espírito.»

25 Paulo respondeu:

«Eu não estou louco, ó ótimo Festo, mas digo pa-
lavras de verdade e de sabedoria. 26 Destas coisas tem co-
nhecimento o rei, a quem falo com toda a liberdade, pois
creio que nada disto lhe é desconhecido, porque nenhu-
ma destas coisas se passou distante. 27 Crês, ó rei Agripa,
nos profetas? Eu sei que crês.»

28 Então Agripa disse a Paulo:

«Por pouco me não persuades a fazer-me cristão.»

29 Paulo disse-lhe:

«Prouvera a Deus que, por pouco ou por muito, não somente tu, mas também todos quantos me ouvem se fizessem hoje tais como eu sou, menos estes grilhões. »

30 Então levantou-se o rei, o governador, Berenice e os que estavam sentados com eles. 31 Tendo-se retirado à parte, diziam entre si:

«Este homem não fez coisa que seja digna de morte nem de prisão.»

32 E Agripa disse a Festo:

«Ele podia ser solto, se não tivesse apelado para César.»

A caminho de Roma. Navegação até Creta

27 1 Depois que foi decidido que seguíssemos por mar para a Itália, confiaram Paulo e outros presos a um centurião da coorte Augusta chamado Júlio. 2 Embarcamos num navio de Adramício que havia de fazer cabotagem ao longo dos litorais da Ásia, e levantamos ferro em companhia de Aristarco, macedônio de Tessalônica. 3 No dia seguinte, chegamos a Sidônia. Júlio, tratando benevolamente Paulo, permitiu-lhe ir ter com os amigos e receber os seus cuidados. 4 Feitos dali à vela, costeamos Chipre, por nos serem contrários os ventos. 5 Depois, tendo atravessado o mar da Cilícia e da Panfília, chegamos a Mira da Lícia. 6 Aí, tendo o centurião encontrado um navio de Alexandria que navegava para a Itália, fez-nos embarcar nele. 7 Durante muitos dias, navegando lentamente e tendo com dificuldade chegado

à vista de Gnido, porque o vento nos impedia, fomos
costeando a ilha de Creta junto a Salmone 8 e, navegando
com dificuldade ao longo da costa, chegamos a um lugar
a que chamam Bons Portos, perto do qual estava a cidade
de Laseia.

Retomada da viagem contra o parecer de São Paulo

9 Decorrido muito tempo, não sendo segura a navega-
ção por ter já passado a época do jejum, Paulo advertia-
-os, 10 dizendo-lhes:

«Amigos, vejo que a navegação começa a ser perigosa e com muito dano não somente da carga e do navio, mas também das nossas vidas.»

11 Porém o centurião dava mais crédito ao piloto e
ao comandante do que ao que Paulo dizia. 12 E, como
o porto não era bom para invernar, a maior parte foi de parecer de que se passasse adiante, a ver se dalguma sorte podiam atingir Fênice, porto de Creta abrigado dos ventos de sudoeste e noroeste, e invernar ali.

Tempestade

13 Começando a ventar brandamente do sul, julgando-
-se certos de executar o seu desejo, depois de levantarem
âncora iam costeando mais de perto Creta. 14 Mas, pou-
co depois, desencadeou-se sobre aquela ilha um vento

tempestuoso, que se chama euraquilão.
15 Sendo a nau
arrebatada e não podendo resistir ao vento, andávamos
sem rumo.
16 Arrojados pela corrente a uma pequena ilha
chamada Cauda, com dificuldade pudemos recolher o es-
caler.
17 Tendo-o içado, valiam-se de todos os meios de
salvação, cingindo a nau com cabos de reforço. Em segui-
da, havendo receio de ir contra a Sirte, soltou-se a âncora
flutuante, indo-se assim ao sabor das ondas.
18 Sendo nós
violentamente balidos pela tempestade, os marinheiros
no dia seguinte alijaram carga.
19 Ao terceiro dia lançaram
ao mar com as suas próprias mãos os aparelhos do navio.
20 Não aparecendo durante muitos dias sol nem estrelas,
e continuando a tempestade com violência, tínhamos já
perdido toda a esperança de salvação.

Visão de São Paulo e exortação aos viajantes

21 Estando todos há muito tempo sem comer, Paulo,
em pé no meio deles, disse:

«Convinha, meus amigos, seguindo o meu conselho,
não ter saído de Creta e evitar este perigo e dano.
22 Mas
agora exorto-vos a que tenhais coragem, porque nenhum
de vós perderá a vida, mas somente o navio será des-
truído.
23 Porque esta noite apareceu-me o anjo daquele
Deus de quem eu sou e a quem sirvo,
24 dizendo: "Não
temas, Paulo; é preciso que compareças diante de César,
e eis que Deus te concedeu a vida de todos os que nave-
gam contigo".
25 Por isso, meus amigos, coragem, porque

tenho fé em Deus de que assim acontecerá, como me foi
dito. 26 Nós havemos de ir dar a uma ilha.»

27 Quando chegou a décima quarta noite, como na-
vegássemos pelo mar Adriático, cerca da meia-noite os
marinheiros julgaram estar perto de alguma terra. 28 Lan-
çando a sonda, encontraram vinte braças de profundida-
de; um pouco mais adiante, encontraram quinze braças.
29 Temendo que déssemos em alguns recifes, lançaram
quatro âncoras da popa, suspirando pela chegada do
dia. 30 Porém, procurando os marinheiros fugir do navio
depois de lançarem o escaler ao mar com o pretexto de
começarem a largar as âncoras da proa, 31 Paulo disse ao
centurião e aos soldados:

«Se estes homens não permanecerem no navio, não podereis salvar-vos.»

32 Então os soldados cortaram o cabo do escaler e deixaram-no cair.

33 Começando a fazer-se dia, Paulo rogava a todos que comessem alguma coisa, dizendo:

«Faz hoje já catorze dias que estais à espera em jejum,
sem comer nada. 34 Portanto rogo-vos que tomeis algum
alimento a fim de vos salvardes, porque não perecerá
nem um só cabelo da cabeça de nenhum de vós.»

35 Dito isso, tomando o pão, deu graças a Deus em
presença de todos; depois, tendo-o partido, começou a
comer. 36 Todos tomaram ânimo e se puseram também
a comer. 37 Éramos ao todo no navio duzentas e setenta
e seis pessoas. 38 Saciados de alimento, aliviaram o navio,
lançando o trigo ao mar.

Naufrágio e resgate

39 Tendo-se feito dia, não reconheceram a terra, mas
viram uma baía que tinha uma praia, na qual intenta-
vam, se pudessem, encalhar o navio. 40 Tendo, pois, sol-
tado as âncoras, deixaram-nas cair ao mar, afrouxando ao
mesmo tempo as cordas dos lemes. Levantada ao vento a
vela do artimão, encaminhavam-se para a praia. 41 Mas,
tendo nós dado numa língua de terra com mar de ambos
os lados, encalharam; a proa enterrada permanecia imó-
vel, ao mesmo tempo que a popa se abria com a violência
das ondas. 42 A resolução dos soldados foi matar os pre-
sos, a fim de que nenhum fugisse salvando-se a nado; 43
mas o centurião, querendo salvar Paulo, impediu-os de
fazer isso. Mandou que aqueles que soubessem nadar fos-
sem os primeiros a lançar-se à água e alcançassem a terra;
44 quanto aos outros, alcançá-la-iam uns sobre tábuas, e
outros sobre destroços do navio. E assim aconteceu que
todos chegaram salvos à terra.

Estadia em Malta

28 1 Estando fora de perigo, reconhecemos então que
a ilha se chamava Malta. 2 Os indígenas trataram-
-nos com muita humanidade. Acesa uma grande fogueira,
nos alentaram a todos contra a chuva que caía e contra
o frio. 3 Paulo, tendo juntado e posto sobre o lume uma
porção de sarmentos, uma víbora, que fugira do calor,

agarrou-se-lhe à mão. 4 Vendo os indígenas a víbora pen-
dente da sua mão, diziam uns para os outros:
«Certamente este homem é algum assassino, porque,
tendo escapado do mar, a justiça não o deixa viver.»
5 Ele, porém, sacudindo a víbora no fogo, não sofreu
mal algum. 6 Ora, os indígenas esperavam que ele viesse
a inchar, que caísse subitamente e morresse. Mas, depois
de esperarem muito tempo, vendo que lhe não suce-
dia mal nenhum, mudando de parecer, diziam que era
um deus.
7 Naquelas cercanias havia umas terras do maioral da
ilha, chamado Públio, o qual, hospedando-nos em sua
casa, nos tratou bem durante três dias. 8 Ora, encontrava-
-se então no leito, doente de febre e de disenteria, o pai de
Públio. Paulo foi vê-lo e, tendo feito oração e impondo-
-lhe as mãos, o sarou. 9 Depois disso, todos os que na ilha
tinham doenças iam ter com ele e eram curados. 10 Tam-
bém nos cumularam de honras e, quando embarcamos,
forneceram-nos o necessário.

Chegada a Roma

11 Ao cabo de três meses, embarcamos num navio de
Malta de Alexandria que invernara na ilha e tinha a insíg-
nia dos Dióscuros. 12 Arribados a Siracusa, ficamos lá três
dias. 13 Daí, correndo a costa, chegamos a Régio. Um dia
depois, começou a soprar o vento sul, e no segundo dia
chegamos a Putéolos, 14 onde, tendo encontrado irmãos,

nos rogaram que ficássemos com eles sete dias. Em seguida,
encaminhamo-nos para Roma. 15 De lá, tendo os irmãos
ouvido falar da nossa chegada, saíram ao nosso encontro
até o foro de Ápio e até as Três Tabernas. Paulo, tendo-os
visto, deu graças a Deus e ficou cheio de confiança.
16 Chegados a Roma, foi permitido a Paulo que ficasse
onde quisesse, com um soldado a guardá-lo.

São Paulo e os judeus de Roma

17 Três dias depois, Paulo convocou os principais ju-
deus. Tendo-se eles juntado, disse-lhes:
«Eu, irmãos, sem ter feito nada contra o povo nem
contra os costumes de nossos pais, tendo sido preso em
Jesusalém, fui entregue nas mãos dos romanos, 18 os
quais, tendo-me examinado, quiseram soltar-me, visto
que não achavam em mim crime algum digno de mor-
te. 19 Mas, opondo-se os judeus, vi-me obrigado a apelar
para César, sem intentar contudo acusar em alguma coisa
a minha nação. 20 Por tal motivo, pois, pedi para vos ver
e vos falar, porquanto é por causa da esperança de Israel
que estou preso com estas cadeias.»
21 Eles responderam-lhe:
«Nós nem recebemos carta da Judeia acerca de ti,
nem de lá veio nenhum irmão que nos dissesse ou falasse
algum mal de ti. 22 Porém queríamos ouvir da tua boca o
que pensas, porque o que nós sabemos desta seita é que
em toda a parte a impugnam.»

23 Tendo-lhe fixado o dia, foram muitos ter com ele à
casa onde estava hospedado, aos quais expunha o Reino
de Deus, esforçando-se por convencê-los acerca de Jesus
por meio da Lei de Moisés e dos Profetas, desde manhã até
a noite. 24 Uns criam no que ele dizia, outros não criam.
25 Como não estivessem concordes entre si, retiravam-
-se, enquanto Paulo lhes dizia só esta palavra:
«Bem falou o Espírito Santo pelo profeta Isaías a nos-
sos pais, 26 quando disse:

26 «*Vai a esse povo e dize-lhe:*
"Com o ouvido ouvireis e não entendereis;
com os olhos olhareis e não vereis.
27 *Porque o coração deste povo tornou-se insensível;*
são duros dos ouvidos
e fecharam os olhos;
para que não vejam com os olhos,
e ouçam com os ouvidos,
e entendam com o coração e se convertam,
e eu os sare".

28 «Seja-vos, pois, notório que esta salvação de Deus é
enviada aos gentios, e eles a ouvirão.» (29)

Atividade apostólica de São Paulo em Roma

30 Dois anos inteiros permaneceu Paulo num aposen-
to que alugara, onde recebia todos os que iam ter com

ele, 31 pregando o Reino de Deus e ensinando o que diz respeito ao Senhor Jesus Cristo com toda a liberdade e sem proibição.

NOTAS AOS ATOS DOS APÓSTOLOS

1, 1-5. Tal como fez no seu Evangelho (cf. Lc 1, 1-4), São Lucas inicia a sua narrativa com um prólogo semelhante ao que era utilizado pelos historiadores profanos. Neste segundo volume da sua obra, faz referência aos acontecimentos narrados no final do Evangelho e começa a relatar as origens e a expansão inicial do cristianismo, levadas a cabo com a força do Espírito Santo, protagonista de todo este escrito. A dimensão espiritual dos *Atos*, que forma uma unidade com o terceiro Evangelho, incendiou a alma das primeiras gerações de cristãos, que viram nas suas páginas a história fiel e a amorosa atuação divina com o novo Israel, que é a Igreja. Assim, a forma de narrar de Lucas é a dos historiadores, mas o significado do relato é mais profundo: «Os Atos dos Apóstolos parecem ser pura história, limitando-se a tecer a infância da Igreja nascente; se, porém, tivermos presente que o seu autor é Lucas, o médico, que é louvado no Evangelho (cf. Cl 4, 14), perceberemos igualmente que todas as suas palavras são medicamentos para a alma doente» (São Jerônimo, *Epistulae*, 53, 9).

«Teófilo» (v. 1), a quem o livro é dedicado, poderá ser um cristão culto, de boa posição social; mas também pode ser uma figura literária, pois o nome significa «amigo de Deus».

O terceiro Evangelho narra as aparições de Jesus ressuscitado aos discípulos de Emaús e aos Apóstolos, referindo-as todas ao mesmo dia (cf. Lc 24, 13.36). Nesta passagem, Lucas afirma que Jesus lhes apareceu «durante quarenta dias» (v. 3), número que não constitui apenas um dado cronológico, pois permite um sentido literal e outro mais profundo. Com efeito, os períodos de quarenta dias ou quarenta anos têm na Sagrada Escritura um claro significado salvífico; são tempos em que Deus prepara ou leva a cabo aspectos importantes da sua atividade salvadora. Assim, o dilúvio inundou a terra durante quarenta dias (Gn 7, 17); os israelitas caminharam durante quarenta anos pelo deserto em direção à terra prometida (Sl 95, 10); Moisés permaneceu quarenta dias no monte

Sinai para receber a revelação de Deus que continha a Aliança (Ex 24, 18); Elias caminhou quarenta dias e quarenta noites apenas com o pão que Deus lhe tinha enviado, até chegar ao seu destino (1 Rs 19, 8); e Nosso Senhor jejuou no deserto durante quarenta dias, em preparação para a sua vida pública (Mt 4, 2).

1, 6-11.-*In Acta Apostolorum*, 2).

Quando o Senhor corrige os discípulos, especifica-lhes claramente qual é a sua missão: serem testemunhas suas até os confins do mundo (v. 8). «O zelo pelas almas é um mandamento amoroso do Senhor: ao subir para a sua glória, Ele nos envia pelo orbe inteiro como suas testemunhas. Grande é a nossa responsabilidade, porque ser testemunha de Cristo implica, antes de mais nada, procurar comportar-se segundo a sua doutrina, lutar para que a nossa conduta recorde Jesus e evoque a sua figura amabilíssima» (Josemaria Escrivá, *É Cristo que passa*, n. 122).

Depois (vv. 9-11), o Senhor ascende aos céus. A Igreja explica da seguinte maneira a situação atual do corpo ressuscitado de Jesus: «A Ascensão de Cristo aos céus significa sua participação, em sua humanidade, no poder e na autoridade do próprio Deus. Jesus Cristo é Senhor: possui todo poder nos céus e na terra. [...] Como Senhor, Cristo é também a cabeça da Igreja, que é seu Corpo. Elevado ao céu e glorificado, tendo assim cumprido plenamente sua missão, Ele permanece na terra em sua Igreja» (*Catecismo da Igreja Católica*, nn. 668-669).

***1, 12-7, 60.** Os sete primeiros capítulos dos Atos narram a vida da Igreja nascente em Jerusalém. Depois de Matias ter sido escolhido para completar o grupo dos Doze (1, 15-26), são relatadas a vinda do Espírito Santo em Pentecostes (2, 1-13) e a primeira pregação apostólica acerca de Jesus Cristo (2, 14-41).

A narrativa prossegue com o crescimento e o agrupamento da comunidade em torno de Pedro e dos outros Apóstolos. A pregação dos Doze é acompanhada de milagres e fatos extraordinários (3, 1-10; 5, 1-16). Com alguns resumos intercalados ao longo do texto (1, 14; 2, 42-47; 4, 32-37; 5, 12-16), Lucas descreve a vitalidade espiritual da Igreja primitiva. O progressivo aumento dos fiéis (2, 41.47; 4, 4; 5, 14; 6, 1) impõe a eleição dos Sete (6, 1-7); a perseguição desatada contra a Igreja e o martírio de Estêvão (6, 8-7, 60) encerram esta parte do livro e deslocam a ação para as regiões limítrofes com a Judeia (8, 1ss).

***1, 12-26.** Lucas apresenta agora o grupo dos discípulos, núcleo da Igreja nascente, antes da descida do Espírito Santo. O autor sagrado nomeia explicitamente o Colégio Apostólico (1, 13) – que será completado com Matias (1, 26) – e Maria, Mãe do Senhor (1, 14). Assim como o Espírito Santo desceu sobre Maria, a cheia de graça (cf. Lc 1, 28), descerá agora sobre este grupo, que tem como estandarte a oração (1, 14.24).

1, 12-14. Na breve descrição do grupo dos discípulos anterior à descida do Espírito Santo, há vários aspectos significativos.

Em primeiro lugar, São Lucas assinala três conjuntos de pessoas: os Onze, testemunhas da vida pública de Jesus e da sua ressurreição; as mulheres, testemunhas da sua morte, sepultamento e ressurreição; e Maria, a Mãe do Senhor, testemunha privilegiada da infância e da vida oculta de Cristo. Assim, a comunidade primitiva é uma testemunha autorizada da vida de Jesus.

O texto também menciona uma característica peculiar dos primeiros tempos da Igreja: «É uma nota insistente no relato da vida dos primeiros seguidores de Cristo: *Todos, animados de um mesmo espírito, perseveravam unânimes na oração* (At 1, 14). [...] A oração era então – como hoje – a única arma, o meio mais poderoso para vencer nas batalhas da luta interior» (Josemaria Escrivá, *Amigos de Deus*, n. 242).

O escritor sagrado destaca a presença de Maria entre os Apóstolos. A Tradição, ao contemplar e meditar este *quadro*, concluiu que nele aparece a maternidade que a Virgem exerce sobre toda a Igreja, tanto na sua origem como no seu desenvolvimento: «Na economia redentora da graça, atuada sob a ação do Espírito Santo, existe uma correspondência singular entre o momento da encarnação do Verbo e o momento do nascimento da Igreja. E a pessoa que une estes dois momentos é Maria: Maria em Nazaré e Maria no Cenáculo de Jerusalém. Em ambos os casos, a sua presença discreta, mas essencial, indica a via do "nascimento do Espírito". Assim, aquela que está presente no mistério de Cristo como Mãe torna-se – por vontade do Filho e por obra do Espírito Santo – presente no mistério da Igreja. E também na Igreja continua a ser uma presença materna» (São João Paulo II, *Redemptoris Mater*, n. 24).

O texto fala dos «irmãos» de Jesus (v. 14), expressão que também aparece nos Evangelhos e que tem o significado amplo de parentes, sem especificação do grau. A Igreja, iluminada pelo Espírito, confessou sempre que o único filho que a Virgem teve foi Jesus: cf. notas a Mt 1, 18-25; 12, 26--50; Mc 3, 31-35; Lc 8, 1 9-21.

1, 15-26. O episódio da escolha de São Matias revela várias notas importantes na constituição da Igreja, nomeadamente o número dos Doze e o lugar de Pedro na comunidade.

Pedro, que fora encarregado por Jesus de confirmar os seus irmãos na fé (cf. Lc 22, 32), é quem toma a iniciativa: recordando a morte violenta de Judas (vv. 18-19; cf. Mt 27, 3-10), propõe que se escolha um Apóstolo para ocupar o lugar do traidor. Mais tarde, quando Tiago Maior morre (12, 2), o procedimento não se repete; o gesto de Pedro parece indicar, pois, que a constituição dos Doze era necessária antes da descida do Espírito Santo, altura em que a Igreja se manifestou publicamente.

A comunidade cristã recorre ao sorteio – método utilizado no Antigo Testamento; cf. por exemplo 1 Sm 14, 41 – porque está convencida de que Deus já fez a sua escolha e que, portanto, a tornará manifesta: «E, orando, disseram: "Tu, Senhor, que conheces os corações de todos, mostra-nos destes dois o que escolheste", Tu e não nós. Apelam, com razão, Àquele que penetra todos os corações, pois só Ele haveria de fazer a escolha; e expõem-Lhe a sua petição com toda a confiança, dada a necessidade da escolha. Não dizem: "Escolhe", mas: "Mostra-nos destes dois o que escolheste", pois sabem que tudo foi previamente estabelecido por Deus. "Tiraram os seus nomes à sorte." Não se consideraram dignos de serem eles a fazer a escolha, razão pela qual preferiram ater-se a um sinal» (São João Crisóstomo, *In Acta Apostolorum*, 3, 3).

Lucas costuma reservar o termo «Apóstolos» para designar os Doze (cf., por exemplo, 6, 6) ou os Onze com Pedro, que aparece como chefe do Colégio Apostólico (cf. 2, 14). As funções principais dos Apóstolos ao longo dos Atos são: ser testemunhas da ressurreição de Jesus (1, 22) e levar a cabo esse testemunho mediante o ministério da palavra (6, 4), acompanhado de sinais e prodígios que tornam visível a salvação que anunciam (2, 14-21.43; 3, 1-11.16 etc.). São os Doze que dirigem a Igreja, recolhendo os bens para os irmãos necessitados (4, 35), selecionando alguns irmãos para o ministério (6, 2-3), garantindo a unidade (11, 1-18; 15, 2) etc.

Lucas concentra o seu interesse na figura de Pedro, que

refere pelo nome cinquenta e seis vezes: Pedro é sempre o centro das cenas e dos episódios em que aparece com outros Apóstolos ou discípulos; nos acontecimentos relativos à comunidade de Jerusalém, Pedro é o porta-voz dos Doze (2, 14.37; 5, 29); e desempenha um papel decisivo na abertura do Evangelho aos pagãos.

O Colégio dos Doze Apóstolos, chefiado por Pedro, sobrevive no episcopado da Igreja, chefiado pelo Romano Pontífice, sucessor de Pedro e vigário de Cristo: «Assim como, por instituição do Senhor, São Pedro e os restantes Apóstolos formam um colégio apostólico, assim de igual modo estão unidos entre si o Romano Pontífice, sucessor de Pedro, e os bispos, sucessores dos Apóstolos» (Concílio Vaticano II, *Lumen gentium*, 22).

***2, 1-47.** O Pentecostes constitui, no livro dos Atos, o começo do caminhar da Igreja; esta, animada pelo Espírito Santo, constitui o novo povo de Deus, que começa a proclamar o Evangelho a todas as nações e a convocar todos os que foram chamados por Deus. A efusão do Espírito Santo também tem um valor revelador para os Apóstolos; mais tarde, São Pedro verá, na descida do Espírito Santo sobre Cornélio e sua família (10, 44-48; 11, 15-17), um sinal claro do chamamento aos gentios, que não precisam passar pela circuncisão.

2, 1-13. O relato da descida do Espírito Santo é cheio de simbolismo. O Pentecostes constituía uma das três grandes festas judaicas; era celebrado cinquenta dias depois da Páscoa, e nesse dia muitos israelitas peregrinavam à Cidade Santa. Tinha origem na comemoração do final das colheitas de cereais e era uma festa de ação de graças a Deus e de oferta das primícias; posteriormente, foi-lhe acrescentada a celebração da promulgação da Lei dada por Deus a Moisés no Sinai. O ruído, como que de vento, e o fogo (vv. 2-3) evocam precisamente a manifestação de Deus naquele monte (cf. Ex 19, 16.18; Sl 29), quando Deus constituiu Israel seu povo ao dar-lhe a Lei. Agora, manifesta-se ao seu novo povo, a Igreja, com as mesmas características: o vento significa a novidade transcendente da sua ação na história dos homens (cf. *Catecismo da Igreja Católica*, n. 691), enquanto «o fogo simboliza a energia transformadora dos atos do Espírito Santo» (*idem*, n. 696).

A enumeração da proveniência daqueles que ouviam os discípulos (vv. 5.9-11) e a informação de que todos compreendiam a língua falada pelos Apóstolos (vv. 4.6.8.11) evocam, por contraste, a confusão das línguas em Babel (cf. Gn 11, 1-9): «Não há dúvida de que o Espírito Santo já atuava no mundo antes de Cristo ser glorificado. Contudo, foi no dia de Pentecostes, em que desceu sobre os discípulos para ficar para sempre com eles, que a Igreja foi publicamente manifestada diante de uma grande multidão, que a difusão do Evangelho entre os gentios por meio da pregação teve o seu início e que, finalmente, a união dos povos numa catolicidade de fé foi esboçada de antemão na Igreja da Nova Aliança, a qual fala em todas as línguas e a todas entende e abraça na sua caridade, superando assim a dispersão de Babel» (Concílio Vaticano II, *Ad gentes*, 4). Além do significado que teve no seu tempo, o dom do Espírito Santo nos interpela também porque, em cada momento e em cada local, temos de saber dar testemunho de Cristo: «Cada geração de cristãos [...] precisa compreender e compartilhar os anseios dos outros homens, seus iguais, a fim de lhes dar a conhecer, com *dom de línguas,* como devem corresponder à ação do Espírito Santo, à efusão permanente das riquezas do Coração divino. Compete-nos a nós, cristãos, anunciar nestes dias, a esse mundo a que pertencemos e em que vivemos, a mensagem antiga e sempre nova do Evangelho» (Josemaria Escrivá, *É Cristo que passa*, n. 132).

2, 14-36. Pedro toma a palavra em nome dos Doze, como fará muitas outras vezes. O seu discurso está repleto de referências ao Antigo Testamento, com as quais explica o sentido do que acaba de acontecer: «Os textos proféticos diretamente referentes ao envio do Espírito Santo são oráculos em que Deus fala ao coração de seu Povo na linguagem da promessa, com as tônicas "do amor e da fidelidade" [...]. Segundo essas promessas, nos "últimos tempos" o Espírito do Senhor renovará o coração dos homens, gravando neles uma Lei Nova; reunirá e reconciliará os povos dispersos e divididos; transformará a criação primeira; e Deus habitará nela com os homens na paz» (*Catecismo da Igreja Católica*, n. 715).

No discurso de Pedro, esboça-se o conteúdo do anúncio apostólico – *kérygma* –, objeto da pregação e da fé. Este anúncio exprime o testemunho da morte e ressurreição de Cristo, bem como de sua posterior exaltação; recorda os pontos principais da missão de Jesus, anunciada por João Batista, confirmada pelos milagres e concluída com as aparições do Senhor ressuscitado e a efusão do Espírito Santo; aponta a chegada do tempo messiânico vaticinado pelos profetas; e faz um apelo universal à conversão, a fim de preparar a parúsia, ou segunda vinda, do Cristo glorioso. São os mesmos conteúdos essenciais que nos transmitiram os Evangelhos escritos, sobretudo os sinóticos.

Ao comentar esta passagem, São João Crisóstomo ressalta a alteração operada em Pedro pela ação do Espírito Santo e a audácia do Apóstolo: «Ouvi pregar e discutir com valentia, entre a massa de inimigos, aquele que pouco antes tremia ante a palavra de uma simples criada! Esta ousadia é uma prova significativa da ressurreição do seu Mestre, pois Pedro prega entre homens que troçam e riem do seu entusiasmo [...]. A calúnia não perturba o espírito dos Apóstolos, os sarcasmos não reduzem a coragem deles, pois a chegada do Espírito Santo fez deles homens novos e superiores a todas as provas humanas. Quando o Espírito Santo penetra nas almas, é para elevar os seus afetos e fazer, de almas terrenas e de barro, almas escolhidas, de uma coragem intrépida [...]. Admirai a harmonia que reina entre os Apóstolos! Como cedem a Pedro a carga de tomar a palavra em nome de todos! Pedro eleva a voz e fala à multidão com intrépida confiança. Essa é a coragem do homem instrumento do Espírito Santo [...]. Assim como um carvão aceso, longe de perder o seu ardor ao cair sobre um monte de palha, encontra aí ocasião de manter o seu calor, do mesmo modo Pedro, em contato com o Espírito Santo que o anima, estende à sua volta o fogo que o devora» (*In Acta Apostolorum*, 4).

2, 37-41. O batismo que o Apóstolo prescreve não é como o do Batista, uma vez que inclui o dom do Espírito Santo (v. 38; cf. 1, 5; Lc 3, 3.16). Note-se que o batismo «em nome de Jesus Cristo» não denota literalmente uma forma litúrgica utilizada pelos Apóstolos, em substituição da fórmula trinitária que aparece em Mt 28, 19; com efeito, num documento de começos do século II d.C., a *Didaquê* ou «Doutrina dos Doze Apóstolos», está indicado que se deve batizar em nome do Pai, do Filho e do Espírito Santo, sem que isso seja obstáculo a que em outras passagens se fale dos «batizados no nome do Senhor» (cf. *Didaquê*, 7, 1; 9, 5). A expressão «batismo em nome de Jesus Cristo» significa, portanto, o sacramento instituído por Jesus Cristo, mediante o qual se adquire a condição de cristão.

2, 42-47. Este é o primeiro dos três resumos recolhidos nos capítulos iniciais do livro (cf. 4, 32-37 e 5, 12-16). No princípio (v. 42), descreve-se em termos simples o essencial da vida ascética e litúrgico-sacramental dos primeiros cristãos. «A sequência é típica da oração da Igreja: fundada na fé apostólica e autenticada pela caridade, ela é alimentada na Eucaristia» (*Catecismo da Igreja Católica*, n. 2624).

A «doutrina dos apóstolos» é a instrução habitual dada aos conversos; não se trata do anúncio do Evangelho aos cristãos, mas de uma catequese cada vez mais ordenada e sistemática, em que se explicam as verdades fundamentais da fé – aquilo que, pouco depois, se recitaria na Igreja como Profissão de fé, Símbolo ou Credo – que devem ser acreditadas e praticadas para a salvação. A catequese, que é uma constante pregação e explicação do Evangelho «para dentro», aparece logo no começo da Igreja: «Evangelizadora como é, a Igreja começa por se evangelizar a si mesma. Comunidade de crentes, comunidade de esperança vivida e comunicada, comunidade de amor fraterno, ela tem necessidade de ouvir sem cessar aquilo em que deve acreditar, as razões da sua esperança e o mandamento novo do amor» (São Paulo VI, *Evangelii nuntiandi*, 15).

As «reuniões comuns» são um indicativo da união de corações operada pelo Espírito Santo: uma unidade que se consolida nos discípulos, quando vivem e sentem a sua fé como um bem comum, concedido, em Jesus Cristo, por Deus Pai (cf. Gl 2, 9). É nesta comunidade de afetos que radicam as disposições de desprendimento que levam, no seu momento, à renúncia generosa dos próprios bens em benefício dos necessitados (vv. 45-46): «Esta pobreza e este desprendimento voluntários cortavam pela raiz o princípio egoísta de muitos males, e os novos discípulos demonstravam ter entendido a doutrina evangélica» (São João Crisóstomo, *In Acta Apostolorum*, 7).

A «fração do pão» (v. 42) é um dos nomes da Sagrada Eucaristia; chama-se assim «porque este rito, próprio da refeição judaica, foi utilizado por Jesus quando abençoava e distribuía o pão como presidente da mesa (cf. Mt 14, 19; 15, 36; Mc 8, 6.19), sobretudo por ocasião da Última Ceia (cf. Mt 26, 26; 1 Cor 11, 24). É por este gesto que os discípulos O reconhecerão após a ressurreição (Lc 24, 13-35), e é com esta expressão que os primeiros cristãos designarão suas assembleias eucarísticas (cf. At 2, 42.46; 20, 7.11). Com isso querem dizer que todos os que comem do único pão partido, Cristo, entram em comunhão com Ele e já não formam senão um só corpo nEle (cf. 1 Cor 10, 16-17)» (*Catecismo da Igreja Católica*, n. 1329). A expressão convive com outros nomes, entre eles «Eucaristia», que sublinha a ideia de ação de graças (cf. *Didaché*, 9, 1). A Santa Missa e a comunhão eucarística constituem, desde o Pentecostes, o centro do culto cristão.

As «orações» eram provavelmente os Salmos e os hinos que acompanhavam a celebração da Eucaristia; o artigo e o uso do plural dão a entender que se tratava de orações específicas. Os cristãos frequentam o Templo de Jerusalém porque ele é, inicialmente, um dos centros da sua vida litúrgica e de oração (v. 46). Com efeito, o Templo era para eles a casa de Deus; no entanto, não era o único local onde se reuniam para as orações e o culto. Quando o texto afirma que «partiam o pão em suas casas» (v. 46), refere-se provavelmente à fração do pão apontada anteriormente (v. 42): a comunidade cristã de Jerusalém – tal como as comunidades posteriormente fundadas por São Paulo – ainda não dispunha de edifícios específicos para as reuniões litúrgicas; por isso, reunia-se em casas privadas, em locais dignos. A construção de edifícios exclusivamente dedicados ao culto só começará no século III d.C.

***3, 1-5, 42.** Com a força do Espírito Santo, recebida em Pentecostes, os Apóstolos continuam a proclamar o Evangelho e a confirmar com obras a verdade que pregam. No entanto, logo surge a oposição dos dirigentes judaicos (4, 1-2; 5, 17-18) e as faltas de alguns membros da Igreja (5, 1-11). Neste quadro, o texto reflete o otimismo dos fiéis, conduzidos pelo Espírito Santo: o povo gostava deles (5, 15-16); eram compreendidos por homens importantes e justos, como Gamaliel (5, 34-39); eram assistidos pelo Espírito (4, 31); e Deus os reconfortava com o aumento dos fiéis e a fecundidade da virtude daquela primeira comunidade (4, 4.32-37), porque «a contemplação de tantos fatos pode, com razoabilidade, conduzir à persuasão aqueles que amam a verdade, não seguem as opiniões, nem se deixam dominar pelas más paixões» (São Justino, *Apologia*, 1, 53).

3, 1-10. Isto é um exemplo do que foi assinalado no sumário anterior (2, 42-47), mencionando a doutrina dos Apóstolos, a sua oração, os seus prodígios e o elogio do povo. Pedro e João se dirigem ao Templo na hora do sacrifício vespertino, que começava às três horas e durava quase até o pôr do sol, e ao qual assistiam numerosos judeus piedosos. De manhã, havia outro, análogo, que tinha início pela aurora e durava até a hora terça, ou seja, até as nove da manhã. A cura do coxo é o primeiro milagre realizado por meio dos Apóstolos, que consideram que chegou o momento de o poder de Deus atuar por meio deles; cumpre-se assim a promessa do Senhor: farão milagres, sinais visíveis do advento do Reino de Deus (cf. Mc 16, 17-20). Os Apóstolos fazem em nome de Cristo o mesmo que o próprio Senhor fizera antes deles: «A palavra de Pedro torna são aquele que sua mãe deu à luz disforme; e o que não pôde dar a imagem de César gravada numa moeda àquele homem que lhe pedia esmola deu-lhe, em troca, a imagem de Cristo ao devolver-lhe a saúde. Esse tesouro não enriqueceu apenas aquele que recuperou a faculdade de andar, mas também os cinco mil homens que, ao verem esta cura milagrosa, acreditaram na pregação de Pedro» (São Leão Magno, *Sermones*, 95, 3).

Os milagres do Novo Testamento dão mostra de uma atuação especialmente intensa da graça divina, mas não são caso único na economia cristã da salvação. Eles se repetem, segundo as circunstâncias e de modos diversos, atraídos pelas disposições interiores de homens e de mulheres de fé: «O Senhor também fará de nós instrumentos capazes de realizar milagres, e até, se for preciso, dos mais extraordinários, se lutarmos diariamente por alcançar a santidade, cada um no seu próprio estado, dentro do mundo e no exercício da sua profissão, na vida normal e corrente» (Josemaria Escrivá, *Amigos de Deus*, n. 262).

3, 11-26. Após a cura do coxo, narra-se este segundo discurso de São Pedro, que tem duas partes: na primeira (vv. 12-16), o Apóstolo explica que o milagre se realizou em nome de Jesus e pela fé no seu nome; na segunda (vv. 17-26), sublinha que em Jesus se cumprem as profecias do Antigo Testamento e move à penitência a multidão ali reunida, que também fora, de certa maneira, responsável pela morte de Cristo. No final (vv. 25-26), Pedro anota um motivo comum da pregação apostólica (cf. 2, 39): a salvação se dirige em primeiro lugar ao povo escolhido, mas está aberta a todos.

O discurso se refere a Jesus em termos que qualquer judeu entenderia em sentido messiânico: chama-Lhe Filho (v. 13), Cristo (vv. 18.20) e «profeta» (v. 22). As expressões «o Santo» e «o Justo» (v. 14), que são uma novidade neste contexto, são utilizadas como predicado ou título messiânico de Jesus em outras passagens (7, 52; Mc 1, 24; Lc 4, 34); «Santo» e «Justo» são termos equivalentes, como o são igualmente «santidade» e «justiça».

São Pedro (v. 17), como mais tarde fará São Paulo (13, 27), fala da ignorância do povo e dos chefes na condenação de Jesus, repetindo assim as palavras de Jesus na Cruz (Lc 23, 34); da mesma maneira, o gesto do povo que se converte (4, 4) evoca o momento, após a morte do Senhor, em que a multidão bateu no peito (Lc 23, 48). É manifesto que, como afirma o Apóstolo no final do discurso (vv. 25-26), não há ruptura, mas continuidade, entre Israel e a Igreja (cf. nota a Rm 11, 1-12): Jesus Cristo, assim como a sua Mãe, a Virgem Maria; os Apóstolos, fundamento e colunas da Igreja; e os primeiros discípulos que anunciaram ao mundo o Evangelho de Cristo, faziam parte do povo judeu. Por isso a Igreja, movida pela caridade, roga ao Senhor por esse povo: «Cristo, Deus e Homem, que és Senhor de Davi e dos seus filhos, suplicamos-Te que, em cumprimento das profecias e das promessas, Israel Te reconheça como Messias» (Liturgia das Horas, preces das Laudes de 31 de dezembro).

4, 1-22. Primeiro conflito dos Apóstolos com as autoridades de Jerusalém. Estamos perante outro episódio paradigmático do poder de Deus manifestado nos primórdios da Igreja. Repete-se o que acontecera na vida de Cristo: a intransigência dos dirigentes espirituais do povo perante os milagres, agora os dos Apóstolos. Apesar do acidentado final do discurso de Pedro, as suas palavras são instrumentos da graça, que faz brotar a fé em muitos ouvintes.

Começa a cumprir-se à letra o que Jesus tinha anunciado aos seus discípulos (cf. Lc 21, 12-15): nas perseguições, o Senhor lhes dá uma sabedoria a que os grandes deste mundo não conseguem resistir. O centro desta passagem é indubitavelmente a frase final dos Apóstolos (vv. 19-20); e esta valentia não é exigida apenas aos que ocupam lugares de destaque, mas a todos os cristãos: «Os cristãos, procedendo cordatamente com aqueles que estão fora da Igreja, procurem "com o Espírito Santo, com a caridade não fingida, com a palavra da verdade" (2 Cor 6, 6-7), difundir com desassombro e fortaleza apostólica a luz da vida, até a efusão do sangue.

Com efeito, o discípulo tem para com Cristo, seu mestre, o grave dever de conhecer cada vez mais plenamente a verdade dEle recebida, de a anunciar fielmente e defender corajosamente» (Concílio Vaticano II, *Dignitatis humanae*, 14).

As palavras do v. 12 são de uma força impressionante: Deus não deu à humanidade outro Salvador que não seja Jesus de Nazaré. Não podiam ser mais claras. Deus nos salva em seu Filho, Jesus Cristo, em realização de um desígnio arcano que preparou durante séculos e realizou na plenitude dos tempos (cf. Ef 1, 7-10): «O Redentor do homem, Jesus Cristo, é o centro do cosmos e da história. [...] Deus entrou na história da humanidade e, enquanto homem, tornou-se sujeito à mesma, um dos milhares de milhões e, ao mesmo tempo, único! Através da encarnação, Deus conferiu à vida humana aquela dimensão que intentava dar ao homem já desde o seu primeiro início, e deu-lha de maneira definitiva – de modo a Ele somente peculiar, segundo o seu eterno amor e a sua misericórdia, com toda a divina liberdade – e, simultaneamente, com aquela munificência que, perante o pecado original e toda a história dos pecados da humanidade, e perante os erros da inteligência, da vontade e do coração humano, nos dá azo a repetir com assombro as palavras da Sagrada Liturgia: "Ó ditosa culpa, que tal e tão grande Redentor mereceu ter!"» (São João Paulo II, *Redemptor hominis*, 1).

4, 23-31. A libertação dos Apóstolos não é seguida de uma comemoração, mas de uma oração; essa prece constitui, para os cristãos de todos os tempos, um modelo de oração e de confiança nos meios sobrenaturais. Os primeiros cristãos pedem a Deus a força necessária para continuar a anunciar com valentia a Palavra, sem se deixarem amedrontar pelas perseguições, e imploram a capacidade de fazer prodígios que confiram crédito à sua pregação; e, nos acontecimentos da vida de Jesus e nos dias que se lhe seguiram, veem o cumprimento do Salmo 2, que o texto cita parcialmente (vv. 25-28). São Lucas refere duas vezes o Espírito Santo, pois «o Espírito, que ensina a Igreja e lhe recorda tudo o que Jesus disse, vai também formá-la para a vida de oração» (*Catecismo da Igreja Católica*, n. 2623). Para as suas preces, os primeiros cristãos recorriam à Sagrada Escritura: «Como os escritores do Novo Testamento, as primeiras comunidades cristãs releem o livro dos Salmos, cantando nele o Mistério de Cristo. Na novidade do Espírito, elas compõem também hinos e cânticos a partir do Acontecimento inaudito que Deus realizou em seu Filho: a Encarnação, a Morte vitoriosa da morte, a Ressurreição e Ascensão à sua direita. É dessa "maravilha" de toda a economia da salvação que brota a doxologia, o louvor de Deus» (*idem*, n. 2641).

4, 32-37. No primeiro resumo (cf. 2, 42-47 e nota), Lucas recordava principalmente a oração da Igreja primitiva; agora, com outro resumo (vv. 32-35), insiste na comunhão de bens; mais adiante (cf. 5, 12-16), ressaltará os prodígios dos Apóstolos. O autor tem consciência da importância do efetivo desprendimento dos bens, razão pela qual apresenta um exemplo notório, o de Barnabé (vv. 36-37), a que se segue um contraexemplo, o de Ananias e Safira (5, 1-11): «Não há dúvida de que os pobres conseguem com mais facilidade que os ricos o dom da humildade, já que os pobres, na sua indigência, se familiarizam facilmente com a mansidão, ao passo que os ricos se habituam facilmente com a soberba. No entanto, também não faltam ricos adornados desta humildade, que usam de tal modo as suas riquezas que não se ensoberbecem com elas, mas se servem delas para praticar obras de caridade. [...] O dom desta pobreza ocorre, pois, em todo tipo de homens e em todas as condições em que o homem pode viver. [...] Depois do Senhor, os Apóstolos foram os primeiros a dar-nos exemplo desta pobreza magnânima. [...] Muitos dos primeiros filhos da Igreja, ao se converterem à fé, tendo um só coração e uma só alma, deixaram os seus bens e as suas posses, enriqueceram-se de bens eternos e tiveram sua alegria em seguir os ensinamentos dos Apóstolos, não possuindo nada neste mundo e tendo tudo em Cristo» (São Leão Magno, *Sermones*, 95, 2).

A generosidade de Barnabé é referendada, ao longo do Novo Testamento, pelo seu papel de destaque na difusão do Evangelho: será Barnabé a apresentar Saulo, recém-converso, aos Apóstolos (9, 27); mais tarde, será enviado por estes a Antioquia, no quadro da primeira pregação do Evangelho aos gentios (11, 22); será o companheiro de Paulo na sua primeira viagem (13, 2) e subirá com ele a Jerusalém para tratar da circuncisão dos gentios conversos (15, 2); e São Paulo louvará o zelo e o interesse de Barnabé na causa do Evangelho (cf. 1 Cor 9, 6).

5, 1-11. Os Atos recolhem diversas maneiras de viver a pobreza e a caridade com os outros na Igreja primitiva: no episódio anterior, referiram certa comunidade de bens na Igreja de Jerusalém (4, 32), a preocupação com os necessitados (4, 34-35) e a generosidade de Barnabé (4, 36-37); mais adiante, o texto relata o zelo daqueles cristãos pelo atendimento às viúvas (6, 1-6), o elogio de pessoas que davam esmolas – como Tábita (9, 6) e Cornélio (10, 2) –, a coleta dos cristãos de Antioquia em favor dos irmãos da Judeia (11, 29) etc. Neste clima de generosidade, o episódio em questão nos informa que os cristãos tinham liberdade para doar ou não os seus bens (v. 4); por isso, o que é fulcral na falta que aqui se condena não é a avareza, mas sobretudo a tentativa de enganar a Deus, que age na Igreja (cf. vv 3.9). O castigo de Deus contra Ananias e Safira não resultou, comenta Santo Efrém, «apenas de terem cometido um roubo e o terem ocultado, mas de não terem temido e de desejarem enganar aqueles em quem habitava o Espírito Santo, que tudo conhece» (*Commentarii in Acta*, *ad loc.*). A pena reflete uma severidade compreensível num período fundacional, cheio do auxílio divino e de uma especial responsabilidade.

Este episódio é mais uma prova de que Deus despreza a hipocrisia; por contraste, fica patente o valor da virtude da veracidade, que tende para a fiel manifestação da verdade, a fim de que esta reine sempre e em toda parte e se evitem a falsidade e a mentira. A veracidade inclina os seres humanos para que as suas palavras e todos os seus atos estejam em harmonia com os seus conhecimentos e as suas convicções, e também para que as suas atitudes correspondam fielmente às suas palavras; tem uma relação estreita com a virtude da fidelidade, que inclina a pessoa para o cumprimento das promessas feitas (cf. São Tomás de Aquino, *Summa theologiae*, 2-2, 80, 1). Só o homem e a mulher verazes e fiéis poderão cumprir aquele preceito do Senhor: «Seja o vosso falar: Sim, sim; não, não» (Mt 5, 37).

5, 12-16. Neste terceiro resumo (cf. 2, 42-47; 4, 32-37), Lucas sublinha o poder milagroso dos Apóstolos. Tal como acontecia com Cristo (cf. 2, 22; Mc 6, 56; Lc 7, 18-23), os milagres que realizam confirmam diante do povo que chegou efetivamente o Reino de Deus: «Se não fizessem milagres e prodígios, os discípulos de Jesus não teriam movido os seus ouvintes a abandonar, a troco de novas doutrinas e novas verdades, a sua religião tradicional e a abraçar, correndo com isso risco de vida, os ensinamentos que lhes anunciavam» (Orígenes, *Contra Celsum*, 1, 46).

Os milagres estão unidos à Revelação de Deus aos homens e, de certa maneira, fazem parte dela, acompanhando a graça e sendo consequência dela: «A graça é antes de tudo e principalmente o dom do Espírito que nos justifica e nos santifica. Mas a graça compreende igualmente os dons que o Espírito nos concede para nos associar à sua obra, para nos tornar capazes de colaborar com a salvação dos outros e com o crescimento do corpo de Cristo, a Igreja. São as *graças sacramentais* dons próprios dos diferentes sacramentos. São, além disso, as *graças especiais*, chamadas também "carismas", segundo a palavra grega empregada por São Paulo e que significa favor, dom gratuito, benefício. Seja qual for seu caráter, às vezes extraordinário, como o dom dos milagres ou das línguas, os carismas se ordenam à graça santificante e têm como meta o bem comum da Igreja. Acham-se a serviço da caridade, que edifica a Igreja» (*Catecismo da Igreja Católica*, n. 2003).

5, 17-33. Este relato apresenta um conjunto de contrastes, marcado pelas ordens contraditórias que são dadas aos Apóstolos: a do anjo (v. 20) e a do Sinédrio (v. 28). A resposta dos Apóstolos é muito significativa: «Deve-se obedecer antes a Deus que aos homens» (v. 29).

O episódio começa por apresentar a prisão dos Apóstolos e a sua libertação pelo anjo (vv. 17-25). Os anjos figuram na Sagrada Escritura como mensageiros de Deus e mediadores, custódios, protetores e ministros da justiça divina. Assim, quando envia o seu servo à terra de Harã, Abraão diz-lhe: «[Deus] mandará o seu anjo diante de ti [...], dirigirá o teu caminho» (Gn 24, 7.40). Tobias, Ló e a sua família, Daniel e os seus companheiros, Judite etc. experimentam a proteção angélica. Os Salmos proclamam a confiança nos anjos (cf. Sl 34, 8; 91, 11-12), bem como a ajuda permanente que eles prestam aos homens, por mandato de Deus. Os anjos devem, pois, ocupar um lugar importante na piedade pessoal dos cristãos: «Peço ao Senhor que, durante a nossa permanência neste chão que pisamos, não nos afastemos nunca do Caminhante divino. Para tanto, aumentemos também a nossa amizade com os Santos Anjos da Guarda. Todos necessitamos de muita companhia: companhia do Céu e da terra. Sejamos devotos dos Santos Anjos!» (Josemaria Escrivá, *Amigos de Deus*, n. 315).

Em seguida (vv. 26-33), o texto apresenta os Apóstolos proclamando o núcleo da doutrina cristã aos membros do Sinédrio (cf. vv. 30-32), mais preocupados com a saúde espiritual dos seus ouvintes que consigo próprios: «Deus permitiu», comenta São João Crisóstomo, «que os Apóstolos fossem levados a julgamento para que os seus perseguidores fossem instruídos, se assim desejassem. [...] Longe de se irritarem diante dos juízes, os Apóstolos rogam-lhes compassivamente e vertem lágrimas, procurando apenas livrá-los do erro e da cólera divina» (*In Acta Apostolorum*, 13). A intervenção de Gamaliel, pouco depois (5, 34-39), mostra que tal atitude era correta.

5, 34-42. Gamaliel inaugura uma série de testemunhos constantes do livro dos Atos e que mostram que, mesmo aos olhos dos não crentes, o cristianismo é uma religião que apresenta motivos fundados de credibilidade (cf. 10, 1ss; 13, 7; 18, 12; 22, 25ss; 24, 1ss). Gamaliel, que foi mestre de São Paulo (cf. 22, 3), era representante de uma tendência moderada dentro do grupo dos fariseus: tratava-se de um homem prudente, capaz de ser imparcial e dotado de reconhecido sentido religioso; os Padres da Igreja costumam apresentá-lo como exemplo de homem reto, que espera o Reino de Deus e se atreve a defender os Apóstolos. As insurreições de Teudas e de Judas a que faz referência no seu discurso são narradas por Flávio Josefo (cf. *Antiquitates iudaicae*, 18, 4-10; 20, 169-172), embora devam ser localizadas na época do nascimento de Jesus; tanto Teudas como Judas reuniram grande número de adeptos, que lutaram para que o povo judeu, o povo eleito de Deus, não tivesse de pagar tributos a estrangeiros, como Herodes e o Império Romano.

A argumentação de Gamaliel deveria ter levado seus ouvintes a considerar que a obra dos Apóstolos era de Deus. Não entenderam assim os membros do Sinédrio, que, castigando os discípulos de Jesus, não fizeram mais do que dar cumprimento às palavras que o Senhor lhes tinha dirigido: que sofrer por Ele seria motivo de alegria (cf. Mt 5, 11-12; Mc 10, 30; Lc 6, 22-23). No final, Lucas nos recorda a firmeza evangelizadora dos Apóstolos: «Como anteriormente, com os milagres, também aqui os Apóstolos manifestaram o poder de Deus; não se diz que não sofreram, mas que o sofrimento lhes causou alegria» (São João Crisóstomo, *In Acta Apostolorum*, 14).

O castigo dos açoites (v. 40) era, no âmbito judaico, muito menos cruel que entre os romanos: o flagelo não estava equipado com ferros nem com ossos, e o número máximo de açoites era trinta e nove, para não ultrapassar os quarenta que tinham sido estabelecidos em Dt 25, 3; São Paulo recebeu estes açoites por cinco vezes (2 Cor 11, 24).

Não podemos deixar de evocar a diferença entre o Pedro que negou Jesus (Lc 22, 54-62) e este, que foi joeirado como o trigo (Lc 22, 31), mas se manteve firme, pois a oração de Jesus foi eficaz (Lc 22, 32): «Não é difícil perceber de que forma o Espírito transforma a imagem daqueles nos quais habita: do amor às coisas terrenas, o Espírito nos conduz à esperança das coisas do céu; e da covardia e da timidez, à valentia e à intrepidez generosa de espírito» (São Cirilo de Alexandria, *Commentarium in Ioannem*, 10).

***6, 1-7, 60.** Nesta altura, e a propósito dos helenistas, São Lucas apresenta argumentos semelhantes aos da seção anterior (cf. nota a 3, 1-5, 42). Os cristãos procedentes do helenismo experimentam dificuldades internas, pois suas viúvas estão desatendidas (6, 1), e externas, devido à perseguição movida por alguns judeus (6, 9). Lucas se compraz em mostrar que a providência de Deus preside a todos estes acontecimentos; assim, as dificuldades dos cristãos helenistas são solucionadas pela nomeação de diáconos, promovendo um aumento dos fiéis e dos sacerdotes obedientes à fé (6, 7); do mesmo modo, a perseguição de alguns judeus acaba no martírio de Estêvão, semente da vocação de Saulo: «Se Estêvão não tivesse orado a Deus, a Igreja não teria Paulo» (Santo Agostinho, *Sermones*, 315, 7).

6, 1-7. No começo desta seção, são apresentados dois grupos de discípulos, que se distinguem com base no estrato do qual procediam antes da sua conversão: helenistas e hebreus. Os helenistas eram judeus que tinham nascido e vivido algum tempo fora da Palestina, falavam grego, frequentavam sinagogas próprias, onde se liam versões gregas da Sagrada Escritura, e possuíam certa cultura grega, à qual os hebreus não eram de todo alheios. Os hebreus eram judeus nascidos na Palestina, que falavam aramaico e usavam a Bíblia hebraica no culto sinagogal. Esta distinção de grupos segundo a sua origem manteve-se durante algum tempo, como é natural, na comunidade cristã. Mas não se pode falar em divisão e, menos ainda, em oposição entre duas facções do cristianismo primitivo.

Este capítulo narra a instituição, por parte dos Apóstolos, dos Sete, o segundo grupo definido de discípulos – o primeiro é constituído pelos Doze – a ser encarregado de um ministério dentro da Igreja. Lucas utiliza a palavra *diakonia* (assistência, serviço, ministério: vv. 1-2.4), embora não chame diáconos aos sete discípulos escolhidos para servir às mesas (v. 2). Não temos certeza de se o ministério diaconal, tal como o conhecemos, deriva diretamente dos Sete, mas é possível que o ministério descrito nesta passagem tenha contribuído para a posterior instituição do diaconato propriamente dito. Os documentos cristãos dos primeiros séculos recordam muitos diáconos que foram mártires do Senhor, que serviam no culto e nas casas e que, com o seu serviço, eram sobretudo instrumentos de unidade: «Exorto-vos a que vos empenheis por fazer tudo na concórdia de Deus, sob a presidência do bispo, que ocupa o lugar de Deus; e dos presbíteros, que representam o Colégio dos Apóstolos; desempenhando os diáconos, que me são muito queridos, o exercício que lhes foi confiado do ministério de Jesus Cristo, o qual estava junto do Pai antes dos séculos e se manifestou nestes últimos tempos. Assim, pois, todos vós, conformando-vos com o proceder de Deus, respeitai-vos mutuamente, e ninguém olhe o seu próximo de um ponto de vista meramente humano, mas amai-vos uns aos outros em Jesus Cristo a todo momento. Que não haja entre vós ninguém que possa dividir-vos, mas formai um só corpo com o vosso bispo e com os que vos presidem, para que sejais modelo e exemplo de imortalidade» (Santo Inácio de Antioquia, *Ad magnesios*, 6).

São Lucas volta a assinalar neste resumo (v. 7), como fez em capítulos anteriores, o crescimento da Igreja, referindo-se agora à conversão de numerosos sacerdotes. Há quem considere que estes sacerdotes pertenciam às classes mais modestas, como Zacarias (cf. Lc 1, 5), e não às grandes famílias sacerdotais, que formavam o partido dos saduceus, inimigos da Igreja nascente (cf. 4, 1; 5, 17).

6, 8-15. Santo Estêvão é o primeiro mártir cristão, razão pela qual São Lucas lhe confere todo este relevo; com efeito, narra a sua morte (cf. 7, 54-60) salientando especialmente o modo como seguiu o Mestre: em palavras e obras. Estêvão tem a sabedoria irresistível que Jesus tinha prometido aos seus discípulos (cf. Lc 21, 15). Tal como Jesus (cf. Mt 26, 57-68 e paralelas), também ele é acusado de blasfêmia – a acusação mais grave que se podia fazer a um judeu – por meio de um falso testemunho (vv. 11-14); mais tarde, antes de morrer, Estêvão tem uma visão do Filho do Homem triunfante (7, 55-56), a mesma que Jesus tinha profetizado (cf. Mt 26, 64 e paralelas); finalmente, e tal como Cristo (cf. Lc 23, 34), perdoa aqueles que lhe dão a morte e abandona-se aos desígnios de Deus (7, 59-60): «Assim convinha que fosse o primeiro mártir de Cristo, para que, por ser, com a sua morte gloriosa, modelo dos mártires vindouros, não só apregoasse a Paixão do Senhor, mas O imitasse também na mansidão e na sua imensa paciência» (São Cipriano, *De bono patientiae*, 16). Mas a imitação de Cristo e o testemunho sobre Ele pode seguir muitos caminhos: «Imitaram-no os santos mártires até o derramamento do sangue, até a semelhança com a sua Paixão; imitaram-no os mártires, mas não apenas eles. A ponte não ruiu depois de eles terem passado; a fonte não secou depois de eles terem bebido dela. Tende presente, irmãos, que no horto do Senhor não existem apenas as rosas dos mártires, mas também os lírios das virgens e as heras dos casados, assim como as violetas das viúvas. Nenhum homem, qualquer que seja o seu gênero de vida, deve desesperar da sua vocação: Cristo sofreu por todos» (Santo Agostinho, *Sermones*, 304, 2-3).

Com a expressão «sinagoga chamada dos libertos» (v. 9), Lucas designa provavelmente aqueles judeus que procediam das regiões helênicas da diáspora; estes judeus serão os mesmos que, pouco depois, discutirão com Paulo e quererão matá-lo (9, 29). Com efeito, assim como agora não conseguem resistir à sabedoria de Estêvão (v. 10), assim também não conseguirão resistir à pujança da nova fé.

7, 1-53. O discurso de Estêvão, o mais longo dos que se encontram nos Atos, apresenta um resumo da história de Israel, dividida em três épocas: a patriarcal (vv. 1-16), a mosaica (vv. 17-43) e o período da edificação do Templo (vv. 44-50); termina, então, com uma breve seção argumentativa (vv. 51-53).

Estêvão não se defende diretamente, preferindo responder aos seus acusadores com a visão cristã da história da salvação, segundo a qual o Templo e a Lei já cumpriram a sua missão; e acrescenta que não deixou de respeitar a Lei mosaica e o Templo, mas que, como cristão, tem uma noção mais universal e mais profunda da lei divina e uma ideia mais espiritual do Templo, uma vez que se pode adorar a Deus em qualquer lugar da terra. Esta posição – que respeita e aperfeiçoa os bens religiosos do judaísmo por exprimir o verdadeiro sentido deles e dar-lhes pleno cumprimento – é reforçada pelo tratamento conferido à figura de Moisés, que é apresentado no discurso de Estêvão como *tipo*, como figura de Cristo; ou seja: Cristo é o novo Moisés. Há pequenas explicações do texto grego do Antigo Testamento que servem a esse fim de maneira eficaz. Assim, expressões como «renegaram» e o termo «libertador» (v. 35) não são aplicadas a Moisés nos livros da Antiga Lei, mas sim no judaísmo da época, e a sua utilização no presente discurso pretende sugerir a figura de Cristo. O comportamento agressivo e rebelde dos israelitas para com Moisés, que tinha recebido uma missão divina, repete-se, com maior gravidade e impacto, na sua atitude de recusa de Jesus Cristo.

7, 54-60. O relato de Lucas, com o paralelismo entre a morte de Jesus e a morte de Estêvão (cf. nota a 6, 8-15), assinala um elemento novo; com efeito, enquanto Jesus se dirige a Deus Pai (Lc 26, 46), Estêvão eleva as mesmas preces ao Senhor Jesus (v. 59), confessando assim o que está vendo (cf. vv. 55-56): a divindade de Cristo. «Os que sofrem por Cristo gozam da alegria de toda a Trindade. Estêvão viu o Pai e Jesus sentado à sua direita, porque Jesus aparece só aos seus, como aos Apóstolos depois da ressurreição. Este campeão da fé enfrentou sem ajuda os furiosos assassinos do Senhor; quando, porém, chegou o momento de coroar o primeiro mártir, este viu o Senhor com uma coroa na mão direita, como que animando-o a vencer a morte e indicando-lhe que assiste interiormente aos que se dispõem a morrer por sua causa. Revela, pois, o que vê, isto é, os céus abertos, fechados a Adão e reabertos apenas a Cristo no Jordão, mas abertos também, depois da Cruz, a todos os que ajudam Cristo a levar a sua dor, e em primeiro lugar a este homem. Observai que Estêvão revela o motivo da iluminação do seu rosto, pois está prestes a contemplar essa visão maravilhosa; por isso, a sua aparência transformou-se na de um anjo, a fim de que o seu testemunho fosse mais fidedigno» (Santo Efrém, *Catena Armenia super Acta, ad loc.*).

No final (v. 58), São Lucas introduz o jovem Saulo, talvez para sugerir que a caridade de Estêvão, expressa no perdão que solicita para os seus perseguidores, se tornou rapidamente eficaz. Mais de um pregador cristão o afirma: «Para merecer a coroa que o seu nome significa, Estêvão tinha a caridade como arma, e por ela triunfava em toda parte. Pela caridade de Deus, não cedeu ante os judeus que o atacavam; pela caridade ao próximo, pediu pelos que o apedrejavam. Pela caridade, argumentou contra os que estavam enganados, para que se corrigissem; pela caridade, orou pelos que o apedrejavam, para que não fossem castigados. Confiado na força da caridade, venceu a crueldade acerba de Saulo e mereceu ter no Céu como companheiro quem conhecera na terra como perseguidor. A santa e inquebrantável caridade de Estêvão desejava conquistar, orando, aqueles que não foi capaz de converter admoestando. E agora Paulo se alegra com Estêvão, e com Estêvão goza da caridade de Cristo, triunfa com Estêvão, reina com Estêvão; pois aonde Estêvão o precedeu, martirizado pelas pedras de Paulo, este o seguiu, ajudado pelas orações de Estêvão. [...] A caridade é a fonte e a origem de todos os bens, uma egrégia proteção, caminho que conduz ao Céu» (São Fulgêncio de Ruspe, *Sermones*, 3.5-6).

***8, 1-12, 25.** Nesta parte, narra-se a dispersão dos cristãos, que tinham se disseminado por causa da perseguição e pregavam o Evangelho na Judeia, na Samaria e na Síria. Jerusalém tornou-se pequena, e a Igreja começou a abrir as suas portas aos gentios. Narra-se a conversão do etíope (8, 26-39) e a recepção do batismo por parte de numerosos samaritanos (8, 14-17); narra-se com bastante pormenor a conversão de Paulo, chamado a ser Apóstolo dos gentios (9, 15), e a conversão do centurião Cornélio (caps. 10-11), de extraordinário significado para a superação evangélica das barreiras étnicas. Esta parte termina com a morte de Tiago, irmão de João, e a detenção e libertação miraculosa de São Pedro.

***8, 1-40.** A expansão da Igreja pela Samaria é o primeiro passo para o cumprimento da palavra do Senhor na Ascensão (1, 8); os começos da propagação da fé são associados ao trabalho de Filipe, um dos Sete (8, 5-8), mas nos Atos dos Apóstolos a plenitude da recepção do Espírito Santo é sempre vinculada aos Apóstolos e à união com a igreja-mãe de Jerusalém (8, 14-17).

8, 1-4. A morte de Estêvão dá origem a uma perseguição em Jerusalém. Dado que tanto os Apóstolos como uma numerosa comunidade de fiéis permaneceram na Cidade Santa, os estudiosos consideram que os alvos da perseguição seriam principalmente os cristãos helenistas (cf. 6, 1-7 e nota). São Lucas não especifica este aspecto; conhecedor do lugar que Paulo ocupará na Igreja primitiva, prefere assinalar por duas vezes (vv. 1.3) o papel que desempenhou nesta perseguição: «O cristianismo esteve tantas vezes no que parecia ser um perigo mortal, que não podemos agora ficar atemorizados com esta prova. [...] As vias pelas quais a Providência resgata e salva os seus eleitos são imprevisíveis. Às vezes, o nosso inimigo converte-se em amigo; outras vezes, vê-se privado da capacidade de fazer o mal que o tornava temível; outras vezes, ainda, destrói a si mesmo; ou então, sem o desejar, produz efeitos benéficos e a seguir desaparece sem deixar rasto. Geralmente, a Igreja se limita a perseverar, com paz e confiança, no cumprimento das suas tarefas, a permanecer serena, aguardando a salvação, que lhe vem de Deus» (John Henry Newman, *Biglietto Speech*).

8, 5-8. Este Filipe não é o Apóstolo (1, 13), mas um dos Sete que tinham sido eleitos para cuidar dos mais necessitados (6, 5). O Evangelho ultrapassa as fronteiras da Judeia porque, «no meio do seu infortúnio, os cristãos não se esquecem de continuar a pregar» (São João Crisóstomo, *In Acta Apostolorum*, 18). O êxito da pregação na Samaria é a primeira consequência da perseguição: «A religião fundada pelo mistério da Cruz de Cristo não pode ser destruída por nenhum gênero de crueldade. As perseguições não fazem diminuir a Igreja; pelo contrário, fazem-na crescer. Nessa altura, o campo do Senhor veste-se de uma colheita mais rica; quando os grãos que caem na terra morrem, nascem multiplicados» (São Leão Magno, *In natali apostolorum Petri et Pauli*, 6).

8, 9-13. Lucas aproveita o episódio de Simão para mostrar a diferença entre os milagres genuínos, realizados pelos discípulos em nome e com o poder de Jesus Cristo, e os prodígios, reais ou fingidos, de um impostor: «Tal como nos tempos de Moisés, também agora se assinala a distinção entre uns e outros prodígios. A magia era praticada, mas tornava-se fácil distinguir os verdadeiros milagres. [...] Os espíritos imundos saíam de numerosos possessos, com grandes gritos: era o sinal da sua expulsão. Os praticantes da magia faziam justamente o contrário: reforçavam os grilhões dos possessos» (São João Crisóstomo, *In Acta Apostolorum*, 18, 3).

A magia, que é uma tentativa de dominar forças ocultas, e a superstição, que procura efeitos sobrenaturais com meios inadequados, são manifestações de uma religião desfigurada ou corrupta. A religião natural é, em si mesma, uma procura legítima e necessária de Deus, com o desejo de adorá-lO; é purificada e completada pela revelação sobrenatural, que vai ao encontro da inquietação religiosa da criatura humana, para elevá-la e conduzi-la a bom termo. Entregue a si mesma, a religião corre o risco de cair em desvios estéreis e prejudiciais. É precisamente isso que parece dar a entender o comportamento de Simão ao longo destes episódios: acredita, é batizado e segue Filipe (v. 13), mas não compreende bem as dimensões da religião verdadeira (8, 18-19). No entanto, há vestígios de piedade nos seus atos, já que pede aos Apóstolos que intercedam por ele junto do Senhor (8, 24). Sem a revelação, os homens andam «como que às apalpadelas» (17, 27); esta dificuldade que os pagãos tinham de alcançar a verdade plena foi assinalada pelos primeiros apologetas cristãos, quer a respeito da religião, quer a respeito do pensamento: «A nossa doutrina ultrapassa por completo as doutrinas humanas, porque nós temos a totalidade do Verbo em Cristo, que se manifestou a nós em corpo, verbo e alma. Todos os princípios justos que os filósofos e os legisladores descobriram e exprimiram são devidos àquilo que, do Verbo, encontraram e contemplaram parcialmente. Foi precisamente por não terem conhecido o Verbo, que é Cristo, que entraram muitas vezes em contradição consigo mesmos» (São Justino, *Apologia*, 2, 7, 3).

«O Poder de Deus, que se chama Grande» (v. 10) é uma expressão de origem incerta. A credulidade ingênua da boa gente da Samaria participava de concepções do tempo, segundo as quais os deuses se misturavam nas vicissitudes dos seres humanos; fosse como fosse, atribuíam tal potência divina a Simão, o mago.

8, 14-25. Os Apóstolos também orientam a primeira expansão da Igreja para fora de Jerusalém (v. 14). A Tradição viu nos vv. 15-17 uma primeira manifestação do sacramento da Confirmação: «Os Apóstolos, completando o que Cristo havia pedido, comunicavam aos neófitos, por meio da imposição das mãos, os dons do Espírito, destinados a completar a graça do batismo (cf. At 8, 15-17; 19, 5-6). Isto explica por que, na Carta aos Hebreus, é recordada, entre os primeiros elementos da formação cristã, a doutrina do batismo e a imposição das mãos (cf. Hb 6, 2). É exatamente essa imposição das mãos que é considerada pela Tradição católica a primeira origem do sacramento da Confirmação, o qual torna, de algum modo, perene na Igreja a graça do Pentecostes» (São Paulo VI, *Divinae consortio naturae*).

Pedro e João não agem em virtude de uma força independente que possuam ou controlem, mas na dependência do poder divino (vv. 15.17). Os cristãos realizavam milagres mediante a súplica a Deus, e nunca por via de gestos ou de fórmulas mágicas. São Lucas voltará a assinalar as diferenças entre o milagre cristão e a magia ao narrar os episódios do mago Elimas (13, 6ss), da adivinha de Filipos (16, 16ss) e dos filhos do sacerdote Ceva (19, 13ss).

A proposta de Simão, que oferece dinheiro em troca da capacidade de transmitir o Espírito (vv. 18-19), deu origem ao termo «simonia», que designa o comércio das coisas santas: «A *simonia* é definida como a compra ou a venda de realidades espirituais. A Simão, o mago, que queria comprar o poder espiritual que via em ação nos Apóstolos, Pedro responde: "O teu dinheiro pereça contigo, visto que julgaste que o dom de Deus se pode adquirir com dinheiro" (At 8, 20). Desta maneira, Pedro obedecia à Palavra de Jesus: "Dai de graça o que de graça recebestes" (Mt 10, 8). É impossível apropriar-se dos bens espirituais e comportar-se em relação a eles como um possuidor ou um dono, pois a fonte deles é Deus. Só se pode recebê-los gratuitamente dEle» (*Catecismo da Igreja Católica*, n. 2121). Não é simonia, contudo, o fato de os ministros do culto aceitarem uma esmola razoável para o seu próprio sustento ou para o sustento do culto, pois não se trata de um preço do fruto espiritual recebido, mas de uma ajuda que é lógico que seja dada. Jesus Cristo ensina que os Apóstolos têm necessidade de um salário (Lc 10, 7), e o mesmo afirma São Paulo (cf. 1 Cor 9, 14). Cf. *Catecismo da Igreja Católica*, n. 2122.

8, 26-40. O batismo do funcionário etíope é um momento relevante na história da expansão do cristianismo. Neste episódio, ficam condensados os passos da atividade apostólica: o discípulo de Cristo, movido pelo Espírito (cf. vv. 29.39), obedece com prontidão ao seu mandato, prega com recurso a Sagrada Escritura – como Jesus fizera com os discípulos de Emaús (Lc 24, 27) – e administra o batismo.

Depois de registrar o mandato do anjo a Filipe, o texto apresenta o funcionário. A Etiópia era o reino da Núbia, que ficava ao sul do Egito, depois de Assuã, a primeira catarata do Nilo; atualmente, compreende parte do Sudão e da Etiópia. Candace não era um nome pessoal, mas o nome dinástico das rainhas daquele país, que durante esse período foi governado por mulheres (cf. Eusébio, *Historia ecclesiastica*, 2, 1, 13). O termo «eunuco», tal como o seu equivalente em hebraico, era utilizado com frequência, independentemente do seu significado físico, e podia ser aplicado a qualquer funcionário da corte (cf., por exemplo, Gn 39, 1; 2 Rs 25, 19). Neste caso, o interlocutor de Filipe ocupava um alto cargo, equivalente a ministro das finanças; não sabemos se era judeu de raça ou prosélito – ou seja, judeu apenas de religião –, ou se um pagão «temente a Deus», isto é, simpatizante da religião judaica. O Livro do Deuteronômio (Dt 23, 2) prescrevia que um eunuco não podia pertencer à assembleia do povo de Israel; por outro lado, o Livro de Isaías (Is 56, 1-8) anunciava que, na salvação definitiva, Deus também convocaria eunucos e estrangeiros para a sua assembleia. Talvez seja este o sentido da passagem: que a salvação definitiva chegou aos confins da terra (cf. 1, 8), alcançando os que, até então, estavam excluídos da assembleia do Senhor.

Com o diálogo entre Filipe e o eunuco (vv. 30-35), torna-se manifesta a importância da Sagrada Escritura para a evangelização, ao mesmo tempo que se salienta a necessidade de uma orientação para a sua interpretação: «Eu não sou – para falar de passagem sobre mim próprio – mais estudioso nem mais santo que aquele eunuco que veio da Etiópia, ou seja, da outra extremidade da terra, até o Templo, abandonando o palácio real; e era tanto o seu amor pela ciência divina, que até no carro ia lendo as letras sagradas. Contudo, [...] desconhecia Aquele a quem, sem o saber, venerava naquele livro. Chega Filipe, mostra-lhe Jesus, que estava oculto e como que aprisionado na letra, e [...] no mesmo instante acredita, batiza-se, é fiel e santo. [...] Digo-te isto [...] para te fazer ver que, sem um guia que vá à tua frente para te mostrar o caminho, não poderás entrar na Sagrada Escritura» (São Jerônimo, *Epistulae*, 53, 5-6). Esse guia é a interpretação segura da Igreja, à qual Deus entregou os livros que tinha inspirado; nesse sentido, o Concílio Vaticano II ensina que «não menos atenção se deve dar, na investigação do reto sentido dos textos sagrados, ao contexto e à unidade de toda a Escritura, tendo em conta a Tradição viva de toda a Igreja e a analogia da fé. [...]

Tudo quanto diz respeito à interpretação da Escritura está sujeito ao juízo último da Igreja, que tem o divino mandato e o ministério de guardar e interpretar a palavra de Deus» (*Dei Verbum*, n. 12).

O v. 37, presente na *Vulgata*, não ocorre em alguns códices gregos nem nas melhores versões; talvez seja inspirado numa profissão de fé batismal.

***9, 1-31.** Este é o primeiro dos três relatos da vocação de Saulo incluídos nos Atos (cf. 22, 5-16; 26, 10-18), um acontecimento que terá ocorrido entre os anos 34 e 36. Lucas não se exime de repetir eventos que tenham especial relevância. Neste primeiro relato, descreve os acontecimentos de duas perspectivas diferentes: a de Paulo (vv. 1-9) e a de Ananias (vv. 10-19); a seguir (vv. 19-30), relata o vigor da pregação do Apóstolo.

9, 1-19. As autoridades romanas reconheciam a autoridade moral do Sinédrio e conferiam-lhe até certa jurisdição sobre os membros das comunidades judaicas fora das fronteiras da Palestina, como é o caso de Damasco, cidade localizada a cerca de 250 km de Jerusalém; seu poder chegava mesmo ao direito de extradição (cf. 1 Mac 15, 21). É este o fundamento da missão de Paulo (vv. 1-3).

A caminho de Damasco, tem lugar a visão que marca o início da sua vocação. Assim que o chama, na sua primeira aparição a Saulo, Cristo torna patente a identificação entre Ele mesmo e os cristãos. Trata-se de uma realidade que ficará gravada no Apóstolo e que ele formulará mais tarde, ao falar do Corpo Místico de Cristo nas suas epístolas (cf. Cl 1, 18; Ef 1, 22ss). É esta a ideia que alguns Padres ressaltam nos seus comentários: «[Jesus] não pergunta: "Por que persegues os meus membros?", mas: "Por que me persegues?", pois Ele próprio continua a padecer afrontas no seu corpo, que é a Igreja» (São Beda, *Expositio Actuum Apostolorum*, *ad loc.*).

Mas o Senhor não comunica a Paulo a sua missão; a vocação do Apóstolo das gentes é mostrada por Jesus a Ananias (v. 15), que por sua vez a comunicará a Paulo (cf. 22, 14-15). Com efeito, apesar do extraordinário início da vocação de São Paulo, Deus quis formá-lo e transmitir-lhe a sua vontade por meio de outros membros da comunidade cristã. Talvez por isto a tradição ascética que remonta aos primeiros séculos da Igreja recorreu a esta passagem para aconselhar a direção espiritual, uma vez que há um princípio de governo humano segundo o qual «ninguém é bom juiz em causa própria, uma vez que cada qual julga segundo as suas próprias inclinações» (São João Cassiano, *Collationes*, 6, 11). «Nosso Senhor Jesus Cristo, sem o qual nada podemos, não dará a sua graça àquele que, podendo recorrer a um diretor especializado, recusar esse precioso meio de santificação, pensando bastar-se a si mesmo em tudo o que disser respeito à própria salvação. A pessoa que tem um diretor a quem obedece em tudo chegará ao fim com mais facilidade e prontidão do que se se guiasse a si própria, mesmo possuindo uma inteligência aguda e livros de espiritualidade perfeitos» (São Vicente Ferrer, *Tratado da vida espiritual*, 2, 1).

Ananias chama «santos» (v. 13) aos seguidores de Cristo; trata-se de uma designação que era comum entre os primeiros cristãos (9, 32.41; 26, 10; Rm 8, 27; 1 Cor 1, 2 etc.). Deus é o Santo por excelência (cf. Is 6, 3), e os que se aproximam dEle e cumprem os seus mandatos participam dessa santidade: «"Saudai todos os santos. Todos os santos vos saúdam. A todos os santos que vivem em Éfeso. A todos os santos em Cristo Jesus que estão em Filipos". – Que comovente esse apelativo – santos! – que os primeiros fiéis cristãos empregavam para se designarem entre si, não é verdade? – Aprende a tratar com os teus irmãos» (Josemaria Escrivá, *Caminho*, n. 469).

9, 19-31. Lucas faz notar o vigor da pregação de São Paulo: o ardor de que dava mostras anteriormente, na perseguição aos cristãos (9, 1-2), renova-o agora nas suas controvérsias com os judeus, sejam eles de origem palestina (v. 22) ou grega (v. 29). Mas também se destaca aqui o poder do Senhor: o perseguidor (v. 21), aquele que era temido por todos (v. 26), foi facilmente convertido por Deus.

São Paulo narra, em Gl 1, 16-18, que, após a sua conversão, se retirou para a Arábia, voltando depois a Damasco. Entre uma e outra estadia, passaram-se quase três anos, e deve ter sido no segundo período que Paulo pregou a divindade de Jesus, fazendo-o com a toda a sua fogosidade e ciência, que agora pôs ao serviço de Cristo (vv. 20-22). Isto admirou e confundiu os judeus, que tomaram imediatamente medidas contra ele. A fuga que é narrada a seguir (vv. 23-26) é contada por São Paulo em 2 Cor 11, 32-33; quem pretendia capturá-lo era o governador do rei nabateu Aretas, instigado pelos judeus da cidade.

Em seguida (vv. 26-28), São Lucas resume a primeira vez em que Paulo se apresenta em Jerusalém depois da sua conversão: foi visitar Pedro, com quem passou quinze dias (cf. Gl 1, 18), com o objetivo de comparar a sua pregação com a dos Apóstolos. Barnabé (cf. nota a 4, 32-37) dissipou os receios iniciais – e compreensíveis – da primitiva comunidade perante o seu antigo perseguidor.

Pela segunda vez, Paulo se vê obrigado a fugir para evitar a morte (vv. 29-30). Comentando este acontecimento, São João Crisóstomo explica que, na atividade apostólica, é necessário recorrer não só à graça, mas também aos meios humanos adequados: «Os discípulos temiam que os judeus martirizassem Saulo, como tinham feito com Santo Estêvão; apesar disso, enviam-no para pregar o Evangelho na sua própria pátria, onde estará mais seguro. Como se vê neste comportamento dos Apóstolos, Deus não faz tudo de forma imediata com a sua graça, mas, com frequência, permite que sejam os seus discípulos a agir, respeitando as regras da prudência» (*In Acta Apostolorum*, 21).

9, 31. Após esta primeira atividade de Paulo, Lucas suspende o seu relato para fazer uma consideração de caráter geral acerca do progresso da Igreja no seu conjunto e das diversas comunidades que surgiram em consequência da dispersão dos cristãos (cf. 2, 41.47; 4, 4; 5, 14; 6, 1.7; 11, 21.24; 16, 5). Embora faça referência à expansão para a Galileia e a Judeia, não narra qualquer episódio na Galileia, e só agora começa a mostrar a expansão pela Judeia. No seu resumo, destaca sobretudo a paz e a consolação operadas pelo Espírito Santo; trata-se de uma nota de justificado otimismo e de confiança no auxílio divino.

***9, 32-12, 25.** Lucas prossegue a sua narração com a atividade de São Pedro fora de Jerusalém. O relato sugere que já havia muitos cristãos em Lida (9, 32) e em Jope (9, 36-38); todavia, o acontecimento mais importante desta viagem de Pedro é a conversão do centurião Cornélio, ocorrida em Cesareia Marítima (10, 1-11, 18), porque representa a admissão à nova fé de pessoas que não passaram pela circuncisão. Ao longo do relato, Lucas – tal como o próprio Pedro no seu discurso em Jerusalém (11, 4-17) – sublinhará que a iniciativa foi sempre do Espírito Santo. A importância deste acontecimento tornar-se-á manifesta em outros momentos da vida da Igreja primitiva (cf. 15, 3-11).

9, 32-35. Jesus curara um paralítico (Mt 9, 1-8 e paralelas) mandando-o levantar-se e tomar seu leito. Cristo fizera isso em nome próprio e perdoando os pecados como Deus; São Pedro o fez em nome de Jesus: «É preciso pregar este nome, para que resplandeça e não fique oculto. Ele não deve, porém, ser pregado com o coração impuro nem com a boca manchada, mas deve ser guardado e exposto num vaso eleito» (São Bernardino de Sena, *Sermones*, 49, 2).

9, 36-43. Jope (v. 36) é a atual Jafa, aldeia que tem um pequeno porto de pesca e que foi integrada ao município de Tel Aviv. Cesareia Marítima – que não deve ser confundida com Cesareia de Filipe (Mt 16, 13 e paralelas) – ficava na costa do Mediterrâneo, ao norte de Jope, e era a cidade residencial do prefeito romano da Judeia. O ofício de curtidor (v. 43) era considerado pelos judeus observantes uma atividade impura, porque exigia que a pessoa tocasse em corpos mortos (cf. Lv 11, 39).

O milagre (vv. 36-41) é um sinal visível que tem a finalidade de despertar a fé nas pessoas que a ele assistem com disposição adequada e desejo de acreditar (v. 42); neste caso, não deixa de ser um belo exemplo da recompensa pela prática de obras de piedade: «Nos Atos dos Apóstolos», escreve São Cipriano, «fica manifesto que as esmolas nos livram da morte não só espiritual, mas também temporal. Tábita – que "estava cheia de boas obras e esmolas que fazia" – adoeceu, e mandaram chamar Pedro; quando este se apresentou, com toda a diligência da sua caridade apostólica, foi imediatamente rodeado pelas viúvas, que, com lágrimas e súplicas [...], lhe rogaram pela defunta, mais com gestos que com palavras. Pedro se convenceu de que era possível conseguir o que pediam de forma tão insistente e que o auxílio de Cristo não faltaria às súplicas daqueles pobres. [...] Com efeito, Ele não deixou de prestar o seu auxílio a Pedro, a quem tinha dito no Evangelho que lhe seria concedido tudo o que pedisse em seu nome; por esse motivo, a morte é interrompida, a mulher regressa à vida e, perante a admiração de todos, o corpo ressuscitado retorna à luz do mundo. Tanto puderam as obras de misericórdia, tal poder exerceram as obras boas» (*De opere et eleemosynis*, 6).

10, 1-48. A conversão ao cristianismo do pagão Cornélio é um dos pontos culminantes dos Atos dos Apóstolos, expressando a dimensão universal do Evangelho e mostrando que a força do Espírito Santo não conhece limites nem barreiras.

Por isso, e como em outros casos, Lucas narra este fato duas vezes: neste capítulo, seguindo a ordem dos acontecimentos e com muitos detalhes, os quais sublinham e ajudam a entender os pontos fundamentais; e, no capítulo seguinte (11, 1-18), no contexto da justificação de Pedro aos irmãos de Jerusalém.

A princípio, Cornélio é apresentado como um homem piedoso e «temente a Deus» (vv. 2.4); esta expressão tem um sentido muito preciso e era utilizada para designar as pessoas que adoravam o Deus da Bíblia, participavam das orações na sinagoga (cf. 13, 16) e praticavam os principais mandamentos da Lei judaica, mesmo sem se terem convertido formalmente ao judaísmo mediante a circuncisão. Embora os dons de Deus não sejam merecidos, o anjo revela ao centurião que as suas obras lhe fizeram merecer o favor divino (cf. v. 4): «Vedes como começa a obra do Evangelho entre os gentios? Por um homem piedoso, cujas obras o tornaram digno desse favor» (São João Crisóstomo, *In Acta Apostolorum*, 22, 2).

A seguir, as atenções se deslocam para Pedro, que recebe duas indicações do Espírito Santo: comer dos animais que lhe são apresentados na visão (cf. vv. 13-15) e acompanhar os homens que tinham ido buscá-lo (cf. v. 20). Das duas, ambas contrárias às práticas judaicas, Pedro só opõe resistência à primeira. A reação do Apóstolo (v. 14) à indicação do Senhor é a de um judeu piedoso que ama e observa a Lei divina que aprendeu na sua juventude; ele sempre praticara os preceitos relativos aos alimentos e respeitara a distinção mosaica entre o puro e o impuro (cf. Lv 11, 1ss). No entanto, Pedro é dócil às indicações do Espírito, razão pela qual, embora a visão o deixe atônito (vv. 17.19), não opõe resistência à indicação de ir com os homens que o haviam procurado: «A tradição cristã resumiu num só conceito a atitude que devemos adotar perante o Espírito Santo: docilidade. Temos de ser sensíveis àquilo que o Espírito divino promove à nossa volta e em nós mesmos: aos carismas que distribui, aos movimentos e instituições que suscita, aos efeitos e decisões que nos faz nascer no coração. O Espírito Santo realiza no mundo as obras de Deus: como diz o hino litúrgico, Ele é dador das graças, luz dos corações, hóspede da alma, descanso no trabalho, consolo no pranto. Sem a sua ajuda, nada há no homem que seja inocente e valioso, pois é Ele quem lava o que está manchado, cura o que está doente, aquece o que está frio, reconduz o extraviado e encaminha os homens para o porto da salvação e da felicidade eterna» (Josemaria Escrivá, *É Cristo que passa*, n. 130).

Na casa de Cornélio, Pedro compreende profundamente que foi Deus que guiou todos os seus passos (vv. 28-29). Quando ouve a explicação do centurião (vv. 30-33), entende (v. 34) o pleno significado dos ensinamentos de Jesus e percebe que judeus e cristãos são iguais nos planos salvíficos de Deus. Esta descoberta, simples e capital, exigiu uma especial intervenção divina.

No entanto, a ação do Espírito Santo vai mais longe que a dos homens. Com efeito, o anjo apenas tinha dito a Cornélio que mandasse chamar Pedro e ouvisse as suas palavras (vv. 5, 22.33), e por isso Pedro, num discurso muito conciso que é uma síntese de todo o Evangelho (vv. 37-43; cf. nota a Mc 1, 14-8, 30), prega-lhe a verdade sobre Cristo Jesus. No discurso de Pentecostes, Pedro tinha apresentado Jesus (a um auditório judaico) como Senhor e Messias (cf. 2, 26); aqui, fá-lo como «juiz dos vivos e dos mortos» (v. 42), prerrogativa que, no Antigo Testamento, era exclusiva de Deus. No âmbito humano – um âmbito que Cornélio, funcionário do Império Romano, e os de sua casa compreendiam facilmente –, o supremo poder de julgar era de César; o que os Apóstolos ensinam é que o poder definitivo de julgar o homem não pertence a nenhuma autoridade humana.

Após a pregação, a iniciativa é novamente do Espírito Santo, que, com manifestações semelhantes às do Pentecostes (v. 46), se adianta à ação do Apóstolo (vv. 47-48). Diante disso, Pedro manda batizar os primeiros gentios sem lhes exigir que passem pela circuncisão. Essa é a obra do Espírito Santo, enviado por Cristo «para defender e santificar a Igreja, como condutor de almas e timoneiro da humanidade na tempestade, luz que guia os errantes, árbitro que preside às lutas e coroa dos vencedores» (São Cirilo de Jerusalém, *Catecheses*, 17, 3).

11, 1-18. A atitude de Pedro suscitou receios na comunidade dos circuncisos, que censuram o Apóstolo por se sentar à mesa com incircuncisos e lhes pregar a palavra de Deus (vv. 1.3). Para entender a atitude dos cristãos de Jerusalém, instruídos desde a infância num judaísmo rigoroso, é imprescindível ter em conta que o cristianismo nasce no seio do judaísmo e não se apresenta como uma nova religião, mas como cumprimento das promessas e profecias do Antigo

Testamento. Desde o regresso do exílio da Babilônia, os israelitas faziam equivaler a salvação à fidelidade minuciosa e escrupulosa na observância da Lei; à época de Cristo, a acumulação de casuística era tamanha que o seu cumprimento tinha se tornado sufocante, fazendo perder de vista a finalidade essencial da Lei: o amor a Deus e ao próximo. Não obstante, os cristãos tinham dificuldade em compreender que se pudesse pregar a nova Lei ignorando a antiga.

Num longo discurso, São Pedro lhes explica que não agiu por iniciativa própria, mas se limitou a obedecer o Espírito Santo. A maior novidade com relação ao que ficou narrado no capítulo anterior são os vv. 15-17, nos quais Pedro estabelece uma relação entre o que acontecera no momento da descida do Espírito Santo em Pentecostes (2, 1ss) e no momento da sua descida sobre os gentios conversos (10, 44-46) em Cesareia. Dessa maneira, ficava claro para todos (cf. v. 18) que, para entrar na Igreja, não era necessário fazer primeiramente parte do povo judeu mediante a circuncisão: «Homens, mulheres e crianças, profundamente divididos em termos de raça, nação, língua, classe social, ciência, dignidade e bens [...], a todos a Igreja recria no Espírito. Ela imprime em todos uma mesma força divina. Todos recebem uma natureza impossível de apagar. [...] Daí deriva que todos estejamos unidos de maneira verdadeiramente católica. Na Igreja, ninguém está separado da comunidade, todos se garantem uns aos outros pela força indivisível da fé; deste modo, Cristo está todo em todos, Ele que tudo assume nEle, segundo a sua força infinita, e que a todos comunica a sua bondade. [...] Sucede assim que as criaturas do Deus único já não são estranhas nem inimigas umas das outras» (São Máximo, o Confessor, *Mistagogia*, 1).

11, 19-26. Este relato vem na sequência da dispersão dos cristãos originada pelo martírio de Estêvão (8, 1-4); foi deste modo que o Evangelho chegou a Antioquia, a capital da província romana da Síria. Antioquia – a primeira grande urbe do mundo antigo em que é pregada a boa-nova de Jesus Cristo – era, juntamente com Éfeso, a cidade mais importante do Império Romano depois de Roma e Alexandria; tinha cerca de 150 mil habitantes e uma numerosa colônia judaica, constituindo um centro de grande relevância cultural, econômica e religiosa. O anúncio do Evangelho em Antioquia não se limita a judeus e prosélitos; dirige-se a todos e faz parte da atividade cotidiana, normal e espontânea dos cristãos helenistas vindos de Jerusalém depois do martírio de Estêvão. A missão em Antioquia tem grande significado no quadro da expansão do cristianismo, pois o centro de gravidade da Igreja cristã começa a se deslocar de Jerusalém para esta cidade, que será o ponto de partida para a evangelização do mundo pagão. Por isso, São Lucas sublinha a comunhão entre ambas as igrejas: a igreja de Jerusalém (v. 22) se sente responsável e solícita por toda a missão cristã, razão pela qual envia Barnabé, homem de confiança dos Apóstolos; ao ver o imenso panorama de atividade apostólica que ali se abre, Barnabé vai a Tarso à procura de Paulo, a fim de pedir-lhe ajuda para este trabalho. Por sua vez, a igreja de Antioquia é a primeira a querer ajudar a igreja-mãe quando esta se encontra em necessidade (11, 29-30).

Lucas recorda também (v. 26) a origem do nome «cristãos», que tão adequadamente assinala a identidade dos fiéis: «Embora os santos Apóstolos tenham sido nossos mestres e nos tenham entregado o Evangelho do Salvador, não foi, contudo, deles que recebemos o nosso nome, já que somos *cristãos* por Cristo e é por Ele que somos assim chamados» (Santo Atanásio, *Contra arianos*, 1, 2).

11, 27-30. O livro dos Atos dos Apóstolos em diversas ocasiões menciona alguns profetas: além de Ágabo (vv. 27-28), são citados como profetas Judas e Silas (15, 32), as filhas do diácono Filipe (21, 9) e outros (13, 1). Na Igreja nascente, o ofício profético está subordinado ao ministério apostólico e é exercido sob a direção deste, para serviço e edificação da comunidade cristã (1 Cor 12, 10-11.28-29; 13, 2; 14, 1-3.29-40). O carisma da profecia, tal como aparece nos primeiros anos da Igreja, não volta a aparecer, mas os carismas do Espírito Santo, longe de terem se extinguido, estão presentes em todos os membros do Corpo Místico de Cristo, segundo a tarefa ou função eclesial de que cada um está encarregado: «Quer extraordinários, quer simples e humildes, os carismas são graças do Espírito Santo que, direta ou indiretamente, têm uma utilidade eclesial, pois são ordenados à edificação da Igreja, ao bem dos homens e às necessidades do mundo» (*Catecismo da Igreja Católica*, n. 799).

Durante o mandato de Cláudio (anos 41-54), o Império Romano sofreu uma crise de alimentos (anos 47-49) que afetou, entre outras regiões, Roma, Grécia, Síria e Palestina; é provavelmente a essa situação que se refere a profecia de Ágabo (vv. 28-29). A próspera comunidade de Antioquia decide enviar ajuda aos cristãos da igreja-mãe de Jerusalém; os discípulos antioquenos dão assim provas, como fizeram os cristãos da primeira hora (cf. 4, 34), da sua caridade e solicitude para com os irmãos necessitados, demonstrando a genuinidade do seu cristianismo. O seu exemplo ficou fixado de muitas maneiras na doutrina da Igreja: «As nações mais fortes e mais dotadas devem se sentir moralmente responsáveis pelas outras, a fim de ser instaurado um verdadeiro sistema internacional que se apoie no fundamento da igualdade de todos os povos e seja regido pelo indispensável respeito pelas suas legítimas diferenças. Os países economicamente mais débeis, ou que se encontram nos limites da sobrevivência, com a assistência dos outros povos e da comunidade internacional, hão de ser postos em condições de dar também eles uma contribuição para o bem comum, mediante os seus tesouros de humanidade e de cultura que, de outro modo, se perderiam para sempre» (São João Paulo II, *Sollicitudo rei socialis*, n. 39).

12, 1-9. O Herodes que aqui se menciona (v. 1) é o terceiro monarca que aparece com este nome no Novo Testamento; era neto de Herodes, o Grande, que edificara o novo Templo de Jerusalém e ordenara a matança dos inocentes (cf. Mt 2, 16), e sobrinho de Herodes Antipas, tetrarca da Galileia no tempo da morte do Senhor. Ficou conhecido pelo nome de Herodes Agripa I e tinha sido grandemente favorecido pelo Imperador Calígula, que ampliou gradualmente os territórios sob o seu domínio e lhe permitiu usar o título de rei. Era um homem refinado, um diplomata, alguém intensamente dedicado à consolidação do seu poder; tinha-se, pois, convertido num mestre da intriga e do oportunismo. O martírio de São Tiago Maior (v. 2) deve ter ocorrido nos anos 42 ou 43; foi o primeiro dos Doze a ser martirizado e é o único cuja morte é referida no Novo Testamento.

Se a descrição de Herodes é precisa (vv. 1-4), não o é menos a resenha da atitude da Igreja perante a perseguição e a prisão de Pedro: «Observai os sentimentos dos fiéis pelos seus pastores: não recorrem a distúrbios nem à rebeldia, mas à oração, que é remédio invencível. Não dizem: "Homens insignificantes como somos, é inútil orarmos por ele"; rezavam por amor, não pensando nada disso. Vedes o que faziam os perseguidores, sem o pretenderem? Tornavam uns mais firmes nas provações e outros mais zelosos e amantes» (São João Crisóstomo, *In Acta Apostolorum*, 26, 2).

A descrição da libertação milagrosa de Pedro por meio de um anjo torna manifesta a providência de Deus para com os seus fiéis (v. 11); já numa detenção anterior Pedro tinha sido libertado por um anjo (5, 19ss). Tal proteção é demonstração da doutrina da Igreja acerca da missão destes seres espirituais: «Desde o início até a morte, a vida humana é cercada por sua proteção e por sua intercessão. "Cada fiel é ladeado por um anjo como protetor e pastor para conduzi-lo à vida" (São Basílio, *Adversus Eunomium*, 3, 1)» (*Catecismo da Igreja Católica*, n. 336). Porém, o relato não mostra apenas esta proteção, mas também a convicção que os primeiros cristãos tinham da sua atuação (cf. v. 15). «Bebe na fonte límpida dos "Atos dos Apóstolos": no capítulo XII, Pedro, libertado da prisão por intervenção dos Anjos, encaminha-se para a casa da mãe de Marcos. – Não querem acreditar na empregadinha que afirma que Pedro está à porta. "*Angelus ejus est!*" – deve ser o seu Anjo!, diziam. – Olha a confiança com que os primeiros cristãos tratavam os seus Anjos. – E tu?» (Josemaria Escrivá, *Caminho*, n. 570).

12, 20-23. Herodes Agripa I deve ter morrido em Cesareia, no ano 44, durante os jogos em honra de Cláudio. A breve descrição de São Lucas coincide com a de Flávio Josefo, que dá mais alguns pormenores: «Quando o rei, ao amanhecer do segundo dia, se dirigiu ao teatro e os raios do sol incidiram na sua veste de prata, fazendo brilhar a sua figura com esplêndido fulgor, os aduladores aclamaram-no, chamaram-lhe deus e disseram-lhe: "Sê-nos propício. Ainda que até agora te tenhamos considerado homem, daqui por diante queremos venerar em ti algo superior a uma natureza mortal." O rei aceitou em silêncio esta adulação blasfema; ato contínuo, as suas entranhas foram despedaçadas por dores terríveis, e morreu ao cabo de cinco dias» (*Antiquitates iudaicae*, 19, 344-345). Este doloroso e inesperado final do rei que perseguiu a Igreja recorda a morte de Antíoco IV Epífanes, outro inimigo declarado dos eleitos de Deus e da Lei divina: «O Senhor Deus de Israel, que vê todas as coisas, feriu este príncipe com uma chaga incurável e invisível» (2 Mac 9, 5).

12, 24-25. João Marcos (v. 25) era primo de Barnabé (Cl 4, 10); pouco antes (12, 12) ficara registrado que a Igreja se reunia para orar na casa de sua mãe, que, segundo diversas tradições eclesiásticas, era o Cenáculo. Marcos será companheiro de Barnabé e de Paulo na primeira viagem apostólica destes (cf. 13, 5), até a passagem para a Ásia (cf. 13, 13); Paulo não quis levá-lo na sua segunda viagem (15, 37-39), mas ele volta a aparecer entre os colaboradores do Apóstolo (cf. Cl 4, 10; 2 Tm 4, 11). Marcos também aparece como discípulo e colaborador de São Pedro (1 Pd 5, 13), e a Tradição da Igreja lhe atribui a composição do segundo Evangelho.

***13, 1-20, 38.** Na perspectiva dos Atos dos Apóstolos, entra a narrativa da extensão da salvação desde Jerusalém até os confins da terra, e Paulo é o principal instrumento eleito por Deus para esse fim (9, 15). Nesta terceira parte, o leitor encontra o relato das suas viagens apostólicas com vistas à pregação do Evangelho e à fundação de novas comunidades. É de notar que, a partir deste momento, assume especial importância o labor missionário da igreja de Antioquia (cf. 13, 1; 14, 26; 15, 35; 18, 22); no entanto, o livro não deixa de salientar que cada novo impulso evangélico passa também por Jerusalém (9, 26; 12, 25; 15, 2; 18, 22; 19, 21; 20, 16; 21, 15; 25, 1).

***13, 1-14, 28.** Depois de uma breve descrição da comunidade de Antioquia (vv. 1-3), o relato se detém na primeira viagem apostólica de São Paulo e São Barnabé por terras da Ásia Menor. Saíram de Antioquia na primavera de 45 e voltaram a essa cidade cerca de quatro anos depois. No seu ministério, passam por Chipre e por grande parte das regiões da Cilícia, Panfília, Licônia e Pisídia (todas na região sul da atual Turquia), dirigem-se a judeus e a gentios e fundam comunidades nos lugares por onde passam. Mais tarde, voltam aos mesmos locais para confirmarem os cristãos na fé que tinham recebido.

13, 1-3. O relato se centra agora na igreja de Antioquia e na penetração da mensagem apostólica no mundo pagão. A igreja antioquena era uma comunidade florescente, cuja organização exibe características análogas às da igreja de Jerusalém, com algumas diferenças. Há nela ministros ordenados, que a governam e atendem com a pregação e os sacramentos (cf. v. 2); junto deles, encontram-se profetas e instrutores, que são membros qualificados da comunidade (cf. 1 Cor 12, 28). Nas igrejas cristãs primitivas, os instrutores eram os discípulos versados na Sagrada Escritura que tinham recebido o encargo de dar catequese; há um documento do século II d.C. que enuncia deste modo o ideal do mestre cristão: «Não falo de coisas estranhas nem ando à procura de novidades, mas, como discípulo que fui dos Apóstolos, posso converter-me em instrutor dos gentios. E não faço senão transmitir aquilo que me foi entregue àqueles que se tornaram discípulos dignos da verdade» (*Epistula ad Diognetum*, 11, 1). Sobre os profetas, cf. nota a 11, 27-30.

Realizado sob a moção do Espírito Santo, o envio de Paulo e Barnabé (vv. 2-3) é simultaneamente um ato eclesial, um encargo da Igreja, que tanto concretiza os desígnios de Deus quanto atualiza a vocação pessoal dos enviados. O jejum e a oração constituem a preparação mais adequada para o empreendimento espiritual que Paulo e Barnabé se propõem iniciar: «Primeiro, oração; depois, expiação; em terceiro lugar, muito em "terceiro lugar", ação» (Josemaria Escrivá, *Caminho*, n. 82). Ambos têm perfeita consciência de que não vão realizar uma tarefa meramente humana e de que todo o fruto há de provir de Deus. Assim, a oração e a penitência que acompanham o apostolado não procuram apenas mover o Senhor para que conceda os seus dons; visam sobretudo conseguir que a graça esteja presente nos corações limpos e nos lábios purificados dos pregadores, que o Senhor os acompanhe e não permita que nenhuma das suas palavras caia no vazio (cf. 1 Sm 3, 19).

13, 4-12. Fica aqui registrado, como que de passagem, que Saulo também se chama Paulo (v. 9); será este o nome com que, a partir de agora, será designado no Novo Testamento. O episódio anterior menciona Saulo duas vezes (13, 1-2), colocando-o em último lugar; a partir de agora, sempre que aparecerem nomes de vários missionários, Paulo será o primeiro a ser citado. É sinal da importância que terá na missão apostólica da Igreja: «Não devemos considerar, no Apóstolo, apenas a magnitude e excelência das suas virtudes, bem como sua pronta e robusta disposição de ânimo, pelas quais mereceu alcançar um prêmio tão grande; temos de pensar também que a sua natureza era em tudo igual à nossa; deste modo, as coisas mais árduas parecer-nos-ão fáceis, e, esforçando-nos neste tempo breve que é o da nossa vida, alcançaremos a coroa incorruptível e imortal, pela graça e misericórdia de Nosso Senhor Jesus Cristo» (São João Crisóstomo, *De laudibus Sancti Pauli Apostoli*, 2).

Será costume de Paulo dar início à pregação do Evangelho na sinagoga – se houver uma – das cidades que visita (v. 5); não o faz por razões táticas, mas por coerência com o desígnio salvador de Deus, que lhe foi dado a conhecer. Tal como Jesus, sente-se obrigado a anunciar o Reino em primeiro lugar aos israelitas, a quem pertence os que «possuem a adoção de filhos, a glória, as alianças, a Lei, o culto e as promessas; dos quais são os patriarcas e dos quais é o Cristo segundo a carne» (Rm 9, 4-5); com efeito, os judeus serão os primeiros a quem será anunciado o Evangelho por terem sido os primeiros a receber as promessas divinas (cf. 13, 46).

A ação de Paulo sobre Barjesus-Elimas é um dos poucos milagres punitivos do Novo Testamento; os comentadores fazem notar o caráter medicinal e passageiro deste castigo (cf. v. 11): «Paulo deseja convertê-lo com um milagre análogo ao que serviu para converter ele próprio. A frase "durante certo tempo" não é de quem castiga, mas de quem converte» (São João Crisóstomo, *In Acta Apostolorum*, 28, 1). O castigo de Elimas tem influência na conversão de Sérgio Paulo, mas não tem papel decisivo nesse processo; de fato, o texto observa explicitamente que o procônsul se sentiu atraído para a fé graças à coerência e à grandeza da doutrina cristã (v. 12).

13, 13-43. O culto do sábado na sinagoga era, no século I d.C., uma instituição solidamente estabelecida e consistia na leitura da Sagrada Escritura, na pregação e nas orações públicas; não havia uma pessoa especialmente designada para dirigir este culto, de modo que as diferentes funções eram desempenhadas pelos membros da comunidade, por indicação e preparação do presidente ou chefe da sinagoga.

O discurso de Paulo na sinagoga de Antioquia da Pisídia mostra admiravelmente a sua maneira de apresentar o Evangelho a uma congregação de judeus e prosélitos: descreve um quadro geral da história da salvação, no qual finalmente situa Jesus como Messias esperado, em quem convergem os caminhos da história e as promessas de Deus. As diversas etapas que conduzem a Jesus Cristo, incluindo a do Batista, adquirem na exposição um caráter transitório; o antigo e provisório deve dar passagem, em Cristo, ao novo e definitivo: «Cristo é o fim da Lei: Ele nos faz passar da escravidão desta Lei para a liberdade do Espírito. A Lei tendia para Ele como para o seu complemento, e Ele, como legislador supremo, dá cumprimento à sua missão transformando em espírito a letra da Lei. [...] A sombra recua diante do advento da luz, e a graça substitui a letra da Lei pela liberdade do Espírito» (Santo André de Creta, *Sermones*, I).

Este discurso recolhe os principais temas da pregação apostólica: iniciativa divina salvadora na história de Israel (vv. 17-22); referência ao Precursor (vv. 24-25); anúncio do Evangelho, ou *kérygma* propriamente dito (vv. 26b-31a); menção de Jerusalém (v. 31b); argumentos da Sagrada Escritura (vv. 33-37); complemento da doutrina e da Tradição apostólica (vv. 38-39); e exortação final de caráter escatológico, ou anúncio do futuro (vv. 40-41). O texto apresenta abundantes semelhanças com os discursos de São Pedro (cf. 2, 14ss; 3, 12ss; 4, 8ss; 10, 34ss), em especial na proclamação de Jesus como Messias e nas numerosas citações da Sagrada Escritura, aduzidas com a finalidade de interpretar o fato decisivo da ressurreição como garantia da divindade de Cristo.

A exposição apresenta dois estilos bastante diferentes: a primeira parte (vv. 17-31) tem um caráter narrativo; trata-se de uma história da salvação que culmina em Jesus. Em contrapartida, a segunda parte (vv. 32-41) aborda a ressurreição do Senhor e tem um tom mais argumentativo. A ressurreição é apresentada como o cumprimento, por parte de Deus, da promessa feita nos textos sagrados (Sl 2, 7; Is 55, 3; Sl 16, 10); desta maneira, o discurso é orientado para a conclusão exposta nos vv. 38-39: não somos justificados pela Lei de Moisés, mas pela fé em Cristo ressuscitado. Segundo a doutrina cristã, «a justificação é *a obra mais excelente do amor de Deus*, manifestado em Cristo Jesus e concedido pelo Espírito Santo. Santo Agostinho pensa que "a justificação do ímpio é uma obra maior que a criação dos céus e da terra", pois "os céus e a terra passarão, ao passo que a salvação e a justificação dos eleitos permanecerão para sempre" (*In Ioannis Evangelium*, 72, 3)» (*Catecismo da Igreja Católica*, n. 1994).

13, 44-52. Paulo tinha talvez a expectativa de que o cristianismo criasse raízes entre os judeus, de modo que a sinagoga no seu todo desembocasse, pacífica e religiosamente, no Evangelho, que era o seu culminar natural segundo os planos divinos. A experiência fê-lo conhecer uma realidade muito diferente, confrontando-o com o desconcertante mistério da infidelidade de grande parte do povo eleito, que era o seu próprio povo (cf. Rm 9, 1-11.36).

No entanto, a evangelização do mundo pagão não é uma consequência do endurecimento dos judeus; pelo contrário, deriva do caráter universal do cristianismo, que oferece a todos os homens a única graça que pode salvar, aperfeiçoa a Lei mosaica e ultrapassa os limites étnicos e geográficos do cristianismo.

Paulo e Barnabé, apoiados nos textos sagrados, afirmam que, a partir daquele momento, se voltarão para os gentios (vv. 46-47), e tornarão a dizê-lo mais tarde (18, 6; 28, 28). No entanto, os Atos mostram que continuaram a dirigir-se em primeiro lugar aos judeus, seguindo assim – como o Apóstolo explica na Carta aos Romanos – os passos de Cristo: «Por isto, é com verdade que Paulo afirma que Cristo consagrou o seu ministério ao serviço dos judeus, a fim de dar cumprimento às promessas feitas aos pais, e de que fê-lo para que os pagãos alcançassem misericórdia, dando-Lhe também eles, deste modo, glória como Criador e fazedor, Salvador e Redentor de todos. Deste modo, alcançou para todos a misericórdia divina, sem excluir os pagãos, de maneira que o desígnio da sabedoria de Deus em Cristo alcançou a sua finalidade; com efeito, pela misericórdia de Deus, todo o mundo foi salvo» (São Cirilo de Alexandria, *Commentarium in Romanos*, 15, 7).

14, 1-7. Nesta passagem, Lucas chama Apóstolos a Paulo e a Barnabé (v. 4). Embora Paulo não pertença ao grupo dos Doze, para os quais Lucas tenha o costume de reservar o nome de Apóstolos, é considerado e considerava-se a si mesmo Apóstolo por razão da sua singular vocação (cf. 1 Cor 15, 9; 2 Cor 11, 3) e da sua incansável pregação entre os gentios. Quando, nos escritos dos Padres, se fala do «Apóstolo» sem lhe dar um nome específico, o termo refere Paulo, que é o mais citado e o mais comentado, devido às suas numerosas cartas.

Neste curto resumo da atividade em Icônio, fica manifesto que, no desenvolvimento da missão apostólica, cumpre-se à letra tudo o que tinha sido anunciado no Evangelho: os sinais que acompanham a pregação (v. 3; Mc 16, 15-18), Jesus como sinal de contradição (v. 4; Lc 2, 34) etc.

14, 8-18. O relato da atividade de Paulo em Listra tem algumas semelhanças com a atividade de Pedro: este também curou um coxo (3, 1-10) e, tal como Paulo faz agora (v. 15), teve de explicar a Cornélio (10, 26) que era um simples homem. Os Santos Padres não deixaram de assinalar o paralelismo: «Assim como o homem coxo curado por Pedro e João à porta do Templo prefigura a salvação dos judeus, assim também este aleijado licaônio representa os povos gentios afastados da religião da Lei e do Templo, mas recuperados agora pela pregação do Apóstolo Paulo» (São Beda, *Expositio Actuum Apostolorum, ad loc.*).

Além disso, o relato mostra de forma certeira a dimensão natural da religião, que está à espera de ser completada pela Revelação: «Desde os tempos mais remotos até os nossos dias, encontra-se nos diversos povos certa percepção daquela força oculta presente no curso das coisas e dos acontecimentos humanos; encontra-se por vezes até o conhecimento da divindade suprema ou mesmo de Deus Pai. Percepção e conhecimento esses que penetram as suas vidas de profundo sentido religioso» (Concílio Vaticano II, *Nostra aetate*, 2). A passagem mostra igualmente as dificuldades (cf. v. 18) que os primeiros cristãos tiveram para preservar a pureza da fé em face da idolatria: «Os próprios santos e os homens recusam-se a apropriar-se destas honras, que são exclusivas de Deus. Foi o que fizeram Paulo e Barnabé, quando os habitantes de Licaônia, depois de terem visto os milagres por eles operados, quiseram oferecer-lhes sacrifícios, como se fossem deuses; eles, porém, rasgando as vestes, proclamaram e persuadiram-nos de que não eram deuses, impedindo assim que lhes fossem oferecidos sacrifícios. Mas uma coisa é o que ensinamos e outra o que suportamos; uma coisa é o que mandamos fazer e outra o que queremos corrigir; e assim, enquanto vamos procurando a correção mais adequada, temos de tolerar muitas coisas» (Santo Agostinho, *Contra Faustum*, 20, 21).

14, 19-28. Seguindo os ensinamentos paulinos (cf. v. 22), Lucas aponta nestes versículos o progresso e a vitória da palavra de Deus, ao mesmo tempo que não deixa de salientar que o caminho dos pregadores é um caminho de cruz: «Cruz, trabalhos, tribulações: tê-los-ás enquanto viveres. – Por esse caminho foi Cristo, e não é o discípulo mais que o Mestre» (Josemaria Escrivá, *Caminho*, n. 699). Paulo alude a esta lapidação (v. 19) em 2 Cor 11, 25.

O texto refere que Paulo e Barnabé designaram ou ordenaram – o verbo grego significa, à letra, estender as mãos para comunicar uma missão – «presbíteros» para cada Igreja (v. 23). Estes presbíteros, anciãos, receberam a ordem sacerdotal, embora não sejam chamados «sacerdotes» porque, nos começos da expansão cristã, este termo referia, entre os gregos, os ministros das religiões pagãs (*hiereus*) e, entre os hebreus, os sacerdotes levitas (*kôhen*); no ambiente judaico, os anciãos, os *presbyteroi*, eram os que presidiam às comunidades. Com a utilização deste nome para designar os ministros da Igreja, ficava resolvido o possível equívoco: na língua grega, o seu significado podia aplicar-se ao ministro sem fazer referência a qualquer religião específica.

No final, Paulo e Barnabé regressam de Antioquia à Síria, passando de novo, por ordem inversa, pelas cidades que tinham visitado durante a viagem anterior (vv. 24-26); no porto de Atália, embarcam para a Síria e, pouco depois, chegam a Antioquia. A viagem, iniciada possivelmente em 45, durou cerca de quatro anos. Apesar da animosidade e das perseguições sofridas nessas cidades, os dois missionários não hesitam em visitá-las novamente, pois desejam completar a organização das novas igrejas e consolidar a fé dos discípulos; não os assustam os riscos nem os preocupa a possibilidade de se repetirem os incidentes no contexto dos quais correram perigo de vida.

***15, 1-35.** Pode-se dizer que estes são os versículos centrais dos Atos dos Apóstolos – não só pela posição que ocupam, mas porque narram o episódio mais decisivo para a extensão universal do Evangelho e a sua difusão entre os gentios. A passagem está diretamente relacionada com a conversão de Cornélio, que era pagão, e dela se retiram agora, com a ajuda do Espírito Santo, todas as consequências: o batismo de Cornélio não é uma exceção na Igreja, mas aponta um desígnio de Deus. Com o senso de ordem que o caracteriza, Lucas refere a origem do conflito (vv. 1-5), o desenvolvimento da reunião em Jerusalém (vv. 6-29) e as consequências dela para a Igreja (vv. 30-35).

15, 1-5. Vários cristãos de origem farisaica – alguns, «de Tiago» (Gl 2, 12) –, ao chegarem a Antioquia, afirmavam categoricamente que quem não fosse circuncidado e não praticasse a Lei de Moisés não podia ser salvo. Tinham aceitado que os gentios conversos fossem batizados e fizessem parte da Igreja, mas não haviam compreendido bem a nova disposição evangélica e estavam certos de que aqueles conversos tinham primeiramente de abraçar o judaísmo, cumprindo todos os preceitos e ritos mosaicos. As graves afirmações feitas por estes discípulos não só perturbam o espírito dos cristãos antioquenos, como comprometem a propagação da própria Igreja. Torna-se por isso necessário recorrer aos Apóstolos e aos presbíteros, que se encontram em Jerusalém, de onde governam a Igreja.

«Seita» (v. 5): tanto o texto grego como a *Neovulgata* usam, literalmente, o termo «heresia»; trata-se de um termo correto, em razão do exclusivismo e da separação religiosa exercida pelos fariseus. São Paulo afirma, noutra passagem, que pertenceu aos fariseus, «a seita mais rigorosa da nossa religião» (26, 5); e, noutro passo, refere-se à «seita dos saduceus» (5, 17). Por sua vez, os judeus consideravam o cristianismo uma seita (24, 5.14; 28, 22).

15, 6-11. Lucas refere três acontecimentos de relevo relacionados com este assunto: o discurso de Pedro (vv. 7-11), o discurso de Tiago (15, 13-21) e a carta enviada às igrejas (15, 23-29). O discurso de Pedro, embora breve, é determinado; fundado no que Deus lhe fez compreender em relação ao batismo de Cornélio (cf. 10, 1ss), Pedro resume os elementos que conduziram à longa deliberação (v. 7) e apresenta uma tese que concorda com a de Paulo e Barnabé: o que salva não é a Lei, mas a graça, pelo que a circuncisão e a própria Lei foram superadas pela fé em Jesus Cristo (v. 11): «Depois do pecado, ninguém pode santificar-se a não ser por Cristo. [...] Tal como os antigos patriarcas se salvaram pela fé em Cristo que havia de vir, assim também nós nos salvamos pela fé em Cristo que nasceu e padeceu» (São Tomás de Aquino, *Summa theologiae*, 3, 61, 3-4).

Uma vez mais, Pedro é um fator decisivo para a unidade da Igreja: além unificar as diversas posições que procuram a verdade, aponta, com a sua palavra, onde se encontra a mesma verdade. Esta reunião – que ocorreu, provavelmente, em 49 ou 50 – é considerada o primeiro concílio geral da Igreja, uma espécie de protótipo da série à qual se juntaram os restantes concílios ecumênicos. «Quem ignora que as chaves do Reino dos Céus foram entregues a Pedro? Acaso não está toda a Igreja edificada sobre a fé e a doutrina de Pedro, até chegarmos todos ao homem perfeito, na unidade da fé e do conhecimento do Filho de Deus? É certamente necessário que haja muitos a plantar e muitos a regar, pois assim o exige a pregação e o crescimento dos povos. [...] Seja quem for aquele que planta e aquele que rega, Deus não dá o incremento senão àquele que planta e rega sobre a fé de Pedro e segue a sua doutrina» (São Tomás Becket, *Epistulae*, 74).

15, 12-21. Tiago reafirma, com provas retiradas da Escritura, os conteúdos do discurso de Pedro: Deus quis constituir para Si um novo povo, dentre todas as nações. As três abstenções que recomenda, contidas no Levítico, eram as seguintes: a) não consumir carnes que tivessem sido oferecidas aos ídolos porque, para os judeus, isso equivalia a participar, de certa maneira, em cultos sacrílegos (Lv 17, 7-9); b) abster-se de uniões irregulares (Lv 18, 6ss) – e de outros atentados à moral sexual –, algumas das quais seriam posteriormente introduzidas como impedimentos na legislação matrimonial da Igreja; c) abster-se do sangue e da carne de animais que não tivessem sido sangrados (Lv 17, 10ss), injunção que se assenta na ideia de que o sangue é a expressão da vida, pelo que pertence exclusivamente a Deus. Por esta via, os judeus sentiam uma repugnância religiosa e cultural praticamente insuperável pelo consumo de sangue. Tais prescrições, que deviam ser cumpridas pelos israelitas e pelos estrangeiros que viviam em Israel (Lv 17, 8.10.13.15), faziam parte, no quadro da tradição judaica, dos chamados mandamentos noáquicos, ou seja, os mandamentos dados por Deus a Noé e aos seus filhos (Gn 9, 4-5), os quais eram considerados Lei para os gentios. No entanto, Tiago afirma também que esta é uma decisão prudencial – de caráter temporário e, portanto, mutável –, destinada a evitar o escândalo entre os que seguem a Lei de Moisés em toda a diáspora (v. 21). São Paulo terá a mesma atitude no caso das carnes sacrificadas aos ídolos (1 Cor 8, 1-13) e no caso do incestuoso de Corinto (1 Cor 5, 1-13), que, muito provavelmente, violava umas das normas de pureza a que se faz alusão nesta passagem (Lv 16, 6ss).

15, 22-29. A carta apostólica resume, em traços largos, todo o assunto: a origem do problema e a solução que lhe foi dada. Note-se que a decisão dos Apóstolos é apresentada também como obra do Espírito Santo (v. 28): «Penso que as riquezas destes acontecimentos imensos só podem ser explicadas com a ajuda do mesmo Espírito que foi seu autor» (Orígenes, *Homiliae in Exodum*, 4, 5). E comenta um teólogo espanhol do século XVI: «Devemos avançar pelo mesmo caminho que o Apóstolo Paulo considerou ser o mais adequado para resolver toda questão sobre a doutrina da fé. [...] Os gentios podiam ter pedido satisfações ao Concílio de Jerusalém, que parecia privá-los da liberdade que lhes tinha sido concedida por Cristo, e impor aos discípulos a necessidade de determinadas cerimônias, que na realidade não eram necessárias, já que bastava a fé para a salvação. Os judeus também não objetaram, eles que, contra a decisão do Concílio, podiam ter invocado a Escritura santa, que parece afirmar a necessidade da circuncisão para a salvação. Assim, pois, honrando desta forma o Concílio, transmitiram-nos a norma que deverá ser observada em todos os tempos posteriores, a saber, a de depositar a nossa fé indeclinável na autoridade dos sínodos, confirmada por Pedro e pelos seus legítimos sucessores. Pareceu-nos ao Espírito Santo e a nós, dizem; logo, a sentença do Concílio é a sentença do Espírito Santo» (Melchor Canto, *De locis theologicis*, 5, 4).

15, 30-35. Paulo e Barnabé, acompanhados de Judas e Silas (15, 22.27.32), voltam a Antioquia para reconfortar a comunidade e transmitir-lhe a carta dos Apóstolos. Silas é um cristão de Jerusalém e um cidadão romano que, tal como Paulo, tinha dois nomes: Silas e Silvano (cf. 2 Cor 1, 19; 1 Ts 1, 1; 2 Ts 1, 1; 1 Pd 5, 12). Logo a seguir, partirão para os locais evangelizados na primeira viagem missionária (15, 39-41), a fim de lhes comunicar as mesmas decisões (16, 4).

Alguns manuscritos acrescentam (v. 34): «Aprouve, porém, a Silas ficar ali, e Judas voltou só para Jerusalém».

***15, 36-18, 22.** Inicia-se aqui a segunda viagem de São Paulo; tal como na anterior, parte de Antioquia e regressa a esta cidade cerca de três anos depois, talvez na primavera de 53. A motivação inicial desta segunda viagem é visitar os irmãos das cidades evangelizadas na primeira e confirmá-los na fé. A viagem ocupa quase três capítulos; quando acaba, inicia-se, sem solução de continuidade, a narração da terceira viagem apostólica (18, 23).

Paulo e Silas vão pela Síria e a Cilícia – a pátria de Paulo – até Derbe e Listra (16, 1), onde Timóteo se junta a eles. Atravessam o grande território da Ásia Menor (16, 6) e chegam a Trôade (16, 8), onde embarcam para a Macedônia (16, 10). Após navegarem os 250 km que separam Trôade de Neápolis, dirigem-se a Filipos (16, 12), colônia romana em que têm lugar os episódios relatados no capítulo 16. Dali, partem para Tessalônica (17, 1), sede do governador da província romana da Macedônia. Surge um problema que faz com que tenham de partir imediatamente para a Bereia (17, 10), e novas insídias dos judeus de Tessalônica obrigam Paulo a seguir precipitadamente, por via marítima, para Atenas (17, 14); da estadia em Atenas, os Atos registram o famoso discurso no Areópago. Paulo segue depois para Corinto (18, 1), onde realiza um intenso e longo apostolado, talvez de um ano e meio (18, 18), e daí embarca para Antioquia, embora fazendo breve escala em Éfeso (18, 19) e Cesareia (18, 22).

15, 36-41. Tem início a viagem, embora desta vez Paulo e Barnabé não a façam juntos: separam-se em consequência da sua discordância acerca de Marcos. Nos desígnios de Deus, porém, tudo é para o bem: «Os dons dos homens são diferentes, e é evidente que esta diferença é, em si mesma, um dom [...]. Notai que não havia mal nenhum em se separarem, visto que desse modo podiam evangelizar todos os gentios. Na realidade, era um grande bem: se tomam caminhos diferentes para ensinar e converter, não há nisso mal algum; não temos de salientar o que os separa, mas o que os une. [...] Oxalá todas as nossas separações tivessem por motivo o zelo pela pregação» (São João Crisóstomo, *In Acta Apostolorum*, 34, 1-2).

16, 1-3. São Paulo leva consigo Timóteo, que depois o ajudaria muito no apostolado (cf. 17, 14ss; 18, 5; 19, 22; 20, 4 etc.) e a quem dirigiu as duas cartas pastorais que fazem parte do cânone do Novo Testamento. A mãe de Timóteo, Eunice, e a avó, Loide (cf. 2 Tm 1, 5), eram cristãs, e fora delas que o jovem recebera a fé. Como explica São Lucas (v. 3), Paulo circuncidou-o por um motivo de prudência pastoral: «Levou Timóteo consigo e circuncidou-o. Não o fez sem deliberação, tendo em conta todos os elementos para agir com prudência; mas, dado que Timóteo se dispunha a pregar o Evangelho por toda parte aos judeus, e para evitar que, por não estar circuncidado, a sua palavra fosse desprezada, decidiu circuncidá-lo. Não o fez para confirmar a circuncisão – precisamente ele, que a tinha eliminado –, mas para não prejudicar o seu Evangelho» (Santo Efrém, *Commentarii in Acta, ad loc.*).

16, 4-10. O primeiro resumo (vv. 4-5) permite supor que as decisões tomadas pela assembleia de Jerusalém foram recebidas pelos cristãos com espírito de obediência e alegria: vinham da Igreja mãe, dos Apóstolos, e constituíam uma resposta eficaz a uma questão delicada.

Mal começa, esta evangelização é novamente dirigida pelo Espírito Santo, aqui chamado de Espírito de

Jesus (v. 7): «Não há quase nenhuma página dos Atos dos Apóstolos em que não se fale dEle [do Espírito Santo] e da ação com que guia, dirige e anima a vida e as obras da primitiva comunidade cristã: é Ele quem inspira a pregação de São Pedro, quem confirma os discípulos na fé, quem sela com a sua presença a chamada dirigida aos gentios, quem envia Saulo e Barnabé a terras distantes para abrirem novos caminhos à doutrina de Jesus. Numa palavra, a sua presença e a sua ação dominam tudo» (Josemaria Escrivá, *É Cristo que passa*, n. 127).

«Ásia» (v. 6) era o nome da província romana cuja capital era Éfeso. A Macedônia (v. 9) é considerada a porta da Europa; por isso, os acontecimentos narrados nesta passagem mostram a providência extraordinária de Deus para que o Evangelho se propagasse por este continente: «Não há dúvida de que, na complexa história europeia, o cristianismo representa um elemento central e qualificador [...]. A fé cristã plasmou a cultura do continente e entrelaçou-se inextricavelmente com a sua história [...]. O caminho em direção ao futuro não pode prescindir deste dado, e os cristãos são chamados a tomar uma renovada consciência disto, para evidenciar a sua constante potencialidade. Eles têm o dever de oferecer, para a construção da Europa, uma específica contribuição, que será tanto mais válida e eficaz na medida em que souberem renovar-se à luz do Evangelho. Desta forma, far-se-ão continuadores da longa história de santidade que percorreu as várias regiões da Europa durante estes dois milênios» (São João Paulo II, *Carta para a proclamação de Santa Brígida da Suécia, Santa Catarina de Sena e Santa Teresa Benedita da Cruz copadroeiras da Europa*).

No v. 10, Lucas começa a escrever na primeira pessoa do plural, dando a entender que foi companheiro de Paulo naquela viagem (cf. 16, 10-17; 20, 5-25; 21, 1-18; 27, 1-28, 16). Lucas deve ter se juntado aos missionários em Trôade, tendo depois ficado em Filipos.

16, 11-15. Filipos era uma cidade próspera que fora fundada por Filipe, pai de Alexandre Magno (século IV a.C.). Augusto elevou-a à categoria de colônia e concedeu-lhe vários privilégios. Tinha uma população judaica muito reduzida; prova disso é o fato de não ter sinagoga, cujo estabelecimento exigia que vivessem no local pelo menos dez homens hebreus. Apenas temos notícia de um grupo de mulheres que se reuniam para orar ao pé do rio, provavelmente por causa das purificações rituais.

No comovente relato de Lucas, o dom divino da vocação encontra-se com o agradecimento humano. Com efeito, é Deus quem abre os corações (v. 14), pois «ninguém pode prestar o seu assentimento à pregação evangélica de modo verdadeiramente salvífico senão através da luz e da inspiração do Espírito Santo, que dá a todos a suavidade necessária para afirmarem e crerem na verdade» (Concílio Vaticano I, *Dei Filius*, 3). A seguir, porém, Lídia mostra a sua gratidão com obras: «Que sabedoria a de Lídia! Com que humildade e doçura fala aos Apóstolos!: "Se me considerais fiel ao Senhor." [...] Vede como a fé produz frutos nela e como a sua vocação lhe parece um bem precioso» (São João Crisóstomo, *In Acta Apostolorum*, 35, 1). O primeiro fruto do cristianismo na Europa é a correspondência de uma mulher à sua vocação: «Aquelas mulheres, e a seguir outras mais, tiveram parte ativa e importante na vida da Igreja primitiva, na edificação desde os fundamentos da primeira comunidade cristã – e das comunidades que se seguiram –, mediante os próprios carismas e o seu multiforme serviço. Os escritos apostólicos anotam os seus nomes [...]. O mesmo se repete no decorrer dos séculos, de geração em geração, como demonstra a história da Igreja. A Igreja, com efeito, defendendo a dignidade da mulher e a sua vocação, expressou honra e gratidão por aquelas que – fiéis ao Evangelho – em todo o tempo participaram na missão apostólica do povo de Deus. Trata-se de santas mártires, de virgens, de mães de família, que corajosamente deram testemunho da sua fé e, educando os próprios filhos no espírito do Evangelho, transmitiram a mesma fé e a Tradição da Igreja. [...] Também nos nossos dias a Igreja não cessa de se enriquecer com o testemunho das numerosas mulheres que realizam a sua vocação à santidade. As mulheres santas são uma personificação do ideal feminino, mas são também um modelo para todos os cristãos, um modelo de *sequela Christi* [seguimento de Cristo], um exemplo de como a Esposa deve responder com amor ao amor do Esposo» (São João Paulo II, *Mulieris dignitatem*, 27).

16, 16-24. Na mitologia grega, Píton era uma serpente que proferia os oráculos em Delfos; daí o nome do «espírito pitônico» (v. 16), atribuído à jovem escrava. São Paulo considera que é o demônio que atua nela, razão pela qual o expulsa: «Os Apóstolos não gostaram de ser honrados e louvados pelo espírito maligno, tal como o Senhor não aceitou que o demônio O proclamasse entre os judeus» (Santo Efrém, *Commentarii in Acta, ad loc.*).

Na sequência da expulsão do espírito pitônico, dá-se o primeiro conflito entre Paulo e os não judeus; não assume a forma de uma revolta, como aconteceu nas cidades da Ásia Menor (13, 50; 14, 5.19), mas de denúncia legal ante os magistrados locais. A reação das autoridades (vv. 22-24) parece desproporcionada, e até ilegal; talvez por isso, São Paulo exigirá reparação (cf. 16, 35-40).

16, 25-34. Paulo e Silas rezam durante a noite (v. 25). São João Crisóstomo aproveita esta passagem para exortar os cristãos a que santifiquem o tempo de descanso noturno: «Mostrai com o vosso exemplo que a noite não serve apenas para reparar as forças do corpo, mas serve para santificar a alma. [...] Não é preciso fazer orações prolongadas; bastará uma só, feita com atenção. [...] Oferecei a Deus este sacrifício de um momento de oração, e Ele recompensar-vos-á» (*In Acta Apostolorum*, 36). Em contrapartida, São Beda salienta o exemplo dos Apóstolos para os que sofrem tribulações: «A devoção e a força que inflamavam o coração dos Apóstolos exprimem-se na oração e levam-nos a entoar cânticos até na prisão. O seu louvor abala a terra, faz tremer as fundações da prisão, abre as portas e, finalmente, liberta os presos das suas correntes. Assim também aquele fiel que goza de toda a alegria, quando encontrar tentações, alegre-se com gosto nas suas debilidades, para que habite nele a força de Cristo. E, cumprido este passo, louve o Senhor com cânticos, juntamente com Paulo e Silas nas trevas da prisão, e cante com o salmista: "Tu és o meu refúgio: livras-me da angústia e me envolves em cânticos de libertação" (Sl 32, 7)» (*Expositio Actuum Apostolorum, ad loc.*).

Tal como noutras passagens do Novo Testamento (16, 15; 18, 8; 1 Cor 1, 16), faz-se aqui alusão ao batismo de toda a família (v. 33); é para esta ação apostólica que remete a prática pastoral da Igreja quando recomenda o batismo das crianças: «A prática de batizar as crianças é tradição imemorial da Igreja. Explicitamente atestada desde o século II d.C., é no entanto bem possível que, desde o princípio da pregação apostólica, quando casa inteiras receberam o batismo, também se tenham batizado as crianças» (*Catecismo da Igreja Católica*, n. 1252). Tal prática, longe de ser uma mera tradição, tem fundamento doutrinal: «A pura gratuidade da graça da salvação é particularmente manifesta no batismo das crianças. Por isso, a Igreja e os pais privariam a criança da graça inestimável de se tornar filho de Deus se não lhe conferissem o batismo pouco depois do seu nascimento» (*idem*, n. 1250).

16, 35-40. A ação de Paulo, quando invoca a sua condição de cidadão romano e exerce os seus direitos, salienta que os cristãos, pelo fato de o serem, não renunciam à sua condição de cidadãos. A pena dos açoites, proibida para os cidadãos romanos no direito antigo, podia, contudo, ser-lhes aplicada nos primeiros tempos do Império, mas tinha de ser sempre antecedida de um julgamento e de uma condenação. Os estrategos eram magistrados do Império que exerciam jurisdição em Roma ou nas províncias; os litores eram oficiais de justiça que precediam os altos magistrados, cujas insígnias transportavam. A admiração temerosa dos estrategos reflete a situação jurídica do tempo: a condição de cidadão romano era um privilégio reservado a alguns, e o trato dado aos romanos era rigorosamente controlado pelas autoridades provinciais.

17, 1-9. Tessalônica era a sede do governo romano da província da Macedônia; ficava a cerca de 150 km de Filipos. Fundada no século IV a.C. e declarada cidade livre por Augusto em 42 a.C., abrigava uma colônia judaica, como prova a existência de uma sinagoga. A estadia de Paulo em Tessalônica deve ter durado muitas semanas; durante esse período, recebeu alguns donativos dos cristãos de Filipos (cf. Fl 4, 16) e teve de trabalhar para ganhar seu sustento (cf. 1 Ts 2, 9). Foi um tempo de dificuldades (cf. vv. 5-8) e alegrias (cf. v. 4), o qual Paulo recordará mais tarde nas suas cartas aos tessalonicenses (cf. 1 Ts 2, 1-12; 2 Ts 3, 7-8).

No original, São Lucas chama de «politarcas» os magistrados de Tessalônica (v. 6), designação que foi confirmada por inscrições descobertas recentemente. Na sua qualidade de cidade livre, Tessalônica tinha uma assembleia popular, à qual eram feitas as denúncias de malfeitorias. Os judeus dirigem contra Paulo uma acusação de duplo delito: provocar alvoroço e afirmar que «há outro rei» (v. 7) – ou seja, um crime de alta traição. São precisamente os mesmos delitos que foram imputados ao Senhor (Lc 23, 2; Jo 19, 12). É evidente que os acusadores deformaram os ensinamentos de Paulo, que certamente falariam de Jesus como Senhor, e tergiversaram a pregação sobre o reino messiânico, como se se tratasse da instauração de um rei temporal: «Deus abre os lábios daqueles que proferem palavras divinas», comenta Orígenes, «e receio que seja o demônio a abrir a boca de outros» (*Homiliae in Exodum*, 3, 2).

Os magistrados recebem a acusação, mas aceitam a garantia (fiança) de Jasão em favor de Paulo, e a denúncia fracassa. O episódio mostra como se processava a defesa de Paulo e dos primeiros discípulos: sem violência, recorrendo ao direito.

17, 10-15. Na Bereia, os judeus recebem Paulo com espírito mais aberto, que os leva a acreditar no Senhor. Lucas refere explicitamente a nobreza, o interesse e a diligência (v. 11) daquelas pessoas. «É fato que o ensino da verdade é recebido de forma diferente conforme as disposições dos ouvintes. O Verbo apresenta a todos o bem e o mal; mas aquele que tem boas disposições em relação a quem o anuncia tem a sua alma na luz, enquanto o que se encontra disposto em sentido contrário e não decidiu fixar o olhar da alma na luz da verdade permanece nas trevas da ignorância» (São Gregório de Nissa, *De vita Mosis*, 2, 65).

17, 16-21. O relato da estadia de Paulo em Atenas é de uma admirável riqueza de matizes, apresentando-nos o encontro do Evangelho com o paganismo helenista, popular e culto do seu tempo. Trata-se de um momento de singular importância, porque a pregação evangélica vai mostrar, por meio do Apóstolo, a sua capacidade de se exprimir em diferentes mentalidades e situações culturais, permanecendo em tudo fiel a si mesma. Na Tradição da Igreja, muito em especial nos primeiros tempos, estava presente a ideia de que os povos pagãos também tinham recebido certa manifestação da Verdade, que os preparara para aceitarem Cristo, a única Verdade: «Confesso que as minhas orações e os meus esforços têm como finalidade mostrar-me cristão, não porque as doutrinas de Platão sejam de todo alheias a Cristo, mas porque não são de todo semelhantes, como também não o são as dos outros filósofos – os estoicos, por exemplo –, poetas e historiadores. Porque todos eles falaram bem, com base na porção do Verbo seminal divino que lhes correspondia. Mas é evidente que aqueles que se contradizem uns aos outros em pontos essenciais não alcançaram uma ciência segura nem uma sabedoria irrefutável. Tudo o que de verdadeiro e bom foi dito por eles pertence-nos a nós, os cristãos [...]. Os escritores profanos só obscuramente conseguiram ver a realidade, graças à semente do Verbo presente neles» (São Justino, *Apologia*, 2, 13, 2-5).

Lucas aponta inicialmente o zelo do Apóstolo (v. 16) e a sua manifestação em obras de evangelização com judeus e pagãos. De acordo com o seu procedimento habitual, Paulo prega na sinagoga, mas fala também na praça pública (v. 17), a praça principal de Atenas, onde se realizavam as assembleias do povo; era aí que se discutiam as questões políticas importantes, embora também se comentassem informalmente os assuntos e as notícias comuns, pois era onde funcionava o mercado. O Areópago (v. 19) era uma colina situada a noroeste da acrópole de Atenas; mais tarde, o nome passou a designar o tribunal que tinha assento nesse local. Na época de Paulo, o nome tanto designava a colina como o tribunal, que tinha sido transferido, algum tempo antes, para o pórtico real, na ágora.

O evangelista apresenta Paulo em diálogo com epicuristas e com estoicos (v. 18). Os primeiros, discípulos de Epicuro (341-270 a.C.), eram de tendência materialista: não acreditavam na existência dos deuses, ou consideravam-nos distantes e indiferentes ao mundo dos homens; a sua ética acentuava a importância do prazer e da tranquilidade. Os estoicos, movimento fundado por Zenão de Cítio (340-265 a.C.), viam no *logos* a causa que configura, ordena e dirige o universo e a vida dos seres; esta razão de todas as coisas era para eles um princípio último, imanente às coisas, que pressupunha uma concepção panteísta da realidade. Sua ética insistia na suficiência e na responsabilidade do homem e utilizava uma linguagem de liberdade, embora considerasse que o ser humano é movido pela força irresistível e necessária do destino.

17, 22-34. Este discurso, o mais extenso dos que São Paulo pregou aos pagãos (cf. 14, 1ss), é provavelmente o primeiro modelo conhecido de apologética cristã e tende a mostrar a natureza racional do cristianismo e a relevância que ele pode ter para um pensamento humano desprovido de preconceitos. Encontramos nele o autor dos três primeiros capítulos da *Carta aos Romanos*: uma pessoa que anda há muito tempo ocupada a pregar o Evangelho aos pagãos, segundo um esquema em que começa por falar do único Deus vivo e verdadeiro, passando depois a anunciar Jesus Cristo, o Salvador divino de todos os homens (cf. 2 Tm 1, 9-10). O tema central do discurso é a origem divina do homem, que, por essa razão, guarda uma nostalgia de Deus que o leva a procurá-lO. Os Padres da Igreja desenvolveram essa imagem com gosto: «Se uma pessoa levanta a sua atenção um pouco acima do corpóreo e, liberto da servidão e da desrazão das paixões, examina a própria alma com um pensamento honesto e sincero, verá claramente na sua natureza o amor de Deus para conosco e o desígnio do Criador. Observado desta forma, descobrirá que o desejo do belo e do ótimo é essencial e natural ao homem; descobrirá igualmente, semeado na sua natureza, o amor impassível e feliz por aquela imagem inteligível e bem-aventurada de que o homem é cópia» (São Gregório de Nissa, *De instituto christiano*).

Depois de uma introdução, que visava chamar a atenção dos ouvintes e anunciar o tema principal (vv. 22-23), o discurso divide-se em três partes: 1) Deus é o Senhor do mundo e não precisa habitar em templos fabricados pelos homens (vv. 24-25); 2) o homem é uma criatura de Deus e depende em tudo dEle (vv. 26-27); 3) existe uma relação entre Deus e o homem, de modo que a idolatria é um erro (vv. 28-29). Segue-se uma conclusão em que se exorta os ouvintes a abandonarem os seus erros acerca de Deus e a arrependerem-se em previsão do juízo final, que será presidido por Cristo ressuscitado (vv. 30-31).

A citação que São Paulo introduz no seu discurso, mas no singular (v. 28), é do poeta estoico Arato (século III a.C.); os elementos plurais utilizados pelo Apóstolo parecem referir-se a um verso análogo do hino a Zeus escrito por Cleantes (também do século III a.C.). Para além da intenção de atrair a benevolência dos ouvintes para a sua mensagem, está patente nesta invocação o respeito de Paulo e dos cristãos pelos elementos de verdade presentes nas manifestações da cultura humana: «Há na cultura profana aspectos que não devemos recusar quando crescemos na virtude. Com efeito, a filosofia moral e natural pode ser companheira de quem deseja levar uma vida elevada [...], com a condição de que o fruto não mantenha qualquer contaminação alheia» (São Gregório de Nissa, *De vita Mosis*, 2, 37).

Mas este discurso tem outra face; quando Paulo começa a falar da ressurreição dos mortos, as reações variam (v. 32): «É bastante comum a aceitação de que, depois da morte, a vida da pessoa humana continua de modo espiritual. Mas como acreditar que este corpo, tão manifestamente mortal, possa ressuscitar para a vida eterna?» (*Catecismo da Igreja Católica*,

n. 996). Para tal, é necessária a fé, que Deus dá aos que O procuram de coração sincero (v. 34): «Nós cremos firmemente que a natureza humana não é capaz de procurar a Deus e de O descobrir com pureza a não ser ajudada por Aquele que procura. E Ele é descoberto por quantos, depois de terem feito o que podiam, reconhecem ter necessidade dele» (Orígenes, *Contra Celsum*, 7, 42).

18, 1-11. Após a sua pregação em Atenas, Paulo deve ter chegado a Corinto um pouco abatido e com dificuldades econômicas. Algum tempo depois, escreveria: «Estive no meio de vós cheio de fraqueza, de receio e de grande temor. A minha palavra e a minha pregação nada tinham dos argumentos persuasivos da sabedoria humana, mas eram uma demonstração do poder do Espírito» (1 Cor 2, 3-4). Corinto era uma cidade eminentemente comercial e cosmopolita, que ocupava um istmo entre dois golfos – hoje ligados por um canal – e à qual chegavam embarcações provenientes de muitos pontos do mundo. O ambiente moral não seria favorável à difusão do Evangelho, como se pode ver pela descrição que Paulo faz do mundo pagão em Rm 1, 18-32, escrita precisamente em Corinto. Com efeito, os costumes devassos, a preocupação exclusiva com a acumulação de riquezas e o culto luxurioso à deusa Afrodite poderiam levar a supor que não se tratava do local mais adequado para semear a palavra de Deus. No entanto, o Senhor pode mais, e a sua mensagem de salvação tem a capacidade de converter os corações.

No seu labor em Corinto, Paulo conta com a ajuda eficaz de Áquila e Priscila (vv. 2-4), que seguiram com o Apóstolo para Éfeso (cf. 18, 18), regressando posteriormente a Roma (cf. Rm 16, 3). A presença deste casal cristão nas origens da evangelização ficou como exemplo do que a Igreja espera dos seus fiéis: «Também a fé e a missão evangelizadora da família cristã prosseguem este alento missionário católico. O sacramento do matrimônio, que retoma e volta a propor o dever, radicado no batismo e na confirmação, de defender e difundir a fé, constitui os cônjuges e os pais cristãos em testemunhas de Cristo "até os confins do mundo" (At 1, 8) [...]. Como já no início do cristianismo Áquila e Priscila se apresentavam como casal missionário, assim hoje a Igreja testemunha a sua incessante novidade e rejuvenescimento com a presença de cônjuges e de famílias cristãs que [...] estão nas terras de missão a anunciar o Evangelho, servindo o homem com o amor de Jesus Cristo» (São João Paulo II, *Familiaris consortio*, 54).

Cláudio foi imperador nos anos 41-54. O seu édito de expulsão dos judeus de Roma (v. 2), também referido por Suetônio, é anterior a 50. Paulo vive do seu trabalho, que compatibiliza com uma intensa pregação do Evangelho (vv. 3-4): «O ensinamento de Cristo sobre o trabalho, baseado no exemplo da sua própria vida durante os anos de Nazaré, encontra um eco bem forte no ensino do Apóstolo São Paulo. Dedicando-se provavelmente à confecção de tendas (cf. At 18, 3), São Paulo sentia-se ufano de trabalhar no seu ofício, graças ao qual podia, muito embora sendo Apóstolo, ganhar o seu pão de cada dia» (São João Paulo II, *Laborem exercens*, 26). Durante a sua estadia de ano e meio em Corinto, Paulo escreve aos tessalonicenses um par de cartas exigentes, em que os exorta a que trabalhem (2 Ts 3, 10.12). Comentando esta passagem, São João Crisóstomo observa: «O trabalho é o estado natural do homem, para quem a ociosidade não é natural. Deus colocou o homem neste mundo para trabalhar, e a alma está feita, por natureza, para o movimento, e não para o repouso» (*In Acta Apostolorum*, 35).

A obsessão dos judeus de Corinto (vv. 5-6) faz com que Paulo dolorosamente volte a tomar consciência do mistério da resistência à fé de grande parte do povo eleito; por isso, e com um gesto semelhante ao que fizera em Antioquia da Pisídia (cf. 13, 51), o Apóstolo sacode as vestes. A frase «desde agora vou para os gentios» (v. 6) refere-se à sua pregação em Corinto, pois continuará a evangelizar judeus e gentios onde quer que desempenhe o seu trabalho apostólico (cf. 18, 19; 28, 17). Comenta São Justino: «Sucedeu que os judeus, que estavam na posse das profecias e esperavam continuamente o Messias, não O reconheceram quando Ele veio; e não só não O reconheceram, como O maltrataram. Pelo contrário, os gentios, que não tinham ouvido falar dEle antes de os Apóstolos, provenientes de Jerusalém, lhes terem narrado a Sua vida e lhes terem entregado as profecias, cheios de alegria e de fé, renunciaram aos ídolos e consagraram-se, por meio de Cristo, ao Deus ingênito» (*Apologia*, 1, 49, 5).

Seja como for, a pregação de Paulo em Corinto começou a dar os seus frutos (vv. 7-8) entre alguns judeus (vv. 7-8), como Crispo e a família, e muitos gentios. Os dons extraordinários que Paulo recebe, como a visão e as palavras de Jesus (vv. 9-10), indicam o grau de heroísmo e de entrega que Deus lhe pede; com efeito, os consolos da contemplação não são concedidos para evitar os trabalhos do seguimento de Cristo, mas para que eles possam aumentar e o cristão seja capaz de carregar um peso maior, com a ajuda do Senhor: «Sei claramente que são intoleráveis os trabalhos que Deus dá aos contemplativos; e são de tal sorte que, se não lhes desse aquele manjar de gostos, não se poderiam sofrer. E claro está que [...] aqueles a quem Deus muito ama, leva por caminhos de trabalhos; e, quanto mais os ama, maiores eles são» (Santa Teresa de Jesus, *Caminho de perfeição*, 18, 1).

18, 12-17. O procônsul Galião era irmão do filósofo estoico Sêneca, nascido em Córdova. Por uma inscrição descoberta em Delfos em começos do século passado, sabemos que Galião ocupou o governo da Acaia, cuja capital era Corinto, em julho de 51; o comparecimento de Paulo ante o procônsul terá ocorrido no final desse ano. Este é um dos pontos mais bem estabelecidos na cronologia do Apóstolo.

Sóstenes (v. 17) devia ser, pelo menos, simpatizante do cristianismo e sofreu as consequências da perseguição. Alguns comentadores colocam a hipótese de se tratar do mesmo Sóstenes que aparece como amanuense na primeira carta que São Paulo escreve aos coríntios (1 Cor 1, 1).

18, 18-22. O Apóstolo chega pela primeira vez a Éfeso, a capital da Ásia proconsular, que tinha cerca de 200 mil habitantes e era uma das cidades mais florescentes do Império. Entre os monumentos da cidade, destacava-se o Artemísion, templo a Ártemis (Diana), que constituía uma das maravilhas do mundo antigo; o teatro, que dominava a cidade, tinha capacidade para 23 mil espetadores. Nesta viagem, Paulo ficará pouco tempo ali; na viagem seguinte, porém, Éfeso ocupará o centro da sua missão.

O voto referido no v. 18 poderá ser um voto de nazir, ou seja, de consagrado a Deus; é um voto descrito no Livro dos Números (6, 1ss) que inclui, entre outras coisas, não cortar o cabelo – gesto que significa deixar Deus agir – nem ingerir bebidas fermentadas, abstenção que indica o propósito de levar uma vida exigente. O texto grego não deixa muito claro quem fez o voto, se Paulo ou Áquila, mas os comentadores inclinam-se para Paulo.

***18, 23-20, 38.** A terceira viagem apostólica de Paulo

começa, tal como as anteriores, em Antioquia, e termina em Mileto, com a partida do Apóstolo para Jerusalém. A viagem foi longa, mas Lucas centra-se na atividade desenvolvida em Éfeso.

Paulo começa por percorrer as cidades que já tinham sido evangelizadas nas regiões da Galácia e da Frígia, percurso que ocuparia, provavelmente, os últimos meses do ano de 53 e os primeiros do ano de 54. Parte depois para Éfeso, onde permanece quase três anos e sofre toda sorte de tribulações (cf. 2 Cor 1, 38), de tal maneira que, quando escreve dessa cidade aos coríntios, na primavera de 57, pode afirmar: «Até esta hora sofremos a fome e a sede, estamos nus, somos esbofeteados, não temos morada certa [...]; tornamo-nos como a imundície deste mundo, a escória de todos até agora» (1 Cor 4, 11.13). Mesmo nessas condições, ou talvez por causa delas, o seu apostolado foi fecundíssimo, e a mensagem cristã chegou a toda a Ásia proconsular (a atual Turquia ocidental), incluindo cidades importantes como Colossos, Laodiceia, Hierápolis etc.; razão pela qual São Paulo afirmava: «se me abriu uma porta grande à minha atividade» (1 Cor 16, 9).

O Apóstolo abandona a cidade em consequência do motim dos ourives, partindo para a Macedônia e a Acaia, com o objetivo de visitar as igrejas que fundara na sua segunda viagem: Filipos, Tessalônica, Corinto; aqui, permaneceu três meses: o inverno de 57 para 58. O regresso a Jerusalém, aonde ia levar o resultado das coletas, é feito através da Macedônia, para que escapasse de uma conspiração de judeus; embarcou em Neápolis – o terceiro porto mais próximo de Filipos – e, após algumas escalas, chegou a Mileto, onde se reuniu aos presbíteros que mandara ir de Éfeso; de Mileto, partiu para a Cesareia, a fim de conseguir estar em Jerusalém na festa de Pentecostes.

18, 24-28. Este episódio é um excelente exemplo do afã apostólico de Áquila e Priscila; o motivo repete-se, de uma maneira ou de outra, nos primeiros escritos cristãos: «Pela minha parte, ponho todo o meu empenho em os retirar, a eles [judeus e hereges] e a vós, do erro, sabendo que quem pode dizer a verdade e não a diz será julgado por Deus» (São Justino, *Dialogus cum Tryphone*, 82, 3).

As consequências deste zelo apostólico não são menos significativas, uma vez que Apolo é um pregador vibrante (vv. 27-28): «Na mente daquele homem já se tinha insinuado a luz de Cristo. Ouvira falar dEle e anuncia-o aos outros. Mas ainda lhe faltava um pouco de caminho para se informar melhor, para alcançar totalmente a fé e amar deveras o Senhor. Áquila e Priscila, um casal de cristãos, ouvem as suas palavras e não permanecem inativos e indiferentes. Não lhes ocorre pensar: Este já sabe bastante; ninguém nos manda dar-lhe lições. Como eram almas com autêntica preocupação apostólica, aproximaram-se de Apolo, *levaram-no consigo e instruíram-no mais acuradamente na doutrina do Senhor*» (Josemaria Escrivá, *Amigos de Deus*, n. 269).

19, 1-7. A existência, em Éfeso, de um grupo de discípulos que só tinham recebido o batismo de João coloca algumas dificuldades de interpretação. Poderiam conhecer os ensinamentos do Batista – tinham recebido o seu batismo – e Paulo deverá ter pensado, num primeiro momento, que eram cristãos; porém, no Novo Testamento, a condição de cristão está sempre ligada à recepção do batismo de Jesus Cristo e à posse do Espírito Santo (cf. 11, 16; Jo 3, 5; Rm 8, 9; 1 Cor 12, 3; Gl 3, 2 etc.), e são estes os passos que aqueles homens dão a seguir (vv. 5-6). «O batismo de João», explica São Tomás de Aquino, «não concedia a graça; limitava-se a preparar a pessoa para a receber. E fazia-o de três maneiras: pela doutrina de João, que movia à fé em Jesus; exortando ao rito do batismo de Cristo; e preparando os homens, mediante a penitência, para obterem todos os efeitos deste batismo» (*Summa theologiae*, 3, 38, 3).

Em todo caso, nesta cena o texto assinala (v. 6), como acontece em outras passagens dos Atos (cf. 3, 1-10; 14, 8-18; 12, 1-2; 16, 25-34 etc.), o paralelismo entre o trabalho de Paulo e o de Pedro (cf. 8, 14-17). A união dos dois Apóstolos na missão da Igreja prolongar-se-á em muitas manifestações: «Celebramos o martírio dos dois Apóstolos no mesmo dia, porque ambos eram, na realidade, uma só coisa, embora tivessem sido martirizados em dias diferentes: primeiro Pedro e depois Paulo. Celebramos a festa do dia de hoje, sagrado para nós pelo sangue dos Apóstolos; procuremos imitar a sua fé, a sua vida, os seus trabalhos, os seus sofrimentos, o seu testemunho e a sua doutrina» (Santo Agostinho, *Sermones*, 295, 8).

19, 8-20. No mundo helenístico da época, havia magos, adivinhos e exorcistas dispostos a invocar o nome de qualquer divindade; assim, por exemplo, conhecemos um papiro mágico que contém uma fórmula semelhante à utilizada por estes exorcistas (v. 13): «Esconjuro-vos por Jesus, Deus dos hebreus.» Mas o testemunho cristão exige muito mais do que a repetição de umas quantas fórmulas: «Para que a doutrina comunique a sua força, têm de ocorrer duas disposições: a de quem prega e a de quem ouve; porque habitualmente o proveito resulta da disposição de quem ensina. É por isso que se diz que tal o mestre, tal costuma ser o discípulo. Porque quando, nos Atos dos Apóstolos, os sete filhos daquele príncipe dos sacerdotes dos judeus esconjuravam os demônios com a mesma fórmula que São Paulo, o demônio embraveceu-se contra eles [...] e, investindo, despiu-os e cobriu-os de feridas. E isto só aconteceu porque eles não tinham a disposição que convinha» (São João da Cruz, *Subida do Monte Carmelo*, 3, 45).

Além disto, as curas de Paulo recordam as de Pedro; com efeito, assim como as pessoas levavam os doentes para que a sombra de Pedro as curasse (5, 15), agora rodeiam Paulo para serem saradas (vv. 11-12). Mas a atividade de Paulo em Éfeso parece sobretudo um eco da atividade de Jesus na Galileia, quando as pessoas se acotovelavam junto do Senhor para Lhe tocarem no manto e serem curadas (cf. Mc 6, 56). A ação de Paulo também imita a de Jesus quanto à forma, com milagres que confirmam as palavras: «Os discípulos de Jesus aprenderam a fazer milagres como o seu mestre, convencendo assim os seus ouvintes, ou também não fizeram milagres? Dizer que não fizeram nenhum tipo de milagres e que, crendo às cegas [...], se dedicaram a ensinar por toda parte uma doutrina nova é uma coisa totalmente absurda; pois de onde lhes viria o ânimo para ensinar uma doutrina que era uma completa novidade? E, se também eles fizeram milagres, em que cabeça cabe que uns magos corressem tantos perigos para implantar precisamente uma doutrina que proíbe a magia?» (Orígenes, *Contra Celsum*, 1, 38).

O santo temor de ofender a Deus levou os habitantes de Éfeso a afastar tudo quanto os separasse dEle, a começar pelas artes mágicas e pelos livros sobre essas matérias.

19, 21-40. Ártemis (v. 24) é o nome grego da deusa a que os latinos chamavam Diana e que era identificada, por sincretismo, com uma divindade asiática da fertilidade; a sua imagem era objeto de culto no Artemísion. As festas de Ártemis eram celebradas com orgias e frequentadas por numerosas pessoas das regiões vizinhas. O negócio de Demétrio e dos colegas consistia em vender imagens da deusa, que muitos visitantes levariam para casa como recordação.

O êxito do apostolado de Paulo em Éfeso fica patente não apenas no fato de ter suscitado preocupações nos ourives, que assim viam diminuir os seus lucros, mas também na sua relação cordial com os magistrados da cidade, os asiarcas (v. 31). O texto contrasta a atitude interesseira de Demétrio e dos ourives com a atitude ponderada do magistrado (vv. 35-40), nas palavras do qual se percebe que a bondade da mensagem cristã tem a capacidade de impressionar favoravelmente quem quer que a examine de espírito aberto. Observam-se contrastes semelhantes num antigo texto de apologia cristã, em que se declara que os cristãos «obedecem às leis estabelecidas, mas as ultrapassam com sua vida; amam a todos e são perseguidos por todos; são desconhecidos e, apesar disso, condenados; são mortos e, deste modo, lhes é dada a vida; são pobres e enriquecem a muitos; carecem de tudo e têm abundância de tudo; são desprezados e, no desprezo, enchem-se de glória; são amaldiçoados, e isso testemunha a sua justiça; são injuriados e bendizem; são maltratados e honram quem os maltrata; fazem o bem e são punidos como malfeitores; são condenados à morte e alegram-se como se recebessem a vida. Os judeus combatem-nos como estrangeiros, os gentios perseguem-nos, mas aqueles que os odeiam não saberiam dizer o motivo de tal ódio. Em poucas palavras, assim como a alma está no corpo, assim estão os cristãos no mundo» (*Epistula ad Diognetum*, 5).

Lucas usa o termo «caminho» (v. 23) para se referir ao cristianismo e à Igreja (cf. 9, 2; 19, 9; 22, 4; 24, 14.22); tratava-se, provavelmente, de um termo bastante usado pelos cristãos da época. O termo tinha raízes bíblicas (cf. Dt 30, 15-20), com o significado de atitude moral e religiosa, ou mesmo de norma de conduta: «Com razão se chama "caminho" à pregação do Evangelho, pois ela é o caminho que conduz verdadeiramente ao Reino dos Céus» (São João Crisóstomo, *In Acta Apostolorum*, 41, 1).

20, 1-6. O autor sagrado retoma agora a narrativa da viagem, que tinha abandonado em 19, 22. A partir do v. 5, o relato passa de novo para a primeira pessoa do plural, significando que, possivelmente, o narrador se reuniu a Paulo em Filipos e seguiu viagem na sua companhia. Esta viagem até a Macedônia deve ser a mesma que é referida em 2 Cor 2, 12-13: «Quando cheguei a Trôade para lá pregar o Evangelho de Cristo, embora me fosse aberta uma porta pelo Senhor, não tive repouso no meu espírito porque não encontrei o meu irmão Tito; mas, despedindo-me deles, parti para a Macedônia.»

20, 7-12. No v. 7, encontramos a primeira referência explícita, nos Atos, ao costume de os cristãos se reunirem no primeiro dia da semana para celebrarem a Sagrada Eucaristia (cf. 2, 42; 1 Cor 10, 16) – referência que ocorre depois em muitos documentos cristãos: «No dia chamado do sol, reúnem-se todos em certo lugar, tanto os que habitam na cidade como os que vivem no campo, e, dependendo das conveniências, leem-se os tratados dos Apóstolos ou os escritos dos profetas, conforme o tempo o permita. Terminada a leitura, aquele que preside encarrega-se de admoestar, com palavras de exortação, à imitação de coisas tão admiráveis. Depois, levantamo-nos todos e recitamos preces; a seguir, como já dissemos, concluídas as orações, trazem pão, vinho e água; e o que preside profere fervorosamente preces e ações de graças, ao que o povo responde: "Amém"; em seguida, distribuem-se os dons sobre os quais foi proferida a ação de graças, todos comungam, e os diáconos encarregam-se de os levar aos ausentes. [...] E reunimo-nos todos no dia do sol, em primeiro lugar, porque este dia é o primeiro da criação, o dia em que Deus começou a operar sobre as trevas e a matéria; e ainda porque é o dia em que Jesus Cristo, nosso Salvador, ressuscitou dentre os mortos» (São Justino, *Apologia*, 1, 67).

São Paulo, como São Pedro antes dele, ressuscita um morto (9, 36-41). São Beda identifica nas circunstâncias deste milagre um simbolismo espiritual: «O restabelecimento do jovem tem lugar entre as palavras da pregação, de maneira que o anúncio de Paulo seja confirmado pela suavidade do prodígio e da doutrina, que seja consolidado o esforço da vigília e, no espírito de todos os assistentes, fique mais estreitamente vincada a memória do Mestre desaparecido» (*Expositio Actuum Apostolorum*, *ad loc.*).

20, 13-38. A exortação aos anciãos de Éfeso é o terceiro grande discurso do Apóstolo a ser recolhido neste livro, formando um tríptico com aquele que Paulo dirige aos judeus em Antioquia da Pisídia (13, 16ss) e com aquele que profere ante os pagãos em Atenas (17, 22ss). Constituindo uma despedida emocionada de Paulo às igrejas que fundou, o discurso evoca o da Última Ceia de Jesus (Lc 22, 21-38), com advertências acerca do futuro da Igreja, do papel do ministério e das exigências feitas aos pastores. Sublinha sobretudo a abnegação do próprio Apóstolo, que, por essa razão, pode servir de modelo a quantos o escutam; esse é o primeiro ensinamento, o que é feito por meio do exemplo: «É necessário que aqueles que governam a comunidade exercitem dignamente as atividades de direção. [...] Existe o perigo de que alguns dos que se ocupam dos outros e os dirigem para a vida eterna destruam a si mesmos sem o perceberem. Os que supervisionam têm de trabalhar mais do que os outros, de ser mais humildes que aqueles que se lhes estão subordinados, oferecendo-lhes a própria vida como exemplo de serviço e considerando os súditos como um depósito que Deus lhes confiou» (São Gregório de Nissa, *De instituto christiano*).

O discurso está dividido em duas partes. A primeira (vv. 18-27) contém um breve resumo da vida abnegada de Paulo em Éfeso, à frente da Igreja que tinha estabelecido, assim como dos difíceis acontecimentos que pressente que encontrará em breve. Duas seções paralelas (vv. 18-21.26-27) enquadram uma passagem central (vv. 22-25). Na raiz da sua doutrina está a certeza do Apóstolo de que Deus dirige os seus passos e vela paternalmente por ele; mas a esta convicção está unida uma incerteza sobre o futuro que é própria da condição humana: «A graça não operava sozinha; respeitava os homens na sua ação própria, movia-os, despertava-os e não fazia desaparecer por completo as suas inquietações» (São João Crisóstomo, *In Acta Apostolorum*, 37). Paulo conseguiu amar a Cristo até o desprezo de si mesmo, de modo que a única coisa que lhe importa na vida é ter a possibilidade de cumprir a tarefa de que Deus o encarregou (cf. 2 Cor 4, 7; Fl 1, 19-26; Cl 1, 24). O Apóstolo concebe a santidade como uma corrida ininterrupta, cheia de amor e de obras, até o encontro com o Senhor (v. 24); foi este o ideal de perfeição transmitido – na sequência do exemplo estabelecido por Paulo – pelos Padres da Igreja. Assim, por exemplo, São Gregório de Nissa escreve: «No que diz respeito à virtude, aprendemos com o próprio Apóstolo que a sua perfeição tem como único limite não ter limites. Esse grande homem de elevado espírito, esse Apóstolo divino, não deixa nunca, ao percorrer a via da virtude, de se "lançar para o que vem à frente" (Fl 3, 13). Parece-lhe perigoso parar; mas por quê? Porque todo o bem, pela sua natureza própria, carece de limites, só estando limitado pelo encontro com o seu contrário: a vida pela morte, a luz pela escuridão e, em geral, qualquer bem pelo seu oposto. Tal como o fim da vida é o começo da morte, assim também deixar de correr no caminho da virtude é começar a fazê-lo no caminho do vício» (*De vita Mosis*, 1, 5).

Na segunda parte do discurso (vv. 28-35), o Apóstolo fala apaixonadamente sobre a missão e a tarefa dos anciãos, fazendo duas séries de recomendações (vv. 28-31 e 33-35), também elas reunidas em torno de um versículo que funciona como eixo (v. 32): «Não é conveniente que os homens cristãos, atentos ao esforço humano, considerem que a coroa depende inteiramente das suas lutas; pelo contrário, é necessário que refiram à vontade de Deus as suas esperanças no prêmio» (São Gregório de Nissa, *De instituto christiano*).

***21, 1-28, 31.** Com a chegada a Jerusalém, tem início a última parte do livro, na qual se descreve o cativeiro do Apóstolo; este será, a partir de agora e de acordo com o anúncio do Senhor (23, 11), prisioneiro e testemunha de Cristo e do Evangelho. A viagem até Roma, como prisioneiro, é narrada com pormenores. Chegado à urbe, o caminho do Evangelho fica aberto a todo o mundo.

***21, 1-23, 21.** Desta última estadia de Paulo em Jerusalém, Lucas recorda o acolhimento alegre por parte dos cristãos (21, 17), mas também o ódio com que alguns judeus o perseguiram (21, 27-28). Paulo aproveita as circunstâncias adversas para proceder a uma apologia da sua atuação, que é também uma apologia do Evangelho (22, 1-21). O ataque dos acusadores poderá conduzi-lo à morte, mas tudo é providência do Senhor, que o destinou a levar o Evangelho aos gentios e a Roma (22, 21; 23, 11).

21, 1-14. São Paulo avança com determinação para Jerusalém, como fez Jesus, ciente do que vai acontecer na cidade. As palavras e as advertências do Espírito Santo (vv. 4.11; cf. 20, 23) reforçam nele a prontidão para aceitar a vontade divina e suportar as dificuldades que lhe são anunciadas (v. 13; cf. 20, 23-24). A serenidade do Apóstolo contrasta com a perturbação dos que o rodeiam, a qual se compreende pelo afeto que lhe dedicam; uma longa vida de entrega e esquecimento de si tornou possível a calma sobrenatural nos momentos decisivos: «A aceitação rendida da Vontade de Deus traz necessariamente a alegria e a paz: a felicidade na Cruz. – Então se vê que o jugo de Cristo é suave e que o seu fardo não é pesado» (Josemaria Escrivá, *Caminho*, n. 758).

O exemplo de Paulo consegue impressionar os discípulos, levando-os a aceitar o que Deus tiver disposto, com uma expressão que recorda as palavras de Jesus no Getsêmani (v. 14; cf. Lc 22, 42): «Consiste tudo, ou grande parte, em perder o cuidado de nós mesmos e das nossas comodidades, pois quem de verdade começa a servir o Senhor o menos que Lhe pode oferecer é a vida» (Santa Teresa de Jesus, *Caminho de perfeição*, 12, 2).

21, 15-26. Paulo e os seus acompanhantes são recebidos por Tiago – provavelmente o parente do Senhor –, que era então o chefe da Igreja de Jerusalém (cf. 12, 17; 15, 13; 1 Cor 15, 7; Gl 1, 19), e pelos anciãos que o assistem no governo e na atenção espiritual à comunidade (v. 18). Como Lucas costuma distinguir os anciãos dos Apóstolos, é de supor que os outros Apóstolos – incluindo Pedro – tivessem deixado a Cidade Santa. Os que dirigiam a Igreja de Jerusalém alegram-se com o êxito do apostolado de Paulo (v. 20), mas também têm consciência dos rumores que circulam acerca do seu trabalho (v. 21) – rumores que têm base factual, porque o Apóstolo considera a Lei mosaica secundária com vista à salvação e não atribui caráter necessário à circuncisão (cf. Rm 2, 25-29; Gl 4, 9; 5, 11). Mas a acusação que estes rumores encerram é injusta: Paulo nunca exortou os cristãos de origem judaica a omitirem a circuncisão dos seus filhos e chegou até a circuncidar Timóteo (cf. 16, 3); por outro lado, em Corinto, defendeu que as mulheres usassem véu nas funções de culto, segundo o costume judaico (cf. 1 Cor 11, 2-16) etc. «Paulo não era caluniado pelos que compreendiam o espírito com que estes costumes deviam ser mantidos pelos fiéis judeus, isto é, como homenagem à autoridade divina e à santidade profética dos mesmos sinais, e não para alcançar a salvação, que tinha sido revelada com Cristo e era administrada mediante o sacramento do batismo. Os que o caluniavam eram aqueles que queriam observar estas práticas como se fora delas não houvesse salvação para os que acreditavam no Evangelho» (São Beda, *Expositio Actuum Apostolorum*, *ad loc.*).

No entanto, como medida de prudência (vv. 23-24), os cristãos de Jerusalém aconselham Paulo a dar um sinal público de respeito pela Lei e pelas tradições: o custeio das despesas dos votos feitos por quatro homens, unindo-se a eles. O texto não explica que votos eram, mas parecem estar relacionados com o voto de nazir (cf. 18, 18; Nm 6, 1-21). O v. 25 é desconcertante, porque ficou dito atrás que foram precisamente Paulo e Barnabé que levaram esta carta às igrejas (cf. 16, 4); mas talvez Tiago se refira aos gentios não evangelizados por Paulo.

O v. 18 é o último em que é usada a primeira pessoa do plural, que só é retomada quando do relato da viagem até Roma (27, 1).

21, 27-40. Um grupo de judeus que tinha ido da província romana da Ásia (v. 27), provavelmente de Éfeso (cf. v. 29), para a festa de Pentecostes (cf. 20, 16) amotina a multidão contra Paulo, acusando-o – falsamente – de profanar o Templo por ter introduzido nele um grupo de pagãos. A lei judaica punia com a pena de morte qualquer gentio que passasse o pequeno muro que separava o átrio dos gentios dos átrios interiores; porém, e como se afirma no texto (v. 29), Paulo não tinha introduzido Trófimo no Templo. Em termos gerais, as acusações que fazem contra o Apóstolo (v. 28) são muito semelhantes às que tinham sido feitas contra o Senhor (cf. Mt 26, 61; 27, 40) e contra Estêvão (cf. 6, 11-14).

A intervenção dos soldados romanos livra Paulo de uma morte certa (vv. 31-36). O egípcio (v. 38) também é referido pelo historiador judeu Flávio Josefo (*De bello iudaico*, 2, 261-263). Os sicários tinham este nome por usarem um punhal (*sica* em latim); ao lado dos zelotas, seriam, alguns anos mais tarde, os combatentes mais violentos na guerra contra Roma. O Apóstolo confia, uma vez mais, na palavra cheia de força de Deus, não se conformando com censuras nem com silêncios (vv. 39-40), porque sabe que «a verdade não se prega com espadas e com lanças, nem por meio de soldados, mas através da persuasão e do conselho» (Santo Atanásio, *Historia arianorum*, 33).

Com o episódio da prisão de Paulo, tem início um novo momento do relato, que Lucas descreverá com pormenor: a prisão do Apóstolo (21, 33-22, 29), o seu julgamento em Jerusalém e em Cesareia (caps. 23-26) e a viagem para Roma (27, 1-28, 16), a fim de comparecer perante o tribunal imperial. A partir deste momento, Paulo deixará de ser o missionário e fundador infatigável de igrejas para se tornar uma testemunha aprisionada do Evangelho; mas a tarefa de anunciar Cristo prossegue nessas novas circunstâncias.

22, 1-21. Lucas refere o discurso de Paulo aos judeus de Jerusalém: é a primeira das suas três defesas pessoais (cf. 24, 10-21; 26, 1-23), em que o Apóstolo procura mostrar que o cristianismo não merece a hostilidade judaica nem os receios romanos. Paulo apresenta-se aos seus ouvintes como o que é: um judeu cheio de respeito pelo seu povo e pelas tradições sagradas do mesmo, que deseja vivamente que os seus irmãos de raça compreendam que se tornou discípulo de Jesus por ter motivos decisivos e irresistíveis para tal: «Muitos aderiram ao cristianismo como que contra a vontade, pois certo espírito, aparecendo-lhes em sonhos ou acordados, mudou-lhes subitamente a razão, e, de odiarem o Verbo, passaram a morrer por Ele» (Orígenes, *Contra Celsum*, 1, 46).

O discurso não é, contudo, uma apologia propriamente dita; a sua intenção principal não é responder às acusações de sacrilégio, mas aproveitar a ocasião para dar testemunho de Jesus, cuja doutrina legitima as atitudes do Apóstolo. As palavras de Paulo são, na realidade, um apelo aos ouvintes para que ouçam a voz do Senhor e lhe obedeçam.

Neste relato da sua vocação no caminho de Damasco, encontramos algumas peculiaridades com relação aos outros dois relatos (9, 3-19; 26, 9-18). Assim, por exemplo, Paulo especifica que a visão teve lugar ao meio-dia e que Jesus disse sobre Si próprio que era «de Nazaré». Seja como for, o mais significativo é que o Apóstolo recorda o seu regresso a Jerusalém – três anos depois da sua conversão (cf. Gl 1, 18) – e menciona expressamente o seu costume de orar no Templo; e fala de um êxtase e de uma visão que teve de Jesus (vv. 17-21), que o encarregou de uma missão junto dos gentios. É significativo que a visão do Senhor não tenha por fim consolar, mas encomendar um empreendimento: «Sempre temos visto que aqueles que mais de perto acompanhavam a Cristo Nosso Senhor foram os que tiveram maiores trabalhos: vejamos os que passaram sua gloriosa Mãe e os gloriosos Apóstolos. Como pensais que poderia São Paulo sofrer trabalhos tão grandes? Por ele podemos ver que efeitos fazem as verdadeiras visões e a contemplação, quando são de Nosso Senhor e não imaginação ou engano do demônio. Porventura se escondeu com tais mercês, para gozar daqueles regalos e não atender a outra coisa? Já vedes que não teve dia de descanso, ao que podemos entender; e tampouco o deverá ter tido de noite, pois nela ganhava o que havia de comer» (Santa Teresa de Jesus, *Moradas*, 7, 4, 5).

22, 22-29. A prática judicial romana previa a aplicação de açoites como meio para obter confissões de suspeitos e de escravos. Dado que Paulo faz valer a sua condição de cidadão romano – tal como fizera em Filipos (cf. 16, 37), embora neste caso se antecipe às intenções dos seus captores e evite a flagelação –, é possível que o tribuno tivesse convocado o Sinédrio (22, 30) com o simples objetivo de se informar dos motivos da acusação contra o Apóstolo.

22, 30-23, 11. Ao longo dos *Atos*, Lucas compraz-se, em várias ocasiões, em mostrar que o comportamento de Paulo e as coisas que lhe acontecem têm, de certo modo, um paralelismo com o que aconteceu a Jesus. A propósito desta acusação ante o Sinédrio, recorda que Paulo, tal como Jesus (cf. Jo 18, 22), recebeu uma bofetada por ordem do sumo sacerdote por dizer a verdade (v. 2). Este sumo sacerdote, Ananias, não deve ser confundido com Anás (4, 6). Ananias foi nomeado para o cargo em 47, destituído em 58 e assassinado em 66 por um grupo de judeus que se opunham a Roma; Flávio Josefo afirma que tinha um temperamento colérico e insolente (*Antiquitates iudaicae*, 20, 199).

No entanto, a partir desse momento, os dois processos assumem um caráter diferente: Jesus não contestou as acusações que Lhe eram feitas; Paulo, pelo contrário, introduz um tema polêmico (v. 6) entre os membros do tribunal, o que lhe permite sair ileso, porque Deus lhe tem reservada outra missão: dar testemunho do Evangelho em Roma (v. 11).

23, 12-21. Cegos pelo seu fanatismo, alguns judeus fazem o juramento solene de matar Paulo, «mas não há sabedoria, prudência nem conselho que se oponha a Deus [...]. E, ainda que estes façam planos e juramentos e tramem insídias, o Apóstolo será protegido para que, como já se disse, dê testemunho de Cristo em Roma» (São Beda, *Expositio Actuum Apostolorum, ad loc.*). Noutras ocasiões, os Apóstolos são libertados da prisão de forma extraordinária; neste caso, Deus serve-Se de meios humanos, como é o caso das relações familiares, para fazer com que Paulo cumpra o projeto para o qual foi destinado. Tanto um como o outro procedimento têm por base a providência divina.

Não temos mais nenhum dado sobre a irmã e o sobrinho

de Paulo; na *Carta aos Romanos* (16, 7.11), o Apóstolo faz referência a outros parentes seus.

***23, 22-28, 31.** Entramos na última seção do livro, onde Lucas descreve minuciosamente, quer o processo de Paulo, quer a sua viagem para Roma. Ao longo destas páginas, o leitor vai percebendo que todas as personagens que ouvem ou julgam São Paulo afirmam a sua inocência das acusações que lhe são imputadas: o cristianismo é uma religião que não se opõe aos princípios constitucionais do Império Romano.

23, 22-35. Lucas narra de forma concisa o julgamento de Paulo segundo o direito romano. As informações que registra, tanto do processo judicial como das personagens que nele intervêm – Félix, Festo etc. –, estão de acordo com o que sabemos sobre esta época através dos documentos profanos.

Félix era procurador ou prefeito da Judeia desde 52; tratava-se de um liberto que, excepcionalmente, tinha alcançado um cargo elevado, mas que, em frase de Tácito, «exercia o poder de rei com mentalidade de escravo» (*Historiae*, 5, 9). Dissolveu várias revoltas, mas a dureza excessiva na repressão dos revoltosos levou à sua substituição em 60 (cf. 24, 27). A carta do tribuno Cláudio Lísias (vv. 25-30) é o único documento epistolar profano contido no Novo Testamento. Antipátrida ficava a meio caminho entre Jerusalém e Cesareia. Félix atua em conformidade com o direito romano; podia ter remetido o caso para o legado da província da Síria, à qual pertencia na altura a região da Cilícia, pátria de Paulo, mas preferiu retê-lo.

O pretório de Herodes (v. 35) era um palácio construído por Herodes, o Grande, em Cesareia Marítima, que foi posteriormente utilizado como residência do prefeito romano da Judeia.

24, 1-27. Enviado para Cesareia pelo tribuno Lísias, Paulo submete-se à jurisdição romana. Os judeus não conseguirão que ele seja julgado pelo Sinédrio; a causa do Apóstolo seguirá o procedimento romano denominado cognição extraordinária, que foi alargado ao âmbito penal e que acabou por substituir definitivamente o procedimento dos tribunais permanentes (*quaestiones perpetuae*) no século II d.C. A principal característica que distinguia esta cognição extraordinária do procedimento anterior dos tribunais permanentes era o fato de a atividade de cognição ser realizada pelo Imperador ou, em seu nome, por um magistrado ou um funcionário imperial, assistido por um conselho. Outra diferença consistia na circunstância de este novo procedimento assentar no princípio inquisitivo, e não no princípio acusatório típico do anterior, o que concedia ao magistrado ampla liberdade para orientar ou ajuizar a causa; podia mesmo alterar a pena em razão da maior ou menor gravidade do caso.

Os capítulos 24 e 25 dos *Atos dos Apóstolos* são, na verdade, uma fonte importante para o conhecimento da aplicação da cognição extraordinária a causas criminais, dado que registram com grande precisão os diversos passos processuais dela. Com efeito, informam-nos da denúncia dos judeus contra Paulo (cf. 23, 35; 24, 1); utilizam o vocabulário técnico adequado para referir a audiência do caso realizada pelo juiz no tribunal (cf. 25, 6-7); mencionam o conselho que assiste ao magistrado (cf. 25, 12); descrevem com algum pormenor as alegações; e mostram que os magistrados Félix e Festo tinham poder discricionário na condução da causa e na apreciação dos fatos.

No seu discurso de defesa (vv. 10-21), São Paulo mostra (vv. 14-16) que o cristianismo não pode ser entendido como uma simples seita do judaísmo; e proclama a legitimidade das suas obras, que de maneira nenhuma atentam contra a autoridade civil: «Os cristãos não são inimigos de ninguém, e muito menos do Imperador. Com efeito, sabem que foi o próprio Deus que o constituiu no cargo, razão pela qual não podem deixar de o amar, de o respeitar, de o honrar e de desejar vê-lo salvo, juntamente com todo o Império, até o final dos tempos» (Tertuliano, *Liber ad Scapulum*, 2).

A seguir (vv. 24-27), é narrada a comparência de Paulo diante de Félix e Drusila (v. 24), que era filha de Herodes Agripa (cf. 12, 1ss) e tinha abandonado o marido legítimo para se unir ao procurador romano. É admirável a valentia com que Paulo fala de justiça, de continência e do julgamento futuro (v. 25) perante este casal que vivia em regime de concubinato: «Observai como, admitido a colóquio com o governador, Paulo não lhe diz nada que lhe permita conseguir uma sentença branda, antes lhe dirige palavras que o assustam e lhe perturbam os pensamentos» (São João Crisóstomo, *In Acta Apostolorum*, 51). Félix (v. 26) esperava talvez que Paulo lhe desse algo do dinheiro da coleta que levava para Jerusalém e a que fizera referência no seu discurso de defesa (v. 17).

25, 1-12. A venalidade de Félix ficou manifesta anteriormente (cf. 24, 26-27); agora, o processo avança com o sucessor, Pórcio Festo. As fontes profanas indicam que Festo governou bem durante os dois ou três anos em que ocupou o cargo de governador da Judeia, até morrer, em 62; a imparcialidade de Festo é, aliás, sugerida no texto. O governador considerava inadequado ceder ao tribunal judaico a jurisdição sobre o réu; mas a prudência política sugeria-lhe que tivesse parcialmente em conta as solicitações dos acusadores e concedesse ao Sinédrio uma participação no processo. Além disso, Festo tinha a possibilidade de nomear o Sinédrio como *consilium*; é este o sentido do convite que endereça a Paulo para que aceite ser julgado em Jerusalém (v. 9).

Na realidade, esta pergunta do governador é retórica, pois serve apenas para informar o acusado de uma decisão que já estava tomada. Paulo compreende a intenção de Festo e apela para César, a fim de evitar um julgamento em condições desfavoráveis. O direito de um cidadão romano apelar (*provocare*) para aquele que detinha a majestade quando considerava que um magistrado utilizara abusivamente ou de forma arbitrária o seu poder coercivo é um elemento crucial da mentalidade romana e era tido como uma garantia e uma expressão de liberdade política. Este direito não deve ser confundido com o direito de recurso ou impugnação de sentenças, tecnicamente designado *apellatio*, dado que Paulo ainda não tinha sido condenado.

Estes procedimentos legais, previstos pela providência, cooperam para que Paulo cumpra a missão que Deus lhe reservou e que o Senhor lhe tinha anunciado (cf. 23, 11): «Apela para César e corre para Roma, para insistir na pregação mais algum tempo, a fim de poder chegar junto de Cristo coroado com os muitos que virão a crer agora, e com todos os outros» (São Beda, *Expositio Actuum Apostolorum*, *ad loc.*).

25, 13-27. Herodes Agripa II era filho de Herodes Agripa I (cf. nota a 12, 1-19) e, portanto, bisneto de Herodes, o Grande. Nascera em 27 e, tal como o pai, tinha alcançado o favor de Roma e recebido vários territórios do norte da Palestina, que lhe permitiam governar com o título de rei. Berenice era sua irmã.

As palavras de Festo, nas duas ocasiões em que se dirige ao rei (vv. 14-21.24-27), mostram que nenhuma das acusações que são feitas contra Paulo tem qualquer fundamento. A resposta de Agripa (v. 22) recorda, de certa maneira, o desejo de ver Jesus, expresso pelo meio-irmão de seu avô, Herodes Antipas (cf. Lc 9, 9; 23, 8). Os comentadores não deixaram de notar a ação da providência em todo este processo: «A conversa com o governador faz nascer no coração de Agripa um vivo desejo de ouvir Paulo, e Festo concede-lho. [...] Tal é o efeito de todas as maquinações urdidas contra ele, sem as quais nenhum juiz se teria dignado ouvir tais coisas e ninguém o teria escutado com tão grande calma e tão profundo silêncio» (São João Crisóstomo, *In Acta Apostolorum*, 51, 4).

26, 1-23. No discurso perante Agripa, Paulo narra outra vez as circunstâncias da sua vocação. O chamamento e a missão do Apóstolo (vv. 16-18) são descritos de modo semelhante à vocação dos profetas de Israel (cf. Ex 2, 1; Is 42, 6ss): Deus dá a conhecer o seu desígnio com majestade, sob a forma de um pedido incomparável, que altera radicalmente a existência do escolhido. Mas esta descrição tem um matiz próprio, uma vez que São Paulo é «testemunha» (v. 16), como o eram os onze Apóstolos (cf. 1, 8.22; 3, 15 etc.).

Na segunda parte do discurso (vv. 19-23), Paulo expõe os motivos do seu comportamento, afirmando aos seus ouvintes que não abraçou o cristianismo às cegas, mas fundado numa convicção profunda e razoável; e explica a alteração interior que sofreu, em docilidade e obediência à voz divina que lhe falou (v. 19). O que aconteceu a Paulo repete-se de formas diferentes – geralmente com menos intensidade e menos dramatismo – na vida de cada homem: há momentos específicos em que Deus nos chama e nos convida a uma nova conversão, que nos permita sair do pecado e da tibieza; nessa altura, é preciso saber ouvir tal chamamento e obedecer-lhe. «Precisamos deixar que o Senhor se meta nas nossas vidas e que entre confiadamente, sem encontrar obstáculos nem recantos obscuros. Nós, os homens, tendemos a *defender-nos*, a apegar-nos ao nosso egoísmo. Sempre tentamos ser reis, nem que seja do reino da nossa miséria. Devemos compreender, através desta consideração, o motivo pelo qual temos necessidade de recorrer a Jesus: é para que Ele nos torne verdadeiramente livres, e dessa forma possamos servir a Deus e a todos os homens» (Josemaria Escrivá, *É Cristo que passa*, n. 17).

Neste relato, fica igualmente expressa a diligência com que Paulo procurou corresponder à graça que lhe foi outorgada (cf. v. 22). Desse modo, o comportamento do Apóstolo torna-se um exemplo para todos os cristãos: «A graça do Espírito Santo é concedida a cada homem para que ele faça aumentar e incrementar o que recebeu» (São Gregório de Nissa, *De instituto christiano*). Idêntico pensamento exprime Santa Teresa de Jesus: «É mister haurir daqui forças de novo para servir e procurar não ser ingrato, porque com essa condição as dá o Senhor; se não usamos bem o tesouro e o alto estado em que nos põe, Ele no-lo tornará a tirar e ficaremos muito mais pobres; e Sua Majestade dará as joias a quem com elas brilhe e aproveite, a si e aos outros» (*Vida*, 10, 6).

26, 24-32. Festo, perplexo, considera que as palavras de Paulo são um desvario. Embora pareça ter certa simpatia pelo Apóstolo, não o compreende; é a sabedoria divina, que tantas vezes parece loucura aos olhos humanos (cf. 1 Cor 2, 6-16): «Considerava uma loucura que um homem acorrentado não falasse das calúnias que o fustigavam vindas de fora, mas das convicções que o iluminavam por dentro» (São Beda, *Expositio Actuum Apostolorum, ad loc.*).

O empenhamento apostólico de Paulo, que se torna evidente neste episódio, não deixou de incendiar de zelo aqueles que o leram: «Admiremos [...] o comportamento de São Paulo: preso por divulgar os ensinamentos de Cristo, não desaproveita ocasião alguma para difundir o Evangelho. [...] O Apóstolo não se cala, não oculta a sua fé nem a propaganda apostólica que provocara o ódio dos seus perseguidores; continua a anunciar a salvação a toda a gente. [...] Donde tirava São Paulo essa força? *Omnia possum in eo qui me confortat* (Fl 4, 13), tudo posso nAquele que me conforta! Tudo posso, porque só Deus me dá esta fé, esta esperança, esta caridade» (Josemaria Escrivá, *Amigos de Deus*, nn. 270-271).

No final (vv. 30-32), Paulo é novamente declarado inocente por estes juízes imparciais. No entanto, proferir uma sentença formal de inocência e libertá-lo depois de Paulo ter apelado para César teria sido uma ofensa tanto para os judeus como para o Imperador.

27, 1-44. O relato da viagem marítima de São Paulo (27, 1-28, 16) foi considerado, pela precisão da linguagem utilizada e a exatidão dos pormenores, um documento de primeira categoria para o conhecimento da náutica antiga. O conteúdo expressivo e a utilização, até o final do livro, da primeira pessoa do plural indicam que estamos perante as memórias, e talvez as anotações, de uma testemunha presencial que acompanhou o Apóstolo na singradura. O navio alexandrino em que embarcaram (v. 6) devia ser dos que transportavam trigo do Egito para Roma; tratava-se de embarcações amplas e pesadas, com mastros e ponte na coberta, bem como escotilhas de descida para o porão, onde os passageiros se refugiavam quando havia mau tempo. Na época, a navegação em alto-mar era considerada insegura a partir de meados de setembro, ficando suspensa entre o princípio de novembro e março. O «jejum» (v. 9) corresponde ao grande dia da expiação (cf. Lv 16, 29-31), que, em 60, deve ter calhado no fim de outubro. Por esta altura, Paulo já tinha sofrido três naufrágios (cf. 2 Cor 11, 25), tendo por isso grande experiência sobre os riscos que corriam; mas a maioria dos seus companheiros de viagem (v. 12) tinha a esperança de conseguir alcançar um porto mais adequado para passarem o inverno.

O relato salienta a especial providência de Deus com Paulo (vv. 24.44) e a solícita preocupação do Apóstolo com os outros presentes (vv. 34-36), nem sempre correspondida (v. 42). Estas circunstâncias foram interpretadas, na Tradição da Igreja, em termos espirituais, com uma aplicação à vida dos fiéis: «Por que foi que Deus não salvou o navio do naufrágio? Para que os ocupantes entendessem melhor a gravidade do perigo e que a sua salvação não era uma consequência de um auxílio humano, mas do braço de Deus, que lhes tinha conservado a vida depois do afundamento do barco. Assim, os justos encontram-se bem nas tormentas e nas tempestades, em alto-mar ou num golfo revolto, porque estão ao abrigo de tudo, e até são eles os salvadores dos outros. Num navio que corria o risco de ser engolido pelas ondas, os prisioneiros acorrentados e toda a tripulação passam a dever a sua salvação à presença de Paulo. Aprende as vantagens de viver na companhia de uma pessoa piedosa e santa. Podemos ser atingidos por tempestades interiores frequentes e funestas; Deus pode libertar-nos delas se formos tão inteligentes como os marinheiros e dermos atenção aos conselhos dos santos [...]. Mesmo que estejamos no meio de uma tempestade, seremos libertados de todos os perigos; ainda que tivéssemos jejuado durante catorze dias, continuaríamos vivos; embora caiamos nas trevas e na escuridão, se acreditarmos nele, seremos libertados» (São João

Crisóstomo, *In Acta Apostolorum*, 53, 4-5).

28, 1-10. Este episódio contrasta o caráter humanitário dos nativos com a superstição que lhes orienta as reações (v. 46). Contudo, aquilo que se relata acerca de São Paulo é o cumprimento das promessas do Senhor: «Eis os milagres que acompanharão os que crerem: expulsarão os demônios em meu nome, falarão novas línguas, manusearão serpentes e, se beberem alguma coisa mortífera, não lhes fará mal; imporão as mãos sobre os enfermos e serão curados» (Mc 16, 17-18).

28, 11-16. Siracusa (v. 12) era a principal cidade da Sicília. Partindo daí, contornaram a costa oriental da ilha e atravessaram o estreito de Messina, chegando a Régio, onde fizeram uma escala de um dia. Por fim, desembarcaram em Putéolos, que era o principal porto do golfo de Nápoles (v. 13). Foro de Ápio e Três Tabernas ficavam a 69 e 53 km de Roma, respectivamente; eram povoações localizadas na Via Ápia, que ligava a urbe ao sul. Não temos informações acerca da comunidade cristã de Roma neste período, nem conhecemos as circunstâncias de sua fundação. Segundo a tradição, foi fundada por São Pedro, o que não obsta a que já houvesse cristãos em Roma (cf. 18, 2) antes da chegada do Apóstolo à cidade; seriam talvez alguns dos «vindos de Roma» (2, 10) que se encontravam em Jerusalém no dia de Pentecostes, quando o Espírito Santo desceu sobre a comunidade apostólica.

O texto (vv. 14-16) fala-nos do ambiente de fraternidade humana e sobrenatural que reinava entre os cristãos. O afeto sincero dos seus irmãos em Cristo deve ter alegrado imensamente o coração de Paulo e contribuído para lhe proporcionar um descanso que lhe tinha sido negado nos últimos meses: «O principal apostolado que nós, os cristãos, temos de realizar no mundo, o melhor testemunho de fé, é contribuir para que dentro da Igreja se respire o clima da autêntica caridade. Quando não nos amamos de verdade, quando há ataques, calúnias e rixas, quem se sentirá atraído pelos que se apresentam como mensageiros da Boa-nova do Evangelho?» (Josemaria Escrivá, *Amigos de Deus*, n. 226).

28, 17-28. Paulo deve ter chegado a Roma em 61. O Apóstolo foi autorizado a ocupar um alojamento próprio, usufruindo portanto da chamada *custodia militaris* – um regime de prisão preventiva anterior ao julgamento –, que apenas exigia que estivesse permanentemente vigiado por um militar. Fiel ao seu costume missionário, Paulo dirige-se imediatamente aos judeus de Roma, e o resultado da sua pregação é o mesmo que noutras ocasiões (v. 24; cf. 13, 36; 18, 6); por isso, confrontado com a rejeição de muitos judeus, declara-se livre da obrigação que impusera a si próprio de anunciar o Evangelho primeiramente aos hebreus (v. 28). As suas palavras sugerem que os cristãos compreenderam o sentido das promessas feitas por Deus ao povo eleito e que eles são efetivamente o verdadeiro Israel. Os discípulos de Cristo não abandonaram a Lei; pelo contrário, foram os judeus que não reconheceram o caminho pelo qual são a nação eleita: «Nós somos o povo de Israel verdadeiro e espiritual, a raça de Judá e de Jacó, de Isaac e de Abraão, o que foi por Deus escolhido quando ainda era incircunciso, o que foi abençoado e chamado pai de muitas nações» (São Justino, *Dialogus cum Tryphone*, 11, 5).

28, 30-31. O final aparentemente abrupto do livro evidencia que se cumpriu a promessa feita pelo Senhor aos seus Apóstolos, de que seriam suas testemunhas até os confins da terra (1, 8). Para exprimir a atitude de São Paulo no seu trabalho de evangelização, Lucas (v. 31) utiliza uma bela palavra, tipicamente cristã: «"*parrêsía*", simplicidade sem desvio, confiança filial, segurança alegre, ousadia humilde, certeza de ser amado» (*Catecismo da Igreja Católica*, n. 2778).

«Dois anos inteiros permaneceu Paulo num aposento que alugara» (v. 30): não é claro se o narrador se refere, como em 24, 27, ao prazo máximo previsto pelo direito romano para aguardar julgamento; nem sabemos exatamente o que foi que aconteceu ao fim dos dois anos. Seja como for, Paulo acabou por ser libertado, mas São Lucas considera que termina aqui a tarefa que Deus lhe inspirou ao empreender a redação deste livro. Comenta São João Crisóstomo: «Se me perguntarem por que foi que São Lucas, que permaneceu com o Apóstolo até o seu martírio, não prolongou o seu relato até esse momento, responderei que o livro dos *Atos*, tal como o possuímos, cumpre na perfeição o propósito do seu autor, porque os evangelistas só se propuseram escrever o essencial» (*In Acta Apostolorum*, 1).

CARTAS

CARTA AOS ROMANOS

INTRODUÇÃO

A *Carta aos Romanos*, mais longa epístola de São Paulo, é também considerada, em geral, a mais importante. Nela, o apóstolo expõe alguns pontos capitais da doutrina acerca da obra redentora de Cristo e da vida cristã; aprofunda e amplia o que ficou dito na *Carta aos Gálatas*; e apresenta de forma mais sistemática, quer a ação de Jesus Cristo Salvador no que crê, quer as consequências da mesma. Os manuscritos do epistolário paulino, do papiro mais antigo (século II) aos códices da Idade Média tardia (séculos XIV-XV), colocam-na em primeiro lugar; este fato – que não corresponde à ordem cronológica – reflete a circunstância de a missiva em apreço ser considerada, desde os tempos antigos, a obra-mestra do apóstolo. Trata-se de uma carta, ou epístola, em forma de tratado, centrada na salvação trazida por Cristo – salvação essa que é puro dom de Deus, alcançada por meio da fé e não por via do cumprimento das prescrições da Lei de Moisés.

Quer na *Vulgata* latina, quer na *Neovulgata*, a *Carta aos Romanos* aparece imediatamente a seguir aos *Atos* – o livro que encerra a série dos livros históricos – e inaugura a série dos livros de gênero epistolar. Esta carta constitui um momento alto da Revelação divina que chegou até nós por meio do apóstolo; as restantes cartas do Novo

Testamento proporcionam ao leitor a possibilidade de aprofundar alguns aspectos da doutrina contida na *Carta aos Romanos*.

I. ESTRUTURA E CONTEÚDO

Embora goze de unidade interna, a carta pode ser dividida em quatro partes: prólogo (1, 1-17), uma parte doutrinal (1, 18-11, 36), uma parte de caráter moral ou exortativo (12, 1-15, 3) e a despedida, que é particularmente longa (15, 14-16, 27).

Na saudação (1, 1-17), São Paulo apresenta-se como servidor de Jesus Cristo. Na parte doutrinal (1, 18-11, 36), começa por descrever o panorama geral da humanidade por redimir, afastada de Deus e privada da sua amizade após a queda de Adão (1, 18-3, 31): ao contemplar a degradação moral dos gentios (1, 18-32), bem como os pecados dos judeus (2, 1-29), exprime a absoluta necessidade da redenção operada por Cristo para se alcançar o perdão e a graça de Deus (3, 1-31). Esta primeira exposição doutrinal tem fim com a evocação de Abraão, que foi justificado pela fé antes da Lei (4, 1-25). Segue-se a consideração daquilo que se opõe à justificação (5, 1-7, 25), exposição que se encerra com a enunciação de quatro conceitos: o que se opõe à justificação é o pecado e a morte (5, 12-21), a carne e a Lei (7, 1-25). A humanidade caída, submetida a essas quatro forças, só poderá libertar-se delas por obra da redenção levada a cabo por Cristo Jesus. A salvação provém exclusivamente de Deus, por meio de Jesus Cristo, Nosso Senhor, e temos de aderir a ela pela fé, que é um dom gratuito de Deus, e não um efeito das obras. Porém, uma vez alcançada a fé – mediante o batismo, que enxerta o cristão em Cristo (6, 1-23) –, os cristãos podem e devem fazer o bem, com a graça do Espírito Santo que habita neles e completa a obra da justificação realizada por Cristo, tornando-os santos e filhos adotivos do Pai (8, 1-39). Deste modo, passam do estado de inimizade com Deus para o de amizade, do estado de irredenção para o estado de graça, da condenação antiga para a situação de nova criatura, aberta à esperança da glória dos filhos de Deus. Numa nova seção (9, 1-11, 36), São Paulo procede a uma prolongada consideração da infidelidade do povo de Israel (9, 1-10, 21), a que se segue a eleição de um novo povo e a conversão final de um resto de Israel (11, 1-32). A parte doutrinal termina com um hino à sabedoria de Deus e uma doxologia (11, 33-36).

Na segunda parte da carta (12, 1-15, 13), Paulo aplica a doutrina anteriormente exposta à vida e ao comportamento do cristão; surgem pois, como consequência, as exigências morais da fé e da vida no Espírito (12, 1-13, 14), bem como os conselhos práticos para o comportamento no meio do mundo ainda irredimido, mas ao qual o cristão tem de levar a salvação (14, 1-15, 13).

O epílogo da carta (15, 14-16, 24) inclui duas seções: na primeira, São Paulo comunica os seus planos de viagens (15, 15-33); na segunda, despede-se afetuosamente de muitos cristãos, homens e mulheres, da comunidade de Roma (16, 1-24). A carta se encerra com uma doxologia solene (16, 25-27).

II. RAZÃO DE SER DA CARTA

A *Carta aos Romanos* pertence ao grupo das cartas que todos os comentadores consideram ser efetivamente de São Paulo e faz parte do conjunto das chamadas grandes cartas (*Carta aos Gálatas*, *Primeira* e *Segunda Carta aos Coríntios*, *Carta aos Romanos*), que constituem a substância da teologia do apóstolo.

Durante a sua terceira viagem apostólica (que abarcou os anos 53 a 58), São Paulo escreveu aos gálatas a partir de Éfeso e deu início à sua correspondência com a comunidade de Corinto. As duas missivas enviadas aos coríntios, escritas no meio de várias contrariedades, deram os seus frutos: no final, a comunidade gozava de saúde e de fervor espirituais. As notícias provenientes das outras igrejas fundadas pelo apóstolo indicavam que tudo corria bem, com a graça do Espírito; a sua atividade na parte oriental do Império Romano já tinha alcançado frutos estáveis: o Evangelho de Cristo fora pregado desde Jerusalém até as regiões da Ilíria, ou seja, até a margem oriental do Adriático[1]. Desta forma, Paulo projeta alargar

1 Cf. Rm 15, 19.

o seu trabalho apostólico até a Hispânia[2], fazendo uma ampla escala em Roma, onde já havia um número considerável de cristãos.

A fim de preparar adequadamente a sua chegada a Roma, o apóstolo escreve, de Corinto, a *Carta aos Romanos* entre o inverno de 57 e a primavera de 58 – data proposta pela maioria dos estudiosos nas últimas décadas, embora haja uma minoria que defende que o fato se deu em 52. Que a carta foi escrita em Corinto é estabelecido pela referência à diaconisa Febe, da cidade de Cêncreas, porto de Corinto, no mar Egeu[3]; e, se Febe se preparava para seguir para Roma por via marítima, é razoável que aquelas linhas tivessem sido escritas no final do inverno ou já na primavera do último período que São Paulo passou em Corinto.

Não sabemos quando começou a existir a comunidade cristã de Roma, mas já devia ser relativamente antiga, uma vez que Paulo lhes declara que desejava «há muitos anos ir ter convosco»[4] e que «a vossa fé é celebrada em todo o mundo»[5]. Sabemos pela história geral que, à época, as comunicações da Palestina com Roma – onde havia várias sinagogas judaicas –, quer por terra, quer por mar, eram frequentes; esta circunstância permite supor que alguns cristãos de Judá e das regiões limítrofes se tivessem deslocado para a capital do Império por razões variadas,

2 Cf. Rm 15, 28.

3 Cf. Rm 16, 1.

4 Rm 15, 23.

5 Rm 1, 8.

nomeadamente comerciais. Assim sendo, é possível que a comunidade cristã de Roma, constituída de fiéis de origem judaica ou gentia, fosse mais conservadora das tradições judaicas do que as comunidades fundadas por Paulo no Oriente; provavelmente em consequência deste fato, São Paulo mostra-se, na *Carta aos Romanos*, mais cauteloso do que na *Carta aos Gálatas* a respeito do valor da Lei e de outras tradições judaicas (compare-se, por exemplo, Rm 3, 1-2 com Gl 5, 2). Outro elemento a se ter em conta é que, dentre as cartas cuja autenticidade não é discutida, a missiva aos romanos é a que mais vocabulário litúrgico contém: Cristo é comparado ao propiciatório[6]; os fiéis são exortados a oferecer os seus corpos «como hóstia viva» a Deus[7] etc. Estas passagens seriam tanto mais oportunas quanto maior conhecimento os destinatários da carta tivessem da liturgia do Templo de Jerusalém.

De todo modo, era importante para o apóstolo expor os efeitos da salvação de Cristo a estes fiéis de origens variadas, mostrando-lhes que tinha deixado de haver diferenças entre eles. Por outro lado, considerando que a sua missão nos países do Mediterrâneo oriental estava cumprida, São Paulo esperava dar início ao seu trabalho apostólico nos países do Mediterrâneo ocidental, nomeadamente na Hispânia, o *finis terrae*, e Roma seria a base mais adequada para a sua nova zona de expansão.

---

6 Cf. Rm 3, 25.

7 Rm 12, 1.

III. ENSINAMENTOS

São Paulo escreveu duas cartas sobre a salvação gratuita que Deus concedeu, por meio de Jesus Cristo, àqueles que creem nele: a *Carta aos Gálatas*, enviada no momento álgido da polêmica sobre os judaizantes; e a *Carta aos Romanos*, na qual, embora a polêmica continue presente em fundo, o apóstolo aprofunda a exposição da salvação operada por Cristo de modo sereno, cuidadosamente argumentado, com perspectivas muito mais abarcantes que as expostas na missiva aos cristãos da Galácia. Com efeito, na *Carta aos Romanos*, São Paulo detém-se a mostrar que Cristo nos libertou da Lei enquanto regime religioso e explica a profunda novidade do Evangelho e a transformação que a graça de Deus opera em quem crê, tornando-o filho de Deus em Cristo por meio do seu Espírito. Paulo fala dos privilégios de Israel – vocação, promessas, Lei, profetas –, que permitem esperar a salvação final do povo eleito e fundamentar teologicamente a vocação e a predestinação do homem; e expõe as bases do comportamento moral e espiritual do cristão, em coerência com a sua nova dignidade, que lhe foi conferida em consequência da obra salvífica de Cristo. A experiência de cerca de duas décadas de trabalho apostólico – para além das revelações divinas que lhe foram feitas – permite-lhe desenvolver a sua reflexão religiosa e teológica com profundidade singular.

A *Carta aos Romanos* não é uma exposição completa dos ensinamentos do apóstolo; na verdade, o interesse primordial que lhe foi atribuído pela exegese de Lutero e pela controvérsia subsequente seria desproporcionado se pretendêssemos encerrar nela o panorama presente nas outras cartas paulinas. Contudo, é certo que esta carta apresenta a mensagem fundamental do «Evangelho de Paulo», a síntese mais característica da sua doutrina; tanto assim é que algumas passagens da *Carta aos Gálatas* encontram a sua melhor exegese nas passagens correspondentes da *Carta aos Romanos*; do mesmo modo, esta é uma carta essencial para perceber muitos passos de outras missivas.

A considerável extensão da epístola dificulta a tarefa de ressaltar um único ponto doutrinal ou exortatório. Muitos intérpretes consideram que o argumento central vem condensado em 1, 16-17: a salvação operada por meio da justiça de Deus, que nos é comunicada pela fé. Tal como na *Carta aos Gálatas*, mas sem o tom polêmico desta, o apóstolo, movido por Deus, pretende deixar claro que a justiça de Deus, ou justificação (a ação pela qual Deus torna justa a criatura humana), é uma graça divina, uma graça inicial que conduz à salvação. Trata-se, pois, de um dom de Deus, o qual não está dependente do cumprimento das obras prescritas pela Lei de Moisés; mais ainda, é impossível cumprir todas as obras da Lei sem a intervenção da graça divina. Por outras palavras, Deus revela, por meio de São Paulo, que o começo da justificação e da salvação é a fé, a qual Deus outorga gratuitamente. Em torno desta afirmação central, que, a par da demonstração de que todos os homens são pecadores, ocupa os primeiros quatro capítulos da carta, localizam-se outras afirmações que são uma espécie de corolário daquela: a existência do pecado original e da redenção em Cristo, nova cabeça da humanidade (capítulo 5); a necessidade e a natureza do batismo (capítulo 6); a luta contra as tendências da carne (capítulo 7); a vida no Espírito Santo (capítulo 8). A argumentação fica completa com a consideração da história da salvação, o futuro do povo de Israel (capítulos 9-11) e a descrição da vida do cristão, centrada na caridade e no abandono em Deus (capítulos 12-14).

A *Carta aos Romanos* sempre foi considerada o ponto de referência por antonomásia do pensamento de São Paulo, bem como um testemunho privilegiado da Revelação; por esse motivo, foi amplamente utilizada pela liturgia. Destacam-se algumas passagens, de caráter mais poético, como o final do capítulo 8 (28-39); as passagens relativas ao Espírito Santo (8, 14-17); e as duas doxologias principais: 11, 33-36 (o hino à sabedoria) e 16, 25-27. A utilização litúrgica desta última doxologia terá sido, com grande probabilidade, a causa da incerteza da sua localização textual: há muitos códices antigos que omitem o capítulo 16 e colocam 16, 25-27 no final do capítulo 14 ou do capítulo 15 – isto porque, na liturgia da Missa, os capítulos 15 e 16 eram omitidos, por serem de caráter mais pessoal.

A exegese patrística da *Carta aos Romanos* desenvolveu-se muito a partir dos comentários de Orígenes (conservados numa tradução latina de Rufino) e de São João

Crisóstomo; entre os comentários orientais, destacam-se os de Santo Efrém, de Teodoro de Mopsuéstia e de Teodoreto de Ciro; no Ocidente, refiram-se os de Mário Vitorino, do chamado Ambrosiastro (autor desconhecido cujo comentário tinha sido atribuído a Santo Ambrósio), de Pelágio e de Santo Agostinho. Por via destes comentários, as principais ideias expostas na carta tiveram influência na teologia escolástica da Idade Média.

Na época da Reforma protestante, Lutero, Calvino e Melâncton basearam as suas teses acerca da justificação e da salvação, bem como da predestinação e do livre-arbítrio, numa interpretação fortemente unilateral da *Carta aos Romanos*. Os Padres e os peritos do Concílio de Trento estudaram esta missiva a fundo, enquadrando-a no conjunto do discurso cristão, e verteram os resultados dessa análise principalmente no decreto *Sobre a justificação*, que é uma obra teológica de referência pela sua precisão e a sua profundidade. No século XX, o movimento teológico de oposição ao protestantismo liberal encontrou amplo ponto de partida no comentário à *Carta aos Romanos* do teólogo protestante Karl Barth; os comentários católicos também foram abundantes no quadro da exegese do último século, conferindo a esta carta uma posição de relevo. Pode-se afirmar, pois, que esta epístola desempenhou papel importante na teologia cristã europeia, a ponto de ter sido ocasião – não necessária nem razoável, e até lamentavelmente – para cisão da cristandade ocidental. Muitas das interpretações dadas a este texto são marcadas por posições confessionais, que estão muito longe das intenções do apóstolo e mesmo da vida dos cristãos do nosso tempo; na atualidade, as leituras que os teólogos e os exegetas mais sérios fazem da carta têm-se aproximado, o que contribui muito para o diálogo e o entendimento ecumênico.

CARTA AOS ROMANOS

Saudação

1 1 Paulo, servo de Jesus Cristo chamado ao aposto-
lado, escolhido para o Evangelho de Deus, 2 o qual
tinha prometido antes pelos seus profetas nas Santas Es-
crituras 3 acerca do seu Filho, que nasceu da posteridade
de Davi segundo a carne, 4 estabelecido no seu poder de
Filho de Deus segundo o Espírito de santificação a partir
da ressurreição dentre os mortos, Jesus Cristo Senhor
Nosso, 5 pelo qual recebemos a graça e o apostolado para
que obedeçam em seu nome à fé todos os gentios, 6 entre
os quais também estais vós, os chamados de Jesus Cristo,
7 a todos os que estão em Roma, queridos de Deus, cha-
mados a ser santos: graça vos seja dada e paz da parte de
Deus, nosso Pai, e do Senhor Jesus Cristo.

8 Primeiramente dou graças ao meu Deus por meio de
Jesus Cristo em nome de todos vós, porque a vossa fé é
celebrada em todo o mundo. 9 O Deus a quem sirvo em
meu espírito anunciando o Evangelho de seu Filho me é
testemunha de que incessantemente faço menção de vós,
10 rogando-lhe sempre nas minhas orações que se abra en-
fim alguma vez, querendo Deus, um caminho favorável
para ir ter convosco. 11 Porque desejo ver-vos, a fim de vos
comunicar alguma graça espiritual para vos confirmar,
12 isto é, para me consolar juntamente convosco por esta

fé que nos é comum a mim e a vós. [13] Não quero que vós,
irmãos, ignoreis que muitas vezes tenho proposto ir ter
convosco, mas tenho sido impedido até agora, para colher
algum fruto entre vós, como entre as outras nações. [14] Eu
sou devedor a gregos e a bárbaros, a sábios e a ignorantes;
[15] donde o meu desejo de anunciar o Evangelho também
a vós, que estais em Roma.

Tema da carta

[16] Com efeito, eu não me envergonho do Evangelho,
porque é a virtude de Deus para dar a salvação a todo
crente, primeiro ao judeu e depois ao grego. [17] A justiça
de Deus manifesta-se nele indo da fé para a fé, como está
escrito: *O justo viverá da fé.*

PRIMEIRA PARTE JUSTIFICAÇÃO POR MEIO DE JESUS CRISTO

I. A JUSTIÇA PELA FÉ

Culpa e castigo dos gentios

[18] Com efeito, a ira de Deus manifesta-se do céu con-
tra toda a impiedade e injustiça daqueles homens que

retêm a verdade de Deus cativa da injustiça, [19] porque
o que se pode conhecer de Deus é-lhes manifesto, pois
Deus lho manifestou. [20] De fato, as coisas invisíveis dele,
isto é, o seu poder eterno e a sua divindade, depois da
criação do mundo, compreendendo-se pelas coisas fei-
tas, tornaram-se visíveis, de modo que são inexcusáveis,
[21] porque, tendo conhecido a Deus, não o glorificaram
como Deus nem lhe deram graças, mas desvaneceram-se
nos seus pensamentos e obscureceu-se o seu coração in-
sensato; [22] pois, dizendo ser sábios, tornaram-se estultos
[23] e mudaram a glória de Deus incorruptível na figura de
um simulacro de homem corruptível, de aves, de qua-
drúpedes e de répteis.

[24] Pelo que Deus os abandonou aos desejos do seu
coração, à imundície, de modo que desonraram os seus
próprios corpos, [25] eles que trocaram a verdade de Deus
pela mentira e que adoraram e serviram a criatura de
preferência ao Criador, que é bendito por todos os sé-
culos. Amém.

[26] Por isso Deus entregou-os a paixões de ignomínia.
Efetivamente, as suas próprias mulheres mudaram o uso
natural em uso contra a natureza [27] e, do mesmo modo,
também os homens, deixando o uso natural da mulher,
arderam nos seus desejos mutuamente, cometendo ho-
mens com homens a torpeza e recebendo em si mesmos
a paga que era devida ao seu desregramento. [28] E, como
não procuraram conhecer a Deus, Deus abandonou-os
a um sentimento depravado, que os levou a fazer o que
não convém, [29] cheios de toda a iniquidade, de malícia,

de avareza, de maldade, cheios de inveja, de homicídios,
de contendas, de engano, de malignidade, mexeriquei-
ros, 30 detratores, odiados por Deus, injuriadores, sober-
bos, altivos, inventores de maldades, desobedientes aos
pais, 31 insensatos, sem lealdade, sem afeto, sem lei, sem
misericórdia. 32 Os quais, conhecedores da justiça de
Deus, sabendo que os que fazem tais coisas são dignos
de morte, não somente as fazem mas também aprovam
aqueles que as fazem.

Os judeus também são culpáveis

2 1 Por isso, quem quer que sejas, ó homem que jul-
gas, és inexcusável, porque naquilo mesmo em que
julgas a outro a ti mesmo te condenas, visto que fazes as
mesmas coisas que julgas. 2 Ora, nós sabemos que o juízo
de Deus é segundo a verdade contra aqueles que fazem
tais coisas. 3 E tu, ó homem que julgas aqueles que fa-
zem tais coisas e também as fazes, julgas porventura que
escaparás ao juízo de Deus? 4 Ou desprezaste as riquezas
da sua bondade, paciência e longanimidade? Ignoras que
a bondade de Deus te convida à penitência? 5 Mas com
a tua dureza e coração impenitente acumulas para ti um
tesouro de ira para o dia da ira e da manifestação do justo
juízo de Deus, 6 que há de dar a cada um segundo as suas
obras: 7 a vida eterna aos que, perseverando na prática
do bem, buscam a glória, a honra e a imortalidade; 8 ira

e indignação aos que são pertinazes, indóceis à verdade
mas dóceis à injustiça. 9 Sim, tribulação e angústia para
a alma de todo o homem que faz o mal, do judeu pri-
meiramente e depois do grego; 10 mas glória, honra e paz
a todo aquele que faz o bem, ao judeu primeiramente e
depois ao grego; 11 porque diante de Deus não há acep-
ção de pessoas.

12 Porque todos os que sem Lei pecaram sem Lei pe-
recerão; e todos os que com a Lei pecaram pela Lei serão
julgados. 13 De fato, não são justos diante de Deus os
que ouvem a Lei, mas os que observam a Lei é que se-
rão justificados. 14 Com efeito, quando os gentios, que
não têm a Lei, fazem naturalmente as coisas que são da
Lei, esses, não tendo a Lei, a si mesmos servem de lei
15 e mostram que o que a lei ordena está escrito nos seus
corações, dando-lhes testemunho a sua própria cons-
ciência e os pensamentos, que os acusam ou defendem.
16 Isto se verá naquele dia em que Deus, segundo o meu
Evangelho, há de julgar as coisas ocultas dos homens por
meio de Jesus Cristo.

17 Tu, que tens o nome de judeu e repousas sobre a
Lei e te glorias em Deus, 18 que conheces a sua vontade
e, instruído pela Lei, distingues o que é mais proveitoso
19 e te vanglorias de ser guia dos cegos, luz daqueles que
estão nas trevas, 20 doutor dos ignorantes, mestre das
crianças, tendo na Lei a regra da ciência e da verdade;
21 tu, pois, que ensinas os outros, não te ensinas a ti mes-
mo? Tu, que pregas que se não deve furtar, furtas? 22 Tu,
que dizes que se não deve cometer adultério, és adúltero?

Tu, que abominas os ídolos, cometes sacrilégio? 23 Tu,
que te glorias na Lei, desonras a Deus, transgredindo a
Lei. 24 Em realidade, *o nome de Deus por causa de vós é
blasfemado entre as gentes*, como está escrito.

A circuncisão do coração

25 A circuncisão aproveita, é verdade, se guardares a
Lei; mas, se fores transgressor da lei, com a tua circunci-
são tornas-te um incircunciso. 26 Se, pois, um incircun-
ciso guardar os preceitos da Lei, não será, apesar da sua
incircuncisão, considerado como circunciso? 27 E aquele
que é incircunciso natural, cumprindo a Lei te julgará a
ti que, com a letra e com a circuncisão, és transgressor
da Lei. 28 Porque não é judeu o que o é externamente,
nem é circuncisão a que aparece na carne, 29 mas é judeu
aquele que o é no interior, e a circuncisão é a do coração,
segundo o espírito e não segundo a letra; este terá o seu
louvor não dos homens, mas de Deus.

3 1 Que tem, pois, a mais o judeu? Ou qual é a utilidade
da circuncisão? 2 Muita, de toda a maneira. Principal-
mente porque lhes foram confiados os oráculos de Deus. 3
Que importa se alguns deles não creram? Porventura a sua
incredulidade destruirá a fidelidade de Deus? Não, certa-
mente. 4 Deus é verdadeiro e todo o homem é mentiroso,
como está escrito:

Para que sejas justificado nas tuas palavras
e venças quando fores julgado.

5 Se, porém, a nossa injustiça faz brilhar a justiça de
Deus, que diremos? Porventura é injusto Deus que castiga? (Falo à maneira dos homens.)
6 Não, por certo!
Doutra maneira, como julgaria Deus este mundo?
7 Com efeito, se a verdade de Deus pela minha mentira
cresceu para glória sua, por que sou eu assim julgado
como pecador?
8 E por que é que (como dizem caluniosamente de nós, como alguns afirmam que nós dizemos)
«não havemos de fazer o mal para que venham bens?»
Destes é justa a condenação.

Judeus e gentios são pecadores diante de Deus

9 Que, pois? Temos alguma vantagem sobre eles? De
nenhuma sorte! Porque já demonstramos que judeus e
gregos estão todos sob o pecado,
10 como está escrito:

Não há nenhum justo;
11 *não há quem tenha inteligência, não há quem busque a Deus.*
12 *Todos se extraviaram, todos à uma se tornaram inúteis;*
não há quem faça o bem, não há sequer um.
13 *A garganta deles é um sepulcro aberto;*
com as suas línguas tecem enganos.
Um veneno de áspides se encobre debaixo dos seus lábios;

14 *a sua boca está cheia de maldição e de amargura.*
15 *Os seus pés são velozes para derramar sangue;*
16 *a dor e a infelicidade estão nos seus caminhos;*
17 *e não conheceram o caminho da paz.*
18 *Não há temor de Deus diante dos seus olhos.*
19 Ora, nós sabemos que, tudo aquilo que a Lei diz, o
diz para aqueles que estão sob a Lei, para que toda boca
seja fechada e todo o mundo caia sob a justiça de Deus.
20 Porque pelas obras da Lei não será justificado nenhum
homem diante dele. Efetivamente, pela Lei vem o co-
nhecimento do pecado.

Justificação gratuita por meio da fé em Cristo

21 Mas agora manifestou-se sem a Lei a justiça de
Deus, testificada pela Lei e pelos profetas: 22 justiça
de Deus pela fé de Jesus Cristo em todos e sobre todos os
que creem nele sem distinção, 23 porque todos pecaram
e estão privados da glória de Deus, 24 e são justificados
gratuitamente pela sua graça, por meio da redenção que
está em Jesus Cristo, 25 a quem Deus pôs, pelo seu sangue
derramado, como um meio de propiciação que opera
pela fé, a fim de manifestar a sua justiça, por haver tole-
rado com a sua paciência divina os pecados de outrora,
26 a fim de manifestar a sua justiça no tempo presente,
de maneira a ser reconhecido justo e fonte de justiça para
aquele que tem fé em Jesus Cristo.

27 Onde está, pois, a jactância? Foi excluída. Por que lei? Pela das obras? Não; mas pela lei da fé. 28 Porquanto sustentamos que o homem é justificado pela fé, sem as obras da Lei. 29 Porventura Deus só o é dos judeus? Não o é ele também dos gentios? Sim, certamente ele o é também dos gentios; 30 porque há um só Deus, que justifica pela fé os circuncidados e que também pela fé justifica os incircuncidados. 31 Destruímos nós, pois, a Lei com a fé? Longe disso! Antes, confirmamos a Lei.

O exemplo de Abraão

4 1 Que diremos, pois, ter obtido Abraão, nosso pai, segundo a carne? 2 Certamente, se Abraão foi justificado pelas obras, tem de que se gloriar, mas não junto de Deus. 3 Pois, que diz a Escritura? *Abraão creu em Deus, e lhe foi tido em conta para a justiça.* 4 Ora, ao que trabalha, não se lhe conta o salário como uma graça, mas como uma dívida. 5 Porém, ao que não opera, mas crê naquele que justifica o ímpio, a sua fé lhe é imputada como justiça. 6 Como também Davi proclama bem-aventurado o homem a quem Deus atribui justiça independentemente das obras:

7 Bem-aventurados aqueles
cujas iniquidades foram perdoadas
e cujos pecados foram cobertos.

8 Bem-aventurado o homem
a quem o Senhor não imputou pecado.

9 Ora, essa bem-aventurança é somente para os circuncidados, ou também para os incircuncidados? Porquanto dizemos que a fé foi imputada a Abraão como justiça. 10 Como lhe foi ela, pois, imputada? Depois da circuncisão ou antes da circuncisão? Não foi depois da circuncisão, mas antes dela. 12 E recebeu o sinal da circuncisão como selo da justiça recebida pela fé antes da circuncisão, a fim de que fosse pai de todos os crentes incircuncisos, para que também a eles lhes seja imputada a justiça, 12 e pai da circuncisão, daqueles que não têm somente a circuncisão mas, além disso, seguem as pisadas da fé que teve nosso pai Abraão antes de ser circuncidado.

13 E assim a promessa a Abraão e à sua posteridade de que seria herdeiro do mundo não foi em virtude da Lei, mas em virtude da justiça da fé. 14 Com efeito, se os que vêm da Lei é que são os herdeiros, é inútil a fé e sem efeito a promessa. 15 Porque a Lei produz a ira; onde, pois, não há Lei, não há transgressão. 16 Por isso, da fé é que vem a herança, a fim de que seja gratuita e certa para toda a posteridade: não somente para o que é da Lei, mas também para o que é da fé de Abraão, que é pai de todos nós, 17 segundo está escrito: *Eu te constituí pai de muitas gentes – diante de Deus, em quem acreditou, o qual dá a vida aos mortos e chama à existência o que não existe.* 18 Esperando contra toda a esperança, teve fé

e tornou-se, por isso, pai de muitas gentes, segundo o
que lhe foi dito: *Assim será a tua descendência.* 19 E, sem
vacilar na fé, não considerou nem o seu corpo amorte-
cido, sendo já de quase cem anos, nem o seio de Sara já
sem vida. 20 Não hesitou nem teve falta de fé perante a
promessa de Deus, mas firmou-se na fé dando glória a
Deus, 21 plenamente convencido de que é poderoso para
cumprir tudo o que prometeu. 22 Por isso *também lhe foi*
imputado como justiça.

23 Ora, não está escrito que somente em causa dele
lhe foi imputado como justiça, 24 mas também em nossa,
a quem será imputado; a nós que cremos naquele que
ressuscitou dos mortos, Jesus Cristo Nosso Senhor, 25 o
qual foi entregue pelos nossos pecados e ressuscitou para
nossa justificação.

II. A SALVAÇÃO E A VIDA CRISTÃ

A reconciliação pelo Sacrifício de Cristo, fundamento de nossa esperança

5 1 Justificados, pois, pela fé, temos paz com Deus por
meio de Nosso Senhor Jesus Cristo, 2 pelo qual temos
acesso pela fé a esta graça, na qual estamos firmes e nos
gloriamos na esperança da glória de Deus. 3 E não so-
mente isso, mas também nos gloriamos nas tribulações,
sabendo que a tribulação produz a paciência; 4 a paciência,

a virtude provada; a virtude provada, a esperança; [5] e a
esperança não traz engano, porque a caridade de Deus está
derramada em nossos corações pelo Espírito Santo que
nos foi dado.

[6] Porque, pois, quando nós ainda estávamos enfer-
mos, morreu Cristo pelos ímpios no tempo determi-
nado. [7] Ora, é difícil haver quem morra por um jus-
to, ainda que alguém se resolva talvez a morrer por um
homem de bem. [8] Mas Deus manifesta a sua caridade
para conosco, porque, quando ainda éramos pecadores,
então morreu Cristo por nós. [9] Pois muito mais agora,
que estamos justificados pelo seu sangue, seremos salvos
da ira por ele mesmo. [10] Se, sendo nós inimigos, fomos
reconciliados com Deus pela morte de seu Filho, muito
mais, estando já reconciliados, seremos salvos por sua
vida. [11] E não só isso, mas também nos gloriamos em
Deus por Nosso Senhor Jesus Cristo, por quem agora
recebemos a reconciliação.

O pecado original

[12] Portanto, assim como por um só homem entrou
o pecado neste mundo, e pelo pecado a morte, e assim
passou a morte a todos os homens, porque todos pe-
caram... [13] Porque até a Lei o pecado estava no mun-
do; porém, o pecado não era imputado, não havendo
Lei. [14] Todavia, a morte reinou desde Adão até Moisés,

mesmo sobre aqueles que não pecaram por uma trans-
gressão semelhante à de Adão, o qual é a figura do que
havia de vir.

15 Mas o dom gratuito não é como o delito, porque,
se pelo delito de um só morreram todos os outros, muito
mais a graça de Deus e o dom que vem pela graça de
um só homem, Jesus Cristo, são abundantemente espa-
lhados sobre todos os outros.
16 E não se dá com o dom
o mesmo que se dá com o pecado de um só, porque a
sentença de condenação foi dada por causa do pecado de
um só, ao passo que o dom da graça traz a justificação
de muitos pecados.
17 Com efeito, se pelo pecado de um
a morte reinou por um só, muito mais reinarão na vida
por um só, que é Jesus Cristo, os que recebem a abun-
dância da graça e do dom da justiça.

18 Por isso, assim como pelo pecado de um só incor-
reram todos os homens na condenação, assim pela justi-
ça de um só recebem todos os homens a justificação que
dá a vida.
19 Porque, assim como pela desobediência de
um só homem todos os outros se tornaram pecadores,
assim pela obediência de um só todos os outros virão a
ser justos.

20 Sobreveio a Lei para que abundasse o pecado. Mas,
onde abundou o pecado, superabundou a graça
21 para
que, assim como o pecado reinou dando a morte, assim
reine a graça pela justiça para a vida eterna, por meio de
Jesus Cristo Nosso Senhor.

O batismo

6 1 Que diremos, pois? Permaneceremos no pecado
para que abunde a graça? 2 De maneira alguma! Por-
que, se nós estamos mortos para o pecado, como vive-
remos ainda nele? 3 Não sabeis que todos os que fomos
batizados em Jesus Cristo fomos batizados na sua morte?
4 Fomos, pois, sepultados com ele a fim de morrer pelo
batismo, para que, assim como Cristo ressuscitou dos
mortos pela glória do Pai, assim nós vivamos uma vida
nova. 5 Porque, se nos tornamos um mesmo ser com
ele por uma morte semelhante à sua, o mesmo sucederá
por uma ressurreição semelhante, 6 sabendo que o nosso
homem velho foi crucificado juntamente com ele a fim
de que seja destruído o corpo do pecado, para que não
sirvamos mais ao pecado. 7 De fato, aquele que morreu
justificado está do pecado.

8 E, se morremos com Cristo, creiamos que vivere-
mos também juntamente com ele, 9 sabendo que Cristo
ressuscitado dos mortos não morre mais, nem a morte
terá sobre ele mais domínio. 10 E quanto a ele morrer
pelo pecado, morreu uma só vez; mas, quanto a viver,
vive para Deus. 11 Assim também vós considerai-vos
como estando mortos para o pecado, mas vivos para
Deus em Jesus Cristo.

A libertação do pecado

12 Não reine, pois, o pecado no vosso corpo mortal,
de maneira que obedeçais às suas concupiscências. 13 Não
entregueis ao pecado os vossos membros quais armas de
iniquidade, mas oferecei-vos a Deus como vivos depois
de terdes estado mortos, e os vossos membros a Deus
como armas de justiça. 14 O pecado não vos deve mais
dominar, pois já não estais sob a Lei, mas sob a graça.

15 Pois quê? Pecaremos, porque não estamos sob a
Lei, mas sob a graça? Deus tal não permita. 16 Não sabeis
que, se vos entregais a alguém como escravos para lhe
obedecer, ficais escravos daquele a quem obedeceis, quer
seja do pecado para a morte, quer da obediência para
a justiça? 17 Porém, graças a Deus que fostes escravos
do pecado mas obedecestes de coração àquela regra de
doutrina sob a qual fostes formados. 18 E, libertados do
pecado, tornastes-vos servos da justiça.

19 Falo à maneira dos homens por causa da fraqueza
da vossa carne, porque, assim como oferecestes os vos-
sos membros para servirem à imundície e à iniquidade
para a desordem, assim oferecei agora os vossos mem-
bros para servirem à justiça para a santificação. 20 Quan-
do éreis escravos do pecado, estivestes livres quanto à
justiça. 21 Que fruto tirastes então daquelas coisas de
que agora vos envergonhais? Pois o fim delas é a morte.
22 Mas agora que estais livres do pecado e feitos servos
de Deus, tendes por vosso fruto a santificação, e por fim
a vida eterna. 23 Porque o salário do pecado é a morte,

ao passo que o dom de Deus é a vida eterna em Nosso
Senhor Jesus Cristo.

Os cristãos, livres da Lei

7 1 Porventura ignorais vós, irmãos (pois que falo com
pessoas que conhecem a Lei), que a Lei só tem domí-
nio sobre o homem enquanto ele vive? 2 Assim a mulher
está ligada pela lei ao marido enquanto ele vive; mas,
ao morrer seu marido, fica livre da lei do marido. 3 Por
isso, vivendo o marido, será chamada adúltera se estiver
com outro homem; mas, se morrer seu marido, fica livre
dessa lei, de maneira que não é adúltera se se tornar mu-
lher de outro homem. 4 Assim, irmãos meus, também
vós estais mortos para a Lei pelo corpo de Cristo, para
que sejais de outro, daquele que ressuscitou dos mortos
a fim de que demos frutos para Deus. 5 Enquanto está-
vamos na carne, os afetos pecaminosos, excitados pela
Lei, atuavam em nossos membros para produzirem fru-
tos de morte. 6 Mas agora estamos livres da Lei, mortos
para aquilo que nos tinha cativos a fim de que sirvamos
segundo o novo espírito, e não segundo a antiga letra.

A Lei e a concupiscência

7 Que diremos, pois? A Lei é pecado? Longe disso!
Mas eu não conheci o pecado senão pela Lei; porque eu

não conheceria a concupiscência se a Lei não dissesse:
não desejarás. 8 E o pecado, tomando ocasião daquele
mandamento, fez nascer em mim toda a concupiscên-
cia. Com efeito, sem a Lei, o pecado estava morto. 9 Eu
outrora vivia sem Lei, mas, quando veio o mandamento,
reviveu o pecado. 10 E eu morri, e viu-se que o manda-
mento, que me era para vida, foi para morte; 11 porque o
pecado, tomando ocasião do mandamento, seduziu-me
e por ele me matou. 12 Assim, pois, a Lei é santa, e o
mandamento é santo, justo e bom. 13 Uma coisa boa foi,
então, para mim causa de morte? Não, absolutamente!
Mas foi o pecado que, para se mostrar pecado, me deu
a morte por meio de uma coisa boa, a fim de que, pelo
mandamento, o pecado mostrasse ao máximo a sua no-
cividade.

A luta interior

14 Efetivamente, sabemos que a Lei é espiritual, mas
eu sou carnal, vendido como escravo ao pecado. 15 Em
verdade, não entendo o que faço; não faço o que quero,
mas faço o que não quero. 16 Ora, se eu faço o que não
quero, reconheço que a Lei é boa. 17 Neste caso, já não sou
eu que faço isto, mas sim o pecado que habita em mim. 18
Eu sei que em mim, isto é, na minha carne, não habita o
bem. Querer o bem encontra-se ao meu alcance, mas não
fazê-lo. 19 Porque eu não faço o bem que quero, mas faço o
mal que não quero. 20 Se eu, porém, faço o que não quero,

não sou eu já que o faço, mas sim o pecado que habita em
mim. 21 Eu encontro, pois, esta lei em mim: quando quero
fazer o bem, o mal está junto de mim; 22 porque me deleito
na Lei de Deus segundo o homem interior, 23 mas vejo nos
meus membros uma outra lei, que se opõe à lei do meu
espírito e que me faz escravo da lei do pecado, que está nos
meus membros.

24 Infeliz de mim! Quem me livrará deste corpo de
morte? 25 Sejam dadas graças a Deus por Jesus Cristo
Nosso Senhor. Assim, pois, eu mesmo sirvo à lei de Deus
com o espírito; e sirvo à lei do pecado com a carne.

A vida no Espírito

8 1 Não há, pois, agora nenhuma condenação para os
que estão em Jesus Cristo. 2 Com efeito, a lei do
espírito de vida em Jesus Cristo me livrou da lei do pe-
cado e da morte. 3 Porquanto o que era impossível à lei,
porque se achava sem força por causa da carne, Deus o
realizou, enviando seu Filho em carne semelhante à do
pecado; por causa do pecado, condenou o pecado na
carne, 4 para que a justiça prescrita pela Lei fosse cum-
prida em nós, que não andamos segundo a carne, mas
segundo o espírito.

5 Os que são segundo a carne gostam das coisas que
são da carne; mas os que são segundo o espírito gostam
das coisas que são do espírito. 6 Ora, a aspiração da carne
é morte, e a aspiração do espírito é vida e paz. 7 Porque

a aspiração da carne é inimiga de Deus, pois não está
sujeita à Lei de Deus, nem mesmo pode estar. [8] E os que
estão na carne não podem agradar a Deus.

[9] Vós, porém, não estais na carne, mas no espírito, se
é que o Espírito de Deus habita em vós. Se algum não
tem o Espírito de Cristo, não é dele. [10] Se, pois, Cristo
está em vós, o corpo verdadeiramente está morto por
causa do pecado, mas o espírito é vida, graças à justiça.
[11] E, se o Espírito daquele que ressuscitou a Jesus dos
mortos habita em vós, ele, que ressuscitou a Jesus Cristo
dos mortos, também dará vida aos vossos corpos mortais
por meio do seu Espírito, que habita em vós.

[12] Portanto, irmãos, não somos devedores à carne
para que vivamos segundo a carne. [13] Efetivamente, se
viverdes segundo a carne, morrereis; mas, se pelo espírito fizerdes morrer as obras da carne, vivereis.

A filiação divina do cristão

[14] Porque todos aqueles que são conduzidos pelo Espírito de Deus são filhos de Deus. [15] Com efeito, não
recebestes o espírito de escravidão para estardes novamente com temor, mas recebestes o espírito de adoção,
mercê do qual clamamos: "Abbá! Pai!" [16] O mesmo Espírito dá testemunho junto com o nosso espírito de que
somos filhos de Deus. [17] Se somos filhos, também somos
herdeiros: herdeiros de Deus e coerdeiros de Cristo; mas
isso se sofrermos com ele, para ser com ele glorificados.

18 Sim, eu tenho por certo que os sofrimentos do tempo
presente não têm proporção com a glória vindoura que
se manifestará em nós.

19 Pelo que este mundo espera ansiosamente a mani-
festação dos filhos de Deus. 20 De fato, o mundo foi su-
jeito à vaidade não por seu querer, mas pelo daquele que
o sujeitou com a esperança 21 de que também o mundo
será livre de sujeição à corrupção, para participar da li-
berdade gloriosa dos filhos de Deus. 22 Porque sabemos
que todas as criaturas gemem e estão como que com do-
res de parto até agora. 23 E não só elas, mas também nós,
que temos as primícias do Espírito: também gememos
dentro de nós mesmos, esperando a adoção de filhos, a
redenção do nosso corpo. 24 Com efeito, na esperança é
que fomos salvos. Ora, a esperança que se vê não é espe-
rança; porque como esperar aquilo que se vê? 25 E, se es-
peramos o que não vemos, com paciência o esperamos.

26 O Espírito ajuda também a nossa fraqueza, porque
não sabemos o que havemos de pedir como convém,
mas o mesmo Espírito ora por nós com gemidos inefá-
veis. 27 E o que perscruta os corações sabe o que deseja
o Espírito, porque ele pede segundo Deus pelos santos.

28 Ora, nós sabemos que todas as coisas concorrem
para o bem daqueles que amam a Deus, para o bem da-
queles que, segundo o seu desígnio, foram chamados.
29 Porque os que ele conheceu na sua presciência, também
os predestinou para serem conformes à imagem de seu
Filho, para que ele seja o primogênito entre muitos ir-
mãos. 30 E aqueles que predestinou, também os chamou;

e aqueles que chamou, também os justificou; e aqueles que justificou, também os glorificou.

A confiança em Deus

31 Que diremos, pois, à vista dessas coisas? Se Deus é
por nós, quem será contra nós? 32 Aquele que não pou-
pou nem o seu próprio Filho, mas por nós todos o en-
tregou, como não nos dará também com ele todas as
coisas? 33 Quem acusará os escolhidos de Deus? Deus
é que justifica. 34 Quem os condenará? Cristo Jesus é
o que morreu e, ainda mais, o que ressuscitou, o que
está à direita de Deus, o que também intercede por nós.
35 Quem nos separará, pois, do amor de Cristo? A tri-
bulação? A angústia? A perseguição? A fome? A nudez?
O perigo? A espada? 36 Segundo está escrito:

Por ti somos entregues à morte todo dia,
somos reputados como ovelhas para o matadouro.

37 Mas, de todas essas coisas, saímos mais que ven-
cedores por aquele que nos amou. 38 Porque eu estou
certo que nem a morte, nem a vida, nem os anjos, nem
os principados, nem as coisas presentes, nem as futuras,
nem as virtudes, 39 nem a altura, nem a profundidade,
nem nenhuma outra criatura nos poderá separar do
amor que Deus nos manifesta em Jesus Cristo Nosso
Senhor.

III. O PLANO DE DEUS A RESPEITO DO POVO ESCOLHIDO

Privilégios de Israel e fidelidade de Deus

9 1 Eu digo a verdade em Cristo, não minto, dando-me
testemunho disso a minha consciência no Espírito
Santo: 2 tenho grande tristeza e contínua dor no meu
coração. 3 Em verdade, eu mesmo desejava ser anátema
de Cristo por amor de meus irmãos, que são do mesmo
sangue que eu segundo a carne, 4 que são israelitas, os
quais possuem a adoção de filhos, a glória, as alianças, a
Lei, o culto e as promessas; 5 dos quais são os patriarcas e
dos quais é o Cristo segundo a carne, o qual é sobre todas
as coisas Deus bendito por todos os séculos. Amém.

6 Não é que tenha faltado a palavra de Deus. Porque
nem todos os que descendem de Israel são verdadeiros
israelitas; 7 nem os que são da linhagem de Abraão são
todos seus filhos, mas é em *Isaac que terás uma posteri-
dade com o teu nome*. 8 Isto é, não são os filhos da carne
que são filhos de Deus, mas os filhos da promessa é que
são considerados como descendentes. 9 Com efeito, os
termos da promessa são os seguintes: *Por este tempo virei
e Sara terá um filho*. 10 E não somente ela, mas também
Rebeca, a qual de um só homem, Isaac nosso pai, con-
cebeu dois filhos. 11 Não tendo eles ainda nascido, nem
tendo ainda feito bem ou mal (para que permanecesse
firme o decreto de Deus segundo a eleição), 12 não em

vista das obras mas por causa daquele que chama, foi-lhe
dito a ela: *O mais velho servirá ao mais novo*; 13 segundo o
que está escrito: *Amei Jacó e aborreci Esaú.*

A vocação de Israel

14 Que diremos, pois? Há porventura em Deus injus-
tiça? Longe disso! 15 Porque ele disse a Moisés: *Eu terei
misericórdia de quem me aprouver ter misericórdia e terei
piedade de quem me aprouver ter piedade.* 16 Logo, não
depende daquele que quer, nem daquele que corre, mas
de Deus, que usa de misericórdia. 17 De fato, a Escritura
diz a Faraó: *Para isto te suscitei: para mostrar em ti o meu
poder, e a fim de que seja anunciado o meu nome por toda
a terra.* 18 Logo, ele tem misericórdia de quem quer e
endurece a quem quer.

19 Dir-me-ás, porém: «De que se queixa, pois, Deus?
Quem pode resistir à sua vontade?» 20 Ó homem, quem
és tu para replicares a Deus? *Porventura o vaso de barro
diz a quem o fez: «Por que me fizeste assim?»* 21 *Porventura
não é o oleiro senhor do barro para poder fazer da mes-
ma massa um vaso para uso honroso e outro para uso vil?*
22 E que direis se Deus, querendo mostrar a sua ira e
tornar manifesto o seu poder, suportou com muita pa-
ciência os vasos de ira preparados para a perdição 23 a fim
de mostrar as riquezas da sua glória sobre os vasos de mi-
sericórdia que preparou para a glória, 24 os quais somos

nós, a quem ele também chamou não só dos judeus, mas
ainda dos gentios? 25 Como diz em Oseias:

Chamarei meu povo ao povo não meu,
e amada à não amada,
26 *e acontecerá que, no lugar em que lhes foi dito:*
«Vós não sois meu povo»,
aí serão chamados filhos do Deus vivo.

27 Acerca de Israel, Isaías exclama: *Se for o número dos*
filhos de Israel como a areia do mar, somente as relíquias
serão salvas; 28 *porque Deus cumprirá a sua palavra com*
justiça plena e prontamente sobre a terra.
29 E ainda, como predisse Isaías:

Se o Senhor dos Exércitos não tivesse deixado
de nós uma semente,
ter-nos-íamos tornado como Sodoma
e semelhantes a Gomorra.

30 Que diremos, pois? Que os gentios, que não se-
guiam a justiça, obtiveram a justiça, aquela justiça que
vem da fé. 31 Mas Israel, que se esforçava por praticar
uma lei feita para a justiça, não chegou à lei da justiça.
32 Por que causa? Porque procurou atingi-la não pela fé,
mas como que pelas obras. Tropeçou na pedra de trope-
ço, 33 conforme está escrito:

Eis que ponho em Sião uma pedra de tropeço
e uma rocha de escândalo,
mas todo aquele que crê nele não será confundido.

A infidelidade de Israel

10 1 Irmãos, o bom desejo do meu coração e a mi-
nha oração a Deus por eles é que sejam salvos.
2 Pois lhes dou testemunho de que eles têm zelo de Deus,
mas mal esclarecido. 3 Porque, não conhecendo a justiça
de Deus e procurando estabelecer a sua própria, não se
sujeitaram à justiça de Deus. 4 Com efeito, o fim da Lei
é Cristo, para a justificação de todo o que crê.

5 Efetivamente, Moisés escreveu a respeito da justiça
que vem da Lei: *O homem que a cumprir por ela viverá.*
6 Mas a justiça que vem da fé diz assim: *Não digas no*
teu coração: «Quem subirá ao céu?» — isto é, para fazer
descer Cristo –, 7 *ou «Quem descerá ao abismo?»* — isto é,
para ressuscitar Cristo dentre os mortos. 8 Mas que diz
a Escritura?

Perto de ti está a palavra,
na tua boca e no teu coração.

Essa é a palavra da fé que pregamos. 9 Porque, se con-
fessares com a tua boca: «Jesus é Senhor» e creres no teu
coração que Deus o ressuscitou dos mortos, serás salvo.

10 Com o coração se crê para a justiça, mas com a boca se faz
a confissão para conseguir a salvação. 11 Pois a Escritura diz:

Todo o que crê nele não será confundido.

12 Com efeito, não há distinção entre judeu e grego, pois o mesmo é o Senhor de todos, rico para com todos os que o invocam:

13 *Porque todo aquele que invocar o nome do Senhor será salvo.*

14 Como invocarão, pois, aquele em quem não cre-
ram? Ou como crerão naquele de quem não ouviram
falar? E como ouvirão sem haver quem lhes pregue?
15 E como pregarão eles, se não forem enviados? Segundo
está escrito:

Que formosos são os pés
dos que anunciam a boa-nova!

16 Mas nem todos obedecem ao Evangelho; por isso, Isaías diz:

Senhor, quem acreditou em nossa pregação?

17 Logo, a fé vem pela pregação, e a pregação pela
palavra de Cristo. 18 Mas digo: porventura não ouviram?
Sim, por certo; pois:

Por toda a terra se espalhou a sua voz,
e até as extremidades da terra as suas palavras.

19 Digo mais: porventura Israel não compreendeu?
Moisés é o primeiro que lhe diz:

Excitarei o vosso ciúme contra uma nação que não é nação;
excitarei a vossa ira contra uma nação néscia.

20 Isaías avança mais e diz:

Fui encontrado pelos que me não buscavam;
claramente me descobri aos que não perguntavam por mim.

21 E a Israel diz:

Todos os dias estendi as minhas mãos
a um povo incrédulo e rebelde.

Salvação de parte de Israel

11 1 Digo, pois: porventura Deus rejeitou o seu
povo? Longe disso! Porque eu também sou israe-
lita da descendência de Abraão, da tribo de Benjamin.
2 Deus não rejeitou o seu povo, que conheceu na sua
presciência. Não sabeis o que a Escritura refere de Elias,
de que modo ele faz a Deus esta acusação contra Israel:
3 «Senhor, *mataram os teus profetas, derribaram os teus
altares, e eu fiquei só e querem a minha vida*»? 4 Mas que
lhe disse Deus em resposta? *Eu reservei para mim sete mil
homens, que não dobraram os joelhos diante de Baal.*

5 Do mesmo modo, ainda agora existem aqueles que
foram reservados segundo a escolha da graça. 6 Ora, se
isso foi por graça, não foi pelas obras; doutra sorte, a graça
já não é graça. 7 Que, pois? O que Israel busca não conse-
guiu, tendo-o contudo conseguido os escolhidos. Quanto
aos outros, foram endurecidos, 8 como está escrito:

Deus deu-lhes um espírito de torpor,
olhos para que não vejam
e ouvidos para que não ouçam,
até o dia de hoje.

9 E Davi diz:

A mesa deles se lhes converta em laço, em prisão,
em ocasião de queda, e isto para seu justo castigo.

10 *Escurecidos sejam os seus olhos para que não vejam,*
e esteja sempre curvado o seu dorso.

11 Digo, pois: porventura tropeçaram eles de maneira
a caírem para sempre? Não, certamente! Mas pelo seu
delito veio a salvação aos gentios, para os incitar à emu-
lação. 12 Ora, se o seu delito foi a riqueza do mundo, e a
sua decadência a riqueza dos gentios, quanto mais a sua
conversão em massa?

O novo povo escolhido

13 A vós, pois, ó gentios: como apóstolo das gentes,
honrarei o meu ministério, 14 para ver se dalgum modo
provoco à emulação os do meu sangue e salvo alguns de-
les. 15 Porque, se a perda deles foi reconciliação do mun-
do, que será a sua reintegração senão uma ressurreição
dentre os mortos? 16 Se as primícias são santas, também
o é a massa; se é santa a raiz, também o são os ramos.
17 Se alguns dos ramos foram quebrados e tu, sendo de
oliveira selvagem, foste enxertado em seu lugar e fos-
te participante da seiva da raiz da oliveira, 18 não te
vanglories contra os ramos. Se te vanglorias, fica sabendo
que não és tu que sustentas a raiz, mas a raiz a ti.

19 Dirás talvez: «Os ramos foram cortados para que
eu fosse enxertado.» 20 Isso é verdade: por causa da sua
incredulidade foram cortados. E tu estás firme pela fé;

não te ensoberbeças, mas teme. 21 Porque, se Deus não
perdoou aos ramos naturais, tampouco perdoará a ti.

22 Considera, pois, a bondade e a severidade de Deus:
a severidade para com aqueles que caíram e a bondade de
Deus para contigo, se permaneceres na bondade; doutra
maneira, também serás cortado. 23 E eles também, se
não permanecerem na incredulidade, serão enxertados,
pois Deus é poderoso para os enxertar de novo. 24 Em
verdade, se foste cortado de oliveira selvagem e, contra
a tua natureza, foste enxertado em boa oliveira, quanto
mais aqueles que são da mesma natureza serão enxertados na sua própria oliveira?

A conversão de Israel

25 Não quero, irmãos, que ignoreis este mistério, para
que não vos considereis sábios aos vossos olhos: que uma
parte de Israel caiu na cegueira até que tenha entrado a
plenitude dos gentios. 26 E assim todo o Israel se salvará,
como está escrito:

Virá de Sião o libertador
e afastará de Jacó a impiedade.
27 *Terão de mim esta aliança,*
quando eu retirar os seus pecados.

28 É verdade que, quanto ao Evangelho, eles agora
são inimigos por causa de vós; mas, quanto à escolha
divina, eles são muito queridos por causa de seus pais.
29 Com efeito, os dons e a vocação de Deus são irrevocá-
veis. 30 Assim como também vós outrora desobedecestes
a Deus e agora alcançastes misericórdia pela desobe-
diência deles, 31 assim também eles agora não obedecem
a fim de que, pela misericórdia que vos foi feita, alcan-
cem também eles misericórdia. 32 Efetivamente, Deus
a todos encerrou na desobediência, a fim de usar para
com todos de misericórdia.

33 Ó profundidade das riquezas, da sabedoria e da
ciência de Deus! Quão incompreensíveis são os seus juí-
zos e imperscrutáveis os seus caminhos!

34 *Pois quem conheceu o pensamento do Senhor?*
Ou quem foi o seu conselheiro?
35 *Ou quem lhe deu alguma coisa primeiro,*
para que tenha de receber em troca?

36 Porque d'Ele, por Ele e para Ele são todas as
coisas; a Ele a glória por todos os séculos. Amém.

SEGUNDA PARTE
VIVER SEGUNDO A CARIDADE

IV. A CONDUTA DO CRISTÃO

A unidade do Corpo místico

12 1 Rogo-vos pois, irmãos, pela misericórdia de
Deus, que ofereçais os vossos corpos como uma
hóstia viva, santa, agradável a Deus: tal é o culto que
a razão exige de vós. 2 Não vos conformeis com este
mundo, mas reformai-vos com o renovamento do vosso
espírito, para que reconheçais qual é a vontade de Deus,
o que é bom, o que lhe agrada, o que é perfeito.

3 Digo pois, pela graça que me foi dada, a todos os
que estão entre vós que ninguém tenha de si uma estima
maior do que a que deve ter, mas sentimentos modestos,
segando a medida da fé distribuída por Deus a cada um.
4 Assim como num só corpo temos muitos membros e
nem todos os membros desempenham a mesma função,
5 assim, ainda que muitos, somos um só corpo em Cris-
to, e todos membros uns dos outros.

6 Temos dons diferentes segundo a graça que nos foi
dada: quem tem o dom da profecia, use-o segundo a re-
gra da fé; 7 quem tem o ministério, exerça o ministério;
quem tem o dom de ensinar, ensine; 8 quem tem o de
exortar, exorte; o que reparte, faça-o com simplicidade;

o que preside, seja solícito; o que faz obras de misericórdia, faça-as com alegria.

A caridade com o próximo

[9] O amor seja sem fingimento. Aborrecei o mal,
aderi ao bem. [10] Amai-vos reciprocamente com carida-
de fraternal, adiantando-vos em honrar uns aos outros;
[11] na solicitude não sejais preguiçosos; sede fervorosos
de espírito, servindo ao Senhor; [12] alegres na esperança,
pacientes na tribulação, perseverantes na oração, [13] acu-
dindo às necessidades dos santos e empenhando-vos em
exercer a hospitalidade.

[14] Abençoai os que vos perseguem; abençoai-os e não
os amaldiçoeis. [15] Alegrai-vos com os que estão alegres,
chorai com os que choram. [16] Tende muita estima uns pe-
los outros. Não aspireis a coisas altas, mas acomodai-vos às
humildes. Não queirais ser sábios aos vossos olhos.

[17] Não torneis mal por mal a ninguém; *procurai fazer
o bem diante de todos os homens.* [18] Se é possível, tanto
quanto depende de vós, tende paz com todos os ho-
mens; [19] não vos vingueis a vós mesmos, ó caríssimos,
mas dai lugar à ira divina, porque está escrito: *A mim
pertence a vingança, eu retribuirei*, diz o Senhor. [20] Antes,
*se o teu inimigo tem fome, dá-lhe de comer; se tem sede, dá-
-lhe de beber; fazendo isso, amontoarás brasas vivas sobre a
sua cabeça.* [21] Não te deixes vencer do mal, mas vence o
mal com o bem.

Obediência à autoridade

13 1 Toda a alma esteja sujeita às autoridades supe-
riores, porque não há autoridade que não venha
de Deus, e as que existem foram instituídas por Deus.
2 Aquele, pois, que resiste à autoridade resiste à ordena-
ção de Deus. E os que resistem atraem sobre si próprios
a condenação. 3 Com efeito, os príncipes não são de te-
mer pelas ações boas, mas pelas más. Queres, pois, não
temer a autoridade? Faze o bem e terás o louvor dela,
4 porque é ministro de Deus para teu bem. Mas, se fi-
zeres o mal, teme, porque não é debalde que ele traz a
espada; porquanto ele é ministro de Deus vingador para
punir aquele que faz o mal. 5 É, pois, necessário que
lhe estejais sujeitos não somente pelo temor da ira, mas
também por motivo de consciência. 6 De fato, também
por essa causa é que pagarás os tributos; pois são minis-
tros de Deus quando exercem o seu ofício. 7 Pagai, pois,
a todos o que lhes é devido: a quem o imposto, o impos-
to; a quem as taxas, as taxas; a quem o temor, o temor; a
quem a honra, a honra.

A caridade, plenitude da Lei

8 A ninguém devais coisa alguma, a não ser o amor
mútuo, porque aquele que ama o próximo cumpriu a
Lei. 9 Em verdade, *não cometerás adultério, não matarás,*

não furtarás, não cobiçarás, e qualquer outro mandamen-
to, todos se resumem nesta palavra: *Amarás o teu próximo*
como a ti mesmo. 10 A caridade não faz mal ao próximo.
Logo, o amor é o complemento da Lei.

11 Bem sabeis em que tempo estamos: é já hora de
sair do sono. Porquanto agora está mais perto a nossa
salvação que quando abraçamos a fé. 12 A noite está qua-
se passada e o dia aproxima-se. Deixemos, pois, as obras
das trevas e revistamo-nos das armas da luz. 13 Caminhe-
mos, como de dia, honestamente: não em glutonarias
e na embriaguez, não em desonestidades e dissoluções,
não em contendas e emulações; 14 mas revesti-vos do Se-
nhor Jesus Cristo e não tenhais cuidado da carne em
suas concupiscências.

V. COMPREENDER OS DEMAIS QUANDO DA EMISSÃO DE UM JUÍZO MORAL

Colocar-se no lugar do próximo

14 1 Ao que é fraco na fé, acolhei-o sem discutir opi-
niões. 2 Um crê que pode comer de tudo; o ou-
tro, porém, que é fraco, come somente legumes. 4 O que
come de tudo não despreze o que não come de tudo;
e o que não come de tudo não julgue o que come de
tudo, porque Deus o recebeu. 4 Quem és tu para julgar o

servo alheio? Se ele está de pé ou cai, isso é com o seu se-
nhor; mas ele estará de pé, porque Deus é poderoso para
o sustentar.

5 Um distingue entre dia e dia; outro, porém, con-
sidera iguais todos os dias: cada um siga o seu parecer.
6 O que distingue o dia, para o Senhor o distingue; o
que come de tudo, para o Senhor come, porque dá gra-
ças a Deus; e o que não come de tudo não come para
o Senhor e dá graças a Deus. 7 Com efeito, nenhum de
nós vive para si mesmo, e nenhum de nós morre para si
mesmo. 8 De fato, se vivemos, vivemos para o Senhor;
se morremos, morremos para o Senhor. Logo, vivamos
ou morramos, somos do Senhor. 9 Precisamente por isso
é que Cristo morreu e ressuscitou: para ser Senhor dos
mortos e dos vivos.

10 Mas tu, por que julgas o teu irmão? E tu, por que
desprezas o teu irmão? Pois todos compareceremos ante
o tribunal de Cristo. 11 Está escrito:

Por minha vida, diz o Senhor,
diante de mim se dobrará todo o joelho,
e toda língua dará louvor a Deus.

12 Portanto, cada um de nós dará conta de si a Deus.

Evitar o escândalo

13 Não nos julguemos, pois, mais uns aos outros;
proponde, antes, não pôr tropeço ou escândalo ao vosso
irmão.

14 Eu sei e confio no Senhor Jesus em que nenhu-
ma coisa é impura por si mesma, senão para aquele que
a tem por tal; para esse é que ela é impura. 15 Ora, se
por causa de um alimento teu irmão fica contristado, já
não andas segundo a caridade. Não percas, por causa do
teu alimento, aquele por quem Cristo morreu. 16 Não
façais que seja objeto de crítica o vosso bem. 17 Porque
o Reino de Deus não é comida nem bebida, mas justi-
ça, paz e gozo no Espírito Santo. 18 Quem deste modo
serve a Cristo agrada a Deus e é aprovado pelos homens.
19 Sigamos, pois, as coisas que contribuem para a paz e
para a edificação mútua. 20 Não queiras destruir a obra
de Deus por causa de um alimento. Todas as coisas na
verdade são puras, mas faz mal o homem que come com
escândalo. 21 É bem não comer carne, nem beber vi-
nho, nem fazer coisa em que teu irmão encontre ocasião
de queda.

22 Guarda para ti, diante de Deus, a tua convicção.
Feliz aquele que não se condena a si mesmo naquilo que
aprova. 23 Mas aquele que come apesar das suas dúvidas
é condenado, porque não agiu segundo uma convicção.
E tudo o que não é segundo a convicção é pecado.

O exemplo de Cristo

15 [1] Nós, que somos mais fortes, devemos suportar
as fraquezas dos débeis e não nos comprazer em
nós mesmos. [2] Cada um de vós procure agradar ao seu
próximo no que é bom para edificação. [3] Porque Cristo
nenhuma atenção teve a si mesmo; antes, como está es-
crito: *Os impropérios dos que te ultrajavam caíram sobre*
mim. [4] Ora, tudo o que foi escrito para nosso ensino
foi escrito, a fim de que pela paciência e consolação das
Escrituras tenhamos esperança. [5] O Deus da paciência e
da consolação vos conceda ter uns para com os outros
os mesmos sentimentos segundo Jesus Cristo, [6] para que
unânimes, a uma boca, glorifiqueis a Deus e Pai de Nos-
so Senhor Jesus Cristo.

[7] Por isso, acolhei-vos uns aos outros, como também
Cristo vos acolheu para a glória de Deus. [8] Digo, pois,
que Jesus Cristo foi o servidor dos circuncidados a fim
de mostrar a veracidade de Deus, cumprindo as promes-
sas feitas a nossos pais; [9] e que os gentios glorificam a
Deus pela misericórdia, como está escrito:

Por isso eu te confessarei, Senhor, entre as gentes,
e entoarei cânticos de louvor ao teu nome.

[10] E novamente diz:

Alegrai-vos, ó nações, com o seu povo.

11 E noutro lugar:

Nações, louvai todas ao Senhor;
povos, engrandecei-o todos.

12 Isaías também diz:

Sairá o rebento de Jessé,
aquele que se levanta para governar as nações:
nele esperarão os gentios.

13 O Deus, pois, da esperança vos encha de todo o gozo e de paz na fé, para que abundeis na esperança pela virtude do Espírito Santo.

VI. CONCLUSÃO E DESPEDIDA

Atuação de São Paulo

14 Estou convencido, irmãos meus, a vosso respeito
de que estais cheios de bondade, cheios de toda a ciên-
cia, de maneira que vos podeis admoestar uns aos outros.
15 Todavia, irmãos, escrevi-vos com um pouco de ousa-
dia para reavivar a vossa memória, por causa da graça
que me foi dada por Deus 16 de ser eu o ministro de Je-
sus Cristo entre os gentios, exercendo o serviço sagrado

do Evangelho de Deus para que seja aceita a oblação dos gentios, santificados pelo Espírito Santo. 17 Tenho, pois, de que me gloriar em Jesus Cristo no que se refere ao serviço de Deus; 18 porque eu não ousaria falar de coisas que Cristo não tivesse operado por mim para trazer as gentes à obediência, com a palavra e com as obras, 19 com a virtude dos milagres e dos prodígios, e com a virtude do Espírito. Assim, desde Jerusalém e circunvizinhanças até a Ilíria, enchi tudo do Evangelho de Cristo. 20 Fiz questão de não anunciar o Evangelho onde já tinha sido nomeado Cristo, para não edificar sobre o fundamento de outro; 21 mas, como está escrito:

Aqueles a quem não foi pregado dele o verão,
e os que não o ouviram o conhecerão.

Planos de viagens

22 Por esse motivo, muitas vezes fui impedido de ir ter convosco. 23 Mas agora, não tendo já motivo para me demorar mais nestas terras e desejando há muitos anos ir ter convosco, 24 quando me puser a caminho para a Hispânia, espero que de passagem vos veja e seja acompanhado por vós até lá, depois de ter gozado em parte a vossa companhia.

25 Agora, porém, irei a Jerusalém em serviço dos santos, 26 porque a Macedônia e Acaia tiveram por bem fazer uma coleta para os pobres que existem entre os santos de

Jerusalém. 27 Tiveram-no por bem e lhes são devedores.
Com efeito, se os gentios se tornaram participantes dos
seus bens espirituais, devem também assistir-lhes com
os temporais. 28 Quando eu, pois, tiver cumprido isto e
lhes tiver feito entrega deste fruto, partirei para a Hispâ-
nia passando por vós; 29 e sei que, indo ter convosco, irei
com a plenitude da bênção de Cristo.

30 Rogo-vos pois, irmãos, por Nosso Senhor Jesus
Cristo e pela caridade do Espírito Santo, que me ajudeis
nas minhas lutas com as vossas orações por mim a Deus,
31 para que eu seja livre dos infiéis que há na Judeia e seja
grata aos santos em Jerusalém a oferenda do meu minis-
tério, 32 a fim de que com alegria vá ter convosco pela
vontade de Deus e me reconforte convosco. 33 O Deus da
paz seja com todos vós. Amém.

Recomendações e saudações

16 1 Recomendo-vos a nossa irmã Febe, diaconisa
da igreja de Cencreia, 2 para que a recebais no Se-
nhor como devem fazer os santos e a ajudeis em tudo o
que de vós tiver necessidade; porque ela ajudou também
a muitos e a mim próprio.

3 Saudai Priscila e Áquila, meus cooperadores em Je-
sus Cristo, 4 os quais expuseram as suas cabeças pela mi-
nha vida, pelo que não só eu lhes agradeço, mas também
todas as igrejas dos gentios. 5 Saudai também a igreja
que está em sua casa.

Saudai o meu querido Epêneto, primícias da Ásia
em Cristo. 6 Saudai Maria, a qual trabalhou muito entre
vós. 7 Saudai Andrônico e Júnia, meus parentes e ca-
tivos comigo, os quais são ilustres entre os apóstolos e
foram em Cristo antes de mim. 8 Saudai Amplíato, meu
caríssimo no Senhor. 9 Saudai Urbano, nosso coopera-
dor em Jesus Cristo, e o meu amado Estáquis. 10 Saudai
Apeles, aprovado em Cristo. 11 Saudai aqueles que são
da casa de Aristóbulo. Saudai Herodião, meu parente.
Saudai os que são da casa de Narciso que estão no Se-
nhor. 12 Saudai Trifena e Trifosa, que trabalham no
Senhor. Saudai a nossa muito amada Pérside, que tra-
balhou muito no Senhor. 13 Saudai Rufo, escolhido no
Senhor, e sua mãe, que considero como minha. 14 Saudai
Asíncrito, Flegonte, Hermes, Pátrobas, Hermas e os ir-
mãos que estão com eles. 15 Saudai Filólogo e Júlia, Nereu
e sua irmã, Olimpas e todos os santos que estão com eles.
16 Saudai-vos uns aos outros com ósculo santo. Todas as
igrejas de Cristo vos saúdam.

17 Rogo-vos, irmãos, que vos acauteleis daqueles que
causam dissenções e escândalos contra a doutrina que
aprendestes; apartai-vos deles, 18 porque esses tais não
servem a Cristo Senhor Nosso mas ao seu ventre e, com
palavras doces e com adulações, enganam os corações
dos simples.

19 Porquanto a vossa obediência em toda a parte se
tornou notória. Alegro-me, pois, em vós, mas quero que
sejais sábios no bem e simples no mal. 20 O Deus da paz

esmagará logo a Satanás debaixo de vossos pés. A graça
de Nosso Senhor Jesus Cristo seja convosco.
21 Saúda-vos Timóteo, meu cooperador, e Lúcio, Ja-
são e Sosípatro, meus parentes. 22 Eu, Tércio, que escrevi
esta carta, saúdo-vos no Senhor. 23 Saúda-vos Caio, meu
hospedeiro e de toda a igreja. Saúda-vos Erasto, tesou-
reiro da cidade, e Quarto, nosso irmão. (24)

Doxologia

25 Ao que é poderoso para vos confirmar segundo o
meu Evangelho e a pregação de Jesus Cristo, segundo
a revelação do mistério encoberto desde toda a eterni-
dade 26 mas agora manifestado pelos escritos dos profe-
tas, segundo o mandamento do eterno Deus, para que,
conhecido de todos os gentios, os leve a obedecer à fé;
27 a Deus, único sábio, honra e glória por Jesus Cristo
pelos séculos dos séculos. Amém.

NOTAS À *CARTA AOS ROMANOS*

***1, 1-17.** A carta começa com uma longa e densa saudação aos destinatários (vv. 1-7), uma ação de graças a modo de exórdio (vv. 8-15) e o enunciado do tema que será desenvolvido ao longo do escrito (vv. 16-17).

1, 1-7. É possível enunciar três elementos na apreciação que o Apóstolo faz de si mesmo (v. 1); Paulo considera-se: a) «servo de Jesus Cristo», como Moisés e os antigos profetas o eram de Deus; b) «chamado ao apostolado» por vocação divina, que o situa ao nível dos Doze; e c) «escolhido para o Evangelho de Deus». E é assim que justifica a sua carta aos fiéis de Roma, onde ainda não tinha estado. Recorda, por outro lado, o desígnio redentor de Deus Pai, realizado em Cristo mediante o Espírito Santo, que designa por «Espírito de santificação» (vv. 2-5) – expressão que não será repetida no Novo Testamento; e dirige-se aos seus destinatários chamando-lhes «queridos de Deus» e «santos» (v. 7). Longe de serem apenas um modo de falar, estas palavras exprimem uma realidade profunda: os cristãos foram eleitos por Deus e «chamados», tal como o foram repetidamente os israelitas por meio de Moisés (Nm 10, 1-4); no caso dos cristãos, trata-se de um chamamento a constituir o novo povo de Deus, que tem como nota distintiva a santidade (cf. notas a 15, 22-33; At 9, 1-19; 1 Cor 6, 1-11).

A palavra «Evangelho», que São Paulo utiliza com frequência, designa a boa-nova da salvação operada por Cristo. Os Apóstolos receberam de Jesus o mandato de o pregar a todas as criaturas (Mc 16, 15; Mt 28, 19), e Paulo foi escolhido, tal como eles, com o especial encargo de o proclamar aos gentios (v. 5), entre os quais se contam os romanos. Para ele, o Evangelho inclui necessariamente a fé em Jesus Cristo como Filho de Deus, como testemunha a sua ressurreição de entre os mortos (v. 4); daí que o Evangelho seja, a um tempo, o poder salvador da graça conquistada por Jesus Cristo, o conjunto de verdades por Ele reveladas, e a própria atividade da Igreja com vista à propagação da salvação divina a toda a humanidade. Nos escritos paulinos, tanto se encontra a expressão «Evangelho de Deus» como a expressão «Evangelho de Jesus Cristo», que são equivalentes (veja-se a nota a Mc 1, 1-3, no volume anterior).

A «obediência da fé» (v. 5) é a aceitação do Evangelho, um ato que compete à inteligência e à vontade humanas, mas que as ultrapassa, pois só pode ser realizado a partir da fé.

1, 8-15. Juntamente com a ação de graças a Deus, Paulo expõe o seu propósito de visitar os fiéis de Roma para lhes comunicar o Evangelho (v. 15), e para se consolarem e se fortalecerem mutuamente na fé que partilham. São Paulo sente-se «devedor» (v. 14), porque tanto os gregos como os bárbaros, ou seja, todos os gentios – incluindo os de Roma – têm o direito de ouvir a sua pregação, já que foi para essa missão que foi escolhido por Deus (cf. 15, 115-19; Gl 2, 7; At 9, 15).

1, 16-17. O Apóstolo enuncia aqui o tema de que vai tratar na carta: a justificação que provém da fé.

A expressão «justiça de Deus» é uma das mais importantes de todas as que são utilizadas por São Paulo; trata-se de uma expressão com grande riqueza e significado, que se refere não só ao atributo divino de retribuir segundo a justiça, mas também à fidelidade de Deus no cumprimento das suas promessas e à misericórdia que Ele exerce sobre o homem pecador, perdoando-lhe e tornando-o justo; nesta passagem, São Paulo utiliza este último sentido (cf. nota a 3, 21-31). A expressão «através da fé, para a fé» mostra que a justiça divina no homem começa na fé e nela se aperfeiçoa.

A frase «o justo viverá da fé» é uma citação de Hab 2, 4, na qual o profeta se refere a uma situação histórica específica, no caso uma invasão, garantindo que os que confiassem nas promessas divinas não haveriam de perecer. O Apóstolo aplica este texto aos cristãos, com o objetivo de acentuar que a fé é o princípio da salvação, dado que, mediante a fé, o homem fica justificado perante Deus. O tema será analisado de vários pontos de vista ao longo desta carta.

***1, 18-11, 36.** Estes capítulos constituem a chamada parte doutrinal da carta e centram-se na natureza e nas consequências da justificação que Cristo conquistou para nós. Assim, depois de afirmar que só por meio de Cristo e da fé nele o homem pode ser justo diante de Deus (1, 18-4, 25), São Paulo explica que, através do batismo, começamos a participar na reconciliação com Deus alcançada mediante o sacrifício de Cristo e aponta as consequências deste fato: a liberdade, a vida no Espírito, a filiação divina (5, 1-8, 39). Ao terminar, mostra qual é o papel de Israel na manifestação definitiva da ação justificadora de Deus (9, 1-11, 36).

***1, 18-4, 25.** A tese de fundo desta seção é a de que a justificação pela fé é o único caminho de salvação para todos os homens, pois todos são pecadores: os pagãos, pela sua idolatria e as suas perversões (1, 18-32), e os judeus, pelos seus pecados e as transgressões da Lei (2, 17-24). Deste modo, uma vez que todos, quer judeus – apesar da circuncisão e das promessas (2, 1-16.25-3, 8) –, quer gentios, são pecadores diante de Deus (3, 9-20), todos necessitam de ser justificados pela sua graça, que Ele concede aos que creem em Cristo (3, 21-31). Prova-o a Escritura: Deus não concedeu as promessas a Abraão pelas obras, mas pela fé (4, 1-25).

1, 18-32. Talvez inspirado no texto de Sb 13, 1-9 e na situação que detectou nas cidades helenísticas (quem sabe se em especial na própria cidade de Corinto, de onde escreve a carta), o Apóstolo expõe a situação dos gentios em duas etapas: na primeira (vv. 18-23), chama a atenção para a idolatria culposa em que se encontram; na segunda (vv. 24-32), fala das consequências que daí derivam.

Paulo ensina que Deus é cognoscível a partir das obras da criação, mas que o homem, caindo na idolatria, ficou louco (v. 22) e recusou-O; como consequência, incorre na «ira de Deus» (v. 18) – que não deve ser entendida como uma forma de vingança, mas como uma maneira de dizer que aqueles que se afastam de Deus são por Ele castigados. Como observa São Tomás de Aquino, «atribui-se a Deus a ira e outras paixões por analogia com os efeitos das respectivas ações; assim, uma vez que castigar é próprio daquele que está irado, o castigo de Deus é metaforicamente designado por ira» (*Summa theologiae,* 1, 3, 2 *ad* 2). Seja como for, convém recordar que, quando se afirma que Deus castiga, se deve entender que o faz como um Pai que corrige os filhos; por isso, assim como a «justiça de Deus» significa a ação pela qual Deus salva o homem pecador, infundindo-lhe a sua graça, assim também a «ira de Deus» manifesta, de certa maneira, a atitude paternal de Deus perante aqueles que se obstinam no pecado. A «injustiça» (v. 18) de que se fala nesta passagem refere-se à rejeição da Verdade acerca de Deus, já que todos os homens podem conhecer a sua existência de maneira natural. A forma de compatibilizar, em Deus, o desígnio de salvação dos pecadores (a «justiça» como desejo de salvação) e o castigo dos pecados (a «ira de Deus») é um mistério no qual se conjugam a perfeição da justiça divina, a sua misericórdia e a liberdade humana.

Nesta passagem, não se afirma que todos os gentios são corruptos; apenas se emite um juízo global a partir da experiência e do legado sapiencial do Antigo Testamento, e principalmente da revelação de Jesus Cristo.

Apoiada nos vv. 19-20 e em outras passagens bíblicas (Sb 13, 1-9; At 14, 15-17; 17, 24-29), a Igreja ensina que se pode conhecer a Deus de forma natural, a partir da criação material: «Deus, princípio e fim de todas as coisas, pode ser conhecido com certeza pela luz natural da razão humana a partir das coisas criadas» (Concílio Vaticano I, *Dei Filius*, cap. 2). «O mundo e o homem atestam que não têm em si mesmos, nem o seu primeiro princípio, nem o seu fim último, mas que participam do Ser em si, sem princípio nem fim. Assim, por estas diversas "vias", o homem pode ter acesso ao conhecimento da existência de uma realidade que é a causa primeira e o fim último de tudo, "e a que todos chamam Deus" (São Tomás de Aquino, *Summa theologiae*, 1, 2, 3)» (*Catecismo da Igreja Católica*, 34).

Os vv. 24-27 salientam a relação que existe entre a rejeição de Deus e a imoralidade, em especial a homossexualidade: «Este juízo exarado na Escritura Sagrada não permite, porém, concluir que todos aqueles que sofrem de tal anomalia são por isso pessoalmente responsáveis; mas atesta que os atos de homossexualidade são intrinsecamente desordenados e que eles não podem, em hipótese alguma, receber qualquer aprovação» (Congregação para a Doutrina da Fé, *Persona Humana*, 8).

2, 1-24. Recorrendo ao estilo da diatribe ou disputa dos filósofos estoicos, São Paulo dirige-se a um interlocutor judeu imaginário (cf. v. 17), fazendo-lhe ver que ninguém se pode considerar justo: todos os homens, gentios e judeus, são pecadores diante de Deus. O Apóstolo ensina que a mera posse da Lei não basta para a salvação; Deus, que é imparcial, julgará cada homem, a quem dará a vida eterna ou o castigo de acordo com o seu comportamento, com a forma como cumpriu a Lei (v. 13): primeiro, julgará os judeus, de acordo com a Lei de Moisés; em seguida, julgará os gentios, com base na lei da natureza inscrita no seu coração, dado que essa lei lhes permitia cumprir os preceitos morais que o Decálogo de Moisés determinava com mais pormenor (v. 14).

Estes versículos ensinam que Deus é um remunerador justo, que atribui a cada pessoa um prêmio ou um castigo eternos, com base na sua conduta; que é um juiz imparcial, perante o qual é irrelevante ser judeu ou gentio, contando apenas o bem agir de cada um e a sua aceitação ou rejeição da graça; e que haverá um momento em que o Senhor proferirá o juízo. Com base neste e noutros textos da Escritura, a Igreja ensina que há dois momentos em que todos os homens terão de se apresentar diante do Senhor: o primeiro, ao sair desta vida, chamado juízo particular; o segundo, «quando, num só dia e num só lugar, todos os homens comparecerem ao mesmo tempo perante o tribunal do Juiz supremo, para que, vendo-o ou ouvindo-o todos os homens de todos os séculos, saiba cada um o que acerca de cada homem foi decretado e julgado» (*Catechismus romanus*, 1, 8, 3).

A doutrina contida nos vv. 14-15 tem uma enorme importância; eles ensinam que existe uma lei que «está escrita e gravada na mente de cada um dos homens, por se tratar da própria razão humana, que manda fazer o bem e proíbe pecar» (Leão XIII, *Libertas praestantissimum*, 8), e que a consciência e a lei são elementos complementares: a consciência aplica a lei a cada caso. Por isso, a consciência foi chamada a voz de Deus, que «soa no momento oportuno, na intimidade do seu [do homem] coração, dizendo-lhe: faz o bem, evita o mal. [...] A consciência é o centro mais secreto e o santuário do homem, no qual se encontra a sós com Deus, cuja voz se faz ouvir na intimidade do seu ser» (Concílio Vaticano II, *Gaudium et spes*, 16). Mas a consciência tem sérias dificuldades para conhecer com nitidez os conteúdos da lei, devido ao obscurecimento da inteligência e à debilitação da vontade resultantes da desordem dos sentidos e da imaginação, bem como das más concupiscências; por isso, os homens persuadem-se facilmente de que é falso ou duvidoso o que não querem que seja verdadeiro. Foi precisamente para ultrapassar estas dificuldades que Deus quis revelar de modo sobrenatural a lei natural e entregar à Igreja a função magistral de ensinar a interpretar sem erro essas verdades de modo concreto.

A diatribe com o interlocutor judeu imaginário enfatiza, nos vv. 17-24, a incoerência da pessoa que tem na Lei o modelo da ciência e da verdade e não a aprende na prática, acabando por se tornar um escândalo para os gentios. Deste modo, São Paulo mostra que os judeus não souberam viver em conformidade com o que a Lei exigia. Para o leitor, esta passagem é um apelo a comportar-se em coerência com a fé que professa: «O bom exemplo não atua só a partir de fora, mas vai ao fundo e constrói no outro o bem mais precioso e eficaz, que é o bem da coerência com a própria vocação cristã» (São João Paulo II, Alocução de 20 de fevereiro de 1980).

2, 25-3, 8. O argumento acerca da necessidade de os judeus serem justificados pela graça centra-se agora na circuncisão (2, 25-29) e nas promessas que receberam (3, 1-8).

Por meio da circuncisão, o homem participava da aliança de Deus com Abraão (Gn 17, 10-11) e tornava-se herdeiro das promessas; em virtude desta aliança, o judeu, circuncidado, ficava obrigado a cumprir toda a Lei de Moisés, coisa que era impossível com base exclusivamente nas forças humanas. Pelo contrário, os gentios, não estando circuncidados, podiam cumprir alguns mandamentos da Lei até melhor do que os judeus. Deduz-se daqui que o que é decisivo aos olhos de Deus não é a circuncisão da carne, mas a vontade de o homem cumprir os mandamentos de Deus. Por isso, Paulo afirma que a verdadeira circuncisão não é a da carne, mas «a do coração» (2, 29), isto é, o cumprimento obediente da lei de Deus; e Deus, que vê o interior de todos os homens, retribuirá a cada um para além das aparências exteriores.

Confrontado com este argumento, o interlocutor judeu imaginário poderia colocar a seguinte objeção: nesse caso, «que tem, pois, a mais o judeu? Ou qual é a utilidade da circuncisão» (Rm 3, 1). A resposta de São Paulo é que Deus confiou ao povo judeu a palavra, ou seja, as promessas e a Lei. Apesar de terem estas promessas e a Lei, alguns judeus rejeitaram Cristo, crucificando-O; mas foi precisamente assim que se cumpriram as promessas da redenção. Deste modo, a incredulidade daqueles não frustrou os desígnios de Deus (3, 3).

Prosseguindo este diálogo imaginário, poder-se-ia colocar ainda outra questão: se o pecado daqueles judeus não desacreditou a fidelidade de Deus, mas redundou em sua glória (3, 7), então Deus comete uma injustiça ao rejeitar os judeus que não acreditam em Cristo (3, 5.7). Paulo responde, em 3, 6, com uma pergunta que reduz ao absurdo o problema colocado: se Deus é injusto, como poderá julgar o mundo? Para um judeu, este argumento era eficaz e convincente (cf. Jl 4, 12). E Paulo acrescenta outra razão (3, 8), que leva ao limite o falso raciocínio do seu interlocutor: de acordo com tal linha de argumentação, seria necessário fazer o mal para obter o bem; assim sendo, conclui que os que afirmam tal coisa são condenados com justiça (3, 8). A doutrina de Paulo é clara: Deus é fiel, e a nossa infidelidade faz com que os seus planos de salvação brilhem ainda mais.

3, 9-20. Recorrendo a uma sequência de citações do Antigo Testamento, como faziam os rabinos, Paulo volta a demonstrar a culpabilidade de todos os homens, incluindo os judeus. Após uma introdução (v. 9), o Apóstolo descreve a apostasia universal a que o salmista já se referira (vv. 10-12) e enuncia os pecados, de palavras (vv. 13-14) e de obras (v. 15), que os profetas tinham fustigado (cf. Is 5, 8-25; 59, 2-8; Jr 8, 8; Am 5, 21; Ml 2, 8 etc.). Acrescenta que aqueles que pecam se encontram mergulhados em calamidades e miséria, com falta de paz e de temor de Deus (vv. 17-18), e que a Lei não tem força para tornar justo o homem (vv. 19-20). A conclusão implícita é que se, como diz a Escritura, todos pecaram, todos têm necessidade da justificação que vem de Deus, e não da que procede das obras da Lei. Trata-se da doutrina sobre a universalidade do pecado, que pressupõe, por sua vez, a universalidade da redenção (cf. 3, 21-31): «O que a revelação divina nos dá a conhecer concorda com os dados da experiência. Quando o homem olha para dentro do próprio coração, descobre-se inclinado para o mal e imerso em muitos males, que não podem provir de seu Criador, que é bom. Muitas vezes, recusando-se a reconhecer Deus como seu princípio, perturbou a devida orientação para o fim último e, ao mesmo tempo, toda a sua ordenação, quer para si mesmo, quer para os demais homens e para toda a criação» (Concílio Vaticano II, *Gaudium et spes*, 13). Logicamente, o triste panorama da humanidade que Paulo descreve não implica em que não tivessem existido homens justos e piedosos (tanto em Israel como em outros pontos do mundo) que receberam a graça divina e realizaram o bem em virtude dos méritos futuros de Cristo.

***3, 21-4, 25.** De 1, 18 a 3, 20, o Apóstolo orientou o seu discurso para a conclusão de que os judeus e os gentios se encontram numa situação semelhante face ao pecado e à retribuição que merecem; argumenta agora que, se todos, gentios e judeus, pecaram, todos precisam igualmente de justificação, a qual se realizou pela redenção operada por Jesus Cristo, a que todos devem aderir pela fé. A argumentação desta seção é semelhante à da seção anterior: primeiro, traz uma apresentação da doutrina (3, 21-22), completada com algumas precisões (3, 22b-26) e perguntas e respostas (3, 27-31), para finalmente chegar a uma conclusão alargada, apoiada em textos da Escritura (4, 1-25).

3, 21-31. Estes versículos são de especial importância na doutrina da carta. Primeiro (vv. 21-26), o Apóstolo revela-nos fundamentalmente como se realiza a justificação do homem: a justiça de Deus que torna o homem justo e que estava anunciada nos livros do Antigo Testamento (cf. Sl 103, 6; Is 46, 13; Jr 9, 24) revelou-se agora em Cristo e no Evangelho. Com o seu decreto redentor, Deus Pai, fonte de todo o bem, entregou-nos o seu Filho para nos salvar; em Jesus Cristo, que derramou o seu sangue na Cruz, somos feitos justos; a fé é o dom divino mediante o qual Deus dispõe e capacita o homem para que acolha o dom da sua redenção em Cristo.

São Paulo ensina que a justiça de Deus está relacionada com a sua misericórdia: todos os homens são justificados por uma ação gratuita de Deus (v. 24). Igualmente importante é a afirmação de que a graça é um dom que Deus concede sem mérito nosso, afirmação cujo sentido o Concílio de Trento, ao utilizar este texto de São Paulo, quis definir, explicando que nada daquilo que precede e dispõe o homem para a justificação, seja a fé, sejam as obras, merece a graça pela qual o homem é justificado (cf. 11, 16; *De iustificatione*, cap. 8).

Acrescenta o Apóstolo que a justificação pela graça se alcança «por meio da redenção que está em Jesus Cristo» (v. 24). Ou seja, na justificação do pecador, tem lugar «a passagem do estado em que o homem nasce, filho do primeiro Adão, para o estado de graça e de adoção de filhos de Deus pelo segundo Adão, Jesus Cristo, nosso Salvador» (Concílio de Trento, *De iustificatione*, cap. 4). Isto foi possível pelo fato de Nosso Senhor nos ter salvado, entregando-Se a Si mesmo como preço do nosso resgate; note-se aliás que a palavra grega que é traduzida por «redenção» refere precisamente o resgate que é pago para libertar uma pessoa do estado de escravidão. Cristo libertou-nos da escravidão do pecado pagando, por assim dizer, o preço da nossa liberdade (cf. 6, 23); e recorde-se que o referido preço não foi tanto o seu sofrimento quanto o amor ao Pai de que o mesmo sofrimento esteve impregnado. Por isso, São Paulo afirma que Deus O ofereceu

(v. 25) – expressão que alguns tradutores aproveitam para referir que Deus fez de Jesus o verdadeiro propiciatório. O propiciatório, a coberta da arca da aliança, que ostentava dois querubins, era considerado o trono de Deus na terra (cf. Sl 80, 2; 99, 1), a partir do qual o Senhor falava com Moisés (cf. Ex 37, 6; Nm 7, 89) e onde se implorava o perdão dos pecados por meio do rito do sacrifício expiatório que era celebrado no dia da expiação, o *Yom Kippur* (cf. Lv 16, 1-34; 23, 26-32; Nm 29, 7-11); nesse dia, o sumo sacerdote aspergia o propiciatório com o sangue dos animais sacrificados como vítimas para obtenção do perdão dos pecados, os do próprio sacerdote e os do povo. Ao dizer que Jesus é o propiciatório, Paulo ensina-nos que Ele é o único que pode obter a remissão dos pecados com o seu sangue.

Sintetizando esta doutrina, o *Catecismo da Igreja Católica* declara: «A justificação é, ao mesmo tempo, o acolhimento da justiça de Deus pela fé em Jesus Cristo. A justiça designa aqui a retidão do amor divino; com a justificação, são difundidas nos nossos corações a fé, a esperança e a caridade, e é-nos concedida a obediência à vontade divina. A justificação foi-nos merecida pela Paixão de Cristo, que na cruz Se ofereceu como hóstia viva, santa e agradável a Deus, e cujo sangue se tornou instrumento de propiciação pelos pecados de todos os homens. A justificação é concedida pelo batismo, sacramento da fé; conforma-nos com a justiça de Deus, que nos torna interiormente justos pelo poder da sua misericórdia; e tem por fim a glória de Deus e de Cristo, e o dom da vida eterna (cf. Concílio de Trento, *De iustificatione*, 1529)» (1991-1992).

Os vv. 27-31 mostram que, consequentemente, ninguém se pode considerar superior; nem sequer os judeus, ainda que Deus tivesse manifestado especial predileção por eles. São Paulo declara, pois, solenemente: nenhum homem pode gloriar-se diante de Deus, como se fosse justo ou santo, pelo fato de cumprir as indicações da Lei (v. 28); é Deus que torna o homem justo, por pura graça, e o homem torna-se justo quando aceita, mediante a fé, a graça que Deus lhe oferece através de Jesus Cristo. A insistência do Apóstolo é tal que a afirmação de que o homem é justificado pela fé, e não pelas obras da Lei, se transforma numa espécie de estribilho desta carta (vv. 22.26.28.30; 11, 6; cf. Gl 2, 16; 3, 11).

Hoje em dia, os exegetas cristãos, tanto católicos como não católicos, tomam como indiscutível este ensinamento fundamental de São Paulo: a salvação foi oferecida em Jesus Cristo, e Deus justifica o homem pela sua fé em Cristo; deste modo, é a fé que justifica. Porém, não é a fé por si só (como se poderia interpretar erroneamente, a partir da tradução de Lutero), mas a fé que atua por meio da caridade (cf. Gl 5, 6). Será, portanto, «pela fé», e não pela circuncisão, que os judeus serão justificados, e também «pela fé» que os incircuncisos obterão a salvação. Terá a Lei ficado anulada pela fé? Não, uma vez que a fé confirma a Lei, conferindo-lhe o seu sentido autêntico e levando-a à perfeição.

4, 1-25. O Apóstolo conclui aqui a exposição que tinha enunciado em 1, 16-17, a saber, que a justiça de Deus torna o homem justo pela fé, ou seja, não através da natureza nem da Lei.

Primeiro, recorre à autoridade das Escrituras para confirmar o seu ensinamento acerca da justificação: Abraão não foi justificado pelas obras da Lei, mas pela fé (vv. 1-8), como afirma Gn 15, 6, ratificado por Davi nos Salmos (vv. 6-8). Ao dizer «e lhe foi tido em conta» (v. 3), é como se comparasse Deus a um Senhor que anota os créditos e as dívidas dos seus servos; no caso de Abraão, o que Deus anotou na coluna do haver não foram as obras, mas a fé, e por isso se afirma que a fé lhe foi tida em conta de justiça (santidade), como soldo merecido, ficando assim ressaltado o caráter gratuito da justificação. Segue-se daqui que o ato de fé é o primeiro passo nessa direção; deste modo, não são as obras boas que produzem a justificação; é a justificação que faz com que as obras sejam boas e meritórias para a vida eterna: «O começo da justificação por parte de Deus é a fé, que crê naquele que justifica; e esta fé, quando se encontra justificada, é uma espécie de raiz que recebe a chuva na terra da alma, de maneira que, quando começa a cultivar-se por meio da lei de Deus, surgem dela ramos que ostentam os frutos das obras. A raiz da justiça não deriva das obras, mas da raiz da justiça cresce o fruto das obras» (Orígenes, *Commentarii in Romanos*, 4, 1).

O Apóstolo salienta (vv. 9-12) que a justiça que Abraão recebeu não foi uma consequência da circuncisão, uma vez que recebeu essa justiça (Gn 15, 6) antes de ter sido circuncidado (Gn 17, 1ss); e observa igualmente (vv. 13-17a) que o objeto da fé de Abraão foi a promessa divina de ser pai de muitos povos e que na sua descendência seriam abençoadas todas as famílias da terra

(Gn 12, 1-3; 15, 5-6). O que significa que a promessa era independente da Lei, porque lhe foi feita antes de a Lei ser dada a Moisés e porque se dirigia a todos os descendentes de Abrão, que não são apenas os judeus, mas todos os que têm a mesma fé que ele.

Paulo explica também que a fé de Abraão numa promessa que, humanamente falando, parecia impossível de cumprir é o modelo da fé cristã (vv. 18-25; cf. *Catecismo da Igreja Católica*, 144). O que foi prometido a Abraão cumpriu-se em nós por via da nossa fé em Cristo, que morreu e ressuscitou por todos os homens (vv. 23-25); a nossa fé e a fé do patriarca também são concordantes neste aspecto.

O v. 25, sobre o sentido da morte e da ressurreição de Jesus, mostra que a fé em Cristo é plenamente suficiente para alcançar a justificação. Jesus Cristo alcançou-nos tudo por meio da sua morte e da sua ressurreição: pela sua morte, expiou os nossos pecados; a sua ressurreição é a prova de que Deus aceitou a sua expiação e, em consequência dela, restabeleceu a ordem destruída pelo pecado.

***5, 1-8, 39.** A argumentação dos capítulos 1 a 4 sublinhou que a fé é o meio para alcançar a justificação. Agora, explicando os efeitos da justificação, Paulo expõe os fundamentos e os elementos integrantes da esperança dos crentes. Cristo reconciliou-nos com o Pai pelo sacrifício do seu sangue, e a sua ressurreição é o fundamento da nossa esperança (5, 1-11), pois liberta-nos do pecado e da morte, devolvendo-nos a vida da graça e a vida eterna, que o pecado do primeiro homem nos tinha arrebatado (5, 12-21); esta vida é-nos comunicada por meio do batismo (6, 1-11). Cristo também nos dá a possibilidade de nos libertarmos dos pecados pessoais (6, 12-23) e da escravidão da Lei, outorgando-nos a liberdade com base num espírito novo e já não de acordo com a letra antiga (7, 1-6), bem como da concupiscência (7, 7-13). Porém, o aspecto mais importante da justificação é a vida nova que o Espírito concede (8, 1-13); com efeito, por ação do Espírito, os cristãos tornam-se verdadeiramente filhos de Deus (8, 14-30) e enchem-se de confiança e de esperança, mesmo que sofram contradições (8, 31-39).

5, 1-11. A vida nova que resulta da justificação realiza-se na fé e na esperança (vv. 1-2), que têm a garantia do amor de Deus (v. 5). Assim, pois, a fé, a esperança e a caridade, «as três virtudes teologais, que compõem a armação em que se tece a autêntica existência do homem cristão, da mulher cristã» (Josemaria Escrivá, *Amigos de Deus*, n. 205), sucedem-se em nós, contribuindo para o crescimento da vida da graça. O fruto deste crescimento é a paz (v. 1), que se torna, de certa maneira, quase inalterável, como antecipação, embora imperfeita, da vida eterna. Trata-se de uma paz que não consiste na apatia de quem não quer ter problemas, mas numa firmeza cheia de esperança (v. 4), que permite ultrapassar as contradições continuando a ser fiel. «Quem espera uma coisa com grande força está disposto a sofrer todas as dificuldades e amarguras para alcançar essa coisa. Assim, um doente que deseja ardentemente recuperar a saúde toma de boa vontade o medicamento amargo que o há de curar» (São Tomás de Aquino, *Super Romanos*, *ad loc.*).

O amor de que se fala no v. 5 é, simultaneamente, o amor com que Deus nos ama – que se manifesta no envio do Espírito Santo – e o amor que Deus coloca nas nossas almas para podermos amá-lo. O Concílio II de Orange, citando Santo Agostinho, explica: «Amar a Deus é exclusivamente um dom de Deus. O mesmo que, sem ser amado, ama concedeu-nos que O amássemos. Fomos amados quando ainda Lhe éramos desagradáveis, a fim de nos ser concedida alguma coisa com que pudéssemos agradar-Lhe. Com efeito, o Espírito do Pai e do Filho, a quem amamos com o Pai e o Filho, derrama a caridade nos nossos corações» (*De gratia*, cânone 25; cf. Santo Agostinho, *In Ioannis Evangelium*, 102, 5).

Os vv. 6-11 ensinam-nos que a medida do amor que Deus nos tem é demonstrada na reconciliação que se operou por meio do sacrifício da Cruz, quando Cristo, dando a morte a si mesmo e à inimizade, estabeleceu a paz e nos reconciliou com Deus (cf. Ef 2, 15-16); ora, se Ele nos deu mostras desse amor quando éramos pecadores, quanto mais agora, uma vez reconciliados, podemos confiar em que nos salvará. A reconciliação em Cristo aparece, pois, com perfis muito nítidos: não é que Deus fosse inimigo dos homens, mas éramos nós que éramos inimigos de Deus, pelos nossos pecados; não era Deus que tinha de mudar de atitude, mas o homem. No entanto, foi Deus que tomou a iniciativa, por meio da morte de Cristo, para que o homem recuperasse a amizade com Ele.

5, 12-21. O Apóstolo expõe o que foi realizado por meio de Cristo nos descendentes de Adão. A graça e a vida são contrastadas com o pecado e a morte; ao contrário da transgressão de Adão, que conduziu todos os homens à condenação, a obediência e a justiça de Cristo conduzem todos os homens à justificação e à vida.

São quatro os ensinamentos que se tornam manifestos nesta passagem: i) o pecado de Adão e as respectivas consequências, entre as quais a morte, que atinge todos os homens (vv. 12-14); ii) o contraste entre os efeitos do pecado original e os frutos da redenção de Cristo; iii) a consideração do papel da Lei de Moisés em relação ao pecado (cf. vv. 13.20), adiantando o que será amplamente descrito no capítulo 7; iv) a vitória final do reino da graça (vv. 20-21): esta, personificada como foi personificado o pecado, é uma força divina que encaminha os homens para a salvação.

Esta é uma passagem básica para a teologia cristã do pecado original. São Paulo revela-nos que, à luz da morte e ressurreição de Cristo, podemos perceber que todos estamos implicados no pecado de Adão, que «é transmitido com a natureza humana, não por imitação, mas por propagação, e que, assim, é próprio de cada um» (*Catecismo da Igreja Católica*, 419). Da mesma maneira como o pecado entrou no mundo por via de alguém que representava toda a humanidade, assim também a justiça chega a todos por um só homem, o novo Adão, que é Jesus Cristo, «o primogênito de toda criatura», «cabeça do corpo, que é a Igreja» (Cl 1, 15.18). Pela sua obediência à vontade do Pai, Cristo contrapõe-se à desobediência de Adão, devolvendo-nos com juros a felicidade e a vida eterna, que tínhamos perdido; porque, onde abundou o pecado, superabundou a graça (v. 20).

A existência do pecado original é uma verdade de fé, que foi recordada pelo Papa Paulo VI: «Cremos que todos pecaram em Adão; isto significa que a culpa original, cometida por ele, fez com que a natureza, comum a todos os homens, caísse num estado no qual padece as consequências dessa culpa. Tal estado já não é aquele em que no princípio se encontrava a natureza humana nos nossos primeiros pais, uma vez que se achavam constituídos em santidade e justiça, e o homem estava isento do mal e da morte. Portanto, é esta natureza decaída, despojada de dom da graça que antes a adornava, ferida nas suas próprias forças naturais e submetida ao domínio da morte, é esta que é transmitida a todos os homens. Exatamente neste sentido, todo homem nasce em pecado» (*Credo do Povo de Deus*, 16).

6, 1-11. Pelo batismo, a graça de Cristo chega a cada um e liberta-nos do domínio do pecado; deste modo, reproduz-se em nós não apenas a Paixão, morte e sepultura de Cristo, representadas pela imersão na água (vv. 3-4.6), mas também a nova vida, a vida da graça, que é infundida na alma como participação na ressurreição de Cristo (vv. 4-5).

A partir deste ensinamento paulino, os Padres desenvolveram o significado do sacramento do batismo cristão, com os efeitos espirituais que ele produz. Recorda Santo Ambrósio aos recém-batizados: «O Senhor, que quer que os seus benefícios permaneçam, que os planos insidiosos da serpente sejam dissolvidos e que ao mesmo tempo seja eliminado aquilo que ficou danificado, ditou uma sentença contra os homens: "és pó e ao pó voltarás" (Gn 3, 19), e sujeitou o homem à morte [...]. Mas foi-lhe dado um remédio: o homem morreria e ressuscitaria. [...] Perguntas-me como? [...] Foi instituído um rito pelo qual o homem morreria estando vivo e ressuscitaria estando vivo» (*De sacramentis*, 2, 6). E São João Crisóstomo explica: «O batismo é para nós o que a cruz e a sepultura foram para Cristo; mas há uma diferença: o Salvador morreu na sua carne e foi sepultado na sua carne, enquanto nós temos de morrer espiritualmente. Por isso, o Apóstolo não afirma que estamos integrados nele pela sua morte, mas "por uma morte idêntica à sua"» (*In Romanos*, 10). Por outro lado, assim como o enxerto e a planta constituem uma unidade de vida, assim também os cristãos, enxertados, integrados em Cristo pelo batismo, formam uma unidade com Ele e participam desde já na sua vida divina.

Já o *Catecismo da Igreja Católica*, ao expor a doutrina sobre o batismo, ensina: «Chama-se batismo por causa do rito central com que se realiza: batizar (*baptizein*, em grego) significa mergulhar, imergir. A imersão na água simboliza a sepultura do catecúmeno na morte de Cristo, de onde sai pela ressurreição com Ele (cf. Rm 6, 3-4; Cl 2, 12) como "nova criação" (2 Cor 5, 17; Gl 6, 15)» (1214).

O modo ordinário atual de administrar este sacramento, derramando água sobre a cabeça do batizando (batismo por infusão), já se usava nos tempos apostólicos e generalizou-se em alternativa ao batismo por imersão, por razões pragmáticas óbvias.

Nos vv. 9-10, São Paulo reforça os seus ensinamentos: com a morte de Cristo na Cruz e com a sua ressurreição, ficou quebrado o laço da morte, tanto para Cristo como para os que são de Cristo. Ressuscitado e glorioso, Ele alcançou o triunfo, conquistando, para a sua própria humanidade e para nós, uma nova vida. Esses acontecimentos da vida de Cristo reproduzem-se, de certa maneira, nos batizados.

6, 12-23. A força do pecado mantém-se, mesmo depois do dom da graça conquistada por Cristo. Por isso, Paulo exorta-nos, mediante a imagem da escravidão e do pecado, a vivermos em conformidade com a nossa nova condição de batizados e a não cairmos de novo sob o domínio do pecado. Talvez alguns pensassem que Paulo, com a sua pregação à margem do cumprimento das obras da Lei, poderia fomentar um comportamento moral licencioso; quiçá para proteger os seus ensinamentos desta falsa interpretação, o Apóstolo alarga-se, nestes versículos, em advertências contra as ciladas da concupiscência. Os cristãos têm de ser consequentes com a sua situação de justificados (v. 22) e de corresponder a essa graça: «Os nossos antigos pecados foram eliminados por obra da graça; agora, para permanecermos mortos para o pecado depois do batismo, temos de fazer um esforço pessoal, embora a graça de Deus continue a ajudar-nos poderosamente» (São João Crisóstomo, *In Romanos*, 11, 1).

O discurso dialético dos vv. 15-23 – escravos do pecado, libertos do pecado, escravos da justiça – tem um tom pedagógico: se durante algum tempo aguentamos ser escravos de pecado para a morte, bem podemos agora aceitar ser escravos da justiça para a vida eterna: «Todos fomos escravos do pecado; mas, quando nos foi transmitida a forma da doutrina e decidimos obedecer-lhe não só de palavra, mas de coração e completa decisão, libertamo-nos da servidão do pecado e tornamo-nos servos da justiça» (Orígenes, *Commentarii in Romanos*, 6, 3).

7, 1-6. Paulo regressa ao tema da Lei mosaica, que, embora não possa ser equiparada ao pecado, pode despertar as más paixões (veja-se a nota a 7, 7-13). O Apóstolo ensina que, por meio do batismo, o cristão, que participou na morte de Cristo, fica morto para a Lei (representada, nos vv. 2-3, como o marido) e está liberto dela; mas está liberto para o bem, para produzir frutos para Deus (v. 4), frutos de vida santa, em virtude da sua união com Cristo.

A graça da Cruz liberta-nos da tirania do pecado para que possamos aspirar a servir a Deus voluntariamente, não por medo do castigo, mas por amor filial. Esta é a liberdade de espírito que os cristãos são chamados a viver: a de fazer o que Deus quer porque é também o que se deseja. «Pensemos que o Todo-poderoso, Aquele que governa o Universo através da sua Providência, não deseja servos forçados, prefere filhos livres. Introduziu na alma de cada um de nós – embora tenhamos nascido *proni ad peccatum,* inclinados ao pecado, devido à queda dos nossos primeiros pais – uma centelha da sua inteligência infinita, a atração pelo que é bom, uma ânsia de paz perdurável. E faz-nos compreender que a verdade, a felicidade e a liberdade se alcançam quando procuramos que germine em nós essa semente de vida eterna» (Josemaria Escrivá, *Amigos de Deus*, n. 33).

A «carne» (v. 5) se refere, quer à debilidade humana e, por conseguinte, à sede de concupiscência, que incita ao pecado, quer à condição do homem depois do pecado original.

7, 7-13. O Apóstolo expõe as relações entre a Lei, o pecado e o homem, explicando a natureza de cada uma dessas realidades. A «Lei» – e, de modo direto, a Lei de Moisés – também refere os preceitos da lei natural. Os preceitos legais conferem ao homem a consciência do pecado, e o pecado – que é apresentado como uma entidade pessoal – serve-se dos preceitos para suscitar a tentação.

Mas Paulo esclarece que, embora o pecado se sirva dela para ameaçar o homem, a Lei não é má, mas é santa, justa e boa: «A Lei é profecia e pedagogia das realidades vindouras» (Santo Irineu, *Adversus haereses*, 4, 15, 1; cf. *Catecismo da Igreja Católica*, 1964). A bondade da Lei consiste em ser um dom de Deus, que exprime a ordem estabelecida pela sabedoria divina, proíbe os males, ajuda a conhecer os deveres e prepara a vinda do Redentor (cf. 3, 19ss; 5, 20; Gl 3, 19.24); todavia, é insuficiente, porque não proporciona os meios necessários para vencer o pecado.

O «eu» monológico, que ocorre várias vezes em 7, 7-25, pode ser entendido como uma referência ao próprio Paulo (antes da sua conversão?), aos judeus submetidos à Lei ou – e talvez seja a hipótese mais provável – à humanidade em geral. Seja como for, por meio deste «eu» fica expressa uma das passagens retóricas mais dramáticas da carta.

7, 14-25. São Paulo apela à experiência universal da outra lei, diferente da Lei de Moisés: uma inclinação que se opõe à lei do Espírito, ao bem que, por meio da sua graça, Deus nos leva a desejar.

Ao dizer «vejo nos meus membros uma outra lei, que se opõe à lei do meu espírito» (v. 23), o Apóstolo sublinha a força com que os maus desejos se opõem aos preceitos do Espírito. A lei do pecado desordena as faculdades e, embora não sendo em si mesma pecado, inclina-nos para ele. «A vida nova recebida na iniciação cristã não suprimiu a fragilidade e a fraqueza da natureza humana, nem a inclinação para o pecado, a que a tradição chama concupiscência, a qual persiste nos batizados, a fim de que prestem as suas provas no combate da vida cristã, ajudados pela graça de Cristo. Este combate é o da conversão, em vista da santidade e da vida eterna, a que o Senhor não Se cansa de nos chamar» (*Catecismo da Igreja Católica*, 1426).

Houve quem considerasse que estes versículos faziam referência à experiência pré-cristã de Paulo, aos seus combates por obedecer à Lei mosaica. É esta a explicação de Lutero, para quem o pecado original corrompeu totalmente a natureza humana, de modo que o homem perdeu a liberdade e a força para fazer o bem moral. Segundo Lutero, o homem é sempre pecador; o pecado continua a viver nele. Porém, graças à justificação, os pecados não lhe são imputados – embora permaneçam nele –, e ele é considerado justo não em virtude das suas obras, mas pela graça de Jesus Cristo. É este o sentido da famosa asserção: «ao mesmo tempo justo e pecador», que se relaciona com 7, 15-20. A doutrina católica nesta matéria, exposta no decreto *Sobre a justificação*, do Concílio de Trento (cf. também *Catecismo da Igreja Católica*, 1987-1992), afirma que a graça santificante que é conferida pelos sacramentos nos torna intrinsecamente justos e agradáveis a Deus, porque a graça recebida apagou o pecado e fez de nós filhos de Deus, ou seja, renovou o ser do homem. É verdade que, devido à nossa natureza ferida, continuamos inclinados para o pecado, mas a nossa liberdade não ficou destruída, e está nas nossas mãos corresponder à graça.

8, 1-13. Já se disse que Cristo nos liberta da morte e do pecado e nos traz a vida; porém, como deve viver essa vida um ser que continua a ser carnal, se a carne não se submete à lei de Deus? O Apóstolo responde que não podemos viver segundo a carne, mas de acordo com o Espírito de Deus, que ressuscitou Cristo.

Primeiro, salienta que a criatura humana não tinha

capacidade para se libertar a si mesma do pecado, nem sequer com a ajuda da Lei antiga (vv. 1-4); mas, acrescenta, o que é impossível aos homens não é impossível a Deus, que de fato nos libertou do pecado, enviando o seu próprio Filho para vencer o pecado com a sua morte. Também nós, pelos méritos de Cristo e a participação na sua ressurreição, podemos vencer o pecado.

Ao assumir a natureza humana, Jesus Cristo quis tomar uma carne semelhante à do pecado, ainda que não tomasse o próprio pecado, sujeitando-Se às circunstâncias desta vida. Estas circunstâncias – a fome, o cansaço, o sofrimento e, sobretudo, a morte – constituem a «carne semelhante à do pecado» (v. 3); ao assumi-las, Cristo redimiu-as, convertendo-as em caminho de santidade, de modo que, por meio delas, pudéssemos identificar-nos com Ele.

São Paulo especifica duas maneiras de viver neste mundo (vv. 5-8). A primeira é a vida segundo o Espírito, de acordo com a qual se procura a Deus sobre todas as coisas e se luta, com a sua graça, contra as inclinações da concupiscência; a segunda é a vida segundo a carne, pela qual o Homem se deixa vencer pelas paixões. A vida segundo o Espírito, que tem a sua raiz na graça, não se reduz a um mero estar passivo e a umas quantas práticas piedosas; é um viver segundo Deus, que dá forma a toda conduta do cristão: pensamentos, anseios, desejos e obras adaptam-se ao que o Senhor pede em cada instante e realizam-se sob o impulso das moções do Espírito Santo. Comenta São João Crisóstomo: «Temos de nos submeter ao Espírito, de nos entregar de coração e de nos esforçar por manter a carne no lugar que lhe pertence. Desta forma, a nossa carne torna-se espiritual. Se, pelo contrário, cedemos à comodidade de vida, esta leva a nossa alma a descer para o nível da carne, tornando-a carnal [...]. Com o Espírito, crucifica-se a carne e experimenta-se o encanto de uma vida imortal» (*In Romanos*, 13).

É o próprio Cristo quem vive naquele que vive segundo o Espírito (v. 10; cf. Gl 2, 20; 1 Cor 15, 20-23); por essa razão, este pode esperar com certeza a sua ressurreição futura (vv. 9-13). Daí que Orígenes faça notar: «Cada um deve experimentar se tem em si o Espírito de Cristo. [...] Quem possui [a sabedoria, a justiça, a paz, a caridade, a santificação] está certo de ter em si o Espírito de Cristo e pode ter a esperança de que o seu corpo mortal seja vivificado por uma inabitação nele do Espírito de Cristo» (*Commentarii in Romanos*, 6, 13).

A observação: «o corpo verdadeiramente está morto por causa do pecado» (v. 10) significa que o corpo humano está destinado à morte pelo pecado, como se já estivesse morto.

8, 14-30. O povo de Israel tinha entendido que era o primogênito de Deus e que os seus filhos eram filhos de Deus enquanto membros do povo (cf. Ex 4, 22-23; Is 1, 2); São Paulo explica agora que a relação do homem com Deus foi estabelecida de modo novo e insuspeitado à mercê do Espírito de Jesus Cristo, o único e verdadeiro Filho de Deus. Graças ao Espírito, o cristão pode participar da vida de Cristo, o Filho de Deus por natureza; esta participação é, pois, uma adoção filial (v. 15), razão pela qual o cristão pode dirigir-se a Deus como «*Abbá*, Pai!», como fazia Jesus. Sendo, por adoção, verdadeiramente filho de Deus, o cristão tem, por assim dizer, o direito de também participar da sua herança: a vida gloriosa no Céu (vv. 14-18).

Em continuidade com os ensinamentos dos profetas, que anunciavam «um novo céu e uma nova terra» (Is 65, 17; 66, 22), Paulo amplia a libertação operada por Cristo à criação material (vv. 19-22), que se encontrava sujeita «à corrupção» (v. 21), ou seja, corrompida por causa do pecado de Adão (Gn 3, 17-19; 5, 29). Desenvolvendo o contraste entre Cristo e Adão (cf. 5, 12-21), Paulo entende que a libertação do cosmos é uma consequência da libertação do homem. Embora ainda não vejamos de forma clara os seus efeitos, aguardamos que se cumpram, assistidos pelo Espírito, que acorre em auxílio da nossa fraqueza (vv. 23-27); enquanto isso, mantemo-nos em tensão entre o que já possuímos e somos e aquilo a que anelamos. Todavia, não há nenhum aspecto do porvir que seja entregue por Deus ao acaso (vv. 28-30); escolha, predestinação, chamamento, justificação e glorificação, tudo isso faz parte do seu desígnio salvador: «todas as coisas concorrem para o bem daqueles que amam a Deus» (v. 28). O sentido da filiação divina permite-nos descobrir que os acontecimentos da nossa vida são dirigidos pela amável vontade de Deus, que nos enche de esperança e de paz.

As palavras inspiradas do Apóstolo são o ponto de apoio do sentido da filiação divina na vida e na catequese de São Josemaria Escrivá, que ensinou milhares de pessoas a viver essa filiação: «É preciso convencer-se de que Deus está junto de nós continuamente. – Vivemos como se o Senhor estivesse lá longe, onde brilham as estrelas, e não consideramos que também está sempre ao nosso lado. E está como um Pai amoroso – quer mais a cada um de nós do que todas as mães do mundo podem querer a seus filhos –, ajudando-nos, inspirando-nos, abençoando... e perdoando. [...] Necessário é que nos embebamos, que nos saturemos de que Pai e muito Pai nosso é o Senhor que está junto de nós e nos céus» (São Josemaria Escrivá, *Caminho*, 267). «A filiação divina empapa toda a nossa vida espiritual, porque nos ensina a procurar, conhecer e amar o nosso Pai do Céu, e assim cumula de esperança a nossa luta interior e nos dá a simplicidade confiante dos filhos pequenos. Mais ainda: precisamente porque somos filhos de Deus, esta realidade leva-nos também a contemplar com amor e com admiração todas as coisas que saíram das mãos de Deus Pai Criador. E deste modo somos contemplativos no meio do mundo, amando o mundo» (*Idem*, *É Cristo que passa*, 65). «Parece que o mundo te cai em cima. À tua volta não se vislumbra saída. Desta vez, é impossível superar as dificuldades. – Mas... tornaste a esquecer-te de que Deus é teu Pai?: onipotente, infinitamente sábio, misericordioso. [...] Isso que te preocupa convém-te, ainda que os teus olhos de carne estejam agora cegos. – *Omnia in bonum!* Senhor, que, mais uma vez e sempre, se cumpra a tua sapientíssima vontade!» (*Idem*, *Via Sacra*, 9, 4).

8, 31-39. Estes versículos são uma espécie de recapitulação do que ficou dito e constituem uma das declarações mais eloquentes de Paulo: a força onipotente daquele que ama a criatura humana a ponto de entregar à morte o seu próprio Filho unigênito fará com saiamos vitoriosos de todos os ataques e padecimentos. Os cristãos podem estar seguros de que alcançarão a salvação – desde que queiram acolher os benefícios divinos – porque Deus não deixará de lhes dar as graças necessárias para esse efeito. Nada do que nos acontece pode separar-nos do Senhor: nem o medo da morte, nem o amor à vida, nem os principados demoníacos, nem os poderes deste mundo, nem os tormentos que possam fazer-nos sofrer...

Com esta enumeração das forças superiores ao homem (vv. 38-39), São Paulo pretende exprimir que não há nada nem ninguém que seja mais forte que o amor irrevogável que nos foi dado em Cristo Jesus. É certo que, enquanto vivemos, ainda não alcançamos a salvação, mas temos a certeza de que a conseguiremos em razão das graças que Deus não deixa de nos dar. É por este motivo que vivemos como filhos de Deus, sem medo da vida nem medo da morte: «Enquanto contarmos com o amor de Deus, não nos pode acontecer mal nenhum. Com efeito, o amor com que nos amou raptou o nosso afeto por Ele, conseguindo que não sintamos a dor nem a crucifixão do corpo. Assim, "em tudo isso saímos mais do que vencedores", como diz a esposa do *Cântico dos Cânticos* quando declara: "desfaleço de amor" (Ct 2, 5). Também a nossa alma recebe a ferida do amor de Cristo: ainda que o corpo seja entregue à espada, não sentirá as feridas da carne graças à ferida do amor» (Orígenes, *Commentarii in Romanos*, 7, 11).

***9, 1-11, 36.** Entramos na última seção da parte doutrinal da carta, em que se pode dizer que Paulo responde a uma pergunta implícita: como é que a justificação pela fé em Cristo se compatibiliza com as promessas de Deus a Israel? Se havia, desde o princípio, um desígnio de Deus que havia de levar ao Messias, como é que os judeus, que tinham recebido as promessas dos patriarcas, a Lei e os profetas, rejeitaram Cristo?

Retomando o que ficou dito em 3, 1-2, o Apóstolo enuncia o privilégio do povo judaico como primeiro destinatário da revelação divina (9, 1-5) e declara que, embora os gentios tenham acolhido o chamamento de Deus, a despeito da rejeição de Cristo por parte dos seus irmãos judeus, as promessas divinas a Israel não caducaram. O Antigo Testamento ensina que Deus escolhe quem quer (9, 6-13), revelando desse modo o mistério da predestinação divina (9, 14-33); por outro lado, embora o antigo povo eleito não tenha sido fiel à sua vocação, até a sua infidelidade foi eficaz, pois dessa maneira a misericórdia divina orientou-se para os gentios (10, 1-21). Além disso, a reprovação de Israel não foi total, pois houve um resto que acreditou na pregação evangélica (11, 1-12). Por tudo isto, os gentios devem ter consciência do dom que receberam (11, 13-24) e devem saber que a sabedoria divina dispôs, para o final dos tempos, a conversão de Israel e a união de todos os fiéis (11, 25-36).

9, 1-13. A descendência de Jacó era o fundamento dos privilégios que Deus concedeu aos israelitas a longo da história. São Paulo, porém, dando provas de grande amor aos da sua raça, ensina que a grande dignidade do povo eleito é antes manifesta no fato de Deus ter querido assumir uma natureza humana da raça hebraica (vv. 1-5). Jesus Cristo descende dos israelitas «segundo a carne» e é simultaneamente Deus verdadeiro, pelo «qual é sobre todas as coisas Deus bendito por todos os séculos» (v. 5). Esta afirmação, à maneira de doxologia ou glorificação de Deus, era um modo de exaltar o Senhor no Antigo Testamento (cf. Sl 41, 14; 72, 19; 106, 48; Ne 9, 5; Dn 2, 20 etc.); aplicada a Cristo, constitui uma das maneiras mais expressivas de afirmar a sua divindade. Encontramos formulações parecidas, relativas ao núcleo da encarnação, noutros textos paulinos: 1, 3-4; Fl 2, 6-7; Cl 2, 9; Tt 2, 13-14.

Paulo usa o fato de Deus ter escolhido Isaac como filho da promessa e ter preferido Jacó a Esaú, que tinha o direito de primogenitura, para explicar que o chamamento aos gentios não é de surpreender, porque Deus escolhe de acordo com a promessa, e não segundo a carne (vv. 6-13). O verdadeiro Israel não é, pois, aquele que descende de Deus «segundo a carne», mas o que foi constituído pelos laços do Espírito.

Aprofundando esta ideia, São Tomás aponta a diferença entre o nosso modo e o modo de Deus amar: «A vontade do homem move-se ao amor atraída pelo bem que encontra na coisa amada, razão pela qual a escolhe de preferência a outra. [...] A vontade de Deus, pelo contrário, é a causa de qualquer bem que se encontra nas criaturas. [...] Daí que Deus não ame um homem por encontrar nele alguma coisa boa que O leve a escolher esse homem, mas o escolhe de preferência a outros porque o ama» (*Super Romanos, ad loc.*). O exemplo de Jacó, a vocação dos Apóstolos, a escolha de Paulo e de tantos outros ao longo da história mostram que Deus Se compraz em escolher precisamente aqueles que, aos olhos dos homens, podem parecer menos aptos: «Reconheces-te miserável. E és. – Apesar de tudo – mais ainda, por isso –, Deus te procurou. – Sempre emprega instrumentos desproporcionados: para que se veja que a "obra" é dEle. – A ti, só te pede docilidade» (São Josemaria Escrivá, *Caminho*, 475).

A expressão «aborreci Esaú» (v. 13) deve ser entendida tendo em consideração o modo de falar da cultura semita, que se encontra na Sagrada Escritura: Deus também ama Esaú mas, em comparação com o amor de predileção a Jacó, tal amor parece inexistente; trata-se de uma linguagem exagerada que pretende ressaltar um ensinamento. No Evangelho, o Senhor também usa por vezes uma linguagem parecida, como por exemplo quando compara o amor que Lhe devemos com o amor aos pais (cf. Mt 10, 37 e nota a Lc 14, 25-35, no volume anterior). Deus ama todas as suas criaturas e não odeia ninguém nem nada do que criou (cf. Sb 11, 24).

9, 14-33. São Paulo confirma com citações da Escritura o que disse até agora. A partir da vocação de Israel, explica a existência de um mistério profundo: a predestinação. A escolha do povo hebreu, entre todos os povos (v. 15), o endurecimento do faraó (vv. 16-18), a salvação ou condenação individual, representadas na alegoria do vaso de barro (vv. 20-26), são exemplos que exprimem este mistério. Deus, que é todo-poderoso e onisciente, não só conhece os acontecimentos futuros, como os dispõe para a consecução do fim estabelecido: a sabedoria divina, garante a Escritura, «estende-se com vigor de uma extremidade à outra e tudo governa com bondade» (Sb 8, 1). A mente humana não compreende como se pode compatibilizar a infalibilidade do desígnio divino e a liberdade humana; é precisamente aqui que reside o mistério, no qual se incluem três verdades: a) a absoluta liberdade e generosidade de Deus, que nos concede a sua graça; b) a vontade salvífica universal de Deus, pela morte de Cristo na Cruz; c) a livre correspondência do homem, com a qual Deus conta e que move e previne com a sua graça: «Todos os momentos do tempo estão presentes a Deus na sua atualidade. Por isso, Ele estabelece o seu desígnio eterno de "predestinação", incluindo nele a resposta livre de cada homem à sua graça» (*Catecismo da Igreja Católica*, 600). Pode-se dizer, com Santo Agostinho, que, quando os homens seguem livremente o querer de Deus, mesmo quando o que fazem é feito voluntariamente, a sua vontade não deixa de ser a daquele que dispõe e manda o que querem (cf. *In Ioannis Evangelium*, 19, 19).

Paulo ensina que Deus não é injusto pelo fato de distribuir a sua graça de modo desigual entre os homens (vv. 14-18): tem misericórdia com quem quer, sem por isso deixar de ser justo. Contudo, se o homem rejeita esses dons no pleno uso da sua liberdade, Deus respeita a decisão humana. Por isso, a expressão «endurece a quem quer» (v. 18) deve ser entendida como uma maneira de falar tipicamente bíblica, segundo a qual se atribui a Deus o que Ele permite; em sentido próprio, a responsabilidade pelo endurecimento é exclusiva do pecador. São Tomás explica a situação com uma comparação: «Embora o sol seja capaz de iluminar todos os objetos, quando encontra um obstáculo em algum corpo, nem por isso o deixa nas trevas, como quando uma casa tem as janelas fechadas. O sol não é a causa da escuridão, porque não é por vontade sua que não entra luz no interior; a escuridão fica a dever-se apenas ao fato de as janelas estarem fechadas. Assim também Deus, no seu juízo, não infunde a luz da graça aos que erguem obstáculos» (*Summa theologiae*, 1-2, 79, 3). Seja como for, Deus nunca deixa de oferecer oportunidades de conversão. Por isso, o salmista convida-nos a não fechar o nosso coração aos convites divinos: «Oxalá ouvísseis hoje a sua voz; não endureçais os vossos corações» (Sl 95, 7-8).

A imagem do oleiro que modela o barro para fazer vasos de uso variado (vv. 20-23) aparece nos livros sagrados com simbolismos diversos. Assim, nos profetas, indica o poder divino sobre a história: o oleiro é Deus e o vaso é o povo eleito (cf. Is 29, 16; 45, 9; Jr 18, 1ss); nos livros sapienciais, a ideia aplica-se a cada fiel, que está sujeito a Deus como o barro nas mãos do oleiro, porque Ele fez todos os homens do barro da terra (cf. Eclo 33, 10-13; Sb 15, 7). Com esta imagem, Paulo ensina que não se podem pedir contas a Deus pela sua atuação (vv. 19-26): a vontade divina está muito para além daquilo que o homem pode compreender; mas este tem a certeza de que Deus quer sempre o seu bem. Contudo, a nossa liberdade e responsabilidade pessoais não ficam diminuídas.

Finalmente, o Apóstolo mostra que o verdadeiro Israel não é o que descende de Abraão segundo a carne e que procurava justificar-se pelas suas obras, e não pela fé; o verdadeiro Israel é o «resto» de que tinham falado os profetas (vv. 27-28; cf. 11, 4). Tal como Abraão, o resto vivia da fé, à semelhança dos gentios que tinham aceitado o Evangelho. Assim, a Igreja, formada por uma porção de Israel e outra dos gentios, é o verdadeiro Israel, que se constitui a partir da rocha anunciada na Escritura (v. 33), Cristo, não por laços de sangue, mas pelos laços do Espírito (vv. 30-33).

10, 1-21. A intenção de Paulo parece ser mostrar que a onipotência de Deus é capaz de retirar, dos grandes males (como a infidelidade de Israel), bens maiores (como o chamamento dos gentios). O Apóstolo faz notar que os israelitas, ao procurarem a justificação pelo cumprimento das obras da Lei, não souberam reconhecer que Deus justifica aquele que crê em Cristo precisamente pois a

Lei tinha sido dada para promover a aceitação de Cristo (vv. 1-4); por outro lado, mostra que os judeus não têm desculpa para não invocar Cristo como Senhor, uma vez que, se não acreditam nEle, não é por não terem tido acesso à pregação evangélica, mas pela sua falta de compreensão e de correspondência ao chamamento de Deus. Paulo reforça as suas afirmações com textos do Antigo Testamento, aduzidos como prova, segundo o costume rabínico do seu tempo.

Nos vv. 5-8, o Apóstolo ensina que, se a Lei dada a Moisés era uma expressão da vontade divina e tornava mais acessível o seu cumprimento, a fé em Cristo abriu um caminho mais fácil para chegar a Deus. Ao descer do Céu pela sua encarnação, e ao ressuscitar de entre os mortos e subir ao Céu, Jesus Cristo cumpriu a profecia de Moisés, que anunciava a proximidade da palavra de Deus (cf. Dt 30, 12-14): após levar a cabo a sua obra redentora, Cristo encontra-Se perto dos que creem nEle.

Os vv. 9-10 mostram que é necessário aceitar interiormente a divindade de Cristo e professá-la verbalmente; fica deste modo assinalada a necessidade da confissão ou profissão da fé, prática geral da Igreja desde os começos até hoje. O título de Senhor (*Adonai*, em hebraico), o nome que, a partir do século III a.C., os judeus usam para substituir o de YHWH (que não era pronunciado, por uma questão de respeito), aplica-se aqui a Jesus Cristo, expressando a sua divindade; o sujeito do verbo «confessar», utilizado na segunda pessoa no v. 9, não faz distinção entre judeu e grego (cf. v. 12), cumprindo-se assim o que fora profetizado por Joel (v. 13).

Prosseguindo o seu raciocínio, nos vv. 14-21 São Paulo não deixa grande margem para desculpas aos judeus que não creem em Cristo: o Evangelho (as «boas-novas») foi proclamado em tempos antigos por todos os profetas (v. 15; cf. Is 52, 7) e difundiu-se por toda parte (v. 18; cf. Sl 19, 5), mas os judeus não acreditaram (vv. 16.21; cf. Is 53, 1; 65, 2); nem sequer tiveram em conta as advertências de Moisés (v. 19; cf. Dt 32, 21). Pelo contrário, Deus foi encontrado pelos que não O procuravam (v. 20; cf. Is 65, 1-2).

As palavras dos vv. 14-15 constituem um estímulo precioso à propagação da palavra de Deus, prosseguindo a tarefa que o Senhor confiou aos seus Apóstolos (cf. Mc 16, 15-16): «Ao falar dos pés, refere-se à vinda dos Apóstolos, que percorreram o mundo pregando o advento do Reino de Deus; pois a sua vinda iluminava a humanidade, ensinando o caminho da paz, para chegar a Deus» (Ambrosiastro, *Ad Romanos, ad loc.*). Tal como os Apóstolos, os discípulos de Cristo têm de continuar a evangelizar mediante o testemunho da palavra; comentando o v. 14, São Paulo VI observava: «Esta lei, estabelecida outrora pelo Apóstolo Paulo, conserva ainda hoje todo o seu vigor. Sim: a pregação, a proclamação verbal de uma mensagem, permanece sempre como algo indispensável» (*Evangelii nuntiandi*, 42). Mas não basta o anúncio da palavra: «Para a Igreja, o testemunho de uma vida autenticamente cristã, entregue nas mãos de Deus, numa comunhão que nada deverá interromper, e dedicada ao próximo com um zelo sem limites, é o primeiro meio de evangelização. "O homem contemporâneo escuta com melhor boa vontade as testemunhas do que os mestres", dizíamos ainda recentemente a um grupo de leigos, "ou então, se escuta os mestres, é porque eles são testemunhas". [...] Será pois, pelo seu comportamento, pela sua vida, que a Igreja há de, antes de mais nada, evangelizar este mundo; ou seja, pelo seu testemunho vivido com fidelidade ao Senhor Jesus, testemunho de pobreza, de desapego e de liberdade frente aos poderes deste mundo, numa palavra, testemunho de santidade» (*Ibidem*, 41).

11, 1-2. O Apóstolo, sentindo-se um israelita autêntico, descendente de Abraão, da tribo de Benjamin, afirma em termos contundentes que, apesar de tudo o que ficou dito, Deus não rejeitou Israel (v. 1). Citando as queixas que o profeta Elias fez a Deus por causa da infidelidade da maior parte dos membros do povo (v. 3) e a resposta divina (v. 4), evoca o tema bíblico do resto de Israel (cf. 9, 27-28); esta expressão, que ocorre com frequência nos profetas (cf. Is 4, 2-3; Jr 3, 14; Ez 9, 8; Am 3, 12; Mq 4, 7; Sf 2, 7.9), designava o grupo de israelitas que se mantinham fiéis a Deus em momentos de infidelidade generalizada. Paulo recorre a esta imagem para explicar por que apenas um reduzido grupo de judeus acreditou na pregação evangélica: eles são o «resto» que Deus escolheu para que neles se cumprissem as promessas; o próprio Paulo é um exemplo do regresso de Israel ao seu Deus.

Ao ler estes versículos, os cristãos apercebem-se de que, analogamente ao que aconteceu a Israel, também na história da Igreja houve e continua a haver ocasiões em que muitos se afastam da fé; nesses momentos de crise, confiando nas promessas de Deus, temos de considerar que o Senhor quer servir-Se de um «resto» que permanece fiel para remediar essa situação. «Um segredo. – Um segredo em voz alta: estas crises mundiais são crises de santos. Deus quer um punhado de homens "seus" em cada atividade humana. – Depois... "*pax Christi in regno Christi*" – a paz de Cristo no reino de Cristo» (Josemaria Escrivá, *Caminho*, n. 301).

Por outro lado, as palavras do v. 1 devem servir de estímulo para amar o povo judeu. Ensina o Concílio Vaticano II: «A Igreja de Cristo reconhece que os primórdios da sua fé e eleição já se encontram, segundo o mistério divino da salvação, nos patriarcas, em Moisés e nos profetas; e professa que todos os cristãos, filhos de Abraão segundo a fé (cf. Gl 3, 7), estão incluídos na vocação deste patriarca e que a salvação da Igreja foi misticamente prefigurada no êxodo do povo escolhido da terra da escravidão. A Igreja não pode, por isso, esquecer que foi por meio desse povo, com o qual Deus se dignou, na sua inefável misericórdia, estabelecer a antiga aliança, que ela recebeu a revelação do Antigo Testamento e que se alimenta da raiz da oliveira mansa, na qual foram enxertados os ramos da oliveira brava, os gentios (cf. Rm 11, 17-24). Com efeito, a Igreja acredita que Cristo, nossa paz, reconciliou pela Cruz os judeus e os gentios, de ambos fazendo um só, em Si mesmo (cf. Ef 2, 14-16). Também tem sempre diante dos olhos as palavras do Apóstolo Paulo a respeito dos seus compatriotas, "a quem pertence a adoção filial, a glória, as alianças, a lei, o culto, as promessas. A eles pertencem os patriarcas e é deles que descende Cristo, segundo a carne" (Rm 9, 4-5), filho da Virgem Maria. Recorda ainda a Igreja que os Apóstolos, fundamentos e colunas da Igreja, nasceram do povo judaico, bem como muitos daqueles primeiros discípulos que anunciaram ao mundo o Evangelho de Cristo» (Concílio Vaticano II, *Nostra aetate*, 4). São João Paulo II vai na mesma linha; com efeito, referindo-se à existência do povo de Israel, faz notar que «não é, por conseguinte, um mero fato de natureza nem de cultura, no sentido em que mediante a cultura o homem emprega os recursos da sua própria natureza. Trata-se de um fato sobrenatural. Esse povo persevera perante tudo e contra tudo, porque é o povo da aliança e, não obstante as infidelidades dos homens, o Senhor é fiel à sua aliança. Ignorar esta dádiva primordial é aventurar-se pelo caminho de um marcionismo contra o qual a Igreja reagiu imediatamente com vigor, consciente do seu vínculo vital com o Antigo Testamento, sem o qual o próprio Novo Testamento é desvirtuado do seu sentido. As Escrituras são inseparáveis desse povo e da sua história, a qual conduz a Cristo, o Messias prometido e esperado [...]. Eis o motivo por que aqueles que consideram o fato de Jesus e o seu ambiente terem sido judeus como um simples dado cultural contingente [...] não só desconhecem o sentido da história da salvação, mas, mais radicalmente, põem em causa a verdade mesma da encarnação» (*Discurso aos participantes no Encontro sobre o Antijudaísmo*, 31.10.1997).

11, 13-24. A conversão dos gentios deve gerar nestes o zelo para que também os judeus se convertam. A oliveira boa representa a comunidade dos fiéis do Antigo Testamento e, ao mesmo tempo, o Israel de Deus que é a Igreja; os ramos naturais que ficaram são os judeus que abraçaram a fé em Cristo; os ramos cortados são os judeus incrédulos; os ramos da oliveira brava enxertados na oliveira boa são os gentios que, tendo nascido de uma raiz não cultivada, passaram a ocupar o lugar dos judeus infiéis, para serem unidos na mesma fé aos patriarcas e aos profetas e participarem das bênçãos prometidas.

A comparação do Apóstolo tem dupla finalidade: por um lado, procura corrigir a jactância dos cristãos provenientes dos gentios, salientando que, se os ramos naturais foram arrancados, mais facilmente poderão sê-lo os ramos que eram originalmente estranhos; por outro, pretende fomentar a esperança dos cristãos provenientes do judaísmo, uma vez que, se os gentios, ramos de oliveira brava, foram enxertados neles, mais facilmente poderão ser de novo unidos os que são ramos naturais.

11, 25-36. São Paulo anuncia que, segundo o desígnio de Deus, no final, todos os povos se converterão: «Com os profetas e o mesmo Apóstolo, a Igreja espera por aquele dia, só de Deus conhecido, em que todos os povos invocarão a Deus com uma só voz e O servirão "de comum acordo" (Sf 3, 9)» (Concílio Vaticano II, *Nostra aetate*, 4). Mas Paulo não especifica mais nada: o reconhecimento de Jesus como Messias por parte dos judeus é um «mistério» (v. 25) do futuro, que terá lugar quando Deus assim decidir. O que é seguro é que Deus é fiel às suas promessas e não voltará atrás; por isso, a vocação do povo judeu como povo eleito é irrevogável (v. 29), e, apesar da sua desobediência, Deus amá-lo-á para sempre, segundo as promessas feitas aos patriarcas e os méritos que alcançaram com a sua correspondência fiel (cf. 9, 4-5); é precisamente por esse amor inalterável de Deus que é possível que todo o Israel seja salvo. Daí que Paulo considere que a conversão dos gentios é uma etapa na missão do povo de Israel, pois estava escrito que a promessa de Deus a Abraão era para sempre: «Abençoarei os que te abençoarem, amaldiçoarei os que te amaldiçoarem; em ti serão benditas todas as nações da terra» (Gn 12, 3).

Das palavras citadas nos vv. 26-27, não se segue necessariamente que a conversão do povo judeu seja um prenúncio do fim do mundo; o que estas palavras ensinam é que a história do povo judeu é uma parte especial da história da salvação e que a redenção terá – na medida em que as criaturas correspondam – um alcance universal, abarcando toda a humanidade, tanto judeus como gentios. Por isso, a Igreja pede ao Senhor que escute as suas orações «para que o povo da primitiva aliança mereça alcançar a plenitude da vossa redenção» (Missal Romano, *Liturgia de Sexta-Feira Santa, Oração dos fiéis*).

A bondade de Deus, que permitiu a desobediência de judeus e gentios, mas teve misericórdia das suas misérias (v. 32), arranca ao Apóstolo incendiadas exclamações de louvor ao misterioso desígnio divino (vv. 33-35), que terminam com uma doxologia: «Glória a Ele pelos séculos! Amém» (v. 36). Comenta Orígenes: «Acrescenta o "Amém" para que entendamos que se chega a essa felicidade por meio daquele de quem também está escrito no Apocalipse: "Isto diz o Amém" (3, 14)» (*Commentarii in Romanos*, 8, 13).

***12, 1-16, 27.** A revelação da unidade de todos em Cristo dá início à parte moral da carta, cujo tema central é a vida de acordo com a caridade (12, 1-13, 14). Esta tem exigências concretas, que se manifestam segundo o exemplo de Cristo (14, 1-15, 13). É esse o espírito a que se conforma a atuação do Apóstolo (15, 14-16, 27).

***12, 1-13, 14.** Dirigindo-se aos cristãos de Roma, mas com projeção universal no tempo e no espaço, São Paulo enuncia o princípio geral que deve reger a vida cristã: a caridade é o vínculo de união entre os membros do corpo de Cristo, que é a Igreja. Todos somos, em Cristo, um só corpo e membros uns dos outros (12, 1-8); daqui brota a exigência da caridade fraterna (12, 9-21). Neste contexto, a obediência à autoridade, que vem de Deus e está ao serviço de Deus (13, 1-7), também deve estar impregnada do amor de Deus. Por tudo isto, a caridade é a plenitude da Lei (13, 8-14).

12, 1-8. Apoiado na graça que lhe foi dada (v. 3), Paulo começa agora a indicar o comportamento a ter quando se deseja viver uma vida em conformidade com a vontade de Deus e a dignidade cristã; a ideia que pretende transmitir pode ser resumida nas palavras do v. 2: «Não vos conformeis com este mundo».

Primeiro, estabelece o fundamento da sua exortação: aquele que foi justificado em Cristo deve oferecer-se por completo e sem reservas a Deus, como num ato de culto. «O povo de Deus é convocado e reunido pela virtude da mensagem apostólica, de tal modo que todos quantos pertencem a este povo, uma vez santificados no Espírito Santo, se ofereçam "como sacrifício vivo, santo, agradável a Deus" (Rm 12, 1)» (Concílio Vaticano II, *Presbyterorum ordinis*, 2). Trata-se, pois, de prestar a Deus um culto que, como Cristo ensinou à samaritana, não é puramente material, exterior e formal, mas interior e espiritual (cf. Jo 4, 23-24); deste modo, toda a vida do cristão fica impregnada de sentido sacerdotal: «Se eu renunciar a tudo quanto possuo, levar a cruz e seguir a Cristo, ofereci um holocausto no altar de Deus [...]. Se mortificar o meu corpo e me abstiver de toda a concupiscência, se o mundo estiver crucificado para mim e eu para o mundo, ofereci um holocausto no altar de Deus e tornei-me sacerdote do meu próprio sacrifício» (Orígenes, *In Leviticum homilia*, 9, 9). Ou: «Pelo batismo, todos fomos constituídos sacerdotes da nossa própria existência, para "oferecer sacrifícios espirituais agradáveis a Deus, por Jesus Cristo" (1 Pd 2, 5), para realizar cada uma das nossas ações em espírito de obediência à vontade de Deus, perpetuando assim a missão do Deus-Homem» (Josemaria Escrivá, *É Cristo que passa*, n. 96). Cf. também a nota a 1 Pd 2, 4-10.

Nos vv. 3-8, São Paulo recupera ideias que tinha enunciado na *Primeira Carta aos Coríntios* (cf. 1 Cor 12, 8-10.28), explicando novamente os diversos carismas que há na Igreja com a imagem do corpo, a fim de ressaltar a sua variedade na unidade: cada um deles cumpre um papel específico e coopera para o bem de todos, ao mesmo tempo que procura o seu próprio bem espiritual (cf. 1 Cor 12, 12-31). Os carismas designam graças divinas especiais e transitórias, que são concedidas, não tanto para o bem pessoal de quem os recebe, mas para o bem geral da Igreja. Pode-se dizer que São Paulo foi o introdutor do termo «carisma» na Igreja.

12, 9-21. «Depois de ter falado daqueles dons que não são comuns a todos, o Apóstolo ensina agora que a caridade é o dom comum a todos» (São Tomás de Aquino, *Super Romanos, ad loc.*). A caridade tem manifestações muito diversas, segundo as necessidades e as possibilidades de cada um; mas deve caracterizar-se sempre pela procura do bem e a fuga do mal (vv. 9.15-16) e exercitar-se tanto com os cristãos como com os que não o são (vv. 14.17-21). O exercício da caridade com estes últimos facilitará a sua aproximação à fé: «Temos de compreender a todos, temos de conviver com todos, temos de desculpar a todos, temos de perdoar a todos. Não diremos que o injusto é justo, que a ofensa a Deus não é ofensa a Deus, que o mau é bom. No entanto, perante o mal, não responderemos com outro mal, mas com a doutrina clara e com a ação boa: afogando o mal em abundância de bem. Assim Cristo reinará na nossa alma e na alma dos que nos rodeiam» (São Josemaria Escrivá, *É Cristo que passa*, 182).

13, 1-7. São Paulo projeta os efeitos da caridade nos deveres com o Estado. Sendo o autor da ordem social, Deus criou o homem como um ser que tem necessidade de viver e de se desenvolver em comunidade, na qual alcança o seu fim último; ora, as autoridades – e está subentendido que o Apóstolo se refere às autoridades legítimas, que respeitam a dignidade da pessoa – estão integradas nesse plano divino (cf. Jo 19, 11; Pr 8, 15-16; Sb 6, 3). Os primeiros cristãos deram testemunho deste respeito pela ordem social, apesar das perseguições que sofreram: «Os cristãos habitam na sua pátria, mas como forasteiros; participam em tudo como cidadãos, e tudo suportam [...]; obedecem às leis estabelecidas, mas ultrapassam-nas com sua vida; amam a todos e são perseguidos por todos; são desconhecidos e, apesar disso, condenados; [...] são maltratados, e honram quem os maltrata» (*Epistula ad Diognetum*, 5)

Recorda o Concílio Vaticano II: «Resulta, portanto, claro que a comunidade política e a autoridade pública se fundam na natureza humana e que, por conseguinte, pertencem à ordem estabelecida por Deus, embora a determinação do regime político e a designação dos governantes se deixem à livre vontade dos cidadãos»

(*Gaudium et spes*, 74). Devemos obediência à autoridade civil devido à origem divina desta, quando é exercida dentro dos limites da ordem moral e procura o bem comum. Quando abusa do seu poder para impor leis injustas e humilhantes da dignidade e da liberdade humanas (cf. Ap 13, 1-10), porém, é um dever de consciência defender os direitos humanos com razões políticas e por todos os meios legais possíveis. Por isso, os conselhos do Apóstolo, que têm como objetivo fazer dos cristãos cidadãos exemplares, não podem ser absolutizados e aplicados a qualquer caso, mas devem sê-lo com discernimento.

Em continuidade com esta doutrina, a Igreja ensina que «a submissão à autoridade e a corresponsabilidade pelo bem comum exigem moralmente o pagamento dos impostos, o exercício do direito de voto, a defesa do país» (*Catecismo da Igreja Católica*, 2240).

13, 8-14. Os vv. 8-10 recuperam o ensinamento de Jesus (cf. Mt 22, 36-40) segundo o qual o amor é a plenitude da Lei; o que não significa que as outras normas morais sejam todas anuladas: «Os fiéis hão de reconhecer e respeitar os preceitos morais específicos, declarados e ensinados pela Igreja em nome de Deus, Criador e Senhor. Quando o Apóstolo Paulo recapitula o cumprimento da lei no preceito de amar o próximo como a si mesmo, não atenua os mandamentos, antes os confirma, dado que revela as suas exigências e a sua gravidade. O amor de Deus e o amor do próximo são inseparáveis da observância dos mandamentos da aliança, renovada no sangue de Jesus Cristo e no dom do Espírito» (São João Paulo II, *Veritatis splendor*, 77).

Como exortação final (vv. 11-14), Paulo convida os romanos a manterem-se vigilantes, cientes do momento em que vivem (v. 11), ou seja, sabedores de que Cristo já operou a salvação e voltará no final dos tempos para levar todas as coisas à sua plenitude. Jesus Cristo, que veio ao mundo pela encarnação, vem também a cada homem pela graça e virá no final dos tempos como Juiz. Erguendo-Se como o sol, afugentou as trevas do erro e vai dissipando os restos de obscuridade que ainda existem nas almas, à medida que impregna mais e mais os corações; por isso, comenta Teodoreto de Ciro, «chama-se "noite" à época da ignorância e "dia" ao tempo que se seguiu à chegada do Senhor» (*Interpretatio in Romanos, ad loc.*). A Igreja utiliza este texto paulino na liturgia do advento para nos preparar para a vinda definitiva de Cristo, ao mesmo tempo que celebra anualmente o seu nascimento.

***14, 1-15, 13.** As refeições fraternas eram frequentes nas comunidades primitivas e estavam relacionadas com a celebração da Eucaristia (cf. 1 Cor 11, 17-22 e nota); daí a relevância que podia ter, na prática, a questão dos alimentos, lícitos ou não. É provável que, entre os primeiros evangelizadores de Roma, houvesse cristãos provenientes de Jerusalém, que seguiam as prescrições mosaicas e as tradições judaicas – acerca do regime alimentar, da observação do calendário judaico, do respeito pelos sábados e outras festas – e que poderiam influenciar aqueles que se convertiam ao cristianismo; pelo contrário, os cristãos provenientes do paganismo não se consideravam obrigados a elas, pois sabiam que Jesus os tinha libertado da observância da Lei. O termo «fortes» parece designar os cristãos que estavam convencidos de que podiam tomar qualquer alimento que fosse usual no seu ambiente social; os «fracos» seriam aqueles que – independentemente da sua origem, judaica ou gentia – preferiam não ingerir alimentos considerados impuros. Fosse como fosse, não se tratava de grupos ou facções dentro da comunidade de Roma, como os que se formaram em Corinto (cf. 1 Cor 1, 10-17).

Paulo ensina que o critério a utilizar é o do amor e do respeito mútuo: é necessário que cada um se ponha na pele do próximo (14, 1-12), evitando o escândalo (14, 13-23), seguindo em tudo o exemplo de Cristo (15, 1-13) e acolhendo os outros com compreensão (cf. 15, 7). Trata-se, em suma, de uma catequese que «nos ensina também a tratar os casos de consciência à luz da nossa relação com Cristo e com a Igreja» (*Catecismo da Igreja Católica*, 1971).

14, 1-12. Aparentemente, os «fortes» menosprezavam os «fracos», e estes escandalizavam-se com a liberdade de espírito dos outros e julgavam-nos mal. O Apóstolo dirige-se paternalmente a todos, exortando os fracos a não julgarem de forma temerária os fortes e apelando aos fortes para não desprezarem os fracos, pois uns e outros estavam a faltar com a caridade; todos deviam, pois, respeitar a liberdade dos outros.

O Apóstolo apresenta uma série de razões teológicas para o exercício da caridade e da liberdade fraternas (vv. 7-9): nenhum cristão vive nem morre para si mesmo, mas vive e morre também para Deus, a quem dará contas (vv. 10-12). Neste sentido, comenta São João Crisóstomo: «Temos um Deus que quer que vivamos e que não deseja que morramos; e ambas as coisas Lhe interessam mais a Ele do que a nós» (*In Romanos*, 25, 3); e São Gregório Magno observa: «Deste modo, os santos não vivem nem morrem para si mesmos. Não vivem para si porque em tudo o que fazem procuram uma vantagem espiritual; de fato, orando, pregando e perseverando nas boas obras, desejam aumentar os cidadãos da pátria celestial. Nem morrem para si porque, perante os homens, glorificam a Deus com a sua morte, apressando-se a ir ter com Ele pela morte» (*Homiliae in Ezechielem*, 2, 9, 16).

14, 13-23. Estes versículos são um apelo à ajuda fraterna, para a «edificação mútua» e a «paz» (v. 19) e para se evitar o escândalo, não apenas com ações más, mas com obras em si indiferentes, que podem confundir os outros. Evitar o que possa causar escândalo não significa que devamos agir contra a nossa consciência; o próprio Jesus Cristo teve de se confrontar com o escândalo dos fariseus (cf. Mt 15, 14), que era um falso escândalo, que procurava contradições para não aceitar a verdade.

Ao declarar que todos os alimentos são puros, Jesus mostrou que «o que sai do homem é que contamina o homem» (Mc 7, 15; cf. Mt 15, 16-20). O Apóstolo aplica estes ensinamentos de Cristo (vv. 22--23), afirmando que «nenhuma coisa é impura por si mesma» (v. 14, cf. 20), razão pela qual o comportamento dos «fortes» é lícito; mas torna-se mau quando é origem de escândalo nos irmãos (cf. vv. 20-21; 1 Cor 8, 9-13); e acrescenta: «tudo o que não é segundo a convicção é pecado» (v. 23). Nesta passagem, o termo «fé» designa o juízo da consciência, que é a norma imediata de atuação. Mas o seu domínio não é absoluto: uma pessoa pode fazer mal com a consciência de estar fazendo um bem; neste caso, tem uma consciência certa, mas errônea. Por isso, temos de nos esforçar por formar uma consciência reta, para procurarmos e seguirmos a vontade divina, expressa na Revelação; e, quando nos apercebemos de algum erro, retificar o quanto antes.

15, 1-13. A razão pela qual os fortes devem ajudar os débeis, em vez de se comprazerem com si sós (v. 1), é o exemplo de Cristo, que «nenhuma atenção teve a si mesmo» (v. 3), mas levou os nossos pecados no seu corpo e curou-nos pelas suas chagas (cf. 1 Pd 2, 24; Is 53, 5-6). Jesus Cristo morreu para que todos, com «os mesmos sentimentos» (v. 5), déssemos glória a Deus. E, embora se tenha dirigido primeiramente aos judeus, também acolheu os gentios, dando cumprimento, com a sua vida, à promessa feita aos hebreus, de que também os gentios glorificariam a Deus; deste modo, manifesta a fidelidade de Deus às suas promessas (v. 8) e a sua misericórdia para com todos, mostrando que as suas bênçãos também alcançam aqueles que não pertencem a Israel segundo a carne. Neste ponto, Paulo refere testemunhos dos profetas, da Lei e dos escritos, os três agrupamentos judaicos da Sagrada Escritura (vv. 9-12).

O ensinamento é claro: trata-se de viver a caridade com os mesmos sentimentos de Cristo Jesus (cf. Fl 2, 5-8), amando os outros como Ele os ama (cf. Jo 13, 34-35; 15, 12-13; 1 Jo 3, 15; 4, 11; Ef 5, 1-2), sem excluir ninguém: «Olhai constantemente para Jesus, que, sem deixar de ser Deus, se humilhou tomando a forma de servo para poder servir-nos, porque só seguindo nessa mesma direção é que despertam os anseios que valem a pena. O amor busca a união, procura identificar-se com a pessoa amada; e, ao unir-nos a Cristo, suscita em nós a ânsia de secundar a sua vida de entrega, de amor incomensurável, de sacrifício até a morte. Cristo situa-nos perante o dilema definitivo: ou consumirmos a nossa existência de forma egoísta e solitária; ou dedicarmo-nos com todas as forças a uma tarefa de serviço» (São Josemaria Escrivá, *Amigos de Deus*, 236).

***15, 14-16, 27.** Como epílogo, São Paulo explica por que escreveu aos fiéis de Roma (15, 14-21), expõe os seus planos para o futuro (15, 22-33) e termina com uma longa e afetuosa lista de recomendações e saudações (16, 1-24); as últimas palavras são um louvor a Deus, por Jesus Cristo (16, 25-27). O Apóstolo conclui a carta como a tinha iniciado: em nome de Deus e de Cristo.

15, 14-21. A parte moral tinha-se iniciado com a exortação aos destinatários para que se oferecessem como sacrifício agradável a Deus (12, 1). Paulo conclui explicando que a carta corresponde ao ministério que Cristo lhe encomendou: anunciar o Evangelho aos gentios (cf. 1, 5) para os transformar em oferenda grata a Deus. Se, anteriormente, o povo judaico era o único que podia ser considerado povo sacerdotal (cf. Ex 19, 5-6), depois de Cristo também os gentios são uma oferenda agradável quando «santificados pelo Espírito Santo» (v. 16). Foi esta a missão que o Apóstolo recebeu, foi isso que fez desde Jerusalém até as regiões da Ilíria (na margem oriental do Adriático) (v. 19), e é essa a razão pela qual escreve aos de Roma (vv. 14-17) e se propõe viajar até a Espanha (15, 24.28-29).

15, 22-33. Paulo considera que a sua atividade no Oriente já alcançou frutos estáveis; prepara agora a sua viagem para o Ocidente – para a Hispânia, às regiões onde o Evangelho ainda não foi anunciado (cf. v. 20). Para isso, conta com a ajuda dos fiéis de Roma (v. 24), aonde pensa ir depois de levar a Jerusalém a coleta feita na Macedônia e na Acaia (vv. 25-27; cf. 2 Cor 8, 1-9, 15); pede, pois, aos romanos que o auxiliem, com as suas orações, a realizar este plano (vv. 30--33), «porque muitos pequenos, quando se juntam em oração unânime, são muito grandes, e é impossível que as orações de muitos não sejam escutadas» (Ambrosiastro, *Ad Romanos, ad loc.*).

Os primeiros cristãos consideravam-se unidos pelo vínculo da caridade e do comum chamamento à santidade; por isso, não hesitavam em se tratar por «santos» (v. 25; cf. 1, 7; At 9, 13; 1 Cor 1, 2; Hb 3, 1; Jd 3 etc.).

16, 1-23. A longa lista de cumprimentos afetuosos torna manifesto que os primeiros cristãos constituíam uma grande família e se tratavam como irmãos – e como tais se consideravam efetivamente; eram pessoas de todas as classes sociais, unidas pela mesma fé e pelo vínculo da caridade: «Famílias que viveram de Cristo e que deram a conhecer Cristo. Pequenas comunidades cristãs, que atuaram como centros de irradiação da mensagem evangélica. Lares iguais aos outros lares daqueles tempos, mas animados de um espírito novo, que contagiava os que os conheciam e com eles se relacionavam. Assim foram os primeiros cristãos e assim havemos de ser nós, os cristãos de hoje: semeadores de paz e de alegria, da paz e da alegria que Jesus nos trouxe» (São Josemaria Escrivá, *É Cristo que passa*, 30).

Pelos nomes referidos, deduz-se que havia entre eles pessoas provenientes de regiões e culturas diversas e de vários estratos sociais; com efeito, não é difícil reconhecer nomes gregos, latinos e hebraicos. Os cumprimentos mencionam um total de vinte e sete pessoas, algumas das quais surgem noutros escritos do Novo Testamento, embora a maioria seja referida apenas aqui. Paulo faz uma longa recomendação de Febe (vv. 1-2), a portadora da carta, que estava ao serviço da comunidade de Cencreia, o porto oriental de Corinto; deduz-se, pois, que terá sido daí que Paulo escreveu a sua missiva.

A advertência contida nos vv. 17-18 deverá referir-se aos judaizantes, que faziam alarde da sua religiosidade e pregavam um estilo de vida que consideravam mais perfeito.

16, 25-27. Ao contrário do que acontece com outras cartas, Paulo termina esta com uma doxologia a Deus onipotente e sábio, por meio de Jesus Cristo. Há um papiro muito antigo que coloca esta passagem em 15, 33, bem como outros manuscritos que a situam no final do capítulo 14, repetindo-a como conclusão da epístola. Estas alterações ficaram a dever-se às leituras da carta na liturgia, que – como se disse – por vezes omitiam os capítulos 15 e 16, por terem um caráter mais pessoal.

CARTAS

PRIMEIRA CARTA AOS CORÍNTIOS

INTRODUÇÃO

Dentro do *corpus* paulino, as duas cartas endereçadas aos coríntios seguem-se à carta dirigida aos romanos, o que é sinal da importância que se lhes atribuiu desde o princípio, seguramente devido à sua extensão e à variedade e densidade dos temas nelas tratados. Estas cartas gozaram, desde muito cedo, de grande prestígio entre os cristãos, por terem sido escritas para uma das comunidades fundadas por Paulo e pelo fato de Corinto ser uma cidade famosa.

Com efeito, Corinto, que na época grega tinha gozado de renome, foi refundada por Júlio César em 44 a.C. e tornou-se rapidamente uma cidade influente. Cravada no istmo com o mesmo nome, dispondo de dois portos, um no mar Egeu e outro no Adriático, era a capital da província romana da Acaia e despontou como cidade comercial no Mediterrâneo; era seguramente uma das mais populosas, com cerca de 100 mil habitantes, mas também uma das mais famosas pela sua degradação moral.

I. ESTRUTURA E CONTEÚDO

A grande quantidade de problemas da igreja de Corinto, que são tratados com pormenor nesta carta, e o nítido caráter pastoral do escrito dificultam sua divisão em seções. Podemos, no entanto, distinguir uma introdução, o epílogo e três amplas partes, as quais constituem o corpo da missiva.

A introdução (1, 1-9) inclui a saudação habitual (vv. 1-3) e um hino de ação de graças (vv. 4-9). A primeira parte (1, 10-4, 21) trata do problema da divisão entre os fiéis e recolhe uma crítica severa à existência de facções e grupos. A segunda parte (5, 1-11, 34) contém a resposta do apóstolo às grandes questões acerca das quais fora informado, quer por terceiros, quer pelos próprios coríntios: o doloroso caso do homem incestuoso (5, 1.13); o costume de levar questões internas aos tribunais pagãos (6, 1-11); e os pecados da carne (6, 12-20). Entre os temas colocados pelos próprios coríntios, o apóstolo detém-se na doutrina sobre o matrimônio e o celibato (7, 1-40); na questão das carnes sacrificadas aos ídolos (8, 1-10, 33); e no comportamento dos fiéis nas celebrações litúrgicas (11, 1-34). A terceira parte (12, 1-15, 58) desenvolve dois temas de profundo alcance teológico: a diversidade de dons e a ordenação deles à caridade, por um lado; e, por outro, a ressurreição de Cristo e dos mortos em geral. O epílogo (16, 1-24) recorda a coleta a favor dos cristãos de Jerusalém e anuncia as viagens seguintes do apóstolo.

II. RAZÃO DE SER DA CARTA

A igreja de Corinto foi fundada por São Paulo, com a colaboração de Silas e Timóteo, em 50 ou 51, durante a segunda viagem apostólica (que decorreu entre 50 e 53; cf. At 18, 1-18). São Paulo tinha chegado a Corinto com «temor e grande tremor»[1], depois da dura experiência por que passara em Atenas, onde, a despeito do brilhante discurso que fizera no Areópago, poucos se tinham convertido[2]. A princípio, viveu e trabalhou em casa de Áquila e de Priscila, um casal cristão que tinha sido expulso de Roma havia pouco tempo pelo édito de Cláudio[3]. Como de costume, começou por pregar aos sábados na sinagoga, aos judeus e aos gregos que acreditavam no Deus de Israel; mais tarde, perante a oposição dos judeus, decidiu dirigir a sua pregação fundamentalmente aos gentios[4].

A par de numerosas conversões – como a do chefe da sinagoga, Crispo, com toda a sua família, bem como de muitos outros coríntios –, o apóstolo deparou com bastantes dificuldades e contradições durante o ano e meio em que ensinou na cidade; na verdade, o próprio Senhor veio reconfortá-lo numa visão noturna, dando-lhe novo ânimo[5]. A crescente oposição de alguns judeus acabou

1 1 Cor 2, 3

2 Cf. At 17, 16-34.

3 Cf. At 18, 2.

4 Cf. At 18, 5-6.

5 Cf. At 18, 7-10.

por desembocar numa acusação ao procônsul romano, Galião[6], perante o qual São Paulo terá comparecido no final de 51 ou começo de 52; pouco depois, abandonou Corinto, embarcando para a Síria na companhia de Áquila e Priscila.[7]

Posteriormente, o apóstolo voltou algumas vezes à cidade do istmo. Assim, por exemplo, é provável que, em 57, no decurso da sua terceira viagem apostólica, enquanto tratava da fundação da igreja de Éfeso[8], tivesse feito uma breve visita a Corinto[9]; nesta ocasião, São Paulo ou algum dos seus colaboradores foi objeto de uma ofensa especialmente grave[10]. Mais tarde, depois de ter escrito a *Segunda Carta aos Coríntios*, esta enviada da Macedônia, Paulo passou o inverno de 57 para 58 na cidade[11].

Segundo todos os indícios, esta primeira carta terá sido escrita no final da sua estadia em Éfeso, provavelmente na primavera de 57, por volta da Páscoa[12] – como sugerem a referência aos ázimos[13] e a comparação da vida abnegada dos cristãos com a dos corredores do estádio[14],

6 Cf. At 18, 12-17.

7 Cf. At 18, 18.

8 Cf. At 19, 1-40.

9 Cf. nota a 2 Cor 1, 15-2, 4.

10 Cf. nota a 2 Cor 2, 5-11.

11 Cf. At 20, 1-3.

12 Cf. 1 Cor 16, 8.

13 Cf. 1 Cor 5, 7-8.

14 Cf. 1 Cor 9, 24-27.

numa alusão aos jogos ístmicos, que tinham lugar de dois em dois anos, na primavera[15].

Dadas as relações comerciais que havia entre Éfeso e Corinto, não é de estranhar que, enquanto residiu em Éfeso, São Paulo se mantivesse a par da situação que se vivia na comunidade de Corinto. Como indica a própria carta, tinha sido informado «pelos de Cloé»[16] de uma série de abusos que tinham sido introduzidos naquela comunidade, no seio da qual existiam várias tendências[17]: havia um grande relaxamento em relação à virtude da castidade[18] – chegando a verificar-se um caso de incesto[19]; havia cristãos que apresentavam processos contra outros cristãos nos tribunais pagãos[20]; havia mulheres que se comportavam sem o devido decoro nas reuniões litúrgicas[21]; e tinham sido introduzidas desordens de vários tipos nas celebrações eucarísticas[22]. Por seu lado, a comunidade tinha-lhe enviado uma delegação, constituída por Estéfanes, Fortunato e Arcaico[23], provida de um escrito e com a missão de o consultar sobre uma série de

15 Cf. Xenofonte, *Helênicas*, 4, 5, 1.

16 1 Cor 1, 11.

17 Cf. 1 Cor 1, 11ss.

18 Cf. 1 Cor 6, 12ss.

19 Cf. 1 Cor 5, 1ss.

20 Cf. 1 Cor 6, 1ss.

21 Cf. 1 Cor 11, 2ss, 14, 34ss.

22 Cf. 1 Cor 11, 17ss.

23 Cf. 1 Cor 16, 17.

assuntos[24]: o matrimônio e a virgindade[25]; a licitude de comer carnes imoladas aos ídolos[26]; o uso e o valor dos carismas[27]; a ressurreição dos mortos[28].

III. ENSINAMENTOS

A *Primeira Carta aos Coríntios* é particularmente importante pelo seu conteúdo doutrinal: a sabedoria divina e a sabedoria humana, os critérios que devem orientar o comportamento dos fiéis, os múltiplos aspectos da moral cristã e a doutrina sobre a outra vida são alguns dos pontos tratados nesta missiva; são temas que refletem a personalidade rica do apóstolo, que combina a profundidade do teólogo com a magnanimidade do pastor. Todos eles merecem comentários, que surgirão nas notas ao texto, mas há três temas que suscitam especial atenção: a Igreja, a eucaristia e a ressurreição.

A Igreja

A ideia fundamental que subjaz à carta é o caráter sobrenatural da Igreja: fundada por Cristo, é Ele a sua

24 Cf. 1 Cor 7, 1; encontramos alusões parecidas em 7, 25; 8, 1; 12, 1.

25 Cf. 1 Cor 7, 1ss.

26 Cf. 1 Cor 8, 1ss.

27 Cf. 1 Cor 12, 1ss.

28 Cf. 1 Cor 15, 1ss.

cabeça, é Ele quem a governa por meio dos seus ministros. Cristo é o fundamento da sua vida e da sua unidade, pelo que os cristãos não são propriedade de ninguém, sendo unicamente «de Cristo»[29]; não pode, portanto, haver facções nem partidos[30], já que a vida cristã não tem origem em Paulo, nem em Apolo, nem em Cefas.

O mistério da Igreja e a sua unidade de base resplandecem de forma admirável nas imagens simples e profundas que Paulo utiliza: a Igreja como plantação de Deus[31] e como construção de Deus[32]. É certo que nenhuma destas metáforas abarca a eclesiologia no seu todo; mas permitem esclarecer que o princípio da unidade é Deus, que dá vida a cada uma das plantas desse campo[33] e que confere coesão aos elementos do edifício[34]: «Nós próprios somos a casa de Deus [...]. Com os começos da fé acontece o mesmo que com o corte da madeira no bosque ou a extração da pedra nos montes: os neófitos são instruídos, batizados e formados, do mesmo modo como a pedra ou a madeira são lavradas e alisadas nas mãos dos pedreiros e dos carpinteiros; mas só formam uma casa quando são ensambladas pelo amor»[35].

---

29 1 Cor 3, 23; cf. 2 Cor 10, 7.

30 Cf. 1 Cor 1, 10-11.

31 Cf. 1 Cor 3, 6-9.

32 Cf. 1 Cor 3, 9.11.16.

33 Cf. a alegoria da vinha em Jo 15, 1-8; e da oliveira em Rm 11, 17-24.

34 São muitos os textos neotestamentários que aludem a esta metáfora: Mt 16, 18; 1 Tm 3, 15; Hb 3, 1-6 etc.

35 Santo Agostinho, *Sermones*, 136, 1.

De importância decisiva para a compreensão do que é a Igreja é sua designação como corpo de Cristo. O conceito paulino de corpo ultrapassa o mero corporativismo social, porque entre Cristo e a Igreja – entre Cristo e os cristãos – cria-se uma identidade que não diz respeito apenas aos fins e a atos isolados, mas é uma união vital: Cristo vivifica a Igreja e os cristãos, de tal maneira que um e outros se tornam inseparáveis. A esse propósito, Santo Agostinho escreve com alegria: «Deixai que nos felicitemos e que demos graças, porque não nos fizemos apenas cristãos, mas nos fizemos Cristo. Entendeis, irmãos? Apercebeis-vos da graça de Deus em nós? Admirai-vos, alegrai-vos: tornamo-nos Cristo. Pois se Ele é a cabeça e nós os membros, o homem total é Ele e nós. É o apóstolo Paulo quem o diz [...]. A plenitude de Cristo são a cabeça e os membros. O que significa "a cabeça e os membros"? Significa Cristo e a Igreja»[36].

A união entre Cristo e a Igreja não impede que cada um tenha o seu próprio ser; com efeito, o eu individual do cristão não desaparece quando ele se une a Cristo, e o mesmo se pode dizer do ser próprio da Igreja, ainda que seja configurado por Cristo. Quando se separa excessivamente Cristo da Igreja, corre-se o risco de cometer uma heresia semelhante à dos nestorianos, que afirmavam que Cristo tinha uma pessoa divina e outra humana; se, pelo contrário, se pensa na unidade de

36 Santo Agostinho, *In Ioannis Evangelium*, 21, 8.

Cristo e da Igreja negando a cada um deles o seu ser próprio, incorre-se num erro análogo ao dos monofisitas, que negavam que em Cristo houvesse duas naturezas, uma divina e outra humana.

A unidade entre os membros do corpo místico abarca tanto o seu aspecto interior e espiritual como o aspecto estrutural e visível, de modo que a diversidade de ofícios e ministérios dentro da Igreja em nada limita a unidade, que é simultaneamente espiritual e hierárquica: «E assim como todos os membros do corpo humano, apesar de serem muitos, formam no entanto um só corpo, assim também os fiéis em Cristo (cf. 1 Cor 12, 12). Também na edificação do corpo de Cristo existe diversidade de membros e de funções, mas é um mesmo Espírito que distribui os seus vários dons segundo a sua riqueza e as necessidades dos ministérios para utilidade da Igreja (cf. 1 Cor 12, 1-11). Entre estes dons, sobressai a graça dos apóstolos, a cuja autoridade o mesmo Espírito submeteu também os carismáticos (cf. 1 Cor 14). O mesmo Espírito, unificando o corpo por Si, e pela sua força e pela coesão interna dos membros, produz e promove a caridade entre os fiéis. Daí que, se algum membro padece, todos os membros sofrem juntamente; e se algum membro recebe honras, todos se alegram (cf. 1 Cor 12, 26)»[37].

37 Concílio Vaticano II, *Lumen gentium*, 7.

A Eucaristia

O apóstolo refere-se à Eucaristia em dois momentos da carta: primeiro, de passagem, explicando que os cristãos não podem participar nos banquetes que têm lugar nos santuários pagãos[38]; e depois para corrigir os abusos que se tinham introduzido em Corinto nas celebrações eucarísticas[39]. Nestes dois textos estão contidas as verdades fundamentais sobre a Eucaristia: a sua instituição pelo próprio Cristo, o seu caráter sacrificial, a presença real de Cristo sob as espécies do pão e do vinho e as relações entre o corpo sacramental do Senhor e o seu corpo místico, que é a Igreja.

São Paulo narra a instituição da Eucaristia[40] num relato afim do de São Lucas; e ensina que a Eucaristia é o único sacrifício, de tal maneira que os sacrifícios pagãos não têm qualquer validade. Acrescenta que a vítima eucarística estava prefigurada nas vítimas do Antigo Testamento[41] e confirma a presença real de Cristo sob as espécies sacramentais: «todo aquele que comer este pão ou beber o cálice do Senhor indignamente será culpado quanto ao corpo e sangue do Senhor»[42].

Finalmente, as relações entre a Eucaristia – o corpo sacramental de Cristo – e a Igreja – o corpo místico de

---

38 Cf. 1 Cor 10, 14-22.

39 Cf. 1 Cor 11, 17-34.

40 Cf. 1 Cor 11, 23-25.

41 Cf. 1 Cor 10, 14-22.

42 1 Cor 11, 27.

Cristo – estão claramente estabelecidas no texto: «Visto que há um só pão, nós, embora muitos, formamos um só corpo, nós todos que participamos do mesmo pão»[43]. Com base nestas palavras, o Concílio Vaticano II declara: «Ao participar realmente do corpo do Senhor na fração do pão eucarístico, somos elevados à comunhão com Ele e entre nós; "porque há um só pão, nós, que somos muitos, formamos um só corpo, visto participarmos todos do único pão" (1 Cor 10, 17). E deste modo nos tornamos todos membros desse corpo (cf. 1 Cor 12, 27), sendo individualmente membros uns dos outros (Rm 12, 5)»[44].

A ressurreição dos mortos

Os cristãos de Corinto tinham dificuldade em aceitar a ressurreição dos mortos[45], uma vez que esta verdade de fé se chocava fortemente com o pensamento grego da época. De acordo com os *Atos dos Apóstolos*, o próprio São Paulo teve a experiência deste descrédito na sequência do seu discurso no Areópago de Atenas: «Quando ouviram falar da ressurreição dos mortos, uns faziam zombaria; outros, porém, disseram: "Outra vez te ouviremos sobre esse assunto"»[46]. Nesta carta, ao abordar o espinhoso tema, o apóstolo

---

43 1 Cor 10, 17.

44 Concílio Vaticano II, *Lumen gentium*, 7.

45 Cf. 1 Cor 15, 12.

46 At 17, 32.

começa por tratar a ressurreição de Cristo; esta exposição, escrita menos de trinta anos depois dos fatos, é de suprema importância como argumento a favor da historicidade dos mesmos, sobretudo tendo em consideração que a apresenta como uma verdade aceita pela tradição apostólica: «Porque, antes de tudo, ensinei-vos o que eu mesmo aprendi»[47].

«O mistério da ressurreição de Cristo é um acontecimento real, com manifestações historicamente verificadas, como atesta o Novo Testamento»[48]. Neste sentido, o apóstolo apresenta uma longa lista de testemunhas do ressuscitado: Pedro, Tiago Menor, todos os apóstolos e quinhentos irmãos, a maior parte dos quais ainda estava viva quando da redação da carta, podendo por isso dar fé do que tinham visto[49]; por fim, aduz o seu próprio testemunho[50].

Mas a ressurreição de Cristo não é apenas um fato histórico; é também um mistério, nomeadamente pela condição gloriosa do ressuscitado. Daí que São Paulo observe repetidas vezes que Cristo «foi visto»[51], dando a entender que Se mostrou apenas àqueles a quem quis dar-Se a conhecer. «A ressurreição de Cristo não foi um regresso à vida terrena, como no caso das ressurreições que Ele tinha realizado antes da Páscoa: a filha de Jairo,

---

47 1 Cor 15, 3.

48 *Catecismo da Igreja Católica*, 639.

49 Cf. 1 Cor 15, 5-7.

50 Cf. 1 Cor 15, 8.

51 Cf. 1 Cor 15, 5.6.7.8.

o jovem de Naim e Lázaro. [...] A ressurreição de Cristo é essencialmente diferente. No seu corpo ressuscitado, Ele passa do estado de morte a uma outra vida, para além do tempo e do espaço. O corpo de Cristo é, na ressurreição, cheio do poder do Espírito Santo; participa da vida divina no estado da sua glória, de tal modo que São Paulo pode dizer de Cristo que Ele é o homem celeste (cf. 1 Cor 15, 35-50)»[52].

A ressurreição de Cristo constitui o fundamento firme da nossa fé: «"Se Cristo não ressuscitou, é vã a nossa pregação, e vã é também a vossa fé" (1 Cor 15, 14). A ressurreição constitui, antes de mais, a confirmação de tudo quanto Cristo em pessoa fez e ensinou. Todas as verdades, mesmo as mais inacessíveis ao espírito humano, encontram a sua justificação se, ressuscitando, Cristo deu a prova definitiva, que tinha prometido, da sua autoridade divina»[53].

A nossa fé só tem sentido se Cristo estiver vivo; em concreto, a nossa incorporação a Cristo por meio do batismo, no qual participamos da sua morte e ressurreição, só tem valor se Cristo tiver ressuscitado. Se assim não fosse, ainda estaríamos nos nossos pecados[54]: «Não é grande coisa acreditar que Cristo morreu, porque os pagãos e os judeus, e bem assim todos os homens maus acreditam nisso: todos acreditam que Ele morreu. A fé dos cristãos

52 *Catecismo da Igreja Católica*, 646.

53 *Ibidem*, 651.

54 Cf. 1 Cor 15, 17.

é na ressurreição de Cristo. É isto que temos como coisa grande: crer que Ele ressuscitou»[55].

A ressurreição de Cristo é também o fundamento da esperança na nossa própria ressurreição: «Porque, tendo Cristo ressuscitado, temos a esperança certa de que também nós ressuscitaremos, dado que é forçoso que os membros sigam a condição da sua cabeça»[56]. A ressurreição do Senhor é, antes de mais, a causa eficiente da nossa. São Paulo explica esta realidade recorrendo à imagem das primícias[57] e, sobretudo, ao paralelismo antitético entre Cristo e Adão: tendo a morte vindo por um homem, também por um homem veio a ressurreição dos mortos; pois «como todos morrem em Adão, assim também todos serão vivificados em Cristo»[58].

Finalmente, o apóstolo detém-se a explicar a nossa ressurreição gloriosa[59]. A ressurreição gloriosa que terá lugar no último dia, na segunda vinda de Cristo[60], consistirá na completa transformação do corpo[61], que, em vez de natural, se tornará espiritual[62]; com esta afirmação, São Paulo não nega a materialidade do corpo – o que seria uma contradição –, mas exprime o total domínio

---

55 Santo Agostinho, *Enarrationes in Psalmos*, 120.

56 *Catechismus romanus*, 1, 6, 12.

57 Cf. 1 Cor 15, 20.23.

58 1 Cor 15, 22.

59 Cf. 1 Cor 15, 35-53.

60 Cf. 1 Cor 15, 23.

61 Cf. 1 Cor 15, 51.

62 Cf. 1 Cor 15, 44-46.

do espírito sobre ele. Como consequência deste domínio, o corpo será incorruptível[63], glorioso, forte[64] e imortal[65]: «Então, vencida a morte, os filhos de Deus ressuscitarão em Cristo, e aquilo que foi semeado na fraqueza e corrupção revestir-se-á de incorruptibilidade (cf. 1 Cor 15, 42.53); permanecendo a caridade e as suas obras (cf. 1 Cor 13, 8), todas as criaturas que Deus criou para o homem serão libertadas da escravidão da vaidade (cf. Rm 8, 19-21)».[66]

---

63 Cf. 1 Cor 15, 42.

64 Cf. 1 Cor 15, 43.

65 Cf. 1 Cor 15, 53-54.

66 Concílio Vaticano II, *Gaudium et spes*, 39.

PRIMEIRA CARTA AOS CORÍNTIOS

APRESENTAÇÃO

Saudação

1 1 Paulo, chamado a ser apóstolo de Cristo Jesus por
vontade de Deus, e Sóstenes, nosso irmão, 2 à Igreja
de Deus que está em Corinto, aos santificados em Cristo
Jesus, chamados a ser santos, com todos os que em todo
lugar invocam o nome de Nosso Senhor Jesus Cristo, seu
Senhor e nosso: 3 graça e paz da parte de Deus, nosso Pai,
e do Senhor Jesus Cristo.

Ação de graças

4 Dou graças incessantemente ao meu Deus por vós,
pela graça de Deus que vos foi dada em Cristo Jesus,
5 porque nele fostes cumulados de todas as riquezas, em
toda palavra e em toda ciência, 6 na medida em que a pre-
gação de Cristo tomou força entre vós, 7 de maneira que
nada falte em graça alguma a vós, que esperais a mani-
festação de Nosso Senhor Jesus Cristo, 8 o qual também

vos confirmará até o fim para que sejais irrepreensíveis no
dia da vinda de Nosso Senhor Jesus Cristo. 9 Fiel é Deus,
pelo qual fostes chamados à comunhão com seu Filho
Jesus Cristo, Nosso Senhor.

PRIMEIRA PARTE
CORREÇÃO DE ALGUNS DESVIOS

I. DIVISÕES ENTRE OS CORÍNTIOS

Exortação à unidade

10 Ora rogo-vos, irmãos, pelo nome de Nosso Senhor
Jesus Cristo, que digais todos o mesmo e que entre vós
não haja discórdias, mas que vivais em perfeita harmonia
no mesmo espírito e no mesmo parecer. 11 Porque a vosso
respeito, irmãos meus, me foi referido pelos de Cloé que
há contendas entre vós. 12 E digo isso porque cada um
de vós diz: «Eu sou de Paulo»; «eu, de Apolo»; «eu, de
Cefas»; «eu, de Cristo».

13 Está dividido Cristo? Porventura Paulo foi cruci-
ficado por vós? Ou fostes batizados em nome de Paulo?
14 Dou graças a Deus porque não batizei nenhum de vós,
senão Crispo e Gaio, 15 para que ninguém diga que fos-
tes batizados em meu nome. 16 Batizei também a família

de Estéfanas. De resto, não sei se batizei mais alguém.
17 Com efeito, Cristo não me enviou a batizar, mas a pre-
gar o Evangelho; não com a sabedoria das palavras, para
que não se torne inútil a Cruz de Cristo.

A sabedoria da Cruz

18 Efetivamente, a palavra da cruz é loucura para os
que se perdem, mas, para os que se salvam, isto é, para
nós, é a virtude de Deus. 19 Porque está escrito:

Destruirei a sabedoria dos sábios
e reprovarei a prudência dos prudentes.

20 Onde está o sábio? Onde o homem instruído?
Onde o disputador deste mundo? Porventura não tor-
nou Deus em tolice a sabedoria deste mundo? 21 De fato,
como ante a sabedoria de Deus o mundo não conheceu
a Deus por meio da sabedoria, aprouve a Deus salvar os
crentes por meio da loucura da pregação. 22 Enquanto os
judeus exigem milagres e os gregos buscam a sabedoria,
23 nós pregamos a Cristo crucificado, que é escândalo
para os judeus e loucura para os gentios; 24 mas para os
que são chamados, sejam judeus ou gregos, é Cristo vir-
tude de Deus e sabedoria de Deus. 25 Porque o que é
loucura em Deus é mais sábio que os homens, e o que é
fraqueza em Deus é mais forte que os homens.

26 Considerai pois, irmãos, a vossa vocação; porque
entre vós não há nem muitos sábios segundo a carne,
nem muitos poderosos, nem muitos nobres; 27 mas as
coisas loucas segundo o mundo, escolheu-as Deus para
confundir os sábios; e as coisas fracas segundo o mun-
do, escolheu-as Deus para confundir as fortes; 28 Deus
escolheu as coisas vis e desprezíveis segundo o mun-
do, e aquelas que não são, para destruir as que são,
29 de maneira que nenhuma criatura se glorie diante dele.
30 É por ele que estais em Jesus Cristo, o qual foi feito por
Deus para nós sabedoria, justiça, santificação e reden-
ção, 31 para que, como está escrito: *o que se gloria, glorie-se
no Senhor.*

Pregação de São Paulo em Corinto

2 1 Eu, pois, quando fui ter convosco, irmãos, a anun-
ciar-vos o testemunho de Deus, não fui com sublimi-
dade de estilo ou de sabedoria; 2 porque julguei que não
devia saber coisa alguma entre vós senão a Jesus Cristo, e
este crucificado. 3 Estive entre vós com fraqueza, temor e
grande tremor; 4 a minha conversação e a minha prega-
ção não tinham nada da linguagem persuasiva da sabedo-
ria, mas eram manifestação do Espírito e do poder, para
que a vossa fé se não baseie na sabedoria dos homens,
mas no poder de Deus.

A sabedoria divina

6 Não obstante, é a sabedoria que nós pregamos entre
os perfeitos; não, porém, uma sabedoria deste século,
nem dos príncipes deste século, que são destruídos; 7 mas
pregamos a misteriosa sabedoria de Deus que está en-
coberta e que Deus predestinou antes dos séculos para
nossa glória, 8 a qual nenhum dos príncipes deste século
conheceu, porque, se a tivessem conhecido, nunca te-
riam crucificado o Senhor da glória. 9 Mas, como está
escrito: *nem olho viu, nem ouvido ouviu*, nem entrou no
coração do homem o que Deus preparou para aqueles
que o amam.

10 A nós, porém, Deus revelou-o por meio do seu
Espírito, visto que o Espírito tudo penetra, mesmo as
profundezas de Deus. 11 Com efeito, qual dos homens
conhece as coisas que são do homem senão o espírito do
homem, que está nele? Assim também as coisas que são
de Deus, ninguém as conhece senão o Espírito de Deus.
12 Ora, nós não recebemos o espírito deste mundo, mas
o Espírito que vem de Deus, para conhecermos as coisas
que por Deus nos foram dadas, 13 as quais também anun-
ciamos não com palavras doutas de humana sabedoria,
mas com a doutrina do Espírito, exprimindo em termos
espirituais as coisas espirituais. 14 O homem natural não
percebe as coisas que são do Espírito de Deus porque,
para ele, são uma estultícia, e não as pode entender; pois
elas ponderam-se espiritualmente. 15 Porém, o homem

espiritual julga todas as coisas e não é julgado por nin-
guém.
16 De fato,

quem conheceu a mente do Senhor,
para que o possa instruir?

Nós, porém, temos a mente de Cristo.

Os coríntios ainda são carnais

3 1 Quanto a mim, irmãos, não vos pude falar como
a espirituais, mas como a carnais, como a pequeni-
nos em Cristo. 2 Nutri-vos com leite, não com alimento
sólido, porque não podíeis digeri-lo e nem ainda ago-
ra podeis, 3 porque sois ainda carnais. Pois, se há entre
vós rivalidades e contendas, não é porque sois carnais e
andais segundo o homem?

Natureza do ministério apostólico

4 Quando um diz: «Eu sou de Paulo»; e outro: «Eu sou
de Apolo», não procedeis como homens? 5 Que é, pois
Apolo? E que é Paulo? Ministros por meio dos quais vós
crestes, e segundo o que o Senhor deu a cada um. 6 Eu
plantei, Apolo regou, mas Deus é que deu o crescimento.
7 De modo que não é nada nem o que planta, nem o que

rega, mas Deus, que dá o crescimento. 8 Uma mesma
coisa é o que planta e o que rega; cada um receberá a
sua recompensa segundo o seu trabalho. 9 Efetivamente,
somos cooperadores de Deus. Vós sois cultura de Deus,
sois edifício de Deus.

10 Segundo a graça de Deus que me foi dada, lancei
o fundamento como sábio arquiteto, mas outro edifica
sobre ele. Veja cada um como edifica sobre ele. 11 Por-
que ninguém pode pôr outro fundamento senão o que
foi posto, isto é, Jesus Cristo. 12 Se alguém edifica sobre
este fundamento com ouro, prata, pedras preciosas, ma-
deira, feno ou palha, 13 manifestada será a obra de cada
um, pois o dia do Senhor a fará conhecer, visto que será
revelado no fogo, e o fogo provará qual seja a obra de
cada um. 14 Se subsistir a obra do que edificou sobre ele,
receberá prêmio. 15 Se a obra de algum arder, ele sofrerá
o prejuízo, mas será salvo apesar disso, como por meio
do fogo. 16 Não sabeis que sois templo de Deus e que o
Espírito de Deus habita em vós? 17 Se alguém destruir
o templo de Deus, Deus o destruirá. Com efeito, é san-
to o templo de Deus, que vós sois.

18 Ninguém se iluda: se algum dentre vós se tem por
sábio segundo este mundo, faça-se insensato para ser sá-
bio. 19 Porque a sabedoria deste mundo é loucura diante
de Deus, pois está escrito:

Eu apanharei os sábios na sua própria astúcia.

20 E outra vez:

O Senhor conhece os pensamentos dos sábios;
conhece que são vãos.

21 Portanto, ninguém se glorie entre os homens,
22 porque todas as coisas são vossas: seja Paulo, seja Apo-
lo, seja Cefas, seja o mundo, seja a vida, seja a morte,
sejam as coisas presentes, sejam as futuras; tudo é vosso,
23 mas vós sois de Cristo, e Cristo de Deus.

Ministros de Cristo

4 1 Assim todos nos considerem como servidores de
Cristo e despenseiros dos mistérios de Deus. 2 Ora, o
que se requer nos despenseiros é que sejam fiéis. 3 Quan-
to a mim, pouco me importa ser julgado por vós ou em
juízo humano, pois nem sequer me julgo a mim próprio.
4 Com efeito, de nada me sinto culpado, mas nem por
isso me dou por justificado; o Senhor é quem me julga.
5 Pelo que não julgueis antes do tempo, até que venha o
Senhor, o qual não só porá às claras o que se acha escon-
dido nas trevas, mas ainda descobrirá os desígnios dos
corações; e então cada um receberá de Deus o louvor que
lhe é devido.

6 Ora, irmãos, fiz aplicação dessas coisas a mim e a
Apolo por causa de vós, para que aprendais em nós a

não ir além do que está escrito e não vos ensoberbeçais
tomando o partido de um contra o outro. 7 Porque quem
é que te distingue? Que tens tu, que não tenhas recebido?
E, se o recebeste, por que te glorias como se o não tiveras
recebido?

Dureza da vida dos apóstolos

8 Vós já estais saciados, já estais ricos. Reinais sem
nós; e quisera Deus que reinásseis, para que também
reinássemos convosco! 9 Em verdade, entendo que Deus
nos expôs a nós, apóstolos, como os últimos, como des-
tinados à morte; porque somos dados em espetáculo ao
mundo, aos anjos e aos homens. 10 Nós somos néscios
por Cristo; vós, sábios em Cristo; nós fracos, vós fortes;
vós nobres, nós desprezíveis. 11 Até esta hora sofremos
a fome e a sede, estamos nus, somos esbofeteados, não
temos morada certa 12 e cansamo-nos a trabalhar por
nossas próprias mãos; amaldiçoam-nos e bendizemos;
perseguem-nos e sofremos; 13 somos caluniados e enco-
rajamos; tornamo-nos como a imundície deste mundo, a
escória de todos até agora.

Admoestações

14 Não escrevo estas coisas para vos envergonhar, mas
admoesto-vos como a meus filhos caríssimos. 15 De fato,

ainda que tenhais dez mil pedagogos em Cristo, não
tendes todavia muitos pais, pois fui eu que vos gerei em
Cristo Jesus por meio do Evangelho. 16 Rogo-vos, pois,
que sejais meus imitadores. 17 Por isso vos enviei Timó-
teo, que é meu filho caríssimo e fiel no Senhor, o qual vos
lembrará os meus caminhos, que são em Cristo, como eu
ensino por toda parte em todas as igrejas.

18 Alguns andam inchados, como se eu não estivesse
para ir ter convosco. 19 Mas brevemente irei ter convos-
co, se o Senhor quiser, e examinarei não as palavras dos
que andam inchados, mas o seu poder. 20 Com efeito, o
Reino de Deus não consiste em palavras, mas em atos.
21 Que quereis? Que eu vá ter convosco com a vara, ou
com amor e espírito de mansidão?

II. O INCESTUOSO

Castigo do pecador

5 1 Ouve-se constantemente dizer que há entre vós for-
nicação, e tal fornicação qual nem ainda entre os gen-
tios: tanto que chega a haver um que abusa da mulher do
seu próprio pai. 2 E andais ainda inchados, e não tivestes
antes pesar, para que fosse tirado dentre vós quem fez tal
maldade. 3 Quanto a mim, ausente de corpo mas presen-
te com o espírito, já julguei como se estivesse presente

aquele que assim procedeu: 4 em nome de Nosso Senhor
Jesus, congregados vós e o meu espírito, com o poder de
Nosso Senhor Jesus, 5 seja o tal entregue a Satanás para a
destruição do seu corpo, a fim de que o espírito seja salvo
no dia do Senhor.

6 Gloriais-vos sem razão. Não sabeis que um pouco
de fermento faz levedar toda a massa? 7 Purificai-vos do
velho fermento para que sejais uma nova massa, assim
como sois ázimos. Porquanto Cristo, nosso cordeiro
pascal, foi imolado. 8 Celebremos, pois, a festa não com
fermento velho, nem com fermento da malícia e da per-
versidade, mas com os ázimos da pureza e da verdade.

Comportamento com os pecadores obstinados

9 Por carta vos escrevi que não tivésseis comunicação
com os impudicos; 10 não de um modo geral com os deste
mundo, ou com os avarentos, ou com ladrões, ou com
os idólatras; doutra sorte, teríeis de sair deste mundo.
11 Mas escrevi-vos que não tivésseis comunicação com
aquele que, chamando-se irmão, fosse impudico, ou ava-
rento, ou adorador dos ídolos, ou maldizente, ou dado à
embriaguez, ou ladrão; com esse tal nem comer deveis.
12 Porque é porventura a mim que pertence julgar aqueles
que estão fora? Não julgais vós aqueles que estão dentro?
13 Aqueles que estão fora, Deus os julgará. *Tirai do meio
de vós o mau!*

III. PROCESSOS DIANTE DE JUÍZES PAGÃOS

6 1 Atreve-se algum de vós, tendo litígio contra outro,
ir a juízo perante os injustos e não perante os santos?
2 Porventura não sabeis que os santos hão de julgar o
mundo? E, se o mundo há de ser julgado por vós, sois
porventura indignos de julgar as coisas mínimas? 3 Não
sabeis que havemos de julgar os anjos? Quanto mais as
coisas desta vida!

4 Portanto, se tiverdes litígios por tais coisas, estabe-
lecei para as julgar os que são menos considerados na
Igreja. 5 Digo isto para vergonha vossa. É possível que
não haja entre vós um homem sábio que possa julgar en-
tre seus irmãos? 6 Mas um irmão litiga com outro irmão,
e isso perante infiéis? 7 É já, absolutamente, uma falta
da vossa parte o haver entre vós pleitos. Por que não so-
freis, antes, a injúria? Por que não tolerais, antes, o dano?
8 Mas sois vós mesmos que fazeis injúria e causais dano; e
isso a irmãos. 9 Porventura não sabeis que os injustos não
possuirão o Reino de Deus? Não vos enganeis: nem os
impudicos, nem os idólatras, nem os adúlteros, nem
os efeminados, nem os sodomitas, 10 nem os ladrões,
nem os avarentos, nem os que se dão à embriaguez, nem
os maldizentes, nem os salteadores possuirão o Reino
de Deus.

11 E tais éreis alguns de vós; mas fostes lavados, mas
fostes santificados, mas fostes justificados em nome de

Nosso Senhor Jesus Cristo e mediante o Espírito do nosso Deus.

IV. GRAVIDADE DA FORNICAÇÃO

Dignidade do corpo

12 Tudo me é permitido, mas nem tudo convém. Tudo
me é permitido, mas eu de nada me farei escravo. 13 Os
alimentos são para o ventre, e o ventre para os alimentos;
mas Deus destruirá tanto aquele como estes. Porém o corpo não é para a fornicação, mas para o Senhor, e o Senhor
para o corpo. 14 Ora, Deus, que ressuscitou o Senhor, também nos ressuscitará a nós com o seu poder.

Ofensa a Jesus Cristo e ao Espírito Santo

15 Não sabeis que os vossos corpos são membros de Cristo? Tomarei eu, pois, os membros de Cristo e fá-los-ei membros de uma prostituta? De modo nenhum!
16 Não sabeis que o que se junta com uma prostituta torna-se um mesmo corpo com ela? Porque foi dito:
Serão os dois uma só carne. 17 Ao contrário, quem está
unido ao Senhor é um só espírito com ele. 18 Fugi da
fornicação. Qualquer pecado que o homem comete é fora do corpo; mas quem comete fornicação peca contra

o próprio corpo. 19 Porventura não sabeis que os vossos membros são templo do Espírito Santo, que habita em vós e vos foi dado por Deus, e que não pertenceis a vós mesmos? 20 Porque fostes comprados por um grande preço. Glorificai, pois, a Deus no vosso corpo.

SEGUNDA PARTE RESPOSTAS A ALGUMAS CONSULTAS

V. MATRIMÔNIO E VIRGINDADE

Relações entre os esposos

7 1 Quanto àquelas coisas sobre as quais me escrevestes, é bom para o homem não tocar mulher; 2 mas, por causa da fornicação, cada um tenha a sua mulher, e cada uma tenha o seu marido.

3 O marido dê à sua mulher o que lhe deve; e, da mesma maneira, a mulher ao marido. 4 A mulher não tem poder sobre o seu corpo, mas sim o marido. E, da mesma sorte, o marido não tem poder sobre o seu corpo, mas sim a mulher. 5 Não vos recuseis um ao outro, senão de comum acordo, durante algum tempo, para

vos aplicardes à oração; e de novo tornai a coabitar, para
que não vos tente Satanás por vossa incontinência. 6 Mas
digo-vos isso por condescendência, não por mandamen-
to. 7 Eu queria que todos fossem como eu; porém, cada
um tem de Deus o seu próprio dom: um de um modo,
e outro de outro.

8 Digo aos não casados e às viúvas que lhes é bom
permanecer assim, como também eu. 9 Mas, se não se
contêm, casem-se. Porque é melhor casar-se do que
abrasar-se.

Indissolubilidade do matrimônio

10 Quanto àqueles que estão unidos em matrimônio,
mando, não eu mas o Senhor, que a mulher se não sepa-
re do marido; 11 e, se ela se separar, fique sem casar ou
reconcilie-se com seu marido; e o marido igualmente não
repudie sua mulher.

O privilégio paulino

12 Aos outros, sou eu que lhes digo, não o Senhor: se
algum irmão tem uma mulher que não crê e esta consen-
te em habitar com ele, não a repudie; 13 se uma mulher
tem um marido que não crê e este consente em habitar
com ela, não deixe o seu marido; 14 porque o marido
que não crê é santificado pela mulher, e a mulher que

não crê é santificada pelo irmão. Doutra sorte, os vos-
sos filhos seriam impuros, ao passo que agora são santos.
15 Porém, se a parte que não crê se separa, separe-se. Nes-
se caso, já o irmão ou irmã não estão mais ligados: Deus
nos chamou à paz. 16 Pois sabes tu, ó mulher, se acaso
salvarás teu marido? Ou sabes tu, ó marido, se acaso sal-
varás tua mulher?

Permanência na própria vocação

17 Somente cada um proceda conforme o Senhor lhe
deu, e cada um conforme Deus o chamou: é assim que
eu ordeno em todas as igrejas. 18 É chamado algum sen-
do circuncidado? Não procure parecer incircuncidado.
É chamado algum incircuncidado? Não se circuncide.
19 A circuncisão nada vale e a incircuncisão nada vale,
mas a observância dos mandamentos de Deus é que vale.
20 Cada um permaneça no estado em que se encontrava
quando foi chamado. 21 Foste chamado sendo servo? Não
te dê isso cuidado; ainda que possas tornar-te livre, esco-
lhe antes servir. 22 Em verdade, o servo que foi chamado
no Senhor é um liberto do Senhor; igualmente, o que foi
chamado sendo livre é um servo de Cristo. 23 Por gran-
de preço fostes comprados; não vos torneis servos dos
homens. 24 Cada um pois, irmãos, permaneça diante de
Deus no estado em que foi chamado.

Excelência da virgindade

25 Quanto, porém, à virgindade, não tenho mandamento do Senhor, mas dou conselho, como homem que pela misericórdia do Senhor é digno de confiança. 26 Entendo, pois, que isso é bom por causa das dificuldades presentes, porque é bom para o homem estar assim. 27 Estás ligado a uma mulher? Não busques desligar-te. Estás livre de mulher? Não busques mulher. 28 Mas, se tomares mulher, não pecas. E, se uma virgem se casar, não peca. Todavia estes sofrerão a tribulação da carne, e eu quisera poupar-vos. 29 Eis, pois, o que vos digo, irmãos: o tempo é breve. Resta que os que têm mulheres sejam como se as não tivessem; 30 os que choram, como se não chorassem; os que folgam, como se não folgassem; os que compram, como se não possuíssem; 31 os que usam deste mundo, como se dele não usassem; porque a figura deste mundo passa. 32 Ora, eu quereria que vivêsseis sem inquietação. Quem está sem mulher está cuidadoso das coisas que são do Senhor, como há de agradar a Deus. 33 Mas quem é casado está cuidadoso das coisas que são do mundo, como há de dar gosto à sua mulher, e está dividido. 34 Igualmente, a mulher solteira e a virgem cuidam das coisas que são do Senhor, para serem santas de corpo e de espírito. Mas a que é casada cuida das coisas que são do mundo, de como agradará ao marido. 35 Digo isso para vosso proveito, não para vos atirar um laço, mas para o que é honesto e que vos dá faculdade de servir ao Senhor sem embaraço.

36 Mas, se algum julga que parece ser desonra, quanto
à sua filha donzela, o ir-lhe passando a flor da idade e que
assim convém fazer-lhe o casamento, faça o que quiser;
não peca se ela se casar. 37 Mas quem resolveu firmemente
dentro de si, não o obrigando a necessidade, mas podendo dispor à sua vontade, e determinou no seu coração
conservar virgem a sua filha, faz bem. 38 Aquele, pois, que
casa a sua virgem faz bem; o que a não casa faz melhor.

Conselho às viúvas

39 A mulher está ligada durante todo o tempo que seu
marido vive; mas, se morrer o seu marido, fica livre para
casar-se com quem quiser, contanto que seja no Senhor.
40 Porém, será mais feliz se permanecer assim, conforme
o meu conselho. Ora, julgo que também eu tenho o Espírito de Deus.

VI. AS CARNES SACRIFICADAS AOS ÍDOLOS

Os ídolos não são nada

8 1 Relativamente às carnes sacrificadas aos ídolos, sabemos que todos temos ciência. A ciência incha, mas
a caridade edifica. 2 Se alguém se lisonjeia de saber alguma coisa, esse ainda não conheceu de que modo se deve

saber. 3 Mas, se alguém ama a Deus, esse é conhecido
dele. 4 Quanto, pois, a comer carnes imoladas aos ídolos,
sabemos que o ídolo não é nada no mundo e que não há
outro Deus, senão o Deus único. 5 De fato, ainda que
haja alguns que se chamem deuses, ou no céu ou na terra
(e assim sejam muitos os deuses e muitos os senhores),
6 para nós, contudo, há um só Deus, o Pai, de quem
provêm todas as coisas e para quem existimos, e um só
Senhor, Jesus Cristo, por quem todas as coisas foram fei-
tas, e nós também por ele.

Evitar o escândalo dos débeis

7 Mas nem em todos há a ciência, porque alguns, con-
servando ainda o seu antigo modo de considerar o ídolo,
comem como do sacrificado a ídolo, e a consciência des-
tes, estando enferma, fica contaminada. 8 Um alimento
não nos torna recomendáveis a Deus, visto que nem co-
mendo teremos a mais alguma coisa, nem teremos al-
guma coisa a menos não comendo. 9 Mas vede que essa
liberdade que tendes não se torne ocasião de queda para
os fracos. 10 Com efeito, se algum te vir a ti, que tens
ciência, estar à mesa no templo idolátrico, porventura
com a sua consciência, que está enferma, não se anima-
rá a comer da carne sacrificada aos ídolos? 11 E pela tua
ciência perecerá o irmão fraco, pelo qual morreu Cristo.
12 Desse modo, pecando contra os irmãos e ofendendo a
sua débil consciência, pecais contra Cristo. 13 Pelo que,

se um alimento serve de escândalo a meu irmão, jamais
comerei carne, para não escandalizar o meu irmão.

Direito dos apóstolos ao serem sustentados pelos fiéis

9 1 Não sou eu livre? Não sou eu apóstolo? Não vi eu
a Jesus Nosso Senhor? Não sois vós obra minha no
Senhor? 2 E, se para outros não sou apóstolo, ao menos
sou-o para vós, porque vós sois o selo do meu aposto-
lado no Senhor. 3 A minha defesa perante aqueles que
me interpelam é esta. 4 Porventura não temos direito de
comer e de beber? 5 Porventura não temos direito de le-
var conosco uma mulher irmã, como também os outros
apóstolos e os irmãos do Senhor e Cefas? 6 Ou só eu e
Barnabé não temos direito de não trabalhar?

7 Quem jamais vai à guerra à sua custa? Quem plan-
ta uma vinha e não come do seu fruto? Quem apas-
centa um rebanho e não se alimenta do leite do rebanho?
8 Porventura digo isto como homem? E não o diz tam-
bém a Lei? Porque está escrito na Lei de Moisés: *não
atarás a boca ao boi que debulha.* 9 Porventura Deus tem
cuidado dos bois? 10 Não é antes por nós mesmos que ele
diz isso? Sim, é por causa de nós que isso foi escrito: que
o que lavra deve lavrar com esperança, e o que debulha
deve-o fazer com esperança de participar dos frutos.
11 Se semeamos entre vós as coisas espirituais, será por-
ventura muito se recolhermos dos vossos bens temporais?

12 Se outros gozam desse direito sobre vós, por que não
mais justamente nós? Todavia, não temos feito uso desse
direito, mas sofremos tudo para não criar nenhum obs-
táculo ao Evangelho de Cristo. 13 Não sabeis que os que
trabalham no santuário comem do que é do santuário, e
que os que servem ao altar têm parte no altar? 14 Assim
ordenou também o Senhor aos que pregam o Evangelho
que vivam do Evangelho.

Renúncia de São Paulo a esse direito

15 Porém, de nada disso tenho usado. Tampouco es-
crevi essas coisas para que se faça assim comigo, pois me-
lhor me seria morrer do que alguém me tirar esta glória.
16 Porquanto, se eu evangelizar, não tenho de que me
gloriar, pois me é imposta essa obrigação. Ai de mim se
eu não evangelizar! 17 Pelo que, se o faço de boa vontade,
tenho prêmio; mas, se constrangido o faço, isso é simples
desempenho de um cargo que me foi confiado. 18 Qual
é, pois, a minha recompensa? É que, pregando o Evange-
lho, eu dê de graça o Evangelho, sem usar do meu direito
de pregador do Evangelho.

19 Embora livre em relação a todos, fiz-me servo de
todos para ganhar o maior número. 20 Fiz-me judeu com
os judeus para ganhar os judeus; 21 com os que estão sob
a Lei, como se estivesse sob a Lei para ganhar aqueles
que estão sob a Lei; com os que estão sem a Lei, como
se estivesse sem a Lei para ganhar os que estão sem a Lei.

[22] Fiz-me fraco com os fracos para ganhar os fracos. Fiz-me tudo para todos, para por todas as formas salvar alguns. [23] Tudo isso faço pelo Evangelho, para me tornar participante dos seus bens.

Necessidade da luta ascética

[24] Não sabeis que os que correm no estádio correm, sim, todos, mas um só é que alcança o prêmio? Correi, pois, de tal maneira que o alcanceis. [25] Todos os competidores de tudo se abstêm para alcançar uma coroa corruptível; nós, porém, uma incorruptível. [26] Quanto a mim, corro não como à ventura, combato não como quem açoita o ar, [27] mas castigo o meu corpo e reduzo-o à escravidão, para que não suceda que, tendo pregado aos outros, eu mesmo venha a ser eliminado.

Ensinamentos da história de Israel

10 [1] Não quero pois, irmãos, que ignoreis que nossos pais estiveram todos debaixo da nuvem, que todos passaram o mar, [2] todos foram batizados em Moisés, na nuvem e no mar, [3] todos comeram do mesmo alimento espiritual [4] e todos beberam da mesma bebida espiritual, pois bebiam da pedra espiritual que os seguia, pedra que era Cristo. [5] Mas de muitos deles Deus não se agradou, pelo que foram prostrados no deserto.

6 Essas coisas foram figura do que nos diz respeito,
para que não cobicemos coisas más como eles cobiçaram.
7 Não vos torneis idólatras como alguns deles, conforme
está escrito: *O povo sentou-se a comer e a beber, e depois
levantou-se para se divertir.* 8 Não nos entreguemos à
devassidão como alguns deles se entregaram, e morreram
num só dia vinte e três mil. 9 Não tentemos o Senhor como
alguns deles o tentaram, e foram mortos pelas serpentes.
10 Não murmureis como alguns deles murmuraram, e
foram mortos pelo exterminador. 11 Ora, todas essas coisas
lhes aconteciam em figura e foram escritas para advertência
nossa, para os quais o fim dos séculos chegou. 12 Aquele,
pois, que crê estar de pé, veja que não caia. 13 Ainda não
vos surpreendeu nenhuma tentação que ultrapassasse a
medida humana. Deus, que é fiel, não permitirá que sejais
tentados além do que podem as vossas forças. Em caso de
tentação, dar-vos-á os meios de lhe resistir.

A idolatria e a Eucaristia

14 Por isso, meus caríssimos, fugi da idolatria. 15 Falo
como a pessoas sensatas: julgai vós mesmos o que eu
digo. 16 Porventura o cálice de bênção que benzemos não
é a comunhão do sangue de Cristo? E o pão que partimos
não é a participação do corpo do Senhor? 17 Visto que há
um só pão, nós, embora muitos, formamos um só corpo,
nós todos que participamos do mesmo pão. 18 Considerai

Israel segundo a carne: os que comem das vítimas porventura não têm parte no altar?
[19] Mas que digo? Digo que o que foi sacrificado aos
ídolos é alguma coisa? Ou que o ídolo é alguma coisa?
[20] Antes digo que as coisas que os gentios sacrificam, as
sacrificam aos demônios e não a Deus. Ora, não quero
que tenhais sociedade com os demônios. Não podeis be-
ber o cálice do Senhor e o cálice dos demônios; [21] não
podeis ser participantes da mesa do Senhor e da mesa dos
demônios. [22] Queremos porventura provocar o Senhor à
emulação? Acaso somos mais fortes do que ele?

Solução de alguns casos concretos

[23] Tudo é permitido, mas nem tudo aproveita. Tudo
é permitido, mas nem tudo edifica. [24] Ninguém busque
o bem próprio, mas o bem dos outros. [25] De tudo o que
se vende na praça comei, sem perguntar nada por motivo
de consciência, [26] *porque do Senhor é a terra e tudo quanto há nela.*

[27] Se algum dos infiéis vos convida e quereis ir, co-
mei de tudo o que vos é posto diante, não perguntando
nada por motivo de consciência. [28] Todavia, se alguém
disser: «Isto foi imolado aos ídolos», não o comais em
atenção àquele que o advertiu e por causa da consciência;
[29] da consciência, digo, não vossa, mas do outro. Por que
motivo, com efeito, seria a minha liberdade julgada pela
consciência alheia? [30] Se eu como dando graças, por que

motivo dizem mal de mim por uma coisa por que dou
graças?
31 Logo, quer comais, quer bebais, quer façais qual-
quer outra coisa, fazei tudo para a glória de Deus. 32 Não
sejais motivo de escândalo nem para os judeus, nem para
os gregos, nem para a Igreja de Deus, 33 como também eu
em tudo procuro agradar a todos, não buscando o meu
proveito, mas o do maior número, para que sejam salvos.

VII. O MODO DE CELEBRAR A EUCARISTIA

A mulher nas reuniões litúrgicas

11 1 Sede meus imitadores, como também o sou de
Cristo. 2 Eu vos louvo porque em tudo vos lem-
brais de mim e guardais os meus preceitos como vo-los
ensinei. 3 Porém, quero que saibais que Cristo é a cabeça
de todo o homem, e o homem a cabeça da mulher, e
Deus a cabeça de Cristo. 4 Todo homem que faz oração
ou que profetiza com a cabeça coberta desonra a sua
cabeça. 5 Pelo contrário, toda mulher que faz oração ou
que profetiza, não tendo coberta a cabeça, desonra a sua
cabeça, porque é como se estivesse rapada. 6 Portanto,
se a mulher se não cobre, corte o cabelo. E, se é vergo-
nhoso para a mulher cortar ou rapar o cabelo, cubra a
sua cabeça.

[7] O homem, na verdade, não deve cobrir a sua cabeça,
porque é a imagem e a glória de Deus; mas a mulher é
a glória do homem. [8] De fato, o homem não foi tirado
da mulher, mas a mulher do homem. [9] E o homem não
foi criado por causa da mulher, mas sim a mulher por
causa do homem. [10] Por isso, a mulher deve trazer so-
bre a cabeça um sinal de submissão por causa dos anjos.
[11] Contudo, nem o homem existe sem a mulher, nem a
mulher sem o homem no Senhor. [12] Porque, se a mulher
foi tirada do homem, também o homem é concebido
pela mulher, e todas as coisas vêm de Deus. [13] Julgai vós
mesmos: é decente que uma mulher faça oração a Deus
com a cabeça descoberta? [14] E não vos ensina a própria
natureza que é desonroso para o homem deixar crescer os
cabelos? [15] Pelo contrário, é glória para a mulher deixá-
-los crescer, porque os cabelos foram-lhe dados como
véu. [16] Se alguém quiser contestar, nós não temos tal cos-
tume, nem as igrejas de Deus.

Abusos na celebração da Eucaristia

[17] Fazendo-vos esses avisos, não vos posso louvar pelas
vossas reuniões, que redundam em vosso detrimento e
não em vosso benefício. [18] Com efeito, em primeiro lu-
gar, ouço dizer que, quando vos reunis em assembleia, há
entre vós divisões, o que em parte creio. [19] Pois é preciso
que até haja divisões, para que os que são de uma virtu-
de provada sejam manifestados entre vós. [20] Quando,

portanto, vos reunis, não é já a Ceia do Senhor que cele-
brais, 21 porque cada um se antecipa a comer a sua ceia;
e um tem fome, enquanto outro está excessivamente sa-
ciado. 22 Porventura não tendes casas, para lá comer e
beber? Ou desprezais a Igreja de Deus e envergonhais
aqueles que nada têm? Que vos direi? Louvar-vos-ei?
Nisso não vos louvo.

Instituição da Eucaristia. Recebê-la dignamente (Mt 26, 26-29; Mc 14, 22-25; Lc 22, 14-20)

23 Porque eu recebi do Senhor o que vos transmiti:
que o Senhor Jesus, na noite em que foi entregue, to-
mou o pão 24 e, dando graças, o partiu e disse: «Isto é o
meu corpo, que é dado por vós; fazei isto em memória
de mim». 25 Igualmente também, depois de ter ceado,
tomou o cálice, dizendo: «*Este cálice é a nova aliança no meu sangue; fazei isto em memória de mim, todas as vezes que o beberdes*». 26 Porque todas as vezes que comerdes
este pão e beberdes este cálice, anunciais a morte do Se-
nhor até que ele venha. 27 Portanto, todo aquele que co-
mer este pão ou beber o cálice do Senhor indignamente
será culpado quanto ao corpo e sangue do Senhor. 28 Exa-
mine-se, pois, a si mesmo cada um, e assim coma deste
pão e beba deste cálice; 29 porque aquele que o come e
bebe sem distinguir o corpo do Senhor come e bebe a
própria condenação. 30 É por isso que há entre vós mui-
tos enfermos e sem forças, e muitos que estão mortos.

31 Ora, se nos julgássemos a nós mesmos, com certeza
não seríamos julgados. 32 Mas, quando somos julgados,
somos castigados pelo Senhor para não sermos condena-
dos com o mundo.

33 Portanto, irmãos meus, quando vos reunis para
comer, esperai uns pelos outros. 34 Se algum tem fome,
coma em casa, a fim de que vos não junteis para vos-
sa condenação. Quanto às outras coisas, eu as ordenarei
quando chegar.

VIII. OS DISTINTOS CARISMAS

Diversidade dos dons espirituais

12 1 Sobre os dons espirituais, não quero, irmãos,
que estejais na ignorância. 2 Sabeis que, quando
éreis gentios, concorríeis aos simulacros mudos confor-
me éreis levados. 3 Portanto, faço-vos saber que ninguém
que fala pelo Espírito de Deus diz: «Anátema seja Jesus»,
e ninguém pode dizer: «Jesus é Senhor», senão pelo Es-
pírito Santo.

4 Há, com certeza, diversidade de graças, mas o
mesmo é o Espírito; 5 e os ministérios são diversos, mas
o mesmo é o Senhor; 6 e as operações são diversas, mas o
mesmo Deus é o que opera tudo em todos. 7 A cada um
é dada a manifestação do Espírito para utilidade comum.

[8] Assim, a um é dada pelo Espírito a linguagem da sabe-
doria; a outro, a linguagem da ciência segundo o mesmo
Espírito; [9] a outro, a fé, pelo mesmo Espírito; a outro, o
dom das curas, pelo mesmo Espírito; [10] a outro, o dom
de operar milagres; a outro, a profecia; a outro, o discer-
nimento dos espíritos; a outro, a variedade de línguas;
a outro, a interpretação das línguas. [11] Mas todas essas
coisas as opera um só e o mesmo Espírito, repartindo a
cada um como quer.

Variedade na unidade do Corpo místico de Cristo

[12] Do mesmo modo que o corpo é um e tem muitos
membros, mas todos os membros do corpo, embora se-
jam muitos, são contudo um só corpo, assim é também
Cristo. [13] Com efeito, num mesmo Espírito fomos bati-
zados todos nós para sermos um só corpo, quer sejamos
judeus ou gregos, servos ou livres, e todos temos bebido
de um só Espírito. [14] Efetivamente, também o corpo não
é um membro, mas muitos. [15] Se o pé disser: «Porque
não sou mão, não sou do corpo», acaso deixa ele, por
isso, de ser do corpo? [16] E se a orelha disser: «Visto que
não sou olho, não sou do corpo», porventura deixa ela,
por isso, de ser do corpo? [17] Se o corpo fosse todo olhos,
onde estaria o ouvido? Se fosse todo ouvido, onde estaria
o olfato? [18] Deus, porém, pôs os membros no corpo, cada
um deles como quis. [19] Se todos os membros fossem um

só membro, onde estaria o corpo? 20 Mas a verdade é que
são muitos os membros, e um só o corpo. 21 O olho não
pode dizer à mão: «Não necessito do teu serviço», nem
a cabeça pode dizer aos pés: «Não me sois necessários».
22 Pelo contrário, os membros do corpo que parecem mais
fracos são os mais necessários, 23 e os que temos por mais
vis membros do corpo, a esses cobrimos com mais honra;
e os que em nós são menos decorosos, os recatamos com
maior decoro. 24 Os nossos membros decorosos não têm
necessidade disso, mas Deus dispôs o corpo dando maior
honra àquele que a não tinha em si, 25 para que não haja
desacordo no corpo, mas os membros tenham o mes-
mo cuidado uns pelos outros; 26 de maneira que, se um
membro sofre, todos os membros sofrem com ele; se um
membro recebe glória, todos os membros se regozijam
com ele. 27 Ora, vós sois corpo de Cristo, e cada um, por
sua parte, um dos seus membros.

28 E assim a alguns constituiu Deus na Igreja, em
primeiro lugar, apóstolos; em segundo lugar, profetas;
em terceiro lugar, doutores; depois, os que têm o po-
der de operar milagres; depois, os que têm o dom das
curas, de assistir, de governar, de falar diversas línguas.
29 São porventura todos apóstolos? Todos profetas? To-
dos doutores? Todos taumaturgos? 30 Têm todos o dom
de curar doenças? Falam todos diversas línguas? Têm
todos o dom de as interpretar? 31 Aspirai, pois, aos dons
superiores. E eu vou mostrar-vos um caminho ainda
mais excelente.

Hino à caridade

13 1 Ainda que eu falasse as línguas dos homens e dos anjos, se não tivesse caridade, seria como um bronze que soa, ou como um címbalo que tine.

2 E ainda que eu tivesse o dom da profecia e conhecesse todos os mistérios e toda a ciência, e ainda que tivesse toda a fé, até o ponto de transportar montanhas, se não tivesse caridade, não seria nada.

3 E, ainda que distribuísse todos os meus bens para sustento dos pobres e entregasse o meu corpo para ser queimado, se não tivesse caridade, nada disso me aproveitaria.

4 A caridade é paciente, é benéfica; a caridade não é invejosa, não é temerária; não se ensoberbece, 5 não é ambiciosa, não busca os seus próprios interesses, não se irrita, não guarda ressentimento pelo mal sofrido; 6 não folga com a injustiça, mas folga com a verdade; 7 tudo desculpa, tudo crê, tudo espera, tudo sofre.

8 A caridade nunca há de acabar. Mas as profecias passarão, as línguas cessarão, a ciência será abolida. 9 Com efeito, imperfeitamente conhecemos e imperfeitamente profetizamos. 10 Mas, quando vier o que é perfeito, será abolido o que é imperfeito. 11 Quando eu era menino, falava como menino, pensava como menino, discorria como menino. Mas, quando me tornei homem feito, abandonei coisas que eram de menino. 12 Nós agora vemos como por um espelho, obscuramente; então veremos face a face. Agora conheço em parte; então hei

de conhecer como sou conhecido. 13 Agora permanecem
estas três coisas: a fé, a esperança, a caridade. Porém, a
maior delas é a caridade.

Profecia, dom de línguas e interpretação

14 1 Procurai a caridade, aspirai aos dons espirituais
e, sobre todos, ao da profecia. 2 A razão é que
quem fala em línguas não fala aos homens, mas a Deus.
Com efeito, ninguém o compreende: pelo espírito fala
coisas misteriosas. 3 Ao contrário, quem profetiza fa-
la aos homens para sua edificação, exortação e consola-
ção. 4 Quem fala em línguas edifica-se a si mesmo; quem
profetiza edifica a Igreja de Deus. 5 Desejo que todos vós
tenhais o dom das línguas; porém, muito mais que pro-
fetizeis. De fato, é maior o que profetiza que o que fala
diversas línguas, a não ser que também as interprete, a
fim de que a igreja receba edificação.

6 Assim pois, irmãos, se eu for ter convosco falando
em línguas, de que vos aproveitarei, se vos não falar com
a revelação, ou com a ciência, ou com a profecia, ou com
a doutrina? 7 Do mesmo modo, as coisas inanimadas que
dão som, como a flauta ou a cítara, se não derem sons
distintos, como se distinguirá o que se toca na flauta ou
na cítara? 8 E, se a trombeta der um som confuso, quem
se preparará para a batalha? 9 Assim também vós se, fa-
lando uma língua, não proferirdes palavras claras, como
se entenderá o que dizeis? Falareis ao vento. 10 Há, com

efeito, muitos gêneros de línguas neste mundo, e todas
têm a sua expressão. 11 Se eu, pois, não entender o que
significam as palavras, serei bárbaro para aquele que me
fala, e o que fala será bárbaro para mim.

12 Assim também vós, já que sois desejosos de dons
espirituais, procurai abundar neles para edificação da
igreja. 13 Por isso, o que fala em línguas peça o dom de a
interpretar. 14 Se eu orar em línguas, o meu espírito ora,
mas o meu entendimento fica sem fruto. 15 Que hei de
fazer, pois? Orarei com o espírito, mas orarei também
com a inteligência. Cantarei com o espírito, mas cantarei
também com a inteligência. 16 Mas, se deres graças com o
espírito, aquele que ocupa o lugar do simples povo como
responderá «Amém» à tua ação de graças, não entenden-
do o que dizes? 17 Verdade é que tu dás bem a ação de gra-
ças, mas o outro não é edificado. 18 Dou graças ao meu
Deus, porque falo em línguas mais que todos vós; 19 mas
na igreja eu antes quero dizer cinco palavras de modo a
ser compreendido para instruir também os outros do que
dez mil palavras em línguas.

20 Irmãos, não sejais crianças no julgar. Em malícia
sede pequeninos, mas no julgar sede homens maduros.

21 Na Lei está escrito:

Por outras línguas e por outros lábios
falarei a este povo,
e nem ainda assim me ouvirão, diz o Senhor.

22 As línguas, pois, são um sinal não para os fiéis, mas
para os infiéis; a profecia, porém, não para os infiéis, mas
para os fiéis. 23 Se, pois, toda a igreja se reunir em assem-
bleia, e todos falarem línguas diversas, e entrarem então
pessoas não iniciadas ou infiéis, não dirão que estais lou-
cos? 24 Porém, se todos profetizarem e entrar um infiel
ou um não iniciado, por todos é convencido, por todos
é julgado; 25 as coisas ocultas do seu coração tornam-se
manifestas e, assim, prostrado com a face por terra, ado-
rará a Deus, declarando que Deus está verdadeiramente
entre vós.

Normas práticas para as reuniões litúrgicas

26 Que haveis, pois, de fazer, irmãos? Quando vos
reunis, cada um de vós tem um cântico, uma instrução,
uma revelação, um discurso em línguas, uma interpreta-
ção: faça-se tudo de uma forma edificante. 27 Se alguém
fala em línguas, falem dois, ou quando muito três, e um
depois do outro, e haja um que interprete. 28 Se não hou-
ver intérprete, estejam calados na igreja; não falem senão
consigo e com Deus. 29 No que toca, porém, aos profetas,
falem dois ou três, e os outros julguem. 30 Se for feita
qualquer revelação a algum dos assistentes, cale-se o que
falava primeiro. 31 Em verdade, vós podeis profetizar to-
dos, um depois do outro, a fim de que todos aprendam e
todos sejam exortados. 32 Os espíritos dos profetas estão
sujeitos aos profetas, 33 porquanto Deus não é Deus de
discórdia, mas de paz.

Como em todas as igrejas dos santos, 34 as mulheres
estejam caladas nas assembleias; não lhes é permitido fa-
lar, mas devem estar sujeitas, como também o diz a Lei.
35 Se querem ser instruídas sobre algum ponto, interro-
guem em casa os seus maridos, porque é vergonhoso para
uma mulher falar numa assembleia.

36 Porventura é de vós que saiu a palavra de Deus? Ou
é só a vós que ela chegou? 37 Se algum crê ser profeta ou
rico em dons espirituais, reconheça que as coisas que vos
escrevo são mandamento do Senhor. 38 Se algum, porém,
o ignora, será ignorado. 39 Por isso, irmãos, desejai arden-
temente o dom de profetizar e não proibais o falar em lín-
guas. 40 Mas faça-se tudo decentemente e com ordem.

IX. A RESSURREIÇÃO DOS MORTOS

Ressurreição e aparições de Cristo

15 1 Declaro-vos, irmãos, o Evangelho que vos pre-
guei, o qual recebestes, no qual perseverais, 2 pelo
qual sois também salvos, se o conservais como vo-lo pre-
guei, exceto se tiverdes crido em vão. 3 Porque, antes de
tudo, ensinei-vos o que eu mesmo aprendi: que Cristo
morreu por nossos pecados segundo as Escrituras; 4 que
foi sepultado e ressuscitou ao terceiro dia segundo as
mesmas Escrituras; 5 que foi visto por Cefas e, depois, pe-
los onze; 6 que, a seguir, foi visto por mais de quinhentos

irmãos de uma só vez, dos quais ainda hoje vive a maior
parte, embora alguns já tenham morrido; 7 que, depois,
foi visto por Tiago e, em seguida, por todos os apóstolos;
8 que, por último, depois de todos, foi também visto por
mim, como por um aborto. 9 Efetivamente, sou o mí-
nimo dos apóstolos, que não sou digno de ser chamado
apóstolo, porque persegui a Igreja de Deus. 10 Mas, pela
graça de Deus, sou o que sou, e a sua graça, que está em
mim, não foi vã; antes, tenho trabalhado mais que todos
eles; não eu, porém, mas a graça de Deus que está comi-
go. 11 Portanto, seja eu ou sejam eles, assim pegamos e
assim crestes.

Fundamento de nossa fé

12 Ora, se se prega que Cristo ressuscitou dos mor-
tos, como dizem alguns entre vós que não há ressurreição
dos mortos? 13 Pois, se não há ressurreição dos mortos,
também Cristo não ressuscitou. 14 E, se Cristo não res-
suscitou, é vã a nossa pregação, e também vã a vossa fé. 15
Somos, assim, considerados falsas testemunhas de Deus,
porque demos testemunho contra Deus de que ressusci-
tou a Cristo, ao qual não ressuscitou, se verdadeiramente
os mortos não ressuscitam. 16 Pois, se os mortos não res-
suscitam, também Cristo não ressuscitou. 17 E, se Cristo
não ressuscitou, é vã a vossa fé, porque ainda permane-
ceis nos vossos pecados. 18 Também, por conseguinte, os
que adormeceram em Cristo pereceram. 19 Se somente

nesta vida esperamos em Cristo, somos os mais miserá-
veis de todos os homens.

Causa de nossa ressurreição

20 Mas Cristo ressuscitou dos mortos, sendo ele as pri-
mícias dos que dormem; 21 porque, assim como a morte
veio por um homem, também por um homem vem a res-
surreição dos mortos. 22 Assim como todos morrem em
Adão, assim também todos serão vivificados em Cristo.
23 Mas cada um em sua ordem: como primícias, Cristo;
depois, com a sua vinda, os que são de Cristo. 24 Depois
será o fim, quando tiver entregado o Reino a Deus Pai,
quando tiver destruído todo principado, dominação e
poder. 25 Porque é necessário que ele reine, *até que ponha
todos os inimigos debaixo de seus pés*. 26 Ora, o último ini-
migo a ser destruído será a morte; 27 porque *todas as coisas
sujeitou debaixo dos pés dele*. Mas quando se diz: «Tudo
está submetido», excetua-se, sem dúvida, aquele que lhe
submeteu todas as coisas. 28 E, quando tudo lhe estiver
sujeito, então ainda o mesmo Filho estará sujeito àquele
que sujeitou a ele todas as coisas, a fim de que Deus seja
tudo em todas as coisas.

29 Doutra sorte, que farão os que se batizam pelos
mortos, se absolutamente os mortos não ressuscitam?
Por que se batizam por eles? 30 Por que nos expomos
também nós a perigos a toda hora? 31 Todos os dias,
irmãos, morro pela glória que tenho de vós em Jesus

Cristo Nosso Senhor. 32 Se foi com vistas humanas que
batalhei com as feras em Éfeso, que me aproveita isso?
Se os mortos não ressuscitam, *comamos e bebamos, por-*
que amanhã morreremos. 33 Não vos deixeis seduzir: as
más companhias corrompem os bons costumes. 34 En-
trai em vós próprios seriamente e não pequeis, porque
alguns não têm o conhecimento de Deus; para vergo-
nha vossa o digo.

Modo da ressurreição

35 Mas dirá alguém: «Como ressuscitam os mortos?
Com que corpo virão?» 36 Louco! O que tu semeias não
toma vida se primeiro não morre. 37 E, quando tu se-
meias, não semeias o corpo que há de nascer, mas um
simples grão, como por exemplo de trigo ou de qual-
quer outra coisa. 38 Porém Deus dá-lhe o corpo como lhe
apraz, e a cada uma das sementes o seu próprio corpo.
39 Nem toda carne é a mesma carne, mas uma certamente
é a carne dos homens, outra a dos animais; uma a das
aves, outra a dos peixes. 40 Há corpos celestes e corpos
terrestres, mas um é o brilho dos celestes e outro o dos
terrestres; 41 uma é a claridade do sol, outra a claridade
da lua, outra a claridade das estrelas. E ainda há diferença
de estrela para estrela em claridade. 42 Assim também a
ressurreição dos mortos: semeia-se em corrupção, ressus-
citará em incorrupção. 43 Semeia-se na ignomínia, res-
suscitará em glória; semeia-se em fraqueza, ressuscitará

em poder; 44 semeia-se um corpo animal, ressuscitará um
corpo espiritual.

Se há corpo animal, também o há espiritual. 45 As-
sim está escrito: *o* primeiro *homem*, Adão, *foi feito alma*
vivente; o último Adão, espírito vivificante. 46 Mas não é
primeiro o espiritual, mas sim o animal; depois, o espiri-
tual. 47 O primeiro homem, formado da terra, é terreno;
o segundo homem é do céu. 48 Qual o terreno, tais tam-
bém os terrenos; qual o celeste, tais também os celestes.
49 Pelo que, assim como trouxemos a imagem do terreno,
traremos também a imagem do celeste. 50 Ora, eu digo
isto, irmãos, porque a carne e o sangue não podem pos-
suir o Reino de Deus, nem a corrupção herdará a incor-
ruptibilidade.

51 Eis que vos digo um mistério: não morreremos
todos, mas todos seremos mudados. 52 Num momento,
num abrir e fechar de olhos, ao som da última trombe-
ta (porque a trombeta soará), os mortos ressuscitarão
incorruptíveis, e nós seremos mudados. 53 Importa que
este corpo corruptível se revista da incorruptibilida-
de, que este corpo mortal se revista da imortalidade.
54 Quando, pois, este corpo corruptível se tiver reves-
tido da incorruptibilidade, e este corpo mortal se tiver
revestido da imortalidade, então se cumprirá a palavra
que está escrita:

Tragada foi a morte na vitória.
55 *Onde está, ó morte, a tua vitória?*
Onde está, ó morte, o teu aguilhão?

56 O aguilhão da morte é o pecado, e a força do pecado é a lei. 57 Porém, graças a Deus, que nos deu a vitória por Nosso Senhor Jesus Cristo. 58 Portanto, meus amados irmãos, sede firmes e constantes, trabalhando sempre cada vez mais na obra do Senhor, sabendo que o vosso trabalho não é vão no Senhor.

X. ANÚNCIOS E DESPEDIDA

Coleta para os cristãos de Jerusalém

16 1 Quanto, porém, à coleta que se faz em benefício dos santos, fazei também vós o mesmo que eu ordenei às igrejas da Galácia. 2 No primeiro dia da semana, cada um de vós ponha de parte o que tiver podido poupar, para que se não faça a coleta na própria ocasião em que eu chegar. 3 Quando eu estiver presente, mandarei com cartas os que vós tiverdes escolhido para levar a Jerusalém a vossa liberalidade. 4 E, se valer que eu vá também, irão comigo.

Planos de viagens

5 Ora, irei ter convosco quando tiver passado pela Macedônia, porque tenho de atravessar a Macedônia. 6 Talvez fique convosco e passe também o inverno, para

que me acompanheis aonde eu tiver de ir. 7 Não quero
agora ver-vos só de passagem, mas espero demorar-me
algum tempo convosco, se o Senhor o permitir. 8 Toda-
via, ficarei em Éfeso até o Pentecostes, 9 pois se me abriu
uma porta grande à minha atividade, e os adversários são
muitos. 10 Se Timóteo for ter convosco, procurai que es-
teja sem temor entre vós, porque trabalha na obra do
Senhor como eu próprio. 11 Portanto, ninguém o despre-
ze, mas acompanhai-o em paz para que venha ter comi-
go, porque o espero com os irmãos. 12 Quanto ao irmão
Apolo, faço-vos saber que lhe roguei muito que fosse ter
convosco com os irmãos, mas não quis absolutamente ir
agora; irá, porém, quando tiver oportunidade.

Exortações e saudações

13 Vigiai, permanecei firmes na fé, portai-vos varonil-
mente, sede fortes. 14 Todas as vossas obras sejam feitas em
caridade. 15 Mais uma recomendação, irmãos: conheceis
a família de Estéfanas, que é o primeiro fruto da Acaia
e se consagrou ao serviço dos santos. 16 Sede atenciosos
para com eles e para com todo aquele que trabalha e pena
com eles. 17 Alegro-me com a presença de Estéfanas, de
Fortunato e de Acaico, porque encheram o vazio da vossa
ausência 18 e tranquilizaram assim o meu espírito como o
vosso. Tende, pois, consideração com tais pessoas.

19 As igrejas da Ásia saúdam-vos. Muito vos saúdam
no Senhor Áquila e Priscila com a igreja de sua casa.

20 Todos os irmãos vos saúdam. Saudai-vos uns aos outros
com ósculo santo.
21 A saudação de mim, Paulo, é de meu próprio pu-
nho. 22 Se alguém não ama a Nosso Senhor Jesus Cristo,
seja anátema. *Marana tha*! 23 A graça de Nosso Senhor
Jesus Cristo seja convosco. 24 O meu amor é com todos
vós em Cristo Jesus.

NOTAS À *PRIMEIRA CARTA AOS CORÍNTIOS*

***1, 1-9.** São Paulo dá início à carta com a saudação habitual de apresentação (vv. 1-3) e umas palavras de ação de graças, nas quais recorda as qualidades e os dons mais salientes dos cristãos a quem dirige a epístola (vv. 4-9).

1, 1-3. A apresentação que o Apóstolo faz de si mesmo (vv. 1-2) contém o seu nome e três elementos que demonstram a sua dignidade: o chamamento divino, o ofício de Apóstolo de Jesus Cristo e a vontade de Deus, fundamento da sua missão. Paulo foi «chamado», porque tem consciência de que, quando se encontrou com Ele no caminho para Damasco, Cristo lhe mudou a vida (cf. At 9, 1-9; Rm 1, 1). Com o título de «Apóstolo de Cristo Jesus», exprime a sua missão e demonstra a autoridade com que louva, ensina, admoesta e corrige, de palavra e por escrito. O nome de Cristo Jesus é utilizado nove vezes nos primeiros nove versículos, deixando manifesto que Ele é o centro da vida cristã e da vida dos coríntios. A expressão «por vontade de Deus» confirma a autoridade do seu ministério.

Pela forma como é referido, Sóstenes devia ser muito conhecido dos coríntios, talvez por ser companheiro frequente de Paulo; poderá ter sido ele o autor material desta carta (cf. 16, 21). Não temos provas que nos permitam identificá-lo com segurança com o chefe da sinagoga de Corinto (cf. At 18, 17).

A «igreja de Deus que está em Corinto» é a destinatária imediata da carta. A própria construção gramatical evidencia que a Igreja universal não é o conjunto ou a soma das comunidades locais, mas que cada comunidade local – neste caso, a de Corinto – representa toda a Igreja, una e indivisível: «O Apóstolo chama-lhe "igreja de Deus" para salientar que a unidade é o elemento essencial e necessário. A Igreja de Deus é una nos seus membros e constitui uma única Igreja com todas as comunidades espalhadas pelo universo, porque a palavra "igreja" não designa um cisma, mas a unidade, a harmonia e a concórdia» (São João Crisóstomo, *In 1 Corinthios*, 1, *ad loc.*).

Os «santificados em Cristo Jesus» (v. 2): a fórmula «em Cristo Jesus», utilizada sessenta e cinco vezes no epistolário paulino, significa, neste contexto, que é em Cristo que os batizados estão enraizados, como os sarmentos na videira (cf. Jo 15, 1ss); este vínculo torna-os santos, isto é, participantes da santidade divina e chamados a um comportamento moral perfeito: «Chamam-se santos os fiéis que se constituíram em povo de Deus, ou que se consagraram a Cristo ao receber a fé e o batismo, apesar de O ofenderem em muitas coisas e de não cumprirem o que prometeram; da mesma maneira que também os que professam uma arte, ainda que não respeitem as regras da mesma, mantêm contudo o nome de artistas. Em virtude disto, São Paulo chama santificados e santos aos cristãos de Corinto, entre os quais havia evidentemente alguns que repreende duramente por serem desonestos, e com epítetos ainda mais graves» (*Catechismus romanus*, 1, 10, 15).

O Apóstolo substitui a fórmula habitual de saudação no mundo greco-romano (*chairein*, cumprimentos) por uma fórmula mais pessoal e com mais força cristã: «Graça e paz» (v. 3). «A verdadeira graça e a verdadeira paz são as que vêm de Deus. Possuí esta paz divina e não tereis nada a temer, ainda que sejais ameaçados pelos maiores perigos, seja por parte dos homens, seja por parte dos próprios demônios. Pelo contrário, vede como tudo é assustador para o homem que está em guerra com Deus pelo pecado» (São João Crisóstomo, *In 1 Corinthios*, 1, *ad loc.*).

1, 4-9. A ação de graças, frequente nas cartas paulinas, tem neste caso grande densidade doutrinal, recordando aos coríntios que Deus é a fonte da situação privilegiada que é a deles (v. 4), pois gozam dos dons da palavra e do conhecimento (v. 5) e vivem na esperança da vinda gloriosa de Cristo (vv. 7-9).

Os dons e os carismas serão amplamente tratados noutras passagens da carta (12, 1ss); aqui, Paulo sublinha o enriquecimento «em toda palavra e em toda ciência» (v. 5), isto é, no conhecimento da doutrina cristã e na capacidade de a expressar com clareza: «Há quem possua o dom da ciência, mas não o da palavra, e há quem possua um e outro. Os simples fiéis, as inteligências simples, conhecem as nossas verdades, mas não são capazes de as expressar com a clareza com que as têm no espírito. Vós, pelo contrário, observa São Paulo, não sois assim: vós conheceis essas verdades e sois capazes de falar delas, sois ricos no dom da palavra e no dom da ciência» (São João Crisóstomo, *In 1 Corinthios*, 2, *ad loc.*)

«Vos confirmará até o fim» (v. 8): o horizonte escatológico – os acontecimentos que terão lugar no final da vida de cada pessoa e no final da história – é essencial. Estando alguns convencidos de que já tinham alcançado a plenitude da perfeição, Paulo recorda que ainda vivemos em luta e em esperança até chegar o dia do Senhor, ou seja, o dia do juízo, em que Cristo Se manifestará como Juiz na plenitude da sua glória (cf. 2 Cor 1, 14; 1 Ts 5, 2). A esperança desse dia final será tratada mais adiante (cf. 15, 50-58).

***1, 10-6, 20.** A primeira parte da carta refere uma série de abusos que ocorriam na comunidade cristã de Corinto. Primeiro, enuncia as divisões entre os cristãos, esquecidos do Evangelho da Cruz que lhes tinha sido pregado (1, 10-4, 21); depois, à luz do mesmo Evangelho, analisa o comportamento da comunidade em três casos delicados: o do incestuoso (5, 1-13); o da forma de solucionar as divergências que ocorrem entre os cristãos (6, 1-11); e o da doutrina sobre o uso do corpo e a sexualidade (6, 12-20).

***1, 10-4, 21.** O primeiro problema que o Apóstolo trata é a falta de unidade. Após denunciar as divisões entre os cristãos de Corinto (1, 10-17), analisa as causas da mesma: não terem descoberto a sabedoria autêntica (1, 18-3, 3), nem a verdadeira missão dos ministros (3, 4-4-, 13). E termina com umas quantas admoestações (4, 14--21).

1, 10-17. São Paulo censura com severidade as divisões que surgiram entre os coríntios, não tanto por razões doutrinais, quanto por razões de fação. A admoestação é grave – «pelo nome de Nosso Senhor Jesus Cristo» – e a exortação é clara: terem o «mesmo espírito» e o «mesmo parecer» (v. 10). Um elemento básico da unidade da Igreja é a unidade da fé, formulada na tradição: «É necessário manter perpetuamente aquele sentido dos dogmas sagrados que foi declarado pela Santa Madre Igreja e nunca perder esse sentido, a pretexto e em nome de uma inteligência mais elevada. "Cresça, pois, e progrida ampla e dilatadamente a inteligência, a ciência e a sabedoria de todos e de cada um, tanto de um só homem como da Igreja inteira, no decurso das épocas e dos séculos, mas permanecendo sempre no seu gênero, ou seja, no mesmo dogma, no mesmo sentido e na mesma significação (*eodem sensu eademque sententia*)" (São Vicente de Lérins, *Commonitorium*, 28)»

(Concílio Vaticano I, *Dei Filius*, cap. 4).

São Paulo refere-se às divisões (v. 10) que lhe transmitiram os da casa de Cloé; tratar-se-ia de uma mulher conhecida em Corinto e os de sua casa seriam pessoas da sua família ou da sua igreja doméstica, que teriam ido a Éfeso e visitado o Apóstolo.

Da sucinta explicação de São Paulo, pode deduzir-se que, entre os coríntios, se tinham constituído grupos, congregados em torno de personagens importantes. O grupo de Apolo (v. 12) ter-se-ia formado em torno deste judeu converso de Alexandria (no Egito), de grande eloquência e bom conhecedor das Escrituras, que tinha pregado em Corinto (cf. At 18, 24-19, 1). O fato de alguns se dizerem de Pedro poderia dever-se à circunstância de o próprio São Pedro ter passado por Corinto, embora não haja dados que permitam confirmar esta hipótese; ou então de terem chegado à cidade alguns discípulos de Pedro, ou convertidos por ele. É mais difícil determinar qual era o grupo denominado de Cristo: podia ser constituído por pessoas que se tivessem reunido em torno dos pregadores de tendências judaizantes oriundos de Jerusalém, ou de cristãos desgostados com os conflitos entre os outros grupos, que exprimiam – e com razão – a sua pertença a Jesus Cristo; mas também podia ser uma expressão irônica de São Paulo, com a qual pretendia expor claramente a falta de sentido desses grupos, como quem diz: «Vós dizeis que sois de Paulo, de Apolo e de Pedro... pois eu sou de Cristo.»

Sobre os batizados por Paulo (vv. 13-14) temos mais informações: Crispo era, ou tinha sido, o chefe da sinagoga de Corinto, tendo-se convertido pela pregação do Apóstolo (cf. At 18, 8); foi na casa de Gaio, também convertido por ele, que Paulo se hospedou durante a sua estadia em Corinto (cf. Rm 16, 23); e a família de Estéfanas era a primeira família conversa da província da Acaia (cf. 16, 15-17).

«Cristo não me enviou a batizar, mas a pregar o Evangelho» (v. 17): com estas palavras, o Apóstolo reforça a sua imparcialidade diante dos coríntios, afastando toda e qualquer possibilidade de ser instrumentalizado; mas também não contrapõe a tarefa da evangelização à administração dos sacramentos. O São Paulo VI tratou esta confusão, que chegou aos nossos dias: «Num certo sentido, há um equívoco em contrapor, como já algumas vezes se fez, a evangelização à sacramentalização. É bem verdade que uma certa maneira de administrar os sacramentos, sem um apoio sólido na catequese destes mesmos sacramentos e numa catequese global, acabaria por privá-los, em grande parte, da sua eficácia. O papel da evangelização é precisamente o de educar de tal modo para a fé, que esta depois leve cada um dos cristãos a viver, e a não se limitar a receber passiva ou apaticamente, os sacramentos como eles realmente são, verdadeiros sacramentos da fé» (*Evangelii nuntiandi*, 47).

1, 18-31. Os coríntios não descobriram a verdadeira sabedoria, que é a que se manifestou na cruz; com efeito, a cruz de Cristo é uma cátedra de sabedoria e de juízo, a pedra de toque perante a qual os homens tomam posição. Uns consideram que a linguagem da cruz (à letra: a palavra da cruz) é uma loucura; são os que se perdem (à letra: os que vão a caminho de se perder). Pelo contrário, os que vão a caminho de se salvar descobrem que a cruz é força de Deus, porque nela foram vencidos o demônio e o pecado. Por isso, a Igreja exorta os fiéis: «Eis o lenho da cruz, do qual pendeu a salvação do mundo» (Missal Romano, *Celebração da Paixão do Senhor*); e foi também por isso que os santos cantaram as excelências da cruz: «Oh dom preciosíssimo da Cruz! Que aspecto esplendoroso o seu! [...] Trata-se de uma árvore que engendra a vida sem ocasionar a morte; que ilumina sem produzir sombras; que introduz no paraíso sem expulsar ninguém dele; é o madeiro ao qual Cristo subiu, como rei que monta na sua quadriga para derrotar o demônio que detinha o poder da morte, e libertar o gênero humano da escravidão à qual o diabo o tinha submetido. Este madeiro, em que o Senhor, qual valoroso lutador, foi ferido nas suas mãos, nos seus pés e no seu lado divinos, curou as marcas do pecado e as feridas que o pernicioso dragão tinha infligido à nossa natureza [...]. Aquela sabedoria suprema, que, por assim dizer, floresceu na cruz, tornou manifesta a jactância e a estupidez arrogante da sabedoria mundana» (São Teodoro Estudita, *Oratio in adorationem Crucis*).

Na cruz, cumprem-se as palavras de Isaías (Is 29, 14) que anunciam que os sábios e os prudentes deste mundo são incapazes de compreender a sabedoria divina da cruz: «A pregação da cruz de Cristo contém algo que, de acordo com a sabedoria humana, parece impossível: que Deus morra, que o onipotente Se submeta às mãos dos violentos. Também contém coisas que parecem contrárias à prudência deste mundo, como o fato de uma pessoa não fugir das contrariedades quando pode fazê-lo» (São Tomás de Aquino, *Super 1 Corinthios, ad loc.*).

1, 20-25. A sabedoria do mundo é a que se desvia do seu reto fim e, consequentemente, não consegue conhecer a Deus (cf. Rm 1, 19-25), quer porque só procura sinais exteriores e sensíveis, quer porque só aceita argumentos racionais.

Os judeus apenas procuram sinais e tentam basear a sua fé naquilo que captam pelos sentidos; para eles, a Cruz de Cristo é escândalo, ou seja, um obstáculo que impede o acesso às coisas divinas. Os gregos – e São Paulo está a referir-se aos racionalistas do seu tempo – consideravam-se árbitros da verdade e viam como loucura tudo o que não tivesse por base uma demonstração irrefutável: «Para o mundo, ou seja, para os prudentes do mundo, a sabedoria tornou-se cegueira; por esse motivo, não conheceram a Deus através dela [...]. Portanto, como o mundo se ensoberbecia na vaidade dos seus dogmas, o Senhor fundou a fé dos que haveriam de se salvar precisamente no que parece indigno e néscio, para que, fracassando todas as presunções humanas, só a graça de Deus revelasse aquilo que a inteligência humana não é capaz de compreender» (São Leão Magno, *Sermo 5 De Nativitate*).

1, 26-31. Tal como no caso dos Apóstolos – a quem diz: «Não fostes vós que me escolhestes, mas fui eu que vos escolhi» (Jo 15, 16) –, também é o Senhor que escolhe cada cristão, que lhe dá uma vocação (vv. 26-29). Foi Deus que escolheu esses fiéis de Corinto, sem ter em atenção critérios de sabedoria humana, de poder ou de nobreza: «É que Deus não faz distinção de pessoas, como nos repete insistentemente a Escritura. Ao convidar uma alma a uma vida de plena coerência com a fé, não repara em méritos de fortuna, em títulos de nobreza, em altos graus de ciência. A vocação precede todos os méritos [...]. A vocação está em primeiro lugar; Deus nos ama antes de que saibamos sequer dirigir-nos a Ele, e infunde em nós o amor com que podemos corresponder-lhe» (São Josemaria Escrivá, *É Cristo que passa*, 33).

Os vv. 27-28 não devem, contudo, levar-nos a pensar que entre os primeiros cristãos não haveria pessoas cultas, sábias, poderosas, importantes do ponto de vista humano. Com efeito, os *Atos dos Apóstolos* falam-nos, por exemplo, de um ministro etíope, do centurião Cornélio, de Apolo, de Dionísio Areopagita etc. «Se Deus não utilizasse a excelência humana para sua própria honra, daria a impressão de que esta excelência não é de Deus. Por isso, ainda que a princípio fossem certamente poucos, com o passar do tempo, Deus foi escolhendo para o ministério da pregação muitas pessoas que se destacavam humanamente. Daí que se diga na Glosa que "se o pescador não tivesse precedido fielmente, o orador não teria seguido humildemente". Também pertence à glória de Deus que, por meio de gente desprezível, tenha atraído a Si os sublimes do mundo» (São Tomás de Aquino, *Super 1 Corinthios, ad loc.*)

Cristo é a «sabedoria que vem de Deus» (v. 30) e o seu conhecimento é a verdadeira e mais importante ciência. Para nós, é justiça, porque, com os méritos alcançados com a sua encarnação, morte e ressurreição, nos tornou verdadeiramente justos aos olhos de Deus. É também santificação, a fonte de toda a santidade, que consiste precisamente na identificação com Ele; pois por Cristo, feito para nós redenção, fomos redimidos da escravidão do pecado: «Que bela é a ordem que o Apóstolo confere às suas palavras! Deus fez-nos sábios arrancando-nos ao erro; depois, fez-nos justos e santos, comunicando-nos o seu Espírito» (São João Crisóstomo, *In 1 Corinthios*, 5, *ad loc.*).

Por sua vez, cada cristão deve esforçar-se para que aqueles que o rodeiam «desejem verdadeiramente conhecer Jesus Cristo e Cristo crucificado (cf. 1 Cor 2, 2), e se persuadam com certeza, e creiam com afeto íntimo de coração e piedosamente, que não foi dado aos homens outro nome debaixo do céu pelo qual possamos salvar-nos (cf. At 4, 12), uma vez que Ele próprio é a vítima de propiciação pelos nossos pecados (cf. 1 Jo 2, 2)» (*Catechismus romanus*, Introdução, 10).

2, 1-5. O centro da pregação paulina é Cristo, e Cristo na Cruz, uma vez que a fé, longe de assentar na sabedoria humana, tem na cruz e no poder divino a sua solidez inalterável. Consequentemente, a mensagem cristã «não admite indiferença nem sincretismo, nem acomodação. É a salvação dos homens que está em causa; é a beleza da revelação que ela representa. Depois, ela comporta uma sabedoria que não é deste mundo. Ela é capaz, por si mesma, de suscitar a fé, uma fé que se apoia no poder de Deus (cf. 1 Cor 2, 5). Enfim, ela é a Verdade. Por isso, bem merece que o Apóstolo lhe consagre todo o seu tempo, todas as suas energias e lhe sacrifique, se for necessário, a sua própria vida» (São Paulo VI, *Evangelii nuntiandi*, 5).

2, 6-16. A sabedoria divina, da qual os homens são chamados a participar, coincide com o desígnio divino de salvação revelado pelo próprio Deus, transmitido pelo Espírito Santo. A sabedoria que Paulo proclama não é contrária à razão humana, antes está para além dela. É um mistério que permaneceu oculto (v. 7), uma vez que o homem não tem capacidade para abarcá-la exaustivamente, tal como não pode abarcar Deus; mas pode conhecê-la por meio da Revelação (cf. Lc 8, 10; Cl 1, 26), ainda que a sua plenitude só se alcance no Céu. Há, portanto, uma tripla perspectiva nesta sabedoria-mistério-salvação: está nos planos de Deus desde toda a eternidade; manifesta-se na revelação, especialmente em Jesus Cristo morto e ressuscitado; pela fé, pode ser parcialmente alcançada nesta vida e sê-lo-á em plenitude no Céu: «Que ditosos e admiráveis são os dons de Deus! Vida imortal, esplendor da justiça, verdade na liberdade, fé confiada, temperança com santidade; e podemos conhecer todas estas coisas. Que mais terá Deus preparado para os que esperam nele? Só o artífice supremo e Pai dos séculos o conhece. Por nós, esforcemo-nos intensamente para sermos contados entre os que esperam poder participar dos dons prometidos» (São Clemente Romano, *Ad corinthios*, 30). As palavras de Is 64, 2-3 (v. 9), resumem o conteúdo da sabedoria divina; ela é um conjunto dos dons que ultrapassam por completo as capacidades humanas (cf. Ef 3, 19) e que Deus preparou desde a eternidade para os que O amam; estes dons mais não são que o amor que Deus tem pelos homens. Tendo por base o fato de estas dádivas se alcançarem de forma plena na outra vida, a tradição cristã considerou que estas palavras constituem uma descrição do Céu.

O «espírito deste mundo» (v. 12) corresponde aos aspectos mais negativos da sociedade humana, que acabam, inevitavelmente, por ter influência nos cristãos. O «espírito do homem» (v. 11) é o elemento mais íntimo de cada um, representativo do conjunto da pessoa. O «Espírito de Deus» (v. 14), que deve ser entendido como o mais íntimo de Deus e o próprio Deus, é o Espírito Santo: «Não é possível acreditar em Jesus Cristo sem ter parte no seu Espírito. É o Espírito Santo que revela aos homens quem é Jesus. [...] Ninguém conhece o que há em Deus senão o Espírito de Deus. Só Deus conhece inteiramente Deus. Nós cremos no Espírito Santo, porque Ele é Deus» (*Catecismo da Igreja Católica*, 152).

«O homem natural» (v. 14): o texto original fala do homem psíquico, por oposição ao «homem espiritual» (v. 15);

a *Neovulgata*, que segue a *Vulgata* latina, traduz a expressão por «homem animal», na medida em que atua exclusivamente com base nas faculdades humanas, e é incapaz de ver para além das coisas deste mundo. Pelo contrário, o homem espiritual é o cristão regenerado pela graça de Deus, cujas faculdades são elevadas de tal maneira que tem a capacidade de realizar ações com valor sobrenatural: atos de fé, de esperança e de caridade: «Não existe outra alternativa. Só são possíveis dois modos de viver na terra: ou se vive vida sobrenatural ou vida animal. E tu e eu não podemos viver senão a vida de Deus, a vida sobrenatural» (São Josemaria Escrivá, *Amigos de Deus*, 200). Quando se vive a vida do Espírito, adquire-se um critério que permite avaliar aquilo que ajuda ou prejudica as almas: «Quem está acordado julga retamente, tanto que ele próprio está acordado, como que outro está a dormir; o que está a dormir, porém, não tem um juízo reto, nem de si mesmo, nem daquele que está acordado [...]. É segundo isto que o Apóstolo afirma que "o homem espiritual julga todas as coisas"; porque o homem que tem o entendimento iluminado e o afeto ordenado pelo Espírito Santo julga retamente as coisas particulares que têm relação com a salvação. O que não é espiritual tem o entendimento obscurecido e o afeto desordenado para os bens espirituais, e, portanto, o homem espiritual não pode ser julgado pelo não espiritual, da mesma maneira que o homem acordado não pode ser julgado pelo homem adormecido» (São Tomás de Aquino, *Super 1 Corinthios, ad loc.*).

3, 1-3. Os coríntios ainda não alcançaram a verdadeira sabedoria e permanecem carnais (vv. 2-3); são eles os responsáveis pelas divisões, por terem confundido o Evangelho com a sabedoria pessoal dos pregadores. A contraposição carnais/espirituais não significa, obviamente, que haja na Igreja dois tipos de pessoas; trata-se antes de uma censura paternal do Apóstolo, que lhes faz ver que se, pelo batismo, estão chamados a alcançar o pleno conhecimento, intelectual e prático, das verdades espirituais, por se terem deixado arrastar por princípios humanos, permanecem ainda na fase inicial desse conhecimento. A razão, comenta São João Crisóstomo, é que «o mau comportamento é um obstáculo ao conhecimento da verdade. Tal como um homem obcecado pelo erro não consegue perseverar muito tempo no caminho reto, também é muito difícil que uma pessoa que vive mal aceite o jugo dos nossos mistérios sublimes. Para abraçar a verdade, é preciso estar desprendido de todas as paixões [...]. Para se alcançar a verdade, esta liberdade da alma tem de ser completa» (*In 1 Corinthios*, 8, *ad loc.*).

«Como a criancinhas em Cristo» (v. 1): tal como faz noutras passagens, também aqui o Apóstolo recorre à imagem da criança e do adulto para exortar à vivência de uma fé firme e segura (13, 11; Gl 4, 1.3; Ef 4, 14). O Apóstolo utiliza esta comparação para mostrar que é necessário progredir na vida cristã, que o cristão tem obrigação de desenvolver as virtudes infusas que recebeu no batismo. Concretizando ainda mais, considera as «rivalidades e contendas» (v. 3) dois grande pecados que paralisam a vitalidade dos coríntios, e de qualquer cristão, mantendo-os no seu lamentável estado de carnais e impedindo-os de alcançar as coisas espirituais, às quais foram chamados (cf. Hb 5, 12-14).

3, 4-23. Uma expressão da visão humana dos coríntios (v. 4) é o fato de não terem compreendido que os ministros não trabalham em proveito próprio, mas para edificação de toda a Igreja; cada um e a Igreja inteira pertencem exclusivamente a Deus e a Cristo. Na base de todo o trabalho apostólico está Deus, que «deu o crescimento» (v. 6); o homem é um instrumento de Deus – servo (v. 5), cooperador (v. 9) – nessa tarefa, que só pode ser realizada tendo Cristo como alicerce (v. 11). Paulo desenvolve estas ideias recorrendo a duas imagens sugestivas: o campo de Deus (vv. 6-9) e o edifício de Deus (vv. 10-17).

3, 6-9. A comparação com as atividades agrícolas ilustra a maneira como Deus quer servir-Se dos homens para obter frutos sobrenaturais totalmente desproporcionados do trabalho investido: «Temos de lembrar-nos sempre de que somos apenas instrumentos: «Que é Apolo, que é Paulo? Ministros daquele em quem vós crestes, e segundo o dom que Deus conferiu a cada um. Eu plantei, Apolo regou; mas foi Deus quem deu o crescimento. A doutrina, a mensagem que devemos propagar, tem uma fecundidade própria e infinita, que não é nossa, mas de Cristo» (São Josemaria Escrivá, *É Cristo que passa*, 159).

O Concílio Vaticano II recorre às imagens paulinas do campo e do edifício de Deus para expor a natureza da Igreja: «A Igreja é a agricultura ou o campo de Deus (cf. 1 Cor 3, 9). Nesse campo cresce a oliveira antiga de que os patriarcas foram a raiz santa e na qual se realizou e realizará a reconciliação de judeus e gentios (cf. Rm 11, 13-26). Ela foi plantada pelo celeste agricultor como uma vinha eleita (Mt 21, 33-43; Is 5, 1ss). A verdadeira videira é Cristo, que dá vida e fecundidade aos sarmentos, isto é, a nós, que pela Igreja permanecemos nEle, sem quem nada podemos fazer (cf. Jo 15, 1-5). A Igreja é também muitas vezes chamada construção de Deus (cf. 1 Cor 3, 9). O próprio Senhor Se comparou à pedra que os construtores rejeitaram e se tornou pedra angular (Mt 21, 42 par.; At 4, 11; 1 Pd 2, 7; Sl 117, 22). Sobre esse fundamento é a Igreja construída pelos Apóstolos (cf. 1 Cor 3, 11), e dele recebe firmeza e coesão. Esta construção recebe vários nomes: casa de Deus (1 Tm 3, 15), na qual habita a sua família; habitação de Deus no Espírito (cf. Ef 2, 19-22); tabernáculo de Deus com os homens (Ap 21, 3); e sobretudo templo santo, o qual, representado pelos santuários de pedra e louvado pelos santos padres, é com razão comparado, na liturgia, à cidade santa, a nova Jerusalém. Nela, com efeito, somos edificados cá na terra como pedras vivas (cf. 1 Pd 2, 5). São João contemplou esta cidade descendo do Céu, de Deus, na renovação do mundo, como esposa adornada para ir ao encontro do esposo (Ap 21, 1ss)» (*Lumen gentium*, 6).

3, 10-17. Cristo é o único alicerce (v. 11), de maneira que os cristãos têm de estar «não só unidos a Jesus Cristo, mas assentes nele. [...] Ele é o fundamento e nós somos o edifício. Ele é o tronco da videira e nós os ramos. Ele é o esposo e nós a esposa. Ele é o pastor e nós o rebanho» (São João Crisóstomo, *In 1 Corinthios*, 8, 4). Desenvolvendo a metáfora do edifício, Paulo apela para a responsabilidade dos ministros e ensina que haverá um juízo divino, que é o dia do Senhor (vv. 10-17).

A imagem do templo de Deus (vv. 16-17), que é utilizada com frequência por São Paulo (cf. 6, 19-20; 2 Cor 6, 16), exprime o fato de a Santíssima Trindade habitar na alma em graça. Com efeito, «por meio da graça de Deus [a Trindade] habita na alma justa como num templo, de um modo íntimo e singular» (Leão XIII, *Divinum illud munus*, 10). É consolador e estimulante saber que «as pessoas divinas habitam na criatura inteligente na medida em que, presentes nela de modo imperscrutável, por ela são atingidas por via do conhecimento e do amor (cf. *Summa theologiae*, 1, 43, 3), de modo, porém, absolutamente íntimo e singular, que transcende a natureza humana» (Pio XII, *Mystici Corporis*).

A presença da Trindade na alma em graça convida os fiéis a procurarem ter um relacionamento mais pessoal e direito com Deus, que podem procurar a qualquer momento no fundo da sua alma: «Cultiva o trato com o Espírito Santo – o Grande Desconhecido –, que é quem te há de santificar. Não te esqueças de que és templo de Deus. – O Paráclito está no centro da tua alma: escuta-O e segue docilmente as suas inspirações» (São Josemaria Escrivá, *Caminho*, 57).

3, 18-23. Com duas citações bíblicas (Jó 5, 13 e Sl 94, 11), fica estabelecida a verdade de que as atitudes exclusivamente humanas têm como consequência o mais rotundo fracasso; pelo contrário, o cristão que pertence exclusivamente a Cristo (v. 23) é dono de tudo: «Meus são os céus e minha é a terra. Minhas são as gentes, os justos são meus e meus os pecadores. Os anjos são meus, e a Mãe de Deus, e todas as coisas são minhas. E o próprio Deus é meu e para mim, porque Cristo é meu e todo para mim. Pois que pedes e procuras, alma minha? Teu é tudo isto e todo para ti. Não te julgues menos, nem repares nas migalhas que caem da mesa de teu Pai» (São João da Cruz, *Oração da alma enamorada*).

4, 1-7. As características de qualquer Apóstolo – que é servidor de Cristo e administrador dos mistérios de Deus (v. 1) – fazem com que tal ministério permaneça à margem e acima de contendas e discussões banais.

A Igreja aplicou com frequência as palavras do v. 1 ao sacerdócio cristão: «O sacerdote é ministro de Cristo. Ele é, pois, o instrumento do qual o divino Redentor Se serve para prosseguir a sua obra redentora em toda a sua mundial universalidade e eficácia divina, a fim de construir aquela obra admirável que transformou o mundo. Mais ainda, o sacerdote é, como justamente se costuma dizer, *alter Christus*, outro Cristo, uma vez que O representa em pessoa [...]. O sacerdote foi constituído dispensador dos mistérios de Deus (cf. 1 Cor 4, 11), em favor dos membros do corpo místico de Cristo, por ser o ministro ordinário de quase todos os sacramentos, que são como os canais através dos quais flui a graça do Redentor, em benefício de todos os homens» (Pio XI, *Ad catholici sacerdotii*, 17).

A frase «não ir além do que está escrito» (v. 6) presta-se a diversas interpretações. Pode tratar-se de um provérbio usado pelos coríntios para indicar a necessidade de não exceder aquilo que é seguro, que, neste caso, seria o que corresponde estritamente ao ministério apostólico; «o que está escrito» também pode referir-se a toda a Sagrada Escritura, ou às citações que dela se fizeram anteriormente (cf. 1, 19.31; 3, 19). Seja como for, São Paulo diz aos coríntios, de uma forma delicada, que eles são – pela sua imaturidade e pela sua soberba – os únicos responsáveis pelos conflitos surgidos, dado que exaltam um pregador e menosprezam outro; Paulo e Apolo comportaram-se como deviam, não dando azo a divisões.

4, 8-13. O Apóstolo denuncia ironicamente a presunção dos cristãos de Corinto, descrevendo de forma veemente as penalidades sofridas por aqueles que seguem a Cristo: tal como os condenados à morte nas arenas dos anfiteatros, servem de espetáculo a todos e, à semelhança dos proscritos das cidades gregas, tornaram-se «a imundície deste mundo, a escória de todos até agora» (v. 13). Estas expressões podem estar relacionadas com um costume inumano que vigorava em algumas cidades gregas: quando ocorria uma calamidade pública, havia um cidadão que, a troco de ser tratado de forma principesca durante algum tempo, se oferecia para ser sacrificado aos deuses como vítima de expiação para afastar o flagelo; no dia em que era sacrificado, o povo tinha o direito de lhe dirigir todo o tipo de insultos e de lhe lançar imundícies – era a escória do universo; consideravam os seus concidadãos que, na sequência de tal sacrifício, a cidade era liberdade das conjuras maléficas. Se as palavras do Apóstolo aludem efetivamente a este rito, então têm um sentido mais profundo: Paulo afirma que está disposto a suportar qualquer desprezo por amor a Cristo e aos homens. «Eu te vou dizer quais são os tesouros do homem na terra, para que não os desperdices: fome, sede, calor, frio, dor, desonra, pobreza, solidão, traição, calúnia, cárcere...» (São Josemaria Escrivá, *Caminho*, 194).

4, 14-21. São Paulo ostenta a paternidade espiritual dos coríntios, porque os engendrou na fé. Desta perspectiva, as suas repreensões adquirem maior peso e mais sentido; com efeito, o seu objetivo não é provocar uma vergonha que seja estéril, mas ser um alento para a aquisição das virtudes necessárias e para o crescimento da Igreja. Foi essa a atitude dos santos: «Devemos considerar como filhos todos aqueles sobre os quais exercemos a nossa autoridade; ponhamo-nos ao seu serviço como Jesus» (São João Bosco, *Epistula*, em Liturgia das Horas, *Ofício de Leituras de 31-1*).

4, 18-21. O Apóstolo sabe que é o pastor desta comunidade de Corinto. O seu desejo era comportar-se sempre com «espírito de mansidão» (v. 21), sem contristar ninguém; mas não hesitará em recorrer à «vara», ou seja, em intervir com fortaleza, quando assim o exigir o bem dos fiéis – caso em que admoestará vigorosamente e até afastará da comunhão eclesial aqueles cristãos que provocarem danos nos restantes.

***5, 1-13.** O segundo problema grave da comunidade era o de um cristão que vivia maritalmente com a madrasta. Depois de resolver este caso concreto (vv. 1-8), o Apóstolo explica como é que a comunidade deve tratar os que se obstinam nos seus pecados (vv. 9-13).

5, 1-8. O incesto, que «corrompe as relações familiares e representa uma regressão à animalidade» (*Catecismo da Igreja Católica*, 2388), já era considerado um grave delito. Perante a passividade dos coríntios, o Apóstolo apressa-se a resolver a questão, decretando solenemente a excomunhão do pecador (vv. 4-5), para evitar um dano maior na comunidade. Recorrendo à imagem da massa sem fermento com que se faziam os pães ázimos para a Páscoa, explica que os cristãos devem rejeitar todo e qualquer costume pecaminoso grave: «Portanto, quando na nossa vida pessoal ou na dos outros percebermos alguma coisa que não está certa, alguma coisa que precisa do auxílio espiritual e humano que nós, os filhos de Deus, podemos e devemos prestar, uma das manifestações claras de prudência consistirá em aplicar o remédio conveniente, a fundo, com caridade e com fortaleza, com sinceridade. Não têm cabimento as inibições. É errado pensar que os problemas se resolvem com omissões ou com adiamentos» (São Josemaria Escrivá, *Amigos de Deus*, 157).

5, 9-13. O Apóstolo admoesta os coríntios, para que não se misturem com quantos, ostentando embora o nome de cristãos, vivem sem se arrepender dos pecados que enumera. O cristão deve procurar que todos se salvem; só deve afastar-se de uma pessoa quando esta se tornar um perigo para a sua alma.

Paulo refere por duas vezes (vv. 9 e 11) um escrito que se perdeu, e a que muitos comentadores chamam carta pré-canônica.

A lista dos pecados enunciados no v. 11 é muito semelhante à que aparece no capítulo seguinte (6, 9-10) e difere pouco dos catálogos de treze pecados graves que se encontram no corpus paulino. As listas de pecados circulavam com frequência nos ambientes piedosos e cultos da época, embora as dos gregos fossem diferentes das dos judeus. São Paulo não pretende fazer uma enumeração exaustiva, mas recordar os pecados que os destinatários da sua carta correm maior risco de cometer.

***6, 1-11.** O terceiro fato lamentável era que os litígios entre cristãos eram apresentados aos tribunais pagãos, em vez de serem resolvidos no âmbito da comunidade.

O conselho do Apóstolo corresponde, por um lado, ao costume que os judeus tinham de julgar as suas causas nos seus próprios tribunais; e, por outro, à exigência de viver a fraternidade e dar bom exemplo: os litígios podiam ser resolvidos sem recurso aos tribunais. Caso contrário, os litigantes estariam a infligir grave dano à expansão do Evangelho, pois como podia uma comunidade cujos membros andavam a litigar como as outras pessoas ser atraente fosse para quem fosse? São João Crisóstomo elenca da seguinte maneira as transgressões dos coríntios: «Primeiro, não serem capazes de suportar pacientemente uma injúria; depois, serem autores de ofensas; depois, procurarem árbitros para estas altercações; e, por fim, usarem tais procedimentos com os cristãos, que eram seus irmãos na fé» (*In 1 Corinthios, ad loc.*).

A evocação da dignidade dos cristãos (v. 11) põe termo às admoestações: Paulo recorda o batismo, os seus efeitos e a necessidade de recuperar a santidade inicial. «Os seguidores de Cristo, chamados por Deus e justificados no Senhor Jesus, não por merecimento próprio, mas pela vontade e graça de Deus, são feitos, pelo batismo da fé, verdadeiramente filhos e participantes da natureza divina e, por conseguinte, realmente santos. É necessário, portanto, que, com o auxílio divino, conservem e aperfeiçoem, vivendo-a, esta santidade que receberam» (Concílio Vaticano II, *Lumen gentium*, 40).

***6, 12-20.** O Apóstolo trata agora da gravidade dos pecados contra a castidade, mostrando que afetam profundamente a pessoa e são incompatíveis com a vocação do cristão.

6, 12-14. Aparentemente, corria entre os coríntios uma falsa interpretação da liberdade, pois estavam convencidos de que os cristãos, libertos da Lei, podiam viver à margem dos mandamentos de Deus: «Tudo me é permitido» (v. 12). O Apóstolo explica que há ações e atitudes, como a falta de pureza, que não convêm, porque tornam a escravizar o homem.

Outro equívoco grave consistia em colocar no mesmo plano a necessidade de alimentos e o uso da sexualidade. Neste ponto, o ensinamento do Apóstolo é claro e rotundo: o que diz respeito aos alimentos desaparece depois da morte, pelo que é irrelevante; pelo contrário, o corpo, sendo um elemento constitutivo da pessoa, participa da união com Cristo e está destinado à ressurreição, razão pela qual tem uma dignidade que deve ser preservada.

6, 15-20. O cristão, constituído por corpo e alma, é membro de Cristo (v. 15). Esta afirmação impressionante, e inteiramente nova, é um elemento crucial dos ensinamentos paulinos e da doutrina cristã: o cristão foi integrado em Cristo pelo batismo e está destinado a permanecer estreitamente unido a Ele, a viver a vida de Cristo (cf. Gl 2, 20), a formar um só espírito com Ele (v. 17), pois foi feito membro do corpo de Cristo (cf. 12, 27; Rm 12, 5). Aquele que peca contra a castidade profana o seu corpo, que é templo do Espírito Santo. Deste modo, o conselho de Paulo é muito claro: fugir da impureza (v. 18), uma vez que «não se vence resistindo, porque quanto mais a pessoa pensa no assunto, mais se incendeia; vence-se fugindo, isto é, evitando totalmente os pensamentos imundos e todas as ocasiões» (São Tomás de Aquino, *Super 1 Corinthios, ad loc.*). Nesta luta pela castidade, o cristão tem à sua disposição abundantes meios auxiliares: «O primeiro consiste em exercer uma grande vigilância sobre os nossos olhos, os nossos pensamentos, as nossas palavras e os nossos atos; o segundo, em recorrer à oração; o terceiro, em frequentar dignamente os sacramentos; o quarto, em fugir de tudo quanto possa induzir-nos ao mal; o quinto, em ser muito devotos da Santíssima Virgem. Observando tudo isto, apesar dos esforços dos nossos inimigos, apesar da fragilidade dessa virtude, teremos a segurança de a conservar» (São João Maria Vianney, *Sermão no décimo sétimo domingo depois do Pentecostes*).

São Paulo termina (v. 19) salientando a importância da nova condição do batizado: «Reconhece, ó cristão, a tua dignidade, e, uma vez que foste tornado participante da natureza divina, não penses em voltar, com um comportamento indigno, às antigas vilezas» (São Leão Magno, *Sermo I de Nativitate*). É nesta dignidade que se fundamenta a plenitude da castidade, tanto nas relações conjugais legítimas, como na virgindade.

***7, 1-15, 58.** Na segunda parte da carta, o Apóstolo responde às perguntas feitas pelos fiéis de Corinto. Trata-se de questões que afetavam a vida cotidiana, como o comportamento dos esposos um com o outro e a opção, ou não, pelo matrimônio (7, 1-40); a aquisição, nos mercados públicos, de alimentos oferecidos aos deuses (8, 1-10, 33); a celebração da Eucaristia (11, 1-34); as manifestações carismáticas (12, 1-14, 40); e, finalmente, a esperança na ressurreição dos mortos (15, 1-58). Na resposta a estas dúvidas, o primeiro critério é o amor mútuo, a caridade (13, 1-13), o que leva os cristãos a evitarem qualquer atitude ou comportamento que possa gerar escândalo ou parecer menosprezo de outros. As dúvidas de alguns sobre a ressurreição futura levam São Paulo a recordar que a ressurreição de Jesus faz parte do conteúdo do Evangelho que se pregava desde o princípio, e é o fundamento da fé cristã (15, 1-4).

***7, 1-40.** A primeira consulta sobre o matrimônio e o celibato parece ter sido feita (v. 1) por alguns que estavam convencidos de que as relações conjugais eram uma coisa má, e que, portanto, o celibato e a virgindade eram obrigatórios para os cristãos. Paulo responderá a estas questões incluindo também a situação das viúvas.

7, 1-9. O Apóstolo expõe de forma breve a legitimidade do matrimônio. Em termos absolutos, a virgindade é superior ao matrimônio (cf. 7, 25-35), mas este é bom e santo para os que são chamados a ele. «Quem condena o matrimônio está a privar a virgindade da sua glória; pelo contrário, quem o louva torna a virgindade mais admirável e luminosa. O que só aparece como bem em comparação com um mal não é grande bem; mas o que é melhor que bens considerados por todos como tais é certamente um bem de grau superlativo» (São João Crisóstomo, *De virginitate*, 10).

Para viver a virgindade e o celibato, é necessária uma graça especial de Deus; é preferível que aqueles a quem não foi dado esse dom vivam no matrimônio, que também é um dom de Deus (v. 7). «O matrimônio é um caminho divino na terra! [...] Quem é chamado ao estado matrimonial encontra nesse estado — com a graça de Deus — tudo o que necessita para ser santo, para se identificar cada dia mais com Jesus Cristo, e para levar ao Senhor as pessoas com quem convive» (São Josemaria Escrivá, *Entrevistas com Mons. Josemaria Escrivá*).

Ao mesmo tempo, o Apóstolo comunica um ensinamento de grande valor acerca dos deveres conjugais (vv. 2-5), insistindo nada menos que três vezes na total reciprocidade dos cônjuges, em contraste com os costumes gregos e judaicos da época, que só reconheciam os direitos do homem. O marido e a mulher deixaram de ser senhores exclusivos do próprio corpo; pertencendo um ao outro, as suas obrigações conjugais caem sob o domínio estrito da justiça.

«Permanecer assim, como também eu» (v. 8): destas palavras apenas se pode deduzir que São Paulo vivia sozinho, não tinha mulher; não sabemos se era solteiro ou viúvo, embora o v. 7 venha em apoio da opinião generalizada de que nunca se casou.

7, 10-11. Acerca da indissolubilidade do matrimônio, o Apóstolo esclarece que existe um preceito muito claro, que não é seu, mas do Senhor: «É dever fundamental da Igreja reafirmar vigorosamente [...] a doutrina da indissolubilidade do matrimônio. [...] Ele [Deus] quer e concede a indissolubilidade matrimonial como fruto, sinal e exigência do amor absolutamente fiel que Deus Pai manifesta pelo homem e que Cristo vive para com a Igreja. [...] Testemunhar o valor inestimável da indissolubilidade e da fidelidade matrimonial é uma das tarefas mais preciosas e mais urgentes dos casais cristãos do nosso tempo» (São João Paulo II, *Familiaris consortio*, 20).

7, 12-16. A disciplina da Igreja seguiu a solução proposta por São Paulo: quando um dos cônjuges se converte, não lhe exige que ponha fim ao seu casamento; mas, se a parte pagã tornar impossível a convivência matrimonial ou não permitir que o batizado viva em conformidade com a fé, a parte batizada tem liberdade para se separar e se casar de novo (cf. *Codex Iuris Canonici*, 1143-1147).

7, 17-24. Alguns cristãos, não compreendendo bem as consequências do novo nascimento que o batismo pressupõe, quereriam talvez que na sua vida se operasse uma transformação completa, não só interior, mas também na sua condição social. O Apóstolo explica, pois, recorrendo aos exemplos da circuncisão e da escravidão, que as circunstâncias exteriores em nada limitam a vida cristã, mas, pelo contrário, são o meio de que Deus Se serve para a desenvolver. A vocação cristã não retira as pessoas do lugar que ocupam, nem há qualquer razão para supor que deva promover uma alteração das circunstâncias de vida: «A vocação acende uma luz que nos faz reconhecer o sentido da nossa existência. É convencermo-nos, sob o resplendor da fé, do porquê da nossa realidade terrena. A nossa vida – a presente, a passada e a que há de vir – ganha um novo relevo, uma profundidade de que antes não suspeitávamos. Todos os fatos e acontecimentos passam a ocupar o seu verdadeiro lugar: entendemos para onde o Senhor nos quer conduzir» (São Josemaria Escrivá, *É Cristo que passa*, 45).

7, 25-38. A excelência da virgindade – tanto das mulheres como dos homens – tem como fundamento o amor de Deus, ao qual a pessoa célibe tem a possibilidade de se dedicar com uma exclusividade que não existe na pessoa casada: «A correspondência à vocação divina é uma resposta de amor ao amor que Jesus Cristo nos mostrou de maneira sublime (cf. Jo 3, 16; 15, 13) [...]. A graça multiplica, com força divina, as exigências do amor; este, quando autêntico, é total, exclusivo, estável e perene, e estímulo irresistível que leva a todos os heroísmos. Por isso, a escolha do celibato consagrado foi sempre considerada pela Igreja "como sinal e estímulo da caridade" (Concílio Vaticano II, *Lumen gentium*, 42), sinal de amor sem reservas, estímulo de caridade que a todos abraça» (São Paulo VI, *Sacerdotalis caelibatus*, 24).

Os vv. 36-38 são difíceis de interpretar. Poderão refletir um contexto social em que eram os pais a decidir com quem se casavam os filhos; por isso, «filha donzela» (v. 36). Também há quem considere que esta palavra se refere à filha formalmente prometida (talvez depois dos esponsórios), caso em que o futuro esposo poderia considerar que a sua decisão de viver o celibato seria prejudicial à prometida. Paulo exorta os seus leitores a comportarem-se com liberdade, sublinhando a excelência da virgindade.

7, 39-40. A Igreja ensina, com base nestas afirmações, que o vínculo matrimonial fica dissolvido com a morte de um dos cônjuges, de tal maneira que, nessas circunstâncias, o outro fica livre para contrair segundas núpcias. O sentido da expressão «contanto que seja no Senhor» (v. 39) não é inteiramente claro; o mais provável é que o Apóstolo esteja a recomendar às viúvas que se casem com um cristão, para evitarem o risco de apostasia. Seja como for, e tal como às pessoas solteiras, aconselha, como caminho mais perfeito, que permaneçam viúvas, consagradas ao serviço do Senhor.

A carta a Timóteo elenca várias instruções concretas sobre as viúvas: umas devem ser socorridas pela família, outras devem dedicar-se ao serviço da Igreja de modo permanente, e todas se devem comportar com a dignidade própria do seu estado (cf. 1 Tm 5, 9-16).

***8, 1-10, 33.** Nos ritos pagãos, uma parte das carnes que eram sacrificadas aos deuses podia ser vendida no mercado e comida nas casas das pessoas. Alguns cristãos, receosos de participar em cultos idolátricos (cf. At 15, 23-29), levantavam problemas de ordem prática sobre esta matéria. O Apóstolo começa por enunciar os princípios gerais: essas carnes podem-se comer, uma vez que os ídolos nada são (8, 1-6), mas a caridade exigirá por vezes que não se o faça (8, 7-13). Depois, ilustra os princípios com o seu exemplo (9, 1-27) e com lições da história de Israel (10, 1-13). Finalmente, resolve alguns casos concretos (10, 14-33).

8, 1-6. Alguns coríntios ufanavam-se de ter plena consciência de que os ídolos nada eram, pelo que as carnes que lhes eram sacrificadas se podiam comer sem qualquer escrúpulo (cf. 10, 25-27); Paulo recorda-lhes a insuficiência de tal conhecimento quando não é acompanhado de caridade: «A ciência incha, mas a caridade edifica» (v. 1). «A fonte de todos os males dos coríntios não era a falta de ciência, mas a falta de caridade e de preocupação com o próximo. Era essa a fonte dos cismas que dividiam esta igreja, da vaidade que os obcecava e de todas as desordens que o Apóstolo censurou anteriormente e voltará a censurar. [...] Tende caridade, e a vossa ciência não correrá riscos. Quero que a vossa ciência ultrapasse a dos vossos irmãos. Se os amais, longe de vos elevardes acima deles e os desprezardes, trabalhareis para os fazer participar das vossas luzes» (São João Crisóstomo, *In 1 Corinthios*, 20, *ad loc.*).

8, 7-13. A caridade exige que os cristãos se abstenham destas carnes se o consumo das mesmas for motivo de escândalo para outros cristãos, mais fracos; nesse caso, a caridade prevalece sobre a liberdade, dado que o escândalo pode levar a que se perca algum daqueles pelos quais Cristo morreu: «O escândalo é grave quando é causado por aqueles que, por natureza ou em virtude da função que exercem, tem a obrigação de ensinar e de educar os outros» (*Catecismo da Igreja Católica*, 2285).

9, 1-14. São Paulo mostra, com o exemplo da sua vida, que a caridade está acima dos direitos de cada um. Em primeiro lugar (vv. 1-4), certifica o seu caráter de Apóstolo com base no fato de ter visto Cristo (cf. At 9, 1-19; 1 Cor 15, 8) e ter fundado a Igreja de Corinto (cf. At 18, 1-18); a seguir, enuncia dois direitos dos quais prescindiu: ser acompanhado por uma mulher que cuide dele (vv. 5-6) e ser sustentado pelos fiéis (vv. 7-14), direito que ilustra com o exemplo do soldado, do vinhateiro e do pastor: «Entregues ao serviço de Deus, pelo desempenho do cargo que lhes foi confiado, os presbíteros são merecedores da justa recompensa, visto que "o trabalhador merece o seu salário" (Lc 10, 7) e o Senhor ordenou "que aqueles que anunciam o Evangelho vivam do Evangelho" (1 Cor 9, 14). Por isso, onde não se tiver providenciado de outra maneira à justa remuneração dos presbíteros, os mesmos fiéis em cujo benefício eles trabalham têm verdadeira obrigação de procurar os meios necessários para que levem uma vida digna e honesta» (Concílio Vaticano II, *Presbyterorum ordinis*, 20).

9, 15-23. Anunciar Jesus Cristo é uma exigência ineludível de todos os cristãos: «O verdadeiro Apóstolo busca ocasiões de anunciar Cristo por palavra, quer aos não crentes para os levar à fé, quer aos fiéis, para os instruir, confirmar e animar a uma vida fervorosa: "o amor de Cristo urge-nos" (2 Cor 5, 14); e devem encontrar eco no coração de todos aquelas palavras do Apóstolo: "Ai de mim, se eu não evangelizar!" (1 Cor 9, 16)» (Concílio Vaticano II, *Apostolicam actuositatem*, 6).

«Fiz-me tudo para todos» (v. 22): São Paulo nunca excluiu ninguém do seu labor apostólico. «O cristão tem de mostrar-se sempre disposto a conviver com todos, a dar a todos – com o seu trato – a possibilidade de se aproximarem de Cristo Jesus. Há de sacrificar-se de bom grado por todos, sem distinções, sem dividir as almas em compartimentos estanques, sem lhes aplicar rótulos, como se fossem mercadorias ou insetos dissecados. Não pode o cristão separar-se dos outros, porque então a sua vida seria miserável e egoísta: deve fazer-se tudo para todos, para salvar a todos» (São Josemaria Escrivá, *É Cristo que passa*, 124).

9, 24-27. De dois em dois anos, eram celebrados na cidade os jogos do istmo de Corinto; talvez seja por isso que São Paulo recorre a imagens do atletismo para ilustrar a vida ascética. Na vida dos cristãos, como no desporto, as limitações e as tentações são sempre um estímulo para seguir em frente: «Pois a nossa vida no meio desta peregrinação não pode estar privada de tentações, uma vez que o nosso progresso tem lugar precisamente através da tentação, e ninguém se conhece a si mesmo se não for tentado, nem pode ser coroado se não tiver vencido, nem pode vencer se não tiver combatido, nem pode combater se carecer de inimigo e de tentações» (Santo Agostinho, *Enarrationes in Psalmos*, 60, 3).

10, 1-13. O êxodo dos israelitas do Egito para a Terra Prometida é fundamental na história da salvação e um ponto de referência da predileção divina. Apesar dos prodígios realizados por Deus com o seu povo durante esse período, a maioria dos israelitas morreu durante o trajeto, em consequência das suas numerosas infidelidades. São Paulo pretende com isto ensinar uma lição: temos de desconfiar das nossas forças, porque todos podemos ser infiéis a Deus e alvo da sua reprovação: «Os benefícios de Deus a este povo [o povo hebraico] eram figura dos benefícios que haveria de nos conceder através do batismo e da Eucaristia. E os castigos são figura dos castigos reservados à nossa ingratidão. O Apóstolo recorda-no-los com o desejo de que estejamos mais vigilantes» (São João Crisóstomo, *In 1 Corinthios*, 23, *ad loc.*).

10, 14-22. Regressa agora o tema das carnes imoladas aos ídolos, com que se tinha iniciado esta seção (8, 1-6): ainda que os ídolos nada sejam, a participação nos sacrifícios seria uma forma de idolatria (v. 20). São Paulo ratifica os seus ensinamentos comparando-os com o sacrifício eucarístico; as palavras cruciais são ligadas à comunhão: «participamos», «têm parte», «participantes» (vv. 16.18.20). Comunhão significa intimidade, união, e o seu principal efeito consiste na união íntima com Cristo, como sublinharam os santos padres: «O que é na realidade o pão? É o corpo de Cristo. Em que se tornam os que comungam? No corpo de Cristo» (São João Crisóstomo, *In 1 Corinthios*, 24, *ad loc.*). Por isso, a participação nos banquetes idolátricos é incompatível com a comunhão eucarística, dado que quebra a união com Cristo e com os outros cristãos. As palavras de Paulo expõem duas verdades fundamentais sobre a Eucaristia: o seu caráter sacrificial, relacionando-a com os sacrifícios pagãos (v. 21); e a presença real de Jesus Cristo, afirmando que se trata da comunhão do corpo e do sangue de Cristo (v. 16): «No divino sacrifício que na missa se realiza, está contido e é incruentamente imolado aquele mesmo Cristo que uma vez

Se ofereceu cruentamente no altar da cruz (cf. Hb 9, 27). [...] Com efeito, é uma só e a mesma a vítima que agora Se oferece pelo ministério dos sacerdotes; trata-se do mesmo que Se ofereceu a Si mesmo na cruz, só diferindo a maneira de Se oferecer» (Concílio de Trento, *De Ss. Missae Sacrificio*, cap. 2).

10, 23-33. Paulo resolve alguns casos concretos e ratifica o critério: evitar o escândalo e fazer tudo para a glória de Deus (v. 31): «Quando te sentares à mesa, ora. Quando comeres pão, fá-lo dando graças ao que é generoso [...]. Do mesmo modo, quando o sol nasce e quando se põe, quando estiveres a dormir e quando estiveres acordado, dá graças a Deus, que criou e ordenou todas estas coisas para teu proveito, para que conheças, ames e louves o Criador» (São Basílio, *Homilia in Martyrem Julittam*).

***11, 1-34.** Nesta seção, São Paulo resolve alguns problemas relacionados com as reuniões do culto, como a atitude das mulheres nas assembleias litúrgicas (vv. 1-16), o respeito, a ordem e a pureza nas celebrações eucarísticas (vv. 17-34); na seção seguinte, prosseguirá com a doutrina sobre os carismas e o seu exercício dentro da liturgia (12, 1-14, 40).

11, 1-16. São Paulo trata agora o uso do véu por parte das mulheres nas reuniões litúrgicas, um problema pouco relevante, mas que era objeto de discussão entre os coríntios (v. 2). O Apóstolo responde segundo os costumes judaicos do seu tempo, em conformidade com os «costumes» (v. 16) que lhes tinha transmitido. É possível que vislumbrasse, por trás do problema do véu, questões mais profundas que a do simples traje, razão pela qual sublinha que homens e mulheres, que gozam da mesma dignidade (v. 11; cf. Gl 3, 28), têm funções e responsabilidades diferentes. Seja como for, o porte exterior há de ser uma expressão das disposições interiores.

11, 17-22. São Paulo procura agora resolver um abuso maior. Com efeito, inicialmente, a Eucaristia era celebrada no contexto de uma refeição em comum, que era uma expressão de caridade e unidade – daí que se chamasse *ágape* – em que os mais pobres e necessitados também recebiam apoio. No entanto, tinha começado a haver excessos, e os banquetes que eram organizados contrastavam fortemente com a Eucaristia, que é uma fonte de amor e de união. Pouco depois, ainda no contexto da cristandade primitiva, produziu-se a separação entre a Eucaristia e a *ágape*, que passaram a ser celebradas em locais e em momentos diferentes.

11, 23-34. Na doutrina sobre a encarnação que São Paulo transmite nesta passagem, emerge a importância da tradição apostólica (v. 23). A par dos textos de Mt, Mc e Lc, os vv. 23-25 constituem o quarto relato da instituição da Eucaristia que o Novo Testamento conservou. O texto contém os pontos fundamentais da fé cristã acerca do mistério eucarístico: instituição deste sacramento por Jesus Cristo, presença real do Senhor, instituição do sacerdócio cristão e caráter sacrificial da Eucaristia.

«Fazei isto [...] em memória de Mim»: este mandato indica que a Eucaristia é memória, renovação e atualização do sacrifício pascal do calvário. A Igreja viu nestas palavras a instituição do sacerdócio cristão: na Última Ceia, o Senhor «ofereceu a Deus Pai o seu corpo e o seu sangue sob as espécies de pão e de vinho, e, sob os símbolos dessas mesmas coisas, entregou-os aos seus Apóstolos para que os tomassem, constituindo-os assim sacerdotes do Novo Testamento; e mandou-lhes, a eles e aos seus sucessores no sacerdócio – com as palavras "Fazei isto em memória de Mim" –, que os oferecessem. Foi assim que se entendeu e se ensinou sempre na Igreja» (Concílio de Trento, *De Ss. Missae Sacrificio*, cap. 1; cf. cânone 2).

A aplicação desta doutrina às circunstâncias dos coríntios (vv. 27-32) constitui uma afirmação inequívoca da presença real de Jesus Cristo nas espécies eucarísticas. É esta a razão das disposições de alma e de corpo que são necessárias para os cristãos se aproximarem da Eucaristia, e das graves consequências que advêm de a receber indignamente (vv. 27-29). As divisões e as desavenças são incompatíveis com a recepção do corpo de Cristo, mas também o é qualquer outro pecado grave: «Aquele que tiver consciência dum pecado grave deve receber o sacramento da reconciliação antes de se aproximar da comunhão» (*Catecismo da Igreja Católica*, 1385; cf. *Codex Iuris Canonici*, 919, 1).

Observa São João Paulo II, a propósito das palavras do v. 28: «Esta exortação do Apóstolo indica, pelo menos indiretamente, a estreita ligação que existe entre a Eucaristia e a penitência. Com efeito, se a primeira palavra do ensino de Cristo, a primeira frase do Evangelho-Boa-nova, foi "arrependei-vos e acreditai no Evangelho" (*metanoêite*) (Mc 1, 15), o sacramento da Paixão, da Cruz e da Ressurreição parece reforçar e consolidar, de modo absolutamente especial, esse convite às nossas almas. A Eucaristia e a penitência tornam-se assim, num certo sentido, uma dimensão dúplice e, a um tempo, intimamente conexa, da autêntica vida segundo o espírito do Evangelho, da vida verdadeiramente cristã. Cristo, que convida para o banquete eucarístico, é o mesmo Cristo que exorta à penitência, que repete o "arrependei-vos"» (*Redemptor hominis*, 20).

***12, 1-14, 40.** São Paulo dá início ao tema dos dons espirituais ou carismas, cujo exercício incorreto também estava a provocar desordens nas celebrações litúrgicas. Aproveitará para salientar que o dom mais importante é a caridade (13, 1-13).

12, 1-11. Aparentemente, havia entre os pagãos de Corinto fenômenos de exaltação religiosa, nomeadamente transes, por vezes acompanhados de palavras ou frases estranhas. Eram casos parecidos com o que acontecia no templo da deusa Píton, em Delfos, perto de Corinto. São Paulo apresenta um critério para distinguir aqueles fenômenos dos autênticos dons do Espírito Santo, através dos quais se pode reconhecer Jesus e dar-Lhe louvor (v. 3).

O Apóstolo enumera e aprecia os carismas e os ministérios que, por ação do Espírito, contribuem para a edificação da Igreja (vv. 7-10): «O mesmo Espírito Santo não só santifica e conduz o povo de Deus por meio dos sacramentos e ministérios e o adorna com virtudes, mas "distribuindo a cada um, conforme Lhe apraz" (1 Cor 12, 11), também reparte graças especiais entre os fiéis de todas as classes, as quais os tornam aptos e dispostos a tomar diversas obras e encargos, proveitosos para a renovação e cada vez mais ampla edificação da Igreja, segundo aquelas palavras: "a cada um é dada a manifestação do Espírito, para proveito comum" (1 Cor 12, 7). Estes carismas, quer sejam os mais elevados, quer também os mais simples e comuns, devem ser recebidos com ação de graças e consolação, por serem muito acomodados e úteis às necessidades da Igreja. Não se devem, porém, pedir temerariamente, os dons extraordinários nem deles se devem esperar com presunção os frutos das obras apostólicas» (Concílio Vaticano II, *Lumen gentium*, 12).

12, 12-31. Da comparação da Igreja com um corpo deduz São Paulo duas características importantes: a identificação da Igreja com Cristo (v. 12) e o reconhecimento do Espírito Santo como princípio vital (v. 13). A identificação da Igreja com Cristo transcende o âmbito da simples metáfora: «Cristo inteiro é constituído pela cabeça e o corpo, verdade que estou certo de que conheceis bem. A cabeça é o nosso próprio Salvador, que padeceu sob Pôncio Pilatos e agora, depois de ter ressuscitado de entre os mortos, está sentado à direita do Pai. E o seu corpo é a Igreja. Não é esta ou aquela igreja, mas a que se encontra espalhada por todo o mundo. Também não é somente a que existe entre os homens atuais, uma vez que também pertencem a esta Igreja os que viveram antes de nós e os que hão de existir depois, até o fim do mundo. Pois toda a Igreja, constituída pela união dos fiéis – já que todos os fiéis são membros da Igreja –, tem Cristo como cabeça, Ele que governa o seu corpo a partir do Céu. E, ainda que esta cabeça Se encontre fora da vista do corpo, está contudo unida a ele pelo amor» (Santo Agostinho, *Enarrationes in Psalmos*, 56, 1).

O princípio da unidade orgânica da Igreja é o Espírito Santo, que congrega os fiéis em sociedade, e penetra e vivifica os membros, exercendo a mesma função que a alma no corpo físico: «E para que sem cessar nos renovemos nele (cf. Ef 4, 23), deu-nos participar do seu Espírito, o qual, sendo um e o mesmo na cabeça e nos membros, unifica e move o corpo inteiro, a ponto de os santos padres compararem a sua ação à que o princípio vital, ou alma, desempenha no corpo humano» (Concílio Vaticano II, *Lumen gentium*, 7).

A união vital e a mútua ação de uns membros noutros (v. 26) foi ensinada desde o princípio pela Igreja e é confessada no credo com a fórmula da comunhão dos santos: «Esta expressão designa, em primeiro lugar, as "coisas santas" (*sancta*) e, antes de mais, a Eucaristia, pela qual "é representada e se realiza a unidade dos fiéis que constituem um só corpo em Cristo" (Concílio Vaticano II, *Lumen gentium*, 3). Este termo também designa a comunhão das "pessoas santas" (*sancti*) em Cristo, que morreu por todos, de modo que o que cada um faz ou sofre por Cristo e em Cristo reverte em proveito de todos» (*Catecismo da Igreja Católica*, 960-961).

«Aspirai, pois, aos dons superiores» (v. 31). São Paulo encoraja os seus cristãos a que, dentro dos múltiplos dons do Espírito Santo, valorizem aqueles que são mais importantes para o bem da Igreja: «O primeiro e mais necessário dom é a caridade, com que amamos a Deus sobre todas as coisas e ao próximo por amor dele. [...] Pois a caridade, vínculo da perfeição e plenitude da lei (cf. Cl 3, 14; Rm 13, 10), dirige todos os meios de santificação, informa-os e leva-os a seu fim.

É, pois, pela caridade para com Deus e o próximo que se caracteriza o verdadeiro discípulo de Cristo» (Concílio Vaticano II, *Lumen gentium*, 42).

13, 1-13. O hino à caridade é uma das mais belas páginas de São Paulo, e visa cantar a excelência do amor. Fá-lo sob três pontos de vista: superioridade e necessidade absoluta deste dom (vv. 1-3); características e manifestações concretas do mesmo (vv. 4-7); permanência eterna da caridade (vv. 8-13).

A caridade é um dom tão excelente, que sem ela os outros perdem a sua razão de ser (vv. 1-3). Para maior clareza, São Paulo refere os que parecem mais extraordinários: o dom de línguas, a ciência, os atos heroicos; no entanto, acima destes dons está o amor efetivo e eficaz: «O nosso amor não se confunde com a atitude sentimental, nem com a simples camaradagem, nem com o propósito pouco claro de ajudar os outros para provarmos a nós mesmos que somos superiores. É conviver com o próximo, venerar – insisto – a imagem de Deus que há em cada homem, procurando que também ele a contemple, para que saiba dirigir-se a Cristo» (São Josemaria Escrivá, *Amigos de Deus*, 230).

Na enumeração das qualidades da caridade (vv. 4-7), as mais importantes são a paciência e a benignidade, que na Bíblia são atribuídas a Deus (cf. Sl 145, 8): «O amor é paciente, porque suporta com equanimidade os males que lhe infligem. É benigno, porque devolve bens por males. Não é invejoso porque, como não apetece nada neste mundo, não sabe o que é invejar as prosperidades terrenas. Não se comporta com soberba, porque anela com ansiedade o prêmio da retribuição interior e não se eleva pelos bens exteriores. Não se exalta porque só se dilata por amor de Deus e do próximo, ignorando o que se afasta da retidão. Não é ambicioso porque, sendo embora ardorosamente solícito com os seus próprios assuntos interiores, não sai fora de si para desejar os bens alheios. Não procura o seu interesse, porque despreza, como alheias, todas as coisas que possui transitoriamente aqui embaixo, já que não reconhece como próprio senão o que é permanente. Não se irrita, e, ainda que seja provocado por injúrias, não se deixa mover à vingança, uma vez que, por muito pesados que sejam os trabalhos por que passa aqui, espera para depois prémios maiores. Não guarda ressentimento, porque fincou o seu pensamento no amor à pureza e, como arrancou o ódio pela raiz, é incapaz de alimentar qualquer aversão no seu coração. Não se alegra com a injustiça, uma vez que apenas alimenta o afeto que tem por todos e não aprecia a ruína dos seus adversários. Compraz-se com a verdade porque, amando os outros como a si mesmo, tudo o que encontra de bom neles lhe agrada como se se tratasse de um aumento do seu proveito» (São Gregório Magno, *Moralia*, 10, 7-8, 10).

A caridade é o maior de todos os dons de Deus (v. 13), uma vez que todos eles nos são concedidos para que alcancemos a perfeição e a bem-aventurança definitiva; pelo contrário, a caridade é a própria bem-aventurança.

14, 1-25. São Paulo continua a falar da caridade, referindo-se agora à importância da profecia. Neste caso, o dom da profecia faz referência à faculdade de falar por impulso e em nome de Deus, para consolo e edificação dos ouvintes, sem incluir necessariamente o anúncio de coisas futuras ou ocultas. O dom de línguas, ou glossolalia, é a faculdade sobrenatural de rezar ou cantar louvores a Deus com entusiasmo por meio de palavras desconhecidas, que exigem, em muitos casos, a intervenção de um intérprete. A glossolalia suscita admiração, também por parte dos não crentes (v. 22), mas não favorece especialmente o ensino; em contrapartida, a profecia contribui para a transmissão da verdade (v. 24).

«A fim de que a igreja receba edificação» (v. 5): com base neste critério de discernimento dos dons, o da profecia deve ser preferido aos restantes: «Esta é a regra seguida em todos os momentos por São Paulo: dar preferência aos dons orientados para o crescimento da Igreja. Perguntará alguém: "É possível falar muitas línguas sem falar a favor dos irmãos?" Escutai: estes fiéis falam, mas as suas palavras servem menos para a edificação, exortação e consolação das almas que o dom da profecia. Uns e outros têm em comum o fato de serem órgãos do Espírito Santo, que os move e os inspira; mas a linguagem de quem profetiza é útil aos fiéis que escutam, ao passo que os que têm o dom de línguas só se fazem entender se os seus ouvintes tiverem recebido o mesmo dom sobrenatural» (São João Crisóstomo, *In 1 Corinthios*, 35, *ad loc.*).

14, 26-40. Nas suas celebrações, levados pelo entusiasmo e talvez contagiados por um ambiente de manifestações religiosas exaltadas, os coríntios corriam aparentemente o risco de cair na confusão e na desordem. Por isso, o Apóstolo torna a dar-lhes normas práticas sobre o comportamento a ter nas reuniões litúrgicas, dirigindo-se aos que falam em línguas (vv. 27-28), aos que profetizam (vv. 29-33) e às mulheres (vv. 34-35). Finalmente, recapitula as ideias que tem vindo a desenvolver (vv. 36-40).

Relativamente às mulheres (v. 34), a verdade é que São Paulo não se opõe a que elas profetizem (cf. 11, 5); porém, exprime-se deste modo tendo em consideração as circunstâncias que se verificavam nas assembleias dos coríntios: «A proibição diz respeito unicamente à função oficial de ensinar na assembleia cristã. [...] É necessário não esquecer que se deve a São Paulo um dos textos mais vigorosos do Novo Testamento acerca da igualdade fundamental do homem e da mulher, como filhos de Deus em Cristo» (Congregação para a Doutrina da Fé, *Inter insigniores*, 4). A diversidade de funções que vigora no seio da Igreja – e pela qual o sacerdócio ministerial está reservado aos homens – não contradiz a igualdade essencial entre o homem e a mulher; ao mesmo tempo, convém recordar que «os maiores no reino dos Céus não são os ministros, mas os santos» (*Ibidem*, 6). Neste sentido, observa São João Paulo II: «Como nas origens, assim também na sua evolução sucessiva, a Igreja teve sempre, mesmo que de modos diferentes e com diversas acentuações, mulheres que desempenharam um papel por vezes decisivo, e realizaram tarefas de considerável valor para a própria Igreja. É uma história de imensa operosidade, o mais das vezes humilde e escondida, mas nem por isso menos decisiva para o crescimento e para a santidade da Igreja. É necessário que essa história continue» (*Christifideles laici*, 49).

***15, 1-58.** Alguns fiéis de Corinto resistiam a aceitar a ressurreição dos mortos, porque entre os gregos nunca tinha havido essa crença, nem sequer entre os que sustentavam a imortalidade da alma. Dada a importância do tema, São Paulo responde-lhes com pormenor, referindo em primeiro lugar o fato histórico da ressurreição de Jesus Cristo (vv. 1-11) e as relações deste fato com a ressurreição dos mortos em geral (vv. 12-34); e conclui discutindo a forma como se dará a ressurreição (vv. 35-38).

15, 1-11. Paulo recorda o Evangelho pregado desde o primeiro momento pelos Apóstolos, no qual se confessa que Jesus morreu, foi sepultado e ressuscitou ao terceiro dia (vv. 1-4). As suas aparições (vv. 5-8) são a prova mais contundente da realidade da ressurreição, ao mesmo tempo que legitimam os Apóstolos – incluindo o próprio Paulo –, uma vez que todos eles foram testemunhas da ressurreição de Jesus (cf. *Catecismo da Igreja Católica*, 659). Esta passagem tem especial relevância, porque se trata do relato escrito mais antigo (anterior à redação dos Evangelhos) da ressurreição do Senhor, numa altura em que passaram pouco mais de vinte anos sobre o acontecimento: «O Apóstolo fala aqui da tradição viva da ressurreição, de que ele tinha tomado conhecimento após a sua conversão, às portas de Damasco» (*Ibidem*, 639). O cristão tem a garantia de que Cristo ressuscitou com base no testemunho da Sagrada Escritura e dos Apóstolos, aos quais Jesus apareceu vivo e glorioso.

15, 12-19. Com a sua ressurreição, Cristo completa a obra da redenção. Se, morrendo na cruz, tinha vencido o pecado, era necessário que ressuscitasse, vencendo assim a morte, que é uma consequência do pecado (cf. Rm 5, 12): «A ressurreição constitui, antes de mais, a confirmação de tudo quanto Cristo em pessoa fez e ensinou. Todas as verdades, mesmo as mais inacessíveis ao espírito humano, encontram a sua justificação se, ressuscitando, Cristo deu a prova definitiva, que tinha prometido, da sua autoridade divina» (*Catecismo da Igreja Católica*, 651).

Estes versículos apresentam argumentos indiretos da ressurreição do Senhor, salientando a situação absurda em que os cristãos se encontrariam se Jesus Cristo não tivesse ressuscitado: a sua fé (vv. 14.17) e a sua esperança (v. 19) seriam vãs, os Apóstolos seriam testemunhas falsas e a sua pregação seria inútil (vv. 14-15), a redenção dos pecados ainda estaria por fazer (v. 17); em suma, os cristãos seriam «os mais miseráveis de todos os homens» (v. 19).

15, 20-34. A união dos cristãos a Cristo é tão profunda, que a ressurreição de Jesus é o princípio e a causa da ressurreição dos que nele creem. Tal como a desobediência de Adão trouxe a morte de todos, assim também Jesus Cristo, o novo Adão, mereceu a ressurreição de todos (vv. 21-23). A salvação do cristão culminará após a morte, com a ressurreição do corpo no final dos tempos (vv. 24-25): «Crer na ressurreição dos mortos foi, desde o princípio, um elemento essencial da fé cristã. "A ressurreição dos mortos é a fé dos cristãos: é por crer nela que somos cristãos" (Tertuliano, *De ressurrectione mortuorum*, 1, 1)» (*Catecismo da Igreja Católica*, 991).

São Paulo expõe toda a obra messiânica e redentora de Cristo (vv. 25-28): de acordo com o desígnio do Pai, Cristo foi constituído soberano do universo, dando assim cumprimento às Escrituras (Sl 110, 1; 8, 7). A soberania de Cristo sobre toda a criação (v. 28) realiza-se já no tempo, mas alcançará a sua plenitude definitiva no final da história, quando Deus for «tudo em todos» (v. 28). A Igreja celebra todos os anos, no último domingo do tempo comum, a festa de Jesus Cristo Rei do Universo, para recordar o seu domínio supremo e absoluto sobre todas as coisas.

O v. 29 é de difícil interpretação. Poderá referir-se a um costume, que desapareceu rapidamente, de associar intencionalmente ao próprio batismo os familiares e os amigos defuntos; seria um rito que tinha exclusivamente o valor de oração pelos defuntos.

15, 35-58. Para explicar como terá lugar a ressurreição dos mortos, o Apóstolo recorre a comparações com o reino vegetal, animal e mineral (vv. 36-41): «Este "como" ultrapassa a nossa imaginação e o nosso entendimento; só na fé se torna acessível. Mas a nossa participação na Eucaristia dá-nos já um antegozo da transfiguração do nosso corpo, operada por Cristo: "Assim como, depois de ter recebido a invocação de Deus, o pão que vem da terra deixa de ser pão ordinário e é Eucaristia, constituída por duas coisas, uma terrena e outra celeste, do mesmo modo os nossos corpos, que participam na Eucaristia, já não são corruptíveis, pois têm a esperança da ressurreição" (Santo Irineu, *Adversus haereses*, 4, 18)» (*Catecismo da Igreja Católica*, 1000).

O Apóstolo fala acerca das qualidades do corpo ressuscitado (vv. 44-50) com imagens vivas, nas quais se vislumbra o esplendor do «corpo glorioso» (Fl 3, 21). «Os corpos ressuscitarão, uma vez que Cristo ressuscitou; mas não terão necessidades, uma vez que também Cristo, depois de ressuscitar, comeu porque quis e não porque precisasse. Aí, não haverá fome [...], não desejaremos a chuva pensando no pão, nem nos assustaremos com a seca. Também não haverá temor, nem fadiga, nem dor, nem corrupção, nem necessidade, nem debilidade, nem cansaço, nem preguiça. Nenhuma destas coisas existirá, embora exista o corpo» (Santo Agostinho, *Sermones*, 242A, 3). São Paulo chama-lhe «corpo espiritual» (v. 44), «não porque se converta em espírito, mas porque está de tal maneira sujeito ao espírito, que, para que convenha à habitação espiritual, todas as fragilidades e as imperfeições terrenas são transformadas e convertidas em estabilidade celeste» (Santo Agostinho, *De fide et symbolo*, 6).

«Nem todos morreremos, mas todos seremos transformados» (v. 51): recorrendo a uma linguagem apocalíptica (a referência ao som da trombeta, o uso da primeira pessoa do plural), o Apóstolo comunica um mistério que, à primeira vista, é difícil de compatibilizar com a universalidade da morte; contudo, Paulo não está a falar da morte nem do momento específico da parúsia, mas da ressurreição. Assim, afirma que todos – vivos e defuntos, refere hiperbolicamente – experimentarão a transfiguração do seu corpo mortal em corpo glorioso (cf. 1 Ts 4, 13, 18); a imagem da veste nova (vv. 53-54) indica de forma gráfica o triunfo definitivo da vida sobre a morte.

15, 57-58. A ação de graças a Deus assenta na esperança de que encontraremos na vitória definitiva, aumentadas com juros, todas as coisas boas que conhecemos na terra: «Não o esqueçais nunca: depois da morte, há de receber-vos o Amor. E no Amor de Deus ireis encontrar, além disso, todos os amores limpos que houverdes tido na terra» (São Josemaria Escrivá, *Amigos de Deus*, 221).

***16, 1-24.** O capítulo final recolhe, à laia de epílogo, recomendações e cumprimentos: a obrigação da coleta para os fiéis de Jerusalém (vv. 1-4), os planos imediatos do Apóstolo (vv. 5-12) e alguns avisos cordiais (vv. 13-20).

16, 1-4. Paulo cumpre a recomendação que lhe tinham feito os Apóstolos (cf. Gl 2, 10): socorrer os cristãos de Jerusalém. Trata-se de uma prova viva do ensinamento evangélico de ajudar os mais necessitados: «Onde quer que haja homens carentes de alimentos, vestuário, abrigo, medicamentos, trabalho, instrução, meios necessários para levar uma vida verdadeiramente humana, afligidos pela desgraça ou por falta de saúde, ou sofrendo o desterro ou a prisão, aí deve procurá-los e encontrá-los a caridade cristã, consolando-os com diligente cuidado e ajudando-os com a prestação de auxílio. Esta obrigação impõe-se, antes de mais, aos homens e aos povos que vivem na prosperidade» (Concílio Vaticano II, *Apostolicam actuositatem*, 8). Trata-se de um dever que há de ser muito grato aos cristãos, pois «o Senhor, amando os pobres, ama logicamente os que os amam. [...] Pelo que também nós esperamos que, em atenção a ter amado os pobres, cheguemos a ser amados por Deus» (São Vicente de Paulo, *Carta*).

O «primeiro dia da semana» (v. 2) é o domingo: «De fato, a reunião dominical constituiu para os cristãos, desde os tempos apostólicos, um momento de partilha fraterna com os mais pobres. "No primeiro dia..." (1 Cor 16, 2). Trata-se aqui da coleta organizada por São Paulo em favor das igrejas pobres da Judeia: na Eucaristia dominical, o coração crente cresce até assumir as dimensões da Igreja. Mas é preciso compreender profundamente o convite do Apóstolo, que, longe de promover uma mentalidade redutora que se contente com o "óbolo", faz apelo sobretudo a uma exigente cultura da solidariedade, concretizada tanto entre os próprios membros da comunidade como em favor da sociedade inteira» (São João Paulo II, *Dies Domini*, 70).

16, 5-12. A informação dos projetos de viagem e da sua intenção de permanecer algum tempo em Corinto mostram o apreço do Apóstolo por aquela comunidade, que ele próprio tinha fundado.

Timóteo era ainda um jovem (cf. 1 Tm 4, 12; 5, 1; 2 Tm 1, 6-8), e Apolo era muito conhecido dos cristãos de Corinto, uma vez que tinha passado uma grande temporada com eles (cf. At 19, 1; 1 Cor 1, 11-12).

16, 13-24. Resumo esquemático das principais recomendações: recorda que a vida cristã é uma luta contra as paixões e as tentações do diabo, e que o comportamento do cristão se deve inspirar na caridade.

«Seja anátema!» (v. 22): trata-se de uma fórmula de castigo e maldição (cf. 12, 3; Gl 1, 8), que, aparentemente, implicava a exclusão pública da Igreja.

«Vem, Senhor!»: segundo a *Didaquê* (10, 6), esta invocação era usada na cristandade primitiva depois da oração eucarística; a expressão também ocorre em Ap 22, 20.

A saudação final de São Paulo, usada pela liturgia nos ritos iniciais da Santa Missa, é uma fórmula de bênção que inclui a confissão de fé na presença do Senhor entre os cristãos, bem como a petição de que tal presença seja fecunda e eficaz. Daí que São João Crisóstomo comente, a propósito destas palavras: «Todo o bom pastor e todo o doutor tem o dever de ajudar os seus irmãos com conselhos; mas sobretudo com orações e petições» (*In 1 Corinthios*, 44, *ad loc.*).

CARTAS

Segunda carta aos Coríntios

INTRODUÇÃO

A *Segunda Carta aos Coríntios*, escrita no final do outono de 57, uns meses depois da primeira missiva, é de grande interesse para o conhecimento do ministério de São Paulo e da riqueza da sua personalidade – a de um homem apaixonado por Jesus Cristo e zeloso dos seus fiéis.

Trata-se de um escrito cuja autoridade paulina praticamente não levantou dúvidas, excetuando algumas passagens concretas (6, 14-7, 2), apesar de os primeiros documentos que o referem serem de começos do século II d.C. (*Cânone de Marcião*, *Cânone de Muratori*).

I. ESTRUTURA E CONTEÚDO

A carta divide-se em três partes, perfeitamente delimitadas. Na primeira parte (capítulos 1-7), desenvolve com bastante homogeneidade as características do evangelizador cristão; com a apologia da sua pessoa e do seu ministério, fica delineada a figura dos apóstolos, colunas da Igreja. A segunda parte é dedicada à coleta de Jerusalém (capítulos 8-9): tal como tinha feito na primeira missiva aos coríntios, São Paulo estimula estes cristãos mais abastados a ajudarem os de Jerusalém, que passavam por sérias dificuldades de perseguição e penúria. A terceira parte é uma apologia do apóstolo, em resposta às calúnias dos seus adversários (capítulos 10-13): São Paulo vai desmontando, uma por uma, as falsidades que estas pessoas tinham inventado e apresenta aos fiéis argumentos mais do que suficientes para contestar os seus caluniadores. No final, dá instruções com vista à sua visita seguinte a Corinto, que será a terceira e efetivamente teve lugar em começos de 58.

II. RAZÃO DE SER DA CARTA

O maior problema tem a ver com a sua composição e a sua unidade. Desde finais do século XVIII que a crítica considera que foram reunidos num só escrito diversos fragmentos da correspondência do apóstolo com os cristãos de Corinto – tem-se falado de seis cartas diferentes, correspondentes a outros tantos temas –, que deve ter sido abundante; é deste modo que se procura explicar que a carta aborde temas muito díspares, redigidos em tons muito diversos. Modernamente, a opinião mais generalizada é a de que se trata de uma reunião de duas cartas: a que é conhecida pelo nome de «carta das lágrimas» (capítulos 10-13; cf. 2, 4), em que o apóstolo se dirige com dor, mas também com firmeza, àqueles que pretendiam desfazer a comunidade que ele tinha constituído com tanto esforço; e uma segunda missiva, muitas vezes designada por «carta da reconciliação», que constituirá grande parte dos sete primeiros capítulos e que terá sido escrita depois da anterior, numa altura em que os inimigos da comunidade já tinham desaparecido. A seção dedicada à coleta de Jerusalém também está dividida em duas: o capítulo 8 é visto como a conclusão da carta da reconciliação, enquanto o capítulo 9, que parece ignorar o que ficou dito no anterior, corresponderá a uma carta que não chegou até nós.

Nos últimos anos, perante a impossibilidade de traçar com precisão o processo de composição, os estudiosos têm preferido estudar a carta tal como nos chegou, com a convicção de que, apesar de ter incorporado fragmentos de procedência variada, é toda da mesma mão, a mão do apóstolo.

O conflito que está subjacente na carta também nunca foi totalmente esclarecido. É provável que, no decurso de uma visita rápida a Corinto, o apóstolo ou um dos seus colaboradores tenham sido gravemente ofendidos por uma pessoa específica, que terá chegado a ridicularizá-los: «as cartas, dizem alguns, são graves e fortes, mas a presença do corpo é fraca e a palavra desprezível»[1]. Por outro lado, os que enchiam de dor o coração de Paulo eram os «falsos mestres», que seriam com certeza cristãos judaizantes que haviam chegado de fora e começado a ensinar doutrinas contrárias ao Evangelho. É possível que uma e outra circunstância – as ofensas de determinada pessoa e a atitude dos «eminentes apóstolos» – se tenham combinado, ocasionando a

---

1 2 Cor 10, 10.

atividade da pena do apóstolo e provocando a apologia contida na carta.

III. ENSINAMENTOS

O tema central desta carta é o ministério apostólico, que é apresentado na primeira parte de forma positiva e, na terceira, com tons apologéticos e por vezes irônicos, em resposta às falsidades que alguns propalavam contra São Paulo; na parte central, dedicada à coleta, o autor sublinha o valor religioso e social da solidariedade com os mais necessitados.

O ministério apostólico

Logo nas primeiras palavras da saudação, São Paulo exprime a sua profunda convicção de ser «apóstolo de Jesus Cristo pela vontade de Deus»[2]; mais adiante, afirma ter recebido o seu ministério pela misericórdia divina[3]: Deus, que o chamou apesar das suas fraquezas pessoais, capacitou-o para levar a cabo a sua missão[4].

O apostolado cristão é apresentado como participação na obra redentora de Cristo: o apóstolo é colaborador

2 2 Cor 1, 1.

3 Cf. 2 Cor 4, 1.

4 Cf. 2 Cor 3, 5-6.

de Deus[5], embaixador de Cristo[6], ministro da reconciliação que Deus levou a cabo em Cristo[7]; consequentemente, a sua missão é pregar fielmente Cristo, em quem se cumpriram as promessas de Deus[8], e difundir por toda parte o perfume de Cristo[9].

Assim como a obra redentora de Cristo foi levada a cabo por meio da sua Paixão e morte, assim também o apóstolo cristão participa de maneira especial na dor e na ingratidão dos homens[10]. Esta era a convicção profunda de São Paulo e a força motriz da sua vida; daí que refira, em vários momentos da carta, o seu próprio sofrimento: primeiro, enuncia este tema em termos gerais[11], salientando que Deus permite as tribulações dos seus apóstolos, «para que se veja bem que esse extraordinário poder vem de Deus e não de nós»[12]; adiante, e falando mais em concreto, enumera as tribulações por que passou para se mostrar em tudo ministro de Deus[13]; finalmente, aduz uma longa e pormenorizada – embora seguramente não exaustiva – lista dos seus próprios trabalhos e sofrimentos

5 Cf. 2 Cor 6, 1.

6 Cf. 2 Cor 5, 20.

7 Cf. 2 Cor 5, 18-19.

8 Cf. 2 Cor 1, 18-20.

9 Cf. 2 Cor 2, 14.

10 Cf. 2 Cor 1, 5.

11 Cf. 2 Cor 4, 7-12.

12 2 Cor 4, 7.

13 Cf. 2 Cor 6, 3-10.

por Cristo[14]. Tudo isto pode ser condensado numa única frase: «o amor de Cristo nos constrange»[15].

Acrescenta-se a tudo isto o seu desprendimento ao pregar o Evangelho[16], uma vez que não pretende qualquer proveito pessoal, mas apenas a glória de Deus e a salvação das almas que lhe foram encomendadas[17]. Une-o aos fiéis um amor semelhante àquele que existe entre um pai e os seus filhos[18]: eles são, desde já, a sua carta de recomendação[19] e serão um dia o seu orgulho diante do Senhor[20]. Por isso, sente por eles um ciúme divino, e não permite que ninguém os perverta.[21]

No contexto da defesa do seu apostolado contra os falsos mestres que se tinham infiltrado em Corinto, São Paulo salienta a grandeza da nova aliança, da qual é ministro, em comparação com a antiga; e fá-lo mediante um conjunto de antíteses expressivas: a antiga é letra que mata, enquanto a nova é espírito que vivifica; aquela produz a morte e a condenação, enquanto esta dá vida e justiça; aquela é transitória, enquanto esta permanece para sempre[22].

---

14 Cf. 2 Cor 11, 23-33.

15 Cf. 2 Cor 5, 14ss.

16 Cf. 2 Cor 11, 7ss.

17 Cf. 2 Cor 12, 13ss.

18 Cf. 2 Cor 6, 11-13; 12, 14.

19 Cf. 2 Cor 3, 2ss.

20 Cf. 2 Cor 1, 14.

21 Cf. 2 Cor 11, 2ss.

22 Cf. 2 Cor 3, 6-11.

A comunhão de bens

A coleta a favor dos cristãos de Jerusalém era uma necessidade premente, e São Paulo promove-a entre os cristãos de Corinto do mesmo modo como fora fazendo nas outras igrejas que tinha fundado[23]. Tratando-se de um problema prático, Paulo solicita a Tito que se encarregue dele[24], animando os cristãos a serem generosos nos donativos e pontuais, para não atrasar a ajuda.

Para além de solucionar necessidades reais, a coleta entre os cristãos tem um profundo valor religioso. Em primeiro lugar porque, por meio dela, se pratica a comunhão cristã de bens: ao colaborarem em favor dos mais necessitados, os fiéis dão do que têm e aprendem a dar-se a si mesmos; por isso, a generosidade da Macedônia estimula os de Corinto.

Por outro lado, na coleta, os fiéis imitam Jesus Cristo, que, «sendo rico, se fez pobre por vós, a fim de que fôsseis ricos pela sua pobreza»[25]; como também escreve no hino constante da carta endereçada aos filipenses[26]: o desprendimento de Cristo é uma expressão visível da sua encarnação. Este audaz argumento cristológico eleva o valor humano da solidariedade a virtude sobrenatural de identificação com Cristo.

---

23 Cf. Rm 15, 26; 1 Cor 16, 1.

24 Cf. 2 Cor 8, 6.23.

25 2 Cor 8, 9.

26 Fl 2, 6-11.

Finalmente, a generosidade na esmola coloca o cristão em relação com Deus, que «ama quem dá com alegria»[27]; Deus, que enriquece o semeador, «aumentará sempre mais os frutos da vossa justiça», ou seja, da vossa santidade.

27 2 Cor 9, 7.

SEGUNDA CARTA AOS CORÍNTIOS

APRESENTAÇÃO

Saudação

1 1 Paulo, apóstolo de Jesus Cristo pela vontade de
Deus, e Timóteo, nosso irmão, à igreja de Deus que
está em Corinto e a todos os santos que há por toda a
Acaia. 2 Graça vos seja dada e paz, da parte de Deus nosso
Pai e do Senhor Jesus Cristo.

Ação de graças

3 Bendito seja Deus, Pai de Nosso Senhor Jesus Cris-
to, Pai das misericórdias e Deus de toda a consolação, 4 o
qual nos consola em todas as nossas tribulações, para que
também possamos consolar os que estão em qualquer an-
gústia por meio da consolação que recebemos de Deus.
5 Porque, à medida que crescem em nós os sofrimentos
de Cristo, cresce também por Cristo a nossa consolação.
6 Se somos atribulados, é para vossa consolação e salva-
ção; se somos consolados, é para vossa consolação, a qual
vos faz suportar os mesmos sofrimentos que nós também
suportamos. 7 É firme a nossa esperança em relação a vós,

sabendo que, assim como sois companheiros nas aflições,
assim o sereis também na consolação.
8 Em verdade, não queremos, irmãos, que ignoreis
a tribulação que nos aconteceu na Ásia, porque fomos
oprimidos acima das nossas forças, de sorte que até de-
sesperamos de conservar a vida. 9 Trazíamos em nós a
sentença de morte, para não pormos a nossa confiança
em nós, mas em Deus, que ressuscita os mortos, 10 o qual
nos livrou de tamanho perigo de morte e nos livrará; nele
temos a esperança de que continuará a livrar-nos, 11 aju-
dando também vós com a oração em nosso favor, para
que este benefício que nos foi obtido por muitas pessoas
lhes seja também ocasião de dar graças por nós.

PRIMEIRA PARTE
DEFESA DE SÃO PAULO DIANTE DAS ACUSAÇÕES DE SEUS INIMIGOS

I. CONSISTÊNCIA NAS DECISÕES

Sinceridade de sua conduta e de suas cartas

12 Porque a nossa glória é esta: o testemunho da nossa
consciência de que com a santidade e sinceridade que
vêm de Deus, não com uma sabedoria carnal mas com
a graça de Deus, nos temos conduzido no mundo e, es-
pecialmente, convosco. 13 Porque não vos escrevemos

outra coisa nas nossas cartas, senão o que nelas ledes e
compreendeis; e tenho esperança de que o reconhecereis
plenamente, 14 como em parte tendes reconhecido, que
somos a vossa glória, como vós a nossa, no dia de Nosso
Senhor Jesus Cristo.

Por que não foi a Corinto

15 Nessa persuasão, quis primeiro ir ter convosco, para
que recebêsseis uma segunda graça, 16 e passar por vós
quando fosse para a Macedônia, e da Macedônia ir outra
vez ter convosco e ser acompanhado por vós até a Judeia.
17 Tendo eu, pois, formado esse desígnio, procedi por-
ventura levianamente? Ou, quando tomo uma resolução,
tomo-a segundo a carne, de sorte que haja em mim sim
e não? 18 Mas Deus é fiel testemunha de que não há sim
e não no meu falar convosco. 19 Porque o Filho de Deus,
Jesus Cristo, que vos foi pregado por nós – isto é, por
mim, por Silvano e por Timóteo –, não foi sim e não,
mas foi sempre sim. 20 Com efeito, todas as promessas de
Deus encontraram o seu sim nele e, por isso, é também
por ele que dizemos o nosso amém para glória de Deus.
21 Ora, aquele que nos confirma em Cristo convosco e
que nos ungiu é Deus, 22 o qual também nos imprimiu o
seu selo e pôs em nossos corações o penhor do Espírito.

23 Ora, eu chamo a Deus por testemunha sobre a mi-
nha alma, de que foi para ser indulgente convosco que
não fui mais a Corinto; não porque pretendamos dominar

sobre a vossa fé, mas porque somos cooperadores do vosso
gozo, pois estais firmes na fé.

2 1 Determinei, pois, comigo mesmo não ir novamente
ter convosco na tristeza. 2 Porque, se vos contristo,
quem é que me alegrará, senão o que por mim é con-
tristado? 3 Isto mesmo já vos escrevi, para que, quando
eu for, não tenha tristeza daqueles que deviam dar-me
alegria, confiando em todos vós, que todos tendes como
vossa a minha alegria. 4 Sim, foi em muita tribulação,
angústia de coração e com muitas lágrimas que vos escre-
vi, não para vos contristar, mas para que conhecêsseis o
grande amor que vos tenho.

Perdão a quem causou a ofensa

5 Se algum foi causa de tristeza, não me contristou a
mim, mas, em certa medida, para não exagerar, a todos
vós. 6 Para esse, basta a punição infligida pela maio-
ria. 7 Agora é melhor usardes com ele de indulgência
e consolá-lo, para que não aconteça que seja possuído
de tristeza excessiva. 8 Por isso, rogo-vos que redobreis
de caridade para com ele. 9 Também vos escrevi para
ver, por esta prova, se sois obedientes em tudo. 10 Ora,
ao que perdoastes também eu perdoo; pois também o
que eu perdoei, se alguma coisa tive a perdoar, foi por
amor de vós com os olhos em Cristo, 11 para não sermos
surpreendidos por Satanás, pois que não ignoramos os
seus desígnios.

Inquietação por não ter notícias de Corinto

12 Quando cheguei a Trôade para lá pregar o Evan-
gelho de Cristo, embora me fosse aberta uma porta pelo
Senhor, 13 não tive repouso no meu espírito porque não
encontrei o meu irmão Tito; mas, despedindo-me deles,
parti para a Macedônia. 14 Mas graças a Deus, que nos
faz sempre triunfar em Jesus Cristo e que por nosso meio
difunde o odor do seu conhecimento em todo lugar,
15 porque somos diante de Deus o bom odor de Cristo,
nos que se salvam e nos que perecem: 16 para uns, odor
de morte para a morte; para outros, odor de vida para
a vida. E quem está à altura de uma tal missão? 17 Com
efeito, não somos falsificadores da palavra de Deus como
muitos, mas falamos em Cristo com sinceridade, da par-
te de Deus e diante de Deus.

II. NÃO É ORGULHO MOSTRAR A GRANDEZA DE SEU MINISTÉRIO APOSTÓLICO

Sua carta de recomendação

3 1 Começamos de novo a recomendar-nos a nós mes-
mos? Ou temos porventura necessidade, como al-
guns, de cartas de recomendação para vós ou de vós?
2 A nossa carta sois vós, escrita em nossos corações,
que é reconhecida e lida por todos os homens, 3 sendo

manifesto que vós sois a carta de Cristo, escrita pelo nosso ministério não com tinta, mas com o Espírito do Deus vivo; não em tábuas de pedra, mas em tábuas de carne, sobre os vossos corações.

Superioridade de seu ministério em relação ao da Antiga Aliança

4 E temos esta confiança em Deus por Cristo. 5 Não
que sejamos capazes, por nós, de pensar alguma coisa
como vinda de nós mesmos, mas a nossa capacidade vem
de Deus, 6 o qual também nos fez idôneos ministros da
nova aliança, não pela letra mas pelo Espírito; porque a
letra mata, mas o Espírito vivifica.

7 Ora, se o ministério da morte, gravado com letras
sobre pedras, foi acompanhado de tal glória, de modo
que os filhos de Israel não podiam olhar para o rosto de
Moisés por causa do esplendor, aliás transitório, do seu
semblante, 8 quanto mais brilhante não será o ministério
do Espírito? 9 De fato, se o ministério de condenação foi
glorioso, de muito maior glória é o ministério da justiça.
10 Com efeito, o que resplandeceu nessa parte não foi
glorioso em comparação com a glória sublime; 11 pois, se
o que é passageiro é glorioso, muito mais glorioso será o
que é permanente.

12 Tendo, pois, tal esperança, procedemos com grande
firmeza, 13 e não como Moisés, o qual punha um véu sobre
o seu rosto para que os filhos de Israel não vissem o fim

do que devia desaparecer. 14 Mas o seu espírito endureceu-
-se; porque até o dia de hoje permanece, quando fazem
a leitura do Antigo Testamento, o mesmo véu sem se le-
vantar, porque é por Cristo que ele se tira. 15 Mas ainda
hoje, quando leem Moisés, um véu está posto sobre o seu
coração. 16 *Todavia, quando se converterem ao Senhor, será*
tirado o véu. 17 Ora, o Senhor é o Espírito, e, onde está o
Espírito do Senhor, aí está a liberdade. 18 Todos nós, pois,
vendo de cara descoberta como num espelho a glória do
Senhor, somos transformados na mesma imagem, de gló-
ria em glória, pela ação do Senhor, que é Espírito.

Sinceridade com que age

4 1 Pelo que, tendo nós tal ministério em virtude da
misericórdia que alcançamos, não perdemos a cora-
gem; 2 antes, repudiamos todo o proceder vergonhoso e
dissimulado. Não procedemos com artifício nem adulte-
ramos a palavra de Deus, mas recomendamo-nos a nós
mesmos à consciência de todos os homens, diante de
Deus, por meio da manifestação da verdade.

3 E, se o nosso Evangelho ainda está encoberto, é para
aqueles que se perdem que está encoberto, 4 para aqueles
infiéis de quem o deus deste século cegou os entendimen-
tos para que não resplandeça para eles a luz do Evangelho
da glória de Cristo, o qual é a imagem de Deus. 5 Em
verdade, não nos pregamos a nós mesmos, mas a Jesus
Cristo, que é Senhor. Nós, pois, consideramo-nos vossos

servos por Jesus, [6] porque o Deus que disse que das trevas
resplandecesse a luz, ele mesmo iluminou nossos cora-
ções para que neles brilhe o conhecimento da glória de
Deus, que resplandece na face do Cristo.

Tribulações do apóstolo

[7] Temos, porém, este tesouro em vasos de barro, para
que se veja bem que esse extraordinário poder vem de
Deus e não de nós. [8] Em tudo sofremos tribulação, mas
não somos oprimidos; somos cercados de dificuldades,
mas não desesperamos; [9] somos perseguidos, mas não
desamparados; somos abatidos, mas não perecemos,
[10] trazendo sempre em nosso corpo os traços da morte
de Jesus, para que também a vida de Jesus se manifeste
nos nossos corpos. [11] Efetivamente, nós, que vivemos,
somos continuamente entregues à morte por amor de
Jesus, para que também a vida de Jesus se manifeste na
nossa carne mortal. [12] A morte, pois, opera em nós, e a
vida em vós.

Sustentado pela esperança do Céu

[13] Mas, tendo o mesmo espírito de fé – segundo está
escrito: *Eu cri, por isso falei* –, também nós cremos, e por
isso também é que falamos, [14] sabendo que aquele que
ressuscitou o Senhor Jesus nos ressuscitará também com

Jesus e nos colocará convosco diante dele. 15 Tudo, com
efeito, é por amor de vós, para que a graça, multiplicando-
-se, faça abundar o reconhecimento no coração de um
número cada vez maior, para glória de Deus. 16 É por
isso que não desfalecemos; antes, pelo contrário, embora
se destrua em nós o homem exterior, o interior vai-se
renovando de dia para dia. 17 Sim, o que presentemente
é para nós uma tribulação momentânea e ligeira prepara-
-nos, além de toda medida, um peso eterno de glória,
18 não atendendo nós às coisas que se veem, mas sim às
que se não veem. Com efeito, as coisas que se veem são
passageiras; as que se não veem são eternas.

5 1 Em realidade sabemos que, se a casa terrestre desta
nossa morada for desfeita, temos de Deus um edifí-
cio, uma casa não feita por mãos humanas que será eter-
na nos céus. 2 E por isso também suspiramos, no nosso
estado atual, por ser revestidos da nossa habitação celes-
te por cima da outra, 3 se todavia formos encontrados
vestidos e não nus. 4 Realmente nós, que estamos neste
tabernáculo, gememos carregados, porque não queremos
ser despojados dele, mas sim revestidos por cima, a fim
de que o que é mortal seja absorvido pela vida. 5 Ora, o
que nos formou para esse destino foi Deus, que nos deu
o penhor do Espírito.

6 Por isso, permanecemos sempre cheios de con-
fiança, sabendo que, enquanto estamos no corpo, nos
encontramos longe do Senhor, 7 porque caminhamos

pela fé, e não pela visão. 8 Cheios de confiança, temos
mais vontade de nos ausentar do corpo e estar presentes
ao Senhor. 9 Por isso, quer no corpo, quer longe dele,
esforçamo-nos por lhe agradar, 10 pois é necessário que
todos compareçamos diante do tribunal de Cristo, para
que cada um receba o que mereceu enquanto estava no
corpo, bem ou mal.

O ministério da reconciliação

11 Sabendo, pois, como se deve temer o Senhor, procuramos persuadir disso os homens, mas de Deus somos conhecidos. Espero que também sejamos conhecidos
das vossas consciências. 12 Não vimos recomendar-nos
novamente a vós, mas dar-vos ocasião de vos gloriardes
em nós para terdes que dizer aos que se gloriam da
aparência, e não do que está no coração. 13 Com efeito,
se somos arrebatados fora de nós, é por Deus; se somos
razoáveis, é por vós.

14 Sim, o amor de Cristo nos constrange, considerando nós que, se um morreu por todos, todos pois morreram; 15 e que morreu por todos a fim de que aqueles
que vivem não vivam mais para si, mas para aquele que
morreu e ressuscitou por eles. 16 Desta sorte, desde agora
a ninguém conhecemos segundo a carne. E, se conhecemos a Cristo segundo a carne, agora já o não conhecemos desse modo. 17 Se algum, pois, está em Cristo,

é uma nova criatura: passaram as coisas velhas; eis que
tudo se fez novo.

18 Tudo isso vem de Deus, que nos reconciliou con-
sigo por Cristo e nos deu a nós o ministério da recon-
ciliação, 19 porque era Deus que reconciliava consigo o
mundo em Cristo, não lhes imputando os seus pecados,
e encarregando-nos a nós da palavra de reconciliação.
20 Logo, nós desempenhamos as funções de embaixado-
res por Cristo, exortando-vos Deus por meio de nós. Por
Cristo vos rogamos, reconciliai-vos com Deus. 21 Aquele
que não tinha conhecido pecado, Deus o fez pecado por
nós, para que nos tornássemos nele justiça de Deus.

O apóstolo, ministro digno de Deus

6 1 Ora, sendo nós cooperadores, vos exortamos a que
não recebais em vão a graça de Deus. 2 Porque ele diz:

Eu te ouvi no tempo aceitável
e te ajudei no dia da salvação.

Eis aqui agora o tempo aceitável, eis aqui agora o dia
da salvação. 3 Não damos a ninguém ocasião alguma
de escândalo, para que não seja vituperado o nosso
ministério; 4 antes, em todas as coisas nos mostramos
como ministros de Deus, com muita paciência nas tri-
bulações, nas necessidades, nas angústias, 5 nos açoites,

nos cárceres, nas sedições, nos trabalhos, nas vigílias, nos
jejuns; 6 com a castidade, com a ciência, com a longani-
midade, com a mansidão, com o Espírito Santo, com a
caridade não fingida, 7 com a palavra da verdade, com
a virtude de Deus, com as armas da justiça na mão direita
e na mão esquerda; 8 entre a glória e a ignomínia, entre a
infâmia e o bom nome; considerados como impostores,
embora sejamos verdadeiros; como desconhecidos, em-
bora conhecidos; 9 como moribundos, mas ainda vivos;
como castigados, mas escapados à morte; 10 como tristes,
mas sempre alegres; como pobres, mas enriquecendo a
muitos; como não tendo nada, mas possuindo tudo.

III. APELO DE SÃO PAULO AO CORAÇÃO DOS CORÍNTIOS

O amor do apóstolo pelos coríntios

11 A nossa boca está aberta para vós, ó coríntios, o
nosso coração dilatou-se. 12 Não estais apertados dentro
dele. Apertados sois vós de coração. 13 Dai-nos igual cor-
respondência, falo-vos como a filhos; dilatai-vos tam-
bém vós.

Relações com os pagãos

14 Não vos sujeiteis ao mesmo jugo que os infiéis.
Pois que união pode haver entre a justiça e a iniquidade?

Ou que sociedade entre a luz e as trevas? 15 Que concórdia
entre Cristo e Belial? Que de comum entre o fiel e o infiel?
16 Que relação entre o templo de Deus e os ídolos? Com
efeito, somos o templo do Deus vivo, como Deus disse:

Habitarei neles e andarei entre eles,
serei o seu Deus e eles serão o meu povo.
17 *Portanto, saí do meio deles*
e separai-vos, diz o Senhor.
Não toqueis o que é impuro,
e eu vos receberei.
18 *Serei vosso pai,*
e vós sereis meus filhos e minhas filhas,
diz o Senhor todo-poderoso.

7 1 Tendo, pois, essas promessas, meus caríssimos,
purifiquemo-nos de toda imundície da carne e do es-
pírito, levando ao fim a santificação no temor de Deus.

Relações pelas notícias trazidas por Tito

2 Recebei-nos dentro do vosso coração. A ninguém
temos ofendido, a ninguém temos arruinado, a ninguém
temos explorado. 3 Não digo isso para vos condenar, pois
já vos declarei que estais nos nossos corações para a vida e
para a morte. 4 Tenho muita confiança em vós, muito me
glorio de vós; estou cheio de consolação, inundado de

alegria no meio de todas as nossas tribulações. 5 Em rea-
lidade, desde a nossa chegada à Macedônia, a nossa carne
nenhum repouso teve; antes, sofremos toda a tribulação:
no exterior, combates; no interior, temores.

6 Deus, porém, que consola os humildes, consolou-
-nos com a chegada de Tito; 7 e não somente com a sua
chegada, mas também com a consolação que recebeu de
vós, referindo-me ele o vosso desejo, o vosso pranto, o
vosso zelo por mim, de sorte que a minha alegria au-
mentou.

8 Dessa forma, embora eu vos tenha entristecido com
a minha carta, não me arrependo disso; se bem que tenha
sentido pesar vendo que tal carta vos entristeceu, 9 ago-
ra folgo não de vos ter entristecido, mas de que a vossa
tristeza vos levou à penitência. Entristecestes-vos segun-
do Deus, de sorte que em nada recebestes detrimento de
nós, 10 porque a tristeza que é segundo Deus produz uma
penitência estável para a salvação; pelo contrário, a triste-
za do século produz a morte. 11 Vede, pois, o que produ-
ziu em vós essa tristeza segundo Deus: quanta solicitude,
que justificação, que indignação, que temor, que desejo,
que zelo, que severidade! Vós mostrastes em tudo que
éreis inocentes nesse negócio. 12 Portanto, se vos escrevi,
não o fiz por causa de quem fez a injúria nem por causa
de quem a padeceu, mas sim para que a vossa solicitude
por nós se manifestasse entre vós diante de Deus. 13 Eis o
que nos consolou.

Mas, na nossa consolação, ainda mais nos alegramos
pela alegria de Tito, porque o seu espírito foi tranquilizado

por todos vós. 14 Se diante dele me mostrei um pouco or-
gulhoso de vós, não me envergonho disso; pelo contrário,
como tudo o que vos temos dito foi com verdade, assim
também o elogio que de vós fizemos a Tito viu-se ser ver-
dade. 15 Por isso a sua ternura por vós é cada vez maior,
ao lembrar-se da obediência de todos vós e de como o re-
cebestes com temor e tremor. 16 Eu me alegro de poder
contar em tudo convosco.

SEGUNDA PARTE
A COLETA EM FAVOR DOS FIÉIS DE JERUSALÉM

Exemplo dos macedônios

8 1 Ora, nós vos fazemos conhecer, irmãos, a graça de
Deus que foi dada às igrejas da Macedônia: 2 no meio
das muitas tribulações com que foram provados, supera-
bundou a sua alegria, e a sua extrema pobreza difundiu-
-se em riquezas da sua liberalidade; 3 porque dou teste-
munho de que foram espontaneamente liberais, segundo
as suas posses e ainda acima das suas posses, 4 rogando-
-nos com muito encarecimento a graça de tomar par-
te nesta assistência aos santos. 5 Ultrapassaram as nossas
esperanças. Deram-se a si mesmos primeiro ao Senhor,

depois a nós, pela vontade de Deus, 6 de maneira que rogamos a Tito que, assim como começou, acabe também entre vós esta obra de generosidade.

Apelo à generosidade dos coríntios

7 Mas, assim como em tudo abundais – na fé, na
eloquência, na ciência, em toda a solicitude e na caridade
para conosco —, assim também abundeis nesta obra de
generosidade. 8 Não falo como quem manda, mas para
experimentar com a solicitude dos outros a sinceridade da
vossa caridade. 9 Com efeito, conheceis a liberalidade
de Nosso Senhor Jesus Cristo, que, sendo rico, se fez
pobre por vós, a fim de que fôsseis ricos pela sua pobreza.
10 Isto é um conselho que vos dou porque é útil para vós,
que começastes não só a fazê-lo, mas também a desejá-
-lo desde o ano passado. 11 Agora, pois, acabai a obra,
para que, assim como a vontade está pronta para querer,
também o esteja para cumprir, segundo os vossos meios.
12 Se a vontade está pronta para dar, é aceite segundo
aquilo que se tem, não segundo aquilo que se não tem.
13 Não se pretende que os outros tenham alívio e vós
fiqueis em aflição, mas que haja igualdade. 14 Na circunstância presente, a vossa abundância supra a sua
indigência, para que também a sua abundância supra a
vossa indigência, de maneira que haja igualdade, como
está escrito: 15 *O que havia colhido muito não teve demais,
e o que havia colhido pouco não teve de menos.*

São Paulo elogia os encarregados da coleta

16 Graças a Deus, que pôs no coração de Tito a mesma
solicitude por vós, 17 porque não só recebeu bem o meu
pedido mas, sendo mais solícito, espontaneamente partiu
a visitar-vos. 18 Enviamos também com ele aquele irmão
que é louvado em todas as igrejas pelo que tem feito pelo
Evangelho; 19 e, não somente por isso, mas também por-
que foi escolhido pelas igrejas por companheiro da nossa
peregrinação para esta beneficência em que nos empenha-
mos, para glória do Senhor e satisfação do nosso coração,
20 evitando assim que alguém nos possa censurar a respeito
desta abundante quantia de que temos o encargo. 21 Ver-
dadeiramente, procuramos fazer o bem não só diante de
Deus, mas também diante dos homens. 22 Com eles envia-
mos também um nosso irmão, cuja solicitude muitas vezes
temos experimentado em muitas coisas e que agora é mui-
to mais solícito, pela grande confiança que tem em vós.

23 Quanto a Tito, é meu companheiro e cooperador
junto de vós; quanto a nossos irmãos, são os enviados
das igrejas, a glória de Cristo. 24 Neles, pois, mostrai em
face das igrejas a prova da vossa caridade e por que nos
gloriamos de vós.

Exortação à rapidez

9 1 Quanto ao socorro destinado aos santos, é coisa
supérflua eu escrever-vos. 2 Com efeito, conheço a

prontidão da vossa vontade, pela qual me glorio de vós diante dos macedônios, aos quais eu digo que a Acaia também está pronta desde o ano passado. O vosso zelo
tem estimulado muitíssimos. 3 Enviei, porém, nossos
irmãos, para que o elogio que fizemos de vós não se frustre neste ponto, e que estejais preparados, como eu
disse; 4 não aconteça que, ao chegarem os macedônios
comigo, vos encontrem desprevenidos e tenhamos nós
de nos envergonhar a este respeito. 5 Portanto, julguei
necessário rogar a estes irmãos que vão antes de mim ter convosco e que preparem a liberalidade já prometida, a fim de que esteja pronta como liberalidade, e não como avareza.

Exortação à esmola generosa

6 Digo isto: aquele que semeia pouco também segará pouco; aquele que semeia em abundância também segará
em abundância. 7 Cada um dê como propôs no seu co-
ração, não com tristeza nem constrangido, porque Deus
ama quem dá com alegria. 8 Deus é poderoso para fazer
abundar em vós todos os bens, para que, tendo sempre em todas as coisas tudo o que é suficiente, abundeis em
toda obra boa, 9 como está escrito:

Espalhou, deu aos pobres;
a sua justiça dura para sempre.

10 Aquele que subministra semente ao semeador dará
também pão para comer, multiplicará a vossa semente e
aumentará sempre mais os frutos da vossa justiça, 11 para
que, enriquecidos com todas as coisas, tenhais abundan-
temente com que fazer toda sorte de liberalidades, que,
por meio de nós, provoquem ações de graças a Deus.
12 Em realidade, a administração dessa oferenda não so-
mente supre o que falta aos santos, mas também redunda
em muitas ações de graças ao Senhor; 13 por causa da
virtude provada que essa oferta mostra em vós, dão gló-
ria a Deus pela submissão que mostrais ao Evangelho de
Cristo e pela sinceridade da vossa liberal união com eles
e com todos. 14 Eles pedem por vós, amando-vos muito
por causa da eminente graça de Deus que há em vós.
15 Graças a Deus pelo seu dom inefável.

TERCEIRA PARTE
APOLOGIA DE SÃO PAULO

IV. RESPOSTA A ALGUMAS ACUSAÇÕES

Disposto a usar de sua autoridade apostólica

10 1 Eu mesmo, Paulo, vos rogo pela doçura e
mansidão de Cristo, eu que, quando estou pre-
sente, sou humilde, mas, ausente, ousado convosco.
2 Suplico-vos, pois, que, quando estiver presente, não me

obrigueis a usar com liberdade da ousadia que me propo-
nho demonstrar contra alguns que julgam que andamos
segundo a carne. 3 De fato, embora vivendo na carne, não
militamos segundo a carne. 4 Porquanto as armas da nos-
sa milícia não são carnais, mas poderosas em Deus para
destruir as fortificações; derribamos todos os projetos 5 e
todo o poder altivo que se levanta contra o conhecimento
de Deus, reduzimos à sujeição todo o pensamento para
o tornar obediente a Cristo. 6 Estamos preparados para
castigar toda desobediência, depois que for cumprida a
vossa obediência.

7 Considerai as coisas pela aparência. Se alguém se
ufana de que é de Cristo, considere igualmente dentro
de si que, como é de Cristo, assim também nós o somos.
8 Realmente, ainda que eu me gloriasse um pouco mais
do poder que o Senhor me deu para vossa edificação e
não para vossa destruição, não me envergonharia por
isso, 9 para que não pareça que vos quero aterrar por car-
tas; 10 porque as cartas, dizem alguns, são graves e fortes,
mas a presença do corpo é fraca e a palavra desprezível.
11 Quem assim diz saiba que, quais somos nas palavras
por carta, estando ausentes, tais seremos também de
fato, estando presentes.

Seu campo de ação inclui Corinto

12 Em realidade, não ousamos intrometer-nos ou
comparar-nos com alguns que se gabam a si mesmos;

mas esses, medindo-se com a sua medida e comparando-
-se a si próprios, dão mostras de pouco senso. 13 Nós,
porém, não nos gloriaremos fora de medida, mas dentro
dos limites da regra que Deus nos marcou como medida,
fazendo-nos chegar até vós. 14 Com efeito, não nos esten-
demos fora dos limites, como se não tivéssemos chegado
até vós, porque de fato chegamos até vós com o Evange-
lho de Cristo; 15 não nos gloriamos fora de medida nos
trabalhos alheios, mas esperamos que, crescendo a vossa
fé, sejamos largamente engrandecidos dentro dos limites
da nossa regra, 16 até anunciarmos o Evangelho nos luga-
res que estão além de vós, sem nos gloriarmos do que é
cultivado pelos outros dentro da parte a eles destinada.

17 *Aquele*, pois, *que se gloria, glorie-se no Senhor*; 18 por-
que não é aquele que a si mesmo se recomenda que é
aprovado, mas sim aquele a quem Deus recomenda.

V. MOTIVOS DE GLÓRIA DO APÓSTOLO

Zelo de São Paulo pelos coríntios

11 1 Oxalá suportásseis um pouco da minha insi-
piência! Mas, enfim, tolerai-me! 2 Tenho por vós
um zelo de Deus. Porquanto desposei-vos para vos apre-
sentar, como virgem pura, a um único esposo, a Cristo.
3 Mas temo que, assim como a serpente seduziu Eva,

assim sejam corrompidos os vossos pensamentos e se
apartem da simplicidade a respeito de Cristo. 4 Porque,
se alguém vier pregar-vos um Cristo diferente do que
vos pregamos, ou se vos oferecer um Espírito diferente
do que recebestes, ou um Evangelho diferente daquele
que abraçastes, sois capazes de o receber muito bem.
5 Mas eu julgo que nada tenho feito de menos do que
tais «eminentes» apóstolos. 6 Porque, ainda que eu seja
rústico no falar, não o sou todavia na ciência, mas em
tudo nos temos manifestado a vós.

Retidão com que prega o Evangelho

7 Ou porventura cometi algum delito, humilhando-
-me a mim mesmo para vos exaltar quando, sem interes-
se, vos preguei o Evangelho de Deus? 8 Despojei outras
igrejas, recebendo delas a subsistência para vos poder ser-
vir. 9 E, quando eu estava convosco e necessitava, não fui
pesado a ninguém, porque os irmãos que tinham vindo
de Macedônia supriram tudo o que me faltava; em tudo
me guardei de vos ser pesado e guardarei. 10 Asseguro-
-vos, pela verdade de Cristo que está em mim, que esta
glória não me será tirada nas regiões da Acaia.
11 E por quê? Será porque vos não amo? Deus o sabe.
12 Mas o que eu faço, fá-lo-ei sempre, a fim de tirar pre-
texto àqueles que desejam um pretexto para serem re-
conhecidos semelhantes a nós, para daí se gloriarem.

13 Esses são falsos apóstolos, operários fingidos, que se
transfiguram em apóstolos de Cristo. 14 E não é de ad-
mirar, visto que o próprio Satanás se transforma em anjo
de luz. 15 Não é, pois, muito que os seus ministros se
transformem em ministros de justiça. Mas o seu fim será
segundo as suas obras.

Pede desculpas por gloriar-se

16 Repito: ninguém me tome por insensato, mas dei-
xai-me parecê-lo, a fim de me gloriar ainda um pouco.
17 O que vou dizer para minha glória, não o digo segun-
do Deus, mas como que por loucura. 18 Visto que muitos
se gloriam segundo a carne, também me gloriarei, 19 por-
que vós, sendo sensatos, sofreis de bom grado os insensa-
tos. 20 Efetivamente, sofreis quem vos põe em escravidão,
quem vos devora, quem vos rouba, quem se exalta, quem
vos dá na cara. 21 Digo-o para minha vergonha, como se
tivéssemos sido fracos nesse ponto.

Padecimentos por Cristo

Mas, naquilo em que qualquer tem ousadia (falo
como louco), também eu tenho. 22 São hebreus? Também
eu. São israelitas? Também eu. São descendentes de
Abraão? Também eu. 23 São ministros de Cristo? Vou
dizer uma insensatez, mais do que eles o sou eu: mais

nos trabalhos, mais nos cárceres, em açoites sem medida,
frequentemente em perigos de morte. [24] Dos judeus re-
cebi cinco quarentenas de açoites menos um, [25] três ve-
zes fui açoitado com varas, uma vez fui apedrejado, três
vezes naufraguei, uma noite e um dia estive no abismo.
[26] Muitas vezes em viagens me vi entre perigos de rios,
perigos de ladrões, perigos dos da minha nação, perigos
dos gentios, perigos na cidade, perigos no deserto, peri-
gos no mar, perigos dos falsos irmãos, [27] em trabalhos e
fadigas, em muitas vigílias, em fome e em sede, em mui-
tos jejuns, em frio e nudez. [28] Além dessas coisas, que são
exteriores, tenho também a minha preocupação cotidia-
na, o cuidado de todas as igrejas. [29] Quem está enfermo,
que eu não esteja enfermo? Quem é escandalizado, que
eu me não abrase?

[30] Se importa que alguém se glorie, eu me gloriarei da
minha fraqueza. [31] O Deus e Pai do Senhor Jesus, que é
bendito por todos os séculos, sabe que não minto. [32] Em
Damasco, aquele que governava a nação em nome do
rei Aretas fazia guardar a cidade para me prender, [33] mas
desceram-me numa alcofa por uma janela ao longo da
muralha, e assim escapei das suas mãos.

Visões e revelações

12 [1] Se importa que alguém se glorie, o que não con-
vém na verdade, farei agora menção das visões e
revelações do Senhor. [2] Conheço um homem em Cristo,

o qual há catorze anos foi arrebatado – não sei se no cor-
po, se fora do corpo: Deus o sabe – até o terceiro céu.
3 E sei que esse homem – se foi no corpo, se fora do corpo,
não o sei: Deus o sabe – 4 foi arrebatado ao paraíso e ouviu
palavras inefáveis que não é lícito a um homem proferir.
5 Relativamente a esse homem me gloriarei, mas, quanto
a mim, de nada me gloriarei, senão das minhas fraquezas.
6 Verdade é que, se me quiser gloriar, não serei insensato,
porque direi a verdade; porém, abstenho-me disso, para
que ninguém julgue de mim mais do que vê em mim ou
ouve de mim. 7 E para que a grandeza das revelações me
não ensoberbecesse, foi-me dado um estímulo na carne,
um anjo de Satanás que me esbofeteie a fim de não me
orgulhar, 8 por cuja causa roguei ao Senhor três vezes que
ele se apartasse de mim, 9 mas disse-me: «Basta-te a mi-
nha graça, porque é na fraqueza que o poder se manifesta
por completo». Portanto, de boa vontade me gloriarei
nas minhas fraquezas, para que habite em mim o poder
de Cristo. 10 Por isso, sinto complacência nas minhas en-
fermidades, nas afrontas, nas necessidades, nas persegui-
ções, nas angústias por amor de Cristo, porque, quando
estou fraco, então sou forte.

Desculpa-se de novo por se ter gloriado

11 Tornei-me insensato, mas fostes vós que me obri-
gastes a isso. De fato, era por vós que eu devia ser lou-
vado, pois que em nada fui inferior a esses «eminentes»

apóstolos, ainda que eu nada seja. 12 Entre vós, contudo,
foram realizados os sinais do meu apostolado em toda a
paciência, nos milagres, prodígios e atos de poder. 13 Por-
que em que tendes sido inferiores às outras igrejas, exceto
em que em nada vos fui pesado? Perdoai-me esta injúria.

14 Eis que, pela terceira vez, estou disposto a ir ter
convosco e não vos serei pesado, porque não busco as
vossas coisas, mas a vós. Pois que não são os filhos que
devem entesourar para os pais, mas os pais para os filhos.
15 E eu de muito boa vontade darei o que é meu e me da-
rei a mim pelas vossas almas. Amando-vos eu mais, serei
por vós menos amado?

16 Mas seja assim! Eu não vos fui pesado; porém,
como sou astuto, tomei-vos por dolo. 17 Porventura, por
meio de algum daqueles que vos enviei, tirei de vós al-
gum proveito? 18 Roguei a Tito e enviei com ele um ir-
mão. Porventura Tito explorou-vos? Não andamos com
o mesmo espírito? Não seguimos as mesmas pisadas?

VI. A PRÓXIMA VISITA DO APÓSTOLO

Razão de sua apologia

19 Cuidais, desde há muito, que nos justificamos diante
de vós. É diante de Deus em Cristo que falamos; e tudo,
meus muito amados, para vossa edificação. 20 Pois temo

que, quando eu for, vos não encontre quais vos quero, e
que vós me acheis qual não quereis; que haja entre vós
contendas, invejas, rixas, dissenções, detrações, mexericos,
soberbas, sedições; 21 que, quando eu for outra vez, me
humilhe Deus entre vós e que tenha de chorar a muitos
daqueles que antes pecaram e não fizeram penitência da
impureza, fornicação e dissolução que cometeram.

Recomendações para sua próxima visita

13 1 Vou ter convosco pela terceira vez. Pela declara-
ção de duas ou três testemunhas tudo será deci-
dido. 2 Como já o disse achando-me presente na minha
segunda visita, assim o digo também agora estando au-
sente que, se eu for outra vez, não perdoarei aos que antes
pecaram nem a todos os outros. 3 Porventura quereis pôr
à prova Cristo, que fala em mim, o qual não é fraco a vos-
so respeito, mas sim poderoso entre vós? 4 Em realidade,
embora tenha sido crucificado por fraqueza, vive todavia
pelo poder de Deus. Também nós somos fracos nele, mas
viveremos com ele pela virtude de Deus em vós.

5 Examinai-vos a vós mesmos, se estais firmes na fé.
Provai-vos a vós mesmos. Acaso não conheceis que Jesus
Cristo está em vós? A não ser que a prova seja contra vós.
6 Mas espero que reconheçais que a prova não é contra
nós. 7 Rogamos a Deus que não façais nenhum mal; não
para que apareçamos como aprovados, mas a fim de que

façais o bem, ainda que sejamos tidos como reprovados.
8 Porque nada podemos contra a verdade, mas apenas a
seu favor. 9 Alegramo-nos de ser fracos, enquanto vós sois
fortes. E o que pedimos nas nossas orações é a vossa per-
feição. 10 Portanto, eu vos escrevo isto estando ausente,
para que, estando presente, não tenha de proceder com
rigor segundo o poder que Deus me deu para edificação,
e não para destruição.

VII. DESPEDIDA

11 Quanto ao mais, irmãos, alegrai-vos, procurai ser
perfeitos, encorajai-vos, tende o mesmo sentir, vivei
em paz, e o Deus da caridade e da paz será convosco.
12 Saudai-vos uns aos outros com ósculo santo. Todos os
santos vos saúdam.

13 A graça do Senhor Jesus Cristo, a caridade de Deus
e a comunhão do Espírito Santo sejam com todos vós.

NOTAS À *SEGUNDA CARTA AOS CORÍNTIOS*

***1, 1-11.** A carta inicia-se como se costumam iniciar as missivas paulinas: com uma saudação em que o Apóstolo se apresenta (vv. 1-2) e uma emocionada ação de graças a Deus (vv. 3-11).

1, 1-2. A apresentação que faz de si mesmo, «Apóstolo de Jesus Cristo por vontade de Deus», é significativa, uma vez que boa parte da carta será dedicada à defesa da sua vocação de Apóstolo contra aqueles que, aparentemente, pretendiam negar-lhe essa condição (cf. caps. 10-13).

«Graça» e «paz» (v. 2): saudação piedosa, que será assumida na liturgia eucarística. «O primeiro bem é a graça, que é o princípio de todos os bens [...]. O último de todos os bens é a paz, porque este é o fim geral da mente; com efeito, de qualquer maneira que se empregue esta palavra, a paz tem razão de fim: na glória eterna, no governo e no modo de vida, o fim é a paz» (São Tomás de Aquino, *Super 2 Corinthios, ad loc.*).

1, 3-11. A ação de graças tem, neste caso, um caráter peculiar. Com efeito, em geral, o Apóstolo agradece a Deus os favores operados nos cristãos aos quais escreve e que, deste modo, se sentem animados na sua vocação; aqui, pelo contrário, exprime o seu agradecimento a Deus pelo consolo que está a receber no meio das suas tribulações, embora não se esqueça dos benefícios recebidos pelos destinatários. Na sua linguagem, torna-se manifesta a profunda união dos membros do corpo místico de Cristo, entre si e com a cabeça; por via desta íntima comunhão e intercomunicação, o Apóstolo pode dizer que os seus sofrimentos são de Cristo, e falar da estreita relação que existe entre as suas dores e os seus consolos, e as dores e os consolos dos fiéis de Cristo.

«Pai das misericórdias» (v. 3) é um hebraísmo que equivale a «Pai misericordioso». Através da misericórdia divina, o Apóstolo é consolado nos seus sofrimentos, de tal maneira que pode, por sua vez, consolar os outros. Este Deus misericordioso é o que nos foi revelado por Jesus Cristo. «A verdade revelada por Cristo a respeito de Deus "Pai das misericórdias" (2 Cor 1, 3) permite-nos "vê-Lo" particularmente próximo do homem, sobretudo quando este sofre, quando é ameaçado no próprio coração da sua existência e da sua dignidade» (São João Paulo II, *Dives in misericordia*, 2).

«De sorte que até desesperamos de conservar a vida» (v. 8): não se sabe exatamente a que tribulação se refere Paulo; poderá tratar-se do motim provocado pelo ourives Demétrio em Éfeso, que o obrigou a sair daquela cidade (cf. At 19, 23-41). Seja como for, serve-lhe para insistir na confiança em Deus, o único que pode libertar-nos de todos os perigos.

***1, 12-7, 16.** Nesta primeira parte, São Paulo explica aos coríntios o seu comportamento e responde às críticas que alguns lhe fizeram, esclarecendo que o atraso da sua visita a Corinto e as alterações de planos se ficaram a dever à sua total entrega ao seu ministério (1, 12-2, 17); procede a uma apaixonada defesa do seu apostolado (3, 1-6, 10); e declara que a sua maior alegria consistirá em recuperar a confiança e o apreço dos fiéis de Corinto (6, 11-7, 16).

***1, 12-2, 17.** A primeira acusação que lhe faziam alguns era a sua debilidade; com efeito, o fato de não se dirigir a Corinto, a despeito de ter prometido que o faria, era interpretado como um sinal de fraqueza. Paulo justifica a sua atitude com razões carregadas de doutrina.

1, 12-14. O Apóstolo deseja recuperar o afeto e a confiança dos coríntios, que podiam estar sendo minados pelas constantes difamações e calúnias que alguns propagavam contra ele. Confrontado com tais acusações, apela à própria consciência, que o confirma na sinceridade das suas atitudes.

«Somos a vossa glória» (v. 14): o Apóstolo não duvida do apreço dos coríntios, a despeito das afrontas e mentiras dos seus opositores; foi ele quem fundou e deu consistência a esta igreja.

1, 15-2, 4. O plano de viagem que tinha decidido empreender era: Corinto – Macedônia – Corinto – Judeia. No entanto, a visita a Corinto atrasou-se por razões que ignoramos, talvez em consequência de algum incidente desagradável ocorrido numa visita anterior (cf. 2, 5-11). São Paulo justifica a alteração de programa com três razões adequadas: a fidelidade a Deus e a Cristo, que é o «sim» do Pai (v. 19), a obediência a Deus, a quem nos submetemos quando dizemos «amém» (v. 20), e o desejo de não entristecer os coríntios (v. 23).

«O qual também nos imprimiu o seu selo» (v. 22): o selo é um símbolo parecido com o da unção, um dos mais significativos do Espírito Santo: «Porque indica o efeito indelével da unção do Espírito Santo nos sacramentos do batismo, da confirmação e da ordem, a imagem do selo (*sphragis*) foi utilizada em certas tradições teológicas para exprimir o "caráter" indelével impresso por estes três sacramentos, que não podem ser repetidos» (*Catecismo da Igreja Católica*, 698). Tal como noutras passagens da carta (cf. 3, 3; 13, 13), Paulo refere neste passo as três Pessoas da Santíssima Trindade: Deus (Pai) que nos dá a unção (v. 29), o Filho, Cristo, que nos sustenta, e o Espírito Santo, que nos é dado como primícias ou penhor.

Escrevi-vos «com muitas lágrimas» (2, 4): esta carta das lágrimas (veja-se a Introdução) é fruto da dor de Paulo, causada certamente pelos desprezos recebidos quando da visita a que aludiu anteriormente, mas é sobretudo um reflexo do profundo amor que tinha pelos seus fiéis.

2, 5-11. Estas palavras foram muitas vezes aplicadas ao incestuoso que o Apóstolo tinha condenado em 1 Cor 5, 1-5; mas talvez se refiram à pessoa que ofendeu pessoal e gravemente o próprio Paulo ou algum dos seus colaboradores na sua visita a Corinto. O ofensor, que talvez fosse judaizante, apoiado por uma minoria de fiéis, ter-se-á arrependido do mal que tinha praticado depois de ter sido repreendido e castigado pela comunidade, e São Paulo implora clemência para ele. O perdão, que é o tema central desta seção, é uma prova clara de justiça; e a justiça produz a paz, que é essencial entre os cristãos.

2, 12-17. São Paulo preocupa-se com os seus fiéis e cuida dos seus colaboradores: entristece-o a sorte de Tito, que fora enviado a Corinto, e alegra-se quando volta a encontrá-lo na Macedônia.

Somos «o bom odor de Cristo» (v. 15): «O Evangelho difunde por toda a parte um perfume agradável e precioso, embora haja quem pereça a seu lado, em consequência da incredulidade. Por isso, não é tanto ao Evangelho que devemos atribuir as culpas pela ruína de alguns, mas à sua própria corrupção» (São João Crisóstomo, *In 2 Corinthios*, 5). O cristão deve mostrar Cristo com o seu comportamento: «Cada cristão deve tornar Cristo presente entre os homens; deve viver de tal modo que à sua volta se perceba o *bonus odor Christi*, o bom odor de Cristo; deve agir de tal modo que, através das ações do discípulo, se possa descobrir o rosto do Mestre» (São

Josemaria Escrivá, *É Cristo que passa*, 105).

A segunda parte do v. 16 e o v. 17 servem ao Apóstolo como introdução à defesa que faz do seu ministério nos capítulos seguintes (3, 1-6, 10). Nesta passagem, o autor contrapõe a sinceridade da sua pregação à deformação – adulteração – com que outros, os falsos apóstolos que o perseguem ou que tentam desprestigiá-lo, apresentam a palavra de Deus, mais preocupados com a sua glória pessoal do que com a glória de Cristo: «Adulterar a palavra de Deus consiste em sentir nela algo diferente do que ela realmente é, ou em procurá-la, não pelos seus frutos espirituais, mas pelos fetos adulterinos dos louvores humanos. Pregar com sinceridade é [...] procurar a glória do autor e criador» (São Gregório Magno, *Moralia*, 22, 12).

***3, 1-6, 10.** Outra acusação de que Paulo era alvo era de ser arrogante e orgulhoso na apresentação do seu ministério. Ao defender-se, o Apóstolo expõe a natureza e a finalidade da sua missão, explicando que o seu ofício é superior ao da antiga aliança (3, 4-18), que o realiza com sinceridade (4, 1-6), que suporta com paciência as provações que ele impõe (4, 7-5, 10), e que o apresenta como ministério da reconciliação (5, 11-6, 10).

3, 1-3. O envio de cartas de recomendação era uma prática frequente (cf., por exemplo, At 9, 2; 15, 22-30), como atestam muitos documentos da época; é de supor que os inimigos de Paulo se tivessem apresentado em Corinto com uma carta desse teor. Ele próprio, em contrapartida, seguro apenas no Senhor (10, 18), sente-se avalizado pela melhor de todas as recomendações, os seus fiéis de Corinto, convertidos pela sua pregação: «Porque eram carta suficiente, na qual declaravam quem era São Paulo e quão proveitosa era a sua presença. E afirma que todos conhecem e leem esta carta porque qualquer pessoa, por muito bárbara que seja, mesmo que não compreenda a linguagem da palavra, compreende a linguagem do bom exemplo e da virtude, que se vê na prática, e em consequência acaba por estimar em muito aquele que tem discípulos assim» (São João de Ávila, *Audi, filia*, 34).

3, 4-18. Não faltavam em Corinto pessoas que, influenciadas pelos judaizantes, estavam convencidas de que a doutrina de Paulo era uma invenção sua e uma consequência da sua arrogância. Por isso, o Apóstolo faz apelo a Deus e, mostrando a superioridade da nova aliança sobre a antiga, aduz três razões importantes em favor da dignidade do seu ministério apostólico: pertence à nova aliança, que supera a antiga (vv. 4-6); tem maior esplendor e glória que o de Moisés (vv. 7-11); tem por base o Espírito de verdade e de liberdade, e não um texto escrito que precisa de ser desvelado (vv. 12-18).

«Porque a letra mata, mas o Espírito vivifica» (v. 6; cf. Rm 2, 29; 7, 6). A novidade da aliança tinha sido prometida aos profetas, que anunciaram que Deus escreveria a sua lei nos corações e lhes daria um espírito novo (cf. Jo 31, 31). A nova lei é Espírito, porque é o próprio Espírito Santo que, mediante a graça, difunde a caridade nos corações dos fiéis; ora, a caridade é a plenitude da lei: «O mais importante da lei do Novo Testamento, e aquilo em que consiste todo o seu poder, é a graça do Espírito Santo, que se dá pela fé em Cristo» (São Tomás de Aquino, *Summa theologiae*, 1-2, 106, 1).

Aplicando as técnicas da exegese rabínica, Paulo recorre à imagem do véu com que Moisés tapava o rosto depois dos seus encontros com Deus (vv. 13-18; cf. Ex 34, 29-35): a glória do Senhor iluminava-o de tal maneira, que os israelitas não conseguiam encará-lo. O Apóstolo explica que o véu permitia que Moisés se aproximasse dos israelitas quando o seu rosto irradiava, mas também permitia esconder que tal irradiação era transitória. Assim, utiliza a imagem do véu como símbolo do caráter nebuloso e provisório do Antigo Testamento, como expressão da impossibilidade de comunicar diretamente com Deus por meio de Moisés e da Lei. Pelo contrário, Cristo faz cair o véu, pois só com a luz que Ele – que é a plenitude da revelação – veio trazer se pode compreender o verdadeiro significado dos livros sagrados: «Deus, inspirador e autor dos livros dos dois Testamentos, dispôs tão sabiamente as coisas, que o Novo Testamento está latente no Antigo, e o Antigo está patente no Novo [...] Os livros do Antigo Testamento, ao serem integralmente assumidos na pregação evangélica, adquirem e manifestam a sua plena significação no Novo Testamento [...], que por sua vez iluminam e explicam» (Concílio Vaticano II, *Dei Verbum*, 16). O ensinamento final é muito claro: em Cristo, pelo Espírito Santo, podemos participar na vida divina; assim como Moisés refletia a glória de Deus no seu rosto, depois de estar com Ele no Sinai, assim também os cristãos refletem na sua vida a glória de Cristo, a quem contemplam mediante a fé: «O cristão, purificado pelo Espírito Santo no sacramento da regeneração, é transformado, segundo a expressão do Apóstolo, na imagem do mesmo

Jesus Cristo; e não se limita a contemplar a glória do Senhor, mas toma para si mesmo alguns elementos dessa glória divina [...]. A alma regenerada pelo Espírito Santo recebe e difunde à sua volta o resplendor da glória celeste que lhe foi comunicado» (São João Crisóstomo, *In 2 Corinthios*, 7).

4, 1-6. A sinceridade e autenticidade do ministério é um tema recorrente nesta primeira parte da epístola: em contraste com os falsos Apóstolos, Paulo tem como único objetivo da sua pregação a verdade de Jesus Cristo, sem cessões nem concessões. Se ainda há pessoas que não compreendem a verdade do Evangelho, tal deve-se às suas más disposições, porque cedem às insídias do demônio, «o deus deste mundo» (v. 4).

«Jesus, que é o Senhor» (v. 5): afirmação velada da divindade de Cristo, uma vez que *Kyrios*, Senhor, é o termo que, na versão grega do Antigo Testamento, substitui o nome próprio de Deus, YHWH.

4, 7-12. Nos sofrimentos do Apóstolo, reproduzem-se os da Paixão e Morte de Cristo, para que também resplandeça a vida que Jesus adquiriu na sua ressurreição; daí que esta passagem nos recorde que a dor e as contrariedades estarão sempre presentes na vida dos seguidores de Cristo: «Se ambicionas a estima dos homens e anseias ser considerado ou apreciado, se o teu único fim é uma vida prazenteira, desviaste-te do caminho [...]. Só é permitida a entrada na cidade dos santos, para descansar e reinar com o Rei pelos séculos eternos, aos que passam pela via áspera e estreita das tribulações» (Pseudo-Macário, *Homiliae*, 12, 5).

O ministro é débil, mas não desfalece. A imagem do barro do oleiro (v. 7; cf. Jr 18, 6) reflete a fragilidade do Apóstolo e a riqueza da sua mensagem: «Deus confiou os seus dons à frágil e débil liberdade humana, e, embora sejamos sem dúvida assistidos pela força do Senhor, a nossa concupiscência, o nosso comodismo e o nosso orgulho repelem por vezes essa assistência e levam-nos a cair em pecado. [...] O mais importante na Igreja não é ver como nós, os homens, correspondemos, mas sim o que Deus realiza. A Igreja é nem mais nem menos Cristo presente entre nós» (São Josemaria Escrivá, *É Cristo que passa*, 131).

4, 13-5, 10. A esperança da ressurreição e do Céu (4, 14) é um estímulo para a fortaleza do Apóstolo. Enquanto o homem exterior – o corpo corruptível – vai sendo consumido pelas tribulações e os sofrimentos, o homem interior – a vida da alma – cresce e renova-se dia a dia, até alcançar a sua plenitude no Céu. Podemos observar esta realidade na vida dos santos: no meio de sofrimentos e doenças, e ao mesmo tempo que se vai consumindo a sua vida na terra, aumentam neles a juventude da alma e a alegria: «E de que maneira? Pela fé, pela esperança, pela caridade ardente. Portanto, havemos de olhar para os perigos com um olhar intrépido: quanto maiores forem os males que consomem o nosso corpo, mais lisonjeiras são as esperanças que a nossa alma deve conceber, mais esplendor e brilho retirará daí, tal como o ouro ganha um brilho mais deslumbrante quando se encontra no crisol aceso» (São João Crisóstomo, *In 2 Corinthios*, 9).

A referência à tenda do deserto (5, 1) salienta a caducidade do corpo, em comparação com «o penhor do Espírito» (5, 5), que garante e antecipa a vida definitiva, semelhante à de Cristo crucificado: «Esta terra não é a nossa pátria; estamos aqui de passagem, quais peregrinos. [...] A nossa pátria é o Céu, que temos de merecer com a graça de Deus e as nossas boas ações. A nossa casa não é a que habitamos no presente, que nos serve apenas de morada passageira; a nossa casa é a eternidade» (Santo Afonso Maria de Ligório, *Sermões abreviados*, 16, 1, 2).

Ao mesmo tempo que a esperança de tão grandes bens o leva a desejar ansiosamente ir morar junto do Senhor (5, 8), Paulo não perde de vista que, para já, tem de se esforçar por agradar a Deus, pensando no seu encontro futuro com Cristo (5, 9-10). Esta passagem recorda-nos a existência do juízo particular: «Ao morrer, cada homem recebe na sua alma imortal a retribuição eterna, num juízo particular que põe a sua vida em referência a Cristo» (*Catecismo da Igreja Católica*, 1022). A sentença de prêmio ou de castigo dependerá dos méritos da alma durante a sua vida na terra, uma vez que, com a morte, acaba o tempo e a possibilidade de adquirir méritos. As palavras de São Paulo exortam-nos ao esforço por sermos gratos ao Senhor nesta vida: «Será que não brilha na tua alma o desejo de que teu Pai-Deus fique contente quando tiver que julgar-te?» (São Josemaria Escrivá, *Caminho*, 746).

5, 11-21. O Apóstolo volta a explicar as suas atitudes, salientando que é honesto e transparente (vv. 11-13); o motor da sua atuação é «o amor de Cristo» (v. 14), que neste contexto pode ser interpretado como o amor de Cristo aos homens ou como o amor dos homens a

Cristo. E, ao expor este amor, apresenta um brevíssimo resumo do conteúdo da revelação (vv. 15-17): Deus reconciliou os homens consigo por meio de Jesus Cristo, que carregou sobre Si os nossos pecados e morreu por todos os homens. «Se conhecemos tudo o que o Filho de Deus realizou e ensinou para a reconciliação do mundo não é apenas pela história das suas ações passadas, mas porque o sentimos pela eficácia do que realiza no presente» (São Leão Magno, *Tractatus*, 63; cf. *De Passione Domini*, 12, 6). Além disto, Deus constituiu os Apóstolos embaixadores de Cristo, para levarem aos homens a palavra da reconciliação (v. 19): « [A Igreja] falharia num aspecto essencial do seu ser e deixaria por realizar uma função inabdicável se não apregoasse, com clareza e firmeza, a tempo e fora de tempo, a "palavra da reconciliação" e não proporcionasse ao mundo o dom da reconciliação. Mas, convém repeti-lo, a importância do serviço eclesial da reconciliação estende-se para além das fronteiras visíveis da Igreja, ao mundo inteiro» (São João Paulo II, *Reconciliatio et paenitentia*, 23). É este o conhecimento que Paulo tem de Jesus Cristo, em comparação com o que tinha antes de se converter, altura em que apenas O via «segundo a carne» (v. 16).

«O amor de Cristo nos constrange» (v. 14): o amor de Cristo deve ser, para todos os cristãos, um forte estímulo para levarem a todas as almas a salvação que foi conquistada por Jesus. «Urge-nos a caridade de Cristo para tomarmos sobre os nossos ombros uma parte dessa tarefa divina de resgatar as almas. [...] Daí, o desejo veemente de nos considerarmos corredentores com Cristo, de com Ele salvarmos todas as almas» (São Josemaria Escrivá, *É Cristo que passa*, 120-121).

«Deus o fez pecado» (v. 21): nos sacrifícios expiatórios do Antigo Testamento (cf. Lv 4, 24; 5, 9), a palavra «pecado» não significa tanto um ato pecaminoso, quanto o próprio sacrifício e a vítima oferecida; deste modo, o sentido desta expressão é que Deus O fez vítima pelo pecado, ou sacrifício pelo pecado, uma vez que Cristo não podia ser culpado de qualquer pecado: «Cristo não teve pecado algum; carregou com o pecado, mas não o cometeu» (Santo Agostinho, *Enarrationes in Psalmos*, 68, 1, 10). É carregando com os nossos pecados e oferecendo-Se na cruz como vítima por eles que Jesus leva a cabo a redenção: «Na Paixão e morte de Cristo — no fato de o Pai não ter poupado o seu próprio Filho, mas O ter feito "pecado por nós" — manifesta-se a justiça absoluta, porque Cristo sofre a Paixão e a Cruz por causa dos pecados da humanidade. [...] A dimensão divina da redenção não se verifica somente em ter feito justiça do pecado, mas também no fato de ter restituído ao amor a sua força criativa, graças à qual o homem tem novamente acesso à plenitude de vida e de santidade que provém de Deus. Deste modo, a redenção traz em si a revelação da misericórdia na sua plenitude» (São João Paulo II, *Dives in misericordia*, 7).

6, 1-10. Paulo conclui a longa defesa do seu ministério apostólico apelando, como ministro de Deus, ao sentido de responsabilidade dos coríntios com uma citação de Is 49, 8. A seguir, elenca brevemente as múltiplas tribulações que teve de sofrer para levar a cabo o seu ministério.

O «tempo aceitável» (v. 2) durará até a vinda gloriosa de Cristo no final dos tempos – e, na vida pessoal de cada um, até o momento da morte; entretanto, cada dia é um dia de salvação: «*Ecce nunc dies salutis*, aqui está diante de nós o dia da salvação. A chamada do Bom Pastor chega até nós: *Ego vocavi te nomine tuo*, eu te chamei pelo teu nome. É preciso responder – amor com amor se paga – dizendo: *Ecce ego quia vocasti me*, chamaste-me e aqui estou! [...] converter-me-ei, dirigir-me-ei de novo ao Senhor, amando-o como Ele deseja ser amado» (São Josemaria Escrivá, *É Cristo que passa*, 59).

A enumeração das tribulações (v. 5) recorda a importância de que suportemos com firmeza e rijeza as contrariedades desta vida: «Nada te perturbe,/ nada te espante,/ tudo passa,/ Deus não muda./ A paciência/ tudo alcança;/ quem a Deus tem/ nada lhe falta:/ só Deus basta» (Santa Teresa de Jesus, *Poemas*, 30).

***6, 11-7, 16.** Esta seção, onde culmina a primeira parte da epístola (cf. nota a 1, 12-7, 16), constitui um vibrante apelo de São Paulo aos coríntios, com o fim de recuperar a sua confiança e o seu afeto. Nesta passagem, torna-se manifesta a personalidade do Apóstolo, o seu enorme coração e o seu desvelo pelos fiéis: com palavras cheias de ternura, pede-lhes que correspondam ao seu zelo incessante por eles (6, 11-13), dá-lhes conselhos sobre as relações a manter com os infiéis (6, 14-7, 1) e termina com expressões de alegria pela fidelidade dos seus queridos coríntios.

6, 11-13. Com afeto paternal, Paulo pede-lhes abertamente que valorizem o seu amor pastoral e correspondam a ele: «Que grande, que imenso é este coração de Paulo! Ele abraça todos os fiéis com um amor mais ardente que o que sentiria o coração mais apaixonado, mas abraça-os com um amor que não se contraria nem se debilita por se alargar a tantos, antes permanece idêntico a si mesmo e com a mesma intensidade por cada um» (São João Crisóstomo, *In 2 Corinthios*, 13, 1).

6, 14-7, 1. Paulo não pretende que os cristãos evitem todo e qualquer contato com os pagãos, pois isso equivaleria a privar estes últimos da possibilidade de se converterem; pretende apenas que eles evitem as relações que possam pôr a sua fé em perigo. A imagem dos dois animais de espécies diferentes presos ao mesmo jugo (6, 14; cf. Dt 22, 10; Lv 19, 19) exprime o alcance desta proibição. «Belial» (v. 15) é um nome de etimologia duvidosa; talvez signifique inútil, perverso ou sem lei (cf. Dt 13, 14); daí que se aplique com frequência ao demônio.

«Somos o templo do Deus vivo» (v. 16): esta imagem, repetida noutras cartas (cf. 1 Cor 3, 16ss; 6, 19ss etc.), ressalta a habitação de Deus, uno e trino, na alma em graça: «Que mais queres, ó alma, que mais buscas fora de ti, pois dentro de ti tens as tuas riquezas e os teus deleites, a tua satisfação, a tua fartura e o teu reino, que é o teu amado, a quem a tua alma deseja e busca? Alegra-te com Ele no teu interior recolhimento, pois O tens tão perto. Deseja-O e adora-O aí, e não O vás buscar fora de ti, porque te distrairás e cansarás, e não encontrarás nem gozarás mais certo nem mais perto do que dentro de ti» (São João da Cruz, *Cântico espiritual*, 1, 8).

7, 2-16. Paulo pretende recuperar de forma plena a confiança e o amor dos coríntios; para tal, retoma o que tinha começado a dizer-lhes no capítulo 2, que interrompera para se defender amplamente das acusações que sobre ele pendiam. O Apóstolo esclarece o fim da sua carta: movê-los ao arrependimento, que ficará patente aos olhos de Deus quando expressarem o amor que sentem por ele; trata-se de um bom exemplo da necessidade de procurar sempre o bem da pessoa que se corrige: «Devemos corrigir por amor; não com o desejo de fazer mal, mas com a intenção carinhosa de procurar que a pessoa se emende. Se assim fizermos, cumpriremos muito bem o preceito que diz: "Se teu irmão pecar contra ti, vai e corrigi-o entre ti e ele só" (Mt 18, 15)» (Santo Agostinho, *Sermones*, 82, 4).

Em confidência sincera, São Paulo dá largas à sua alegria pelas boas notícias que Tito lhe levara (v. 6; cf. nota a 2, 12ss). Com efeito, os fiéis de Corinto tinham acolhido com reverência este colaborador do Apóstolo (v. 15), e tinham reagido de forma muito positiva (vv. 7.9.11) à carta anterior, a «carta das lágrimas» (cf. 2, 3ss).

A «tristeza que é segundo Deus» (v. 10) é a dor da alma que chora o seu pecado com a esperança do perdão: «A tristeza que provoca um arrependimento saudável é própria do homem obediente, afável, humilde, doce, suave e paciente, na medida em que deriva do amor de Deus [...]. A tristeza diabólica é diametralmente oposta a esta: é áspera, impaciente, dura, cheia de amargura e desgosto, e caracterizada por uma espécie de penoso desespero» (João Cassiano, *De institutis coenobiorum*, 9, 11).

***8, 1-9, 15.** Entramos na segunda parte da carta, na qual o Apóstolo fixa a sua atenção na coleta a favor dos fiéis de Jerusalém, também promovida noutras igrejas por ele fundadas (cf. Rm 15, 26; 1 Cor 16, 1); explica em tom vibrante as razões teológicas da solidariedade e da comunicação cristã de bens; elogia a generosidade dos macedônios, como forma de estimular os coríntios (8, 1-15); faz algumas recomendações práticas a Tito e aos encarregados da coleta (8, 16-9, 5); e enuncia os frutos da esmola generosa (9, 6-15).

8, 1-6. Os cristãos da Macedônia tinham sido um exemplo admirável de magnanimidade; com efeito, podiam ter-se sentido dispensados de ajudar os seus irmãos em razão da sua própria pobreza, mas tinham sido esplêndidos nas suas esmolas. Nesta passagem, note-se a delicadeza da linguagem utilizada pelo Apóstolo, que, em vez de utilizar termos como «dinheiro», «escola» e «coleta», recorre a expressões de conotação mais espiritual, como «graça» (v. 4), «generosidade» (v. 6) e «assistência aos santos» (v. 4).

8, 7-15. Jesus Cristo é o exemplo acabado do desprendimento e da generosidade (v. 9): «Se não conseguis compreender como é possível que a pobreza enriqueça, fixai o vosso olhar em Cristo. [...] Se Cristo não Se tivesse feito pobre, os homens não poderiam ter sido enriquecidos. Tudo isto veio a nós pelo canal da pobreza, ou seja, porque Jesus Cristo Se revestiu da nossa carne, Se fez homem e sofreu tudo aquilo que sabemos, embora Ele próprio não fosse – ao contrário de nós – devedor da pena e dos sofrimentos» (São João Crisóstomo, *In 2 Corinthios*, 17). A doação de Cristo é o ponto de referência dos donativos dos fiéis: «Desde o princípio, com o pão e o vinho para a Eucaristia, os cristãos trazem as suas ofertas para a partilha com os necessitados. Este costume, sempre atual, da coleta inspira-se no exemplo de Cristo, que Se fez pobre para nos enriquecer» (*Catecismo da Igreja Católica*, 1351).

Na esmola, conta mais a disposição interior que a quantia (v. 12): «Se estendes a mão para dar, mas não tens misericórdia no coração, não fizeste nada; se, pelo contrário, tiveres misericórdia no coração, mesmo que não tenhas nada que dar com a mão, Deus aceita a tua esmola» (Santo Agostinho, *Enarrationes in Psalmos*, 125, 5).

8, 16-24. Referindo-se aos encarregados de administrar a coleta, São Paulo dá provas de prudência, procurando evitar qualquer suspeita de falta de integridade da sua parte (v. 20). Para além de Tito, que terá sido também, muito provavelmente, o portador desta carta, fala-se de outros dois irmãos, sem lhes referir os nomes; torna-se, pois, difícil identificar estas pessoas. Houve quem aventasse que o primeiro era São Lucas, que talvez estivesse com São Paulo nesta altura e que depois o teria acompanhado a Jerusalém (cf. At 20, 5ss); e há quem especule, tomando como base a passagem de 1 Cor 16, 12, que o terceiro enviado seria Apolo, um homem bem conhecido dos coríntios (cf. 1 Cor 1, 12).

Tito e os outros colaboradores do Apóstolo mereceram o título honorífico de «glória de Cristo» (v. 23), um título que São Paulo VI aplicaria aos sacerdotes: «Assim, neste nosso mundo que necessita da glória de Deus (cf. Rm 3, 23), os sacerdotes, tornando-se cada vez mais perfeitamente conformes ao único e sumo sacerdote, serão irradiante glória de Cristo (cf. Cor 8, 23), e por meio deles resplandecerá a glória da graça de Deus no mundo atual (cf. Ef 1, 6)» (*Sacerdotalis caelibatus*, 45).

9, 1-5. No contexto das recomendações (cf. 8, 1-5), Paulo apela à emulação entre as comunidades cristãs, para estimular a sua generosidade. Tinha-se gloriado do zelo e da prontidão dos fiéis de Corinto, que haviam sido os primeiros a organizar esta coleta, perante os macedônios; agora, pede-lhes que não permitam que ele se envergonhe pelo fato de os seus atos não corresponderem aos elogios.

9, 6-15. O último motivo que usa para estimular a generosidade dos seus leitores é a recompensa que receberão do Senhor; e faz notar que as colheitas do campo são uma prova da liberalidade divina: «Se Deus cumula de bênçãos temporais aqueles que cultivam a terra e tratam das necessidades do seu corpo, com mais razão abençoará aqueles que cultivam o Céu e se aplicam à salvação da sua alma [...]. Portanto, não quer apenas que demos esmola, mas que a demos com generosidade, razão pela qual lhe chama *semente*. Pois, assim como o grão lançado à terra produz espigas, assim a esmola produzirá frutos de justiça e uma colheita abundante» (São João Crisóstomo, *In 2 Corinthios*, 20).

«Deus ama quem dá com alegria» (v. 7): o Apóstolo traduz livremente o texto de Pr 22, 9 («O homem de olhar generoso será abençoado»), acentuando a alegria com que se deve dar a esmola: «Se deres o pão com tristeza, perdes o pão e perdes a recompensa» (Santo Agostinho, *Enarrationes in Psalmos*, 42, 8).

***10, 1-13, 10.** São Paulo faz a apologia da sua pessoa em polêmica com seus adversários de Corinto; contrastando com o tom afetuoso das seções anteriores, o estilo usado nestas passagens é enérgico, tendo em consideração o perigo que a jovem comunidade cristã correria se rompesse com o seu fundador e Apóstolo. Começa por expor a sua defesa perante as acusações de debilidade no exercício da sua missão, e de vanglória pelo seu trabalho em Corinto (10, 11-18); a seguir, compara os seus títulos de honra com os dos seus adversários (11, 1-12, 18); finalmente, observa que tal apologia visa a emenda dos coríntios antes da sua visita seguinte (12, 19-13, 10).

***10, 1-18.** O Apóstolo responde às acusações daqueles que pretendiam desacreditá-lo; aparentemente, os seus detratores gabavam-se de proceder do judaísmo e de possuir um conhecimento de Deus superior ao do Apóstolo.

10, 1-11. Paulo defende a sua autoridade apostólica perante aqueles que tomam a sua benignidade e mansidão por acanhamento. Consciente da autoridade que tinha recebido de Cristo, opta por utilizá-la, enquanto for possível, apenas para edificar, e nunca para destruir.

Paulo contrasta a vida do corpo, que é comum a todos os homens – «vivendo na carne» (v. 3) –, com o procedimento por critérios ou motivações meramente humanos (vv. 2.3): «Diz-se que procedem segundo a carne aqueles que põem os seus fins nos bens materiais e orientam as suas obras para a consecução daquilo que é da carne. E, percebendo que podem perder essas coisas, portam-se com brandura e submissão para com os outros» (São

Tomás de Aquino, *Super 2 Corinthios, ad loc.*).

10, 12-18. O autor passa agora a responder à acusação de se gabar do seu trabalho apostólico. Mostrando-se satisfeito com os frutos do seu ministério, de maneira nenhuma atribui a si próprio o que foi obra de outros; o seu único apoio é Deus, segundo as palavras de Jr 9, 22 (v. 17). Deste modo, ensina que os juízos humanos têm um valor relativo: «Meus irmãos, se eu tivesse de me apresentar diante do vosso tribunal, com razão me gloriaria com os vossos elogios; e, se tivesse de ser julgado pela minha própria consciência, satisfeito com o meu próprio testemunho, deleitar-me-ia nos meus louvores. Mas, como não tenho de me apresentar ao meu próprio juízo, nem ao vosso, mas ao juízo de Deus, que grande insensatez, mais ainda, que grande loucura seria gloriar-me com o vosso testemunho ou com o meu, principalmente sendo Ele tal, que todas as coisas estão desnudas e abertas aos seus olhos, e não tem necessidade de que alguém Lhe dê um testemunho humano!» (São Bernardo, *Sermones de diversiis*, 7, 2).

***11, 1-12, 18.** Para contrariar o labor de seus inimigos, Paulo vê-se forçado a fazer a apologia de si próprio, explicando a retidão do seu ministério (11, 7-15), os sofrimentos do seu labor de evangelização (11, 21-33) e as visões que recebeu (12, 1-10). Repugna-lhe ter de comparar os seus títulos com os dos seus adversários, razão pela qual pede desculpa (11, 1-6; 16, 21; 12, 11-18).

11, 1-6. As desculpas constantes do v. 1, que são várias vezes repetidas (cf. 11, 1.16.18.21.23; 12, 1.6.11), são indicativas do tom desgarrado desta passagem, a que alguns comentadores chamam discurso do néscio ou do insensato, uma vez que o Apóstolo se apresenta como tal; sob esta roupagem literária, faz afirmações audazes, cheias de zelo pelas almas. São Paulo assume aqui o papel de amigo do esposo (cf. Jo 3, 29), que tem a obrigação de vigiar pela virgindade da esposa, e que reconhece o perigo que resulta das ciladas que lhe armam os inimigos: «O Apóstolo observa que a Igreja é como Eva, a quem o diabo persegue, umas vezes abertamente por meio de tiranos e poderes terrenos, sendo nessas alturas "como um leão que ruge, buscando a quem devorar" (1 Pd 5, 8); outras vezes, incomoda a Igreja às escondidas, por meio dos hereges que prometem a verdade e simulam a bondade, e nessa altura é como a serpente que seduz com astúcia e com falsas promessas» (São Tomás de Aquino, *Super 2 Corinthios, ad loc.*).

O título irônico de «“eminentes” Apóstolos» (v. 5) é aplicado aos falsos Apóstolos (cf. 11, 13), que talvez pretendessem apresentar-se com autoridade apostólica.

11, 7-15. São Paulo apela ao seu desprendimento (cf. 1 Cor 9, 4-14) como testemunha da autenticidade do seu ministério. Não há de faltar quem interprete este desinteresse econômico como desinteresse afetivo, mas Paulo só pensa em agradar a Deus (v. 11): «O que nos ensinarão e o que nos ensinam os Apóstolos santos? Não será a arte de pecar, nem de fazer tendas, nem outras semelhantes a estas [...]. Ensinam-nos a viver com retidão [...]. E julgo que a vida reta consiste em sofrer males, em fazer bens e em perseverar assim até a morte» (São Bernardo, *In Festo Ss. Petri et Pauli*, 3).

11, 16-21. O Apóstolo caricatura com ironia o procedimento dos coríntios, que se consideravam muito sensatos (cf. 1 Cor 1, 18-20) e se tinham deixado enganar, até no que dizia respeito aos seus pertences materiais, pelos intrusos e falsos Apóstolos, recém-chegados à comunidade.

11, 21-33. Tem início a apologia propriamente dita, em que o Apóstolo refere a sua condição social e os seus méritos, em contraste com os dos seus adversários: enquanto judeu, é igual a eles (v. 22); enquanto ministro de Cristo, supera-os em grande medida, como provam os padecimentos físicos e morais que teve de suportar no desempenho do seu ministério. Ninguém lerá sem se comover o impressionante elenco de sofrimentos que se segue – e que, por outro lado, proporciona preciosos dados biográficos que não figuram nos *Atos dos Apóstolos*. É significativo que São Paulo apresente justamente os sofrimentos pelos quais passou como prova da sua superioridade no ministério de Cristo; é que a dor e a cruz são companheiras inseparáveis da vida cristã: «Quando empreendemos o *caminho real* do seguimento de Cristo, da conduta de filhos de Deus, não nos passa despercebido o que nos espera: a Santa Cruz, que devemos contemplar como o ponto central onde se apoia a nossa esperança de nos unirmos ao Senhor. Posso antecipar-te que este programa não é empreendimento cômodo; que viver da maneira que o Senhor nos indica pressupõe esforço. Leio-vos a enumeração do Apóstolo, ao referir-se às peripécias e sofrimentos que passou para cumprir a vontade de Jesus: “Cinco vezes recebi dos judeus quarenta açoites menos um”»

(São Josemaria Escrivá, *Amigos de Deus*, 212).

12, 1-10. São Paulo teve abundantes visões e revelações durante a sua vida (cf. At 9, 1-8; 22, 17-21; 1 Cor 15, 8; Gl 1, 12), a ponto de ter sido transportado até o terceiro Céu, isto é, à própria morada de Deus (v. 2); também nisto era superior aos seus adversários, que tanto apreciavam os fenômenos extraordinários.

«Foi-me dado um estímulo na carne» (v. 7): São João Crisóstomo lê nesta expressão as tribulações e as contínuas perseguições atrás referidas; por seu turno, Santo Agostinho considera que se tratava de uma doença física, crônica e incomodativa; foi só a partir de São Gregório Magno que esta passagem começou a ser relacionada com as tentações da concupiscência. Seja como for, esta atitude de simplicidade por parte do Apóstolo, e a consequente reação divina – «Basta-te a minha graça» (v. 9) – são uma fonte de ensinamentos para a luta ascética, pois ensinam que a atitude cristã perante a própria debilidade consiste em confiar no auxílio divino: «Deus livra-nos das tribulações, não quando as faz desaparecer [...], mas quando, com a ajuda de Deus, não nos deixamos abater por sofrermos tribulações» (Orígenes, *De oratione*, 30, 1).

12, 11-18. Neste epílogo ao «discurso do néscio», Paulo repete o elemento mais visível que confirma a sua legitimidade apostólica, o desinteresse econômico, uma vez que só procurou o bem dos coríntios, e não o seu próprio bem (v. 14); os seus colaboradores também não viveram à custa dos fiéis (vv. 16-18), sendo por isso um exemplo para os ministros da Igreja, que não devem antepor os seus benefícios pessoais ao bem das almas: «Iluminai os espíritos, dirigi as consciências, confortai e sustentai as almas que se debatem na dúvida e gemem na dor. A essa forma de apostolado ligai todas as demais que as necessidades do tempo exigem. Mas em tudo fique sempre patente que o sacerdote, em todas as suas atividades, nada mais procura senão o bem das almas, e nada mais visa senão Cristo, a quem consagra todas as suas forças e a si mesmo inteiramente» (Pio XII, *Menti nostrae*, 59).

***12, 19-13, 10.** A carta termina com a afirmação de que o Apóstolo faz a sua própria apologia para bem dos coríntios (12, 19-21), e registra uma série de recomendações, destinadas a preparar a sua visita seguinte a Corinto (13, 1-10).

12, 19-21. O objetivo da apologia que levou a cabo não é justificar a sua legitimidade apostólica perante os coríntios, como um acusado perante os juízes; Paulo fala na presença de Deus, que é quem julga, e declara que apenas pretende o bem das almas, a sua «edificação» (v. 19). No final da carta, o leitor tem um vislumbre das dificuldades e incompreensões que o autor encontrou no seu apostolado: Paulo receia que a sua atitude não seja bem entendida, e teme encontrar os seus queridos fiéis imersos nos pecados contra os quais os tinha advertido na carta anterior: a soberba, causa de divisão e de desordens (cf. 1 Cor 1, 18-4, 21), e a luxúria, que impede as almas de avançarem ao encontro de Deus (cf. 1 Cor 6, 12ss).

13, 1-10. O Apóstolo faz três recomendações aos coríntios: que não interpretem a sua atitude como fraqueza, mas como um reflexo do comportamento do próprio Cristo (vv. 1-4); que examinem a fundo a sua fé (v. 5); e que se exercitem no bem (vv. 6-10). A combinação de suavidade e firmeza no exercício da autoridade é um sinal de prudência na tomada de decisões, conforme o conselho de Dt 19, 15 (v. 1); mas é também imitação de Cristo, que foi débil na sua vida terrena e forte na sua vida de ressuscitado.

«Rogamos a Deus que não façais nenhum mal» (v. 7): «Para evitar o pecado são necessárias duas coisas: o livre-arbítrio e a graça de Deus [...]. Por isso, mostrando que ambas as coisas são necessárias, o Apóstolo roga a Deus para alcançar a graça e admoesta que, mediante o livre arbítrio, se afastem do mal e façam o bem» (São Tomás de Aquino, *Super 2 Corinthios*, *ad loc.*).

13, 11-13. As exortações finais estão carregadas de afeto e desvelo pelos seus fiéis: «Vivei em união e em paz e Deus estará convosco, pois é um Deus de amor e de paz. O seu amor produzirá a vossa paz e todos os males serão desterrados da vossa igreja» (São João Crisóstomo, *In 2 Corinthios*, 30).

A fórmula final (v. 13), que foi recolhida na liturgia como uma das saudações iniciais da Santa Missa, exprime a fé na Santíssima Trindade e é uma petição de todos os bens sobrenaturais: «A graça de Cristo, por quem somos justificados e salvos; o amor de Deus Pai, pelo qual somos unidos a Ele; e a comunhão do Espírito Santo, que nos distribui os dons divinos» (São Tomás de Aquino, *Super 2 Corinthios*, *ad loc.*).

CARTAS

CARTA AOS GÁLATAS

INTRODUÇÃO

A *Carta aos Gálatas* é, do ponto de vista cronológico, a primeira das quatro grandes epístolas de São Paulo (a missiva endereçada aos romanos, as duas dirigidas aos coríntios e esta). Contudo, nos manuscritos e nas edições do Novo Testamento, costuma figurar em quarto lugar (depois das mencionadas), o que se deverá ao fato de ser nitidamente a mais breve delas.

Em termos de conteúdo, é manifesta a estreita relação desta carta com a *Carta aos Romanos*, que foi escrita pouco depois; a *Carta aos Gálatas* introduz um tema fundamental (a justificação pela fé em Cristo, e não pelas obras da Lei mosaica) que será desenvolvido na *Carta aos Romanos*, a par de outros que não são abordados na missiva aos cristãos da Galácia. A presente carta também exibe algumas semelhanças com parte da *Segunda Carta aos Coríntios*, nomeadamente no que diz respeito à argumentação, em tom polêmico, contra os cristãos judaizantes.

I. ESTRUTURA E CONTEÚDO

A estrutura literária não é clara, e por isso há quase tantos esquemas dela quanto são os comentadores. É lógico que assim seja, a propósito, dado o gênero de escrito que temos em mãos: uma carta familiar, ditada a um secretário. Um possível esquema é o seguinte.

Após uma apresentação, que inclui a saudação e algumas admoestações (1, 1-10), distinguem-se duas partes:

1. O EVANGELHO PREGADO POR PAULO (1, 11-4, 31). Nesta parte, predomina o conteúdo teológico-dogmático. Ela constitui a mensagem fundamental deste escrito; inclui uma apologia do apostolado de São Paulo, com abundantes elementos autobiográficos (1, 11-2, 21), e uma exposição doutrinal (3, 1-4, 31), em que se encontra a argumentação teológica e escriturística da doutrina do Apóstolo, do Evangelho que ele prega (a justificação pela fé; a Lei e a promessa; a filiação divina).

2. A LIBERDADE E A CARIDADE CRISTÃS (5, 1-6, 18). Nesta parte, de tom moral e parenético, o Apóstolo retira consequências práticas para a vida cristã: começa por algumas exortações morais sobre a liberdade do cristão, os frutos do Espírito e as obras da carne, bem como a caridade fraterna (5, 1-6, 10); a seguir, e para concluir, São Paulo revela as intenções interesseiras dos perturbadores da Galácia e refere novamente a sinceridade e a verdade da sua própria atitude na proclamação da mensagem (6, 11-18).

O esquema anterior mostra a complexidade de estilo e caráter da carta, que é uma combinação de vários gêneros epistolares. Por entre este tratamento aparentemente desordenado, emerge o tema principal: Cristo é o único que tem poder para justificar e salvar; portanto, quem pregar outro evangelho, alterando o Evangelho de Cristo, está absolutamente errado (cf. 1, 4-5.8); donde a doutrina da liberdade dos cristãos relativamente ao cumprimento das prescrições da Lei mosaica e da complexa jurisprudência acrescentada pela tradição dos escribas (*Halajôt*). Para os judaizantes, a identidade cristã, a pertença ao verdadeiro Israel, exigia a circuncisão (cf. 5, 2); o Apóstolo reage com força, quase com veemência, a essa concepção, afirmando que o homem só é justo aos olhos de Deus pela fé em Jesus Cristo.

II. COMPOSIÇÃO E RAZÃO DE SER DA CARTA

A Galácia era uma região da Ásia Menor correspondente à planície central da atual Turquia. No tempo de São Paulo, a província romana que recebia esse nome estendia-se para o sul e abarcava também os territórios da Licônia, onde se encontravam quatro cidades muito conhecidas a partir dos *Atos dos Apóstolos*: Derbe, Listra, Icônio e Antioquia da Pisídia. Os historiadores dão como estabelecido que os gálatas eram os *keltoi* ou *galatai* dos gregos e os *galli* dos romanos: um grupo asiático (irmãos, por origem, dos celtas ocidentais) que deve ter chegado às regiões centrais da Ásia Menor (Turquia) pouco antes de Alexandre Magno (357-323 a.C.) e que se helenizou a seguir.

Na sua primeira viagem apostólica (nos anos de 45 a 49), Paulo tinha entrado em contato com os habitantes da Galácia, quando evangelizou o sul da província. Mas deve ter sido sobretudo na sua segunda viagem (nos anos de 50 a 52) que lhes pregou com tempo[1], talvez por ter adoecido e sido obrigado a permanecer ali durante certo período. O acolhimento foi sumamente cordial e afetuoso[2], e o Apóstolo voltou à região no ano 53 ou 54[3].

Entretanto, chegaram à Galácia alguns judeus cristãos apegados às suas tradições religiosas. Estavam convencidos de que o cumprimento das obras da Lei de Moisés, em especial a circuncisão, era necessário à salvação[4]. É provável que alguns desses «falsos irmãos»[5] pretendessem corrigir a doutrina pregada por São Paulo nas comunidades cristãs fundadas pelo Apóstolo na sua segunda viagem[6], como já tinham feito na assembleia de Jerusalém. Não sabemos exatamente quem eram estas pessoas; sabemos que constituíam uma ameaça e que pressionavam os próprios Apóstolos, uma vez que, em Antioquia, tinham conseguido induzir Pedro a uma atitude de simulação[7].

1 Gl 4, 13; At 16, 1-8.

2 Gl 4, 14.

3 At 18, 23.

4 Cf. Gl 5, 2.

5 Gl 2, 4.

6 At 16, 6.

7 Gl 2, 11-14.

Ao ter conhecimento do perigo dos judaizantes, Paulo escreve aos gálatas esta carta, que tem sido definida como um grito de amor e de dor. Redigida em Éfeso, em 54-55, a missiva é o melhor comentário às conclusões do Concílio de Jerusalém[8], onde ficara decidido que os cristãos provenientes dos gentios não eram obrigados a respeitar as prescrições judaicas. A oposição de Paulo aos agitadores da Galácia não é uma atitude superficial; o Apóstolo tem consciência de que se trata de uma questão crucial: nada menos que a compreensão da missão de Cristo na história da salvação, da natureza do cristianismo e do significado do Evangelho na sua relação com a Lei. Os judaizantes terão levado a cabo uma campanha contra Paulo, tentando descredibilizá-lo por não pertencer ao grupo dos Doze e por ter pregado que os gentios convertidos ao cristianismo não estavam obrigados a cumprir as prescrições da Lei.

III. ENSINAMENTOS

Como consequência da crise entre os gálatas, São Paulo aprofundará a vida que provém da fé. A carta traz à superfície as preocupações do Apóstolo, sendo o tom polêmico uma consequência das notícias que tinha recebido. Convém ter em conta estas circunstâncias antes de proceder à interpretação do escrito.

---

8 Cf. At 15, 23-29.

À medida que a fé cristã se foi propagando nos meios não judaicos e que foi aumentando o número de conversos provenientes do paganismo, as diferenças entre os cristãos de origem judaica e os de origem gentia acabaram se tornando mais nítidas, sobretudo nas refeições e nas celebrações da fração do pão (Eucaristia), bem como na apreciação que faziam do valor de outros ritos sacramentais, como o batismo. O problema tinha sido abordado no Concílio de Jerusalém, que teve lugar por volta do ano 49[9], e fora resolvido no sentido de não ser necessário que os cristãos provenientes dos gentios cumprissem as prescrições judaicas; noutras palavras, concluiu-se que a salvação e a justificação dadas por Deus não estavam dependentes do cumprimento das obras da Lei, mas da fé em Jesus Cristo como único salvador e Filho de Deus. Com efeito, em Abraão, que agiu segundo a fé antes de a Lei ser dada aos homens, foram abençoadas todas as gerações da terra, segundo a promessa feita por Deus[10] – promessa que foi cumprida em Jesus Cristo. Deste modo, a salvação não provém do cumprimento da Lei de Moisés e das prescrições judaicas, mas é oferecida, em Jesus Cristo, a todos os homens, «pois todos os que fostes batizados em Cristo revestistes-vos de Cristo. Não há judeu nem grego, não há servo nem livre, não há homem nem mulher: todos vós sois um só em Cristo

---

9 Cf. At 15, 1-35.

10 Cf. Gn 12, 3.

Jesus. Se sois de Cristo, sois a descendência de Abraão, os herdeiros segundo a promessa»[11].

Este é o Evangelho que Paulo proclama, e com o qual Pedro, Tiago, João e os outros Apóstolos de Jerusalém concordaram[12]. Quando Paulo fala do «seu Evangelho», ou do «Evangelho por mim anunciado»[13], refere-se àquele que pregou aos gentios. Com efeito, só há um Evangelho, mas existem vários modos de o apresentar: um tipo de evangelização para os circuncisos, outro tipo para os incircuncisos (como haverá depois para os vários povos e as diversas culturas); porém, o conteúdo, a mensagem e os princípios éticos são os mesmos.

A identidade dos cristãos jaz no fato de serem filhos de Deus pela fé em Cristo Jesus[14]. O que Paulo quer acima de tudo é deixar firmemente estabelecida a verdade da proclamação evangélica: que a salvação operada em Cristo é para todos quantos acolham a fé no mesmo Cristo. Com efeito, a obra da salvação consiste em que «Deus enviou seu Filho, feito da mulher, feito sob a Lei, a fim de que remisse aqueles que estavam sob a Lei, para que recebêssemos a adoção de filhos. E, porque vós sois filhos, Deus mandou aos vossos corações o Espírito de seu Filho, que clama: "Abba, Pai!"»[15]. É este o fundamento da liberdade cristã, que é a liberdade dos filhos

11 Gl 3, 27-29.

12 Gl 2, 6-10.

13 Gl 1, 11.

14 Gl 3, 26-29.

15 Gl 4, 4-6.

de Deus, pois foi «para gozarmos dessa liberdade que Cristo nos libertou»[16]; deste modo, a vida cristã ocorre em liberdade, assente na filiação divina e na fé em Jesus Cristo, morto e ressuscitado[17]. Os cristãos vivem no Espírito e atuam segundo o Espírito[18], que produz neles os seus frutos[19].

A atitude enérgica de São Paulo, que tão bem se reflete nesta carta e que é semelhante à que assumiu em Antioquia e em Corinto, teve enorme importância para a Igreja nascente. Se o Apóstolo não tivesse mostrado tão grande firmeza perante a tentativa de impor a circuncisão e as outras prescrições da Lei mosaica aos conversos, o cristianismo dificilmente teria sido mais do que uma seita do judaísmo cujos membros acreditavam que Jesus era o Messias; desse modo, teria sido posta em causa a eficácia e a verdade da ação salvífica de Cristo.

---

16 Gl 5, 1.

17 Cf. Gl 5, 24.

18 Gl 5, 25.

19 Cf. Gl 5, 22-23.

CARTA AOS GÁLATAS

APRESENTAÇÃO

Saudação

1 1 Paulo, apóstolo não pelos homens nem por intermé-
dio de um homem, mas por Jesus Cristo e por Deus
Pai, que o ressuscitou dos mortos, 2 assim como todos os
irmãos que estão comigo, às igrejas da Galácia: 3 graça e
paz a vós da parte de Deus, nosso Pai, e do Senhor Jesus
Cristo, 4 o qual se deu a si mesmo por nossos pecados,
para nos livrar da perversidade do mundo presente, se-
gundo a vontade de Deus nosso Pai, 5 ao qual seja dada
glória por todos os séculos dos séculos. Amém.

Admoestações aos gálatas

6 Admiro-me de que, assim tão depressa, passeis da-
quele que vos chamou à graça de Cristo para outro evan-
gelho. 7 Evidentemente que não há outro, mas há alguns
que vos perturbam e querem inverter o Evangelho de Cris-
to. 8 Mas, ainda que nós mesmos ou um anjo do céu vos
anuncie um evangelho diferente daquele que vos temos

anunciado, seja anátema. 9 Como já vo-lo dissemos, agora
de novo o digo: se alguém vos anunciar um evangelho di-
ferente daquele que recebestes, seja anátema. 10 Porventura
é o favor dos homens que eu procuro, ou o de Deus? Por-
ventura é aos homens que pretendo agradar? Se agradasse
ainda aos homens, não seria servo de Cristo.

PRIMEIRA PARTE O EVANGELHO PREGADO POR SÃO PAULO

APOLOGIA DE SEU APOSTOLADO

A vocação de São Paulo

11 Ora, eu declaro-vos, irmãos, que o Evangelho que
tem sido pregado por mim não é segundo o homem,
12 porque não o recebi nem aprendi de homem algum,
mas por uma revelação de Jesus Cristo. 13 Ouvistes dizer
de que modo vivi noutro tempo no judaísmo; com que
excesso perseguia a Igreja de Deus e a devastava. 14 Avan-
çava no judaísmo mais do que muitos meus coetâneos
da minha nação, sendo em extremo zeloso das minhas
tradições paternas. 15 Mas, quando aprouve àquele que
me segregou desde o ventre de minha mãe e me chamou

pela sua graça 16 revelar seu Filho em mim, para que eu
o pregasse entre as gentes, imediatamente, sem consul-
tar pessoa alguma 17 e sem ir a Jerusalém aos que eram
apóstolos antes de mim, parti para a Arábia e voltei a
Damasco.

18 Dali, no fim de três anos, fui a Jerusalém para co-
nhecer Cefas e estive com ele quinze dias; 19 dos outros
apóstolos não vi nenhum, senão Tiago, irmão do Senhor.
20 No que vos escrevo, digo diante de Deus que não
minto. 21 Depois fui para os países da Síria e da Cilícia.
22 As igrejas da Judeia que criam em Cristo nem mesmo
de vista me conheciam, 23 mas somente tinham ouvido
dizer: «Aquele que outrora nos perseguia agora prega a
fé que noutro tempo impugnava», 24 e por minha causa
davam glória a Deus.

Viagem a Jerusalém

2 1 Catorze anos depois, subi novamente a Jerusalém
com Barnabé, tomando também comigo a Tito.
2 Subi em consequência de uma revelação; expus-lhes o
Evangelho que prego entre os gentios e, particularmente,
àqueles que eram de maior consideração, a fim de não
correr ou de não ter corrido inutilmente. 3 Ora, nem
mesmo Tito, que estava comigo, sendo grego, foi obriga-
do a circuncidar-se, 4 e isso por causa dos falsos irmãos,
que se intrometeram a espiar a liberdade que temos em
Jesus Cristo para nos reduzirem à escravidão, 5 aos quais

nem um só instante cedemos, para que permaneça entre
vós a verdade do Evangelho.
6 Quanto, porém, àqueles que tinham grande autori-
dade (quais tenham sido noutro tempo não me importa,
pois Deus não faz acepção de pessoas), esses, digo, que
tinham grande autoridade nada me impuseram. 7 Antes,
tendo visto que me tinha sido confiado o Evangelho para
os não circuncidados, como a Pedro para os circuncida-
dos 8 (porque quem fez de Pedro o apóstolo dos circun-
cidados também fez de mim o apóstolo dos gentios), 9 e
tendo reconhecido a graça que me foi dada, Tiago, Cefas
e João, que eram considerados como colunas, deram as
mãos a mim e a Barnabé em sinal de comunhão para
que fôssemos aos gentios, e ele aos circuncidados, 10 re-
comendando somente que nos lembrássemos dos pobres,
o que eu fui solícito em cumprir.

O incidente em Antioquia

11 Mas, tendo vindo Cefas a Antioquia, eu lhe resis-
ti ante sua face, porque merecia repreensão; 12 pois, antes
que chegassem alguns de Tiago, ele comia com os gentios,
mas, depois que chegaram, retirava-se e separava-se, com
receio dos que eram circuncidados. 13 Os outros judeus
imitaram-no na sua dissimulação, de sorte que até Bar-
nabé foi induzido por eles àquela simulação. 14 Porém eu,
tendo visto que eles não andavam direitamente segundo a
verdade do Evangelho, disse a Cefas diante de todos: «Se
tu, sendo judeu, vives como gentio e não como judeu, por

que obrigas os gentios a judaizar-se?» 15 Nós somos judeus
por nascimento, e não pecadores dentre os gentios. 16 Mas,
como sabemos que o homem não se justifica pelas obras
da Lei, senão pela fé em Jesus Cristo, por isso também
nós cremos em Cristo Jesus para sermos justificados pela
fé em Cristo, e não pelas obras da Lei; porquanto *nenhum
homem será justificado* pelas obras da *Lei*.

17 Mas se nós, procurando ser justificados em Cris-
to, somos também encontrados na classe dos pecadores,
é porventura Cristo ministro do pecado? Certo que não!
18 Em realidade, se eu torno a edificar o que destruí, faço-me
prevaricador, 19 porque pela Lei estou morto para a Lei, a
fim de viver para Deus. Estou pregado com Cristo na cruz;
20 vivo, mas já não sou eu que vivo, é Cristo que vive em
mim. A vida com que vivo agora na carne, vivo-a na fé do
Filho de Deus, que me amou e se entregou por mim. 21 Eu
não menosprezo a graça de Deus. Com efeito, se a justiça se
obtém pela Lei, segue-se que Cristo morreu em vão.

II. EXPOSIÇÃO DOUTRINAL

A justificação pela fé

3 1 Ó gálatas insensatos, quem vos fascinou a vós, ante
cujos olhos foi já representado Jesus Cristo crucificado?
2 Só quero saber isto de vós: recebestes o Espírito pelas
obras da Lei ou pela submissão à fé? 3 Sois tão insensatos

que, tendo começado pelo Espírito, acabeis agora pela car-
ne? 4 Tendes sofrido tanto em vão? Se é que todavia foi em
vão! 5 Aquele, pois, que vos dá o seu Espírito e que opera
milagres entre vós fá-lo, porventura, pelas obras da Lei ou
pela submissão à fé?

6 Foi o caso de Abraão: *Creu em Deus, e isso lhe foi tido
em conta por justiça.* 7 Reconhecei, pois, que os que são da
fé, esses são filhos de Abraão. 8 Mas a Escritura, antevendo
que Deus justificaria os gentios pela fé, deu antecipada-
mente a Abraão a boa-nova: *Em ti serão benditas todas as
gentes.* 9 Aqueles, pois, que são da fé serão benditos com o
fiel Abraão, 10 porque todos os que são pelas obras da Lei
estão debaixo da maldição, pois está escrito: *Maldito todo
aquele que não observar todas as coisas que estão escritas no
livro da Lei.* 11 Ora, é manifesto que pela Lei ninguém é
justificado diante de Deus, porque, evidentemente, o justo
viverá da fé. 12 Porém, a Lei não procede da fé, mas *quem
observar estes preceitos terá neles a vida.* 13 Cristo remiu-nos
da maldição da Lei fazendo-se maldição por nós, porque
está escrito: *Maldito todo aquele que está pendurado no le-
nho*; 14 isto para que a bênção de Abraão fosse comunicada
aos gentios em Jesus Cristo, a fim de que recebêssemos por
meio da fé a promessa do Espírito.

A Lei e a promessa

15 Irmãos, falo como homem: um testamento, embora
seja de um homem, estando confirmado, ninguém o anu-
la nem lhe acrescenta coisa alguma. 16 Ora, as promessas

foram feitas a Abraão e à sua descendência. Não diz: «Aos seus descendentes», como se se tratasse de muitos, mas diz como de um só: «À tua descendência», a qual é Cristo.
17 Ora, eis o que eu quero dizer: o testamento, confirmado por Deus, não foi anulado pela Lei, feita quatrocentos e
trinta anos depois, de modo a tornar vã a promessa. 18 Em
verdade, se pela Lei é que vem a herança, já não vem pela promessa. Ora, foi pela promessa que Deus concedeu o seu favor a Abraão.

19 Para que é, então, a Lei? Foi acrescentada por causa das transgressões, até que viesse a descendência a quem tinha sido feita a promessa, e foi promulgada pelos anjos
através de um mediador. 20 Ora, um mediador não o é de
um só, e Deus é só um. 21 Logo, a Lei é contra as promes-
sas de Deus? De nenhuma sorte! Porque, se fosse dada uma Lei que pudesse vivificar, a justiça viria realmente da
Lei. 22 Mas a Escritura encerrou tudo debaixo do pecado,
para que a promessa fosse dada aos crentes mediante a fé em Jesus Cristo.

23 Mas, antes que a fé viesse, estávamos encerrados sob a guarda da Lei, na expectação daquela fé que havia
de ser revelada. 24 A Lei, pois, foi o nosso pedagogo, para
nos conduzir a Cristo, a fim de sermos justificados pela
fé. 25 Mas, depois que veio a fé, já não estamos sujeitos
ao pedagogo.

26 Com efeito, todos vós sois filhos de Deus pela fé
em Cristo Jesus, 27 pois todos os que fostes batizados
em Cristo revestistes-vos de Cristo. 28 Não há judeu
nem grego, não há servo nem livre, não há homem nem

mulher: todos vós sois um só em Cristo Jesus. 29 Se sois
de Cristo, sois a descendência de Abraão, os herdeiros
segundo a promessa.

A filiação divina

4 1 Insisto: enquanto o herdeiro é menino, em nada
difere de um servo, ainda que seja senhor de tudo,
2 mas está debaixo dos tutores e curadores até o tempo
determinado pelo pai; 3 assim também nós, quando éra-
mos meninos, éramos servos dos elementos do mundo.
4 Mas, quando chegou a plenitude do tempo, Deus en-
viou seu Filho, feito da mulher, feito sob a Lei, 5 a fim
de que remisse aqueles que estavam sob a Lei, para que
recebêssemos a adoção de filhos. 6 E, porque vós sois fi-
lhos, Deus mandou aos vossos corações o Espírito de seu
Filho, que clama: «Abba, Pai!» 7 Portanto, já não és servo,
mas filho; e, se és filho, também és herdeiro de Deus.

8 Outrora realmente, não conhecendo a Deus, servíeis
aqueles que por natureza não são deuses. 9 Porém agora,
tendo vós conhecido a Deus, ou, antes, sendo conheci-
dos dele, como voltais novamente aos rudimentos fracos
e pobres, aos quais quereis de novo servir? 10 Observais os
dias, os meses, as estações e os anos! 11 Temo ter trabalha-
do inutilmente entre vós.

Advertências paternais de São Paulo

12 Sede como eu, porque também eu sou como vós;
eu vo-lo rogo, irmãos. Vós em nada me ofendestes;
13 sabeis que da primeira vez vos preguei o Evangelho
estando muito doente. 14 E este corpo, que era uma
prova para vós, não o desprezastes nem rejeitastes; an-
tes, me recebestes como um anjo de Deus, como Cristo
Jesus.

15 Onde está, pois, aquela vossa felicidade? Porque
posso testemunhar que, se fora possível, vós teríeis arran-
cado os olhos para mos dar. 16 Tornei-me eu, logo, vosso
inimigo porque vos disse a verdade? 17 Esses mostram-
-se cheios de afeto por vós, mas não retamente; antes,
querem-vos separar de nós para serem objeto do vosso
afeto. 18 É bom ser objeto de afeição, mas sempre, e não
só quando estou presente entre vós, 19 filhinhos meus,
por quem eu sinto de novo as dores do parto até que
Cristo se forme em vós. 20 Bem quisera eu estar agora
convosco para alterar minha voz, porque estou perplexo
a vosso respeito.

Alegoria dos dois Testamentos: Agar e Sara

21 Dizei-me: vós, que quereis estar debaixo da Lei, não
entendeis a Lei ? 22 Com efeito, está escrito que Abraão

teve dois filhos: um da escrava e outro da mulher livre.
23 Mas o da escrava nasceu segundo a carne; o da livre,
em virtude da promessa. 24 Tais coisas foram ditas por
alegoria, porque essas duas mulheres são as duas alianças.
Uma, a do monte Sinai, que gera para a escravidão, é
Agar. 25 Ora, essa Agar é o Sinai na Arábia, o qual corres-
ponde à Jerusalém atual, que é escrava com seus filhos.
26 Mas aquela Jerusalém que é de cima é livre e é nossa
mãe; 27 pois está escrito:

Alegra-te, ó estéril, que não dás à luz;
exulta e clama de alegria, tu que não estás de parto,
porque são muitos mais os filhos da abandonada,
que os daquela que tem marido.

28 E vós, irmãos, sois filhos da promessa como Isaac.
29 Mas, assim como então aquele que tinha nascido se-
gundo a carne perseguia o nascido segundo o espírito,
assim também agora. 30 Mas que diz a Escritura? *Lança*
fora a escrava e o seu filho, porque o filho da escrava não
será herdeiro com o filho da livre. 31 Por isso, irmãos, não
somos filhos da escrava, mas da livre.

SEGUNDA PARTE
LIBERDADE E CARIDADE CRISTÃS

III. EXORTAÇÕES MORAIS

A liberdade cristã

5 1 Foi para gozarmos dessa liberdade que Cristo nos
libertou. Permanecei firmes e não vos deixeis pren-
der de novo ao jugo da escravidão. 2 Eis que eu, Paulo,
vos digo que, se vos fazeis circuncidar, isso não vos apro-
veitará nada. 3 Declaro de novo a todo homem que se
circuncida que está obrigado a guardar toda a Lei. 4 Não
tendes nada de comum com Cristo, vós que procurais a
justificação na Lei; decaístes da graça. 5 Quanto a nós, é
do Espírito pela fé que aguardamos a esperança da jus-
tiça. 6 Porque, em Jesus Cristo, nem a circuncisão vale
coisa alguma nem a incircuncisão, mas sim a fé que obra
pela caridade.

7 Vós corríeis bem; quem vos impediu de obedecer à
verdade? 8 Essa persuasão não vem daquele que vos cha-
ma. 9 Um pouco de fermento altera toda a massa. 10 Eu
confio em vós no Senhor que não tereis outros sentimen-
tos; mas aquele que vos perturba, quem quer que ele seja,
sofrerá a condenação. 11 Quanto a mim, irmãos, se ainda
prego a circuncisão, por que sou ainda perseguido? Logo,

cessou o escândalo da cruz. [12] Oxalá fossem mesmo mu-
tilados os que vos perturbam!

Os frutos do Espírito e as obras da carne

[13] Vós, irmãos, fostes chamados à liberdade; convém
somente que não façais dessa liberdade um pretexto para
viver segundo a carne, mas servi-vos uns aos outros pela
caridade, [14] porque toda a Lei se encerra nesta palavra:
Amarás o teu próximo como a ti mesmo. [15] Se vós, porém,
vos mordeis e vos devorais uns aos outros, vede que não
vos consumais uns aos outros.

[16] Digo-vos, pois: andai segundo o Espírito e não sa-
tisfareis os desejos da carne. [17] Efetivamente, a carne tem
desejos contrários ao espírito, e o espírito desejos contrá-
rios à carne: essas coisas são contrárias entre si, de modo
que não podeis fazer tudo aquilo que quereis.

[18] Se, porém, sois guiados pelo Espírito, não estais de-
baixo da Lei. [19] Ora, as obras da carne são manifestas: são
a fornicação, a impureza, a luxúria, [20] a idolatria, os ma-
lefícios, as inimizades, as contendas, as invejas, as iras, as
rixas, as discórdias, as seitas, [21] os ciúmes, a embriaguez,
as glutonerias e outras coisas semelhantes, sobre as quais
vos previno, como já vos disse, que os que as praticam
não possuirão o Reino de Deus. [22] Ao contrário, o fruto
do Espírito é a caridade, o gozo, a paz, a longanimidade,
a afabilidade, a bondade, a fidelidade, [23] a mansidão, a
temperança. Contra essas coisas não há Lei.

[24] Os que são de Cristo crucificaram a sua carne com
suas paixões e concupiscências. [25] Se vivemos pelo Espí-
rito, conduzamo-nos também pelo Espírito. [26] Não nos
façamos ávidos da vanglória, provocando-nos uns aos
outros e tendo inveja uns dos outros.

Caridade fraterna

6 [1] Irmãos, se algum homem for surpreendido em al-
gum delito, vós, que sois espirituais, admoestai-o
com espírito de mansidão. Toma cuidado contigo; podes
também ser tentado. [2] Levai os fardos uns dos outros:
dessa maneira, cumprireis a lei de Cristo. [3] Se alguém
julga ser alguma coisa não sendo nada, a si mesmo se en-
gana. [4] Cada um examine a sua obra, e então terá glória
somente em si mesmo, e não em outro. [5] Com efeito,
cada um levará o seu próprio fardo.

[6] Aquele que é catequizado na palavra reparta de
todos os bens com aquele que o catequiza. [7] Não vos
enganeis: de Deus não se zomba. [8] Aquilo que o homem
semear, isso colherá. Aquele que semeia na sua carne, da
carne colherá corrupção; mas quem semeia no Espírito
colherá do Espírito a vida eterna. [9] Não nos cansemos,
pois, de fazer o bem, porque a seu tempo colheremos,
se não desfalecermos. [10] Logo, enquanto temos tempo,
façamos bem a todos, mas principalmente aos irmãos
na fé.

IV. CONCLUSÃO

11 Vede com que grandes letras vos escrevo por meu
próprio punho. 12 Os que querem gloriar-se segundo a
carne, esses obrigam-vos à circuncisão só para não sofre-
rem perseguição pela cruz de Cristo. 13 Esses mesmos que
se circuncidam não guardam a Lei, mas querem que vos
circuncideis para se gloriarem na vossa carne. 14 Longe de
mim o gloriar-me senão da cruz de Nosso Senhor Jesus
Cristo, por quem o mundo está crucificado para mim, e
eu, crucificado para o mundo.

15 De fato, nem a circuncisão nem a incircuncisão va-
lem nada, mas o ser uma nova criatura. 16 A todos os que
seguirem essa regra, paz e misericórdia, assim como ao
Israel de Deus.

17 Para o futuro ninguém me inquiete, porque eu tra-
go no meu corpo as marcas de Jesus.

18 Irmãos, que a graça de Nosso Senhor Jesus Cristo
seja com o vosso espírito. Amém.

NOTAS À *CARTA AOS GÁLATAS*

***1, 1-10.** A breve introdução compreende a saudação epistolar (vv. 1-5) e o motivo da carta: acautelar os destinatários quanto aos perigos de deformação do Evangelho a que estão expostos (vv. 6-10).

1, 1-5. Paulo recorda com brio a sua autoridade apostólica, recebida diretamente de Cristo, tal como a dos outros Apóstolos (v. 1), e resume em poucas frases a mensagem teológica do seu escrito: a eficácia universal da redenção operada por Cristo através da sua entrega por nós (v. 4). A argumentação da sua autoridade por escolha divina ocupa os capítulos 1 e 2; a doutrina da redenção realizada por Cristo figura no resto da carta. Desta forma, responde logo desde o início aos erros difundidos por alguns cristãos provenientes do judaísmo, que negavam a sua autoridade e consideravam que era necessário manter a circuncisão, para além das outras observâncias da Lei mosaica.

1, 6-10. O «Evangelho de Cristo» (v. 7) que Paulo tinha pregado aos gálatas, como se deduz desta e de outras passagens do seu epistolário, é o cumprimento da promessa anunciada pelos profetas do Antigo Testamento, e consiste na boa-nova segundo a qual, «quando chegou a plenitude do tempo, Deus enviou seu Filho, feito da mulher» (4, 4), Jesus Cristo, o único salvador da humanidade. Este é o núcleo do Evangelho, que não pode ser alterado. Embora ainda não explique em que consiste a deformação do Evangelho pregada por alguns, o autor não deixa de lançar um anátema, ou seja, uma maldição (vv. 8-9), sobre aqueles que ousaram alterá-lo. Estas palavras dão a entender que vai tratar um assunto muito sério; ao mesmo tempo, recordam-nos que não há lugar para qualquer novo cristianismo que esteja por descobrir, pois Cristo é o ápice e a plenitude da Revelação: «A economia cristã, como nova e definitiva aliança, jamais passará, e não se há de esperar nenhuma outra revelação pública antes da gloriosa manifestação de Nosso Senhor Jesus Cristo» (Concílio Vaticano II, *Dei Verbum*, 4).

As palavras do v. 10 serão uma resposta a uma acusação que terá sido feita a Paulo, segundo a qual não exigia a circuncisão para facilitar as conversões ao cristianismo, procurando assim agradar aos homens. A defesa que o Apóstolo faz de si mesmo constitui um apelo à necessidade de vencer os respeitos humanos: «O pregador do Evangelho terá de ser, portanto, alguém que, mesmo à custa da renúncia pessoal e do sofrimento, procura sempre a verdade que há de transmitir aos outros. Jamais poderá trair ou dissimular a verdade, nem com a preocupação de agradar aos homens, de arrebatar ou de chocar, nem por originalidade ou desejo de dar nas vistas. Ele não evita a verdade» (São Paulo VI, *Evangelii nuntiandi*, 78).

***1, 11-4, 31.** O Evangelho que Paulo pregava não exigia que os gentios começassem por se fazer judeus (mediante a circuncisão e a submissão às prescrições da Lei), para depois poderem aceitar o chamamento cristão. Esta posição suscitou a reação de alguns, que não eram capazes de reconhecer a novidade da salvação de Cristo. Em resposta a estes, Paulo apela, por um lado, à sua condição de Apóstolo e à sua comunhão com os outros Apóstolos (1, 11-2, 21), e, por outro lado, mostra, com base na Escritura, que é Cristo, e não a Lei de Moisés, que pode tornar o homem justo (3, 1-4, 31).

***1, 11-2, 21.** Como argumento do caráter sobrenatural da sua missão e da verdade do seu Evangelho, o Apóstolo recorda as principais etapas da sua vida: a vocação (1, 11-24), a viagem a Jerusalém na companhia de Barnabé e de Tito, provavelmente por ocasião da assembleia dos Apóstolos (2, 1-10), e o episódio de Antioquia, no qual censurou a Pedro uma atitude que, por ser ambígua, podia ser mal interpretada (2, 11-21).

1, 11-24. A vocação de Paulo confirma a autenticidade daquilo que ensina. O seu Evangelho – que não se afasta do que é proclamado pelos demais Apóstolos (cf. 2, 2; 1 Cor 15, 3) – não provém de um homem, mas de uma revelação de Jesus Cristo (v. 12). A sua vocação, tal como a de outros enviados por Deus (cf. Jr 1, 5; Is 49, 1-5; Lc 1, 14), é uma demonstração da iniciativa divina e da ausência de méritos pessoais: Quando a vontade de Deus se lhe manifestou no caminho para Damasco (cf. At 9, 3-6), a vida de Paulo mudou radicalmente (vv. 13-17); se este episódio – que encheu de alegria as comunidades cristãs da Judeia (vv. 22-24), fato de que os gálatas eram testemunhas – não tivesse ocorrido, as declarações sobre a sua missão e a sua vocação seriam inúteis.

Paulo informa-nos de que, depois de ter passado algum tempo retirado na Arábia (provavelmente no reino dos nabateus, a sul de Damasco), regressou à capital da Síria (v. 17), após o que seguiu para Jerusalém (vv. 18-20; cf. At 9, 26-30; 22, 18), para conhecer a Cefas; o tempo que passou com Pedro é um sinal visível do seu reconhecimento da missão preeminente de Simão Pedro: «Dirige-se a ele como a pessoa excelsa a importante. E não diz que foi ver a Pedro, mas que foi visitar a Pedro, como fazem os que exploram grandes e esplêndidas cidades» (São João Crisóstomo, *In Galatas*, 1, 1, 18). Foi com este espírito que, ao longo dos séculos, os cristãos expressaram o seu amor a Pedro e aos sucessores de Pedro, indo a Roma em peregrinação, para conhecer a Pedro (cf. v. 18).

Paulo recorda que, após a sua breve estadia em Jerusalém, esteve na Síria e na Cilícia (v. 21), mas não sabemos durante quanto tempo.

É provável que «Tiago, irmão do Senhor» (v. 19) tenha dirigido a comunidade cristã de Jerusalém durante algum tempo; é a ele que se atribui a carta que tem o seu nome (cf. Tg 1, 1). Sobre a expressão «irmão do Senhor», veja-se a nota a Mt 12, 46-50, no volume anterior.

2, 1-10. Alguns cristãos provenientes do judaísmo achavam que os pagãos que se convertiam ao cristianismo tinham de se submeter às prescrições da Lei mosaica, e exigiam que eles se circuncidassem, como todos os judeus. Tendo surgido em Jerusalém uma importante polêmica a este respeito, Paulo, movido por uma revelação divina, parte de Antioquia na companhia de Barnabé e de Tito, e intervém na discussão afirmando de modo inequívoco a força salvadora da redenção de Cristo; e considera que aceitar a posição destes judaizantes equivalia a esvaziar de valor redentor a vida, a morte e a ressurreição de Jesus. As colunas da Igreja reconheceram a correção desta posição de Paulo e viram na missão por ele recebida – anunciar o Evangelho aos gentios – uma nova manifestação da misericórdia divina.

Assim como Pedro tinha sido escolhido para pregar preferencialmente aos judeus, Paulo tinha-o sido para evangelizar os gentios (vv. 7-9). Isto não implicava que um ou outro tivessem um âmbito restrito de intervenção – o primeiro aos judeus e o segundo aos pagãos –, mas que um e outro ficavam encarregados de uma tarefa específica no imediato. Para além disso, Paulo cumprira outro encargo dos Apóstolos: promover coletas em favor dos pobres de Jerusalém (v. 10; cf. 1 Cor 16, 1-3; 2 Cor 8, 1-15; 9, 15), o que constituía um sinal de comunhão com a Igreja primogênita.

2, 11-21. Quando era necessário, o Apóstolo cedia nas questões secundárias (cf. At 16, 3; 21, 22-26; Rm 14, 1-12; 1 Cor 10, 23-30); mas sempre se mostrou firme na defesa da liberdade dos cristãos relativamente à observância das prescrições da Lei mosaica. Foi o que aconteceu em Antioquia, onde a comunidade cristã era constituída por conversos do judaísmo e do paganismo. Ora, Pedro, não participando nas refeições dos cristãos provenientes dos gentios – em obediência às tradições judaicas –, dava a impressão de estar obrigado a cumprir as prescrições da Lei; e Paulo intervém com decisão, porque esta atitude de Pedro – de não tomar as refeições com os gentios por receio dos cristãos oriundos de Jerusalém –, a cabeça visível da Igreja, podia ter consequências graves. Convém ter em consideração que, muito provavelmente, havia uma estreita relação entre estas refeições e a Eucaristia (cf. 1 Cor 11, 17-34); o perigo de introduzir divisões na comunidade era, portanto, real.

«Alguns de Tiago» (v. 12): eram os judeus cristãos provenientes de Jerusalém, comunidade que São Tiago tinha ficado a chefiar quando Pedro teve de fugir (cf. At 12, 17). É compreensível que os fiéis de Jerusalém, que tinham sido educados na religião judaica, respeitassem os costumes dessa religião; contudo, São Paulo nota que era um perigo tornar essas práticas obrigatórias, e por isso proclama a novidade da fé cristã: a adesão a Cristo é a única coisa que nos justifica diante de Deus. Recuperar a necessidade de cumprir as prescrições rituais e disciplinares que fazem parte da Lei mosaica era atribuir valor salvífico a essas ações exteriores; e implicaria que o abandono de tais práticas como consequência da fé em Cristo era pecado (v. 18), significando que Cristo era o ministro ou a causa desse pecado (v. 17), o que é uma conclusão totalmente absurda. Perante tais erros, o Apóstolo salienta as consequências da justificação: ligando-nos a Cristo pela fé, Ele passa a viver em nós, e dessa maneira, com Ele e como Ele, nós vivemos para Deus (vv. 19-20). Comenta Santo Agostinho: «Pela fé, Cristo vai-Se formando no mais fundo do ser do crente, que é chamado à liberdade da graça, que é manso e humilde de coração, e que não se gaba do mérito das sua sobras, porque não têm valor em si mesmas. [...] Cristo forma-Se naquele que assimila a forma de Cristo; assimila a forma de Cristo aquele que se une a Ele com amor espiritual» (*Expositio in Galatas*, 38). Como consequência, o cristão «deve, pois, viver segundo a vida de Cristo, tornando próprios os sentimentos de Cristo, de tal maneira que possa exclamar com São Paulo: *Non vivo ego, vivit vero in me Christus*, não sou eu quem vive; é Cristo que vive em mim. [...] De maneira a podermos dizer que cada cristão é não já *alter Christus*, outro Cristo, *mas ipse Christus*, o próprio Cristo (São Josemaria Escrivá, *É Cristo que passa*, 103-104).

Tão grande realidade é uma consequência do amor de Cristo, que Se entregou voluntariamente à morte por cada um de nós (v. 20). Pensar neste amor servirá de estímulo e consolo aos cristãos: «Só dele poderá cada um de nós dizer com inteira verdade, como São Paulo: "Amou-me e entregou-Se a Si mesmo por mim" (Gl 2, 20). Essa é a raiz da vossa alegria mais profunda, alegria tal que se torna a vossa força e, portanto, o vosso amparo. Se, por desventura, tiverdes de encontrar amarguras, padecer sofrimentos, experimentar incompreensões, ou mesmo cair em pecado, que o vosso pensamento de fé suba de imediato para Aquele que sempre vos ama e que, precisamente com o seu amor ilimitado como o de Deus, nos faz superar todas as provas, nos enche todos os vazios, apaga todo o nosso pecado, e nos impele com entusiasmo para um caminho de novo alegre e seguro» (São João Paulo II, *Discurso de 1º de março de 1980*).

***3, 1-4, 31.** A parte doutrinal da carta aborda o tema da justificação pela fé em Jesus e não pelas obras da Lei mosaica, que foi dada para preparar a lei de Cristo. Esta verdade é o núcleo essencial da obra redentora de Cristo (3, 1-14), no qual se cumprem as promessas feitas por Deus a Abraão (3, 15-29). Consequentemente, o cristão, filho de Deus, livre e não escravo, recebe a herança do seu Pai Deus (4, 1-31).

3, 1-14. Movido pelo seu amor aos gálatas, São Paulo sofre por ver que eles se esqueceram de que a salvação provém apenas de Cristo, e não da Lei. Eles são, aliás, testemunhas de que receberam a justificação sem sequer ouvir falar da Lei, uma vez que tinham recebido o Espírito Santo antes de os judaizantes chegarem à cidade; basta-lhes, portanto, recordar os carismas que se haviam manifestado entre eles pela fé em Cristo (vv. 1-5). Por outro lado, a Escritura demonstra, através da figura de Abraão, que a justificação se alcança pela fé (vv. 6-9); com efeito, Deus prometeu-lhe a bênção para a sua descendência, estabeleceu com ele uma aliança e justificou-o pela fé e não pelas obras da Lei, que ainda não tinha sido promulgada (cf. Rm

4, 1ss). Da mesma maneira, todos os que creem em Deus como Abraão são verdadeiros descendentes seus, e receberão a bênção divina.

Mas têm de ter em conta outro aspecto: longe de trazer a salvação, a Lei é, de certo modo, causa de morte espiritual (de «maldição»), na medida em que qualquer preceito é acompanhado pela pena consequente à infração do mesmo (vv. 10-14; cf. Rm 7, 7-12). Ora, o Senhor libertou-nos da maldição da Lei ao carregar voluntariamente com o castigo que os nossos pecados mereciam (v. 13; cf. Is 53, 4; Mt 8, 17; Rm 3, 21-26; 5, 6-10); pelo que voltarmos a submeter-nos à Lei equivaleria a tornar supérfluo o sacrifício do nosso Redentor.

3, 15-29. O autor volta a referir a promessa feita por Deus a Abraão e à sua descendência como argumento a favor da justificação pela fé: a promessa, que se referia a Cristo (vv. 15-16), é uma espécie de testamento, sendo por isso inalterável (vv. 17-18). Dado que Deus é fiel às suas promessas (cf. Ex 34, 6), e cumpre aquilo que promete, o que Deus prometeu a Abraão não podia ser anulado pela Lei de Moisés, que foi promulgada muito tempo depois (cf. Rm 4, 13-17). Com efeito, o papel da Lei era evidenciar e punir as transgressões antes do advento de Cristo (vv. 19-22); mas a Lei não se opunha à promessa feita a Abraão – pelo contrário, assinalava quais coisas eram pecado, e que este seria redimido. Por isso, a Lei foi dada por Deus como «pedagogo» (o nome que, no tempo de Paulo, se dava aos servos que cuidavam das crianças e as levavam à escola), para guiar os homens para Cristo (vv. 23-25). Com a redenção de Cristo (v. 26), o homem alcança a maioridade e deixa de precisar do pedagogo: pela fé em Cristo, mediante o batismo, torna-se filho de Deus e reveste-se de Cristo (v. 27), «não de qualquer formosura ou de qualquer valor, mas do próprio Jesus Cristo, que é a soma de toda a formosura, de todo o valor e de roda a riqueza» (São João de Ávila, *Lições sobre Gálatas, ad loc.*). A partir desse momento, desaparecem as diferenças entre os crentes (v. 28), pois todos passamos a ser descendentes de Abraão e participantes nas promessas de Deus (v. 29): «Não existe, pois, senão uma raça: a raça dos filhos de Deus. Não existe senão uma cor: a cor dos filhos de Deus. E não existe senão uma língua: essa que, falando ao coração e à cabeça, sem ruído de palavras, nos dá a conhecer Deus e faz com que nos amemos uns aos outros» (São Josemaria Escrivá, *É Cristo que passa*, 106).

4, 1-11. Em continuidade com a ideia de que a Lei é um pedagogo e aqueles que estão sujeitos à Lei são menores de idade (cf. 3, 24-25), São Paulo explica que, com o advento de Cristo, nos foi concedida a maioridade; com efeito, em Cristo, Deus oferece a todos os homens a possibilidade de serem seus filhos, e envia a todos o espírito de seu Filho: «Um homem que crê [...] deixa de pertencer à ascendência do seu pai carnal, e passa a ser da semente do Salvador; que Se fez Filho do homem precisamente para que nós pudéssemos ser filhos de Deus» (São Leão Magno, *Sermo 6 de Nativitate*, 2).

Com a encarnação, que teve lugar na plenitude do tempo (v. 4), a história atingiu o seu momento culminante, ficando definitivamente orientada para Deus: «Falando do nascimento do Filho de Deus, São Paulo situa-o na "plenitude do tempo" (Gl 4, 4). Na verdade, o tempo cumpriu-se pelo próprio fato de Deus Se ter entranhado na história do homem com a Encarnação. A eternidade entrou no tempo: poderia haver "cumprimento" maior que este? Que outro "cumprimento" seria possível?» (São João Paulo II, *Tertio millenio adveniente*, 9).

As palavras «feito da mulher» (v. 4) sublinham que Jesus é verdadeiro homem e evidenciam o papel da Virgem Maria, a nova Eva, na obra da redenção: «"Deus enviou o seu Filho" (Gl 4, 4). Mas, para Lhe preparar um corpo (Hb 10, 5), quis a livre cooperação de uma criatura. Para isso, desde toda a eternidade, Deus escolheu, para ser a Mãe de seu Filho uma filha de Israel, uma jovem judia de Nazaré, na Galileia, "virgem desposada com um homem chamado José, da casa de Davi; e o nome da virgem era Maria" (Lc 1, 27)» (*Catecismo da Igreja Católica*, 488).

Os judeus não utilizavam o vocábulo aramaico «Abba» (v. 6) – a forma de as crianças pequenas tratarem os pais – para se dirigirem a Deus, talvez por respeito pela majestade divina; Jesus, porém, utilizou-o para Se dirigir a Deus Pai, dando assim mostras da especial relação filial que tinha com Ele, e da sua confiança e entrega à vontade do Pai (cf. Mc 14, 36). São Paulo reproduz a tradição, ensinando que é o espírito de Jesus, o Espírito Santo, que permite que nos reconheçamos como filhos de Deus (cf. Rm 8, 16-17); o cristão é, pois, filho no Filho, pelo Espírito Santo: «Se mantivermos uma relação assídua com o Espírito Santo, também nós nos faremos espirituais, nos sentiremos irmãos de Cristo e filhos de Deus, e saberemos invocá-lo sem hesitação, como Pai que é de cada um de nós» (São Josemaria Escrivá, *É Cristo que passa*, 136).

Não é evidente o que pretende o Apóstolo mencionar com os «elementos do mundo» (v. 3; cf. v. 9); talvez se trate de uma referência pejorativa às práticas da Lei judaica (cf. vv. 9-10). Seja como for, a expressão permite-lhe fazer ver aos gálatas que seria lamentável que, depois de se converterem à fé, se submetessem a essas observâncias passageiras; na prática, seria o mesmo que regressarem à gentilidade.

4, 12-20. O Apóstolo altera o tom do discurso ao recordar afetuosamente o momento em que os gálatas se converteram a Cristo, recebendo Paulo com franca alegria da primeira vez que esteve entre eles (provavelmente na viagem que é narrada em At 16, 6): embora estivesse doente – não sabemos de quê –, acolheram-no «como um anjo de Deus, como Cristo Jesus» (v. 14). Ora, a única coisa que o Apóstolo pretende é atraí-los novamente a Cristo: «Aquele que, noutra passagem, tinha falado como um pai (cf. 1 Cor 4, 18) [...] já não fala como um pai, mas como uma mãe em Cristo, para que reconheçam a angústia de um e outro e a ternura que o pai tem por eles» (São Jerônimo, *Commentarii in Galatas*, 2, 4, 19). Por sua vez, São João Crisóstomo comenta: «Parece uma mãe que receia pelos filhos. "Até que Cristo se forme em vós": observa a sua ternura paternal; observa sua tristeza, digna de um Apóstolo; observa que lamento irrompe, muito mais sofrido que o de uma mulher que dá à luz» (*In Galatas*, 4, 3, 4).

4, 21-31. A figura de Abraão volta a servir para explicar a liberdade conquistada por Cristo. Sara, a mulher de Abraão, era estéril, razão pela qual o patriarca, seguindo os costumes do seu tempo, teve um filho da escrava Agar: Ismael (cf. Gn 16; 17; 21). No entanto, Deus prometeu a Abraão que teria um filho de Sara, e cumpriu a sua promessa: quando já eram ambos velhos, Sara deu à luz Isaac (Gn 15, 4; 17, 19). São Paulo detecta um sentido alegórico nas duas mulheres: a escrava representa o povo judeu, submetido à Lei; e a mulher livre prefigura a Igreja (cf. Ap 21, 2.10), que é fruto da promessa divina. Deste modo, os cristãos assemelham-se a Isaac, porque existem em virtude da promessa, e não pela Lei.

Dado que a Jerusalém atual fica situada no monte Sião, Paulo detecta um paralelismo simbólico entre este e o monte Sinai, onde foi ratificada a antiga aliança (vv. 24-25), pois o Sinai ficava situado na Arábia, que era habitada pelos descendentes de Ismael, o filho de Abraão e de Agar.

O v. 29 glosa a cena de Gn 21, 29, recordando a tradição rabínica (cf. *Talmude*, tratado *Sota*, 6, 6) segundo a qual, quando brincavam juntos, Ismael maltratava Isaac. Também agora os nascidos segundo a carne (os judeus) maltratam os nascidos segundo o espírito (os crentes); nesta perseguição, Paulo vê mais um sinal do cumprimento das promessas antigas.

***5, 1-6, 18.** São Paulo expõe as consequências existenciais, para os cristãos, da salvação operada por Cristo. Só com base na liberdade podemos agir com caridade; por sua vez, a caridade orienta e desenvolve autenticamente a liberdade (5, 1-6, 10). E conclui a carta com um testemunho sobre a forma como ele próprio vive essa liberdade (6, 11-18).

***5, 1-6, 10.** A lei de Cristo é uma lei de liberdade, em contraste com a Lei da circuncisão (5, 1-12). As obras da nova lei, que são obras do Espírito, opõem-se às obras produzidas pela carne e pelo pecado (5, 13--26). O preceito fundamental da lei de Cristo é a caridade (6, 1-10).

5, 1-12. A liberdade do cristão é fruto da obra redentora de Cristo; a partir dela, movido pelo Espírito de Jesus, o crente tem ânsias de justiça, isto é, de santidade. Pouco importa a sua origem, judaísmo ou gentilidade, circuncisão ou incircuncisão; o que conta é a fé que atua pela caridade (v. 6), uma fé que move ao amor a Cristo e, com ele, ao amor a todos os homens.

A fé a que Paulo se refere nessa passagem é a virtude sobrenatural, a que se pode chamar fé viva: uma fé que se traduz numa convicção profunda, que move a vontade ao amor. Na tradição cristã, chama-se *fé morta* à caricatura da fé, ou seja, à fé que não é capaz de se traduzir em obras, uma vez que «a fé, se não lhe forem acrescentadas a esperança e a caridade, nem nos une perfeitamente a Cristo, nem nos torna membros vivos do seu corpo. É por essa razão que se diz com verdade que, sem as obras, a fé "está completamente morta" (Tg 2, 17) e é ociosa; e que "em Cristo, nem a circuncisão vale alguma coisa, nem a incircuncisão, mas sim a fé que atua pelo amor" (Gl 5, 6; cf. 6, 15)» (Concílio de Trento, *De iustificatione*, cap. 7).

Por sua vez, a caridade reflete a fé (cf. Jo, 13, 35): «quando se pergunta se algum homem é bom, não se averigua em que crê ou o que espera, mas o que ama. Porque quem ama retamente também crê e espera retamente; mas o que não ama crê em vão, mesmo que seja verdade aquilo em que crê [...]. Portanto, esta é a fé de Cristo, que o Apóstolo encarece: a que "atua pelo amor"» (Santo Agostinho, *Enchiridium*, 117).

Nos vv. 7-12, Paulo volta a referir-se ao período da conversão dos gálatas, advertindo-os novamente a propósito dos que tinham ido perturbá-los. Apesar de tudo, tem esperança de que os cristãos da Galácia regressem à verdade que lhes pregou (v. 10). Do v. 11 parece deduzir-se que alguns opositores a Paulo o tinham criticado por continuar a pregar a circuncisão; é possível que se apoiassem no caso de Timóteo, que Paulo tinha circuncidado como medida prudencial (cf. At 16, 1-3). Mas Paulo nega que tivesse pregado a necessidade da circuncisão; se tal fosse verdade, não continuariam a persegui-lo, nem a cruz continuaria a ser um escândalo. O v. 12 talvez seja uma referência irônica: se são tão defensores da circuncisão, que não se limitem a circuncidar-se, mas deem mais um passo e – na interpretação de São Tomás de Aquino – castrem-se (cf. *Super Galatas*, *ad loc.*). O autor poderá estar a referir-se à castração ritual do culto de Ártemis (Cibele), divindade muito popular na Ásia Menor (cf. At 19, 23-38); este ato implicava a exclusão da comunidade (cf. Dt 23, 2).

5, 13-26. Para Paulo, a liberdade cristã não é o mesmo que libertinagem: a lei de Cristo confirma e aprofunda o decálogo (vv. 13-15). Com efeito, Cristo conferiu aos dez mandamentos um novo vigor, mostrando que a chave e o resumo de todos eles é o amor: o amor a Deus, que pressupõe o amor ao próximo. «Pode também perguntar-se por que é que, nesta passagem, o Apóstolo só fala do amor ao próximo, com o qual afirma que se cumpre a lei [...], quando na realidade a caridade só é perfeita se se viverem os dois preceitos, o do amor a Deus e o do amor ao próximo [...]. Mas quem poderá amar o próximo, isto é, todo o homem, se não amar a Deus, uma vez que só com o seu preceito e o seu dom pode cumprir o amor ao próximo? Daí que, como estes preceitos não podem ser guardados um sem o outro, baste nomear um deles» (Santo Agostinho, *Expositio in Galatas*, 45). Veja-se também a nota a Rm 13, 8-10.

A liberdade significa que o homem tem a capacidade de se orientar para Deus, que é o seu verdadeiro fim último (vv. 16-26); com efeito, a pessoa é livre quando é conduzida pelo Espírito de Deus, que dá força ao espírito humano para vencer as inclinações da carne, denunciadas pela Lei (vv. 19-21), e para produzir os frutos que estão acima dela (vv. 22-23). Daí que, quando não vive em conformidade com o Espírito, a pessoa se deixe levar pelos apetites da carne: «Diz-se que uma pessoa vive segundo a carne quando vive para si mesma; nesse caso, entende-se por "carne" todo o homem, já que tudo o que provém do amor desordenado a si mesmo se chama obra da carne» (Santo Agostinho, *De civitate Dei*, 14, 2). Por isso, estão incluídas nas obras da carne, não só os pecados de impureza (v. 19) e as faltas de temperança (v. 21), mas também os pecados contra a religião e a caridade (v. 20). Pelo contrário, quando uma pessoa deixa agir o Espírito Santo, a sua vida transforma-se numa vida «no Espírito» (v. 25), numa vida sobrenatural, que já não é simplesmente humana, mas divina; a alma converte-se então em árvore boa, que se dá a conhecer pelos seus frutos. Na tradição cristã, essas ações que revelam a presença do Paráclito e suscitam deleite espiritual no homem, quais primícias da vida eterna, são chamadas frutos do Espírito Santo (cf. São Tomás de Aquino, *Summa theologiae*, 1-2, 7, 1): «Os frutos enumerados pelo Apóstolo são aqueles que o Espírito Santo suscita e comunica aos homens justos, ainda durante esta vida, e que estão cheios de doçura e gozo, pois são próprios do Espírito Santo, que, "na Trindade, é o amor do Pai e do Filho, e enche de doçura infinita todas as criaturas" (Santo Agostinho, *De Trinitate*, 5, 9)» (Leão XIII, *Divinum illud munus*, 12). Tradicionalmente, com base nos vv. 22 e 23 segundo a *Vulgata* (que acrescenta a paciência, a fidelidade e a modéstia), a tradição cristã refere doze frutos do Espírito Santo.

6, 1-10. Em continuidade com o que ficou dito em 5, 14, o Apóstolo volta a insistir em que a lei de Cristo é o amor: é essa a doutrina de Jesus. «Jesus faz da caridade o mandamento novo (cf. Jo 13, 34). Amando os seus "até o extremo" (Jo 13, 1), manifesta o amor do Pai, que Ele próprio recebe. E os discípulos, amando-se uns aos outros, imitam o amor de Jesus, amor que também recebem em si» (*Catecismo da Igreja Católica*, 1823).

São Paulo ensina que a correção fraterna é uma expressão do amor entre irmãos, que deve ser feita com mansidão e humildade, procurando apenas o bem do outro, e com a consciência da própria debilidade. «Só havemos de ter o cuidado de repreender o pecado alheio quando, depois de examinarmos a nossa consciência com perguntas interiores, respondermos diante de Deus, sem titubear, que o fazemos por amor» (Santo Agostinho, *Expositio in Galatas,* 57). O Apóstolo também exorta os seus leitores a levarem as cargas dos outros, como expressão de caridade, embora sem descurar as próprias (v. 2): «A caridade – que é como um generoso exorbitar-se da justiça pelo que é justo, continua-se pelo que é mais equitativo... Mas, para amar, requer-se muita finura, muita delicadeza, muito respeito, muita afabilidade; numa palavra, é preciso seguir o conselho do Apóstolo: *Levai uns as cargas dos outros, e assim cumprireis a lei de Cristo.* Então, sim, já se vive plenamente a caridade, já se realiza o preceito de Jesus» (São Josemaria Escrivá, *Amigos de Deus,* 173).

A observância das prescrições legais levava alguns judeus a considerarem-se melhores que as outras pessoas (vv. 3-5; cf. Lc 18, 9-14). Ora, este orgulho procede do desconhecimento próprio, pelo que o Apóstolo exorta os fiéis a examinarem a sua consciência na presença de Deus, que tudo vê.

Os vv. 7-10 pressupõem a verdade de que o tempo de merecer termina com a morte; por isso, o Apóstolo insiste na necessidade de nos esforçarmos por ter um comportamento justo, porque «aquilo que o homem semear, isso colherá» (v. 8); a imagem da sementeira aplicada à vida espiritual é recorrente na Bíblia, e rica de conteúdo (cf. Sl 107, 37; Pr 6, 19; Mt 13, 1ss; Jo 4, 37; 1 Cor 9, 11 etc.). Comenta São João de Ávila, a propósito desta passagem: «Tinha dito que fazer bem é semear; ora, semear, no presente, apenas causa perda: o homem desfaz-se dos bens que possui em troca dos que espera. Aludindo à mesma metáfora, recomenda que não desfaleçamos, que não desistamos de fazer o bem, que esperemos em Deus» (*Lições sobre Gálatas, ad loc.*).

***6, 11-18.** A carta termina com umas palavras do punho e letra de São Paulo, acrescentadas, como acontece noutros casos, às do secretário a quem a tinha ditado (cf. 1 Cor 16, 21; Cl 4, 18; 2 Ts 3, 17; Flm 19). Antes de se despedir, o Apóstolo recapitula com brevidade a doutrina exposta, desmascarando as intenções dos que tinham ido inquietar os gálatas.

São Paulo estava consciente de que a pregação de Cristo crucificado constituía um escândalo para os judeus e uma loucura para os pagãos (cf. 1 Cor 1, 23); acontece que o mistério da cruz era a essência da pregação apostólica (cf. At 2, 22-24; 3, 13-15 etc.), já que nele reside a possibilidade de vida e de salvação eterna. Os judaizantes gabavam-se de levar a circuncisão – que era o sinal da antiga aliança – na carne; ora,

Paulo mostra que há um único sinal que é motivo de glória: a cruz de Nosso Senhor Jesus Cristo, com a qual Ele selou a nova aliança e realizou a redenção. Esse é o sinal do cristão. Deste modo, longe de ser uma loucura, a cruz de Cristo é força e sabedoria de Deus.

Em continuidade com as palavras de São Paulo, a tradição cristã deixou escritas em honra da cruz páginas de grande piedade. Assim, por exemplo, numa homilia pascal do século II d.C., de autor desconhecido, fica dito: «Quando o temor de Deus toma conta de mim, a cruz é a minha proteção; quando tropeço, é o meu auxílio e o meu apoio; quando combato, é o prêmio; quando venço, é a coroa. A cruz é para mim um caminho estreito: é a escada de Jacó, por onde os anjos sobem e descem, e no alto da qual Se encontra o Senhor.» Santo Anselmo, por seu turno, comenta: «Ó cruz, que foste escolhida e preparada para bens tão inefáveis! És louvada e exaltada, não tanto pela inteligência e a língua dos homens, nem sequer pelos anjos, mas pelas obras de graça que em ti se realizaram. Ó cruz, na qual e pela qual me vieram a salvação e a vida, na qual e pela qual me chegam todos os bens! Deus não queira que eu me glorie a não ser em ti!» (*Meditationes et orationes*, 4). Finalmente, Santa Edith Stein observa: «A alma foi criada para a união com Deus mediante a cruz, redimida na cruz, consumada e santificada na cruz, para ficar marcada com o selo da cruz para toda a eternidade» (*Ciência da Cruz*, 337).

A expressão «nova criatura» (v. 15) indica a transcendência da graça divina sobre toda a ação humana: se as coisas existem porque foram criadas, o homem vive na ordem sobrenatural porque foi recriado: «Fomos criados e recebemos o ser natural por meio de Adão; mas aquela criatura já tinha envelhecido, já se tinha corrompido, e por isso o Senhor, ao fazer-nos e ao constituir-nos no estado de graça, realizou uma espécie de nova criatura. [...] Assim pois, por meio da nova criatura, isto é, pela fé em Cristo e pelo amor de Deus, que foi derramado nos nossos corações, somos renovados e unimo-nos a Cristo» (São Tomás de Aquino, *Super Galatas, ad loc.*).

As «marcas» referidas no v. 17 evocam aquelas que se faziam nos escravos para assinalar a sua pertença a uma família. São Paulo poderá estará a aludir a este costume para se declarar servo do Senhor, marcado com as cicatrizes e os sofrimentos da proclamação do Evangelho, que de qualquer maneira são mais gloriosas que as da circuncisão.

CARTAS

Carta aos Efésios

INTRODUÇÃO

Às grandes cartas paulinas (as endereçadas aos romanos, aos coríntios e aos gálatas) seguem-se, no cânone do Novo Testamento, as chamadas cartas do cativeiro, uma vez que contêm referências ao fato de terem sido escritas na prisão. A primeira destas é a *Carta aos Efésios*, que figura à cabeça das restantes pela sua maior extensão e importância doutrinal. Esta missiva contém uma síntese acabada do pensamento que figura em todo o *corpus* paulino.

É possível que se tratasse de uma missiva circular dirigida às igrejas da zona da Frígia, onde ficavam situadas Éfeso e outras cidades, como Laodiceia e Colossos, dado que a expressão «em Éfeso» não se encontra em alguns dos códices mais antigos e que a carta não exibe as referências pessoais e as habituais saudações no final.

I. ESTRUTURA E CONTEÚDO

A *Carta aos Efésios* começa, como todas as cartas de São Paulo, com uma saudação de bênção, na qual lê-se o nome do remetente e dos destinatários.

No corpo do escrito, é possível distinguir seis seções: a primeira, que serve de introdução, tem um tom solene e está centrada no elemento mais importante: o mistério salvífico de Deus, realizado na Igreja, cuja cabeça é Cristo (1, 3-23); as cinco restantes são uma espécie de círculos concêntricos em torno da missão de São Paulo, que consiste em pregar o desígnio divino de unir todos os homens num só povo (quarta seção).

Na segunda seção (2, 1-10), trata da incorporação a Cristo dos gentios, os quais Deus, rico em misericórdia, chamou a uma vida nova. Na terceira seção (2, 11-22), fica dito que Cristo uniu os gentios e os judeus num só povo, razão pela qual os cristãos provenientes da gentilidade também são «concidadãos» dos santos e «membros da família de Deus».

Depois de tratar estas matérias, a exposição culmina na quarta seção (3, 1-21), em que é apresentada a missão do Apóstolo, que consiste precisamente em proclamar aos gentios que eles também são chamados a ser membros do corpo de Cristo; por isso, ora intensamente a Deus para que os fortaleça, de modo a que Cristo habite, pela fé, nos seus corações.

Na sequência da terceira seção, na quinta (4, 1-16), volta-se a falar da unidade da Igreja e da responsabilidade de a salvaguardar, que incumbe a todos os que foram configurados com Cristo e nela incorporados. A sexta e última seção (4, 17-6, 20) trata da vida nova dos fiéis em Cristo e na Igreja, a qual exige um empenho decidido por praticar as virtudes que tornam possível e grato o convívio entre os membros do corpo de Cristo. A santidade cristã também tem um reflexo imediato no âmbito doméstico; por isso, o texto dedica amplo espaço a expor a nova situação em que se encontram os cônjuges, os pais e os filhos, os senhores e os servos.

O escrito termina com referências ao portador da carta e uma saudação (6, 21-24).

II. RAZÃO DE SER DA CARTA

Já se referiu que é provável que a missiva enviada aos efésios fosse uma carta circular dirigida às igrejas da zona da Frígia; com efeito, as palavras «em Éfeso»[1] não ocorrem em alguns dos manuscritos gregos mais antigos e mais importantes, ou mesmo no papiro 46 – e Tertuliano e Orígenes também terão lido a carta sem elas. A missiva não inclui qualquer memória pessoal da pregação de Paulo em Éfeso que permita situar a época da sua composição à luz de outros episódios da vida do Apóstolo; apenas se alude à situação de São Paulo como prisioneiro[2], mas esta alusão não é suficiente, já que, segundo os *Atos dos Apóstolos*, São Paulo esteve preso várias vezes e em diversos locais, para além de haver detenções que não são referidas ali.

1 Ef 1, 1.

2 Cf. Ef 3, 1; 4, 1.

Para estabelecermos com precisão a relação desta missiva aos efésios com outras cartas de Paulo, temos, pois, de ter em conta o estilo literário e o conteúdo. Quanto ao modo de expressão, o texto grego original recorre muitas vezes – numa proporção muito superior ao que acontece nas grandes epístolas (aos romanos, aos gálatas e as duas aos coríntios) e na *Primeira Carta aos Tessalonicenses*, que são as primeiras de São Paulo – a frases extremamente longas. Por outro lado, o texto grego da *Carta aos Efésios* inclui muitos termos e expressões que não figuram naquelas cartas, mas que são frequentes em autores cristãos posteriores. Tudo isto nos leva a pensar que o escrito que temos entre mãos é posterior às primeiras cartas paulinas.

Também se observa que, em razão dessas diferenças em relação a outras cartas, ele ostenta um paralelismo estreito, quer em termos de forma, quer em termos de conteúdo, com a *Carta aos Colossenses*, razão pela qual se julga que terão sido escritas em circunstâncias parecidas. É provável que a missiva dirigida aos habitantes de Colossos tenha sido escrita primeiro e que depois, retomando algumas ideias nela expostas, mas sem referências concretas à comunidade cristã, tenha sido composta a *Carta aos Efésios*.

A missiva é dirigida aos fiéis provenientes da gentilidade[3] que já receberam a pregação do Evangelho[4]. Tem por objetivo proporcionar-lhes um conhecimento

---

3 Cf. Ef 2, 11.

4 Cf. Ef 4, 20-21.

unificado e coerente do desígnio salvífico de Deus, realizado em Cristo e na Igreja, e de evitar que cedam à tentação de romper com tudo aquilo que é judeu, uma vez que Cristo «de dois povos fez um só, destruindo a parede de inimizade que os separava»[5].

A crítica literária não permite discernir com total segurança se esta missiva foi totalmente escrita por São Paulo ou – como muitos autores contemporâneos consideram provável – por um sucessor, o qual tem em elevada consideração os «santos apóstolos e profetas»[6] e, inspirado pelo Espírito Santo, a escreveu para iluminar a fé dos que se tinham convertido graças à pregação apostólica. Seja como for, a tradição sempre a considerou como sendo do próprio Paulo: a Igreja recebeu este escrito como sagrado e incluiu-o desde o princípio no cânone da Sagrada Escritura.

III. ENSINAMENTOS

Segundo se pode deduzir do conjunto de dados bíblicos e extrabíblicos de que dispomos, nas comunidades cristãs fundadas por São Paulo foi necessário contestar certas doutrinas que tiveram ampla difusão naquele

5 Ef 2, 14.

6 Ef 3, 5.

contexto cultural e que, posteriormente, alguns pretenderam introduzir na formulação da fé cristã. É provável que tenhamos de procurar a origem daquelas doutrinas numa situação de angústia existencial vivida pela população helenística da Ásia e do Egito, tal qual expressa em numerosos escritos dos séculos I e II d.C.: a percepção de que a humanidade se encontrava oprimida por forças que a ultrapassavam e de que o homem era, de alguma maneira, alheio a este mundo. De acordo com esta mentalidade, o cosmos era dominado pelo poder tenebroso de potências malvadas, e só os iniciados estavam salvos – e isso pelo conhecimento (*gnôsis*) dos mistérios divinos, que os enxertava na sua verdadeira pátria, o mundo da plenitude divina (*plêrôma*). O mundo estava, portanto, mergulhado num abismo de divisão entre as trevas e a luz. Mais adiante, já no século II d.C., este complexo de ideias teria desenvolvimentos notáveis e daria lugar àquilo a que se chamou «gnosticismo».

Diante dessas elucubrações gnóstico-helenísticas, o *corpus* paulino expõe, de várias maneiras e em diversas passagens, que Cristo Jesus é superior a todos aqueles poderes, tanto celestiais como terrenos: o seu domínio é absoluto, e só Ele é o Salvador; nenhuma realidade existente pode subtrair-se ao domínio de Jesus Cristo, cujo corpo é a Igreja.

A partir desta convicção, desenrola-se uma profunda reflexão doutrinal em busca de uma resposta sobre a natureza da Igreja e sobre a unidade que o gênero humano nela encontra. Ambos os temas são tratados a partir da profundidade de perspectivas que a fé em Jesus Cristo proporciona: Ele, que tem o domínio universal, une em harmonia a humanidade redimida e é a cabeça da Igreja, que é o seu corpo.

A resposta teológica que a *Carta aos Efésios* oferece para o problema da situação do homem no mundo é ponderada e reflexiva, constituindo um convite à meditação sobre aspectos fundamentais da existência humana e cristã: o acolhimento da palavra de Deus[7] e o batismo[8].

Um só Senhor

A harmonia entre os homens, e mesmo entre todos os seres do cosmos, deriva sobretudo do domínio que Jesus Cristo possui e exerce sobre toda a criação. Não há um conflito real entre dois poderes de igual nível, um do bem e outro do mal, uma vez que Cristo é Senhor de tudo; nEle se cumpre o que disse o salmista: tudo quanto existe foi submetido ao seu poder[9]. O poder de Deus exerceu toda a sua força ao ressuscitar e exaltar Cristo, sentando-O no Céu à direita do Pai; por isso, Ele está «acima de todo principado, potestade, virtude e dominação, acima de todo nome que é nomeado não só neste século, mas também no futuro»[10].

7 Cf. Ef 1, 13.

8 Cf. Ef 4, 5.

9 Cf. Sl 8, 7.

10 Ef 1, 21.

Em Cristo cabeça, todo o universo encontra coesão[11]; por outro lado, é Ele que dá paz e unidade ao novo povo, fazendo com que seja, nEle, um só corpo, o qual Ele alimenta e ao qual assiste, comunicando-lhe as graças necessárias «para sua edificação na caridade»[12]. Daí que nesta carta se fale abundantemente da capitalidade de Cristo como salvador do corpo[13]. A ênfase com que Jesus é chamado salvador revela claramente a sua função relativamente à Igreja: Ele não é cabeça apenas em termos de primazia e de perfeição, mas também em termos funcionais, na medida em que, por sua influência, a vida da graça passa de Cristo-cabeça para o seu corpo, que é a Igreja. Trata-se de um ensinamento que foi recordado pelo Concílio Vaticano II, com a afirmação de que Jesus Cristo «pela grandeza do seu poder domina em todas as coisas celestes e terrestres e, devido à sua supereminente perfeição e ação, enche todo o corpo das riquezas da sua glória»[14].

Natureza da Igreja

A supremacia universal de Cristo fica manifesta em toda a plenitude no fato de ser a cabeça da Igreja, que Ele próprio institui, vivifica e ama. Com efeito, para além de

11 Cf. Ef 1, 10.

12 Ef 4, 16.

13 Cf. Ef 5, 23.

14 Concílio Vaticano II, *Lumen gentium*, 7.

reunir os dispersos de Israel, Cristo também congrega os que estavam fora, os gentios; estes dois povos, o judeu e o gentio, estão destinados, por vontade divina, a constituir um só povo, o povo de Deus, imagem profundamente enraizada na Bíblia e que a constituição dogmática *Lumen gentium*, do Concílio Vaticano II, recolhe e desenvolve amplamente no seu segundo capítulo[15].

Um aspecto doutrinal que é sublinhado de forma especial nesta carta é o da natureza da Igreja como corpo de Cristo, perspectiva já contemplada noutras passagens do *corpus* paulino[16], mas que aqui adquire especial realce. Esta é a carta em que Paulo exibe maior interesse pela Igreja universal; com efeito, se nas primeiras cartas a palavra *ekklesia* costuma designar uma comunidade concreta, a perspectiva desta missiva ultrapassa o âmbito local e torna-se católica, universal.

Toda a *Carta aos Efésios* é um chamado a promover a unidade em torno de um único Senhor, Cristo. Na Igreja, não há barreiras a separar os membros do corpo de Cristo; com efeito, o fato de Cristo ser a cabeça pressupõe que a Igreja, constituída por todos os cristãos, é um só corpo com Ele[17]. Enquanto cabeça, Cristo reparte entre os fiéis os seus dons e os seus carismas: «A uns constituiu apóstolos, a outros profetas, a outros evangelistas, a outros pastores e doutores, para o aperfeiçoamento dos santos, para a obra do ministério, com vista à edificação

---

15 Cf. Concílio Vaticano II, *Lumen gentium*, 9-17.

16 Cf. Rm 12, 5; 1 Cor 10, 16; 12-13.27; Cl 1, 18-24; 2, 19; 3, 15 etc.

17 Cf. Ef 4, 4.

do corpo de Cristo»[18]. Mais adiante, a carta reforça esta doutrina, afirmando que Cristo ama a sua Igreja como algo próprio e muito querido[19], comunicando-lhe a graça em plenitude.

Nesta epístola, a Igreja é também considerada Templo de Deus, morada divina edificada sobre o fundamento dos profetas e dos Apóstolos, cuja pedra angular é o próprio Cristo, sobre quem «todo o edifício bem ordenado se levanta para ser um templo santo no Senhor»[20]; com esta imagem, os cristãos são apresentados como pedras vivas em harmoniosa edificação, para serem «morada de Deus mediante o Espírito»[21]. Aqueles que constituem este edifício já não são estrangeiros nem imigrantes, mas «concidadãos dos santos e membros da família de Deus»[22].

Sob a ação iluminadora do Espírito Santo, continuam a descobrir-se no mistério da Igreja os aspectos da sua condição sobrenatural, que a distinguem por completo de qualquer instituição humana, uma vez que a Igreja é a Esposa de Cristo[23]. Esta imagem foi usada com frequência no Antigo Testamento e, depois, no Novo para referir as relações do Senhor com o seu povo, dentro da rica gama de comparações que os profetas e os hagiógrafos

18 Ef 4, 11-12.

19 Cf. Ef 5, 29.

20 Ef 2, 21.

21 Ef 2, 22.

22 Ef 2, 19.

23 Cf. Ef 5, 21-23.

utilizam para mostrar o enorme amor e a infinita misericórdia de Deus pelos homens[24].

Saliente-se igualmente a função salvífica da Igreja, ao dar a conhecer Cristo aos homens como seu salvador. Com efeito, por meio dela, os homens chegam ao conhecimento do mistério da redenção que Deus mantinha oculto desde toda a eternidade[25]; este mistério, que se torna realidade e se exprime com Cristo[26], chega a todos os homens por meio da Igreja: «Porque a Igreja, em Cristo, é como que o sacramento, ou sinal, e o instrumento da íntima união com Deus e da unidade de todo o gênero humano, pretende ela [...] pôr de manifesto com maior insistência, aos fiéis e a todo o mundo, a sua natureza e missão universal»[27].

---

24 Cf. Is 1, 21; 49, 18; Jr 2, 2; Ez 16; Os 2, 16-18; Mc 2, 19; Jo 3, 29; Ap 19, 7-9 etc.

25 Cf. Ef 1, 9.

26 Cf. Ef 3, 3.9.

27 Concílio Vaticano II, *Lumen gentium*, 1.

CARTA AOS EFÉSIOS

Saudação

1 [1] Paulo, apóstolo de Jesus Cristo por vontade de
Deus, aos santos que estão em Éfeso e aos fiéis em
Jesus Cristo. [2] Graça e paz vos sejam dadas da parte de
Deus nosso Pai e do Senhor Jesus Cristo.

PRIMEIRA PARTE
A MANIFESTAÇÃO DO MISTÉRIO DE DEUS

I. O PLANO DIVINO DE SALVAÇÃO

Canto de bendição

[3] Bendito seja Deus e Pai de Nosso Senhor Jesus Cristo,
que nos abençoou em Cristo
do alto dos céus com toda a bênção espiritual,

4 escolhendo-nos nele
antes da criação do mundo
para sermos santos e imaculados a seus olhos,
5 o qual nos predestinou no seu amor
a sermos seus filhos adotivos
por Jesus Cristo
por sua livre vontade,
6 para louvor da sua graça esplendorosa,
a qual nos concedeu no muito Amado (Filho).
7 É nele que temos a redenção pelo seu sangue,
a remissão dos pecados
segundo as riquezas da sua graça,
8 a qual derramou abundantemente sobre nós,
com toda a sabedoria e prudência,
9 tornando-nos conhecido o mistério da sua vontade,
que, segundo o seu beneplácito,
tinha desde havia muito estabelecido consigo mesmo
10 para o realizar na plenitude dos tempos:
reunir em Cristo todas as coisas,
assim as do céu como as da terra.

11 Nós, predestinados pelo decreto daquele que opera
todas as coisas segundo o conselho da sua vontade, fomos
escolhidos 12 para servir ao louvor da sua glória, nós, que
antes tínhamos esperado em Cristo. 13 Nele também vós,
tendo ouvido a palavra da verdade, o Evangelho da vossa
salvação, e tendo crido nele, fostes marcados com o selo
do Espírito Santo que tinha sido prometido, 14 o qual é
o penhor da nossa herança, esperando a plena redenção
daqueles que Deus adquiriu em louvor da sua glória.

Ação de graças e proclamação da supremacia de Cristo

15 Por isso eu também, tendo ouvido qual a fé que
tendes no Senhor Jesus e o amor para com todos os san-
tos, 16 não cesso de dar graças por vós, fazendo menção
de vós nas minhas orações 17 para que o Deus de Nosso
Senhor Jesus Cristo, o Pai da glória, vos dê o espírito
de sabedoria e de revelação para o conhecerdes, 18 ilu-
minando os olhos do vosso coração para que conheçais
qual a esperança a que ele vos chamou, quais as riquezas
da glória da sua herança reservada aos santos 19 e qual é
em nós, os que cremos, a suprema grandeza do seu po-
der, atestado pela eficácia da sua força soberana, 20 a qual
ele empregou em Cristo ressuscitando-o dos mortos e
pondo-o à sua mão direita no céu, 21 acima de todo prin-
cipado, potestade, virtude e dominação, acima de todo
nome que é nomeado não só neste século, mas também
no futuro. 22 Pôs debaixo dos seus pés todas as coisas e
constituiu-o cabeça de toda a Igreja, 23 que é o seu corpo
e a plenitude daquele que se completa em todos.

O dom gratuito da salvação

2 1 E a vós deu a vida espiritual quando estáveis mor-
tos pelos vossos delitos e pecados, 2 nos quais andas-
tes outrora segundo o costume deste mundo, segundo
o príncipe que exerce o poder sobre o ar, o espírito que

agora opera nos filhos da desobediência, [3] entre os quais
também todos nós vivíamos outrora segundo os desejos
da nossa carne, fazendo a vontade da carne e dos apetites,
e éramos por natureza filhos da ira como todos os outros.
[4] Mas Deus, que é rico em misericórdia, pela extrema
caridade com que nos amou, [5] estando nós mortos pelos
pecados, convivificou-nos em Cristo – pela graça fostes
salvos. [6] Com ele nos ressuscitou e nos fez sentar nos céus
por Jesus Cristo, [7] a fim de mostrar aos séculos futuros as
abundantes riquezas da sua graça por meio da sua bondade para conosco em Jesus Cristo.

[8] Porque pela graça fostes salvos, mediante a fé, e isso
não vem de vós, mas é um dom de Deus; [9] não das obras,
para que ninguém se glorie. [10] Realmente somos obra
sua, criados em Jesus Cristo para boas obras, que Deus
preparou para caminharmos nelas.

Reconciliação dos gentios em Cristo

[11] Por isso lembrai-vos vós, os gentios de origem, chamados incircuncidados pelos que se chamam circuncidados na sua carne por mão de homem, [12] de que estáveis
nesse tempo sem Cristo, separados da sociedade de Israel, estranhos às alianças, sem a esperança da promessa
e sem Deus neste mundo. [13] Mas agora em Jesus Cristo
vós, que outrora estáveis longe, fostes aproximados pelo
sangue de Cristo. [14] Porque ele é a nossa paz, ele que de
dois povos fez um só, destruindo a parede de inimizade

que os separava [15] e abolindo na sua carne a lei com os
seus mandamentos e prescrições para formar em si mes-
mo dos dois um só homem novo, fazendo a paz, [16] e para
os reconciliar a ambos, tornados um só corpo com Deus
por meio da cruz, destruindo a inimizade em si mesmo.
[17] E assim *veio anunciar a paz* a vós, *que estáveis longe, e*
a paz aos que estavam perto, [18] porquanto é por ele que
uns e outros temos acesso ao Pai mediante um mesmo
Espírito.

[19] Vós, pois, já não sois hóspedes nem adventícios,
mas sois concidadãos dos santos e membros da família
de Deus, [20] edificados sobre o fundamento dos apóstolos
e dos profetas, sendo o mesmo Jesus Cristo a principal
pedra angular, [21] sobre a qual todo o edifício bem or-
denado se levanta para ser um templo santo no Senhor,
[22] sobre o qual vós sois também juntamente edificados
para morada de Deus mediante o Espírito.

II. ANÚNCIO DO MISTÉRIO DE CRISTO

Missão de São Paulo

3 [1] Por essa causa eu, Paulo, prisioneiro de Jesus Cristo
por amor de vós gentios... [2] se é que tivestes conheci-
mento da concessão da graça de Deus, que me foi dada
para vós; [3] pela revelação me foi manifestado esse misté-
rio, como acabo de expor em poucas palavras. [4] Podeis,

lendo-as, conhecer a inteligência que tenho do mistério
de Cristo, 5 o qual não foi conhecido nas outras gerações
pelos filhos dos homens como agora foi revelado aos seus
santos apóstolos e profetas pelo Espírito: 6 que os gentios
são coerdeiros, membros do mesmo corpo e participantes
da mesma promessa em Jesus Cristo mediante o Evange-
lho, 7 do qual fui feito ministro segundo o dom da graça
de Deus, que me foi comunicada segundo a eficácia do
seu poder. 8 A mim, o mínimo de todos os santos, me foi
dada essa graça de anunciar entre os gentios as riquezas
incompreensíveis de Cristo 9 e de manifestar o plano des-
se mistério escondido, desde o principio dos séculos, em
Deus, que tudo criou, 10 para que a multiforme sabedoria
de Deus seja manifestada por meio da Igreja aos princi-
pados e potestades nos céus, 11 conforme a determinação
eterna que ele realizou em Jesus Cristo Nosso Senhor,
12 no qual temos segurança e acesso a Deus com confian-
ça por meio da fé nele.

13 Pelo que vos rogo que não desanimeis por causa das
tribulações que sofro por vós: elas são a vossa glória.

Oração do Apóstolo

14 Por esta causa dobro os joelhos diante do Pai, 15 do
qual toda paternidade nos céus e na terra toma o nome,
16 para que, segundo a riqueza da sua glória, faça cres-
cer em vós o homem interior pelo seu Espirito, 17 e que
Cristo habite pela fé nos vossos corações, de sorte que,

arraigados e fundados na caridade, 18 possais compreen-
der, com todos os santos, qual a largura, o comprimento,
a altura e a profundidade, 19 e conhecer também aquele
amor de Cristo, que excede toda ciência, de maneira que
fiqueis cheios de toda a plenitude de Deus.

20 Àquele que é poderoso para fazer todas as coisas
mais abundantemente do que pedimos ou entendemos
segundo a virtude que opera em nós, 21 a esse seja dada
glória na Igreja e em Cristo Jesus por todas as gerações e
por todos os séculos. Amém.

SEGUNDA PARTE
VIDA CRISTÃ NA IGREJA

III. A VIDA NOVA EM CRISTO E NA IGREJA

Chamada à unidade

4 1 Rogo-vos, pois, eu, prisioneiro no Senhor, que an-
deis de um modo digno da vocação a que fostes cha-
mados, 2 com toda a humildade, mansidão e paciência,
suportando-vos uns aos outros por caridade, 3 solícitos
em conservar a unidade do Espírito pelo vínculo da paz.
4 Há um só corpo e um só Espírito, como também fostes

chamados a uma só esperança pela vossa vocação. 5 Há
um só Senhor, uma só fé, um só batismo. 6 Há um só
Deus e Pai de todos, que está acima de todos, que opera
em todos e está em todos.

7 Mas a cada um de nós foi repartida a graça segundo
a medida do dom de Cristo. 8 Pelo que diz:

Tendo subido ao alto, levou cativa a catividade
e distribuiu dons aos homens.

9 Ora, que significa «subiu», senão que também antes
tinha descido aos lugares mais baixos da terra? 10 Aquele
que desceu é o mesmo que também subiu acima de todos
os céus para cumprir todas as coisas.

11 A uns constituiu apóstolos, a outros profetas, a ou-
tros evangelistas, a outros pastores e doutores, 12 para o
aperfeiçoamento dos santos, para a obra do ministério,
com vista à edificação do corpo de Cristo, 13 até que che-
guemos todos à unidade da fé e do conhecimento do Fi-
lho de Deus, ao estado do homem perfeito, segundo a
estatura própria da plenitude de Cristo, 14 para que não
mais sejamos meninos flutuantes e levados ao sabor de
todo vento de doutrina, pela malignidade dos homens,
pela astúcia que induz ao erro. 15 Porém, praticando a ver-
dade na caridade, cresçamos de todas as formas naquele
que é cabeça, o Cristo. 16 É por ele que o corpo inteiro,
coordenado e unido por meio de todos os ligamentos que
o servem, segundo uma operação proporcionada a cada

membro, opera o próprio crescimento, para sua edificação na caridade.

Renovação interior

17 Isso, pois, vos digo e rogo no Senhor: não andeis
mais como os gentios, que andam na frivolidade dos seus
pensamentos, 18 que têm o entendimento obscurecido e
estão afastados da vida de Deus pela ignorância que há
neles por causa da cegueira do seu coração, 19 os quais,
indolentes, se entregaram à libertinagem para cometerem apaixonadamente toda espécie de impureza.
20 Mas vós não aprendestes assim de Cristo, 21 se é
que ouvistes pregar dele e fostes ensinados nele segundo
a verdade que está em Jesus. 22 Despojai-vos, no que diz
respeito ao vosso passado, do homem velho, o qual se
corrompe pelas paixões enganadoras, 23 para vos renovardes no vosso espírito e nos vossos pensamentos 24 e
vos revestirdes do homem novo, criado segundo Deus na justiça e na santidade verdadeiras.

As virtudes cristãs

25 Pelo que, renunciando à mentira, *fale cada um a seu próximo a verdade*, pois somos membros uns dos outros.
26 *Se vos irardes, não pequeis*; não se ponha o sol sobre a
vossa ira. 27 Não deis lugar ao demônio; 28 aquele que

furtava não furte mais, mas antes ocupe-se, trabalhando com suas mãos em qualquer coisa honesta, a fim de ter o
que dar ao que está em necessidade. 29 Nenhuma palavra
má saia da vossa boca, mas só palavras boas para edificação, de maneira que façam bem aos que ouvem. 30 Não
entristeçais o Espírito Santo de Deus, pelo qual fostes marcados com um selo para o dia da redenção.

31 Toda amargura, animosidade, cólera, clamor e maledicência, com toda espécie de malícia, seja banida dentre vós. 32 Pelo contrário, sede benignos uns para com os
outros, misericordiosos, perdoando-vos uns aos outros, como também Deus vos perdoou por Cristo.

IV. A SANTIDADE CRISTÃ

A vida limpa dos filhos de Deus

5 1 Sede, pois, imitadores de Deus, como filhos muito
amados. 2 Andai no amor a exemplo de Cristo, que
nos amou e se entregou a si mesmo por nós a Deus como oferenda e sacrifício de suave odor.

3 Nem sequer se nomeie entre vós a fornicação ou qualquer impureza ou avareza, como convém a santos, 4 nem
conversas torpes, nem estultices, nem chocarrices, que são coisas inconvenientes, mas antes ações de graças. 5 Com
efeito, sabei-o bem: nenhum fornicador, ou impudico,

ou avaro, o qual é como um idólatra, terá herança no Rei-
no de Cristo e de Deus.
6 Ninguém vos seduza com palavras vãs, porque por
essas desordens vem a ira de Deus sobre os filhos rebel-
des. 7 Não queirais, pois, ter comunicação com eles.

Caminhar na luz

8 Outrora éreis trevas, mas agora sois luz no Senhor.
Andai como filhos da luz, 9 porque o fruto da luz consis-
te em toda espécie de bondade, de justiça e de verdade.
10 Examinando o que é agradável a Deus, 11 não tomeis
parte nas obras infrutuosas das trevas, mas antes condenai-
-as, 12 porque as coisas que eles fazem em secreto, vergo-
nha é até dizê-las. 13 Mas todas as coisas condenadas são
postas a descoberto pela luz, e tudo o que é manifestado
torna-se luz. 14 Por isso diz: «Desperta, tu que dormes,
levanta-te dentre os mortos, e Cristo te alumiará».
15 Cuidai, pois, irmãos, em andar com prudência: não
como insensatos, 16 mas como circunspectos; redimindo
o tempo, pois que os dias são maus. 17 Portanto, não se-
jais imprudentes, mas considerai qual a vontade do Se-
nhor. 18 Não vos embriagueis com vinho, no qual está a
luxúria, mas enchei-vos do Espírito Santo, 19 recitando
entre vós salmos, hinos e canções espirituais, cantando
e salmodiando ao Senhor com todo o vosso coração,
20 dando sempre graças a Deus e Pai por tudo, em nome
de Nosso Senhor Jesus Cristo.

V. A FAMÍLIA CRISTÃ

Deveres dos cônjuges

21 Sede submissos uns aos outros no temor de Cris-
to. 22 As mulheres sejam sujeitas a seus maridos como
ao Senhor, 23 porque o marido é cabeça da mulher,
como Cristo é cabeça da Igreja, que é seu corpo, do
qual ele é o Salvador. 24 Assim como a Igreja está sujeita
a Cristo, assim o estejam também as mulheres a seus
maridos em tudo.

25 Maridos, amai as vossas mulheres como também
Cristo amou a Igreja e por ela se entregou a si mesmo
26 para a santificar, purificando-a no batismo da água
pela palavra, 27 para apresentar a si mesmo esta Igreja
gloriosa, sem mácula nem ruga ou coisa semelhante,
mas santa e imaculada. 28 Do mesmo modo os maridos
devem amar as suas mulheres como ao seu próprio cor-
po. Aquele que ama a sua mulher ama-se a si mesmo.
29 Com efeito, ninguém aborreceu jamais a sua própria
carne, mas nutre-a e cuida dela, como também Cristo
o faz à Igreja, 30 porque somos membros do seu corpo.
31 *Por isso deixará o homem seu pai e sua mãe, e se unirá à
sua mulher, e serão os dois numa só carne.* 32 Grande mis-
tério é esse; eu o entendo em relação a Cristo e à Igreja.
33 Por isso também cada um de vós ame a sua mulher
como a si mesmo, e a mulher respeite seu marido.

Aos filhos e aos pais

6 [1] Filhos, obedecei a vossos pais no Senhor, porque
isso é justo. [2] *Honra teu pai e tua mãe*, que é o primei-
ro mandamento que tem promessa: [3] *a fim de que sejas
feliz e tenhas larga vida sobre a terra.*
[4] E vós, pais, não provoqueis à ira os vossos filhos, mas
educai-os na disciplina e nas instruções do Senhor.

Aos servos e aos amos

[5] Servos, obedecei a vossos senhores segundo a carne
com temor e reverência, na sinceridade do vosso coração,
como a Cristo, [6] não os servindo só quando sob as suas
vistas, como por agradar aos homens, mas como servos
de Cristo, fazendo do bom coração a vontade de Deus,
[7] servindo-os com boa vontade, como se servísseis o Se-
nhor e não os homens, [8] sabendo que cada um receberá
do Senhor a paga do bem que tiver feito, quer seja escravo
quer livre.
[9] E vós, senhores, fazei o mesmo com eles, pondo
de parte as ameaças, sabendo que o Senhor tanto de-
les como vosso está nos céus e que não faz acepção de
pessoas.

VI. CONCLUSÃO

As armas para a luta ascética

10 De resto, irmãos, fortalecei-vos no Senhor, no seu
poder soberano. 11 Revesti-vos da armadura de Deus para
que possais resistir às ciladas do demônio, 12 porque nós
não temos de lutar contra a carne e o sangue, mas sim
contra os principados e potestades, contra os dominado-
res deste mundo tenebroso, contra os espíritos malignos
pelos ares.

13 Portanto, tomai a armadura de Deus, para que
possais resistir no dia mau e ficar de pé depois de ter
vencido tudo. 14 Estai, pois, firmes, tendo cingido os
vossos rins com a verdade, vestindo a couraça da jus-
tiça, 15 tendo os pés calçados de zelo para ir anunciar
o Evangelho da paz; 16 sobretudo, tomai o escudo da
fé, com que possais apagar todos os dardos inflamados
do maligno; 17 tomai também o elmo da salvação e a
espada do espírito, que é a palavra de Deus. 18 Fazei
continuamente pelo Espírito toda sorte de orações e de
súplicas. Ocupai-vos nisso mesmo com toda a perseve-
rança, rogando por todos os santos 19 e por mim, para
que me seja dado, quando abrir a boca, pregar com li-
berdade o mistério do Evangelho, 20 do qual eu, mesmo
com as algemas, sou embaixador, e para que eu fale co-
rajosamente dele como devo.

Conclusão e saudações

21 Para que saibais também o estado das minhas coisas
e o que eu faço, de tudo vos informará Tíquico, nosso
irmão muito amado e ministro fiel no Senhor. 22 Eu vo-lo
envio expressamente para que saibais o que é feito de nós
e para que console os vossos corações.

23 Paz aos irmãos, caridade e fé da parte de Deus Pai
e da do Senhor Jesus Cristo. 24 A graça seja com todos
os que amam a Nosso Senhor Jesus Cristo de um modo
inalterável.

NOTAS À *CARTA AOS EFÉSIOS*

***1, 1-23.** A Igreja, cuja cabeça é Cristo, constitui o tema central deste escrito. Nesta primeira seção, o autor expõe o plano divino da salvação, contemplando-o no mistério da eternidade de Deus e na sua manifestação histórica através de Cristo e da Igreja.

1, 1-2. O começo desta carta é muito semelhante aos das anteriores: uma saudação, seguida por um hino de ação de graças (1, 3-14; cf. Rm 1, 1ss; 1 Cor 1, 1ss). Dado que as palavras «em Éfeso» não constam de muitos manuscritos antigos, é possível que estejamos perante uma carta circular enviada às igrejas da região de Éfeso; aliás, no texto não se fazem alusões a circunstâncias concretas de comunidades cristãs específicas.

1, 3-14. Primeiramente, o autor entoa um hino de louvor (vv. 3-10), onde enumera os benefícios contidos no desígnio salvífico de Deus, chamado «o mistério» nesta e noutras cartas do corpus paulino; o referido mistério começa na escolha eterna de cada criatura humana por parte de Deus e conclui com a recapitulação de todas as coisas em Jesus Cristo, passando pela obra da redenção. Em seguida, expõe a maneira como esse plano divino de salvação se realizou a respeito dos judeus (vv. 11-12) e dos gentios (vv. 13-14).

1, 4. «Escolhendo-nos» (v. 4): o termo grego original é o mesmo usado na versão dos Setenta para designar a escolha de Israel. Em Cristo, a escolha para o povo de Deus torna-se universal: todos somos chamados à santidade (cf. notas a Mt 5, 17-48 e a Lc 12, 22-34, no volume anterior). E, assim como no Antigo Testamento, a vítima que era oferecida a Deus tinha de ser perfeita, sem defeito algum (cf. Ex 12, 5; Lv 9, 3), assim também a santidade a que Deus nos destinou deve ser imaculada, plena. São Jerônimo, distinguindo santos de imaculados, comenta: «Santo nem sempre é o mesmo que imaculado. As crianças, por exemplo, são imaculadas porque não cometeram pecado algum com nenhuma parte do seu corpo; contudo, não são santos, porque a santidade adquire-se com vontade e com esforço. Também se pode chamar imaculado àquele que não cometeu pecado; mas santo é o que está cheio de virtudes» (*Commentarii in Ephesios*, 1, 1, 4).

«No seu amor» refere-se ao amor de Deus por nós, mas também ao nosso amor por Ele, que é a razão última do nosso esforço de levar uma vida sem mancha, porque «a virtude não salva ninguém se não houver amor» (São João Crisóstomo, *In Ephesios*, 1, 1, 5, 14).

A santidade para a qual fomos escolhidos torna-se possível através de Cristo (cf. 1, 5): «Pensa no que diz o Espírito Santo, e enche-te de pasmo e agradecimento: "*Elegit nosante mundi constitutionem*" – escolheu-nos antes de criar o mundo –, "*ut essemus sancti in conspectu eius*!" – para que sejamos santos na sua presença. – Ser santo não é fácil, mas também não é difícil. Ser santo é ser bom cristão: parecer-se com Cristo. – Aquele que mais se parece com Cristo, esse é mais cristão, mais de Cristo, mais santo» (São Josemaria Escrivá, *Forja*, 10).

1, 5-6. O povo de Israel é tratado por Deus com afeto paternal, como um filho: «Quando Israel era ainda menino, Eu amei-o, e chamei do Egito o meu filho» (Os 11, 1). Em Jesus Cristo, todos os homens foram escolhidos para pertencerem ao povo de Deus, para serem «seus filhos adotivos», já não em sentido metafórico, mas em sentido real: o Filho único consubstancial ao Pai assumiu a natureza humana para tornar os homens filhos de Deus por adoção (cf. Rm 8, 15-29; 9, 4; Gl 4, 5). A glória de Deus manifestou-se através do seu amor misericordioso, pelo qual fez de nós seus filhos, segundo o desígnio eterno da sua vontade. Este projeto «brota do amor fontal, isto é, da caridade de Deus Pai, que, [...] criando-nos livremente pela sua extraordinária e misericordiosa benignidade, e depois chamando-nos gratuitamente a partilhar da sua própria vida e glória, quis ser, não só criador de todas as coisas mas também "tudo em todos" (1 Cor 15, 28), conseguindo simultaneamente a sua glória e a nossa felicidade» (Concílio Vaticano II, *Ad gentes*, 2).

1, 7-8. Jesus Cristo, o amado do Pai (1, 6), levou a cabo a redenção. Redimir significa libertar: Deus redimiu o povo de Israel da escravidão do Egito: tendo os dintéis das suas portas assinalados com o sangue do cordeiro, os primogênitos dos hebreus foram poupados à morte (cf. Ex 12, 21-28). Contudo, a redenção da escravidão do Egito era figura da redenção operada por Cristo: «Esta obra da redenção dos homens e da glorificação perfeita de Deus, prefigurada pelas suas grandes obras no povo da antiga aliança, realizou-a Cristo Senhor principalmente pelo mistério pascal da sua bem-aventurada Paixão, ressurreição dos mortos e gloriosa ascensão» (Concílio Vaticano II, *Sacrosanctum Concilium*, 5). Mediante o seu sangue derramado na cruz, Jesus Cristo resgatou-nos da servidão do pecado: «Quando pensamos que fomos redimidos, não com coisas perecedoras como o ouro e a prata, mas com o sangue precioso de Cristo (cf. 1 Pd 1, 18ss), qual cordeiro inocentíssimo e puríssimo, facilmente compreendemos que não podíamos ser objeto de coisa mais benéfica que este poder – recebido pela Igreja – de perdoar os pecados, o qual torna manifesta a inexplicável providência e a suma caridade de Deus para conosco» (*Catechismus romanus*, 1, 11, 10).

1, 9-14. O «mistério» (v. 9) é o desígnio ou plano divino de salvar todos os homens em Cristo, mistério que, oculto inicialmente na vontade de Deus, foi realizado e revelado de forma harmoniosa, seguindo diversas etapas ou tempos (*kairoi*) ao longo da história. Começou pela escolha (1, 4), prossegue com o chamamento a sermos filhos adotivos (1, 5-6), conduz à redenção (1, 7-8), e alcança a sua plenitude na reunião de todas as coisas em Cristo (v. 10), que recapitula em Si um povo no qual, juntamente com Israel (vv. 11-12), são acolhidos todos os homens e mulheres, de qualquer raça e de todas as nações, que tiverem acreditado no Evangelho e sido selados pelo Espírito Santo para partilhar a herança dos filhos (vv. 13-14).

«Que significa "reunir"? Significa unir uma coisa a outra. Mas procuremos aproximar-nos ainda mais da verdade. Entre nós, e segundo o costume, diz-se que uma recapitulação consiste em reunir com brevidade aquilo que foi dito por extenso, em dizer concisamente aquilo que foi declarado com muitas palavras. Pois o mesmo acontece aqui: o que foi disposto ao longo de muito tempo foi reunido no próprio Cristo [...]. Além disso, há outra coisa que é revelada: qual? Que [Deus] dispôs uma só cabeça para todos, tanto anjos como homens» (São João Crisóstomo, *In Ephesios*, 1, 1, 10, 19).

1, 15-23. Os fiéis aos quais se dirige esta carta, na sua maioria provenientes da gentilidade, estão especialmente interessados no conhecimento dos mistérios divinos (veja-se, na introdução a esta carta, o parágrafo «Ensinamentos»); este interesse, embora fosse talvez influenciado pelas correntes doutrinais e culturais do seu tempo, era bom em si mesmo. Por isso, Paulo pede a Deus o Espírito de sabedoria e revelação, que lhes permita conhecer aquilo que é verdadeiramente importante: Jesus Cristo, em quem reside toda a plenitude. Além disso, o conhecimento do mistério de Cristo constitui o fundamento sólido de toda a esperança (v. 18): «A palavra do Apóstolo fala das coisas futuras como se já estivessem realizadas, como corresponde ao poder de Deus, pois aquilo que vai ser levado a cabo na plenitude dos tempos já tem consistência em Cristo, no qual se encontra toda a plenitude; e tudo o que vai acontecer é, mais do que uma novidade, o desenvolvimento do plano da salvação» (Santo Hilário de Poitiers, *De Trinitate*, 11, 31).

***2, 1-10.** O corpo central da carta articula-se em cinco seções, que seguem uma estrutura concêntrica, em redor de uma questão decisiva: a missão de São Paulo. O Apóstolo foi chamado à pregação do mistério salvífico de Deus para unir num só povo todos os homens, tanto os provenientes do judaísmo como os provenientes da gentilidade. Este povo forma um só corpo, cuja cabeça é Cristo. É sobre isso que trata a seção central da epístola (3, 1-21); em redor deste centro são expostas as questões relativas à unidade da Igreja (2, 11-22 e 4, 1-16). No começo e no final, o olhar volta-se para os gentios que foram incorporados em Cristo, para que valorizem o dom gratuito que receberam (vv. 1-10) e saibam retirar daí consequências práticas, a fim de viverem em conformidade com as exigências da sua integração em Cristo e na Igreja (4, 17-6, 20).

2, 1-7. De acordo com algumas concessões que vigoravam entre os fiéis a quem se dirige esta missiva, o conhecimento tão procurado nos mistérios divinos era, por si só, um meio de salvação para quem o possuía. O que São Paulo explica nesta passagem é que a iniciação cristã, com a consequente mudança de vida, não é um procedimento meramente humano para alcançar a salvação com as próprias forças, mas uma resposta ao amor de Deus, que nos deu gratuitamente essa vida nova. Apesar da situação de pecado em que se encontravam gentios e judeus (vv. 1-3), o poder misericordioso de Deus operou em uns e nos outros (vv. 4-5), dando-nos a vida em Cristo (vv. 6-7). A iniciativa proveio de Deus, «que é rico em misericórdia» (v. 4): «Nisto consiste a riqueza da misericórdia, em a dar aos que não a pedem. E tal é o amor de Deus por nós que, tendo-nos feito, não quer que pereçamos, pois ama a sua obra» (Ambrosiastro, *Ad ephesios, ad loc.*).

O «príncipe que exerce o poder sobre o ar» (v. 2; cf. 6, 12) será um desses seres a que noutra passagem se chama, de maneira genérica, «principados e potestades» (3, 10; Cl 1, 16; 2, 15; 1 Pd 3, 22); tratava-se de poderes sobre-humanos que, de acordo com a mentalidade da época, habitavam as regiões entre o céu e a terra e exerciam muitas vezes uma ação maléfica sobre o mundo. Cristo venceu--os e, pela sua cruz, libertou-nos deles (cf. Cl 1, 20; 2, 14ss).

2, 8-10. Na *Carta aos Romanos*, São Paulo tinha ensinado aos judeus que procuravam a salvação nas obras prescritas pela Lei de Moisés que a justificação é um dom gratuito de Deus (vejam-se as notas de Rm 2, 18 a Rm 4, 25, em especial Rm 3, 21-31). Aqui, num quadro diferente, constituído por cristãos provenientes do mundo helênico, onde havia muitos grupos que procuravam a salvação por meio de uma iniciação ao conhecimento dos mistérios, proclama novamente que a salvação não tem origem no homem, mas é um dom que Deus concede gratuitamente através da fé em Jesus Cristo; e reitera com veemência a gratuidade da salvação, «para evitar que se insinue o seguinte pensamento: "Se não são as nossas obras que nos salvam, pelo menos é a nossa fé, o que significa que somos salvos por um meio nosso". Por isso acrescentou e afirmou que a fé também não provém da nossa vontade, mas é um dom de Deus; não porque o livre-arbítrio seja retirado ao homem [...], mas porque é Deus, indubitavelmente, o autor do próprio livre-arbítrio, e tudo deve ser atribuído a um favor seu, incluindo o fato de nos permitir querer o bem» (São Jerônimo, *Commentarii in Ephesios*, 1, 2, 8-9).

***2, 11-22.** A mensagem do Apóstolo continua a dirigir-se aos cristãos provenientes da gentilidade para que, contemplando o mistério de Cristo, não se ufanem de ser autossuficientes. A obra redentora de Cristo na cruz produziu a aproximação e a paz entre judeus e gentios (vv. 13-15), bem como a reconciliação de uns e outros com Deus (vv. 16-18). Os efésios devem, portanto, ter consciência de que, por Cristo, foram integrados num só povo juntamente com os judeus, sendo desse modo feitos participantes da herança prometida por Deus ao povo de Israel; foram chamados, tal como eles, a integrar a família de Deus, a Igreja, edificada sobre os Apóstolos e os profetas, com a solidez que lhe é conferida por Cristo Jesus (vv. 19-22).

«O olhar fixo no mistério do Gólgota deve fazer-nos recordar sempre a dimensão "vertical" da divisão e da reconciliação, que diz respeito à relação homem-Deus, e que, numa visão de fé, prevalece sobre a dimensão "horizontal", isto é, sobre a realidade da divisão e sobre a necessidade da reconciliação entre os homens.

Sabemos, de fato, que tal reconciliação entre os homens não é e não pode ser senão o fruto do ato redentor de Cristo, morto e ressuscitado para destroçar o reino do pecado, restabelecer a aliança com Deus e abater, assim, o muro de separação que o pecado tinha erguido entre os homens» (São João Paulo II, *Reconciliatio et paenitentia*, 7).

A realidade nova que surge da redenção é a Igreja, que se apresenta com a imagem de um templo santo, edificado sobre o alicerce dos Apóstolos e dos profetas, apoiado em Cristo (vv. 19-22): «A Igreja vacilará se o seu fundamento vacilar, mas Cristo poderá vacilar? Enquanto Cristo não vacilar, a Igreja não fraquejará, até o final dos tempos» (Santo Agostinho, *Enarrationes in Psalmos*, 103).

***3, 1-21.** A proclamação do mistério de Cristo, cabeça da Igreja, não é uma questão teológica entre outras no conteúdo da pregação de São Paulo: é o núcleo essencial da sua missão (vv. 1-13), razão pela qual o Apóstolo reza com singular intensidade para que tal seja compreendido (vv. 14-21).

3, 1-13. A missão de São Paulo consistiu em anunciar aos gentios a revelação do mistério (v. 3); ao pregar, o Apóstolo é um «ministro» (v. 7), isto é, um servidor do Evangelho de Jesus Cristo. São Tomás de Aquino glosa as afirmações de Paulo na seguinte passagem: «Não realizo esta tarefa como se fosse coisa minha, mas como um serviço que é de Deus» (*Super Ephesios, ad loc.*).

3, 14-21. O autor pede a Deus que fortaleça os cristãos, que Cristo habite, pela fé, nos seus corações, e que eles possam compreender a dimensão do amor de Cristo por ele pregado, para que cresçam até a plenitude de Deus. A imensa grandeza do mistério de Cristo exprime-se com um esquema muito gráfico: uma cruz, cujos braços se estendem nas quatro direções, procurando abraçar todo o universo: «Pelo Verbo de Deus, tudo está sujeito à influência da obra redentora, e o Filho de Deus foi crucificado por todos, e traçou o sinal da cruz sobre todas as coisas» (Santo Irineu, *Demonstratio praedicationis apostolicae*, 34). Em última análise, conhecer a história da salvação e o mistério de Cristo é ter consciência da magnitude do amor de Deus; é esse o fundamento da vida cristã: «Jesus, autor da clemência, / gozo, esperança e perdão, / fonte de graça e doçura, / delícia do coração» (Liturgia das Horas, *Solenidade do Sagrado Coração de Jesus, Hino de Laudes*).

3, 14. «Dobro os joelhos». Em geral, os judeus oravam de pé, só se ajoelhando ou se prostrando em momentos de excepcional solenidade; com esta expressão de solenidade quase litúrgica, o Apóstolo exprime a intensidade da sua oração e a humildade com que a realiza. A passagem é também um ensinamento sobre o fato de os gestos corporais – genuflexões, inclinações de cabeça, batidas no peito etc. – que acompanham a oração deverem ser manifestações sinceras de piedade; eles fazem com que o homem todo, corpo e alma, dê provas, com palavras e gestos, do amor filial que tem a Deus.

3, 15. Receber o nome significa proceder de, ter origem em, existir; «paternidade» (em grego, *patria*) indica aqui um conjunto de indivíduos que descendem do mesmo pai, e por isso a escolha da *Neovulgata* por esse termo. O Apóstolo ensina que qualquer agrupamento que possa ser considerado uma família, seja na terra – como a Igreja, a instituição familiar etc. – seja no Céu – como a Igreja triunfante –, deriva de Deus, em termos de nome e de origem, pois Ele é o único que pode ser considerado Pai em toda a plenitude. Por isso, a palavra «Pai» pode ser usada em sentido real para designar não só a paternidade física, mas também a espiritual. A paternidade dos esposos, por sua vez, reflete de modo iminente o amor de Deus criador: eles são cooperadores desse amor e como que seus intérpretes (cf. Concílio Vaticano II, *Gaudium et spes*, 50). Daí que «tornando-se pais, os esposos recebem de Deus o dom de uma nova responsabilidade. O seu amor paternal é chamado a tornar-se para os filhos o sinal visível do próprio amor de Deus, "do qual recebe o nome toda a família, nos céus e na terra"» (São João Paulo II, *Familiaris consortio*, 14).

***4, 1-16.** Cristo uniu os homens, judeus e gentios, num só povo; por isso, os cristãos devem empenhar-se na manutenção da unidade do corpo de Cristo (vv. 1-10). Esta unidade é compatível com a variedade de dons e missões que Cristo confiou a cada um, para que, do seu lugar na Igreja e no mundo, colabore no desenvolvimento de todo o corpo (vv. 11-16).

4, 1-10. A unidade do corpo de Cristo é apresentada como exigência primordial de tudo o que foi exposto na primeira parte da carta, e exige humildade e empenho por parte dos cristãos. A unidade da Igreja – um só corpo e um só Espírito (v. 4) – tem como fundamento o fato de haver um só Deus, um só Senhor, uma só fé e um só batismo (vv. 5-6): «O Espírito Santo habita nos crentes, enche e rege toda a Igreja, realiza aquela maravilhosa comunhão dos fiéis e une a todos intimamente em Cristo, que é princípio da unidade da Igreja» (Concílio Vaticano II, *Unitatis redintegratio*, 2).

A citação do v. 8 é de Sl 68, 19, no qual Deus é retratado entrando triunfalmente em Sião, onde é recebido pelo seu povo, que Lhe presta homenagem e Lhe faz a entrega das suas ofertas. A tradição judaica tinha aplicado esta frase do salmo a Moisés, dando-lhe outro sentido: Moisés subiu ao alto, ou seja, ao Sinai, e trouxe dons aos homens, nomeadamente a Lei de Deus; nesta passagem, o autor ensina que o salmo se cumpre em Cristo, pelo qual – pela sua vida terrena e a sua morte, pela sua humilhação e exaltação – nos chegaram as graças divinas. Da glória do Céu, na qual entrou, Jesus confere todos os dons que conquistou com a sua redenção.

4, 11-16. A unidade da Igreja mantém-se por ação de Cristo, que é a sua cabeça, e que suscita os ministérios para que todos possam chegar à maturidade, constituindo, cada um no seu lugar e com a sua missão específica, um único corpo, para cujo crescimento todos contribuem: «Do mesmo modo que num corpo vivo nenhum membro tem um papel meramente passivo, mas antes, juntamente com a vida do corpo, também participa na sua atividade, assim também no corpo de Cristo, que é a Igreja, todo o corpo cresce segundo a operação própria de cada um dos seus membros (Ef 4, 16)» (Concílio Vaticano II, *Apostolicam actuositatem*, 2).

***4, 17-6, 24.** Nesta última seção, a mais extensa, são expostas as exigências morais do cristão, enquanto membro da Igreja. Para seguir o raciocínio desta seção, convém ter presente que aqueles que procuravam o conhecimento dos mistérios divinos naquele contexto cultural concebiam o mundo como uma realidade dividida: de um lado estavam os infernos, as trevas, que tinham invadido o mundo e o dominavam; do outro lado estavam os iniciados, que renegavam esse mundo, considerando que a sua verdadeira pátria residia na plenitude divina. Este modo de interpretar a realidade, que algum tempo depois seria assumido e desenvolvido pelo gnosticismo, proporciona um enquadramento propício para a exposição do conteúdo moral da carta, com todas as precisões e correções que a perspectiva da fé cristã permite fazer.

É deste ponto de vista que o cristão é encarado: ele já não é o homem velho que vive na obscuridade do mal (4, 17-32), mas o homem novo, que deve refletir Deus no seu comportamento (5, 1-7), vivendo na luz do Senhor, como sábio, cheio do Espírito, no meio do mundo (5, 8-20); e a vida familiar e social deve ser um reflexo das realidades divinas (5, 21-6, 9). Para não sucumbir ao poder do mal presente no mundo, o cristão precisa de estar constantemente vigilante e de lutar sem desfalecer com as armas do Espírito (6, 10-20).

4, 17-32. A vida nova em Cristo é a condição imposta a cada cristão para contribuir para o crescimento do corpo de Cristo (cf. 4, 12-16). Para tal, o cristão tem de se despojar da vaidade e do pecado anteriores à conversão (vv. 17-19) e de se revestir de Cristo, o homem novo, sendo-Lhe fiel (vv. 20-24) em todos os momentos: «Assim, pois, se há uma só veste salvadora, Cristo, ninguém chamará homem novo, o que foi criado segundo Deus, a alguém fora de Cristo. É evidente, portanto, que quem se revestiu de Cristo se revestiu do homem novo, desse homem novo que foi criado segundo Deus» (São Gregório de Nissa, *Contra Eunomium*, 3, 1, 52).

A primeira consequência da vida nova é a prática das virtudes, que tornam possível e agradável o convívio entre os cristãos, como membros do mesmo corpo de Cristo (vv. 25-32).

Os cristãos não têm de fugir do mundo para viver de acordo com o Evangelho; o que têm é de se esforçar por encontrar a Deus na sua existência normal, no seu local de trabalho (v. 28), e de transformar o mundo através do exercício das virtudes cristãs, encarnando na sua vida a vida de Cristo, que se manifesta especialmente no perdão mútuo.

4, 30. Quando Israel foi redimido da escravidão do Egito, o sangue do cordeiro pascal com que tinham sido aspergidas as portas das casas dos judeus foi o sinal que marcou aqueles que seriam salvos; de modo análogo, o selo do Espírito Santo, recebido nos sacramentos do batismo e da confirmação, é o sinal indelével gravado na alma dos que são chamados à salvação em virtude da redenção realizada por Cristo. Por meio desse selo, «o cristão participa no sacerdócio de Cristo e faz parte da Igreja segundo estados e funções diversas. Esta configuração a Cristo e à Igreja, realizada pelo Espírito, é indelével, fica para sempre no cristão como disposição positiva para a graça, como promessa e garantia da proteção divina e como vocação para o culto divino e para o serviço da Igreja. Por isso, estes sacramentos não podem ser repetidos» (*Catecismo da Igreja Católica*, 1121); cf. também a nota a 2 Cor 1, 15-2, 4.

5, 1-7. Santificar-se é entrar no âmbito de Deus, que é o único

Santo; o caminho para lá chegar é imitar o amor e a entrega de Cristo (vv. 1-2). Por isso, como aconteceu noutras passagens (cf. Rm 1, 18-32; Gl 5, 19-21; 1 Cor 6, 9-10), Paulo adverte com seriedade que aqueles que levarem uma vida desordenada, alheia a Cristo, não participarão no reino de Deus.

5, 1-2. Cristo entregou-Se voluntariamente à morte, movido pelo seu amor por todos os homens. A expressão «oferenda e sacrifício de suave odor» (v. 2) evoca os sacrifícios da antiga Lei, realçando o caráter sacrificial da morte de Cristo e sublinhando que a sua oferta foi grata ao Pai. O cristão é chamado a imitar essa entrega: «Quem luta contra o pecado até derramar o seu sangue pela salvação de outros, a ponto de entregar a sua vida por eles, esse caminha no amor e imita a Cristo, que nos amou tanto que suportou a cruz pela salvação de todos» (São Jerônimo, *Commentarii in Ephesios*, 3, 5, 2).

5, 3-5. A corrupção dos costumes, por muito generalizada, deve ser combatida com todo o vigor, principalmente com o exemplo de uma vida limpa, própria daqueles que aspiram à santidade por serem templo do Espírito Santo (cf. 1 Cor 6, 19) e membros de Cristo (cf. 1 Cor 6, 15).

A advertência contida no v. 3 também pode ser traduzida da seguinte maneira: «não se diga a respeito de vós»; o que significa que os cristãos devem viver a castidade e as virtudes com ela relacionadas com esmero tal, que não devem dar a menor oportunidade de que os acusem de impureza.

Por outro lado, temos de lutar contra a avareza, vício pelo qual a pessoa se torna escrava do poder e do dinheiro, convertendo-os em ídolos (cf. Mt 6, 24); mas também não devemos limitar-nos no que diz respeito ao uso dos bens deste mundo: «O senhor não nos manda atirar as nossas propriedades à rua e afastar-nos do dinheiro; o que Ele quer é que afastemos da nossa alma a primazia das riquezas, a cobiça desenfreada e a febre delas, as solicitudes, os espinhos da vida, que afogam a semente da verdadeira vida» (Clemente de Alexandria, *Quis Dives Salvetur*, 11).

5, 8-20. Outra consequência prática: ter uma vida limpa, na qual se reflitam as obras da luz, como convém àqueles que receberam a luz de Cristo no batismo e foram cheios do Espírito Santo; por isso, o sacramento do batismo também recebe o nome de «iluminação», porque, através dele, é iluminado o espírito dos que recebem a pregação evangélica, que se integram em Cristo (cf. São Justino, *Apologia*, 1, 61, 12). O texto citado no v. 14 deve ter sido retirado da liturgia batismal.

A vida nova recebida no batismo caracteriza-se pela sensatez, em contraposição com a leviandade daqueles que se empenham em viver de costas voltadas para Deus (cf. 1 Cor 1, 18); a consequência imediata desta sensatez consiste em fazer bom uso do tempo que Deus nos dá para nos santificarmos (v. 16) e vivermos temperadamente (v. 18), cantando louvores a Deus (v. 19): «Que coisa tão estupenda é imitar na terra o coro dos anjos! Dispor-se para a oração nas primeiras horas do dia e glorificar o Criador com hinos e louvores. Mais tarde, quando o sol já brilha no alto, cheio de esplendor e de luz, ir para o trabalho com a oração a acompanhar-nos por toda a parte, condimentando as obras – por assim dizer – com o sal das jaculatórias» (São Basílio, *Epistula*, 2, 3).

O v. 20 tem um conteúdo semelhante ao de Rm 8, 28; São Jerônimo comenta-o dizendo: «Devemos examinar o que ali se diz, "dai graças por tudo", de duas maneiras: no sentido de dar graças a Deus em todo o tempo e por tudo o que nos acontece, de maneira que a nossa mente irrompa em gozoso louvor a Deus não só pelo que consideramos ser bom, mas também por aquilo que nos oprime e que vai contra a nossa vontade» (*Commentarii in Ephesios*, 3, 5, 20).

5, 21-33. O fundamento da grandeza e da dignidade sobrenaturais do matrimônio cristão é o fato de este refletir a união de Cristo com a Igreja. Ao exortar os esposos cristãos a viverem de acordo com a sua condição de membros da Igreja, o Apóstolo estabelece uma analogia pela qual o marido representa Cristo e a esposa representa a Igreja: «Cristo Senhor abençoou copiosamente este amor com múltiplos aspectos, nascido da fonte divina da caridade e constituído à imagem da sua própria união com a Igreja. E assim como outrora Deus veio ao encontro do seu povo com uma aliança de amor e fidelidade, assim agora o Salvador dos homens e esposo da Igreja vem ao encontro dos esposos cristãos com o sacramento do matrimônio. E permanece com eles, para que, assim como Ele amou a Igreja e Se entregou por ela, de igual modo os cônjuges, dando-se um ao outro, se amem com perpétua fidelidade. O autêntico amor conjugal é assumido no amor divino, e dirigido e enriquecido pela força redentora de Cristo e pela ação salvadora da Igreja, para que, deste modo, os esposos caminhem eficazmente para Deus e sejam ajudados e fortalecidos na sua missão sublime de pai e mãe» (Concílio Vaticano II, *Gaudium et spes*, 48). O matrimônio é, portanto, um caminho de santidade: «Para um cristão, o matrimônio não é uma simples instituição social, e menos ainda um remédio para as fraquezas humanas: é uma autêntica vocação sobrenatural. Sacramento grande em Cristo e na Igreja, diz São Paulo [...]: sinal sagrado que santifica, ação de Jesus que se apossa da alma dos que se casam e os convida a segui-Lo, transformando toda a vida matrimonial em um caminhar divino pela terra» (São Josemaria Escrivá, *É Cristo que passa*, 23).

Quando, de acordo com os costumes da época, o autor exorta as mulheres a submeterem-se aos maridos (v. 22), convida as esposas cristãs a refletirem, na sua atitude em relação ao marido, a própria Igreja, que atua inseparavelmente unida a Cristo. Em contrapartida, exige ao marido uma submissão semelhante à esposa, uma vez que ele é um reflexo de Jesus, que Se entregou até a morte por amor da Igreja: «Em virtude da sacramentalidade do seu matrimônio, os esposos estão vinculados um ao outro de maneira profundamente indissolúvel. A sua pertença recíproca é a representação real, através do sinal sacramental, da mesma relação de Cristo com a Igreja. Os esposos são, portanto, para a Igreja, a memória permanente daquilo que aconteceu na cruz: são um para o outro, e para os filhos, testemunhas da salvação da qual o sacramento os faz participar» (São João Paulo II, *Familiaris consortio*, 13).

6, 1-4. O Apóstolo recorda o quarto preceito do Decálogo (cf. Ex 20, 12; Dt 5, 16), cujo cumprimento proporciona, a par dos frutos espirituais, frutos temporais de paz e de prosperidade (cf. *Catecismo da Igreja Católica*, 2200). Em seguida (v. 4), refere-se às obrigações dos pais: «Os pais devem olhar para os seus filhos como filhos de Deus e respeitá-los como pessoas humanas. Educarão os seus filhos no cumprimento da lei de Deus na medida em que eles próprios se mostrarem obedientes à vontade do Pai dos Céus» (*Ibidem*, 2222). «É dever dos pais criar um ambiente de tal modo animado pelo amor e pela piedade para com Deus e para com os homens que favoreça a completa educação pessoal e social dos filhos. [...] É na família cristã, ornada da graça e do dever do sacramento do matrimônio, que os filhos devem ser ensinados desde os primeiros anos, segundo a fé recebida no batismo, a conhecer e a adorar a Deus e a amar o próximo; [...] é pela família que eles são pouco a pouco introduzidos no consórcio civil dos homens e no povo de Deus. Caiam, portanto, os pais na conta da importância da família verdadeiramente cristã na vida e no progresso do próprio povo de Deus» (Concílio Vaticano II, *Gravissimum educationis*, 3).

6, 5-9. Na época de São Paulo, as relações laborais assentavam, em grande parte, na escravidão. O que o Apóstolo faz é olhar de uma maneira nova para o fundamento das relações entre senhores e escravos: salientando a dignidade da pessoa humana, ensina claramente que as relações entre as pessoas devem ser sobrenaturalizadas, contempladas à luz de Cristo, e mantidas em consequência. Ficam assim estabelecidos os valores que, séculos mais tarde, conduziriam à luta pela abolição da escravidão.

6, 10-20. O Apóstolo conclui a carta animando vivamente os fiéis ao seu combate contra o mal e mostrando-lhes que dispõem das armas necessárias para triunfar. Recorrendo à imagem da armadura militar, convida os seus leitores a revestirem-se da proteção divina, para poderem vencer os ataques do mal; e encoraja-os à perseverança na oração, que solicita também por ele e pelo seu ministério. É toda uma exortação a procurarem a sua fortaleza em Deus: «Ser forte no Senhor é ser forte na palavra, na sabedoria, na contemplação da verdade e em todas as sentenças de Cristo» (Orígenes, *Fragmenta in Ephesios*, 32). Por isso, entre os vários meios sobrenaturais que o cristão tem ao seu dispor para lutar contra as ciladas do inimigo, destaca-se a oração (v. 18): «"Não nos foi mandado que trabalhemos, velemos e jejuemos constantemente, mas temos a lei de orar sem cessar" (Evágrio do Ponto, *Capita practica ad Anatolium*, 49); este fervor incansável só pode vir do amor. Contra a nossa lentidão e preguiça, o combate da oração é o do amor humilde, confiante e perseverante» (*Catecismo da Igreja Católica*, 2742).

O v. 12 fala de «principados», «potestades» e «dominadores deste mundo», designações retiradas da literatura judaica da época, que designam, neste contexto, as forças tenebrosas que procuram manter a humanidade afastada de Cristo e atacam os homens de todas as maneiras (cf. 1 Pd 5, 8).

6, 21-24. A missão de Tíquico é, quase literalmente, a mesma que desempenha em Cl 4, 7-8. Tíquico acompanhou São Paulo a Jerusalém na terceira viagem do Apóstolo e seria enviado em missão a Creta e a Éfeso (cf. At 20, 4; 2 Tm 4, 12; Tt 3, 12).

CARTAS

CARTA AOS FILIPENSES

INTRODUÇÃO

No cânone do Novo Testamento, à *Carta aos Efésios* segue-se a *Carta aos Filipenses*. Trata-se, tal como a anterior, de uma das chamadas cartas do cativeiro, pois também nesta se alude a um período de prisão do Apóstolo. A missiva é dirigida a uma comunidade cristã em relação à qual São Paulo exprime grande confiança e profundo afeto: «[...] vos tenho no coração»[1], escreve-lhes; e também: «muito amados e desejados irmãos, minha alegria e minha coroa»[2].

Quer pelo conteúdo, quer pelo tom cordial da exposição, este é um dos escritos paulinos de leitura mais agradável.

I. ESTRUTURA E CONTEÚDO

A *Carta aos Filipenses* é uma carta de amizade, escrita num tom íntimo e pessoal, não tendo por isso uma estrutura bem definida. Tampouco é possível distinguir nela, claramente, uma parte moral de uma parte dogmática.

1 Fl 1, 7.

2 Fl 4, 1

Começa com uma saudação muito simples, seguida de uma ação de graças a Deus; depois, o autor alude à sua situação e às consequências positivas deste cativeiro para a difusão do Evangelho (1, 1-26).

A seguir, São Paulo exorta os seus leitores a comportarem-se de maneira digna dos filhos de Deus, apresentando como modelo Nosso Senhor Jesus Cristo, por meio de um hino em que canta a sua humilhação e posterior exaltação (1, 27-2, 18).

Da contemplação de Cristo, Paulo passa às notícias de âmbito doméstico, anunciando aos filipenses que em breve lhes enviará Timóteo, que ele próprio confia poder seguir-lhe o exemplo, e que Epafrodito, restabelecido da doença, regressará a Filipos (2, 19-30).

Antes de concluir, inclui uma advertência contra o perigo suscitado pelas doutrinas de alguns pregadores cristãos de tendência judaizante que haviam chegado a Filipos; bem como um convite à perseverança, à alegria e à imitação do exemplo recebido do Apóstolo (3, 1-4, 9).

A carta tem fim com umas palavras de agradecimento e uma saudação.

II. RAZÃO DE SER DA CARTA

Havia uma relação estreita entre o Apóstolo e a igreja de Filipos. Na própria *Carta aos Filipenses*, tal como nos chegou, encontramos memórias pessoais, notícias da situação de Paulo na prisão e alusões ao contato que mantivera com esses fiéis por meio de Timóteo e Epafrodito. Mas também se fica com a impressão de que a comunicação epistolar entre São Paulo e os cristãos de Filipos não se limitou a esta carta e de que o Apóstolo lhes escreveu em mais de uma ocasião[3]. Já no primeiro terço do século II d.C., São Policarpo alude a estes escritos de São Paulo quando se dirige aos filipenses: «Ele [Paulo], quando esteve entre vós, ensinou aos seus contemporâneos a palavra da verdade com clareza e firmeza. E, quando se encontrava ausente, escreveu-vos cartas que, se as lerdes com atenção, poderão edificar-vos na fé que vos foi dada»[4].

A análise desta carta mostra que o texto não tem uma estrutura tão bem definida como outras missivas do Apóstolo, o que permite levantar a hipótese de que se trata de uma fusão de várias cartas paulinas escritas àquela comunidade. Chama a atenção, por exemplo, em contraste com outras cartas, que após o anúncio dos projetos e as notícias[5] – que costumam figurar no final das epístolas – ainda apareça uma seção, de tom mais polêmico que o resto do texto, acerca dos pregadores de tendência judaizante, cuja influência começava a notar-se em Filipos; por outro lado, a curta seção em que Paulo agradece a

3 Cf, Fl 3, 1.

4 São Policarpo, *Ad philippneses*, 3.

5 Cf. Fl 2, 19-29.

ajuda que lhe deram[6] constitui um todo coerente, como se se tratasse de uma breve carta pessoal.

Tudo isto faz supor que o texto que chegou até nós poderá conter uma compilação de dois ou três escritos enviados aos filipenses de diferentes lugares e em diversos momentos: o primeiro talvez seja Fl 4, 10-20; outro, mais extenso, corresponderá a Fl 1, 1-3, 1 e mais alguns versículos do capítulo 4; e poderá haver ainda um terceiro, que é a diatribe contra os judaizantes de Fl 3, 2-4, 1, juntamente com alguns versículos do último capítulo. Cada uma destas peças teria, pois, um contexto próprio de composição.

A primeira[7] seria uma breve carta manuscrita pelo próprio São Paulo (à semelhança da *Carta a Filêmon*), redigida com a finalidade de agradecer a ajuda que lhe deram.

A segunda[8], escrita do cárcere, visaria dar notícias da sua situação e do progresso do Evangelho nessas circunstâncias difíceis, ao mesmo tempo que exorta à unidade e à humildade. Aparentemente, os filipenses, sempre desejosos de ajudar o Apóstolo em todas as suas necessidades, teriam decidido enviar-lhe Epafrodito para lhe prestar auxílio enquanto estivesse preso[9]; mas Epafrodito caiu gravemente doente e esteve às portas da morte, pelo que,

6 Cf. Fl 4, 10-20.

7 Fl 4, 10-20.

8 Fl 1, 1-3, 1.

9 Cf. Fl 2, 25.

uma vez restabelecido, Paulo decidiu mandá-lo de volta à sua terra, para consolo dos filipenses[10].

A terceira[11] teria como objetivo chamar a atenção para aquilo que o próprio Paulo lhes tinha ensinado, para que não se deixassem seduzir pelos falsos pregadores judaizantes.

Seja como for, o vocabulário e o estilo literário destas três partes – quer tenham origem em cartas independentes posteriormente unificadas, quer sejam seções do mesmo escrito – são idênticos e ostentam grandes afinidades com o modo como o Apóstolo se exprime noutras cartas, nomeadamente as que endereçou aos coríntios, aos romanos, aos gálatas e aos tessalonicenses, pelo que não temos qualquer motivo de peso para duvidar de que tenham sido escritas por ele.

Quanto à data de composição, será a do primeiro cativeiro romano de São Paulo (anos 61-63), se tomarmos em sentido óbvio a declaração de que se encontra detido no pretório[12], assim como as saudações que envia da parte dos «da casa de César»[13]. Mas também é possível, e esta é a versão mais corrente na atualidade, que a carta tenha sido escrita de Éfeso, no período em que o Apóstolo esteve preso ali, durante a chamada terceira viagem, antes de passar novamente pela Macedônia (entre os anos de 54 e 57)[14].

---

10 Cf. Fl 2, 26-30.

11 Fl 3, 2-4, 1.

12 Cf. Fl 1, 13.

13 Fl 4, 22.

14 Poderá se tratar do cativeiro sugerido em 2 Cor 1, 8.

Isto porque a carta reflete a existência de uma comunicação frequente entre os filipenses e São Paulo, a qual não seria fácil de explicar se o Apóstolo se encontrasse numa cidade tão distante de Filipos como era a capital do Império[15]; do mesmo modo, se a missiva houvesse sido escrita de Roma, seria estranho que dissesse que aos filipenses não se tinha apresentado oportunidade de lhe dar mostras do seu amor pelo Apóstolo desde que o haviam socorrido em Tessalônica[16], uma vez que, antes de estar preso em Roma, Paulo passara duas vezes por Filipos, durante a sua terceira viagem apostólica[17]. Finalmente, a referência ao pretório não pressupõe necessariamente que estivesse em Roma, dado que pode tratar-se do pretório da casa de um governador de província; e os «da casa de César» poderão ser os funcionários do governo imperial, que estavam espalhados por todas as províncias e eram especialmente numerosos em Éfeso. Neste caso, a carta deverá ter sido escrita entre 54 e 57.

III. ENSINAMENTOS

O tom geral da carta é mais sugestivo que sistemático: usando de linguagem íntima, São Paulo dá notícias

---

15 Cf. Fl 2, 19-24, passagem que deixa a impressão de que Paulo escreve desde uma cidade relativamente próxima de Filipos, a qual podia muito bem ser Éfeso.

16 Cf. Fl 4, 10.16.

17 Cf. At 20, 1-2.3.

sobre a difusão do Evangelho e, da prisão, anima os leitores a levarem à prática os seus ensinamentos e a fomentarem o incremento nas virtudes cristãs. Apesar da brevidade da missiva, destacam-se, pela sua importância, alguns temas doutrinais.

Natureza da vocação cristã

Enquanto vive neste mundo, o cristão pode ser chamado «santo»[18] em virtude da graça santificante; mas não se pode afirmar que tenha alcançado a santidade definitiva ou que já seja «perfeito»[19]. São Paulo enuncia o caminho que conduz à santidade: a participação nos padecimentos de Cristo e a configuração com a sua morte.[20] Ser cristão é, pois, identificar-se com Cristo, procurar ter «os mesmos sentimentos que teve Jesus Cristo»[21], seguir o seu exemplo, pois Ele deu-Se como modelo definitivo, «fazendo-se obediente até a morte, e morte de cruz»[22].

18 Fl 1, 1.

19 Fl 3, 12.

20 Cf. Fl 3, 10-11.

21 Fl 2, 5.

22 Fl 2, 8.

O cristão que luta por estar unido a Cristo será, como Ele, elevado[23] à glória do Céu; por isso, todos os sofrimentos que possa padecer neste mundo, até o derramamento do sangue, se necessário for, serão para ele motivo de autêntica alegria[24], pois sabe que tanto a vida como a morte física se ordenam à glória de Deus por meio da união com Cristo[25].

O cristão no mundo

Os cristãos vivem no mundo com os outros homens, entre os quais não faltam – juntamente com outros que atuam com retidão, movidos por ideais nobres – pessoas que se deixam levar pela ambição desordenada, que gera a avareza[26]; a tentação de se deixarem levar pelo ambiente espreita constantemente.

Onde quer que se encontre, pois, o cristão não deve esquecer que é um cidadão do Céu[27], e por isso tem de se comportar de uma forma que seja digna do Evangelho[28], isto é, com humildade; não procurando os seus próprios interesses, mas os interesses dos outros[29]; estando sempre

---

23 Cf. Fl 2, 9.

24 Cf. Fl 2, 17.

25 Cf. Fl 1, 20.

26 Cf. Fl 2, 15.

27 Cf. Fl 3, 20.

28 Cf. Fl 1, 27.

29 Cf. Fl 2, 3-4.

alegre[30]; sendo irrepreensível, simples[31] e compreensivo com todos[32]. Deste modo, a vida digna dos filhos de Deus brilhará no meio do mundo[33], iluminando a todos com a luz de Cristo.

O mistério de Jesus Cristo redentor

O Apóstolo propõe como modelo o comportamento de Nosso Senhor; para tal apresenta, no hino recolhido em 2, 6-11, um compêndio de valor excepcional acerca da vida e da obra redentora de Cristo. Nele canta a exaltação alcançada pela humanidade de Jesus depois da sua existência terrena, a qual Jesus viveu em obediência voluntária, humilhando-Se até a morte, e morte de cruz. O hino proclama, com grande profundidade de pensamento, a natureza divina de Cristo – pré-existente à sua encarnação – e, portanto, a sua consubstancialidade com Deus Pai; proclama, ao mesmo tempo, a sua humilhação ao fazer-Se homem – pois, sem deixar de ser Deus, abaixou-Se até assumir a natureza humana; e canta, após a sua morte redentora, a sua exaltação gloriosa[34]. O Cristo elevado é o Homem-Deus que nasceu e morreu crucificado por nós.

---

30 Cf. Fl 4, 4.

31 Cf. Fl 2, 15.

32 Cf. Fl 4, 5.

33 Cf. Fl 2, 15.

34 Cf. Fl 2, 9-11.

As expressões e os temas descritos por São Paulo ao longo do hino tornam patente que a revelação feita por Deus no Antigo Testamento alcança a sua plenitude em Jesus Cristo. Em primeiro lugar, Jesus repara, com a sua morte redentora, a queda e a desordem produzidas por Adão, o primeiro homem; em Cristo, novo Adão[35], realizou-se a salvação prometida no protoevangelho[36]. Por outro lado, Jesus Cristo assume o papel de servo ao aceitar voluntariamente o caminho da obediência; a sua obra e a sua figura são descritas no livro de Isaías a propósito do servo do Senhor que, pela sua humilhação e sua morte, é causa de salvação para todos os homens[37].

35 Cf. Rm 5, 14.

36 Cf. Gn 3, 15.

37 Cf. Is 53, 2-11.

CARTA AOS FILIPENSES

I. APRESENTAÇÃO

Saudação

1 1 Paulo e Timóteo, servos de Jesus Cristo, a todos os
santos em Jesus Cristo que estão em Filipos e aos bis-
pos e diáconos: 2 graça a vós e paz da parte de Deus nosso
Pai e do Senhor Jesus Cristo.

Ação de graças e zelo pelos fiéis

3 Dou graças ao meu Deus todas as vezes que me lem-
bro de vós, 4 fazendo sempre com alegria súplicas por to-
dos vós em todas as minhas orações 5 por causa da parte
que tomastes no desenvolvimento do Evangelho de Cris-
to, desde o primeiro dia até agora, 6 tendo confiança de
que aquele que começou em vós a boa obra a completará
até o dia de Cristo Jesus. 7 É justo que eu pense assim de
todos vós porque vos tenho no coração, vós todos que,
quer nas minhas cadeias quer na defesa e confirmação do
Evangelho, sois participantes da minha alegria. 8 Deus

me é testemunha de como vos amo a todos com a ternura
de Cristo Jesus. 9 E o que lhe peço é que a vossa caridade
cresça mais e mais em compreensão e plena inteligência
10 para que possais distinguir o melhor, para que sejais
sinceros e irrepreensíveis até o dia de Cristo, 11 cheios dos
frutos de justiça que vêm por Jesus Cristo para glória e
louvor de Deus.

Situação de São Paulo

12 Ora eu quero, irmãos, que saibais que todas as coi-
sas passadas comigo têm contribuído mais para proveito
do Evangelho. 13 As minhas cadeias por amor de Cristo
tornaram-se conhecidas em todo o Pretório e, aliás, em
toda parte, 14 e a maioria dos irmãos, animados no Se-
nhor pelas minhas cadeias, tem tido maior ousadia em
anunciar sem temor a palavra de Deus. 15 É verdade que
alguns pregam a Cristo por inveja e por discórdia, mas
outros fazem-no com boa intenção. 16 Estes operam por
caridade, sabendo que fui constituído para defesa do
Evangelho. 17 Outros anunciam Cristo por espírito de
partido, não sinceramente, com o pensamento de acres-
centar aflição às minhas cadeias. 18 Mas que importa?
Contanto que Cristo de qualquer modo seja anunciado,
ou por algum falso pretexto ou com sinceridade, não só
nisso me alegro, mas me alegrarei. 19 De fato, sei que isso
me resultará em salvação, pela vossa oração e pelo socor-
ro do Espírito de Jesus Cristo, 20 segundo a expectação

e esperança que tenho de que em nenhuma coisa serei confundido, mas que, com toda a confiança como sempre, também agora será Cristo glorificado no meu corpo, quer na vida quer na morte.

21 Com efeito, para mim o viver é Cristo, e morrer é
lucro. 22 Mas, se o viver na carne me é útil por causa do tra-
balho, então não sei o que escolher. 23 Estou em aperto por
duas partes: tenho o desejo de partir para estar com Cristo,
o que é incomparavelmente melhor, 24 mas o permanecer
na carne é preferível por amor de vós. 25 E, persuadido
disso, sei que ficarei e que permanecerei com todos vós,
para vosso proveito e gozo da vossa fé, 26 a fim de que, pela
minha volta e presença entre vós, vos dê motivo para vos
gloriardes mais em Cristo Jesus.

II. ENSINAMENTOS DO APÓSTOLO

Exortação à luta pela fé

27 Cumpre somente que vos porteis de um modo dig-
no do Evangelho de Cristo, a fim de que, quer eu vá ver-
-vos, quer esteja ausente, ouça dizer de vós que permane-
ceis constantes num mesmo espírito, lutando unânimes
pela fé do Evangelho 28 sem terdes medo dos adversários.
Isso para eles é sinal de perdição, como para vós de sal-
vação. Tal é a vontade de Deus. 29 Porque a vós vos é da-
da a graça, em relação a Cristo, não só de crer nele, mas

também de sofrer por ele, 30 sustentando o mesmo com-
bate que vistes em mim e que ainda agora ouvis de mim.

Unidade e humildade

2 1 Portanto, se há alguma consolação em Cristo, se
algum conforto de caridade, se alguma união de es-
pírito, se alguma ternura e compaixão, 2 tornai comple-
to o meu gozo, tendo todos o mesmo pensar, a mesma
caridade, uma só alma, um mesmo sentimento. 3 Nada
façais por espírito de partido ou por vanglória, mas cada
um, por humildade, considere os outros superiores a si,
4 não atendendo aos seus próprios interesses, mas aos
dos outros.

Hino à humilhação de Cristo

5 Tende entre vós os mesmos sentimentos que teve Jesus
Cristo,
6 o qual, sendo de condição divina,
não julgou como usurpação
o seu ser igual a Deus,
7 mas aniquilou-se a si mesmo,
tomando a forma de servo,
feito semelhante aos homens
e sendo reconhecido, por condição, como homem.
8 Humilhou-se a si mesmo,

fazendo-se obediente até a morte,
e morte da cruz.
9 Por isso também Deus o exaltou
e lhe deu um nome
que está acima de todo nome,
10 de modo que ao nome de Jesus *se dobre todo joelho*
no céu, na terra e no inferno,
11 e *toda língua confesse*:
«Jesus Cristo é o Senhor»,
para glória de Deus Pai.

Os filhos de Deus, luz do mundo

12 Portanto, meus caríssimos, como sempre tendes
sido obedientes, trabalhai na vossa salvação com temor
e tremor, não só na minha presença, mas muito mais
agora na minha ausência; 13 porque Deus é o que opera
em vós o querer e o executar segundo o seu benepláci-
to. 14 Fazei, pois, todas as coisas sem murmuração nem
contestações, 15 a fim de serdes irrepreensíveis e sinceros
filhos de Deus, sem culpa no meio de uma nação depra-
vada e corrompida, onde brilhais como astros do mun-
do, 16 conservando a palavra de vida para eu ter a glória,
no dia de Cristo, de não haver corrido nem trabalhado
em vão. 17 Mas, ainda que o meu sangue deva servir de
libação sobre o sacrifício e a oferenda da vossa fé, alegro-
-me e congratulo-me com todos vós. 18 E vós também
alegrai-vos e congratulai-vos comigo.

III. PROJETOS E NOTÍCIAS

Envio de Timóteo

19 Espero no Senhor Jesus enviar-vos brevemente Timóteo, para que eu também fique animado recebendo notícias de vós, 20 porque não tenho ninguém como ele, unido comigo em sentimentos, que se interesse por vós sinceramente. 21 Com efeito, todos buscam os seus próprios interesses, e não os que são de Jesus Cristo. 22 Sabeis que ele é de uma virtude provada e que, como um filho com o pai, serviu comigo o Evangelho. 23 Espero, pois, mandar-vo-lo logo que tiver visto o estado das minhas coisas. 24 E confio no Senhor que também eu próprio brevemente irei ter convosco.

Envio de Epafrodito

25 Entretanto, julguei necessário mandar-vos Epafrodito, meu irmão, coadjutor e companheiro de luta, e vosso enviado para me socorrer nas minhas necessidades, 26 pois que ele desejava, por certo, ver-vos de novo a todos e tinha pena de que tivésseis notícia da sua doença. 27 Com efeito, esteve mortalmente enfermo, mas Deus compadeceu-se dele, e não somente dele mas também de mim, para que eu não tivesse tristeza sobre tristeza. 28 Por isso o enviei mais depressa, para que, vendo-o de novo, vos alegreis e eu fique com menor tristeza. 29 Recebei-o, pois, com todo

o gênero de alegria no Senhor e tratai com honra tais pes-
soas. [30] Efetivamente, pelo serviço de Cristo chegou às
portas da morte, arriscando a própria vida para vos suprir
no serviço que vós me não podíeis prestar.

IV. A VIDA CRISTÃ

Cuidado com os judaizantes

3 [1] Quanto ao mais, meus irmãos, alegrai-vos no Se-
nhor. A mim não me é penoso, e a vós é salutar, que
eu vos escreva as mesmas coisas. [2] Guardai-vos desses cães,
guardai-vos desses maus operários, guardai-vos desses mu-
tilados! [3] Em realidade, nós é que somos os verdadeiros
circuncidados, nós que servimos a Deus em espírito, que
nos gloriamos em Cristo Jesus e não confiamos na carne,
[4] se bem que também eu poderia ter confiança na carne.
Se algum outro pode confiar na carne, muito mais o posso
eu: [5] circuncidado no oitavo dia, da geração de Israel, da
tribo de Benjamim, hebreu de pais hebreus; segundo a lei,
fariseu; [6] quanto ao zelo, perseguidor da Igreja; quanto à
justiça da lei, irrepreensível no meu proceder.

A justiça de Deus, superior à justiça da Lei

[7] Porém, aquelas coisas que eu considerava como lu-
cro, considerei-as como perdas por amor de Cristo. [8] Sim,

na verdade tudo isso tenho por perda perante o eminente conhecimento de Cristo Jesus, meu Senhor, pelo qual renunciei a todas as coisas e as considero como esterco,
para ganhar a Cristo [9] e ser encontrado nele, não tendo a minha justiça que vem da Lei, mas aquela que nasce
da fé em Cristo, a justiça que vem de Deus pela fé, [10] a
fim de o conhecer a ele e a virtude da sua ressurreição e de participar dos seus sofrimentos, assemelhando-me à
sua morte [11] para ver se de algum modo posso chegar
à ressurreição dos mortos.

A luta ascética, esporte sobrenatural

[12] Não que eu tenha já alcançado o prêmio ou seja já perfeito, mas prossigo para ver se de algum modo o poderei apreender, porque eu também fui apreendido
por Jesus Cristo. [13] Irmãos, não julgo ter já alcançado a meta, mas somente faço uma coisa: esquecendo-me do que fica para trás e avançando para as coisas que estão
adiante, [14] prossigo para a meta, para o prêmio da celeste vocação de Deus em Cristo Jesus.

[15] Todos nós, pois, que somos adultos, tenhamos esses sentimentos; e, se em algum ponto tendes pensamentos diferentes, Deus também vos esclarecerá sobre
isso. [16] Quanto, porém, àquilo a que temos já chegado, continuemos na mesma regra.

Cidadãos do Céu

17 Sede meus imitadores, irmãos, e ponde os olhos
naqueles que andam conforme o modelo que tendes em
nós. 18 Porque muitos, de quem muitas vezes vos falei e
também agora falo com lágrimas, procedem como inimi-
gos da cruz de Cristo: 19 o fim deles é a perdição, o deus
deles é o ventre, e fazem consistir a sua glória naquilo que
é a sua vergonha, gostando somente das coisas terrenas.
20 Nós, porém, somos cidadãos dos céus, donde também
esperamos o Salvador, o Senhor Jesus Cristo, 21 o qual
transformará o nosso corpo de miséria fazendo-o seme-
lhante ao seu corpo glorioso, com aquele poder com que
pode também sujeitar a si todas as coisas.

Exortação à perseverança e à alegria

4 1 Portanto, meus muito amados e desejados irmãos,
minha alegria e minha coroa, permanecei assim fir-
mes no Senhor, caríssimos.

2 Rogo a Evódia e suplico a Síntique que tenham os
mesmos sentimentos no Senhor. 3 Também te rogo a ti,
meu fiel companheiro, que as ajudes a elas, que comba-
teram comigo pelo Evangelho com Clemente e com os
outros meus colaboradores, cujos nomes estão no livro
da vida.

4 Alegrai-vos incessantemente no Senhor; outra vez
digo, alegrai-vos. 5 A vossa afabilidade seja conhecida

de todos os homens. O Senhor está perto. 6 Não vos
inquieteis com nada, mas em todas as circunstâncias
manifestai a Deus as vossas necessidades por meio de
orações e súplicas unidas à ação de graças. 7 E a paz
de Deus, que está acima de todo o entendimento, guarde
os vossos corações e os vossos espíritos em Cristo Jesus.

8 Quanto ao mais, irmãos, tudo o que é verdadeiro,
tudo o que é digno, tudo o que é justo, tudo o que é
santo, tudo o que é amável, tudo o que é de bom nome,
qualquer virtude, qualquer coisa digna de louvor, seja
isso o objeto dos vossos pensamentos. 9 O que apren-
destes e recebestes, o que ouvistes e vistes em mim, isso
praticai; e o Deus da paz será convosco.

Gratidão do Apóstolo

10 Muito me alegrei no Senhor porque, enfim, vi reflo-
rescer os vossos sentimentos a meu respeito; é certo que
os tínheis, porém só vos faltava a oportunidade de os ma-
nifestar. 11 Não digo isso levado pela minha necessidade,
porque aprendi a contentar-me com o que tenho. 12 Sei
viver nas privações, sei também viver na abundância; a
tudo fui habituado: a ter fartura e a passar fome, a estar
na abundância e a padecer necessidade. 13 Tudo posso
naquele que me conforta.

14 Contudo, fizestes bem em me assistir na minha
tribulação. 15 Também sabeis, ó filipenses, que, no prin-
cípio da evangelização, quando parti da Macedônia,

nenhuma igreja me ajudou abrindo-me uma conta de
«deve» e «haver», senão vós somente; 16 porque até a Tes-
salônica me mandastes, uma e outra vez, o que me era
necessário. 17 Não é que eu busque dádivas, mas busco o
fruto que vá aumentando para vossa conta. 18 Agora te-
nho tudo e estou na abundância; estou cheio, depois que
recebi de Epafrodito o que me mandastes como perfume
de suavidade, como sacrifício aceito e agradável a Deus.
19 O meu Deus, pois, cumpra todos os vossos desejos
conforme as suas riquezas, com glória em Cristo Jesus.
20 Seja dada glória a Deus e Pai nosso, por todos os sécu-
los dos séculos. Amém.

Despedida

21 Saudai todos os santos em Cristo Jesus. Os irmãos
que estão comigo vos saúdam. 22 Todos os santos vos saú-
dam, principalmente aqueles que são da casa de César.
23 A graça do Senhor Jesus Cristo seja com o vosso
espírito. Amém.

NOTAS À *CARTA AOS FILIPENSES*

***1, 1-26.** Nesta carta, São Paulo abre o seu coração de Apóstolo aos fiéis de Filipos: começa por exprimir a alegria que sente – não obstante estar preso (1, 1-26) – ao pensar neles e no Evangelho; e pede-lhes que, mesmo estando ausente, continuem a enchê-lo de alegria vivendo a unidade na humildade, de que têm um exemplo no rebaixamento de Cristo (1, 27-2, 18). Paulo compensa a sua ausência de Filipos com o envio de uns irmãos (2, 19-30) e com esta carta, através da qual, para reforçar a vida cristã dos seus leitores, os previne contra certos intrusos, lhes aviva a esperança do Céu e agradece a ajuda que lhe dão (3, 1-4, 23).

Este escrito caracteriza-se por refletir, com mais intensidade que qualquer outro, os sentimentos de afeto e apreço de São Paulo pelos cristãos das comunidades que tinha fundado. Para além da saudação (vv. 1-2) e da ação de graças pela fidelidade dos destinatários (vv. 3-11), pontos que são habituais no seu epistolário, encontramos nesta missiva reflexões do Apóstolo sobre a sua situação pessoal (vv. 12-26).

1, 1-2. A palavra grega «*episkopos*» significa vigilante, guardião, moderador; «*diákonos*» significa servo, ajudante. Embora na altura os termos «bispos» e «diáconos» não tivessem exatamente o mesmo sentido que têm atualmente, a utilização dos referidos termos dá a entender que já então as igrejas locais tinham uma organização hierárquica.

1, 3-11. A alegria é uma das notas dominantes deste escrito (cf. 3, 1; 4, 4), suscitada em especial pelo bom espírito e o bom comportamento dos filipenses. Paulo caracteriza-a como um dos frutos do Espírito Santo (cf. Gl 5, 22), com origem na união com Deus e na descoberta da providência amorosa com que Deus vela pelas suas criaturas, em particular pelos seus filhos; a alegria dá serenidade, paz e objetividade ao cristão em todas as ações da sua vida. A identificação de São Paulo com Cristo é tão intensa, que pode dizer que os afetos que Cristo tinha no seu coração passaram para o dele (v. 8).

Com base nas palavras do v. 6, o Magistério da Igreja ensina, contrariando a heresia pelagiana, que tanto o início da fé como o seu aumento, e ainda o ato de fé pelo qual cremos, são fruto do dom da graça e da livre correspondência humana (cf. Concílio II de Orange, cânone 5). O Concílio de Trento reiterou este ensinamento, declarando que Deus acabará a boa obra que começou se os homens cooperarem com a sua graça (cf. *De iustificatione*, cap. 13); a par desta confiança no auxílio divino, é necessário um esforço pessoal por corresponder à graça, uma vez que, nas palavras de Santo Agostinho, «Deus, que te criou sem ti, não te salvará sem ti» (*Sermones*, 169, 13).

1, 9. O aumento da caridade estimula o empenho por alcançar um maior conhecimento de Deus: «Quem ama não se contenta com um conhecimento superficial do amado, mas esforça-se por conhecer cada uma das coisas que Lhe dizem respeito, penetrando assim até o seu interior» (São Tomás de Aquino, *Summa theologiae*, 1-2, 28, 2c).

1, 12-26. Paulo mostra-se agradecido pelo fato de estar preso, uma vez que tal situação lhe proporciona uma oportunidade de dar um testemunho favorável para a difusão do Evangelho; tal como ele, também hoje os discípulos de Cristo «fazem aflorar no coração daqueles que os veem viver perguntas indeclináveis: Por que são assim? Por que vivem desta maneira? O que ou quem os inspira? Por que estão conosco? Pois bem: semelhante testemunho constitui já uma proclamação silenciosa, mas muito valiosa e eficaz, da Boa-nova. [...] No entanto, isso é insuficiente, pois até o mais belo testemunho virá a tornar-se impotente com o andar do tempo, se não for [...] explicitado por um anúncio claro e inelutável do Senhor Jesus» (São Paulo VI, *Evangelii nuntiandi*, 21-22).

Não sabemos a quem se refere o Apóstolo quando menciona os que pregam a Cristo «por inveja e por discórdia» (v. 15); seja como for, alegra-o o fato de se pregar o Evangelho (cf. Mc 9, 38-40).

1, 21-26. O verbo grego que aparece traduzido por «partir» (v. 23) era geralmente utilizado para designar a ação de soltar as amarras de um navio antes de este sair do porto, ou de levantar um acampamento para transferir um exército para outro local; isto significa que o Apóstolo entende a morte como uma libertação dos laços terrenos, para ir em breve «estar com Cristo». Graças a Cristo, a morte tem sentido; é desta maneira que se compreende que a morte seja «um lucro» (v. 21), pois permitirá ver Deus face a face definitivamente (cf. 1 Cor 13, 12), e chegar à união perene com Cristo. «Viver no céu é "estar com Cristo" (Fl 1, 23; cf. Jo 14, 3; 1 Ts 4, 17). Os eleitos vivem nele, mais ainda, nele conservam, ou melhor, encontram a sua verdadeira identidade, o seu nome próprio (cf. Ap 2, 17): "Porque a vida consiste em estar com Cristo, onde está Cristo, aí está a vida, aí está o reino" (Santo Ambrósio, *Expositio Evangelii secundum Lucam*, 10, 121)» (*Catecismo da Igreja Católica*, 1025). O desejo de ver Deus no Céu levava Santa Teresa de Jesus a cantar: «Vivo sem viver em mim,/ e tão alta vida espero,/ que morro porque não morro» (*Poemas*, 1). Não obstante, São Paulo abraça a vida neste mundo, convencido de que tem ainda muito que fazer (vv. 25-26): «O fato de não escolher o que afirma ser melhor para si demonstra o grande amor que tinha pelos crentes; mas queria que tal aproveitasse a muitos, certo de que aquilo que aproveita à salvação de muitos também agrada ao Senhor» (Ambrosiastro, *Ad philippenses*).

***1, 27-2, 18.** Os cristãos de Filipos conheciam algumas dificuldades; talvez sofressem perseguições, bem como a existência de rivalidades, aparentemente suscitadas por certos pregadores. São Paulo exorta-os à fortaleza (1, 27-30) e à unidade, com base na humildade, como Cristo (2, 1-18).

1, 27-30. A expressão grega traduzida como portar-se «de um modo digno» (v. 27) tem um significado mais preciso: viver como cidadãos dignos. Aludindo talvez ao direito de cidadania romana dos habitantes de Filipos, do qual se sentiam muito orgulhosos, Paulo ensina que os cristãos, a par da posição que ocupam na sociedade, têm uma cidadania no Céu (cf. 3, 20). Trata-se, no fundo, de viver na terra como cidadãos do reino de Deus, com a consciência de que «a importância das tarefas terrenas não é diminuída pela esperança escatológica, mas esta reforça com novos motivos a sua execução» (Concílio Vaticano II, *Gaudium et spes*, 21).

A dor e as dificuldades são ocasiões providenciais para o cristão se identificar de forma mais plena com Cristo, abraçando a sua cruz sem temor (v. 29): «Que importa padecer, se se padece para consolar, para dar gosto a Deus Nosso Senhor, com espírito de reparação, unido a Ele na sua Cruz..., numa palavra: se se padece por Amor?» (São Josemaria Escrivá, *Caminho*, 182).

2, 1-4. A maior alegria do Apóstolo é a unidade dos cristãos, que tem por base a caridade e o exemplo de Cristo; é dele que nos vem o grande exemplo de humildade, como fica patente nos versículos seguintes.

2, 5-11. Este é um dos textos mais antigos do Novo Testamento acerca da divindade de Jesus. Talvez se trate de um hino utilizado pelos primeiros cristãos, que São Paulo recupera, no qual se canta a humilhação e a exaltação de Cristo. Tendo presente a divindade de Jesus, o autor centra as suas atenções na morte de cruz, que apresenta como exemplo supremo de humildade e obediência: «Haverá atitude mais humilde no Rei dos seres que a de entrar em comunhão com a nossa pobre natureza? O Rei dos reis e Senhor dos senhores reveste-Se da forma da nossa escravidão; o Juiz do universo faz-Se tributário dos príncipes terrenos; o Senhor da criação nasce numa gruta; Aquele a quem pertence o mundo não encontra lugar numa pousada [...]; o puro e incorrupto reveste-Se da sujidade da natureza humana e, passando todas as nossas necessidades, conhece a experiência da morte» (São Gregório de Nissa, *De beatitudinibus*, 1).

2, 6-8. São Paulo estabelece um contraste entre Jesus e Adão, que, sendo homem, ambicionou ser Deus (cf. Gn 3, 5); pelo contrário, Jesus, sendo Deus, «humilhou-se a si mesmo» (v. 8): «Ao indicar que Se rebaixou, não dizemos que perdeu a condição divina, mas que assumiu a condição de servo: manteve-Se imutável naquela natureza na qual, existindo em condição divina, é igual ao Pai; e assumiu a nossa natureza mutável, na qual nasceu da Virgem» (Santo Agostinho, *Contra Faustum*, 3, 6).

A obediência de Cristo até a cruz (v. 8) repara a desobediência do primeiro homem: «O Filho unigênito de Deus, palavra e sabedoria do Pai, que estava junto de Deus na glória que havia antes de o mundo existir, humilhou-Se e, tomando a forma de escravo, fez-Se obediente até a morte para ensinar a obediência àqueles que só com ela poderiam alcançar a salvação» (Orígenes, *De principiis*, 3, 5, 6).

2, 9-11. Ressuscitando Jesus e sentando-O à sua direita, Deus Pai concedeu à sua humanidade a possibilidade de manifestar a glória da divindade que lhe corresponde: «o nome que está acima de todo o nome», ou seja, o nome de Deus. No entanto, «a expressão "O elevou" não pretende significar que a natureza do Verbo tenha sido elevada [...]. Termos como "rebaixado" e "elevado" referem-se exclusivamente à dimensão humana; com efeito, só o que é humilde pode ser exaltado» (Santo Atanásio, *Contra arianos*, 1, 41).

Todas as criaturas ficaram submetidas ao seu poder e os homens terão de confessar a verdade fundamental da doutrina cristã: «Jesus Cristo é o Senhor!» O termo grego «*Kyrios*», empregado por São Paulo nesta fórmula, é utilizado pela antiga versão grega dos Setenta para traduzir o nome de Deus do hebraico; daí que a fórmula constitua uma proclamação da divindade de Cristo.

2, 12-18. A meditação do exemplo de Cristo deve fomentar a luta perseverante e generosa dos discípulos; os cristãos são chamados a iluminar, com a sua vida simples e reta, o mundo em que vivem. O v. 13 mostra que, para tal, contam com a graça de Deus, «pois, desde que nós queiramos, imediatamente Ele aumentará o nosso querer» (São João Crisóstomo, *In Philippenses*, 8, 2, 12-13): «Esta é uma verdade inseparável da fé em Deus Criador: Deus age em toda a ação das suas criaturas. Ele é a causa primeira, que opera nas e pelas causas segundas [...]. Longe de diminuir a dignidade da criatura, esta verdade realça-a. Tirada do nada pelo poder, a sabedoria e a bondade de Deus, a criatura separada da sua origem nada pode, porque "a criatura sem o Criador esvai-se" (Concílio Vaticano II, *Gaudium et spes*, 36); muito menos pode atingir o seu fim último sem a ajuda da graça» (*Catecismo da Igreja Católica*, 308). O homem não é, portanto, capaz de fazer coisa alguma que conduza à vida eterna senão movido por Deus; no entanto, a graça não suprime a liberdade, pois somos nós que queremos e agimos. Por isso, a incapacidade humana para realizar obras meritórias só com as forças naturais não deve ser motivo de desânimo; pelo contrário, constitui mais um motivo de agradecimento a Deus, pois Ele está sempre atento e envia-nos o auxílio da sua graça. Deste modo, poderemos agir bem e fazer com que as boas ações nos sirvam para merecer o Céu; São Francisco de Sales ilustra esta maravilha do amor de Deus com um exemplo: «Quando a terna mãe ensina o filho pequenito a andar, ajuda-o e segura-o enquanto é necessário, deixando-o dar alguns passos pelos locais menos perigosos e mais planos, dando-lhe a mão e apertando-o, ou pegando-lhe ao colo. É também assim que Nosso Senhor tem continuamente cuidado com os passos dos seus filhos» (*Tratado do Amor de Deus*, 3, 4).

***2, 19-30.** Verifica-se agora uma mudança de tema um tanto brusca, introduzindo as diversas notícias que o Apóstolo deseja comunicar aos filipenses.

2, 19-24. Timóteo tinha colaborado com São Paulo na pregação aos filipenses e no processo de conversão destes, acompanhando-o em algumas das suas viagens apostólicas (cf. At 16, 1.3.10ss; 20, 4), ou sendo enviado por ele (cf. At 19, 22). De entre todas as qualidades que São Paulo louva em Timóteo, destaca-se a identificação de sentimentos e intenções com o Apóstolo, que é um modelo da comunhão com os pastores legítimos da Igreja.

2, 25-30. A situação de Paulo – estava preso – não escapava aos planos de Deus; o Senhor suscitou o amor e a generosidade dos filipenses, que lhe enviaram Epafrodito, para cuidar de todas as necessidades do Apóstolo: «O sofrimento está presente no mundo para desencadear o amor, para fazer nascer obras de amor para com o próximo, para transformar toda a civilização humana na civilização do amor» (São João Paulo II, *Salvifici doloris*, 30). É comovente perceber a delicadeza com que os primeiros cristãos viviam a fraternidade e o afeto respeitoso e prático que tinham pelos seus pastores.

***3, 1-4, 23.** Depois de dar notícias sobre si e sobre os seus colaboradores, São Paulo anima os filipenses à fidelidade e ao progresso na vida cristã. Para tal, apresenta-se a si próprio como exemplo: em primeiro lugar, respondendo aos judaizantes, explica a mudança por que passou quando se converteu ao cristianismo (3, 1-16); depois, fala-lhes da meta que se esforça por alcançar, o Céu (3, 17-21); finalmente, comunica-lhes a alegria e a gratidão que sente quando pensa neles (4, 1-20).

3, 1-6. Era frequente encontrar à entrada das casas romanas um letreiro com as palavras: *Cave canem* («cuidado com o cão»). São Paulo alude a essa expressão para indicar, de forma expressiva, que os filipenses deviam ter o cuidado de não se deixar enganar pelos «maus operários» que, em vez de contribuírem para a construção da obra de Cristo, impediam o seu desenvolvimento. No Antigo Testamento, a circuncisão era o sinal de pertença ao povo de Israel, a garantia das promessas de salvação que Deus tinha feito no Sinai; contudo, tinham surgido alguns pregadores de tendências judaizantes, que defendiam que os gentios que tinham abraçado a fé também tinham de se circuncidar. O Apóstolo chama-lhes «mutilados» (v. 2) no possível sentido de «falsos circuncisos», porque eram pessoas que apenas davam importância à circuncisão exterior, carnal; ora, para um cristão, o verdadeiro motivo de glória é a sua configuração com Cristo, que começa no batismo. Paulo recorda a sua condição de judeu, da qual se sente orgulhoso, para mostrar aos filipenses a sua autoridade moral em relação a tais pregadores.

3, 7-11. Tudo aquilo que, antes da sua conversão, era para ele motivo de glória, carece agora de valor em comparação com o sublime conhecimento de Cristo; é Ele – e não a Lei de Moisés (cf. Rm 3, 21) – que torna o homem justo. Por isso, é necessário deixar tudo por Cristo e esforçar-se por se ir configurando com Ele até alcançar a glória da ressurreição; e vale a pena investir tudo nesta tarefa, como observa Santa Teresa de Jesus: «Importa muito, e tudo, ter uma grande e muito determinada determinação de não parar até chegar a ela, venha o que vier, suceda o que suceder, trabalhe-se o que se trabalhar, murmure quem murmurar, quer lá se chegue, quer se morra no caminho, ou não se tenha ânimo para os trabalhos que nele há, quer se afunde o mundo» (*Caminho de perfeição*, 21, 2).

3, 12-16. Os cristãos têm de se esforçar permanentemente por crescer em santidade; recorrendo a uma comparação muito expressiva, retirada das corridas no estádio, São Paulo considera que a luta ascética é uma ação positiva, um autêntico esporte sobrenatural, desde que haja verdadeira vontade de progredir interiormente: «Que sempre te desagrade o que és, se queres chegar ao que ainda não és, pois quando te agradas a ti mesmo, por aí te ficas; se disseres "basta", nesse momento pereceste. Cresce sempre, caminha sempre, não te fiques pelo caminho, não voltes para trás, não te desvies. Quem não avança para; quem volta para as coisas que havia deixado retrocede; quem apostata desvia-se. É melhor ir coxo pelo caminho que ir a correr fora do caminho» (Santo Agostinho, *Sermones*, 169, 18).

3, 17-21. Não é a imitação dos inimigos da cruz do Senhor, mas a dos santos, que é caminho seguro para a eficácia no serviço a Deus e aos outros. Como cidadãos do Céu que são, os cristãos devem levar uma vida alegre e confiada, que é a vida própria dos filhos de Deus, fundada na esperança na vinda do Senhor e na ressurreição.

Por outro lado, observe-se a atitude pastoral de São Paulo, que dá exemplo de tudo o que prega na sua vida: «Não há melhor ensinamento que o exemplo do mestre! Por este caminho, o mestre tem a certeza de conseguir que o discípulo decida segui-lo. Falai com sabedoria, instruí com toda a eloquência possível [...], mas o vosso exemplo causará uma impressão mais forte e mais decisiva [...]. Quando as vossas obras forem consequentes com as vossas palavras, não haverá nada que vos possam objetar» (São João Crisóstomo, *In Philippenses, ad loc.*). A exortação constante do v. 17 não deve ser interpretada como uma falta de humildade. Há outras passagens em que São Paulo incentiva os cristãos a imitá-lo; mas, em 1 Cor 11, 1 especifica que devem fazê-lo na medida em que ele próprio é imitador de Cristo. A verdadeira humildade não se opõe ao reconhecimento das próprias virtudes, desde que não se perca de vista que é Deus a fonte de todo o bem.

4, 1-3. São Paulo utiliza expressões carinhosas e ternas (v. 1) e pede encarecidamente que duas fiéis se entendam, como é de esperar que aconteça numa comunidade cristã fervorosa (v. 2). «Fiel companheiro» (v. 3): a expressão é traduzida, noutras versões, por «companheiro de jugo» e, mesmo, por «fiel Sízigo», pois a palavra grega *sízygo* também podia ser nome próprio. É provável que São Paulo esteja valendo-se disso para fazer um jogo de palavras. Caso se trate de um cristão, vale destacar que não há outras referências a ele nos textos paulinos.

4, 4. Estas palavras de São Paulo são admiráveis, tendo em consideração que estava preso quando as escreveu; mas a verdadeira alegria não está dependente das circunstâncias em que ocorre a existência de uma pessoa, que podem até ser difíceis ou dolorosas: «Esta é a diferença entre nós e os que não conhecem a Deus: na adversidade, eles queixam-se e murmuram; a nós, as coisas adversas não nos afastam da virtude nem da verdadeira fé – que, pelo contrário, são reforçadas pela dor» (São Cipriano, *De mortalitate*, 13).

4, 5-7. «O Senhor está perto» (v. 5): o Apóstolo recorda a proximidade do Senhor para fomentar a alegria e animar à compreensão mútua. Estas palavras fariam certamente recordar a expressão *Marana thá* («Vem, Senhor Jesus»), que era usada com frequência nas celebrações litúrgicas. Vivendo num meio adverso, os primeiros cristãos punham a sua esperança na vinda do Salvador, Jesus Cristo; tal como eles, também nós temos a certeza de que, enquanto aguardamos a vinda gloriosa do Senhor, Ele não deixa de estar perto com a sua providência. Não temos, pois, razões para estar preocupados. Deus espera que Lhe falemos da nossa situação na oração, com confiança e simplicidade de filhos; deste modo, a oração transforma-se num meio eficaz de manter a paz, uma vez que «regula os afetos, dirige os atos, corrige as faltas, compõe os costumes, embeleza e ordena a vida; enfim, confere a ciência das coisas divinas e das coisas humanas [...]. Ela ordena o que se deve fazer e reflete sobre o que se fez, de maneira que nada haja no coração que esteja desordenado ou necessitado de correção» (São Bernardo, *De consideratione*, 1, 7).

4, 8-9. Todas as realidades terrenas e as coisas nobres deste mundo têm um valor divino, são boas e servem para os cristãos se aproximarem de Deus (v. 8): «Aí onde estão nossos irmãos os homens, aí onde estão as nossas aspirações, nosso trabalho, nossos amores – aí está o lugar do nosso encontro cotidiano com Cristo» (São Josemaria Escrivá, *Entrevistas com Mons. Josemaria Escrivá*, 113).

4, 10-20. As dificuldades que possam surgir na vida não são obstáculos inultrapassáveis nem podem resultar na perda da paz; o cristão conta com a fortaleza que Deus lhe dá.

A generosidade dos filipenses emociona São Paulo (vv. 14-20), que não está à procura de dádivas dos habitantes de Filipos, mas dos benefícios que eles próprios receberão como fruto das suas esmolas: «Não preciso, diz ele, nem procuro coisas necessárias; apenas deveis usar de benevolência, para receberdes o fruto da vossa benevolência» (Mário Vitorino, *In Epistolam Pauli ad Philippenses*, 4, 17). Como Deus é bom pagador, aquele que dá a esmola é muito mais beneficiado do que aquele que a recebe, pois aquele que dá receberá a glória eterna que foi conquistada por Cristo Jesus: «Que aquele que distribui esmolas o faça com despreocupação e alegria, uma vez que, quanto menos reservar para si, maior será o lucro que obterá» (São Leão Magno, *Sermo 10 de Quadragesima*, 5).

4, 21-23. «Aqueles que são da casa de César» (v. 22) deviam ser os funcionários da administração imperial que se tinham convertido ao cristianismo; a expressão tanto pode designar os que viviam em Roma, como os que viviam em alguma cidade importante do Império.

CARTAS

Carta aos Colossenses

INTRODUÇÃO

Depois da *Carta aos Efésios* e da *Carta aos Filipenses*, surge outra carta com referências à prisão do Apóstolo, razão pela qual também faz parte das chamadas cartas do cativeiro: a *Carta aos Colossenses*.

Esta missiva tem muitos pontos comuns com a *Carta aos Efésios*, quer no estilo literário, quer no conteúdo, pelo que, ao estudar cada uma delas, convém ter em consideração o conteúdo da outra. Além disso, pressupõe a *Carta a Filêmon*; com efeito, quase todas as alusões pessoais da missiva aos colossenses se encontram também na breve carta que São Paulo escreveu a esse cristão de Colossos.

I. ESTRUTURA E CONTEÚDO

A *Carta aos Colossenses* começa com uma breve saudação, que dá lugar a uma primeira parte, em que encontramos um hino a Cristo e uma ação de graças a Deus (1, 3-23). O elemento mais importante desta seção é o canto à primazia de Cristo sobre toda a criação.

A seguir, fica registrado que a autoridade de São Paulo está ao serviço do Evangelho (1, 24-2, 5), já que o Apóstolo se limitou a cumprir a missão que Deus lhe confiou, sem recear os padecimentos que a mesma tarefa acarretava.

Mais adiante, o autor incentiva os que acolheram Cristo e foram com Ele ressuscitados no batismo a permanecerem firmes na fé que receberam, sem se deixarem enganar por crenças vãs (2, 6-23).

O princípio que fundamenta o comportamento moral do cristão é a sua união com Cristo, que tem início no batismo – verdadeira ressurreição espiritual – e se aperfeiçoa com a vida de oração e os outros sacramentos. A vida nova em Cristo tem manifestações claras na vida doméstica e no comportamento social (3, 1-4, 18).

II. RAZÃO DE SER DA CARTA

Não temos informação de que São Paulo tenha parado em Colossos para pregar o Evangelho em alguma das suas viagens; terá sido Epafras[1] quem recebeu a missão de pregar nesta cidade, bem como nas cidades vizinhas de Hierápolis e Laodiceia[2]. Por aquilo que diz nesta carta,

1 Cf. Cl 1, 7; 4, 12.

2 Cf. Cl 1, 3.

o Apóstolo não conhecia pessoalmente os colossenses[3]. Deste modo, a reconstrução histórica das circunstâncias em que a missiva foi composta assenta necessariamente em conjecturas que têm por base as poucas alusões a acontecimentos concretos que se encontram no escrito.

A carta responde a preocupações surgidas entre os membros das comunidades daquela região da Frígia, suscitadas pelos ensinamentos de uns pregadores chegados de fora.

Com efeito, começavam a surgir crenças e práticas sincréticas, nas quais, a par do Evangelho recebido por meio da pregação apostólica, se fazia sentir a influência das tendências apocalípticas judaicas e das correntes helenísticas ligadas aos primeiros avanços da gnose; esta apresentava-se a si mesma como uma sabedoria mais elevada, que superava todas as outras religiões – incluindo o judaísmo –, por ela consideradas explicações imperfeitas, úteis apenas de forma provisória e para o vulgo. De acordo com esta mentalidade, o mundo e o curso da história dependiam de potências sobre-humanas inferiores ao verdadeiro Deus, às quais todas as coisas estavam submetidas; e só quem as conhecesse poderia conseguir o seu favor, evitando assim a sua influência negativa. Daí que o conhecimento (*gnose*) desse mundo sobre-humano fosse um meio de salvação. Nas seitas gnósticas que conhecemos por testemunhos posteriores (alusões de São Justino, Santo Irineu etc.), havia a convicção de que só os

3 Cf. Cl 2, 1.

iniciados eram salvos, e eram-no pelo conhecimento dos mistérios divinos, que os introduzia na sua verdadeira pátria, o mundo da plenitude divina (*plêrôma*); a iniciação era feita com base num itinerário rigorista.

Os primeiros rebentos da gnose pareciam querer conciliar o cristianismo com as suas ideias; assim, para os gnósticos, Cristo mais não era que um dos seres divinos que constituíam o *plêrôma*. Por outro lado, a realidade era dividida, havendo forte contraposição entre o que se encontrava no âmbito do Deus verdadeiro e desconhecido, de um lado, e aquilo que se encontrava no domínio do deus inferior – o demiurgo – e suas potências, que dominavam o mundo; daqui derivava um ascetismo rígido, que implicava a denegação radical do mundo criado, no qual evolui a vida humana habitual.

Esta carta foi composta com o objetivo de contrariar estas ideias; por isso, apesar de coincidir, em linhas gerais, com o esquema epistolar de base dos escritos do *corpus* paulino, trata-se de um texto eminentemente polêmico, embora de grande profundidade teológica, uma vez que desenvolve temas capitais do mistério do ser de Cristo – a cristologia –, nomeadamente a sua infinita superioridade e a sua capitalidade sobre todos os seres[4]. Nesta epístola, são ainda introduzidas expressões de conteúdo altamente significativo, como a de que em Cristo «habita corporalmente toda a plenitude [*plêrôma*] da divindade»[5].

---

4 Cf. Cl 1, 15-20.

5 Cl 2, 9.

Dentro do *corpus* paulino, esta carta tem algumas características próprias. Quanto ao vocabulário, aprecia-se a utilização de termos novos, que serão provenientes das doutrinas que ela pretende contrariar, mas que adquirem matizes e sentidos inovadores por serem utilizados num contexto polêmico. No que toca o estilo, o texto grego original da *Carta aos Colossenses* utiliza, tal como o da *Carta aos Efésios*, frases mais compridas que as habitualmente usadas nas cartas longas (as epístolas aos romanos, aos gálatas e aos coríntios) e na *Primeira Carta aos Tessalonicenses*, que são as primeiras de São Paulo.

Por outro lado, a missiva aos colossenses exibe elementos originais, que consistem fundamentalmente num grande enriquecimento da doutrina acerca da preeminência de Cristo sobre toda a criação; se já noutras cartas São Paulo tinha exposto detidamente o plano redentor em favor dos homens[6], nesta ensina que todas as criaturas participam dos frutos da redenção.

Não temos dados que nos permitam estabelecer em que momento as comunidades cristãs da Frígia sofreram o abalo que está refletido nesta carta, embora deva ter sido nas primeiras décadas da segunda metade do século I d.C.; por isso, também não podemos estabelecer com precisão em que momento foi composta a missiva. Tendo em consideração que Colossos foi destruída por

---

6 Anteriormente, esta ideia só tinha aparecido com alguma amplitude em Rm 8, 19-22.

um terremoto em 60 ou 64, o texto que o leitor tem em mãos deverá ser anterior a essa data[7].

Quaisquer que tenham sido o motivo e o momento concreto da sua composição, esta carta, que a tradição atribui a São Paulo, constitui um excelente exemplo da fé da comunidade primitiva em Cristo. A Igreja posterior sempre julgou-se diante de um escrito inspirado pelo Espírito Santo, razão pela qual foi incluído no cânone da Sagrada Escritura.

III. ENSINAMENTOS

Para contrariar os erros sincretistas que começavam a se espalhar nas comunidades cristãs da Frígia, foi necessário refletir, desde a perspectiva do Evangelho, sobre a criação, o governo do universo e o plano salvífico divino em favor dos homens, o qual também chega às realidades terrenas.

7 Não se pode eliminar por completo a possibilidade de as novas concepções filosófico-religiosas terem começado a difundir-se na Frígia após o terremoto, numa altura em que a cidade de Laodiceia estava sendo reconstruída, e que esta carta seja dirigida principalmente aos cristãos desta cidade (para os quais tem expressões de afeto e a intenção explícita de que a leiam; cf. Cl 2, 1; 4, 15), apelando, com base na autoridade do Apóstolo, a que não se deixassem seduzir pelas novas tendências.

A capitalidade de Cristo sobre o cosmos

Em contraposição ao sincretismo das potências celestes que começava a difundir-se naquela região, este texto afirma categoricamente que o Senhor Jesus é a cabeça de todos os seres, celestes e terrenos, e que o seu domínio é absoluto e está infinitamente acima de tudo o que existe na criação[8]. Isto «porque foi do agrado do Pai que residisse nele [em Cristo] toda a plenitude [*plêrôma*] e que por ele fossem reconciliadas consigo todas as coisas»[9]. Cristo não está situado em nenhum nível específico, mas tudo preenche, já que nEle «habita corporalmente toda a plenitude [*plêrôma*] da divindade»[10]. Cristo não é, pois, um dos muitos seres sobre-humanos que povoam o universo; é, antes, a cabeça, o princípio pelo qual nos chegará a todos a salvação.

A capitalidade do Senhor sobre o cosmos não jaz apenas na sua constituição ontológica – no fato de ser Deus e Homem –, mas também na sua atividade soteriológica: Ele é o Salvador. A salvação foi realizada por Cristo, mas a sua aplicação continua a realizar-se, uma vez que os frutos têm de chegar a todos e a cada um dos homens. Ela culminará finalmente quando se completar a recapitulação de todas as coisas em Cristo.

8 Cf. Cl 1, 15-20.

9 Cl 1, 19-20.

10 Cl 2, 9.

A capitalidade de Cristo sobre a Igreja

Ficou estabelecido, a partir de São Tomás de Aquino, que a capitalidade de Cristo sobre a Igreja inclui três elementos: a primazia, a perfeição e o influxo vital[11]. Na *Carta aos Colossenses*, há dois textos fundamentais sobre o tema de Cristo como cabeça da Igreja: 1, 18 e 2, 19. No primeiro, o autor expõe fundamentalmente uma capitalidade de tipo primacial, enquanto no segundo fala com mais clareza do influxo vital de Cristo sobre a Igreja; mas um e outro aspecto estão intimamente entrelaçados nos dois textos. Em 1, 15-20, São Paulo entoa um cântico à primazia total de Cristo sobre toda a criação e cada uma das suas ordens; no contexto deste hino, afirma: «Ele é a cabeça do corpo da Igreja»[12], frase cujo sujeito, «Ele», é Cristo indiviso, Deus-Homem. Neste versículo, o autor junta à primazia de Cristo sobre a criação a noção de Cristo enquanto cabeça da Igreja.

A noção da Igreja como corpo de Cristo revela uma concepção profunda do mistério salvífico, por meio da qual se explica o crescimento e a vida sobrenatural de todos e de cada um dos fiéis que integram a comunidade cristã universal. Por meio da unidade orgânica da Igreja como corpo de Cristo, os fiéis cristãos podem crescer na caridade, apoiando-se uns aos outros, ao mesmo

---

11 Cf. *Summa theologiae*, 3, 8, 1, c.

12 Cl 1, 18.

tempo que exercem a sua própria e peculiar função como membros vivos do organismo; deste modo, a obra salvífica chega, orgânica e ordenadamente, a todos os membros da Igreja.

Mais ainda, em consequência da íntima união entre o corpo e a cabeça, aquele prolonga a ação desta, cuja atividade vivificante ficaria de certa maneira incompleta sem a colaboração do corpo; desta forma, o cristão pode, em certa medida, completar a Paixão redentora do próprio Cristo: «Eu agora me alegro nos sofrimentos por vós e completo na minha carne o que falta aos sofrimentos de Cristo pelo seu corpo, que é a Igreja»[13].

A capitalidade de Cristo sobre as realidades temporais

Este aspecto é consequência direta da capitalidade de Cristo sobre o cosmos e tem estreita relação com a sua capitalidade sobre a Igreja. Uma vez que a ação dos membros da Igreja militante se desenvolve no meio das realidades temporais, a *Carta aos Colossenses* contempla o senhorio de Cristo não apenas sobre os Céus e sobre o mais íntimo do ser humano, mas sobre todas as realidades da terra e os afãs da vida cotidiana: as realidades

---

13 Cl 1, 24.

temporais são, em si mesmas, suscetíveis de ser cristianizadas – mais ainda, elas devem ser cristianizadas, santificadas.

Não se trata apenas de fazer coisas sob a invocação do nome de Jesus, mas de ordenar todas as atividades humanas para Cristo, pois «ele é antes de todas as coisas, e todas as coisas subsistem por ele»[14]; nesse sentido, Cristo deve ser colocado no cume dessas realidades, como cabeça salvífica e centro de convergência, uma vez que Ele é a meta última para a qual devem ser orientados os afazeres humanos.

14 Cl 1, 17.

CARTA AOS COLOSSENSSES

APRESENTAÇÃO

Saudação

1 [1] Paulo, apóstolo de Jesus Cristo pela vontade de Deus, e Timóteo, seu irmão, [2] aos santos e fiéis irmãos em Cristo que estão em Colossos: graça a vós e paz da parte de Deus, nosso Pai.

Ação de graças pela correspondência à doutrina do Evangelho

[3] Damos graças a Deus, Pai de Nosso Senhor Jesus Cristo, orando sempre por vós, [4] conhecedores da vossa fé em Cristo Jesus e da caridade que tendes para com todos os santos, [5] levados pela esperança que vos está reservada nos céus, da qual tivestes conhecimento pela palavra da verdade do Evangelho, [6] o qual chegou até vós, como a todo o mundo, e frutifica e cresce incessantemente, desde o dia em que ouvistes e conhecestes a graça de Deus na verdade, [7] conforme aprendestes de Epafras, nosso muito amado companheiro no serviço, o qual é em nosso lugar fiel ministro de Cristo, [8] e também nos informou da vossa caridade no Espírito.

Oração pelo crescimento na santidade

9 Por esse motivo, nós também, desde o dia em que
ouvimos isso, não cessamos de orar por vós e de pedir
que sejais cheios de conhecimento da sua vontade em
toda a sabedoria e inteligência espiritual, 11 a fim de que
andeis de um modo digno do Senhor, agradando-lhe em
tudo, frutificando em toda boa obra e crescendo na ciên-
cia de Deus, 11 confortados em tudo pelo seu poder glo-
rioso para suportar tudo com paciência, longanimidade
e alegria, 12 dando graças a Deus Pai, que nos fez dignos
de participar da herança dos santos na luz.
13 Ele nos livrou do poder das trevas e nos transferiu
para o reino do Filho do seu amor, 14 em quem temos a
redenção, a remissão dos pecados.

PRIMEIRA PARTE
A FÉ EM CRISTO, SENHOR DE TUDO

I. CRISTO, O PRIMOGÊNITO

Canto à primazia de Cristo sobre toda a Criação

15 Ele é a imagem do Deus invisível,
o primogênito de toda criatura,

16 porque nele foram criadas todas as coisas
nos céus e na terra,
as visíveis e as invisíveis,
sejam os tronos ou as dominações,
os principados ou as potestades:
tudo foi criado por ele e para ele,
17 e ele é antes de todas as coisas,
e todas as coisas subsistem por ele.
18 Ele é a cabeça do corpo da Igreja;
ele é o princípio,
o primogênito dentre os mortos,
de maneira que tem a primazia em todas as coisas,
19 porque foi do agrado do Pai que residisse nele
toda a plenitude
20 e que por ele fossem reconciliadas consigo todas as coisas,
pacificando pelo sangue da sua cruz
tanto as coisas da terra
como as do céu.

A ação salvífica de Cristo sobre os fiéis

21 E, tendo sido vós noutro tempo estranhos e inimi-
gos pelos maus pensamentos e pelas más obras, 22 agora
reconciliou-vos por meio da morte do seu corpo carnal
para vos apresentar santos, imaculados e irrepreensíveis
diante dele, 23 se perseverardes fundados e firmes na fé,
e inabaláveis na esperança que vos dá o Evangelho que

ouvistes e que foi pregado a todas as criaturas que há debaixo do céu, e do qual eu, Paulo, fui constituído ministro.

Correspondência de São Paulo à sua vocação

24 Eu agora me alegro nos sofrimentos por vós e com-
pleto na minha carne o que falta aos sofrimentos de Cris-
to pelo seu corpo, que é a Igreja, 25 da qual fui constituí-
do ministro segundo o encargo que Deus me deu junto
de vós, que é de anunciar, na sua plenitude, a palavra de
Deus, 26 isto é, o mistério escondido aos séculos e às ge-
rações, e que agora foi descoberto aos seus santos, 27 aos
quais Deus quis fazer conhecer as riquezas da glória deste
mistério entre os gentios: Cristo em vós, a esperança da
vossa glória. 28 É ele que nós anunciamos, admoestan-
do todo homem e instruindo todo homem em toda a
sabedoria, para que apresentemos todo homem perfeito
em Cristo. 29 É para isso que eu trabalho, combatendo
segundo a força que ele me dá, a qual opera poderosa-
mente em mim.

II. DEFESA DA FÉ

Zelo por quem não o conhece pessoalmente

2 1 Quero, pois, que saibais qual o combate que sus-
tento por vós, e por aqueles que estão em Laodiceia,

e por todos os que não viram a minha face na carne, 2 a
fim de que os seus corações sejam consolados e estejam
unidos na caridade e na abundância da perfeita inteligên-
cia, para conhecerem o mistério de Deus, que é Cristo, 3
no qual estão encerrados todos os tesouros da sabedoria
e da ciência.

Advertência quanto às vãs filosofias

4 Digo-vos isso para que ninguém vos engane com
discursos sutis, 5 porque, embora ausente quanto ao cor-
po, estou todavia convosco em espírito, regozijando-me
por ver a vossa boa ordem e a firmeza da vossa fé em
Cristo.
6 Portanto, vivei em Cristo Jesus, o Senhor, como vos
foi ensinado, 7 arraigados e edificados nele, fortificados
na fé como já aprendestes, crescendo nele em ação de
graças. 8 Vede que ninguém vos engane por meio da filo-
sofia inútil e enganadora segundo a tradição dos homens,
segundo os elementos do mundo, e não segundo Cristo.

Defesa da verdadeira doutrina diante das heresias

9 Porque nele habita corporalmente toda a plenitude
da divindade, 10 e vós estais plenos nele, que é a cabeça de
todo principado e potestade; 11 também nele estais cir-
cuncidados com uma circuncisão não feita por mão de
homem, que consiste no despojar o corpo da carne, mas

na circuncisão de Cristo. 12 Tendo sido sepultados com ele
no batismo, com ele também ressuscitastes mediante a fé
na ação de Deus, que o ressuscitou dos mortos. 13 A vós,
que estáveis mortos pelos vossos pecados e pela incircun-
cisão da vossa carne, vos deu vida juntamente com ele,
perdoando-nos todos os nossos pecados. 14 Destruiu a ata
redigida contra nós, cujas disposições nos condenavam,
e fê-la desaparecer, encravando-a na cruz. 15 Despojou os
principados e potestades, e fez deles objeto de escárnio
público, triunfando sobre eles pela cruz.

Censura ao falso ascetismo

16 Ninguém, pois, vos condene pelo comer ou pelo
beber, ou por causa de um dia de festa, ou de uma lua
nova, ou de um sábado. 17 Todas essas coisas são sombra
das vindouras; a realidade é Cristo. 18 Ninguém vos seduza
afetando humildade e culto dos anjos, divagando por coi-
sas que nunca viu, inchado em vão com seus pensamentos
carnais 19 sem estar unido à cabeça, da qual todo o cor-
po, organizado e servido por ligamentos e junturas, cresce
com aumento dado por Deus. 20 Portanto, se estais mortos
com Cristo para os elementos deste mundo, por que é que,
como se vivêsseis no mundo, vos submeteis a essas prescri-
ções: 21 «Não tomeis, nem proveis, nem manuseeis!» 22 To-
das essas coisas perecem pelo próprio uso. São preceitos e
doutrinas dos homens. 23 Tudo isso tem, na verdade, uma
aparência de sabedoria no culto voluntário, na humildade

e no mau tratamento do corpo; mas tudo isso é sem honra
e só para satisfação da carne.

SEGUNDA PARTE
O SENHORIO DE CRISTO NO CRISTÃO

III. CONSEQUÊNCIAS MORAIS

Buscai as coisas do alto

3 [1] Portanto, se ressuscitastes com Cristo, buscai as coi-
sas que são lá de cima, onde Cristo está sentado à
destra de Deus; [2] afeiçoai-vos às coisas que são lá de cima,
não às que estão sobre a terra. [3] Com efeito, estais mor-
tos, e a vossa vida está escondida com Cristo em Deus. [4]
Quando aparecer Cristo, que é a vossa vida, então tam-
bém vós aparecereis com ele na glória.

Afastar-se do pecado

[5] Mortificai, pois, os vossos membros terrenos: a
fornicação, a impureza, as paixões, os desejos maus e
a avareza, que é uma idolatria, [6] coisas pelas quais vem a

ira de Deus sobre os filhos da incredulidade, [7] e entre as
quais vós também andastes outrora, quando vivíeis ne-
las. [8] Mas agora deixai também vós tudo isto: a ira, a
indignação, a malícia, a maledicência, a palavra torpe da
vossa boca. [9] Não mintais uns aos outros, visto que vos
despojastes do homem velho com as suas obras [10] e vos
revestistes do homem novo, daquele que se renova para o
conhecimento mais perfeito segundo a imagem daquele
que o criou, [11] onde não há grego e judeu, circuncidado e
incircuncidado, bárbaro e cita, servo e livre; não há senão
Cristo, que é tudo em todos.

O progresso da vida interior

[12] Vós, pois, como escolhidos de Deus, santos e
amados, revesti-vos de sentimentos de misericórdia, de
benignidade, de humildade, de mansidão, de paciência,
[13] sofrendo-vos uns aos outros e perdoando-vos mutua-
mente se algum tem razão de queixa contra o outro.
Assim como o Senhor vos perdoou a vós, também vós
perdoai uns aos outros. [14] Sobretudo, porém, tende cari-
dade, que é o vínculo da perfeição. [15] Triunfe em vossos
corações a paz de Cristo, à qual fostes chamados num só
corpo. Sede agradecidos. [16] A palavra de Cristo habite em
vós com toda a sua riqueza. Ensinai-vos e admoestai-vos
uns aos outros com toda a sabedoria; cantai a Deus em
vossos corações salmos, hinos e cânticos espirituais sob a
ação da graça. [17] Tudo o que fizerdes, em palavras ou por

obras, fazei tudo em nome do Senhor Jesus, dando por ele graças a Deus Pai.

Comportamento na vida familiar

18 Mulheres, estai sujeitas a vossos maridos, como
convém, no Senhor. 19 Maridos, amai vossas mulheres e
não sejais ásperos para com elas. 20 Filhos, obedecei em
tudo a vossos pais, porque isso é agradável ao Senhor.
21 Pais, não provoqueis à indignação os vossos filhos,
para que se não tornem pusilânimes. 22 Servos, obede-
cei em tudo a vossos senhores temporais, não servin-
do só quando sob as suas vistas, como para agradar aos
homens, mas com simplicidade de coração, temendo a
Deus. 23 Tudo o que fizerdes, fazei-o de boa vontade,
como pelo Senhor e não pelos homens, 24 sabendo que
recebereis do Senhor a herança como recompensa. Servi
a Cristo Senhor, 25 porque aquele que cometer injustiça
receberá segundo o que fez injustamente: não há acep-
ção de pessoas.

4 1 Vós, senhores, tratai os vossos servos com justiça e equidade, sabendo que também tendes um Senhor no céu.

Responsabilidade apostólica

[2] Perseverai na oração, velando nela com ação de gra-
ças. [3] Orai também por nós, para que Deus nos abra a
porta à palavra para anunciar o mistério de Cristo, pelo
qual estou preso, [4] para que eu o manifeste, como me
cumpre manifestar. [5] Procedei com sabedoria com aque-
les que estão fora, aproveitando as circunstâncias favo-
ráveis. [6] A vossa conversação seja sempre amável, condi-
mentada com sal, para que saibais responder a cada um
como é preciso.

IV. CONCLUSÃO

Tíquico e Onésimo falarão dos assuntos pessoais

[7] Sobre o estado de todas as minhas coisas, vos in-
formará Tíquico, muito amado irmão, fiel ministro e
companheiro no serviço do Senhor, [8] o qual vos enviei
expressamente para vos contar o estado das nossas coisas
e consolar os vossos corações, [9] juntamente com Oné-
simo, irmão caríssimo e fiel, que é dos vossos. Eles vos
informarão de tudo o que aqui se passa.

Saudações dos companheiros de São Paulo

[10] Saúda-vos Aristarco, meu companheiro na prisão.
Igualmente Marcos, primo de Barnabé, sobre o qual

recebestes recomendações; se ele for ter convosco, recebei-
-o. 11 Também Jesus, que se chama Justo, vos saúda.
De todos os da circuncisão, são esses os meus únicos
cooperadores pelo Reino de Deus; foram para mim uma
consolação. 12 Saúda-vos Epafras, que é dos vossos, servo
de Jesus Cristo, o qual combate por vós nas suas orações
para que permaneçais firmes e na plena observância de
toda a vontade de Deus. 13 Sim, eu dou testemunho de
que ele trabalha muito por vós, pelos de Laodiceia e
pelos de Hierápolis. 14 Saúda-vos o muito amado Lucas,
médico, e Demas.

Últimas saudações e recomendações

15 Saudai os irmãos que estão em Laodiceia, assim
como Ninfas e a igreja que se reúne em sua casa. 16 Lida
que for esta carta entre vós, fazei que seja lida também
na igreja de Laodiceia; e vós lede, por vossa parte, a de
Laodiceia. 17 Dizei a Arquipo: «Considera o ministério
que recebeste do Senhor para bem o cumprires».

18 Esta saudação escrevo-a eu, Paulo, por meu próprio
punho. Lembrai-vos das minhas cadeias. A graça seja
convosco.

NOTAS À *CARTA AOS COLOSSENSES*

***1, 1-23.** Depois da saudação epistolar (vv. 1-2), a carta começa com uma ação de graças a Deus pela delicada correspondência dos fiéis de Colossos aos dons divinos (vv. 3-8); segue-se uma oração intensa para que progridam na santidade (vv. 9-11) e uma exortação ao agradecimento pelas maravilhas que Deus realizou neles (vv. 9-14). Tudo isto conduz à proclamação, em belo canto, da primazia de Cristo sobre todas as coisas criadas e sobre a Igreja: não há nada que não receba o influxo redentor do sangue derramado na cruz (vv. 15-20).

1, 3-14. Colossos não tinha sido evangelizada por Paulo, mas por Epafras. A pregação e o trabalho realizado por este discípulo são ratificados desde o princípio, e o autor exprime a sua alegria pela fé dos colossenses.

As doutrinas de tendência sincretista que estavam a ser difundidas nas igrejas da Frígia suscitavam um especial interesse pelo conhecimento dos mistérios divinos. Esta oração intensa chama a atenção para a necessidade de discernir o reto conhecimento de Deus (v. 9) através do Evangelho recebido, a fim de contrariar os ensinamentos errôneos que ofereciam a salvação aos iniciados na gnose (conhecimento) (veja-se a Introdução). Tais especulações consideravam que o cosmos era uma realidade dividida entre as trevas que dominavam a terra e a plenitude divina, onde os iniciados que haviam renegado este mundo encontravam a salvação. Aludindo a esta linguagem, mas alterando parcialmente seu significado, São Paulo refere o «poder das trevas» (v. 13), expressão com a qual designa a situação de escravidão em que se encontra o homem que está em pecado, mas também a «luz» (v. 12), que é o âmbito de claridade em que se movem aqueles que vivem na presença de Deus.

Por este motivo, o Apóstolo reza sem cessar para que os cristãos de Colossos cresçam no verdadeiro conhecimento de Deus (vv. 9-10) e exorta-os ao agradecimento, expresso em obras (v. 10), pelos dons de Deus que receberam por meio de Cristo: «Fala aqui da vida e das obras, como faz em toda a parte, unindo a fé ao comportamento [...]. Efetivamente, quem conhece a Deus e é considerado digno de ser servo de Deus, mais ainda, filho, vê tu de quanta virtude não precisará» (São João Crisóstomo, *In Colossenses*, 2).

1, 15-20. Perante as propostas de salvação que algumas doutrinas ofereciam, o autor exalta o mistério de Cristo e a sua missão redentora. Estes versículos constituem um belíssimo hino ao domínio de Jesus sobre toda a criação. Na primeira estrofe (vv. 15-17), São Paulo afirma que o domínio de Cristo abarca o cosmos no seu conjunto, em consequência da sua ação criadora; o texto evoca o prólogo do *Evangelho de João* e o começo do *Livro do Gênesis*. Na segunda estrofe (vv. 18-20), o Apóstolo apresenta a nova criação por via da graça, obtida por Cristo com a sua morte na cruz: Ele é o mediador e a cabeça da Igreja; Cristo restabeleceu a paz e reconciliou todas as coisas com Deus.

Ao dizer que o Filho é «a imagem do Deus invisível» (v. 15), o texto exprime aquilo a que a doutrina cristã posterior chamará identidade de natureza divina entre o Pai e o Filho, e alude à circunstância de o Filho proceder do Pai; com efeito, a segunda Pessoa da Santíssima Trindade, o Filho, é o único que é a imagem perfeitíssima do Pai: «Chama-se imagem porque é consubstancial e porque, enquanto tal, procede do Pai, sem que o Pai proceda dele» (São Gregório de Nazianzo, *De theologia*, 30, 20); e São Tomás de Aquino explica: «A imagem de um ser pode encontrar-se noutro de duas maneiras: por um lado, quando se encontra num ser com a mesma natureza específica, e é assim que a imagem de um rei se encontra no seu filho; por outro lado, quando se encontra num ser de outra natureza, como a imagem de um rei numa moeda. Pois bem, o Filho é imagem do Pai segundo o primeiro modo, enquanto o homem se chama imagem de Deus em conformidade com o segundo modo. Daí que, para expressar a imperfeição da imagem no homem, não se diga que é imagem, mas que é à imagem, para designar um certo movimento, que tende para a perfeição; pelo contrário, não se pode dizer do Filho que seja à imagem, porque Ele é a imagem perfeita do Pai» (*Summa theologiae*, 1, 35, 2 *ad* 3).

Ao chamar-Lhe «primogênito» (v. 15), São Paulo mostra que Ele detém a supremacia e a capitalidade sobre todos os seres criados: «Foi chamado primogênito, não pela sua proveniência do Pai, mas porque nele foi feita toda a criação»

(Santo Atanásio, *Contra arianos*, 2, 63). É primogênito porque, além de ser anterior a todas as criaturas, todas elas foram criadas «nele», «por Ele e para Ele»: «nele», em Cristo, como no seu princípio e no seu centro, como seu modelo ou causa exemplar; «por Ele», porque Deus Pai cria todos os seres por meio de Deus Filho (cf. Jo 1, 3); e «para Ele», porque Cristo é o fim último de todas as coisas (cf. Ef 1, 10). E o Apóstolo acrescenta que «todas elas subsistem nele», porque Cristo as conserva no ser.

O v. 18 recorre à imagem de Cristo, cabeça do corpo que é a Igreja, da qual se fala também em 2, 19 e em Ef 1, 23 e 4, 15: «Nós, os cristãos, sabemos que a ressurreição ocorreu na nossa cabeça e ocorrerá também nos membros. A cabeça da Igreja é Cristo e os membros de Cristo são a Igreja; o que aconteceu na Igreja acontecerá depois no corpo: essa é a nossa esperança» (Santo Agostinho, *Enarrationes in Psalmos*, 65, 1).

Uma vez que Cristo tem a primazia sobre todas as realidades criadas, o Pai quis, por meio dele, reconciliá-las todas consigo (v. 20). O pecado tinha separado os homens de Deus, o que teve como consequência a ruptura da ordem perfeita que havia entre as criaturas desde o começo; derramando o seu sangue na cruz, Cristo restabeleceu a paz, e não há coisa alguma do universo que seja excluída deste influxo pacificador: «A história da salvação — da salvação de toda a humanidade e da de cada homem, em qualquer momento — é a história admirável de uma reconciliação: aquela reconciliação pela qual Deus, que é Pai, no sangue e na cruz de seu Filho feito homem, reconciliou consigo o mundo, fazendo nascer assim una nova família de reconciliados. A reconciliação torna-se necessária porque se deu a ruptura do pecado, da qual derivaram todas as outras formas de ruptura no íntimo do homem e à sua volta. A reconciliação, portanto, para ser total, exige necessariamente a libertação do pecado, que deve ser rejeitado nas suas raízes mais profundas. Por isso, há uma estreita ligação interna entre conversão e reconciliação: é impossível dissociar as duas realidades, ou falar de uma sem falar da outra» (São João Paulo II, *Reconciliatio et paenitentia*, 4).

1, 21-23. À luz da ação salvadora de Cristo, São Paulo enuncia agora os três temas que, na ordem inversa da exposta nesta passagem, serão desenvolvidos nas restantes seções da carta: primeiro, recorda a responsabilidade de levar uma vida nova, coerente com a nova situação daqueles que foram incorporados em Cristo (vv. 21-22); depois, chama a atenção para a firmeza na fé e a fidelidade ao Evangelho que lhes foi pregado; por último, invoca a sua autoridade para fazer estas admoestações, uma vez que está ao serviço do Evangelho (v. 23).

A santíssima humanidade de Cristo é instrumento de salvação: por meio da Paixão e da morte, sofridas no «seu corpo carnal» (v. 22), Nosso Senhor venceu o pecado e obteve as graças necessárias para limpar o homem das suas culpas, a fim de que pudesse apresentar-se diante de Deus. Com base na encarnação do Verbo, a fé cristã aparece como uma doutrina diametralmente oposta ao dualismo que começava a difundir-se entre os cristãos de Colossos, que concebia a matéria e o espírito como realidades antagônicas. Na verdade, o corpo e as realidades puramente materiais não são um obstáculo à santificação do homem: «Há uma única vida, feita de carne e espírito, e essa é que tem de ser – na alma e no corpo – santa e plena de Deus, desse Deus invisível, que nós encontraremos nas coisas mais visíveis e materiais» (São Josemaria Escrivá, *Entrevistas com Mons. Josemaria Escrivá*, 114).

***1, 24-2, 5.** Nesta seção, o Apóstolo esclarece que se limitou a cumprir a missão que recebeu de Deus, e que consistia em comunicar aos gentios o mistério divino, o desígnio eterno de salvação de todos os homens, sem medo de sofrer os padecimentos inerentes a essa tarefa (1, 24-29). Paulo sempre teve grande solicitude para que os fiéis perseverassem na verdade que tinham recebido, sem deixar-se seduzir pelas doutrinas enganosas que começavam a se espalhar naquela região (2, 1-5).

1, 24-29. Que entende São Paulo por «o que falta aos sofrimentos de Cristo» (v. 24)? Santo Afonso Maria de Ligório resume, de modo muito simples, a resposta mais comum a esta pergunta: «A Paixão de Cristo não terá sido suficiente para nos salvar? Certamente que nada lhe faltou em termos de valor intrínseco, e que foi plenamente suficiente para salvar todos os homens. Contudo, para que os méritos da Paixão se nos apliquem, e segundo São Tomás (*Summa theologiae*, 3, 49, 3, *ad* 2 e *ad* 3) devemos, também nós, cooperar – redenção subjetiva –, suportando com paciência os trabalhos que Deus nos enviar, para nos assemelharmos à nossa cabeça, que é Cristo» (*Reflexões sobre a Paixão*, 10). Ou seja, os homens podem cooperar com os planos de Deus, não só por suas ações e as suas orações, mas também com os seus sofrimentos, por meio dos quais participam nos sofrimentos de Cristo: «O homem que sofre [...], na dimensão espiritual da obra da redenção, serve, como Cristo, para a salvação dos seus irmãos e irmãs» (São João Paulo II, *Salvifici doloris*, 27).

Chama-se «mistério» (v. 26) «ao anúncio da economia da redenção, já que era desconhecida para todos no passado e conhecida só de Deus» (Teodoreto de Ciro, *Interpretatio in Colossenses, ad loc.*). Sobre o mistério, cf. também as notas a Ef 1, 3-14.

2, 1-5. Cristo é a manifestação plena do «mistério» ou plano divino que tem por objetivo a salvação de todos os homens. Em contraposição aos «discursos sutis» (v. 4), São Paulo exortava os seus leitores a aprofundarem o Evangelho que tinham recebido; com efeito, a infinita riqueza de sabedoria e conhecimento que se esconde em Cristo (v. 3) faz com que a meditação da sua vida, dos seus atos e dos seus ensinamentos seja uma fonte inesgotável de alimento para a vida interior: «Temos muito para aprofundar em Cristo; Ele é como uma mina abundante, com muitos veios de tesouros, que, por mais que se escavem, nunca se lhes encontra o fim nem o termo, antes se encontra em cada veio novos veios de riquezas dum lado e do outro» (São João da Cruz, *Cántico Espiritual*, 37, 3).

***2, 6-23.** Aqueles que acolheram Cristo e que foram ressuscitados com Ele no batismo devem permanecer firmes na fé recebida, sem se deixarem enganar por crenças vãs (vv. 6-15); não devem tampouco preocupar-se por não se adaptarem a práticas religiosas desprovidas de valor, e que – devido ao exagero com que alguns exigiam o seu cumprimento – acabam por ser um estorvo para a verdadeira piedade cristã (vv. 16-23).

2, 6-15. Paulo chama a atenção para a coerência exigida pela fé no mistério da encarnação, do qual deriva a capitalidade de Cristo sobre o cosmos. Contra os que, através de um complexo conjunto de ritos de iniciação, procuravam entrar, por via da gnose, no âmbito da plenitude divina, o texto sagrado afirma que em Cristo «habita corporalmente toda a plenitude [*plêrôma*] da divindade» (v. 9). Para além de ser uma afirmação com intuito polêmico, esta fórmula tem um profundo conteúdo teológico: «Quer dizer que [a divindade] não habita nele apenas por via da graça, como nos santos – homens e anjos –, mas de outra forma de maior importância e valor, a saber, por via da união pessoal» (São João de Ávila, *Audi Filia*, 84). A doutrina cristã explicará claramente que em Cristo coexistem duas naturezas, a divina e a humana, numa só pessoa, que é divina; essa união na pessoa não impede que cada natureza continue a ter, em plenitude, as suas características próprias, pois, como observou São Leão Magno, «nem o Verbo foi transformado em carne, nem a carne em Verbo, mas um e outra permanecem, em unidade» (*Licet per nostros*, 2).

Assim como o israelita passava a fazer parte do povo pela circuncisão, assim também o cristão passa a fazer parte da Igreja pelo batismo (vv. 11-12). Recorrendo a uma imagem análoga à que ocorre em Rm 6, 4, evocando o rito de imersão na água, São Paulo caracteriza o batismo como uma sepultura – um sinal certo de que a pessoa morreu para o pecado –, à qual se segue a ressurreição para uma vida nova, que é a vida da graça; através deste sacramento, o homem é associado à morte e sepultura de Cristo, para, também com ele, ressuscitar. Cristo «significou, com a sua ressurreição, a nossa vida nova, que renascia da antiga morte, pela qual estávamos submersos no pecado. É isto que o grande sacramento do batismo realiza em nós: todos os que recebem esta graça morrem para o pecado [...] e renascem para a nova vida» (Santo Agostinho, *Enchiridium*, 41-42).

Cristo é o único mediador, por ser Deus e Homem; o objetivo fundamental da sua ação de mediação é reconciliar os homens com Deus, através do perdão dos seus pecados e da doação da vida da graça, que é uma participação na vida divina. No v. 14, fica indicada a forma como Cristo alcançou este fim: através da sua morte na cruz; de fato, todos os que estavam submetidos à escravidão do pecado e da Lei foram libertados pela sua morte. A Lei mosaica, à qual os escribas e os fariseus se tinham encarregado de acrescentar um tão grande número de preceitos que a tornavam insuportável, tinha-se transformado numa lista de encargos contra os homens, impondo cargas pesadas sem a graça que permitisse transportá-las; com frase gráfica, São Paulo afirma que tal documento foi abolido e cravado na cruz: «O Rei veio a nós para cancelar as nossas faturas, e escreveu em seu nome outra fatura, tornando-Se nosso devedor» (Santo Efrém, *Hymnus de Nativitate*, 4, 12).

Sobre os «principados» e as «potestades», veja-se a nota a Ef 6, 10-20.

2, 16-23. Os dias de lua nova (cf. Lv 23, 24) eram dias festivos que os judeus celebravam desde tempos antigos; o sábado, que é a festa semanal dos judeus, era o dia reservado ao Senhor, que Ele próprio tinha santificado (Ex 20, 11) e dedicado ao descanso. A abstinência de certas bebidas e determinados alimentos estava cuidadosamente regulamentada no Antigo Testamento (cf. Lv 10, 9; 11, 1-47; Nm 6, 3), bem como as festas a celebrar em honra do Senhor (cf. Nm 28, 1-26). Estes preceitos tinham pleno sentido para introduzir os homens no âmbito das coisas divinas, mas, em comparação com a plenitude da revelação alcançada em Jesus Cristo, deviam ser relativizados, ao contrário do que provavelmente faziam os pregadores que tinham ido incomodar aquela comunidade cristã. Ao receber o batismo, os fiéis morrem com Cristo para os elementos do mundo e são libertados da servidão da Lei e do pecado, para nascerem para uma vida nova – da qual tratam os capítulos seguintes.

***3, 1-4, 18.** O princípio que fundamenta o comportamento moral do cristão é a sua união com Cristo, que começa com o batismo – verdadeira ressurreição espiritual – e se aperfeiçoa com os demais sacramentos e com a vida de oração; donde a busca incessante das «coisas que são lá de cima», onde Cristo Se encontra (3, 1-4). Para isso, a trajetória moral do cristão começa pelo afastamento dos vícios do «homem velho» e o revestimento do «homem novo» (3, 5-11), através do exercício das virtudes (3, 12-17). Tudo isto deverá ter expressão na vida doméstica (3, 18-4, 1) e no comportamento social: apoiado na oração, o cristão é convidado a procurar, através de um comportamento nobre, que todos se aproximem da fé (4, 2-6).

3, 1-4. Pelo batismo, o cristão participa da vida gloriosa de Cristo ressuscitado; por isso, Jesus deve preencher todos os horizontes da sua vida: «O meu amor foi crucificado [...]. Não me satisfazem os alimentos corruptíveis nem os prazeres deste mundo; quero o pão de Deus, que é a carne de Cristo, e não desejo outra bebida que o seu sangue, que é a caridade incorruptível» (Santo Inácio de Antioquia, *Ad romanos*, 6, 1-9, 3). O desejo de viver com Cristo proporciona uma perspectiva nova da existência neste mundo: «Os cristãos, peregrinos da cidade celestial, devem buscar e saborear as coisas do alto; com isso, porém, de modo algum diminui, antes aumenta, a importância do seu dever de colaborar com todos os outros homens na edificação dum mundo mais humano» (Concílio Vaticano II, *Gaudium et spes*, 57).

3, 5-11. O «homem velho» (v. 9) é aquele que se deixa dominar pelas inclinações da concupiscência desordenada; o discípulo de Cristo, que foi renovado e vive para o Senhor, possui um novo e mais perfeito conhecimento de Deus e do mundo, e vê as coisas de uma perspectiva mais elevada, com visão sobrenatural, o que equivale a «deixar-se mover e possuir pela poderosa mão do autor de todos os bens» (Santo Inácio de Loyola, *Epístolas*, 4, 561-562).

3, 12-17. As virtudes que o Apóstolo enuncia como características do homem novo são várias manifestações da caridade, «que é o laço da perfeição» (v. 14): «Se o amor não estiver em primeiro lugar, não cumpriremos nenhum preceito; de fato, só deixamos de fazer o mal aos outros e nos preocupamos em fazer o bem quando os amamos» (Severiano de Gabala, *Fragmenta in Colossenses*).

Quando fazemos as coisas bem, por amor, todas as realidades autenticamente humanas são santificáveis e devem ser santificadas (v. 17): «Asseguro-vos [...] que, quando um cristão realiza com amor a mais intranscendente das ações diárias, ela transborda da transcendência de Deus. Por isso vos tenho repetido, com insistente martelar, que a vocação cristã consiste em fazer poesia heroica da prosa de cada dia. O céu e a terra [...] parecem unir-se na linha do horizonte. Mas não; onde se juntam deveras é nos vossos corações, quando viveis santamente a vida de cada dia» (São Josemaria Escrivá, *Entrevistas com Mons. Josemaria Escrivá*, 116).

3, 18-4, 1. A aplicação da doutrina anterior à vida familiar tem o seu fundamento na caridade e na necessidade de viver na presença de Deus; deste modo, as funções do pai, da mãe e dos filhos também adquirem um sentido novo. Deve haver, em todas as famílias, «intercâmbio educativo entre pais e filhos (cf. Ef 6, 1-4; Cl 3, 20ss), no qual cada um deles dá e recebe. Mediante o amor, o respeito, a obediência aos pais, os filhos dão o seu contributo específico e insubstituível para a edificação de uma família autenticamente humana e cristã (cf. Concílio Vaticano II, *Gaudium et spes*, 48). Isso ser-lhes-á facilitado se os pais exercerem a sua autoridade irrenunciável como um ministério verdadeiro e pessoal, ou seja, como um serviço ordenado ao bem humano e cristão dos filhos, ordenado em particular a proporcionar-lhes uma liberdade verdadeiramente responsável» (São João Paulo II, *Familiaris consortio*, 21).

3, 22-4, 1. Para Deus, não há diferença entre escravos e livres (cf. 3, 11), porque em Deus «não há acepção de pessoas» (v. 25). Dessa perspectiva de igualdade radical, o cristão é chamado a refletir sobre as relações laborais vigentes no seu tempo, pois «o trabalho humano tem um valor ético, o qual permanece diretamente ligado ao fato de aquele que o realiza ser uma pessoa, um sujeito consciente e livre [...]. Nesta concepção, quase desaparece o próprio fundamento da antiga diferenciação dos homens em grupos segundo o gênero de trabalho que realizassem» (São João Paulo II, *Laborem exercens*, 6). A despeito do progresso que a história conheceu neste domínio, há ainda muito por fazer: «É preciso o esforço interior do espírito humano, guiado pela fé, pela esperança e pela caridade, para dar ao trabalho do homem concreto, com a ajuda desses ensinamentos, aquele sentido que ele tem aos olhos de Deus e mediante o qual o mesmo trabalho entra na obra da salvação, conjuntamente com os seus elementos e os seus componentes comuns, que são, ao mesmo tempo, muito importantes» (*Ibidem*, 24).

4, 2-6. A perseverança na oração é um tema amplamente sublinhado no Novo Testamento como característico dos primeiros cristãos (cf. Lc 18, 1; Rm 12, 12; 1 Ts 5, 17 etc.); foi a oração que lhes deu forças para estenderem a mensagem de Cristo a muitas nações, com o seu exemplo e a sua palavra.

O esforço cotidiano por orientar para Deus todas as tarefas da vida diária é um forte incentivo para a oração pessoal: «Quantas ocasiões se apresentam durante o dia para elevar a Deus uma alma possuída pelo desejo da própria santificação e da salvação de outras almas! Angústias íntimas, força e pertinácia das tentações, ausência de virtudes, desalento e esterilidade no trabalho, inúmeras ofensas e negligências e, por fim, o temor dos juízos divinos» (São Pio X, *Haerent animo*, 10). Todas essas necessidades constituem estímulos abundantes para uma oração confiada, humilde e perseverante, que enriquece a alma em méritos diante do Senhor e a faz confiar na sua graça. Mas não temos de orar apenas nas tribulações; as alegrias e os afãs nobres do coração também devem ser temas de conversa frequente com Deus, motivos de agradecimento pelos benefícios recebidos: «Este é o vosso dever: dar graças a Deus nas vossas orações, tanto pelos benefícios que tendes consciência de ter recebido, como pelos que recebestes de Deus sem saber; dai-Lhe graças tanto pelos favores que Lhe pedistes, como pelos que vos fez apesar de vós; dai-Lhe graças tanto pelo Céu onde vos promete a felicidade, como pelo inferno do qual vos livra. Em suma, dai-Lhe graças por tudo, aflições e alegrias, calamidades e felicidade» (São João Crisóstomo, *In Colossenses, ad loc.*).

4, 7-18. Esta carta, tal como a missiva aos efésios, será entregue por Tíquico, que leva consigo Onésimo, um escravo fugido que se converteu à fé, e que São Paulo envia ao respectivo amo, Filêmon (cf. Flm 10).

Dos nomes aqui referidos, alguns são bastante conhecidos, como Marcos, Barnabé e Lucas; Demas virá a abandonar Paulo por preferir «o amor deste século» (2 Tm 4, 10); Arquipo talvez fosse filho de Filêmon (cf. Flm 2).

Sobre a saudação «da minha mão», veja-se a nota a 2 Ts 3, 17-18.

CARTAS

PRIMEIRA CARTA AOS TESSALONICENSES

INTRODUÇÃO

Depois das grandes cartas paulinas (as dirigidas aos romanos, aos gálatas e aos coríntios), e depois das cartas do cativeiro (as endereçadas aos efésios, aos filipenses e aos colossenses), surgem, no cânone, as duas epístolas aos tessalonicenses.

A *Primeira Carta aos Tessalonicenses* é, certamente, o livro mais antigo do Novo Testamento; não se trata de uma longa exposição doutrinal, como a *Carta aos Romanos* e a *Primeira* e *Segunda Carta aos Coríntios*, mas de um escrito mais breve, cheio de memórias pessoais, evocadas à luz da fé e do amor. Em seu estilo simples e direto, carrega uma grande riqueza de conteúdo.

I. ESTRUTURA E CONTEÚDO

Para além do início, que é característico do estilo epistolar, é possível distinguir duas grandes seções nesta carta.

Na primeira, o Apóstolo olha para trás e recorda os começos da evangelização de Tessalônica (1, 2-3, 11), alternando memórias da sua pregação com a resposta aos fiéis desta cidade. Nesse contexto, explica as circunstâncias em que está escrevendo a carta: tivera de sair precipitadamente de Tessalônica, mas deseja regressar – e pede confiadamente a Deus que lho conceda – para continuar a encher de bens os tessalonicenses.

A segunda seção é uma exortação a que os seus leitores vivam em coerência com a doutrina do Evangelho que lhes foi pregado e que receberam (4, 1-5, 24). O Apóstolo detém-se especialmente naquilo que parece mais urgente para os fiéis de Tessalônica: a esperança firme em que as dificuldades nas quais se encontram se transformarão em alegrias com a vinda do Senhor; essa espera deve ser paciente e ativa ao mesmo tempo, pois não se sabe o momento em que tal encontro se dará, pelo que terão de estar sempre preparados.

A missiva termina com umas breves palavras de despedida (5, 25-28).

II. RAZÃO DE SER DA CARTA

São Paulo, acompanhado de Silas e Timóteo, obteve em Tessalônica abundantes frutos de conversão e fundou, na primeira fase da sua segunda viagem apostólica, uma comunidade cristã da qual se sentia santamente orgulhoso. Contudo, poucos meses depois de ter dado início a esta pregação, teve de abandonar a cidade de forma imprevista, em consequência das insídias de alguns, razão pela qual interrompeu a formação cristã daqueles neófitos[1]; por isso, assim que lhe foi possível, enviou-lhes Timóteo de Atenas[2] para saber como tinham reagido às dificuldades surgidas e para os confirmar na fé, na esperança e na caridade.

Paulo dirigiu-se a Corinto, onde foi encontrar Timóteo, regressado de Tessalônica[3], que lhe contou que os tessalonicenses perseveravam na fé e na caridade, apesar das perseguições. Ao ouvir estas notícias, o Apóstolo percebeu que o Evangelho se havia firmado entre aqueles cristãos, que assim demonstravam a sua fidelidade; contudo, preocupava-o o fato de continuarem a sentir-se inquietos em relação ao destino dos defuntos quando da segunda vinda do Senhor. A saída precipitada da cidade não lhe tinha permitido completar a instrução nos ensinamentos de Jesus, e eles tinham poucos recursos doutrinais que lhes permitissem alimentar a esperança.

Perante esta situação, no inverno de 50-51, o Apóstolo escreve-lhes esta primeira carta, na qual recorda com alegria e agradecimento a Deus a tarefa que realizara e o acolhimento que tivera, completando alguns aspectos da sua pregação com o objetivo de lhes proporcionar um fundamento adequado à esperança, de acordo com a firmeza que já tinham na fé e na caridade.

---

1 Cf. At 17, 1-9.

2 Cf. 1 Ts 3, 1-2.

3 Cf. At 18, 5.

III. ENSINAMENTOS

Tendo em conta as circunstâncias em que foi composta a carta, bem como o tom com que o Apóstolo a escreve – abrindo o coração com afeto e recordando com alegria os inícios de seu labor naquela cidade –, encontramos nela um testemunho de primeira magnitude da evangelização. A questão dos conteúdos está intimamente relacionada ao modo como se realiza a pregação; a este respeito, é impressionante detectar já nesta carta, que será muito provavelmente, como se referiu, o livro mais antigo do Novo Testamento, uma exposição ampla dos principais conteúdos da fé cristã.

A pregação do Evangelho

Os três primeiros capítulos da missiva apresentam um retrato esplêndido da tarefa evangelizadora levada a cabo em Tessalônica; este trabalho apostólico constitui, simultaneamente, um modelo para a proclamação da mensagem cristã em todos os períodos e em todos os lugares.

Deus toma a iniciativa e torna frutífera a pregação do Evangelho: a escolha é feita por Deus Pai e é uma consequência do seu amor[4]; o seu Filho Jesus, que «nos livrou

4 1 Ts 1, 4.

da ira que há de vir»[5], sustenta a esperança[6]; a ação do Espírito Santo torna plenamente persuasivas as palavras do pregador e enche quem as acolhe de uma alegria inefável, que permite ultrapassar qualquer tribulação[7].

O conteúdo fundamental da pregação é o Evangelho, ou seja, a boa-nova da nossa salvação, anunciada pelos profetas e cumprida em Nosso Senhor Jesus Cristo – anúncio que dá a conhecer aos que o ouvem que são «amados de Deus» e que foram objeto de uma eleição especial[8]. A meta que esta pregação visa alcançar é a conversão a Deus[9]. Por sua vez, o próprio Deus infunde as três virtudes teologais – a fé, a esperança e a caridade – naqueles que aceitam a mensagem cristã; e o exemplo dos que respondem com prontidão e fidelidade à palavra de Deus reforça a eficácia da pregação[10].

Um elemento importante para esta eficácia é a atitude do evangelizador. São Paulo exorta, com o seu exemplo, a que os pregadores evitem por completo o protagonismo; deverão oferecer as suas palavras e o testemunho da sua vida, mas quem atua nos ouvintes é o Espírito Santo[11]. O ministério deve, portanto, ser exercido com intenção

5 1 Ts 1, 10.

6 1 Ts 1, 3.

7 1 Ts 1, 5-6.

8 Cf. 1 Ts 1, 4-5.

9 1 Ts 1, 9.

10 1 Ts 1, 3-9.

11 Cf. 1 Ts 1, 5.

reta, pois é a Deus, «que sonda os nossos corações»[12], que se pretende agradar, transmitindo a sua palavra com simplicidade e fidelidade[13]. Quem ensina a doutrina cristã não o faz com afã de lucro, mas por amor a Deus e aos outros homens[14]. O Apóstolo leva a cabo a sua tarefa apoiando-se na oração[15] e, sempre que lhe é possível, convivendo com aqueles que ensina, animando a todos, um por um, e mostrando-lhes o caminho que lhes permitirá viver a vocação cristã de modo coerente[16].

Fundamentos da fé, da moral e da oração

Nesta carta, são referidas as principais verdades da fé, bem como os fundamentos da moral e os motivos da oração cristã.

Com efeito, os principais artigos da fé, que a tradição cristã formulará no símbolo dos Apóstolos, estão já presentes neste escrito, composto cerca de vinte anos após a morte de Cristo. Assim, Paulo ensina que Deus é Pai[17] e

12 1 Ts 2, 4.

13 Cf. 1 Ts 2, 1-2.

14 Cf. 1 Ts 2, 7-9.

15 Cf. 1 Ts 3, 10.

16 Cf. 1 Ts 2, 11-12.

17 Cf. 1 Ts 1, 3.

que Jesus é o seu Filho[18]; que a salvação é operada «por nosso Senhor Jesus Cristo, que morreu por nós»[19] e «ressuscitou»[20]; que Ele há de vir de novo, com todo o seu poder e majestade, julgar os vivos e os mortos[21]; e que Deus Pai enviou o Espírito Santo[22], que move as almas a acolherem com gozo a pregação da palavra de Deus[23].

A doutrina moral destas cartas tem como fundamento o chamado de todos os cristãos à santidade: « [...] esta é a vontade de Deus: que vos santifiqueis»[24]. Para tal, é necessário participar da própria vida de Cristo[25], com base nas virtudes teologais; com efeito, temos de estar «revestidos da couraça da fé e da caridade, e tendo por elmo a esperança da salvação»[26]. As relações entre os homens devem ter como fundamento a caridade fraterna, o que significa que os cristãos têm de dar bom exemplo, corrigir os que vivem desordenadamente, alentar os pusilânimes, sustentar os doentes e ter paciência com todos[27]; devem estar vigilantes, não se deixando dominar

---

18 Cf. 1 Ts 1, 10.

19 1 Ts 5, 9-10.

20 1 Ts 1, 10; cf. 4, 14.

21 Cf. 1 Ts 1, 10; 2, 19; 3, 13; 4, 16-17.

22 Cf. 1 Ts 4, 8.

23 Cf. 1 Ts 1, 6.

24 1 Ts 4, 3; cf. 4, 7-8; 5, 9.

25 Cf. 1 Ts 5, 10.

26 1 Ts 5, 8.

27 Cf. 1 Ts 4, 9; 5, 11.14.

pela concupiscência, vivendo a sobriedade em tudo[28]; e devem estar sempre alegres, orar sem cessar, dar graças por tudo[29] e trabalhar com seriedade[30].

A par das verdades da fé e das orientações morais, a instrução cristã sempre conferiu grande importância à oração, aspecto que também se faz presente nesta carta: por um lado, o Apóstolo recomenda aos seus leitores: «Orai sem cessar»[31]; mas também inclui importantes alusões aos conteúdos da oração.

Com efeito, estão de algum modo presentes nesta carta os elementos fundamentais da oração dominical, o Pai-nosso, tal como foi difundido na tradição cristã, ou seja, segundo a versão do *Evangelho de São Mateus*[32]: Deus é nosso Pai[33], que está com seu Filho no Céu[34]; o cristão deve empenhar-se em que a sua vontade – que é a santificação[35] – se faça, ao mesmo tempo que trabalha e aguarda a vinda do seu reino[36]; a recomendação de que «nenhum retribua a outro mal por mal»[37] evoca a petição ensinada por Jesus: «Perdoa-nos nossas ofensas assim como nós

---

28 Cf. 1 Ts 4, 5; 5, 6.

29 Cf. 1 Ts 5, 16-18.

30 Cf. 1 Ts 4, 11-12.

31 1 Ts 5, 17.

32 Cf. Mt 6, 9-13.

33 Cf. 1 Ts 1, 3; 3, 11.13.

34 Cf. 1 Ts 1, 10; 4, 16.

35 Cf. 1 Ts 4, 3.

36 Cf. 1 Ts 2, 12.

37 1 Ts 5, 15.

perdoamos a quem nos tem ofendido»[38]; e, recordando o «não nos deixes cair em tentação»[39], compreende-se que o Apóstolo se sentisse preocupado, «temendo que o tentador vos tenha tentado»[40]; finalmente, quando, além da perversa ação do tentador nos outros, se tem experiência direta das dificuldades – «pelo que quisemos ir ter convosco, principalmente eu, Paulo, uma e outra vez, mas Satanás impediu-nos»[41] –, compreende-se que o Senhor ensine a pedir: «Livra-nos do mal»[42].

A escatologia

Uma das questões de que São Paulo mais trata nesta missiva é a referente às realidades últimas do ser humano; e fá-lo para alimentar a esperança daqueles neófitos, no meio das tribulações pelas quais estavam a passar.

A vida do homem não acaba com a morte; por isso, os fiéis não devem entristecer-se com essa realidade, como acontece aos que não têm esperança. E a razão última para tal está em que, se Cristo ressuscitou, também nós ressuscitaremos com Ele[43].

---

38 Mt 6, 12.

39 Mt 6, 13.

40 1 Ts 3, 5.

41 1 Ts 2, 18.

42 Mt 6, 13.

43 Cf. 1 Ts 4, 13-14.

Esperamos, portanto, no final dos tempos, a ressurreição dos corpos, após o regresso glorioso de Nosso Senhor Jesus Cristo, que o Apóstolo descreve de forma solene: «Pois o próprio Senhor, à ordem dada, à voz do arcanjo e ao som da trombeta de Deus, descerá do Céu»[44]. A linguagem apocalíptica utilizada para narrar a segunda vinda do Senhor – a Parúsia – exprime o mistério e o poder de Deus. Após a Parúsia, terá lugar a ressurreição dos mortos: os corpos voltarão à vida e aqueles que tiverem permanecido até esse dia irão ao encontro do Senhor na companhia dos seus irmãos defuntos[45]. Deste modo, os que tiverem morrido antes da Parúsia não estarão em desvantagem relativamente aos que ainda estiverem vivos nesse momento.

São Paulo não aponta um momento concreto para a Parúsia, pois, «quanto [...] ao tempo e ao momento, não tendes necessidade, irmãos, de que vos escrevamos»[46]; limita-se a exortá-los a que permaneçam sempre vigilantes, uma vez que «o dia do Senhor virá como um ladrão durante a noite»[47], isto é, quando menos se espera.

---

44 1 Ts 4, 16.

45 1 Ts 4, 16-17.

46 1 Ts 5, 1.

47 1 Ts 5, 2.

PRIMEIRA CARTA AOS TESSALONICENSES

Saudação

1 1 Paulo, Silvano e Timóteo à igreja dos tessalonicen-
ses, que está em Deus Pai e no Senhor Jesus Cristo:
graça e paz vos sejam dadas.

I. ALEGRIAS DO APÓSTOLO PELA IGREJA DE TESSALÔNICA

Ação de graças pela fidelidade dos tessalonicenses

2 Damos sempre graças a Deus por todos vós, fazen-
do continuamente memória de vós nas nossas orações,
3 lembrando-nos diante de Deus, nosso Pai, da obra da
vossa fé, do trabalho da vossa caridade e da constância
da vossa esperança em nosso Senhor Jesus Cristo.
4 Com efeito sabemos, irmãos amados de Deus, que
fostes escolhidos, 5 porque o nosso Evangelho não vos foi
pregado somente com palavras, mas também com po-
der, com o Espírito Santo e com perfeita segurança. Com
efeito, sabeis quais nós fomos entre vós por amor de vós.

[6] Por vossa parte, fizestes-vos imitadores nossos e do
Senhor, recebendo a palavra no meio de muita tribula-
ção com a alegria do Espírito Santo, [7] de modo que vos
tornastes modelo para todos os crentes da Macedônia
e da Acaia. [8] Por meio de vós se difundiu a palavra do
Senhor não só pela Macedônia e pela Acaia, mas também
se propagou por toda parte o renome da fé que tendes
em Deus, de sorte que não sentimos necessidade de dizer
sobre isso coisa alguma. [9] De fato, eles mesmos publicam
de nós qual foi a aceitação que tivemos entre vós, como
vos convertestes dos ídolos a Deus para servirdes ao Deus
vivo e verdadeiro [10] e para esperardes do céu o seu Filho
Jesus, a quem ele ressuscitou dos mortos, o qual nos li-
vrou da ira que há de vir.

Lembranças da evangelização em Tessalônica

2 [1] Efetivamente sabeis, irmãos, que a nossa ida a vós
não foi sem fruto, [2] pois, tendo primeiro sofrido e
tolerado afrontas, como sabeis, em Filipos, tivemos con-
fiança em nosso Deus para vos pregar o Evangelho de
Deus no meio de muitos obstáculos. [3] A nossa pregação
não procedeu de erro, nem de malícia, nem de fraude,
[4] mas, como fomos aprovados por Deus para que nos
fosse confiado o Evangelho, assim falamos não para agra-
dar aos homens mas a Deus, que sonda os nossos cora-
ções. [5] Realmente a nossa linguagem nunca foi de adula-
ção, como sabeis, nem um pretexto de avareza — Deus

é testemunha —, 6 nem buscamos glória dos homens,
quer de vós quer de outros. 7 Podendo, como apóstolos
de Cristo, ser-vos de algum peso, fizemo-nos pequenos
entre vós. Como a mãe que cerca de ternos cuidados os
seus filhos, 8 assim, amando-vos muito, ansiosamente
desejávamos dar-vos não só o Evangelho de Deus, mas
ainda a nossa própria vida, porquanto nos éreis muito
queridos. 9 Certamente vos lembrais, irmãos, do nosso
trabalho e fadiga: trabalhando de noite e de dia para não
sermos pesados a nenhum de vós, pregamos entre vós
o Evangelho de Deus. 10 Vós e Deus sois testemunhas
de quão santa, justa e irrepreensivelmente procedemos
convosco que crestes, 11 assim como sabeis de que ma-
neira a cada um de vós, como um pai a seus filhos, 12 vos
andávamos exortando, confortando e suplicando que
andásseis de uma maneira digna de Deus, que vos chama
ao seu Reino e à sua glória.

Perseverança dos tessalonicenses

13 Por isso, também nós damos sem cessar graças a
Deus, porque, tendo vós recebido a palavra de Deus que
ouvistes de nós, a abraçastes não como palavra de ho-
mens, mas, segundo é na verdade, como palavra de Deus
que opera em vós que crestes. 14 Porque vós, irmãos,
tornastes-vos imitadores das igrejas de Deus que há pela
Judeia em Cristo Jesus, porque vós também sofrestes, da
parte dos da vossa própria nação, as mesmas coisas que

elas igualmente sofreram dos judeus, [15] que mataram o
Senhor Jesus e os profetas, e nos têm perseguido a nós.
Não agradam a Deus e são inimigos de todos os homens,
[16] proibindo-nos de pregar aos gentios para que sejam
salvos. Assim vão sempre enchendo a medida dos seus
pecados; mas a ira de Deus caiu sobre eles com todo
o rigor.

Zelo pelos tessalonicenses

[17] Ora nós, irmãos, privados por um pouco de tempo
de vós – quanto à vista, não quanto ao coração –, ainda
mais nos apressamos com grande desejo a tornar a ver a
vossa face. [18] Pelo que quisemos ir ter convosco, principal-
mente eu, Paulo, uma e outra vez, mas Satanás impediu-
-nos. [19] Pois qual é a nossa esperança, a nossa alegria, a
nossa coroa de glória? Porventura não o sois vós diante de
nosso Senhor Jesus, na sua vinda? [20] Sim, vós sois a nossa
glória e a nossa alegria.

Viagem de Timóteo a Tessalônica

3 [1] Pelo que, não podendo mais sofrer, preferimos ficar
sós em Atenas [2] e enviamos Timóteo, nosso irmão e
ministro de Deus no Evangelho de Cristo, para vos forta-
lecer e confortar na vossa fé, [3] a fim de que ninguém seja
abalado por estas tributações, pois vós mesmos sabeis que

para isto fomos destinados. 4 Pois, quando ainda estáva-
mos convosco, vos predizíamos que havíamos de padecer
tribulações, como com efeito aconteceu, e vós o sabeis.
5 Por isso, não podendo eu sofrer mais demora, enviei a
buscar notícias da vossa fé, temendo que o tentador vos
tenha tentado e que se torne inútil o nosso trabalho.

Alegria pelas notícias trazidas por Timóteo

6 Mas agora, voltando Timóteo a nós depois de vos
ter visitado e trazendo-nos boas-novas da vossa fé e ca-
ridade, da vossa sempre afetuosa lembrança de nós, do
vosso desejo de nos tornar a ver, desejo igual ao nosso,
7 com isso temos sido consolados a vosso respeito, pela
vossa fé no meio de toda a nossa angústia e tribulação;
8 porque agora vivemos, visto que vós estais firmes no Se-
nhor. 9 Que ação de graças podemos dar a Deus por vós,
por toda a alegria que gozamos por vossa causa diante
do nosso Deus? 10 Pedimos-lhe de noite e de dia, com a
maior instância, que cheguemos a ver a vossa face e que
completemos o que falta à vossa fé.

Oração pelos tessalonicenses

11 Que o mesmo Deus, Pai nosso, e nosso Senhor Je-
sus encaminhem os nossos passos para vós. O Senhor
vos faça crescer e abundar na caridade uns para com os

outros e para com todos, assim como é a nossa para con-
vosco. 13 Que os vossos corações, livres de culpa, sejam
confirmados na santidade diante de nosso Deus e Pai,
por ocasião da vinda de nosso Senhor Jesus com todos
os seus santos.

II. A VIDA CRISTÃ: SANTIDADE, ESPERANÇA, ORAÇÃO

Recomendações: santidade e pureza

4 1 Quanto ao mais, irmãos, nós vos rogamos e supli-
camos no Senhor Jesus que, como aprendestes de nós
de que maneira deveis andar para agradar a Deus, con-
soante já procedeis, façais nisso novos progressos. 2 Com
efeito, sabeis que preceitos vos dei por parte do Senhor
Jesus. 3 Porquanto esta é a vontade de Deus: que vos san-
tifiqueis, que eviteis a impudicícia, 4 que cada um de vós
saiba possuir o seu corpo em santidade e honra, 5 não
nas paixões desregradas como fazem os gentios, que não
conhecem a Deus, 6 e que ninguém oprima ou engane
o seu irmão nesta matéria, porque o Senhor é vingador
de todas essas coisas, como já vos dissemos e atestamos.
7 Em verdade, Deus não nos chamou para a impureza,
mas para a santidade. 8 Aquele, pois, que despreza isso
não despreza um homem, mas Deus, que vos dá o seu
Espírito Santo.

Caridade e laboriosidade

9 No que diz respeito à caridade fraterna, não temos necessidade de vos escrever, porque vós mesmos aprendestes de Deus que vos deveis amar uns aos outros, 10 e, de fato, assim o praticais com todos os irmãos em toda a Macedônia. Mas nós vos exortamos, irmãos, a avançar cada vez mais. 11 Procurai viver em paz, ocupar-vos dos vossos negócios e trabalhar com as vossas mãos, como vos ordenamos. 12 Assim tereis um proceder correto aos olhos dos que estão fora e não precisareis de ninguém.

A Parúsia

13 Mas não queremos, irmãos, que estejais na ignorância acerca dos mortos, para que não vos entristeçais como os outros, que não têm esperança. 14 Pois, se cremos que Jesus morreu e ressuscitou, também Deus trará com ele aqueles que morreram em Jesus. 15 Dizemo-vos isto segundo a palavra do Senhor: os que estamos vivos, os sobreviventes, quando da vinda do Senhor, não passaremos adiante daqueles que morreram. 16 Porque o mesmo Senhor, ao sinal dado, à voz do arcanjo, ao som da trombeta de Deus, descerá do céu: os que morreram em Cristo ressuscitarão primeiro; 17 depois, nós os que vivemos, os sobreviventes, seremos arrebatados juntamente com eles às nuvens, ao encontro de Cristo nos ares, e assim estaremos para sempre com o Senhor. 18 Portanto, consolai-vos uns aos outros com essas palavras.

5 1 Quanto, porém, ao tempo e ao momento, não tendes necessidade, irmãos, de que vos escrevamos, 2 porque sabeis muito bem que o dia do Senhor virá como um ladrão durante a noite. 3 Quando disserem: «Paz e segurança», então lhes sobrevirá uma destruição repentina, como as dores a uma mulher grávida, e não escaparão. 4 Mas vós, irmãos, não estais nas trevas, de modo que aquele dia vos surpreenda como um ladrão, 5 porque todos sois filhos da luz e filhos do dia. Não somos filhos da noite nem das trevas. 6 Não durmamos, pois, como os outros, mas vigiemos e sejamos sóbrios. 7 Os que dormem, dormem de noite; e os que se embriagam, embriagam-se de noite. 8 Mas nós, que somos do dia, sejamos sóbrios, estando revestidos da couraça da fé e da caridade, e tendo por elmo a esperança da salvação; 9 pois Deus não nos destinou para a ira, mas para alcançar a salvação por nosso Senhor Jesus Cristo, 10 que morreu por nós a fim de que, ou vigiemos ou durmamos, vivamos juntamente com ele. 11 Pelo que consolai-vos mutuamente e edificai-vos uns aos outros, como já fazeis.

Recomendações diversas

12 Nós vos suplicamos, irmãos, que tenhais consideração com aqueles que trabalham entre vós, que vos governam no Senhor e vos admoestam. 13 Tende com eles uma caridade particular, por causa das funções que desempenham. Vivei em paz entre vós. 14 Pedimos-vos

também, irmãos, que corrijais os que não observam a
boa ordem, conforteis os pusilânimes, suporteis os fra-
cos, sejais pacientes com todos. 15 Vede que nenhum re-
tribua a outro mal por mal, mas procurai sempre fazer o
bem entre vós e para com todos. 16 Estai sempre alegres;
17 orai sem cessar; 18 por tudo dai graças, porque essa é a
vontade de Deus em Cristo Jesus, em relação a todos vós.
19 Não extingais o Espírito; 20 não desprezeis as profecias;
21 examinai tudo e abraçai o que for bom; 22 guardai-vos
de toda espécie de mal.

Conclusão e saudações

23 O Deus de paz, ele próprio, vos santifique em tudo,
a fim de que todo o vosso ser, espírito, alma e corpo se
conservem sem culpa para a vinda de nosso Senhor Jesus
Cristo. 24 Fiel é aquele que vos chamou, o qual fará isso.
25 Irmãos, orai por nós. 26 Saudai todos os irmãos com
ósculo santo. 27 Eu vos conjuro pelo Senhor que esta car-
ta seja lida a todos os irmãos.
28 A graça de nosso Senhor Jesus Cristo seja convosco.

NOTAS À *PRIMEIRA CARTA AOS TESSALONICENSES*

***1, 1.** Esta é a carta mais antiga (51-52) de Paulo que chegou até nós. Depois de saudar a comunidade que ele próprio tinha fundado, o Apóstolo agradece a Deus o fruto da evangelização e a fidelidade daqueles cristãos (1, 2-3, 13). Mais adiante, aparentemente comovido com a dor dos tessalonicenses pela morte dos seus entes queridos, exorta-os a levarem uma vida santa, na esperança da segunda vinda de Cristo (4, 1-5, 24).

O começo corresponde ao modelo habitual na época: apresentação do autor, referência aos destinatários e palavras de saudação. O tom é de intimidade; não estamos, contudo, perante uma simples carta de família, mas na presença de um escrito autorizado, cujo conteúdo é, segundo as normas legais (cf. Dt 17, 6), avalizado por duas testemunhas. A palavra grega *ekklesia* significa assembleia, reunião do povo, e foi utilizada desde a época apostólica para designar o novo povo de Deus; é com base neste versículo que São Tomás de Aquino define a Igreja como «a congregação dos fiéis realizada em Deus Pai e no Senhor Jesus Cristo, pela fé na Trindade e na divindade e humanidade de Cristo» (*Super I Thessalonicenses, ad loc.*).

***1, 2-3, 13.** A ação de graças do Apóstolo abrange a memória da evangelização de Tessalônica (1, 2-2, 16) e as notícias que lhe chegaram sobre a perseverança na fé dos cristãos daquela cidade (2, 17-3, 10). A seção termina com uma oração por esta igreja.

1, 2-10. São Paulo reconhece com alegria a eficácia da graça divina nos tessalonicenses; e recorda-lhes que as virtudes teologais (v. 3) não se firmaram neles pelos seus méritos pessoais, mas porque foram amados e eleitos por Deus (v. 4). Por outro lado, o Espírito Santo é o principal agente da evangelização (v. 5), pois transforma interiormente aqueles que acolhem com simplicidade a palavra de Deus: «A força do Espírito purifica aqueles que a Ele se unem com um pensamento sincero, e que têm uma fé plena, sem mancha alguma na consciência»

(São Gregório de Nissa, *De instituto christiano*).

A evangelização realizada por São Paulo constitui um modelo da proclamação da mensagem cristã em todos os tempos e lugares. Assim como o Apóstolo reproduzia em sua vida a vida de Cristo (1 Cor 11, 1), para conduzir os outros à fé (v. 6), assim também o cristão deve comportar-se de tal maneira que os outros vejam nele Cristo «como num espelho. Se o espelho for como deve ser, reproduzirá o semblante amabilíssimo do nosso Salvador sem o desfigurar, sem caricaturas: e os outros terão a possibilidade de admirá-lo, de segui-lo» (São Josemaria Escrivá, *Amigos de Deus*, 299).

2, 1-12. São Paulo e os seus acompanhantes chegaram a Tessalônica vindos de Filipos, onde tinham sido alvo de perseguição; pouco depois, os judeus de Tessalônica provocaram distúrbios, que conduziram à sua expulsão desta cidade (cf. At 16, 19-17, 18). O Apóstolo recorda as dificuldades por que passou e expõe a retidão do seu comportamento, talvez contrariando acusações de judeus ou de pagãos.

São Paulo chama «malícia» (v. 3) à alteração da doutrina de Cristo. Pelo contrário, a pregação não tem origem na «malícia» no sentido de não violentar nem alterar o conteúdo da mensagem cristã, antes procurar sempre a verdade: «O pregador do Evangelho terá de ser, portanto, alguém que, mesmo à custa da renúncia pessoal e do sofrimento, procura sempre a verdade que há de transmitir aos outros. Jamais poderá trair ou dissimular a verdade, nem com a preocupação de agradar aos homens, de arrebatar ou de chocar, nem por originalidade ou desejo de dar nas vistas. Não há de evitar a verdade e não há de deixar que ela se obscureça pela preguiça de a procurar, por comodidade ou por medo; não negligenciará nunca o estudo da verdade, mas há de servi-la generosamente, sem a escravizar» (São Paulo VI, *Evangelii nuntiandi*, 78).

Para evangelizar, é necessário amar aqueles a quem tal evangelização se dirige, não só com o afeto de um pedagogo, mas com um amor de pai – ou, melhor ainda, com um amor de mãe (vv. 7-12), que está atenta a todas as necessidades dos filhos, mas não se limita a olhar para o momento presente. Assim, o Apóstolo cuida desses fiéis que acabam de nascer para a fé «como a mãe que gosta de alimentar o seu filho pequeno, mas não quer que ele permaneça pequeno. Ela anda com o pequeno ao colo, cuida dele com as suas mãos, consola-o com as suas carícias e alimenta-o com o seu leite; faz tudo isto ao pequeno, mas quer que ele cresça, para não ter de continuar a fazer estas coisas» (Santo Agostinho, *Sermones*, 23, 3). Da mesma maneira, a pregação do Evangelho exige uma série de atenções, mas deve proporcionar certezas sólidas, apoiadas na palavra de Deus, que permitam àqueles que a receberam firmar-se na fé, desenvolvendo-a e deixando-a amadurecer.

Por outro lado, São Paulo não se limitou a pregar na sinagoga ou noutros locais públicos: preocupou-se com as pessoas específicas (v. 11) e, com o calor de uma conversa amistosa, dava a cada um alento e consolo, ensinando todos a portarem-se de modo coerente com a fé. A vida dos primeiros cristãos mostra claramente que esta atividade apostólica não é da competência exclusiva dos pastores de almas, mas de todos os fiéis; o Concílio Vaticano II ensinou aliás que há uma forma peculiar de apostolado individual que é «o testemunho de toda a vida laical que flui da fé, esperança e caridade. Pelo apostolado da palavra, em certas circunstâncias absolutamente necessário, os leigos anunciam a Cristo, expõem a sua doutrina, difundem-na segundo a sua própria condição e capacidade, e professam-na com fidelidade» (*Apostolicam actuositatem*, 16). Trata-se, em última análise, de levar as pessoas que rodeiam cada cristão a encontrarem-se com Deus: «Quando descobris uma coisa proveitosa, procurais atrair os outros; tendes, pois, de desejar que outros vos acompanhem pelos caminhos de Senhor. Se ides ao fórum ou aos banhos, e passais por um conhecido ocioso, logo o convidais a acompanhar-vos; aplicai este costume terreno ao domínio espiritual e, quando fordes estar com Deus, não vades sozinhos» (São João Crisóstomo, *Homiliae in Evangelia*, 6, 6).

2, 13-16. A pregação é, na verdade, palavra de Deus (cf. v. 13), não só porque nela se transmite fielmente a revelação divina, mas também porque o próprio Deus fala por meio daqueles que O anunciam (cf. 2 Cor 5, 20). Por isso, «a palavra de Deus é viva, eficaz» (Hb 4, 12): «É pela palavra da salvação que a fé é suscitada no coração dos infiéis e alimentada no coração dos fiéis; e é mercê da fé que tem início e se desenvolve a assembleia dos crentes» (Concílio Vaticano II, *Presbyterorum ordinis*, 4).

O acolhimento da pregação foi acompanhado de sofrimentos (v. 14); no entanto, logo desde os primeiros tempos da Igreja, longe de serem consideradas um impedimento, as dificuldades foram tidas como um estímulo para a difusão do Evangelho: «Felicitai-vos a vós próprios; mais, pensai que realizastes uma obra grande quando algum de vós padecer por Deus» (*Pastor de Hermas*, 9, 28, 6).

As palavras dos vv. 14-16 exprimem a viva reação do Apóstolo aos obstáculos colocados por alguns judeus ao seu apostolado entre os gentios, mas de modo algum significam uma condenação do povo judeu, ao qual ele próprio, aliás, pertencia; são palavras duras, dirigidas exclusivamente àqueles que dificultavam a pregação do Evangelho aos outros homens. Mas também lhes deixa aberta uma porta de esperança. A frase final recorda a passagem de 2 Cr 36, 16: «Eles, porém, escarneceram dos seus conselhos e riram-se dos seus profetas, até que a ira do Senhor caiu sem remédio sobre o seu povo», palavras que anunciam o ataque e a conquista de Jerusalém, o incêndio do Templo e a deportação da Babilônia, que tiveram lugar em 587 a.C. É como se São Paulo estivesse a prever uma catástrofe análoga (que efetivamente aconteceu, em 70 d.C., com a destruição de Jerusalém pelos romanos). No entanto, o Apóstolo estava ciente de que os acontecimentos de 587 a.C. não tinham sido um ponto final, pois a seguir o Senhor teve misericórdia do seu povo; daí que as suas palavras não excluam uma reconciliação posterior (cf. Rm 11, 25-36).

Sobre a ira de Deus (v. 16), veja-se também Rm 1, 18.

2, 17-3, 10. A alegria de São Paulo advém da fidelidade daqueles a quem escreve: «Graças ao mestre, o discípulo é obediente, de modo que o seu bom comportamento aproveita ao mestre; portanto, o esforço do discípulo em fazer boas obras proporciona uma coroa ao seu mestre no juízo de Cristo» (São Tomás de Aquino, *Super I Thessalonicenses, ad loc.*).

Alude-se aqui, pela primeira vez, à vinda de Cristo com a palavra grega *parúsia* (2, 19). No uso profano da época helenística, a *parúsia* era a chegada solene de um soberano a uma cidade, na companhia de um suntuoso cortejo; no Novo Testamento, o termo costuma designar a vinda de Cristo glorioso, com o seu poder e majestade, para julgar os homens. Na carta, o Apóstolo refere-se a essa vinda definitiva e solene no final dos tempos.

O discípulo não é mais que o seu Senhor (cf. Mt 10, 24). São Lucas refere que São Paulo começara a ensinar logo nas primeiras viagens missionárias: «é por muitas tribulações que devemos entrar no Reino de Deus» (At 14, 22), ideia que repete na sua última carta: «E todos os que querem viver piamente em Cristo Jesus padecerão perseguição» (2 Tm 3, 12). «Por isso, não deveis preocupar-vos, diz São Paulo, porque não está acontecendo nada de estranho, nada que seja contrário ao que seria de esperar. Estas palavras bastavam para os animar. Cristo falou aos seus discípulos do mesmo modo e pela mesma razão: "Digo-vo-lo agora, antes que aconteça, para crerdes quando isso acontecer" (Jo 14, 29)» (São João Crisóstomo, *In I Thessalonicenses, ad loc.*).

O «tentador» (3, 5) é o demônio (cf. Mt 4, 3), que tenta os homens, não para lhes provar a virtude e conhecer a sua fidelidade, mas para os separar do caminho da fé: «Nas suas tentações, procede com extraordinária astúcia. Como general competente que ataca uma fortaleza, estuda os pontos fracos do homem que quer derrotar, e tenta-o pelo flanco mais débil; uma vez dominada a carne, tenta-o nos vícios que mais facilmente seduzem o homem, como a ira, a soberba e os outros pecados do espírito» (São Tomás de Aquino, *Exposição da Oração Dominical*, petição 6). O cristão deve, por isso, manter-se vigilante – «vigiai e orai, para não cairdes em tentação» (Mt 26, 41) – e pedir humildemente ajuda a Deus: «E não nos deixes cair em tentação, mas livra-nos do mal» (Mt 6, 13).

3, 6-10. A força que os levou a perseverar firmemente na fé, a despeito das perseguições, não se ficou a dever apenas aos méritos dos tessalonicenses, mas sobretudo à graça de Deus; por isso, Paulo agradece ao Senhor a ajuda que lhes deu.

3, 11-13. Como não sabe quando será a parúsia (cf. 5, 2), a atitude do cristão deve consistir em levar uma vida digna de Cristo, em que prevaleça a caridade; o amor sobrenatural, ou caridade, é universal e chega a todos sem exceção: «Amar uma pessoa e mostrar indiferença por outras é uma característica do afeto puramente humano; o que São Paulo nos diz é que o nosso afeto não deve conhecer qualquer tipo de restrição» (São João Crisóstomo, *In I Thessalonicenses, ad loc.*). O exercício pleno desta virtude consolida a santidade, pois torna o homem irrepreensível «diante de Deus, nosso Pai» (v. 13).

***4, 1-5, 28.** O pensamento acerca da segunda vinda de Cristo parece sugerir ao Apóstolo algumas exortações, com o objetivo de incentivar os tessalonicenses a progredirem mais e mais na santidade (4, 1-8) e na caridade (4, 9-12), avivando neles a esperança na ressurreição futura (4, 13-5, 11). Concluirá esta passagem com a recomendação de que vivam em paz, alegres e em oração constante (5, 12-22).

4, 1-8. As exortações que aqui se iniciam assentam no chamamento divino à santidade, que não é feito apenas a alguns, mas a todos os homens: «Todos na Igreja, quer pertençam à hierarquia, quer por ela sejam pastoreados, são chamados à santidade» (Concílio Vaticano II, *Lumen gentium*, 39). Este chamamento é uma consequência da eleição de que fomos alvo por parte do Senhor: «Não o esqueçamos, portanto: estamos no redil do Mestre para conquistar esse cume [...], gravemos a fogo na alma a certeza de que o convite para a santidade, dirigido por Jesus Cristo a todos os homens sem exceção, requer de cada um que cultive a vida interior, que se exercite diariamente nas virtudes cristãs. E não de qualquer maneira, nem para além da medida comum, ou mesmo de um modo excelente: temos que esforçar-nos até o heroísmo, no sentido mais forte e terminante da expressão» (São Josemaria Escrivá, *Amigos de Deus*, 2-3).

A santidade exige a pureza; por isso, a castidade cristã não é apenas uma consequência da dignidade da pessoa humana, criada à imagem de Deus, é também uma exigência da nova dignidade do batizado, cujo corpo é templo do Espírito Santo (cf. 1 Cor 6, 19-20).

A palavra que é traduzida por «corpo» (v. 4) significa, à letra, «vaso», e era utilizada, nos escritos judaicos da época, para designar tanto o corpo de um homem quanto o de sua mulher. Se for entendida neste último sentido, a passagem será interpretada como uma exortação à fidelidade conjugal e à retidão nas relações matrimoniais; de fato, é assim que a interpreta, por exemplo, Santo Agostinho: «O esposo cristão, não só não deve usar o vaso alheio, que é o que fazem aqueles que desejam a mulher do próximo, mas sabe que mesmo o seu próprio vaso não deve ser possuído na maldade da concupiscência carnal. Mas isto não deve ser entendido como se o Apóstolo condenasse a união conjugal, ou seja, a união carnal lícita e boa» (*De nuptiis et concupiscentia*, 1, 8, 9).

Seja como for, o texto sagrado ensina que a excelência à qual Deus nos chama exige que mantenhamos o domínio sobre o nosso corpo, em santidade e honra, o que pressupõe uma reta ordenação do corpo e de todas as suas funções, de acordo com o que foi estabelecido por Deus. O Senhor da vida confiou aos homens a missão de conservar e transmitir a vida de um modo digno do homem: «A índole sexual humana e o poder gerador do homem superam de modo admirável o que se encontra nos graus inferiores da vida; daqui se segue que os atos específicos da vida conjugal, realizados segundo a autêntica dignidade humana, devem ser objeto de grande respeito» (Concílio Vaticano II, *Gaudium et spes*, 51).

4, 9-12. Entre os pontos fundamentais da vida cristã, Paulo sublinha, a par da caridade e como consequência desta, a necessidade de trabalhar com dignidade. É frequente encontrar conselhos semelhantes nos documentos cristãos mais antigos: «Se alguém quer estabelecer-se entre vós, que tenha um ofício, que trabalhe e assim se alimente. Se não tem ofício, provei de acordo com a vossa prudência, de modo que não haja entre nós nenhum cristão ocioso» (*Didaquê*, 12, 3-5). O amor a Deus permite conferir um sentido ao trabalho: «É preciso o esforço interior do espírito humano, guiado pela fé, pela esperança e pela caridade, para dar ao trabalho do homem concreto, com a ajuda desses ensinamentos, aquele sentido que ele tem aos olhos de Deus» (São João Paulo II, *Laborem exercens*, 24).

4, 13-5, 11. A partida precipitada do Apóstolo tinha deixado incompleta a instrução cristã dos tessalonicenses; uma das dúvidas com que tinham ficado pode ser reformulada nos seguintes termos. «Quando o Senhor voltar, os defuntos terão alguma desvantagem em relação aos vivos?» São Paulo responde com dois ensinamentos: primeiro, afirma que o simples fato de a pessoa estar viva nesse momento não constituirá qualquer vantagem (cf. 4. 15-18); depois, esclarece que não sabemos quando terá lugar esse acontecimento (cf. 5, 1-2).

4, 13-14. «Aqueles que morreram» (v. 13): literalmente, os que dormem. Esta expressão, que também era utilizada pelos escritores pagãos, foi muitas vezes empregada pelos primeiros cristãos em referência aos que tinham morrido na fé de Cristo.

Nos escritos cristãos, este modo de expressão ganha todo o sentido por causa da fé na ressurreição de Jesus e da certeza de que todos ressuscitaremos; não se trata de um eufemismo, mas de um modo de vincar que a morte não é o fim: «Diz-se que dormem porque, a seu tempo, serão ressuscitados» (Santo Agostinho, *Sermones*, 93, 6).

A certeza da ressurreição é uma das verdades fundamentais da nossa fé, recolhida tanto no símbolo dos Apóstolos, como no credo de Niceia-Constantinopla (cf. nota a 1 Cor 15).

4, 15-18. São Paulo apresenta razões para a esperança face à parúsia. Fala do encontro com o Senhor na sua segunda vinda, mas sem pretender precisar em que momento ela ocorrerá; pouco depois, esclarece que a única coisa segura é que ocorrerá de forma inesperada (cf. 5, 1-2). Seja como for, o tempo é irrelevante para o fundamental, que consiste em estar sempre com Cristo; quando esse momento chegar, aqueles que estiverem vivos não terão vantagem sobre os que já tiverem morrido, sendo a vantagem de todos quantos tiverem chegado ao fim do seu curso terreno «em Cristo» (v. 16).

Santo Ambrósio explica esta passagem relacionando-a com outros textos do Apóstolo: «Todos ressuscitam, mas ninguém perca a esperança nem lamente o justo de que todos participem na ressurreição, por esperar uma particular recompensa pela sua virtude. Todos ressuscitam, sem dúvida alguma, mas "cada um na sua própria ordem" (1 Cor 15, 23), como diz o Apóstolo. A recompensa da misericórdia divina é comum, mas a ordem dos méritos é diferente. O dia resplandece para todos, o sol aquece todos, a chuva fecunda com abundantes aguaceiros as terras de todos. Todos nascemos, todos ressuscitamos, mas entre ambas as circunstâncias o dom de viver e o dom de ressuscitar são diferentes. Somos exortados a ser como Paulo, para podermos dizer: "nós, os vivos, [...] não precederemos os que faleceram". Com efeito, não fala aqui da maneira comum de vida e da ação de respirar, mas do mérito da ressurreição» (*De excessu fratris sui satyri*, 2, 92-93).

5, 2. «O dia do Senhor» é uma fórmula que aparece várias vezes na Sagrada Escritura, referindo-se a aquele momento em que Deus intervirá de modo decisivo e inapelável. De acordo com São Paulo e outros escritos do Novo Testamento, trata-se do dia do juízo universal, em que Cristo aparecerá na plenitude da glória como juiz (cf. 1 Cor 1, 8; 2 Cor 1, 14). Mas o encontro de cada um com o Senhor face a face dar-se-á logo a seguir à morte (cf. 2 Cor 5, 6; Fl 1, 23); por isso, o cristão deve estar sempre vigilante, pois não sabe quando será o último dia da sua vida.

5, 12-22. Estas recomendações referem-se, antes de mais, ao respeito e à veneração pelos membros da hierarquia da

Igreja: «Aqueles que mandam servem aqueles nos quais parecem mandar. Isto porque não mandam por desejo de poder, mas porque têm o ministério de cuidar dos outros; não são os primeiros por soberba, mas por amor, para os atenderem» (Santo Agostinho, *De civitate Dei*, 19, 14).

Em seguida, São Paulo exorta todos os cristãos a manifestarem a caridade fraterna com obras (vv. 14-15): «O Apóstolo não prega isto apenas aos clérigos, mas também aos leigos e às mulheres, quando diz: "corrigi os indisciplinados, encorajai os desanimados, amparai os fracos". Com efeito, se cairdes em algum tipo de pecado, corrigi-vos uns aos outros com caridade, e o inimigo não terá facilidade em vos surpreender; pelo contrário, se vos surpreender, o mal que pretendia fazer-vos será facilmente emendado e corrigido, e desse modo cumprir-se-á em vós o que está escrito: "O irmão que ajuda o irmão salvar-se-á" (Pr 18, 19); e também: "Aquele que converte um pecador do seu erro salvará da morte a sua alma e obterá o perdão de muitos pecados" (Tg 5, 20)» (São Cesário de Arles, *Sermones*, 74, 4).

Consequentemente, a paz com Deus e com os outros enche o homem de alegria e de serenidade (v. 16); com esta disposição, nem as maiores penas e dores – se forem vividas com visão de fé – podem tirar a alegria: «Se nos sentimos filhos prediletos do nosso Pai dos Céus – que é o que somos! –, como não havemos de estar alegres sempre? – Pensa bem nisto» (São Josemaria Escrivá, *Forja*, 266).

Além disto, a perseverança na oração (v. 17) manterá viva a luta por viver as indicações de São Paulo: «O Apóstolo manda-nos orar sempre. Para os santos, até o sono é oração; no entanto, devemos ter algumas horas de oração bem espalhadas pelo dia, a fim de que, se estivermos absorvidos em algum trabalho, o próprio horário nos admoeste a cumprirmos o nosso dever» (São Jerônimo, *Epistulae*, 22, 37).

Para tal, é imprescindível contar com a ação silenciosa e eficaz do Espírito Santo (vv. 19-21): «O bem-aventurado Paulo, não querendo que se esfrie a graça do Espírito que nos foi dado, exorta-nos com as seguintes palavras: "Não apagueis o Espírito". Com efeito, se aderirmos até o final ao Espírito que nos foi dado no princípio, continuaremos a ser partícipes de Cristo. E não diz: "Não apagueis" porque o Espírito esteja à mercê do poder dos homens, mas porque os malvados e os ingratos demonstram querer apagá-lo; estes, com as suas ímpias ações, à imagem dos que envelheceram, afastam o Espírito» (Santo Atanásio, *Epistulae festales,* 3, 4).

5, 23-28. A santificação que Deus opera no homem alcança a totalidade do ser deste. Com efeito, a santidade cristã é a plenitude da ordem estabelecida por Deus na criação e restabelecida depois do pecado; por isso, o Apóstolo invoca Deus chamando-Lhe «Deus de paz» (v. 23), ou seja, da tranquilidade na ordem. A santidade conduz à perfeição e à integridade todas as faculdades humanas, tanto corporais como espirituais; de modo que completa e aperfeiçoa, sem a alterar, a ordem natural.

«Aquele que vos chamou» (v. 24): o texto grego utiliza o particípio presente, que exprime a continuidade da ação. Na verdade, a vocação divina não é um fato isolado, que ocorreu num momento da vida, mas uma atitude permanente de Deus, que chama continuamente os fiéis à santidade; a fidelidade é uma característica de Deus, que cumpre as suas promessas e não se retrata da sua vontade salvífica: «Aquele que em vós deu início a uma boa obra há de levá-la ao fim» (Fl 1, 6). Por isso, a santidade depende da graça divina, que nunca falha, e da correspondência do homem. A perseverança final é uma graça, mas Deus não a nega a quem se esforça por fazer o bem: «Assim pois, apoiados nesta esperança, unam-se as nossas almas Àquele que é fiel às suas promessas e justo nos seus juízos; Ele, que nos proibiu de mentir, também não mentirá» (São Clemente Romano, *Ad corinthios,* 1, 27).

O gesto do «ósculo» é referido noutras passagens das cartas de São Paulo (Rm 16, 16; 1 Cor 16, 20; 2 Cor 13, 12), sempre acompanhado do adjetivo «santo» (v. 26). O beijo era a forma habitual de cumprimento e despedida entre os orientais (cf. Ex 4, 27; 1Sm 20, 41; 2 Sm 19, 40; Lc 7, 45); São Paulo junta-lhe um significado religioso, como sinal de caridade sobrenatural (cf. 1 Pd 5, 14) e de união na mesma fé. Foi neste sentido que passou à liturgia eucarística desde tempos antigos: «O ósculo da paz é o selo da oração» (Tertuliano, *De oratione,* 14). O Missal Romano prevê, quando a situação pastoral o aconselhar, que os fiéis se desejem mutuamente a paz antes da comunhão com um gesto adequado.

CARTAS

Segunda carta aos Tessalonicenses

INTRODUÇÃO

O fato de a *Segunda Carta aos Tessalonicenses* figurar depois da primeira nos códices resulta da semelhança que tem com ela em algumas questões de conteúdo e, sobretudo, do fato de se dirigir à mesma comunidade cristã; esta localização não implica, contudo, que tenha sido escrita logo a seguir à outra.

I. ESTRUTURA E CONTEÚDO

Após um começo muito semelhante ao da primeira carta, podemos distinguir nesta missiva três seções, das quais a do meio constitui o núcleo fundamental do escrito.

A primeira parte se inicia, tal como a outra epístola, com uma ação de graças a Deus pelo exemplar progresso dos tessalonicenses nas virtudes, para logo a seguir se centrar no tema da retribuição, o justo juízo de Deus, que, quando da vinda do Senhor Jesus, premiará aqueles que trabalham pelo seu Reino e castigará os que a ele se opõem (1, 3-12).

A seguir, o autor exprime de forma clara a ideia principal da carta: o dia do Senhor não é iminente, como os tessalonicenses já sabiam desde as origens da sua instrução cristã (2, 1-17). Houve alguns que, enganados por Satanás, se afastaram da tradição recebida, não crendo na verdade mas em mentiras, e estes serão considerados culpados por isso; ao mesmo tempo, os fiéis são instados a permanecer firmes na verdade e a observar as tradições recebidas.

Como consequência do que ficou exposto, e com o apoio de Deus, que é fiel, o Apóstolo confia em que a palavra de Deus continuará a progredir nos tessalonicenses e a difundir-se por todo o mundo; no entanto, eles têm de ser fiéis à tradição que receberam do Apóstolo, e isso também no que diz respeito à necessidade de levarem uma vida de trabalho sereno, manifestando a sua preocupação fraterna pelos outros (3, 1-15). Estas exortações terminam com uma petição ao Senhor, para que lhes conceda viver em paz.

A carta chega ao fim com umas breves palavras de despedida.

II. RAZÃO DE SER DA CARTA

Na *Primeira Carta aos Tessalonicenses*, havia abundantes referências concretas ao trabalho de evangelização levado a cabo por Paulo, Silas e Timóteo em Tessalônica, bem como várias alusões precisas às circunstâncias que o tinham motivado, o que permitia situá-lo com precisão na vida de São Paulo, durante a sua segunda viagem apostólica. Neste caso, por sua vez, as referências são tão genéricas e intemporais que não permitem estabelecer em que momento a missiva foi escrita.

De um lado, as fórmulas iniciais e o modo de estruturar as ideias, bem como algumas alusões concretas, são semelhantes aos da primeira carta. Do outro, percebem-se certas diferenças de matiz: nesta segunda carta, identifica-se uma preocupação muito maior em esclarecer que a vinda do Senhor não é iminente[1]; e insiste-se várias vezes na necessidade de os leitores conservarem as tradições recebidas de Paulo[2] – uma questão a que não se fazia referência na carta anterior. Por esta razão, muitos autores contemporâneos consideram que esta missiva é obra de um discípulo de Paulo, que a escreveu em seu nome para transmitir serenidade aos leitores, convidá-los ao trabalho com paciência e recomendar-lhes que estivessem sempre preparados para a Parúsia. De todo modo, a tradição da Igreja sempre incluiu esta carta no cânone, razão pela qual o seu caráter inspirado nunca foi posto em dúvida, nem na Igreja do Oriente nem na do Ocidente.

---

1 Cf. 2 Ts 2, 1-2, em contraste com 1 Ts 4, 15-17.

2 Cf. 2 Ts 2, 15 e 3, 6.

Esclarecida a impossibilidade de estabelecer com precisão a data e, portanto, as circunstâncias concretas em que foi escrita – o que de modo algum é decisivo –, o que é possível é detectar nos elementos que a carta apresenta a situação dos seus destinatários: trata-se de uma comunidade cristã na qual se difundiu a ideia de que a segunda vinda de Cristo era iminente, a ponto de alguns dos seus membros terem abandonado o trabalho e andarem dum lado para o outro sem fazer nada. A carta é, pois, um apelo à serenidade e ao trabalho sossegado de todos.

III. ENSINAMENTOS

São duas as questões fundamentais que estão em causa: uma, de maior relevância doutrinal, é o chamado a manter a tradição recebida; a outra, que responde mais diretamente às circunstâncias ocasionais, é o momento da Parúsia. Uma análise da estratégia retórica utilizada nesta carta mostra que o seu objetivo fundamental consiste em dissuadir os leitores da ideia de que o dia do Senhor está para chegar e em persuadi-los a conservar a tradição paulina[3].

---

3 Cf. 2 Ts 2, 1-2.

A Parúsia

Para falar do momento da Parúsia, o autor da carta recorre, utilizando uma linguagem apocalíptica, a razões que lhe permitem ilustrar que não se trata de coisa iminente[4]. As expressões utilizadas – «a apostasia», «o homem do pecado», «o filho da perdição», «o que se oporá», «o mistério da iniquidade», «o que o retém», «esse iníquo» – suscitaram, como foi habitual ao longo dos séculos relativamente à linguagem apocalíptica em geral, todo tipo de interpretações. No entanto, para entender o sentido do texto, não é necessário saber em detalhe a que se refere cada uma das expressões; a mensagem fica exposta com suficiente clareza: os leitores não têm de se inquietar nem de se assustar «como se o dia do Senhor estivesse perto»[5].

No momento próprio, quando o Senhor chegar com todo o seu poder e majestade, terá lugar «o justo juízo de Deus»[6], no qual os que resistem a conhecer a Deus e a obedecer ao Evangelho do Senhor Jesus serão castigados com «a perdição eterna, longe da face do Senhor e da glória do seu poder»[7], ao passo que os que padeceram para serem fiéis à doutrina de Cristo serão considerados «dignos do Reino de Deus»[8].

---

4 Cf. 2 Ts 2, 3-10.

5 2 Ts 2, 2.

6 Cf. 2 Ts 1, 5.

7 2 Ts 1, 9.

8 2 Ts 1, 5.

Tradição e vida cristã

Um dos argumentos de fundo mais utilizados nesta carta é o apelo à recuperação das origens e a que se tenha em muita consideração o que foi recebido na tradição apostólica.

Mesmo que se apresentem revestidas de autoridade[9] – como se procedessem de revelações, de rumores, ou mesmo de cartas atribuídas ao próprio Paulo –, o autor insta explicitamente os seus leitores a não cederem à sedução de novas doutrinas quando se afastarem daquilo que o Apóstolo anunciou no primeiro momento de evangelização dessa comunidade, ou seja, «quando ainda estava convosco»[10]. Donde a admoestação a observar o que foi aprendido na tradição[11].

E isto não diz respeito apenas à doutrina, mas também aos comportamentos: «vós mesmos sabeis como deveis imitar-nos»[12]. Por isso, aqueles que não se comportam de acordo com a «doutrina que foi recebida de nós»[13] são reprováveis.

A tradição paulina é, pois, regra de fé e critério para a ação. Por isso, pede-se a Deus, que ama e consola os seus eleitos, a firmeza necessária para perseverar no caminho

---

9 Cf. 2 Ts 2, 2.

10 2 Ts 2, 5.

11 Cf. 2 Ts 2, 15.

12 2 Ts 3, 7.

13 2 Ts 3, 6.

reto: que Ele «console os vossos corações e os confirme em toda boa obra e palavra»[14].

14 2 Ts 2, 17.

SEGUNDA CARTA AOS TESSALONICENSES

Saudação

1 1 Paulo, Silvano e Timóteo à igreja dos tessalonicenses
em Deus, nosso Pai, e no Senhor Jesus Cristo: 2 graça
e paz vos sejam dadas da parte de Deus, nosso Pai, e da
do Senhor Jesus Cristo.

I. ESPERANÇA NA RECOMPENSA DIVINA

Ação de graças

3 Nós devemos, irmãos, dar sempre graças a Deus
por vós, como é justo, porque a vossa fé vai em grande
aumento, e abunda em cada um de vós a caridade mútua.
4 Também nós mesmos nos gloriamos de vós nas igrejas de
Deus pela vossa paciência e fé no meio de todas as perse-
guições e tribulações que sofreis. 5 Elas são prova do justo
juízo de Deus, para que sejais tidos por dignos do Reino
de Deus, pelo qual padeceis.

Recompensa divina

6 Com efeito, é justo diante de Deus dar tribulação
àqueles que vos atribulam, 7 e a vós, que sois atribulados,

dar descanso conosco, quando aparecer o Senhor Jesus
do céu com os anjos do seu poder, 8 *em uma chama de*
fogo para tomar vingança daqueles que não conhecem a Deus
e não obedecem ao Evangelho de nosso Senhor Jesus.
9 Esses tais serão punidos com a perdição eterna, *longe da*
face do Senhor e da glória do seu poder, 10 quando ele vier
naquele dia para ser glorificado nos seus santos e para se
fazer admirável em todos os que creram, porque vós crestes no testemunho que demos diante de vós.

Oração pela perseverança

11 Por isso oramos incessantemente por vós, para que
o nosso Deus vos faça dignos da vossa vocação, que realize com o seu poder todo desejo de fazer o bem e a atividade da vossa fé, 12 a fim de que o nome de nosso Senhor
Jesus Cristo seja glorificado em vós, e vós nele, pela graça do nosso Deus e do Senhor Jesus Cristo.

A vinda do Senhor

2 1 Rogamos-vos, irmãos, pela vinda de nosso Senhor
Jesus Cristo e pela nossa reunião com ele, 2 que não
deixeis facilmente perturbar o vosso espírito nem alarmar por qualquer pretensa revelação ou palavra, ou por qualquer carta atribuída a nós, como se o dia do Senhor
estivesse perto. 3 Ninguém de modo algum vos engane,

porque isso não se dará sem que antes venha a apostasia,
e sem que tenha aparecido o homem do pecado, o filho
da perdição, 4 o qual se oporá e se elevará sobre tudo
o que se chama Deus ou que é adorado, de sorte que
se sentará no templo de Deus, apresentando-se como se
fosse Deus.

5 Não vos lembrais que eu vos dizia estas coisas quando
ainda estava convosco? 6 E vós agora sabeis o que é que
o retém até que chegue o tempo de se manifestar. 7 Com
efeito, o mistério da iniquidade já se opera; somente falta
que aquele que agora o retém desapareça.

8 E então se manifestará esse iníquo, a quem o Se-
nhor Jesus destruirá com o sopro da sua boca e aniquilará
com o resplendor da sua vinda. 9 A vinda desse iníquo
será acompanhada, por obra de Satanás, de toda espécie
de milagres, sinais e prodígios mentirosos, 10 de todas as
seduções da iniquidade para aqueles que se perdem, por-
que não abraçaram o amor da verdade, que os salvaria.
11 Por isso Deus lhes envia um poder de sedução, de tal
modo que creiam na mentira, 12 para que sejam conde-
nados todos os que não deram crédito à verdade, mas
puserem a sua complacência no mal.

Constância na fé e nos ensinamentos recebidos

13 Mas nós devemos sempre dar graças a Deus por
vós, ó irmãos queridos do Senhor, porque Deus vos

escolheu como primícias para a salvação, pela santi-
ficação do Espírito e pela verdadeira fé, 14 à qual vos
chamou por meio do nosso Evangelho, para vos fazer
alcançar a glória de nosso Senhor Jesus Cristo.

15 Permanecei, pois, constantes, irmãos, e conservai
as tradições que aprendestes, ou por nossas palavras
ou por nossa carta. 16 E o mesmo nosso Senhor Jesus
Cristo e Deus, Pai nosso, o qual nos amou e nos deu
uma consolação eterna e uma boa esperança pela graça,
17 console os vossos corações e os confirme em toda boa
obra e palavra.

II. ORAÇÃO, TRABALHO, FRATERNIDADE

Pedido de orações

3 1 Quanto ao mais, irmãos, orai por nós para que a
palavra do Senhor se propague e seja glorificada,
como é entre vós, 2 e para que sejamos livres dos homens
importunos e maus, porque a fé não é de todos. 3 Mas
Deus é fiel: ele vos confirmará e guardará do maligno.
4 Confiamos no Senhor quanto a vós, que fazeis e con-
tinuareis a fazer o que vos mandamos. 5 O Senhor, pois,
dirija os vossos corações no amor de Deus e na paciência
de Cristo.

Evitar a desordem. Trabalhar com constância

6 Nós vos ordenamos, irmãos, em nome de nosso
Senhor Jesus Cristo, que vos aparteis de todo irmão
que viver na preguiça, e não segundo a doutrina que foi
recebida de nós. 7 Em realidade, vós mesmos sabeis como
deveis imitar-nos, pois que não vivemos preguiçosos
entre vós, 8 nem comemos de graça o pão de ninguém,
mas com trabalho e fadiga, trabalhando de noite e de
dia para não sermos pesados a nenhum de vós. 9 Não
porque não tivéssemos direito a isso, mas para vos dar em
nós mesmos um modelo a imitar. 10 Dessa sorte, quando
ainda estávamos convosco, vos declarávamos que, se al-
guém não quer trabalhar, também não coma. 11 Ouvimos
dizer que alguns entre vós são preguiçosos, nada fazendo
mas ocupando-se em coisas vãs; 12 a esses, pois, que assim
procedem, ordenamos e rogamos no Senhor Jesus Cristo
que, trabalhando pacificamente, comam o pão assim ga-
nhado. 13 E vós, irmãos, não vos canseis nunca de fazer
o bem. 14 Se algum não obedece ao que ordenamos pela
nossa carta, notai-o e não tenhais comércio com ele, a
fim de que se envergonhe; 15 não o considereis, todavia,
como um inimigo, mas adverti-o como a um irmão.

Conclusão e saudações

16 O mesmo Senhor da paz vos dê a paz, sempre e de
todas as formas. O Senhor seja com todos vós.

17 A saudação é de minha própria mão: de mim, Paulo. É esta a minha assinatura em todas as minhas cartas. É assim que eu escrevo.
18 A graça de nosso Senhor Jesus Cristo seja com todos vós.

NOTAS À *SEGUNDA CARTA AOS TESSALONICENSES*

***1, 1-2.** Esta segunda carta aos fiéis de Tessalônica assemelha-se, em muitos pontos, à primeira. Aparentemente, alguns cristãos desta cidade não tinham compreendido bem determinados temas da pregação do Apóstolo, e a fé começava a esmorecer em consequência das perseguições de que eram alvo. Nesta missiva, o autor instrui os seus leitores sobre a retribuição que Deus dará a cada homem (1, 3-12) e o momento da vinda do Senhor (2, 1-17); depois, exorta os cristãos a manterem a tradição paulina acerca da oração e do trabalho (3, 1-16).

***1, 3-12.** Após saudar a comunidade, o Apóstolo anima os tessalonicenses, contrastando o valor da sua fé e o prêmio que terá a sua perseverança (1, 5.7.10) com o castigo que os perseguidores receberão quando chegar a sua hora (1, 6.9).

1, 3-4. O motivo da ação de graças é a fidelidade dos tessalonicenses no meio das dificuldades e a paciência com que suportam as tribulações: «A participação nos sofrimentos de Cristo é, ao mesmo tempo, sofrimento pelo reino de Deus. [...] Pelo seu sofrimento, Cristo introduziu-nos neste reino; e é também mediante o sofrimento que amadurecem para ele os homens envolvidos pelo mistério da redenção de Cristo» (São João Paulo II, *Salvifici doloris*, 21).

«A vossa fé vai em grande aumento» (v. 3): a fé tem de aumentar, tem de ser viva; e a fé cresce quando está unida à caridade. O Apóstolo alegra-se pelo que vê entre os cristãos de Tessalônica, onde o exercício da fé e da caridade mútua mantiveram a alegria e a integridade de ânimo, mesmo no meio de perseguições e tribulações: «Vede como a caridade e a união dos fiéis uns com os outros é um grande socorro para resistir aos males e suportar com inteireza as aflições. É nessa fraternidade profunda que se encontra o maior consolo. As aflições só fazem cambalear uma fé débil e uma caridade imperfeita; pelo contrário, uma fé sólida e robusta encontra nelas uma oportunidade para se reforçar. Enquanto uma alma débil e lânguida não encontra na dor nenhum elemento de força, a alma generosa descobre nela um novo impulso de energia» (São João Crisóstomo, *In II Thessalonicenses*, *ad loc.*).

1, 5-10. O Senhor é justo e retribuirá a cada um com justiça. A realidade do castigo não deve ser o primeiro motivo da nossa fidelidade a Deus (deve ser o amor), mas também não convém esquecer o risco de ficar separado do Senhor para toda a eternidade em que incorre quem se afasta voluntariamente de Deus por meio do pecado e persiste nesse afastamento até o fim da vida. Por isso, ao apresentar os dons da Eucaristia, a Igreja pede confiadamente: «Aceitai, ó Pai, com bondade, a oblação dos vossos servos e de toda a vossa família; dai-nos sempre a vossa paz, livrai-nos da condenação eterna e acolhei-nos entre os vossos eleitos» (Missal Romano, *Cânon romano*).

1, 11-12. O original grego da frase: «pela graça do nosso Deus e do Senhor Jesus Cristo» (v. 12) admite outra tradução: «pela graça do nosso Deus e Senhor Jesus Cristo», caso em que se trata de uma confissão de fé na divindade de Jesus Cristo, Deus e Senhor. Esta expressão, que depois se tornou muito comum, tem aqui um grande valor, pela sua antiguidade.

***2, 1-17.** Encontramos nesta passagem o tema central da carta: o momento da segunda vinda do Senhor (a parúsia), que alguns consideravam estar iminente. Apesar dos esforços dos intérpretes, trata-se de uma passagem cheia de elementos obscuros, que suscitou as mais variadas opiniões entre os comentadores, antigos e modernos. O sentido global é claro: trata-se de uma exortação a que os tessalonicenses se mantenham serenos, porque ainda não ocorreram os sinais que antecederão a parúsia.

2, 1-12. Contrariando os que tinham semeado a agitação entre os fiéis com a afirmação de que a parúsia estava iminente, o autor afirma, com imagens e símbolos retirados do Antigo Testamento, que primeiro terão de se dar dois acontecimentos: a «apostasia» e a manifestação do «homem da iniquidade» (v. 3). A apostasia já tinha sido anunciada por Nosso Senhor (cf. Mc 13, 22): quando se tiver enchido a medida dos pecados dos homens, virá o fim e terá lugar o juízo final. Não sabemos a que se refere a expressão «homem da iniquidade»; talvez se trate do conjunto das forças do mal que constituem um instrumento ao serviço de Satanás, embora a descrição que é feita desse adversário de Deus seja muito semelhante à do anticristo de que fala São João (cf. 1 Jo 2,

18-22). A expressão traduzida por «revelação» (v. 2) significa, literalmente, *espírito*. O autor sagrado poderia estar aludindo a pessoas que, arrogando-se da posse de um carisma profético, supostamente recebido do Espírito Santo, dedicavam-se a divulgar as suas ideias pessoais como se elas viessem de Deus; outros, pelo contrário, preferiam atribuí-las a palavras ou escritos de São Paulo.

É difícil saber em que consiste exatamente o «mistério da iniquidade» e quem ou o que impede o seu domínio (vv. 6-7). Alguns comentadores consideram que se trata de uma referência à atuação do «homem do pecado» (vv. 2-3) e que o obstáculo que o detém são as leis do Império romano, como instrumentos nas mãos de Deus. Também há quem pense que se trata de uma referência à proclamação do Evangelho e à sua ação na existência dos crentes, que, com a sua vida e a sua atividade apostólica, fazem chegar a doutrina e a graça de Cristo a muitos homens; consequentemente, se os cristãos permitem que o seu zelo apostólico esfrie, fica suspenso o impedimento que trava a ação do mal, o que permitirá a manifestação da apostasia. Há ainda outros que consideram que se trata de uma referência a Deus, que, de acordo com o pensamento judaico, tinha prendido os anjos maus até o dia do juízo. E foram propostas muitas outras explicações, mas nenhuma delas se mostrou satisfatória. O *Catecismo da Igreja Católica* ensina o seguinte: «Antes da vinda de Cristo, a Igreja deverá passar por uma prova final, que abalará a fé de numerosos crentes (cf. Lc 18, 8; Mt 24, 12). A perseguição, que acompanha a sua peregrinação na terra (cf. Lc 21, 12; Jo 15, 19-20), porá a descoberto o "mistério da iniquidade", sob a forma de uma impostura religiosa, que trará aos homens uma solução aparente para os seus problemas, à custa da apostasia da verdade. A suprema impostura religiosa é a do anticristo, isto é, dum pseudomessianismo em que o homem se glorifica a si mesmo, substituindo-se a Deus e ao Messias encarnado (cf. 2 Ts 2, 4-12; 1 Ts 5, 2-3; 2 Jo 7; 1 Jo 2, 18.22). Esta impostura anticrística já se esboça no mundo sempre que se pretende realizar na história a esperança messiânica, que não pode consumar-se senão para além dela, através do juízo escatológico. A Igreja rejeitou esta falsificação do reino futuro, mesmo na sua forma mitigada, sob o nome de milenarismo, e principalmente sob a forma política dum messianismo secularizado, "intrinsecamente perverso" (cf. Pio XI, *Divini Redemptoris*,

65-106, que condena o "falso misticismo" desta "simulação da redenção dos humildes"; Concílio Vaticano II, *Gaudium et spes*, 20-21)» (675-676). Ver também as notas a 1 Jo 2, 18--29 e Ap 20, 1-6, no volume seguinte.

«Deus lhes envia um poder de sedução, de tal modo que creiam na mentira» (v. 11): trata-se de um modo de falar, frequente na Bíblia, pelo qual se atribui a Deus aquilo que Ele Se limita a permitir. Com efeito, Deus quer que todos os homens se salvem, e nunca incita ao mal; mas permite, por respeito à liberdade do homem, que aqueles que se obstinam na malícia se condenem.

A incerteza acerca do momento em que terá lugar a parúsia não é um obstáculo a uma vida cristã autêntica, nem uma fonte de preocupação; antes pelo contrário, acaba por ser benéfica: «Não saber quando será o fim nem quando será o dia do fim é útil aos homens; se o conhecessem, desprezariam o tempo intermédio, aguardando os dias próximos da consumação, só então alegando motivos para pensarem em si mesmos. Foi por isso que manteve o silêncio sobre a consumação da morte de cada um, para que os homens não se orgulhassem com tal conhecimento e não começassem a passar a maior parte do tempo irrefletidamente. Ambas as coisas – a consumação de tudo e o final de cada um – no-las ocultou o Verbo (pois na consumação de tudo encontra-se a consumação de cada um e na de cada um está contido o todo), para que, sendo incertas e sempre esperadas, avancemos cada dia como chamados, tendendo para o que temos à nossa frente e esquecendo o que ficou para trás» (Santo Atanásio, *Contra arianos*, 3, 49).

Seja como for, e dado que o sentido desta passagem permanece obscuro, cada pessoa terá, entretanto, de escolher entre «o amor da verdade» (v. 10) proposto por Cristo e os sinais e discursos do maligno: «Todos os homens têm o dever de buscar a verdade, sobretudo no que diz respeito a Deus e à sua Igreja, e, uma vez conhecida, de a abraçar e guardar» (Concílio Vaticano II, *Dignitatis humanae*, 1).

2, 13-17. Embora haja pessoas que não acolhem a verdade, o Apóstolo sente-se movido a dar graças a Deus pelos frutos da sua ação santificadora; a referência às três Pessoas divinas salienta que a salvação é uma obra de toda a Trindade: «Deus» Pai escolhe, para alcançar a «glória de Nosso Senhor Jesus Cristo», pela ação do «Espírito» (vv. 13-14).

Para não serem enganados por doutrinas errôneas, os cristãos devem manter-se firmes na fé recebida e guardar as tradições apostólicas. O termo «tradições» (v. 15) parece referir-se à doutrina cristã que São Paulo tinha recebido e pregava; mas também equivale ao depósito da fé: «A Igreja, na sua doutrina, na sua vida e no seu culto, perpetua e transmite a todas as gerações aquilo que é e aquilo em que acredita» (Concílio Vaticano II, *Dei Verbum*, 8).

***3, 1-18.** A partir daqui e até o final, a carta centra-se em algumas questões relacionadas com o comportamento que os tessalonicenses devem ter, em especial no que diz respeito ao trabalho.

3, 1-5. «O Apóstolo anima-os agora a oferecer orações a Deus por ele, não para que Deus o exima dos perigos que terá de afrontar – pois estes são uma consequência inevitável do seu ministério –, mas "para que a palavra do Senhor avance e seja glorificada"» (São João Crisóstomo, *In II Thessalonicenses, ad loc.*).

A expressão «se propague e seja glorificada» (v. 1) é uma imagem retirada dos jogos de estádio, de grande tradição em toda a Grécia: o vencedor da corrida recebia a glória do prêmio. A vitória e o prêmio da palavra de Deus consistem no fato de ela ser proclamada e aceita por todo o mundo.

Em contraste com a infidelidade de alguns, o autor procede aqui a um apelo à confiança em Deus (v. 3), que é sempre fiel, mas que exige a nossa correspondência; com efeito, Deus criou-nos sem nós, mas não quer salvar-nos sem nós (cf. Santo Agostinho, *Sermones*, 169, 13).

3, 6-15. Havia em Tessalônica alguns cristãos que, considerando que a parúsia estava iminente, não trabalhavam; a memória do trabalho abnegado de São Paulo nessa cidade, para ganhar o seu próprio sustento e não ser pesado a ninguém, devia ser um estímulo para eles. Os cristãos devem «cumprir fielmente os seus deveres terrenos, guiados pelo espírito do Evangelho. A [...] própria fé ainda os obriga mais a cumpri-los, segundo a vocação própria de cada um» (Concílio Vaticano II, *Gaudium et spes*, 43). Esta deve ser a atuação de qualquer cristão responsável: trabalhar com seriedade para dar glória a Deus, atender às necessidades da própria família e servir os outros homens: «Cada um na sua tarefa, no lugar que ocupa na sociedade, tem que sentir a obrigação de realizar um trabalho de Deus, que semeie por toda a parte a paz e a alegria do Senhor» (São Josemaria Escrivá, *Amigos de Deus*, 70).

3, 13. No Evangelho, o Senhor afirma que «aquele que perseverar até o fim será salvo» (Mt 10, 22); e também que «ninguém que põe a sua mão no arado e olha para trás é apto do Reino de Deus» (Lc 9, 62). São ensinamentos que, tendo em consideração a natureza volúvel e inconstante do homem, convidam à luta empenhada para não diminuir o esforço por fazer bem as coisas, com constância até o final, pois só aquele que lutar até a morte receberá a coroa da vida (cf. Ap 2, 10).

3, 16-18. Na Antiguidade, as cartas eram geralmente ditadas a um amanuense ou secretário. São Paulo manteve este costume (cf. Rm 16, 22), mas era frequente (cf. 1 Cor 16, 21; Gl 6, 11; Cl 4, 18) acrescentar no final umas palavras de seu punho e letra: eram uma nota de cortesia e evidenciavam a autenticidade do escrito. As palavras finais desta carta viriam a ser uma saudação litúrgica da Igreja.

CARTAS

Primeira carta a Timóteo

INTRODUÇÃO

Nas edições do Novo Testamento, às cartas de São Paulo dirigidas às comunidades cristãs seguem-se as dirigidas a pessoas individuais. Dentro deste grupo, os textos também se encontram ordenados de acordo com a sua extensão: primeiro as missivas dirigidas a Timóteo, depois a carta a Tito e, finalmente, a breve epístola a Filêmon.

As três primeiras, duas dirigidas a Timóteo e uma a Tito, são geralmente conhecidas pela designação de «cartas pastorais», a qual foi introduzida nos começos do século XVIII em razão dos seus destinatários imediatos e do seu conteúdo. Trata-se de cartas destinadas a colaboradores do Apóstolo que dirigiam, respectivamente, as comunidades locais de Éfeso e de Creta; e o seu conteúdo é eminentemente pastoral, prescrevendo normas e preceitos para o bom funcionamento daquelas comunidades, que se encontravam ameaçadas pela influência de falsos mestres. As missivas também contêm orientações acerca da organização das igrejas e da função dos ministros. Foram redigidas em estilo simples e num tom familiar, que denota a preocupação do autor com a formação daqueles que desempenhavam a tarefa de bom pastor nas comunidades cristãs; mas cada uma delas apresenta também certas características específicas.

I. ESTRUTURA E CONTEÚDO

A *Primeira Carta a Timóteo* foi escrita em defesa da «sã doutrina» – isto é, a que verdadeiramente leva à salvação e que fora recebida por meio da pregação de São Paulo – contra os desvios que conduzem ao erro, bem como para mostrar as consequências que derivam da doutrina do Evangelho em termos da organização da Igreja.

Após umas palavras de saudação (1, 1-2), na primeira seção Paulo urge Timóteo a defender a doutrina reta, opondo-se aos ensinamentos dos falsos doutores (1, 3-20); a seguir, uma vez estabelecida a solidez da doutrina da fé, são enunciadas algumas das suas manifestações práticas. Uma vez que o principal é a relação com Deus, na segunda seção o Apóstolo instrui o seu discípulo acerca da maneira de orientar adequadamente o culto, em especial a oração e a participação nas cerimônias litúrgicas (2, 1-15). As instruções contidas na terceira seção referem-se às qualidades exigíveis aos que exercem algum ministério na comunidade cristã, as quais devem contribuir não só para a edificação de todos os fiéis, mas para dar uma imagem real e atraente da Igreja aos de fora (3, 1-16). Por último, e num tom ainda mais familiar que o anterior – de tal maneira que é difícil detectar um esquema sistemático na ordem da exposição –, o Apóstolo exorta e aconselha Timóteo acerca do modo de se relacionar e se comportar com os outros: anciãos, viúvas, presbíteros, escravos, pessoas abastadas, falsos mestres... A todos há de prestar uma atenção cuidadosa

(4, 1-6, 19). A carta termina com umas breves palavras de despedida, em que o seu autor volta a insistir na ideia fundamental: a guarda fiel do depósito da doutrina recebida (6, 20-21).

II. RAZÃO DE SER DA CARTA

Nesta carta, Timóteo aparece como chefe de uma comunidade cristã implantada em Éfeso que tropeça nos obstáculos próprios dos começos: o Apóstolo mostra-se preocupado com o ambiente pagão, as doutrinas errôneas dos falsos mestres e os costumes relaxados de alguns cristãos. Timóteo é, pois, encarregado de guardar a doutrina recebida e de estimular a vida cristã dos fiéis.

Há outros escritos do Novo Testamento em que encontramos referências à atividade de Timóteo como colaborador de São Paulo, e nesses textos se afirma que ele se comportou com o Apóstolo «como um filho com o pai»[1]. De acordo com as informações dos *Atos dos Apóstolos*, Timóteo era filho de pai gentio e de mãe judia, depois cristã piedosa[2]; na sua segunda viagem missionária, ao passar por Listra, Paulo recebeu excelentes referências deste jovem cristão e, depois de o ter circuncidado, levou-o

---

1 Fl 2, 22.

2 At 16, 1

consigo como seu colaborador e ajudante na fundação das igrejas de Filipos e Tessalônica[3]. Há referências à sua presença na Bereia[4] e ao fato de o Apóstolo o ter enviado de Atenas a Tessalónica[5]; volta a aparecer junto de Paulo em Corinto[6] e acompanha-o na sua passagem por Éfeso[7], pela Macedônia[8] e pela Ásia Menor[9], no decurso da sua terceira viagem. Nas cartas do cativeiro, Paulo indica que o teve junto de si na prisão[10]; e a *Carta aos Hebreus* refere que foi posto em liberdade, embora não diga quando nem em que circunstâncias[11].

Acerca do seu caráter, destaca-se a fidelidade com que seguiu São Paulo. Devia ser muito jovem quando o Apóstolo pede aos cristãos de Corinto que o tratem com respeito[12], e não devia ter muitos mais anos quando recebeu a missão de presidir à igreja de Éfeso[13].

Nesta carta, São Paulo refere alguns pormenores do seu labor que não se encontram noutros escritos do Novo Testamento, nomeadamente que deixou Timóteo

---

3 At 16, 12.

4 At 17, 14.

5 1 Ts 3, 2.

6 At 18, 5.

7 At 19, 22.

8 1 Cor 4, 17; 16, 10; 2 Cor 1, 1.

9 At 20, 4.

10 Cl 1, 1; Fl 1, 1; 2, 19.

11 Hb 13, 23.

12 1 Cor 16, 11.

13 1 Tm 4, 12; 2 Tm 2, 22.

em Éfeso quando partiu para a Macedônia[14] e que confiava regressar em breve para junto dele[15]. Não é fácil localizar tais atividades em nenhuma das viagens do Apóstolo narradas nos *Atos*, porque, quando São Paulo partiu de Éfeso para a Macedônia na sua terceira viagem, Timóteo não terá ficado nessa cidade, mas seguido com o Apóstolo, como se referiu; por outro lado, o relato que lemos nos *Atos* da emotiva despedida dos presbíteros de Éfeso, convencidos de que não voltariam a ver São Paulo[16], leva-nos a supor que o Apóstolo não tencionava voltar a essa cidade. Contudo, o que fica dito nesta carta faz pensar que terá regressado a Éfeso quando foi libertado da prisão em Roma, ocasião que constituirá o enquadramento desta epístola e da missiva destinada a Tito.

Para além destes dados concretos, a carta reflete o ambiente histórico de uma comunidade cristã de origem paulina à qual chegaram pregadores de doutrinas que se afastam do depósito da fé recebida do Apóstolo, razão pela qual se torna imprescindível discernir a «sã doutrina» dessas correntes perturbadoras.

Esta carta, assim como a segunda missiva dirigida a Timóteo e a escrita a Tito, ostentam algumas diferenças em relação ao resto do *corpus* paulino: o vocabulário e o estilo são peculiares; em termos de conteúdo, os aspectos morais e práticos predominam, em detrimento dos

---

14 1 Tm 1, 3.

15 1 Tm 3, 14; 4, 13.

16 At 20, 25.38.

elementos teológicos, que prevalecem noutras cartas; a organização hierárquica e os erros a que se faz alusão parecem mais próprios de um período um pouco posterior à vida do Apóstolo; por fim, é difícil enquadrar a data da sua composição na vida de São Paulo. Por tudo isto, há quem tenha posto em causa a autenticidade paulina destes escritos. Seja como for, e mesmo que o seu autor tenha sido um secretário ou um discípulo mais ou menos próximo de São Paulo, o sentido e a autoridade dos textos são do Apóstolo.

3. ENSINAMENTOS

O tema principal da *Primeira Carta a Timóteo* é a salvação proporcionada pela Igreja, que prolonga e atualiza a ação salvadora de Cristo. Esta questão é desenvolvida de pontos de vista diferentes, mas complementares: em primeiro lugar, de uma perspectiva teológica, em torno do acontecimento de Cristo, que é o núcleo principal e fundamental da vida cristã; mas também, num plano mais orientado para a prática, como ordenação da atividade desenvolvida pelos membros da Igreja de acordo com a própria vocação, em especial a vocação daqueles a quem foi encomendado algum ministério ao serviço da comunidade.

Jesus Cristo e a salvação

A ideia básica das cartas pastorais – e que, portanto, também aparece frequentemente nesta – é a salvação: Deus é chamado o Salvador[17], que, pelo seu amor infinito, «quer que todos os homens se salvem e cheguem ao conhecimento da verdade»[18].

Este plano divino foi manifestado e levado a cabo por Jesus Cristo, o único mediador[19], que «veio a este mundo salvar os pecadores»[20]. A fé nestas verdades conduz à salvação: esta é a «sã doutrina»[21] do Evangelho pregado por São Paulo[22].

Está, contudo, sempre presente o perigo das falsas doutrinas, que afastam aqueles que as acolhem da fé verdadeira[23]. De fato, uma das questões mais delicadas com que as primeiras gerações de cristãos tiveram de se confrontar em Éfeso e noutras igrejas foi o discernimento da fé genuína entre as numerosas interpretações particulares que eram pregadas entre eles, impregnadas, quer de noções específicas das tradições judaicas, quer de elementos próprios da

17 1 Tm 1, 1; 2, 3; 4, 10.

18 1 Tm 2, 4.

19 1 Tm 2, 5.

20 1 Tm 1, 15; cf. 2, 5-6.

21 1 Tm 1, 10.

22 Cf. 1 Tm 1, 11.15-16.

23 Cf. 1 Tm 1, 3.6; 4, 1-2; 6, 3-5.

religiosidade helenística, os quais eram alheios à mensagem cristã.

A Igreja

O tom cordial e simultaneamente exigente da carta mostra bem até que ponto a Igreja é uma família, a «casa de Deus»[24], não só na doutrina, mas também na realidade prática; com efeito, a Igreja é «coluna e firmamento da verdade»[25], razão pela qual tem a função de conservar o depósito recebido.

Tal responsabilidade recai de modo especial sobre aqueles que, como Timóteo, receberam a graça do ministério mediante a imposição das mãos[26], os quais devem ensinar a conservar a fé[27] e pôr ordem na comunidade cristã[28].

Quando esta carta foi escrita, ainda não estava estabelecida a terminologia dos diversos ministérios, nem estavam plenamente definidas as atribuições das ordens sagradas na hierarquia da Igreja, o que só apareceria nos escritos de Santo Inácio de Antioquia, nos começos

24 1 Tm 3, 15.

25 1 Tm 3, 15.

26 Cf. 1 Tm 4, 14.

27 Cf. 1 Tm 1, 18-19.

28 Cf. 1 Tm 1, 3.

do século II d.C. Nesta carta, refere-se o «bispo» (*episkopos*)[29] – que era aquele que chefiava uma comunidade específica –, os «diáconos» (*diakonoi*)[30], os «presbíteros» (*presbyteroi*)[31] e até o grupo das «viúvas»[32]. De acordo com o ministério recebido, cada um deles tinha a missão de presidir, de ajudar ou ensinar e, sempre, de dar testemunho de uma vida cristã coerente.

29 1Tm 3, 2.

30 1Tm 3, 8.

31 1Tm 5, 17.

32 1Tm 5, 9.

PRIMEIRA CARTA A TIMÓTEO

Saudação

1 ¹ Paulo, apóstolo de Cristo Jesus por mandado de
Deus, nosso Salvador, e de Cristo Jesus, nossa espe-
rança, ² a Timóteo, amado filho na fé: graça, misericór-
dia e paz da parte de Deus Pai e de Cristo Jesus, Senhor
nosso.

I. A VERDADEIRA DOUTRINA

Admoestar os falsos doutores

³ Recomendei-te que ficasses em Éfeso quando parti
para a Macedônia, para que admoestasses a alguns que
não ensinassem doutrina diversa, ⁴ nem se ocupassem em
fábulas e genealogias intermináveis, as quais servem mais
para discussões do que para favorecer o plano de Deus,
que se funda na fé.

⁵ O fim deste preceito é a caridade nascida de um
coração puro, de uma boa consciência e de uma fé não
fingida. ⁶ Apartando-se alguns dessas coisas, entregaram-
-se a discursos vãos, ⁷ querendo ser doutores da lei sem
saber nem o que dizem nem o que afirmam.

Função da Lei

[8] Nós sabemos que a Lei é boa, contanto que se use
dela legitimamente, [9] não ignorando que a Lei não foi feita
para o justo, mas para os injustos e desobedientes, para
os ímpios e pecadores, para os sacrílegos e profanadores,
para os parricidas e matricidas, para os homicidas, [10] for-
nicadores, sodomitas, traficantes de homens, mentirosos
e perjuros, e para tudo o que vai contra a sã doutrina.
[11] Assim ensina o Evangelho da glória de Deus bem-
-aventurado, o qual me foi confiado.

A conversão do Apóstolo

[12] Dou graças àquele que me confortou, a Jesus Cristo
nosso Senhor, porque me julgou fiel, pondo-me no mi-
nistério, [13] a mim, que fui antes blasfemo, perseguidor e
injuriador; alcancei, porém, a misericórdia de Deus, por-
que o fiz por ignorância, sendo ainda incrédulo. [14] A graça
de nosso Senhor superabundou com a fé e com a caridade
que há em Jesus Cristo.

[15] Palavra segura e digna de toda aceitação é esta: Cris-
to Jesus veio a este mundo salvar os pecadores, dos quais
sou o primeiro. [16] Mas alcancei misericórdia para que em
mim, sendo o primeiro, mostrasse Cristo Jesus toda a sua
longanimidade, para exemplo dos que hão de crer nele
para alcançar a vida eterna.

17 Ao rei dos séculos, ao imortal, invisível e único
Deus, honra e glória pelos séculos dos séculos. Amém.

Recomendações a Timóteo

18 Tal é a recomendação que te faço, meu filho Timó-
teo, segundo as profecias feitas precedentemente a teu
respeito, a fim de que, segundo elas, combatas o bom
combate, 19 conservando a fé e a boa consciência. Por se
terem afastado dela, alguns naufragaram na fé; 20 desse
número são Himeneu e Alexandre, os quais entreguei a
Satanás para que aprendam a não blasfemar.

II. NORMAS SOBRE A ORAÇÃO

A vontade salvífica universal de Deus

2 1 Recomendo-te, pois, antes de tudo, que se façam
súplicas, orações, petições e ações de graças por todos
os homens, 2 pelos reis e por todos os que estão consti-
tuídos em autoridade, para que levemos uma vida sosse-
gada e tranquila, em toda a piedade e dignidade. 3 Em
verdade, isso é bom e agradável diante de Deus, nosso
Salvador, 4 o qual quer que todos os homens se salvem e
cheguem ao conhecimento da verdade.

5 Com efeito, há um só Deus
e um só mediador
entre Deus e os homens,
que é Jesus Cristo homem,
6 o qual se deu a si mesmo para redenção de todos:
tal é o testemunho dado no tempo devido.

7 Fui constituído pregador e apóstolo desse testemu-
nho – digo a verdade, não minto –, doutor das gentes na
fé e na verdade.

Modo de rezar dos homens e das mulheres

8 Quero, pois, que os homens orem em todo lugar,
levantando as mãos puras, sem ira e sem contenda. 9 Do
mesmo modo, orem também as mulheres em traje ho-
nesto, ataviando-se com modéstia e sobriedade, e não
com cabelos frisados, nem com ouro, pérolas ou vestidos
custosos, 10 mas sim com boas obras, como convém a
mulheres que fazem profissão de piedade.

11 A mulher aprenda em silêncio, com toda a sujei-
ção. 12 Não permito à mulher que ensine nem que tenha
domínio sobre o homem, mas esteja em silêncio, 13 por-
que Adão foi formado primeiro, e depois Eva. 14 E Adão
não foi seduzido, mas a mulher, seduzida, prevaricou.
15 Contudo, salvar-se-á pela procriação dos filhos, se per-
manecer na fé, na caridade e na santidade unidas à mo-
déstia.

III. OS MINISTROS NA IGREJA

Qualidades dos bispos

3 1 Esta palavra é certa: se alguém deseja o episcopa-
do, deseja um nobre cargo. 2 É necessário, pois, que
o bispo seja irrepreensível, casado uma só vez, sóbrio,
prudente, de bom trato, hospitaleiro, capaz de ensinar;
3 não dado ao vinho nem desordeiro, mas moderado; não
litigioso, desapegado do dinheiro, 4 que saiba governar
bem a sua casa, que mantenha seus filhos na submis-
são com toda a honestidade 5 — de fato, se algum não
sabe governar a sua casa, como terá cuidado da Igreja de
Deus? —, 6 que não seja neófito, a fim de que, inchado
de soberba, não venha a cair na condenação do demônio.
7 Importa também que tenha boa reputação entre aqueles
que estão fora, para que não caia no opróbrio e no laço
do demônio.

Qualidades dos diáconos

8 Igualmente os diáconos sejam modestos, não de
duas línguas, nem dados a muito vinho, nem ávidos
de sórdidos lucros, 9 e conservem o mistério da fé com
uma consciência pura. 10 Que estes sejam também pro-
vados antes e, se forem achados irrepreensíveis, sejam

admitidos ao ministério do diaconato. [11] Do mesmo
modo as mulheres sejam honestas, não maldizentes, só-
brias e fiéis em tudo. [12] Os diáconos sejam casados uma
só vez e governem bem os seus filhos e as suas casas,
[13] porque, os que tiverem exercido bem o seu ministé-
rio, ganharão um alto grau de honra e muita confiança
na fé que há em Jesus Cristo.

A Igreja, casa de Deus

[14] Escrevo-te estas coisas esperando que em breve vá
ter contigo; [15] porém, se tardar, para que saibas como
deves portar-te na casa de Deus, que é a Igreja do Deus
vivo, coluna e firmamento da verdade.

O mistério da piedade

[16] E evidentemente é grande o mistério da piedade:
foi manifestado na carne,
justificado no Espírito,
visto pelos anjos,
pregado aos gentios,
crido no mundo,
exaltado na glória.

IV. INSTRUÇÕES PASTORAIS

Atitude diante dos falsos mestres

4 1 Ora, o Espírito diz formalmente que, nos últimos
tempos, alguns apostatarão da fé, dando ouvido a es-
píritos enganadores e a doutrinas de demônios, 2 seduzi-
dos por mentirosos hipócritas, cuja consciência está mar-
cada com ferro em brasa, 3 que proíbem o matrimônio e
o uso de alimentos, que Deus criou para que, com ação
de graças, participem deles os fiéis e aqueles que conhe-
cem a verdade. 4 Efetivamente, tudo o que Deus criou é
bom, e não é para desprezar nada do que se toma com
ação de graças, 5 porquanto é santificado pela palavra de
Deus e pela oração.

6 Propondo estes ensinamentos aos irmãos, serás um
bom ministro de Cristo Jesus, nutrido com as palavras da
fé e da boa doutrina a que firmemente te ligaste. 7 Rejeita
as fábulas profanas, esses contos de velhas, e exercita-te
na piedade.

8 O exercício corporal para pouco serve, mas a pie-
dade para tudo é útil, porque tem a promessa da vida
presente e da futura. 9 Palavra segura é esta, e digna de
toda a aceitação. 10 Se padecemos trabalhos e combate-
mos, é porque esperamos no Deus vivo, que é o Salvador
de todos os homens, principalmente dos fiéis. 11 Manda
estas coisas e ensina-as.

Conselhos a Timóteo

12 Ninguém despreze a tua mocidade; sê, porém,
modelo dos fiéis na palavra, no modo de tratar com o
próximo, na caridade, na fé, na castidade. 13 Enquanto
eu não vou, aplica-te à leitura, à exortação e ao ensino.
14 Não desprezes o dom espiritual que há em ti, o qual
te foi dado em virtude de profecia, pela imposição de
mãos da assembleia dos presbíteros. 15 Medita estas coi-
sas e ocupa-te nelas, a fim de que o teu aproveitamento
seja manifesto a todos. 16 Vela por ti e pelo teu ensino;
persevera nestas coisas porque, fazendo isto, te salvarás a
ti mesmo e àqueles que te ouvem.

Comportamento com os fiéis

5 1 Não repreendas com aspereza o velho, mas exor-
ta-o como a um pai; os jovens, como a irmãos; 2 as
velhas, como a mães; as jovens, como a irmãs, com toda
a castidade.

Funções e conduta das viúvas

3 Honra as viúvas que são verdadeiramente viúvas.
4 Se uma viúva tem filhos ou netos, aprendam estes, antes
de tudo, a exercer a piedade para com sua própria família
e a retribuir a seus pais os cuidados que deles receberam,
porque isso é agradável a Deus. 5 Aquela que é verdadei-
ramente viúva e desamparada confie em Deus e persevere

em suplicar e orar, de noite e de dia, [6] porque a que vive
em deleites, vivendo, está morta. [7] Manda, pois, isto para
que sejam irrepreensíveis. [8] Se, porventura, alguém não
tem cuidado dos seus, e principalmente dos da sua casa,
negou a fé e é pior que um infiel.

[9] Somente seja inscrita no grupo das viúvas uma mu-
lher com sessenta anos, casada uma só vez, [10] que tenha
reputação de boas obras, que tenha educado bem os fi-
lhos, praticado a hospitalidade, lavado os pés dos san-
tos, acudido aos atribulados, realizado toda a obra boa.
[11] Não admitas viúvas jovens, porque, quando os seus
desejos as afastam de Cristo, querem voltar a casar-se
[12] e tornam-se culpadas, faltando ao seu primeiro compro-
misso. [13] Além disso, vivendo na ociosidade, acostumam-
-se a andar de casa em casa; não somente são ociosas, mas
também chocarreiras e curiosas, falando sobre o que não
convém. [14] Quero, pois, que as jovens viúvas se casem,
criem filhos, sejam mães de família e não deem ocasião
ao adversário de dizer mal. [15] Realmente, já algumas se
perverteram para seguir Satanás.

[16] Se alguma fiel tem viúvas, socorra-as e não seja so-
brecarregada a Igreja, a fim de que tenha o bastante para
as que são verdadeiramente viúvas.

Seleção dos presbíteros

[17] Os presbíteros que exercem bem a presidência se-
jam considerados dignos de estipêndio dobrado, princi-
palmente os que trabalham em pregar e ensinar. [18] Com

efeito, diz a Escritura: *Não ligarás a boca ao boi que de-*
bulha, e ainda: *O operário é digno da sua paga.* 19 Não
recebas acusação contra um presbítero, senão com duas
ou três testemunhas.

20 Aos que pecarem, repreende-os diante de todos,
para que também os outros tenham medo. 21 Eu te con-
juro diante de Deus, de Cristo Jesus e dos anjos escolhi-
dos que guardes estas coisas sem prevenção, não fazendo
nada por inclinação particular.

22 Não te apresses a impor as mãos a ninguém e não
te faças participante dos pecados dos outros. Conserva-te
a ti mesmo puro.

23 Não continues a beber água só, mas usa de um
pouco de vinho, por causa do teu estômago e das tuas
frequentes enfermidades.

24 Os pecados de alguns homens são manifestos mes-
mo antes de se examinarem em juízo, mas os de outros
manifestam-se somente depois. 25 Igualmente, as boas
obras são manifestas; e as que o não são ainda não podem
permanecer ocultas.

Os escravos. Exigências morais

6 1 Todos os escravos que estão sob o jugo considerem
os seus senhores dignos de toda a honra, para que o
nome do Senhor e a sua doutrina não sejam blasfemados.
2 Os que têm senhores fiéis não os desprezem, porque
são irmãos; antes, sirvam-nos melhor, pelo fato de serem

fiéis e amados aqueles que recebem os seus serviços. Isto
ensina e exorta.

Descrição dos falsos mestres

3 Se alguém ensina de modo diferente e não abraça
as sãs palavras de nosso Senhor Jesus Cristo e aquela
doutrina que é conforme à piedade, 4 é um soberbo que
nada sabe, um espírito doente que se ocupa de questões
e contendas de palavras, donde se originam invejas, con-
tendas, maledicências, más suspeitas, 5 altercações de ho-
mens com o espírito pervertido, que estão privados da
verdade e pensam que a piedade é uma fonte de lucro.
6 Verdadeiramente, a piedade é uma grande fonte de
lucro, tornando-nos contentes com o que basta. 7 Como
nada trouxemos para este mundo, também, sem dúvi-
da, não podemos levar nada dele. 8 Tendo, pois, os ali-
mentos e com que nos cobrir, contentemo-nos com isso,
9 porque os que querem enriquecer caem na tentação e
no laço, e em muitos desejos insensatos e perniciosos que
submergem os homens na ruína e na perdição. 10 Com
efeito, a raiz de todos os males é o amor ao dinheiro,
por causa do qual alguns se desencaminharam da fé e se
enredaram em muitas aflições.

Exortação à defesa da fé

11 Mas tu, ó homem de Deus, foge dessas coisas e
segue a justiça, a piedade, a fé, a caridade, a paciência, a

mansidão. [12] Combate o bom combate da fé e conquista
a vida eterna, para a qual foste chamado e fizeste uma
bela confissão diante de muitas testemunhas.
[13] Eu te ordeno diante de Deus, que dá vida a todas
as coisas, e diante de Cristo Jesus, que perante Pôncio
Pilatos fez uma tão bela confissão, [14] que observes este
mandamento sem mácula, irrepreensível, até a vinda de
nosso Senhor Jesus Cristo, [15] que mostrará a seu tempo
o bem-aventurado e o único poderoso,
o Rei dos reis e Senhor dos senhores,
[16] o único que possui a imortalidade,
que habita numa luz inacessível,
que não foi nem pode ser visto por nenhum homem.
A Ele, honra e império sempiterno. Amém.

O reto uso das riquezas

[17] Manda aos ricos deste mundo que não sejam altivos
nem confiem na incerteza das riquezas, mas em Deus, o
qual nos dá abundantemente todas as coisas para nosso
uso: [18] que façam o bem, que se tornem ricos em boas
obras, que sejam generosos, que repartam, [19] que juntem
para si um sólido tesouro para o futuro, a fim de alcança-
rem a verdadeira vida.

Despedida

20 Ó Timóteo, guarda o depósito, evitando as disputas
vãs e ímpias e as contradições de uma ciência de falso
nome, 21 professando a qual alguns se desviaram da fé.

A graça seja convosco.

NOTAS À *PRIMEIRA CARTA A TIMÓTEO*

***1, 1-2.** A carta instrui Timóteo, discípulo de São Paulo, sobre o seu ministério à frente da igreja de Éfeso. O autor urge-o à defesa da reta doutrina (1, 3-20) e forma-o sobre a oração da comunidade (2, 1-15), as qualidades dos ministros da Igreja (3, 1-16), o modo de ensinar e de se comportar, e o comportamento de alguns cristãos em particular (4, 1-6, 19).

«Deus, nosso salvador» (v. 1): o título de salvador era aplicado, no mundo greco-romano, aos imperadores e aos deuses pagãos. Nas cartas pastorais, e na continuidade do Antigo Testamento, é aplicado a Deus (2, 3; 4, 10; Tt 1, 3; 2, 10; 3, 4), que leva a cabo a sua missão salvadora por meio de Jesus Cristo: «Sofremos muitos males, mas temos grandes esperanças; estamos expostos a perigos e ciladas, mas temos um salvador, que não é um homem, mas Deus. Não podem faltar as forças ao nosso salvador, uma vez que é Deus; assim, por maiores que sejam os perigos, seremos capazes de os ultrapassar» (São João Crisóstomo, *In I Timotheum, ad loc.*).

«Graça, misericórdia e paz» (v. 2): o desejo de misericórdia é acrescentado aos já tradicionais de graça e paz (cf. Rm 1, 7; 1 Cor 1, 3; 2 Cor 1, 2 etc.); esta peculiaridade deverá ter como objetivo sublinhar a salvação operada por Cristo, uma vez que, na linguagem bíblica, pedir misericórdia é pedir a salvação.

***1, 3-20.** A exortação a Timóteo centra-se no dever de preservar a doutrina reta (vv. 3-7), em oposição às falsas interpretações (vv. 8-11), tal como fez São Paulo (vv. 9-20).

1, 3-7. Uma das questões mais importantes com que as primeiras comunidades cristãs – nomeadamente a de Éfeso – tiveram de se confrontar nos anos que se seguiram à sua fundação foi a do discernimento e da manutenção da fé genuína, uma vez que se faziam interpretações particulares, algumas muito próximas das tradições judaicas e outras impregnadas de elementos de religiosidade helenística, estranhos à mensagem cristã. Por esta razão, a primeira responsabilidade da pessoa que presidia à comunidade consistia em vigiar para que se mantivesse a reta doutrina, não pelo desejo de impor os seus próprios critérios, mas para suscitar uma caridade bem fundada: «A fé ensina a verdade e uma fé pura faz nascer a caridade» (São João Crisóstomo, *In I Timotheum*, 2, 1). São Tomás de Aquino explica que assim é porque «quem não possui a fé verdadeira não pode amar a Deus, já que quem acredita em coisas falsas acerca de Deus já não ama a Deus» (*Super I Timotheum, ad loc.*) – na melhor das hipóteses, ama a caricatura de Deus em que acredita.

Na continuidade deste ensinamento apostólico, a prática pastoral da Igreja procura que a formação religiosa se oriente, de forma simples e direta, para os conteúdos fundamentais, expostos com clareza, evitando perdas de tempo e as possíveis confusões que poderiam resultar da propagação de hipóteses não demonstradas e de teorias marginais à fé. Nesta linha, São João Paulo II recorre a este texto de São Paulo para indicar aos catequistas que tenham «o cuidado de não perturbar o espírito das crianças e dos jovens, nesta fase da sua catequese, com teorias peregrinas, vãos problemas ou discussões estéreis, coisas muitas vezes repreendidas por São Paulo nas suas cartas pastorais» (*Catechesi tradendae*, 61).

1, 8-11. A exortação anterior a cuidar da reta doutrina, em contraposição às crenças desviadas que se propagavam entre aqueles primeiros cristãos, não implica uma recusa dos ensinamentos contidos na Lei de Moisés, que continua a ter sentido também para os cristãos, embora de uma perspectiva diferente. São Paulo tinha ensinado que os cristãos já não vivem sob o regime da Lei, mas sob o regime da fé em Cristo (Gl 3, 24-26; 4, 3-7), que é o regime da graça (Rm 6, 14-15). Os crentes evitam tudo aquilo que a Lei proíbe e cumprem tudo o que a Lei exige, e mais ainda. A Lei mosaica é boa, mas é insuficiente, porque dá a conhecer o pecado, mas não proporciona os meios que permitem vencê-lo; em contrapartida, «a lei do espírito de vida em Jesus Cristo me livrou da lei do pecado e da morte» (Rm 8, 2), tornando possível adquirir aquilo que, por si só, a Lei não tinha capacidade de alcançar: a justificação (cf. Rm 8, 1-4). É por isso que se diz que «a lei não foi feita para o justo» (v. 9), ou seja, para aquele que foi justificado por Cristo, porque o justo não atua pelas prescrições da Lei mosaica, que não vigoram para ele, mas movido pela fé em Deus e o amor por Ele. Os falsos doutores parecem não ter entendido a justificação realizada por Cristo, uma vez que continuam a discutir minúcias na interpretação do Antigo Testamento, atribuindo a salvação à sua observância.

A expressão «sã doutrina» (v. 10) é característica da linguagem das cartas pastorais; no grego culto da época, *são* também significa razoável, o que dá a entender que a doutrina da fé e da moral não contradiz a reta razão humana; antes pelo contrário, ilumina-a e eleva-a acima das possibilidades naturais: «O homem pode reconhecer o bem e o mal, graças àquele discernimento entre o bem e o mal que ele mesmo realiza com a sua razão, em particular com a sua razão iluminada pela revelação divina e pela fé, em virtude da lei que Deus outorgou ao povo eleito, a começar pelos mandamentos do Sinai. Israel foi chamado a acolher e viver a lei de Deus como particular dom e sinal da eleição e da aliança divina, e, ao mesmo tempo, como garantia da bênção de Deus» (São João Paulo II, *Veritatis splendor*, 44).

1, 12-17. O reconhecimento das limitações pessoais e da própria indignidade não é um obstáculo para que os pastores da Igreja assumam a sua responsabilidade de pregar e defender a reta doutrina; o exemplo de vida deve permitir dissipar possíveis receios. Paulo reconhece, acima de tudo, a gratuidade do seu chamamento ao ministério da fé e da caridade.

O v. 15 começa com uma fórmula solene, que chama a atenção do leitor para a importância do que se vai seguir, um resumo da obra redentora de Cristo: «Não foi outro o motivo da vinda de Cristo, Senhor nosso, que a salvação dos pecadores. Se eliminares as doenças e as feridas, os medicamentos deixam de ter razão de ser; pois se o grande médico veio do Céu, é porque em todo o orbe da terra jazia um grande doente, e esse doente é todo o gênero humano» (Santo Agostinho, *Sermones*, 175, 1). Esta afirmação é uma das verdades fundamentais da nossa fé, que está recolhida no credo: «Por nós, homens, e por nossa salvação, desceu do Céu».

A passagem encerra com uma doxologia solene (v. 17), que é uma exclamação de louvor a Deus. Em contraste com as tentativas de divinização dos imperadores, que nesta altura eram intensas nos meios helenísticos por parte das autoridades públicas, os cristãos proclamam a realeza eterna e universal de Deus.

1, 18-20. Assim como São Paulo não se inibiu de salvaguardar a sã doutrina, também Timóteo, que assumiu a mesma responsabilidade, não deve fazê-lo. No Novo Testamento, «profecias» (v. 18) não designa habitualmente o anúncio de um acontecimento futuro; neste texto, parece referir-se à missão atribuída no momento da imposição das mãos (cf. 4, 14; 2 Tm 1, 6) e às palavras de exortação com que o Apóstolo instruiu o seu discípulo.

A fé é um dom gratuito de Deus ao homem, que se pode perder. Cada um tem de lutar por mantê-la, e para tal é necessária uma «boa consciência» (v. 19), retamente formada, pois, quando se corrompe, a consciência procura justificar os próprios atos morais desviando-se da fé: «Porque o que diz adeus à vida cristã forma uma crença semelhante aos seus costumes» (São João Crisóstomo, *In I Timotheum, ad loc.*)

Entregar a Satanás (v. 20) significa afastar da comunidade eclesial; o objetivo desta excomunhão é pastoral e medicinal, a saber, o bem dos fiéis e a emenda dos próprios hereges. Temos muito poucos dados sobre as duas personagens aqui referidas: Himeneu poderá ser o mesmo sobre quem se diz, em 2 Tm 2, 17, que afirmava que a ressurreição já tinha ocorrido. «Alexandre» é um nome muito comum, difícil de identificar. Talvez se trate do ferreiro de quem se fala em 2 Tm 4, 14-15; os *Atos dos Apóstolos* também referem um Alexandre em Éfeso (cf. At 19, 33-34).

***2, 1-15.** Uma vez estabelecidas as bases da coisa mais importante, salvaguardar a doutrina da fé (1, 3-20), o Apóstolo instrui o seu discípulo acerca do modo de dirigir retamente o culto, em especial a oração e a participação nas assembleias litúrgicas.

2, 1-7. Os cristãos têm obrigação de rezar por todos os homens, não só pelos seus amigos e benfeitores, nem só pelos outros cristãos. A Igreja facilita a todos os fiéis o cumprimento deste conselho com a oração universal ou oração dos fiéis que tem lugar na Santa Missa, onde «o povo, exercitando o seu ofício sacerdotal, ora por todos os homens» (Missal Romano, *Instrução Geral*, 45).

A vontade salvífica universal de Deus está estreitamente ligada à única mediação de Cristo, nosso salvador; isto contrasta com a concepção pagã da época, que aspirava à salvação por via de uma pluralidade de deuses. Observa Santo Agostinho que fora de Cristo, «caminho universal de salvação que nunca faltou ao gênero humano, ninguém foi libertado» (*De civitate Dei*, 10,

32, 2); e o Concílio Vaticano II propõe da seguinte maneira aquilo que é o patrimônio da fé cristã: «A Igreja, por sua parte, acredita que [...] nem foi dado aos homens sob o céu outro nome, no qual devam ser salvos» (*Gaudium et spes*, 16). Por outro lado, convém ter presente que a ação salvífica de Jesus Cristo, operada com e por meio do seu Espírito, se estende para além dos confins visíveis da Igreja e chega a toda a humanidade; com efeito, o Concílio Vaticano II também afirmou que «a mediação única do Redentor não exclui, antes suscita nas criaturas cooperações diversas, que participam dessa única fonte» (*Lumen gentium*, 62). São João Paulo II convida ao aprofundamento do conteúdo desta mediação participada, sempre sob a norma do princípio da mediação única de Cristo: «Se não se excluem mediações participadas de diverso tipo e ordem, todavia elas recebem significado e valor unicamente da de Cristo, e não podem ser entendidas como paralelas ou complementares desta» (*Redemptoris missio*, 5). Por isso, a Congregação para a Doutrina da Fé recorda: «Deve, portanto, crer-se firmemente como verdade de fé católica que a vontade salvífica universal de Deus uno e trino é oferecida e realizada de uma vez para sempre no mistério da encarnação, morte e ressurreição do Filho de Deus» (*Dominus Iesus*, 14).

2, 8-15. Se antes os leitores da carta eram convidados a rezar por todos os homens, incluindo os gentios, porque Deus quer que todos se salvem, agora faz-se notar que tal oração deve ser discreta, sem chamar a atenção pelo modo externo como é realizada, e com uma atitude interior de humildade e limpeza de coração. Esta discrição concretiza-se, para os homens, em orar erguendo as mãos (postura que, no mundo helenístico, expressava um pedido de ajuda à divindade) e, nas mulheres, em se vestirem com sobriedade e em serem discretas no falar, como era costume na época. O mais importante é que os homens rezem sem que a sua consciência tenha alguma coisa a censurar-lhes, «sem ira e sem contenda» (v. 8), e as mulheres, fazendo «profissão de piedade» por meio de «boas obras» (v. 10). Os abusos devem ser corrigidos: nem os homens devem expressar o seu poder ou a sua condição social, nem as mulheres devem chamar a atenção pelo modo como se arranjam ou por fazerem intervenções estranhas. Neste sentido, o núcleo destas orientações sobre o modo de rezar e o modo de vestir continua a ser válido e atual: «Na nossa oração, a modéstia é muito agradável e obtém um grande favor diante do nosso Deus. [...] Assim, pois, grande coisa é a modéstia, que, estando disposta a ceder nos seus direitos, nada reivindica e, de certo modo, estando abaixo das suas próprias forças, é rica diante de Deus, diante do qual ninguém é rico. A modéstia é rica, porque é uma herança de Deus. Paulo também manda elevar a oração com modéstia e sobriedade: quer que seja ela a preceder, quase mostrando o caminho à oração que se fará depois» (Santo Ambrósio, *De mysterio*, 1, 18, 70).

De uma passagem como esta, em que o texto convida os leitores à piedade, não se pode retirar de modo precipitado uma normativa permanente sobre a participação dos homens e das mulheres na liturgia; está-se a falar dos costumes da época e recorrendo aos argumentos que eram comuns ao tempo. Daí que não permitir que a mulher ensine (v. 12) não seja uma proibição absoluta, mas referida aos atos de culto público naquele contexto concreto. Alguns comentadores consideram que estas indicações eram dirigidas às mulheres ricas, que estavam a ser enganadas por falsos doutores, que faziam delas porta-voz das suas doutrinas. Entre os erros que estes doutores propagavam, contava-se a ideia de que o casamento era pecaminoso (cf. 4, 3); donde a referência à maternidade (v. 15). Seja como for, o ensinamento continua a ser atual, em especial tendo em consideração que em alguns ambientes o papel da mulher como mãe é desvalorizado; por isso, São João Paulo II ensina que a verdadeira promoção da mulher «exige também que seja claramente reconhecido o valor da sua função materna e familiar em confronto com todas as outras tarefas públicas e com todas as outras profissões. [...] Se há que reconhecer às mulheres, como aos homens, o direito de ascender às diversas tarefas públicas, a sociedade deve estruturar-se, contudo, de maneira tal que as esposas e as mães não sejam de fato constrangidas a trabalhar fora de casa e que a família possa dignamente viver e prosperar, mesmo quando elas se dedicam totalmente ao lar próprio» (*Familiaris consortio*, 23).

***3, 1-16.** As instruções centram-se agora nas qualidades que devem ter aqueles que exercem um ministério na Igreja; disso depende, não só o bem dos fiéis, mas a imagem que a própria Igreja dá para o exterior.

3, 1-17. Quando as cartas pastorais foram escritas, os nomes e as funções das diversas ordens sagradas da hierarquia da Igreja ainda não tinham sido fixados; aparecerão com clareza nos escritos de Santo Inácio de Antioquia (começos do século II d.C.). Os bispos (*episkopoi*) referidos nesta passagem eram os homens que dirigiam as comunidades; enquanto ministros da Igreja, tinham a missão de ensinar, presidir e dar exemplo de vida cristã.

«Casado uma só vez» (v. 2): esta condição, que também se pede aos diáconos (v. 12), não se refere, evidentemente, à proibição da poligamia, que se aplicava a todos os cristãos, e não só aos ministros sagrados, mas à exigência de não se casar em segundas núpcias. Na época apostólica, não se exigia o celibato aos homens que dirigiam as comunidades cristãs, entre outras razões porque muitos já aderiam à fé em adultos, estando portanto casados; mas rapidamente se começou a impor entre os ministros sagrados o costume de não se casarem: «Os padres e escritores eclesiásticos da Antiguidade cristã dão testemunho da difusão, tanto no Oriente como no Ocidente, da livre prática do celibato nos sagrados ministros, em virtude da sua grande conveniência com a total dedicação ao serviço de Cristo e da Igreja. Desde os inícios do século IV, a Igreja do Ocidente, por meio das decisões de vários concílios provinciais e dos sumos pontífices, corroborou, difundiu e sancionou esta prática» (São Paulo VI, *Sacerdotalis caelibatus*, 35-36).

3, 8-13. Os diáconos são ministros que desempenham as suas funções na dependência de quem preside; a sua origem remonta, provavelmente, aos sete varões de boa fama que foram escolhidos para ajudar os Apóstolos (cf. At 6, 1-6). O termo *diákonos* tinha em grego o sentido geral de servo, colaborador; na linguagem cristã, o termo passou a designar o ofício de auxiliar dos bispos e dos presbíteros, até adquirir, mais tarde, o seu significado específico.

Não é fácil, com base nos poucos elementos que nos chegaram, perceber qual era a condição das mulheres (v. 11) que desempenhavam serviços na comunidade. Em Rm 16, 1, Febe é classificada como «diaconisa», embora o termo não faça referência, nesta passagem, ao ministério sagrado. De acordo com um documento do século IV, havia mulheres que colaboravam na instrução das catecúmenas para o batismo, cuidavam dos doentes e desempenhavam outras tarefas de serviço à comunidade (cf. *Constitutiones apostolicae*, 2, 16; 3, 15).

3, 14-15. Deus atua na Igreja e através dela, como um pai na sua família. A Igreja pertence a Deus; não é, pois, uma sociedade meramente humana, cujos ministros possam exercer a sua função com base em critérios pessoais.

A expressão «casa de Deus» evoca, a par do caráter familiar, a necessária coesão dos cristãos, como elementos de um edifício sagrado: os filhos de Deus, congregados por vontade divina, constituem a Igreja, casa e templo, onde Deus habita de um modo mais pleno que no antigo Templo de Jerusalém (cf. 1 Rs 8, 12-64).

«Coluna e firmamento da verdade»: estes elementos, que completam a imagem do edifício, são um modo gráfico de exprimir a firmeza e a perenidade da Igreja, no seu dever de conservar e transmitir a verdade, que «se estende tanto quanto se estende o depósito da divina revelação, o qual se deve religiosamente guardar e fielmente expor» (Concílio Vaticano II, *Lumen gentium*, 25).

3, 16. O «mistério da piedade» é expresso sob a forma de hino, como um cântico de louvor a Cristo, que se opõe ao «mistério da iniquidade» (2 Ts 2, 7). É como se, em contraposição aos habitantes de Éfeso, que clamavam: «Grande é a Ártemis dos efésios!» (At 19, 28), os cristãos da mesma cidade fossem convidados a clamar: «Grande é o mistério da piedade». Este mistério implica a reconciliação e união de todos os homens com Deus, realizada em Cristo, que tomou a nossa carne sem deixar de ser Deus, e é reconhecido tanto pelas nações da terra como pelos anjos do Céu; Ele vive e habita no coração dos homens pela fé, mas a sua morada está na glória, junto do Pai.

***4, 1-6, 21.** A partir daqui, a carta ganha um tom ainda mais familiar, sendo por isso difícil delinear um esquema rígido das ideias nela contidas; trata-se antes de situações concretas, como os falsos mestres, os anciãos, as viúvas, os presbíteros, os escravos, as pessoas abastadas etc. Há, contudo, algumas questões, em torno das quais se centram as exortações e os conselhos; assim, o capítulo 5 trata-se das relações entre os fiéis e o capítulo 6, das relações com os falsos mestres. O que mostra que o cuidado pastoral deve estar atento a tudo.

4, 1-11. No capítulo 1, o Apóstolo exortava Timóteo a assumir a sua responsabilidade na manutenção da boa doutrina da fé. Agora, referem-se alguns erros práticos, que eram uma consequência dos desvios doutrinais que tinham chegado àquela comunidade, nomeadamente a proibição do matrimônio e de alguns alimentos, por serem considerados impuros. Estas proibições mantiveram-se entre os gnósticos do século II d.C., para os quais a matéria era um mal, e só o espírito era bom; pelo contrário, a doutrina cristã, fundada nos ensinamentos do Senhor e na pregação dos Apóstolos, defende a dignidade do casamento e a licitude de todos os alimentos sãos.

Confrontado com estas práticas desviantes, Timóteo deverá manter-se firme na doutrina do Evangelho, exercitando-se na piedade genuína: «A piedade, que é o verdadeiro serviço ao Deus verdadeiro, a todos aproveita; pois evita ou mitiga os males desta vida, e conduz àquela vida ou salvação em que já não padeceremos mal algum e gozaremos do sumo e eterno bem. Exorto-te, tanto quando me exorto a mim mesmo, a alcançá-la da forma mais perfeita e a retê-la com perseverança» (Santo Agostinho, *Epistolae*, 155, 4, 17). Para alcançar a piedade, é preciso recorrer aos meios que a ela conduzem: «A vida interior se robustece pela luta nas práticas diárias de piedade, que deves cumprir – mais: que deves viver! – amorosamente, porque o nosso caminho de filhos de Deus é de Amor» (São Josemaria Escrivá, *Forja*, 83).

4, 12-16. A leitura, a exortação e o ensino eram práticas habituais nas reuniões litúrgicas dos primeiros cristãos. A ordenação sacerdotal era conferida através da oração litúrgica (profecia) e da imposição das mãos. Os conselhos do Apóstolo mostram a importância de pregar também com o exemplo das boas obras: «Falemos através delas, mostrando-as aos outros na nossa vida. Quando as obras falam, a linguagem é viva» (Santo Antônio de Lisboa, *Sermão*, Liturgia das Horas, *Ofício de Leitura de 13 de junho*).

5, 1-2. O Apóstolo enumera agora a Timóteo um conjunto de regras práticas para o governo da comunidade cristã. E começa por lhe propor um princípio geral de conduta, que consiste em considerar todas as pessoas como membros da sua família, também quando tiver de corrigir alguém: «Porque também há irmãos negligentes e abandonados, convém curá-los com maior autoridade, e aplicar a correção de tal maneira, que o amor fique salvaguardado» (São Leão Magno, *Epistulae*, 14, 1).

5, 3-16. São Paulo especifica, nesta passagem, algumas normas para as viúvas, que nas primeiras comunidades cristãs formavam um grupo de certa maneira institucionalizado, que desempenhava atividades de serviço e de caridade com os mais necessitados (cf. At 9, 36-39). Aparentemente, tratava-se de mulheres sem recursos (vv. 5 e 16), que eram mantidas pela Igreja (cf. At 6, 1). As viúvas mais jovens não deviam ser integradas neste grupo, pois podiam deixar-se levar pela frivolidade; as paixões referidas no v. 11 poderão ser as paixões carnais ou os entusiasmos fugazes da juventude. O Apóstolo pretendia talvez evitar que estas viúvas corressem o risco de romper, através de um novo casamento, o seu compromisso de se dedicarem por completo ao serviço da Igreja; mas também é possível que tenham sido as experiências negativas (cf. v. 15) a levá-lo a orientar essas viúvas jovens e sem especiais obrigações domésticas para um novo casamento, afastando-as assim dos perigos que a ociosidade em geral acarreta.

5, 17-25. Estas palavras salientam que seria uma imprudência impor as mãos a alguém de forma precipitada. Por isso, a Igreja só recebe nos ministérios sagrados aqueles que forem considerados dignos e estiverem bem-preparados, e exige dos candidatos ao presbiterado uma firme disposição pessoal de trabalharem «pregando e ensinando (cf. 1 Tm 5, 17), acreditando no que leem e meditam da lei do Senhor, ensinando o que creem e vivendo o que ensinam» (Concílio Vaticano II, *Lumen gentium*, 18). A forte exigência no compromisso pela assunção de uma vida santa nunca será obstáculo para o surgimento das vocações sacerdotais necessárias, pois do ponto de vista da fé é claro que «Deus nunca abandona de tal maneira a sua Igreja que não se encontrem ministros idôneos em número suficiente para as necessidades dos fiéis, desde que se promova os que são dignos e se rejeite os que são indignos» (São Tomás de Aquino, *Summa theologiae*, *supp.* 36, 4, 1).

No v. 18, o autor começa por citar um texto de Dt 25, 4, passando depois a umas palavras de Lc 10, 7; é possível que, nesta altura, o *Evangelho de São Lucas* já fosse considerado parte da Escritura, embora a frase também possa ter origem noutro texto, anterior ao atual *Evangelho*.

6, 1-2. O Apóstolo não aborda diretamente o problema da escravidão (cf. Cl 3, 22-4, 1), o que não significa que esteja de acordo com esta prática (cf. notas a Flm 21 e a Ef 6, 5-9). Calcula-se que, nesta época, metade da população de Éfeso fosse escrava; é de supor, portanto, que, entre os cristãos da cidade, houvesse muitos que eram escravos. Deste modo, muitos pagãos conheciam o cristianismo através dos seus próprios escravos, razão pela qual o comportamento destes devia refletir a doutrina que tinham recebido (cf. v. 1); se os senhores fossem cristãos, o tratamento fraterno dos escravos poderia dar novo sentido ao trabalho destes (cf. v. 2).

Ao longo da história, o espírito cristão reclamou e continua a reclamar a abolição de toda e qualquer forma de escravidão, porque «o fermento evangélico despertou e desperta no coração humano uma irreprimível exigência de dignidade» (Concílio Vaticano II, *Gaudium et spes*, 26).

6, 3-10. As admoestações do Apóstolo refletem a pena que sente pelos danos causados pelos falsos mestres. Por contraposição ao «amor ao dinheiro» destes (v. 10), os bons mestres vivem satisfeitos, ainda que apenas disponham de «alimentos e com o que nos cobrir» (v. 8). O desprendimento é uma fonte de liberdade, «pois só quem vive para Cristo é livre. Este está acima de todos os males e, desde que não queira fazer mal a si mesmo, ninguém jamais poderá fazer-lho. Não se pode atacar um servo de Cristo: a perda do dinheiro não o afeta, pois sabe que "nada trouxemos ao mundo e nada podemos levar dele"; não se deixa dominar pela ambição nem pelo amor da glória, pois sabe que "a cidade a que pertencemos está nos céus"; e não sofre com as injúrias nem se irrita com os ataques. Para o cristão, a única desgraça é ofender a Deus; tudo o resto, perda de bens, desterro da pátria, perigo de vida, não o tem sequer por mal. E aquilo que todos temem, a saída deste mundo, é para ele mais doce que a própria vida» (São João Crisóstomo, *Ad Theodorum lapsum*, 2, 5).

6, 11-16. Na presença de Deus Pai e de Jesus Cristo, que confessou firmemente a sua realeza perante Pôncio Pilatos, o Apóstolo urge Timóteo a que se atenha à obrigação de ser leal e obediente, dando testemunho diante de todos da fé que professa.

O belo hino à realeza de Cristo dos vv. 15-16 poderá ser retirado da liturgia; à semelhança dos outros hinos que figuram nesta carta (1, 17 e 3, 16), reflete a consciência que os primeiros cristãos tinham de que o fim da vida do homem é dar glória a Deus: «Não vivemos para a terra, nem para a nossa honra, mas para a honra de Deus, para a glória de Deus, para o serviço de Deus: isto é o que nos há de mover!» (São Josemaria Escrivá, *Forja*, 851).

6, 17-19. Os bens materiais devem ser utilizados com sentido social, com desprendimento, porque o verdadeiro tesouro é o que não se esgota (Lc 12, 33): «É necessário recordar mais uma vez o princípio típico da doutrina social cristã: os bens deste mundo são originariamente destinados a todos. O direito à propriedade privada é válido e necessário, mas não anula o valor de tal princípio» (São João Paulo II, *Sollicitudo rei socialis*, 42).

6, 20-21. O conteúdo da epístola fica aqui resumido. O «depósito» (v. 20) eram as coisas que se entregavam a uma pessoa, que ficava com a obrigação de as guardar e as restituir integralmente quando o depositante lhe solicitasse; tal ideia, aplicada nesta passagem à revelação e à fé, passou para a tradição teológica: «O que é o "depósito"? Não é aquilo que tu descobriste, mas aquilo que te foi confiado; não é o que pensaste, mas o que recebeste; não é o que é próprio do engenho, mas o que é próprio da doutrina; não é o que provém da rapina privada, mas o que procede da tradição pública. É algo que chegou até ti, mas que não foste tu a produzir; algo de que não foste autor, mas de que és guarda; de que não foste fundador, mas de que és seguidor; em que não foste condutor, mas conduzido [...]. Conserva inviolado e sem mancha o talento da fé católica. Permaneça em teu poder aquilo em que acreditaste, para ser entregue a outro» (São Vicente de Lérins, *Commonitorium*, 22, 4).

CARTAS

SEGUNDA CARTA A TIMÓTEO

INTRODUÇÃO

A *Segunda Carta a Timóteo*, que é mais breve que a primeira, aparece depois desta no cânone. É uma das três cartas pastorais, embora apresente algumas características específicas, que a distinguem a *Primeira Carta a Timóteo* e da *Carta a Tito*. Trata-se de uma epístola íntima, com alusões muito pessoais, que constitui uma espécie de testamento espiritual ante a proximidade de uma morte que Paulo vê aproximar-se a passos largos.

I. ESTRUTURA E CONTEÚDO

A primeira coisa que o leitor identifica nesta carta é um chamamento premente à fidelidade aos ensinamentos recebidos e à própria vocação, mesmo que para tal seja preciso vencer dificuldades, e sem medo da morte. A doutrina confiada por Deus a São Paulo em depósito tinha sido por ele integralmente entregue a Timóteo, a fim de que este, por sua vez, a guardasse e a ensinasse sem nada lhe retirar. Ao mesmo tempo, Paulo transmite-lhe os seus ensinamentos sobre a forma de organizar os ministérios da Igreja e de manter a pureza da fé quando for confrontado com as doutrinas pregadas pelos falsos mestres. Estes dois temas – o depósito e os ensinamentos pastorais – configuram a estruturação das ideias nesta carta.

Após a saudação habitual, que neste caso evidencia um profundo afeto pelo discípulo (1, 1-5), tem início a primeira seção, dedicada à utilização do depósito. Nela se reúnem recordações e conselhos sobre a pregação da mensagem evangélica (1, 6-2, 13); o texto prossegue com a exortação a manter viva a memória de Jesus Cristo ressuscitado, que triunfou sobre o mal e a morte e permanece sempre fiel (2, 8-13).

A segunda seção trata mais diretamente dos ensinamentos pastorais, nomeadamente da defesa da sã doutrina (2, 14-4, 8): o Apóstolo dá conselhos com vista a evitar o erro, a ter paciência com os que se enganam e a prevenir os riscos para a fé. Em tudo isto, é imprescindível manter a firmeza no que foi aprendido e contar com o apoio da Sagrada Escritura. Esta seção tem fim com uma solene admoestação à perseverança na pregação da boa doutrina (4, 1-8).

A carta termina com umas quantas recomendações, nas quais se alternam as notícias, os pedidos e as palavras de despedida (4, 9-22).

II. RAZÃO DE SER DA CARTA

A *Segunda Carta a Timóteo* é independente da primeira; não encontramos nela qualquer referência ao fato de São Paulo ter anteriormente escrito outra carta a este seu discípulo; desta forma, sua designação como «segunda» significa apenas que, nas edições da Bíblia, aparece depois da primeira.

Nesta missiva, o Apóstolo menciona estar preso em Roma[1] e convencido de que a sua morte é iminente[2]. Se aceitarmos a hipótese segundo a qual, após a prisão romana com que conclui o livro dos *Atos dos Apóstolos*, São Paulo foi libertado e fez outras viagens, nomeadamente a Éfeso, onde deixou Timóteo, partindo ele próprio para a Macedônia – contexto que enquadra a *Primeira Carta a Timóteo*[3] –, esta segunda carta poderá ter sido escrita durante um segundo período de cativeiro romano, ao qual Eusébio de Cesareia é o primeiro a fazer referência, no século IV[4].

Do ponto de vista da análise literária, esta epístola utiliza um vocabulário com características muito parecidas com o da primeira e desenha uma comunidade cristã em situação análoga. Por isso, e tal como aconteceu relativamente à primeira, houve autores que puseram em dúvida a sua autenticidade paulina, atribuindo a composição a um discípulo mais ou menos próximo de São Paulo que escreve com a autoridade do Apóstolo. No entanto, o tom fortemente pessoal com que esta segunda carta exprime a

1 2 Tm 1, 16-17; 2, 9.

2 2 Tm 4, 6-7.

3 1 Tm 1, 3.

4 *Historia ecclesiastica*, 2, 22, 2.

interioridade do Apóstolo é um indício forte de que seja efetivamente de São Paulo.

A missiva tem várias características que permitem enquadrá-la no esquema literário do discurso de despedida; com efeito, apresenta-se como um testamento espiritual, em que Paulo contempla a proximidade da morte[5] e reflete sobre a sua relação com Timóteo, com quem partilha a solicitude pelas igrejas que fundou e a quem transmite tanto palavras de conforto quanto suas últimas recomendações.

III. ENSINAMENTOS

O tom da *Segunda Carta a Timóteo* é ainda mais íntimo que o da anterior, com alusões muito pessoais. Paulo exorta insistentemente o seu leitor a perseverar na pregação e no ministério, sem medo dos sofrimentos externos nem da fadiga interior; e encarrega-o de consolidar a organização da igreja local. Os temas são muitos parecidos com os tratados das outras cartas pastorais; neste caso, salienta-se a utilidade da Sagrada Escritura para a solidez da pregação e da vida cristã.

---

5 Cf. 2 Tm 4, 6-8.

O depósito

Nesta carta, detecta-se desde o primeiro momento uma preocupação com a defesa do Evangelho pregado por São Paulo, em oposição aos falsos mestres, que induziam à confusão; tratar-se-ia de um grupo de cristãos desorientados, provenientes do judaísmo da diáspora. Estes tinham assimilado mal algumas correntes culturais e religiosas helenísticas e, por essa razão, faziam uma mistura confusa de ideias cristãs e pagãs – donde as «questões loucas e desacertadas, [...] que produzem contendas»[6]. Por isso, o autor salienta que estes desvios se opõem à «sã doutrina»[7] transmitida pela pregação do Apóstolo.[8]

Consequentemente, perante a confusão doutrinal, o bom pastor não pode renunciar a uma pregação insistente, pois no exercício da vida cristã é essencial o «conhecimento da verdade»[9], que se alcança por via do arrependimento e da conversão[10].

O núcleo da doutrina da carta é a «aparição de nosso Salvador Jesus Cristo, o qual destruiu a morte e fez brilhar a vida e a imortalidade por meio do Evangelho»[11]; a memória de Jesus Cristo aparece unida a um chamado

6 2 Tm 2, 23.

7 2 Tm 4, 3.

8 2 Tm 2, 14.

9 2 Tm 2, 25; cf. 3, 7.

10 Cf. 2 Tm 2, 25.

11 2 Tm 1, 10.

constante à perseverança fiel na fé recebida[12]. É esta a doutrina que deve ser pregada, sem desvios da verdade, como os dos falsos mestres[13]. Os ministros têm a função essencial de pregar a palavra de Deus; assim, Timóteo deverá dedicar-se primordialmente a este ministério – empenhando-se em convencer, repreender e exortar[14] –, em ordem à propagação do Evangelho[15].

A Sagrada Escritura

Uma das passagens centrais da *Segunda Carta a Timóteo* é a que trata da Sagrada Escritura e da sua função na construção da Igreja: «Mas tu persevera no que aprendeste e de que tens a certeza, sabendo de quem aprendeste; desde a infância tiveste conhecimento das sagradas letras, que te podem instruir para a salvação pela fé que está em Cristo Jesus. Toda a Escritura divinamente inspirada é útil para ensinar, para repreender, para corrigir, para formar na justiça, a fim de que o homem de Deus seja perfeito, apto para toda obra boa»[16].

---

12 Cf. 2 Tm 2, 8-13.

13 Cf. 2 Tm 2, 14-18.

14 Cf. 2 Tm 4, 2.16.

15 Cf. 2 Tm 4, 5.

16 2 Tm 3, 14-17.

O contexto desta exortação é o ministério de Timóteo, a quem o Apóstolo previne contra os doutores, que extraviam os outros e se extraviam a si próprios[17]; e recomenda-lhe que permaneça fiel ao que aprendera em criança, tendo em consideração de quem o aprendera (a avó, a mãe e o próprio Paulo). A expressão «Sagrada Escritura»[18], embora seja relativamente comum no judaísmo helenista, só é utilizada nesta passagem da Bíblia; com o adjetivo «sagrada», a linguagem bíblica pretende opor estes escritos aos profanos ou vulgares, assinalando o seu caráter vinculativo (canônico). De acordo com a tradição do povo de Israel, São Paulo afirma que a Escritura «pode instruir», numa instrução que se orienta para a «salvação pela fé que está em Cristo Jesus»; encontramo-nos aqui, sem qualquer dúvida, na presença de uma das formas da apologética cristã, que recordava que os anúncios do Antigo Testamento se referiam a Cristo.

A expressão «toda a Escritura» parece referir-se, em termos gramaticais, ao conjunto da Bíblia canônica enquanto «inspirada», embora neste contexto também possa referir-se a todas e a cada uma das passagens da Bíblia; seja como for, as duas interpretações não se excluem[19]. Não é certo, no entanto, que a referida expressão inclua os textos do Novo Testamento que o autor da carta conhecia. De forma direta e expressa, fala-se do Antigo Testamento, uma vez que se refere a Sagrada

17 Cf. 2 Tm 3, 13.

18 2 Tm 3, 15.

19 Cf. Hb 9, 19.

Escritura que Timóteo conhecera por sua mãe[20], que era «judia convertida à fé»[21]; indiretamente, e por extensão, a fórmula «toda a Escritura» poderá incluir os escritos que, quando da redação desta carta, já tinham sido reconhecidos como inspirados, pelo que já faziam parte da Escritura. Entre eles se incluíam alguns escritos do Novo Testamento. Não se trata de uma simples hipótese, já que existe outro texto paulino que pode ser interpretado segundo a mesma perspectiva: 1 Tm 5, 17-18, que cita como passagem da Escritura, a par de uma passagem do *Livro do Deuteronômio*[22], uma afirmação de Jesus contida no *Evangelho de Lucas*[23]: «Os presbíteros que exercem bem a presidência sejam considerados dignos de estipêndio dobrado, principalmente os que trabalham em pregar e ensinar. Com efeito, diz a Escritura: "Não ligarás a boca ao boi que debulha", e ainda: "O operário é digno da sua paga"».

20 2 Tm 3, 15.

21 At 16, 1.

22 Dt 25, 4.

23 Lc 10, 7.

SEGUNDA CARTA A TIMÓTEO

Saudação

1 [1] Paulo, apóstolo de Cristo Jesus pela vontade de Deus
segundo a promessa da vida que há em Cristo Jesus,
[2] a Timóteo, caríssimo filho: graça, misericórdia e paz da
parte de Deus Pai e da de Cristo Jesus, Senhor nosso.
[3] Dou graças a Deus, a quem, desde os meus ascen-
dentes, sirvo com consciência pura, quando sem cessar
faço memória de ti nas minhas orações de noite e de dia,
[4] desejando ver-te, lembrado das tuas lágrimas, para me
encher de alegria, [5] trazendo à memória aquela fé que há
em ti não fingida, a qual habitou primeiro em tua avó
Loide e na tua mãe Eunice, e estou certo de que também
habita em ti.

I. A PREGAÇÃO DA MENSAGEM EVANGÉLICA

Correspondência à graça recebida

[6] Pelo qual motivo te admoesto que reanimes a graça
de Deus que está em ti pela imposição das minhas mãos.

7 Deus, com efeito, não nos deu um espírito de timidez,
mas de fortaleza, de caridade e de temperança.

São Paulo, arauto do Evangelho

8 Portanto, não te envergonhes do testemunho de
nosso Senhor nem de mim, seu prisioneiro, mas partici-
pa comigo dos trabalhos do Evangelho segundo a virtude
de Deus, 9 que nos salvou e chamou com uma santa vo-
cação, não pelas nossas obras, mas segundo o seu bene-
plácito e a graça que nos foi dada em Cristo Jesus antes
de todos os séculos, 10 e que agora foi manifestada pela
aparição de nosso Salvador Jesus Cristo, o qual destruiu
a morte e fez brilhar a vida e a imortalidade por meio do
Evangelho, 11 para o qual fui constituído pregador, após-
tolo e doutor. 12 É por essa causa que também sofro estas
coisas, mas não me envergonho, porque sei em quem pus
a minha confiança e estou certo de que ele é poderoso
para guardar o meu depósito até aquele dia.
13 Conserva a forma das sãs palavras que ouviste de
mim na fé e no amor em Cristo Jesus. 14 Guarda o bom
depósito por meio do Espírito Santo que habita em nós.

Comportamento de alguns discípulos

15 Tu sabes que se apartaram de mim todos os que estão
na Ásia, entre os quais Figelo e Hermógenes. 16 O Senhor

use de misericórdia com a família de Onesíforo, porque
muitas vezes me consolou e não teve vergonha das minhas
cadeias; [17] antes, tendo chegado a Roma, me procurou
com diligência e me encontrou. [18] O Senhor lhe conceda a
graça de encontrar misericórdia diante do Senhor naquele
dia. Quantos serviços ele me prestou em Éfeso, melhor
que ninguém o sabes tu.

Fidelidade e retidão do apóstolo

2 [1] Tu pois, meu filho, fortifica-te na graça que está
em Cristo Jesus, [2] e o que ouviste de mim diante de
muitas testemunhas, confia-o a homens fiéis, capazes de
instruir também a outros.

[3] Suporta os trabalhos como um bom soldado de Cris-
to Jesus. [4] Ninguém que se alistou na milícia se embaraça
com negócios civis, se quer agradar àquele que o alistou.
[5] Efetivamente, também quem combate nos jogos públi-
cos não é coroado, senão depois que combateu segundo
as regras. [6] O lavrador que trabalha deve ser o primeiro a
ter parte nos frutos da colheita. [7] Reflete no que te digo,
porque o Senhor te dará a inteligência em todas as coisas.

Jesus Cristo, modelo de apóstolo

[8] Lembra-te de que Jesus Cristo, que descende do
sangue de Davi, ressuscitou dos mortos segundo o meu

Evangelho, 9 pelo qual sofro até estar em prisões como
um malfeitor; mas a palavra de Deus não está presa.
10 Portanto, sofro tudo por amor dos escolhidos, para que
também eles consigam a salvação que está em Cristo Je-
sus com a glória eterna.

11 Palavra segura é esta:
Se morrermos com ele, também com ele viveremos;
12 se perseverarmos, reinaremos também com ele;
se o negarmos, ele também nos negará a nós;
13 se formos infiéis, ele permanecerá fiel,
porque não pode negar-se a si mesmo.

II. A DEFESA DA RETA DOUTRINA

Evitar erros e discussões inúteis

14 Recorda essas coisas, dando testemunho diante do
Senhor de que é preciso evitar contendas de palavras,
porque isso nada aproveita, senão para perverter os que
as ouvem. 15 Esforça-te por te apresentares a Deus digno
de aprovação, como um operário que não tem de que se
envergonhar, que distribui retamente a palavra da verda-
de. 16 Evita as conversas vãs e ímpias porque contribuem
muito para a impiedade, 17 e a palavra de quem se entrega
a tais conversas vai lavrando como gangrena; neste caso
estão Himeneu e Fileto, 18 que se extraviaram da verdade

dizendo que já se deu a ressurreição e perverteram a fé de
alguns. 19 Porém o fundamento de Deus está firme, ten-
do este selo: *O Senhor conhece os que são seus*, e: *Afaste-se*
da iniquidade todo aquele que invoca o nome do Senhor.
20 Ora, numa grande casa há não somente vasos de ouro
e de prata, mas também vasos de pau e de barro; uns para
usos honrosos, outros para usos vulgares. 21 Se algum, pois,
se purificar dessas coisas, será um vaso de honra, santifica-
do e útil ao Senhor, preparado para toda obra boa.

Paciência com os que erram

22 Foge das paixões da juventude e segue a justiça,
a fé, a caridade e a paz com aqueles que invocam o Se-
nhor com um coração puro. 23 Evita questões loucas e
desacertadas, sabendo que produzem contendas. 24 Ora,
não convém que o servo do Senhor se ponha a altercar,
mas que seja manso para com todos, pronto para instruir,
paciente, 25 que corrija com mansidão os opositores, na
esperança de que Deus lhes dará a graça de se conver-
terem ao conhecimento da verdade 26 e de se tornarem
razoáveis, uma vez desprendidos dos laços do demônio,
que os tem escravos da sua vontade.

Os perigos dos erros

3 1 Sabe, porém, que nos últimos dias sobrevirão tem-
pos perigosos, 2 porque haverá homens egoístas,

avarentos, altivos, soberbos, blasfemos, desobedientes
a seus pais, ingratos, malvados, 3 sem afeição, sem paz,
caluniadores, incontinentes, desumanos, sem benigni-
dade, 4 traidores, protervos, orgulhosos e mais amigos
dos prazeres do que de Deus, 5 tendo uma aparência
de piedade, mas renegando o que faz a força dela. Foge
também desses, 6 porque deles procedem os que entram
pelas casas e enfeitiçam mulherzinhas carregadas de pe-
cados, movidas por várias paixões, 7 as quais aprendem
sempre e nunca chegam ao conhecimento da verdade.
8 Assim como Janes e Jambres resistiram a Moisés, tam-
bém estes resistem à verdade, homens corrompidos do
espírito e sem garantia em matéria de fé. 9 Todavia, não
irão avante, porque se tornará manifesta a todos a sua
loucura, como também se tornou a daqueles dois.

10 Tu, porém, tens seguido a minha doutrina, a minha
maneira de viver, as minhas intenções, a minha fé, a mi-
nha longanimidade, a minha caridade, a minha paciência,
11 as minhas perseguições, os meus sofrimentos quais me
aconteceram em Antioquia, Icônio e em Listra: persegui-
ções que sofri, mas de que me livrou o Senhor. 12 E todos
os que querem viver piamente em Cristo Jesus padecerão
perseguição. 13 Porém, os homens maus e sedutores irão de
mal a pior, errando e induzindo outros a erro.

Fidelidade à Sagrada Escritura

14 Mas tu persevera no que aprendeste e de que tens a
certeza, sabendo de quem aprendeste; 15 desde a infância

tiveste conhecimento da Sagrada Escritura, que te pode
instruir para a salvação pela fé que está em Cristo Jesus.
16 Toda a Escritura divinamente inspirada é útil para en-
sinar, para repreender, para corrigir, para formar na justi-
ça, 17 a fim de que o homem de Deus seja perfeito, apto
para toda obra boa.

Perseverança na pregação

4 1 Conjuro-te diante de Deus e de Jesus Cristo, que
há de julgar os vivos e os mortos, pela sua vinda
e pelo seu reino: 2 prega a palavra, insiste a tempo e
fora de tempo, repreende, corrige, admoesta com toda
a paciência e doutrina, 3 porque virá tempo em que não
suportarão a sã doutrina, mas acumularão mestres em
volta de si ao sabor das suas paixões, pelo prurido de
ouvir. 4 Afastarão os ouvidos da verdade e os aplicarão
às fábulas. 5 Tu, porém, vigia sobre todas as coisas, su-
porta os trabalhos, faze a obra de evangelista, cumpre o
teu ministério.

O galardão da fidelidade

6 Quanto a mim, estou já oferecido em libação, e o
tempo da minha partida avizinha-se. 7 Combati o bom
combate, alcancei a meta, guardei a fé. 8 De resto, está-
-me preparada a coroa da justiça que o Senhor, justo Juiz,

me dará naquele dia; porém não só a mim, mas também
àqueles que esperam com amor a sua vinda.

III. RECOMENDAÇÕES FINAIS

Notícias e encargos

9 Apressa-te a vir ter comigo. Demas abandonou-me
por amor deste século e foi para Tessalônica; 10 Crescente,
para a Galácia; Tito, para a Dalmácia. 11 Só Lucas está
comigo. Toma contigo Marcos e traze-o, porque me é
útil para o ministério. 12 Tíquico enviei a Éfeso. 13 Quan-
do vieres, traze contigo a capa que deixei em Trôade, em
casa de Carpo, e os livros, principalmente os pergami-
nhos. 14 Alexandre, o latoeiro, fez-me muitos males; o
Senhor lhe pagará segundo as suas obras. 15 Tu também
guarda-te dele, porque opõe uma forte resistência às nos-
sas palavras.

16 Ninguém me assistiu na minha primeira defesa,
mas todos me desampararam; que isso lhes não seja im-
putado. 17 O Senhor, porém, assistiu-me e confortou-me,
para que fosse cumprida por mim a pregação e a ouvis-
sem todos os gentios, e assim fui libertado da boca do
leão. 18 O Senhor me livrará de toda obra má e me salvará
no seu reino celestial: a Ele seja dada glória pelos séculos
dos séculos. Amém.

Saudações e despedida

19 Saúda Prisca, Áquila e a família de Onesíforo. 20
Erasto ficou em Corinto. Trófimo deixei doente em Mileto.
21 Apressa-te a vir antes do inverno.

Saúdam-te Eubulo, Pudente, Lino, Cláudia e todos os irmãos.
22 O Senhor seja com o teu espírito. A graça seja convosco.

NOTAS À *SEGUNDA CARTA A TIMÓTEO*

***1, 1-5.** As atenções desta carta centram-se no Evangelho, que é considerado um motivo pelo qual vale a pena sofrer seja o que for (1, 6-2, 13), e doutrina salutar, que há de ser mantida, defendida e propagada (2, 14-4, 8). Ao longo da carta, abundam as notícias pessoais do Apóstolo, que culminam nas recomendações finais a Timóteo (4, 9-22).

Estas primeiras linhas (vv. 1-5) denotam um profundo afeto pelo discípulo; em certo sentido, evocam mesmo a despedida dos presbíteros de Éfeso, em Mileto (cf. At 20, 37). A referência à avó e à mãe de Timóteo também reflete o tom pessoal da carta, mostrando a gratidão que é devida às pessoas através das quais cada um recebeu a fé: «Os cristãos têm o dever de ser especialmente gratos àqueles de quem receberam o dom da fé, a graça do batismo e a vida na Igreja. Pode tratar-se dos pais, de outros membros da família, dos avós, dos pastores, dos catequistas, dos professores ou de amigos» (*Catecismo da Igreja Católica*, 2220).

***1, 6-2, 13.** Os sofrimentos que São Paulo passou ocupam a primeira seção da carta; mas são contemplados do ponto de vista de Jesus Cristo, e como estímulo para Timóteo.

1, 6-7. O rito de imposição das mãos, já referido em 1 Tm 4, 14, comunicava o dom do ministério apostólico. A Igreja manteve intactos estes elementos essenciais do sacramento da ordem: a imposição das mãos e as palavras de consagração do bispo (cf. São Paulo VI, *Pontificalis romani recognitio*). A «graça de Deus» (v. 6) alude ao caráter sacerdotal; com efeito, as graças e dons que Deus confere ao sacerdote «não são nele transitórios e passageiros, mas estáveis e perpétuos, estando unidos a um caráter indelével, que está impresso na sua alma, pelo qual foi constituído sacerdote para sempre (cf. Sl 110, 4), à semelhança daquele de cujo sacerdócio é tornado participante» (Pio XI, *Ad catholici sacerdotii*, 22). A linguagem utilizada por São Paulo é bastante gráfica: pelo sacramento da ordem, é conferido um dom divino, que permanece para sempre no sacerdote como uma brasa, que convém atiçar de vez em quando a fim de que produza toda a luz e todo o calor que encerra potencialmente: «A graça de Deus é como um fogo, que não brilha quando está coberto de cinzas; pois o mesmo acontece no homem, quando a graça está coberta pela torpeza ou o temor humano» (São Tomás de Aquino, *Super II Timotheum, ad loc.*). Foi com base nestes dois versículos que o Concílio de Trento definiu solenemente que a ordem sacerdotal é um sacramento instituído por Jesus Cristo (cf. *De sacramento ordinis*, cap. 7).

1, 8-14. O Espírito Santo manifestou-Se e derramou-Se sobre a Igreja no dia de Pentecostes, e atua continuamente nela para santificar todos os fiéis, e para que os pastores – em especial os sucessores de Pedro – «guardem santamente e exponham fielmente a revelação transmitida pelos Apóstolos, ou seja, o depósito da fé» (Concílio Vaticano I, *Pastor aeternus*, 4).

«Sei em quem pus minha confiança» (v. 12): «Pela fé, o homem entrega-se total e livremente a Deus, oferecendo a Deus revelador o obséquio pleno da inteligência e da vontade, e prestando voluntário assentimento à sua revelação. Para prestar esta adesão da fé, são necessários a prévia e concomitante ajuda da graça divina e os auxílios interiores do Espírito Santo, o qual move e converte a Deus o coração, abre os olhos do entendimento, e dá a todos a suavidade de crer e aceitar a verdade» (Concílio Vaticano II, *Dei Verbum*, 5).

«O meu depósito» (v. 12): veja-se a nota a 1 Tm 6, 20-21. «Aquele mesmo que me confiou um bem em depósito saberá guardá-lo intacto. Eu sofro o que for preciso para que esse tesouro não me seja arrebatado: não me retraio dos males que tiver de sofrer; basta-me que este bem se mantenha puro» (São João Crisóstomo, *In II Timotheum, ad loc.*).

1, 15-18. Não sabemos nada acerca destes discípulos que abandonaram São Paulo, mas é provável que fossem pessoas conhecidas em Éfeso. Em contraste com eles, o exemplo de Onesíforo é um estímulo para o auxílio fraterno: «Assim hão de ser os fiéis, não se deixando deter pelo medo, a vingança ou a vergonha, mas colaborando uns com os outros, apoiando-se e ajudando-se» (São João Crisóstomo, *In II Timotheum, ad loc.*). O Apóstolo pede por ele e pelos de sua casa, recorrendo a um jogo de palavras: assim como Onesíforo se esforçou por encontrar Paulo, assim também Deus lhe concederá encontrar misericórdia no dia do juízo, graças a esta boa ação.

2, 1-7. A fidelidade sempre foi considerada uma virtude imprescindível para aqueles que recebem a missão de vigiar; trata-se, pois, de uma virtude especialmente necessária para os bispos (a palavra grega *episkopos* significa «vigilante»). As «pessoas de confiança» a quem se possa confiar o que foi recebido deverão ser igualmente «capazes de o ensinar» (v. 2): «De que serviria ao bispo ser fiel se não fosse capaz de transmitir a fé a outros, ou se, conformando-se com não atraiçoar a fé, não soubesse suscitá-la noutros fiéis? São, pois, necessárias duas condições para formar um doutor: que seja fiel e que seja capaz de ensinar» (São João Crisóstomo, *In II Timotheum, ad loc.*). Num comentário a esta doutrina, o Concílio Vaticano II ensina: «O pastor e bispo das nossas almas constituiu a sua Igreja de tal modo que o povo escolhido e adquirido com o seu sangue tivesse sempre e até o fim dos tempos os seus sacerdotes, a fim de que os cristãos não fossem jamais como ovelhas sem pastor. Conhecendo esta vontade de Cristo, os Apóstolos, por inspiração do Espírito Santo, julgaram ser seu dever escolher ministros "capazes de ensinar" (2 Tm 2, 2). Este dever faz parte da própria missão sacerdotal, em virtude da qual o presbítero é feito participante da solicitude de toda a Igreja, para que jamais faltem na terra operários para o Povo de Deus. Todavia, visto que o trabalho é comum ao piloto da barca e aos que nela devem ser transportados, seja por isso informado todo o povo cristão de que é seu dever colaborar de diversos modos, pela oração frequente e por outros meios à sua disposição, para que a Igreja tenha sempre os sacerdotes necessários ao cumprimento da sua missão divina» (*Presbyterorum ordinis*, 11).

O soldado, o atleta e o lavrador (vv. 3-7) são três exemplos de profissões em que o trabalho tem de ser realizado com disciplina, dedicação e esforço, qualidades que também são necessárias para se levar a cabo uma verdadeira atividade apostólica, em comunhão com os pastores da Igreja. «Prestai atenção ao bispo para que Deus preste atenção a vós. Dou a vida pelos que se submetem ao bispo, aos presbíteros e aos diáconos: oxalá pudesse ter parte com eles em Deus! Sempre unidos, trabalhai, lutai, correi, sofrei, dormi, despertai, como administradores, assistentes e servidores de Deus. Agradai Àquele pelo qual militais, do qual recebeis, além do mais, a paga; que Ele não encontre entre vós nenhum desertor. O vosso batismo permaneça como escudo, a fé como elmo, o amor como lança, a paciência como armadura» (Santo Inácio de Antioquia, *Ad Polycarpum*, 6, 1-2).

2, 8-13. Os padecimentos de Paulo, preso por pregar o Evangelho, são um título de glória, uma vez que, no martírio, o discípulo se assemelha ao mestre, alcançando a salvação pelos méritos de Cristo; além disto, não há nenhuma dificuldade exterior que seja um obstáculo intransponível à difusão do Evangelho: «a palavra de Deus não pode ser acorrentada» (v. 9). «Assim como não é possível prender um raio de luz e fechá-lo em casa, também não se pode fazer o mesmo com a pregação da palavra do Evangelho. Mais ainda: o mestre estava preso e a palavra andava a voar em liberdade; aquele habitava no cárcere enquanto a sua doutrina, como que com asas, percorria todo o orbe da terra» (São João Crisóstomo, *Ad populum antiochenum*, 16, 12).

O hino dos vv. 11-13 constitui um estímulo para a fidelidade em circunstâncias adversas, que podem culminar no martírio; refletindo a íntima união do batizado com Cristo morto e ressuscitado, é um cântico à perseverança cristã, fundada na fidelidade eterna do Senhor, que «não pode negar-Se a Si mesmo» (v. 13). Santo Agostinho explica que essa impossibilidade não é um limite da onipotência divina: «A única coisa que o onipotente não pode é o que não quer. [...] É impossível que a justiça queira fazer coisas injustas, que a sabedoria queira o que é néscio ou que a verdade deseje coisas falsas» (*Sermones*, 214, 4).

***2, 14-4, 8.** À doutrina reta opõem-se as discussões vãs e os comportamentos desordenados; é esse o ponto de partida para esta segunda seção da carta.

2, 14-21. Em contraposição aos erros e mal-entendidos, o autor sublinha a firmeza da Igreja, recorrendo à imagem do fundamento (v. 19). Era costume na época juntar à primeira pedra de um edifício um documento fundacional; quando se tratava de um templo ou de um edifício religioso, o documento continha habitualmente umas frases indicando a origem e a finalidade do mesmo. Recorrendo a esta comparação, o Apóstolo imagina duas inscrições: a primeira, de Nm 16, 5, recorda a escolha que Deus faz e os cuidados que tem com os seus; a segunda, retirada de Is 26, 13, afirma a necessidade da santidade. Esta é uma das notas essenciais da Igreja: «Tu és Santa, Igreja, minha Mãe, porque foste fundada pelo Filho de Deus, Santo; és Santa porque assim o dispôs o Pai, fonte de toda a santidade; és Santa porque te assiste o Espírito Santo, que mora na alma dos fiéis» (São Josemaria Escrivá, *Amar a Igreja*, 8).

Por outro lado, tal como numa casa há vasos de todos os tipos (vv. 20-21), não devemos escandalizar-nos pelo fato de na Igreja haver pecadores ou pessoas que, num momento ou noutro, têm um comportamento menos nobre; convém-nos orar pela sua conversão, pois todos estão chamados a ser santos e a estar dispostos a realizar todo o gênero de coisas boas, cada um no seu lugar: «Cada um de nós, os que somos instruídos na palavra, é servidor de cada uma das atividades que nos foram encomendadas, segundo o Evangelho. Com efeito, na grande casa que é a Igreja não há somente todo o tipo de vasos de ouro e de prata, de madeira e de barro, mas também uma grande variedade de profissões. A casa de Deus, que é a Igreja do Deus vivo, tem caçadores, viajantes, arquitetos, construtores, agricultores, pastores, atletas, soldados» (São Basílio de Cesareia, *Homilia in illud: attende tibi ipsi*, 4).

2, 22-26. Estamos perante um chamado à paciência e à serenidade perante o erro, em busca do arrependimento e da retificação: «Que o superior não repreenda os que cometeram alguma falta quando estiver emocionalmente alterado. Com efeito, censurar um irmão com indignação ou ira não é libertá-lo do pecado, mas sobrecarregá-lo com mais faltas; por isso, a Escritura ordena "saber corrigir os adversários com suavidade". E nem que haja algum que o despreze deverá recorrer à violência, mas quando vir que o outro é desprezado dará mostras de mansidão com o pecador, não deixando de se indignar com o mal que foi cometido» (São Basílio, *Regulae morales*, 50).

São Paulo aconselha que se evitem ruturas, que podem conduzir à perda definitiva de alguns membros da Igreja: «Se algum homem se extravia da fé reta, que perseverança e paciência o pastor das almas tem de ter! Porque não pode arrastá-lo à força nem o obrigar pelo temor, mas tem de o atrair de novo à verdade – da qual em má hora se afastou – pela persuasão. É certamente preciso ter uma alma generosa para não desanimar, para não desesperar da salvação dos extraviados, para ter sempre diante dos olhos e repetir aquelas palavras do Apóstolo: "na esperança de que Deus lhes conceda o arrependimento em ordem ao reconhecimento da verdade e escapem ao laço do diabo"» (São João Crisóstomo, *De sacerdotio*, 2, 4).

3, 1-3. Os «últimos dias» (v. 1) são o período que decorre entre a encarnação de Cristo e o seu regresso glorioso. Entre os homens perversos (vv. 2-5), os mais nocivos são os que semeiam doutrinas contrárias à fé e à moral. Janes e Jambres (v. 8) eram, de acordo com as tradições judaicas, os magos egípcios que foram chamados pelo faraó para imitarem, com as suas artes mágicas, os prodígios que Moisés e Aarão realizavam na sua presença (cf. Ex 7, 11); os dois nomes tornaram-se por isso referentes literários do mal.

As referências autobiográficas de Paulo (vv. 10-13), bem conhecidas de Timóteo, que era natural de Listra (v. 11), servem para o animar: «Um grande atleta está obrigado a vencer, apesar dos golpes; tudo suporta por Deus, para que também Ele nos suporte» (Santo Inácio de Antioquia, *Ad Polycarpum*, 3, 1).

3, 14-17. O Apóstolo exorta Timóteo a ler a Sagrada Escritura (o Antigo Testamento), que sua mãe e sua avó o ensinaram a estimar desde criança, pois os livros da Escritura santa são inspirados por Deus; por essa razão, gozam de especial autoridade dentro da Igreja, porque «as coisas reveladas por Deus, contidas e manifestadas na Sagrada Escritura, foram escritas por inspiração do Espírito Santo. [...] Como tudo quanto afirmam os autores inspirados ou hagiógrafos deve ser tido como afirmado pelo Espírito Santo, por isso mesmo se deve acreditar que os livros da Escritura ensinam com certeza, fielmente e sem erro a verdade que Deus quis que constasse dos referidos livros, para nossa salvação» (Concílio Vaticano II, *Dei Verbum*, 11). Por isso, a Igreja e os santos sempre recomendaram a sua leitura: «Lê com muita frequência as divinas Escrituras, ou, melhor dito, que nunca a leitura sagrada te caia das mãos» (São Jerônimo, *Epistulae*, 52, 7).

«Homem de Deus» (v. 17) era uma expressão usada no Antigo Testamento para designar as pessoas que tinham desempenhado alguma missão especial encomendada por Deus, como Moisés (Dt 33, 1; Sl 40, 1), Samuel (1 Sm 9, 6-7), Elias e Eliseu (1 Rs 17, 18; 2 Rs 4, 7.27.42); neste caso, aplica-se a Timóteo, na medida em que, pela consagração, recebeu de Deus um ministério na Igreja. Com efeito, pela ordenação, «o sacerdote é fundamentalmente um homem consagrado, um "homem de Deus" (1 Tm 6, 11). [...] No povo de Deus, o sacerdócio ministerial não é apenas um ofício público e sagrado exercido ao serviço da comunidade dos fiéis; é fundamentalmente, e antes de qualquer outra coisa, uma configuração, uma misteriosa transformação sacramental da pessoa do homem sacerdote na pessoa do próprio Cristo, único mediador (cf. 1 Tm 2, 55)» (Álvaro del Portillo, *Escritos sobre o sacerdócio*, 83-84).

4, 1-5. O tom solene da exortação é assinalado por uma fórmula severa, inspirada nos protocolos greco-romanos da sucessão, que obrigavam os herdeiros a cumprir a vontade do testador: «Peço-te encarecidamente» (ou: «Advirto-te seriamente»; ou ainda: «Conjuro-te»); com efeito, a pregação do Evangelho (v. 2) é uma responsabilidade grave da pessoa que preside a uma comunidade cristã: «Entre os principais encargos dos bispos, ocupa lugar preeminente a pregação do Evangelho. Os bispos são os arautos da fé, que para Deus conduzem novos discípulos. Dotados da autoridade de Cristo, são doutores autênticos, que pregam ao povo a eles confiado a fé que se deve crer e aplicar na vida prática; ilustrando-a sob a luz do Espírito Santo e tirando do tesouro da revelação coisas novas e antigas (cf. Mt 13, 52), fazem-na frutificar e solicitamente afastam os erros que ameaçam o seu rebanho (cf. 2 Tm 4, 1-4)» (Concílio Vaticano II, *Lumen gentium*, 25).

As palavras do Apóstolo são cheias de prudência e sabedoria, razão pela qual foram tomadas, na tradição cristã, como uma referência segura na tarefa de orientar os outros; assim, por exemplo, São Bento observa: «No seu governo, o abade deve observar sempre aquela norma do Apóstolo que diz: "convence, repreende, exorta"; ou seja, combinando tempos e circunstâncias, e o rigor com a suavidade, há de mostrar a suavidade do mestre e o piedoso afeto do pai» (*Regulae*, 2, 23-25).

4, 6-8. Ao considerar a proximidade do final da sua vida, São Paulo declara que a morte é uma oferenda a Deus, semelhante às libações que se faziam sobre os sacrifícios. O autor apresenta a existência cristã como um esporte sobrenatural, uma competição observada e avaliada pelo próprio Deus. Mas esta visão cheia de esperança na vida eterna não está reservada ao Apóstolo; pelo contrário, pode ampliar-se a todos os fiéis cristãos: «Nós, que conhecemos as alegrias eternas da pátria celeste, devemos ter pressa de lá chegar» (São Gregório Magno, *Homiliae in Evangelia*, 1, 3).

***4, 9-22.** A seção final recolhe, com grande afeto, diversas notícias e petições, dando a conhecer o estado de alma de São Paulo às portas do seu martírio. A referência nominal a tantos discípulos é uma expressão da grandeza de alma do Apóstolo: empenhou-se por todos eles; houve alguns que escaparam, mas a maioria permaneceu fiel. Alguns são mencionados nos *Atos dos Apóstolos* ou nas cartas; sobre outros só sabemos o que está dito nesta passagem. Fosse como fosse, deviam estar muito presentes no seu coração, que se fez «tudo para todos, para por todas as formas salvar alguns» (1 Cor 9, 22).

«O Senhor seja com o teu espírito» (v. 22): fórmula primitiva de saudação, por meio da qual se pede a proteção, o socorro, a bênção e a graça divina. Embora possa tratar-se de um semitismo, alguns santos padres consideraram que, neste contexto, constituía uma alusão à graça recebida no sacramento da ordem; se assim for, significa que o Apóstolo invoca o auxílio divino, para que acompanhe Timóteo em sua atividade ministerial.

CARTAS

CARTA A TITO

INTRODUÇÃO

A *Carta a Tito* é a mais breve das três cartas pastorais e figura, nas edições do Novo Testamento, após as duas missivas endereçadas a Timóteo e antes da brevíssima *Carta a Filêmon*, que é a última das cartas dirigidas a pessoas singulares, e com a qual se encerra o epistolário paulino. Quer pelo estilo, quer pelo conteúdo, tem muitas semelhanças com a *Primeira Carta a Timóteo*.

I. ESTRUTURA E CONTEÚDO

Na *Carta a Tito*, o Apóstolo convida seus leitores a centrarem as atenções em Jesus, nosso salvador, e na mudança de vida e de atitudes que deve acompanhar a iniciação cristã; o trabalho pastoral encomendado a Tito e aos ministros da Igreja está ao serviço destas finalidades.

A missiva inicia-se, como é habitual nas cartas de São Paulo, com uma complexa fórmula de saudação (1, 1-4); esta alude ao fato de Deus ser o nosso salvador e deixa entrever o afeto que liga o Apóstolo a este discípulo.

No começo da primeira seção, Paulo transmite a Tito as suas instruções acerca da organização das comunidades cristãs em Creta, cada uma das quais deverá ser governada por um ministro com condições morais idôneas para o desempenho dessa função; a ele competirá corrigir e evitar qualquer influência que seja perniciosa para a fé com origem naqueles que difundem doutrinas estranhas (1, 5-16).

A segunda seção (2, 1-3, 11), um pouco mais extensa, está estruturada, como que em círculos concêntricos, em torno da ideia de que em Jesus Cristo se manifestou a graça salvadora de Deus a todos os homens, razão pela qual os cristãos devem renunciar à impiedade para viverem de acordo com a piedade (2, 11-15). Antes disso, o autor enumera alguns deveres, conforme a idade e a situação de cada pessoa (2, 1-10), bem como outros, comuns a todos; estas obrigações situam-se no domínio do respeito pela autoridade legítima e da necessidade de evitar disquisições e disputas doutrinais, que não têm qualquer utilidade (3, 1-11).

A carta termina com um conjunto de recomendações finais e umas palavras de despedida (3, 12-15).

II. RAZÃO DE SER DA CARTA

Como já se referiu, a *Carta a Tito* apresenta algumas características que a tornam muito semelhante à *Primeira Carta a Timóteo*; é possível que o momento e as circunstâncias de composição destas cartas, enviadas aos responsáveis das comunidades paulinas de Creta e Éfeso, respectivamente, também sejam muito parecidos.

Tito, filho de pais pagãos, terá sido convertido por São Paulo, a julgar pelo afeto que este demonstra por ele[1]; juntamente com Barnabé, acompanhou São Paulo na viagem que este fez a Jerusalém para solicitar àqueles que tinham autoridade na Igreja que avalizassem o conteúdo da sua pregação aos gentios[2]. Seu nome não é mencionado no livro dos *Atos*, mas no epistolário paulino refere-se que, no final da terceira viagem apostólica de São Paulo, foi enviado a Corinto com duas missões delicadas: para levar uma carta não identificada[3]; e para realizar a coleta e entregar a *Segunda Carta aos Coríntios*[4].

Pelo que afirma na carta que lhe dirige, São Paulo deixou-o na ilha de Creta com a missão de prosseguir o trabalho missionário que tinham empreendido em conjunto[5]; de acordo com a mesma fonte, Tito terá permanecido em Creta até que Ártemas e Tíquico fossem substituí-lo[6].

O ambiente que a própria carta reflete é muito parecido com o da *Primeira Carta a Timóteo*: uma comunidade cristã fundada por São Paulo, na qual é necessário

1 Cf. Tt 1, 4.

2 Cf. Gl 2, 1-5.

3 Cf. 2 Cor 7, 14.

4 Cf. 2 Cor 8, 6.16-23; 12, 18.

5 Cf. Tt 1, 5.

6 Cf. Tt 3, 12.

estabelecer ministros dignos ao serviço da sã doutrina recebida do Apóstolo, em contraposição com os que pregavam doutrina perturbadoras.

Tanto esta carta como a anterior estão redigidas com um vocabulário e estilo literário um tanto peculiares dentro do *corpus* de Paulo; por isso houve autores que puseram em dúvida a sua autenticidade paulina, ainda que pareça claro que foram redigidas com a doutrina e a autoridade do Apóstolo, bem como recebidas como escritos apostólicos nas comunidades às quais se dirigiam.

III. ENSINAMENTOS

Os grandes temas doutrinais desta carta são os mesmos que foram indicados no comentário à *Primeira Carta a Timóteo*: a organização da Igreja, a salvaguarda da reta doutrina e a fé em Jesus Cristo salvador como fundamento da vida cristã.

Jesus Cristo salvador

Como é frequente nas cartas pastorais, Jesus Cristo é chamado «salvador»[7]; o texto sublinha a sua humanidade,

7 Tt 1, 4; 2, 13; 3, 6.

na qual se realiza a manifestação[8] da sua divindade: Ele é «o nosso grande Deus e Salvador»[9].

Tal como na *Primeira Carta a Timóteo*, também aqui se denunciam os desvios à «palavra digna de fé» pregada por São Paulo, palavra à qual Tito deverá ater-se na sua pregação[10].

A Igreja

Esta carta não apresenta uma exposição sistemática da Igreja, mas descreve elementos importantes da sua natureza e da sua organização. Em conexão com a ideia central – a salvação de todos os homens realizada por Jesus Cristo –, o autor ensina que a Igreja é a depositária do plano divino da salvação. Com o seu sangue, Jesus estabeleceu a Nova Aliança, fazendo da Igreja «um povo [...] seu»; a Igreja prolonga e atualiza a ação salvífica de Cristo, uma vez que é o povo resgatado da iniquidade e purificado com o seu sacrifício[11].

Os ministros da Igreja têm a função essencial de pregar a palavra de Deus; confrontados com a corrupção da verdade promovida pelos falsários, hão de ter o cuidado

8 Tt 2, 11; 3, 4.

9 Tt 2, 13.

10 Tt 1, 9.

11 Tt 2, 14.

da doutrina fiável[12], da palavra sã[13] e das pessoas, a fim de que se mantenham «firmes na fé»[14].

A estrutura da Igreja, tal como está refletida nesta carta e nas duas missivas a Timóteo, assinala o começo da sucessão apostólica: o primeiro lugar é ocupado pela autoridade do Apóstolo, presente ou ausente; em segundo lugar, este delega o seu poder a um representante. Tito já tinha recebido encargos limitados, mas agora recebe atribuições mais amplas em termos de ensino, pregação e governo da comunidade[15]. Por outro lado, como a missão de que foi encarregado se prolongará para além dele, terá de escolher continuadores seus na direção da comunidade: os *presbyteroi-episkopoi*[16]. Percebe-se assim que, embora ainda não exista uma distinção clara entre o episcopado e o presbiterado – como a que encontraremos nos escritos de Santo Inácio de Antioquia[17], no início do século II d.C. –, já é possível detectar um começo de distinção hierárquica entre os ministros da Igreja.

12 Tt 1, 9.

13 Tt 2, 8.

14 Tt 2, 2; cf. 1, 13.

15 Tt 2, 1-10.

16 Um e outro termos são um tanto ambíguos nesta época, pois parecem designar a mesma pessoa (cf. Tt 1, 5 e 1, 7).

17 Cf. *Ad magnesios*, 6, 1; *Ad trallianos*, 7, 2; *Ad philadelphos*, 7, 1.

A vida cristã

O cristão está chamado a comportar-se retamente porque Cristo o libertou de toda a iniquidade. Pelo batismo e a renovação do Espírito Santo, foi glorificado e chamado à vida eterna[18]; o princípio da vida eterna é a salvação obtida por Cristo, na qual assentam todas as normas morais. Pela graça de Deus, somos educados para renunciar «à impiedade e aos desejos do século, [vivendo] neste século sóbria, justa e piamente»[19]. Deste modo, temos de nos esforçar por praticar boas obras, porque acreditamos em Deus[20], porque nos sabemos redimidos por Cristo de toda a iniquidade[21] e porque a graça nos fortalece para praticarmos o bem.

---

18 Tt 3, 5-7.

19 Tt 2, 12.

20 Tt 3, 8.

21 Tt 2, 14.

CARTA A TITO

Saudação

1 [1] Paulo, servo de Deus e apóstolo de Jesus Cristo
segundo a fé dos escolhidos de Deus e o conheci-
mento da verdade, que é segundo a piedade [2] na espe-
rança da vida eterna, que Deus, que não mente, prome-
teu antes do começo dos séculos [3] manifestando a seu
tempo a sua palavra por meio da pregação que me foi
confiada por ordem de Deus nosso Salvador, [4] a Tito,
meu verdadeiro filho segundo a fé que nos é comum:
graça e paz da parte de Deus Pai e de Cristo Jesus, nos-
so Salvador.

I. MISSÃO DE TITO EM CRETA

Seleção e qualidades dos presbíteros

[5] Deixei-te em Creta para que regules o que falta e
estabeleças presbíteros nas cidades, segundo as prescri-
ções que te dei: [6] que seja irrepreensível, casado uma só
vez, que tenha filhos fiéis, que não possam ser acusados
de dissolução e que não sejam desobedientes. [7] Porque é

preciso que o bispo seja sem crime, como despenseiro de
Deus: que não seja soberbo, nem iracundo, nem dado ao
vinho, nem violento, nem ávido de sórdidos lucros, [8] mas
hospitaleiro, amigo do bem, ponderado, justo, santo,
continente, [9] que dê ensino seguro conforme a doutrina,
para que possa exortar segundo a sã doutrina e refutar os
que a contradizem.

Atitude a respeito dos falsos mestres

[10] Porque há ainda muitos desobedientes, vãos fa-
ladores e sedutores, principalmente entre os da cir-
cuncisão, [11] aos quais é necessário fechar a boca, a eles
que transtornam casas inteiras, ensinando o que não
convém por amor de um vil interesse. [12] Um deles, seu
próprio profeta, disse: «Os cretenses são sempre men-
tirosos, más bestas, ventres preguiçosos», [13] e esse tes-
temunho é verdadeiro. Portanto, repreende-os aspera-
mente para que sejam sãos na fé, [14] não deem ouvidos a
fábulas judaicas nem a mandamentos de homens que se
afastam da verdade.

[15] Para os puros todas as coisas são puras; para os im-
puros e infiéis nada é puro, mas estão contaminados o
seu espírito e sua consciência. [16] Confessam que conhe-
cem a Deus, mas negam-no com as obras, sendo abomi-
náveis, rebeldes e incapazes de toda obra boa.

II. EXIGÊNCIAS MORAIS DA FÉ CRISTÃ

Deveres dos cristãos segundo suas condições

2 1 Tu, porém, ensina o que está conforme com a sã
doutrina; 2 aos velhos, que sejam sóbrios, honestos,
prudentes, sãos na fé, na caridade e na paciência; 3 igual-
mente às mulheres idosas, que tenham um proceder pró-
prio de pessoas santas, que não sejam caluniadoras nem
dadas ao vinho, que ensinem o bem, 4 que ensinem as
mulheres jovens a amar seus maridos e seus filhos, 5 a ser
prudentes, castas, cuidadosas da casa, boas, sujeitas a seus
maridos, para que se não diga mal da palavra de Deus.

6 Exorta também os jovens a que sejam regrados.
7 Faze-te a ti mesmo um modelo de boas obras em tudo:
na pureza da doutrina, na dignidade, 8 na palavra sã irre-
preensível, para que os nossos adversários sejam confun-
didos, não tendo mal algum a dizer de nós.

9 Exorta os servos a que sejam submissos em tudo
a seus senhores, agradando-lhes, não os contradizendo,
10 não os defraudando, mas mostrando em tudo inteira
fidelidade, para que em tudo honrem a doutrina de
Deus, nosso Salvador.

A Encarnação, fundamento da ética e piedade cristãs

11 Porquanto a graça de Deus, fonte de salvação para
todos os homens, manifestou-se, 12 ensinando-nos que,

renunciando à impiedade e aos desejos do século, viva-
mos neste século sóbria, justa e piamente, 13 aguardando
a esperança bem-aventurada e a vinda gloriosa do nosso
grande Deus e Salvador, Jesus Cristo, 14 que se deu a si
mesmo por nós a fim de nos resgatar de toda a iniquida-
de e purificar para si um povo que seja seu, zeloso pelas
boas obras. 15 Ensina essas coisas, exorta e repreende com
toda a autoridade. Ninguém te despreze.

Respeito à autoridade legítima

3 1 Adverte-os que sejam sujeitos aos magistrados e às
autoridades, que lhes obedeçam, que estejam prontos
para toda boa obra, 2 que não digam mal de ninguém
nem sejam questionadores, mas modestos, mostrando
toda a mansidão para com todos os homens.

Renovação da vida cristã pelo Espírito Santo

3 Também nós outrora éramos insensatos, rebeldes,
desgarrados, escravos de paixões e prazeres, vivendo na
malícia e na inveja, dignos de ódio e odiando os outros.
4 Mas, quando se manifestou a bondade de Deus, nosso
Salvador, e o seu amor pelos homens, 5 não pelas obras
de justiça que tivéssemos feito mas por sua misericórdia,
salvou-nos mediante o batismo de regeneração e de
renovação do Espírito Santo, 6 que ele difundiu sobre

nós abundantemente por Jesus Cristo, nosso Salvador, 7 a
fim de que, justificados pela sua graça, sejamos herdeiros
da vida eterna segundo a esperança.
8 Essa é uma verdade infalível, e quero que a afirmes, para que procurem ser os primeiros nas boas obras aqueles que creem em Deus. Essas coisas são boas e úteis aos homens.

Outros conselhos

9 Foge, porém, de questões loucas, de genealogias,
de disputas e de contestações sobre a Lei, porque são
inúteis e vãs. 10 Foge do herege depois da primeira e
segunda correção, 11 sabendo que um tal homem está
pervertido e peca, como quem é condenado pelo seu
próprio juízo.

III. CONCLUSÃO

Recomendações finais

12 Quando eu te enviar Ártemas ou Tíquico, apressa-te a vir ter comigo a Nicópolis, porque determinei
passar ali o inverno. 13 Provê com cuidado Zenas, doutor da Lei, e Apolo, procurando que nada lhes falte.
14 E aprendam também os nossos a serem os primeiros

em boas obras para o que for necessário, a fim de que não sejam infrutuosos.

Despedida

15 Todos os que estão comigo te saúdam.
Saúda os que nos amam na fé.
A graça seja com todos vós.

NOTAS À *CARTA A TITO*

***1, 1-4.** O motivo e os conteúdos desta carta são semelhantes aos das cartas endereçadas a Timóteo: o Apóstolo pretende auxiliar os seus colaboradores na tarefa de governar as igrejas. No caso da presente carta, também dá instruções sobre a organização da comunidade (1, 5-16) e o bom comportamento que se espera de todos (2, 1-3, 11).

A saudação é especialmente longa e solene comparada com a das outras cartas pastorais. Destaca-se o título de Apóstolo e a importância da pregação.

***1, 5-6.** Paulo encarrega Tito de organizar hierarquicamente a comunidade cristã de Creta e de a defender dos erros que começavam a circular.

1, 5-9. Tal como em 1 Tm 3, 2-7, o autor exorta os ministros a serem um modelo de santidade para os seus fiéis. Quando da redação das cartas pastorais, ainda não tinham sido definitivamente estabelecidos os nomes e as atribuições das diversas ordens sagradas na hierarquia da Igreja (cf. nota a 1 Tm 3, 1-7). Nesta passagem, o termo «presbíteros» (*presbyteroi*) (v. 5) e o termo «bispos» (*episkopoi*) (v. 7) parecem designar as mesmas pessoas; no primeiro caso, sublinha-se mais a experiência venerável que devem ter (tendo em consideração que *presbyteros* significa «ancião»), e no segundo a função de supervisão (*episkopos* significa «vigilante») que devem desempenhar no serviço aos fiéis. Seja como for, São Paulo está a falar dos homens que presidem às comunidades cristãs.

O texto não pretende fazer uma enumeração exaustiva das virtudes que uns e outros devem ter; mas não deixa de salientar quatro aspectos: um comportamento irrepreensível (vv. 6-7), uma família fiel e exemplar (v. 6), um caráter reto e acolhedor (vv. 7-8) e uma sólida formação doutrinal (v. 9). São tudo qualidades pelas quais a Igreja vela: os pastores «abundem em toda a espécie de bens espirituais e deem a todos vivo testemunho de Deus» (Concílio Vaticano II, *Lumen gentium*, 41).

1, 10-16. Tal como acontecera em Éfeso (cf. 1 Tm 1, 6), em Creta também estavam a ter sucesso determinados filósofos –

alguns deles provenientes do judaísmo – que faziam das falácias e dos sofismas uma arte; nesta passagem, o Apóstolo recorre à ironia, citando um verso de um poeta da Antiguidade (provavelmente Epimênides, poeta do século IV a.C.) sobre a fama que os cretenses tinham de ser mentirosos.

«Para os puros todas as coisas são puras» (v. 15): «Deus fez todas as coisas puras; se existem coisas impuras, trata-se de uma qualidade que tem origem em quem as manipulou» (Severiano de Gabala, *Fragmenta in Titum*). A pureza interior (cf. Mt 23, 25-26) é o princípio da liberdade cristã, que se contrapõe aos que pretendem compatibilizar a fé com um comportamento corrupto.

***2, 1-3, 11.** Cada membro da comunidade é confrontado com exigências específicas, de acordo com a sua situação, mas todos estão chamados à piedade e à colaboração social.

2, 1-10. Estas recomendações são análogas às que encontramos noutras passagens paulinas (cf. Ef 5, 21-6, 9; Cl 3, 18-4, 6), às quais subjaz uma concepção da Igreja como família de Deus, constituída por membros muito diversos. Contrariando as falácias daqueles que, com o seu comportamento depravado, negam aquilo em que dizem acreditar, o Apóstolo urge Tito a pregar um comportamento sincero, em conformidade com a fé. Com efeito, uma característica importante da conduta moral dos cristãos é o fato de não se reduzir a um código ético abstrato, desprovido de fundamento teológico, mas ser uma consequência lógica da «sã doutrina» (v. 1), ou seja, da verdade da fé que o cristão professa: «Existe um nexo entre a pureza do coração, do corpo e da fé: os fiéis devem crer nos artigos do credo, "para que, crendo, obedeçam a Deus; obedecendo a Deus, vivam como deve ser; vivendo como deve ser, purifiquem o seu coração; e purificando o seu coração, compreendam aquilo em que creem" (Santo Agostinho, *De fide et symbolo*, 10, 25)» (*Catecismo da Igreja Católica*, 2518).

A fé cristã exige um esforço perseverante por manter uma conduta irrepreensível, não só por coerência com aquilo em que se acredita, mas também para dar a todos o testemunho atraente e credível de uma vida limpa: «Deste modo, vivendo cristãmente entre os nossos iguais, de uma maneira normal mas coerente com a nossa fé, seremos Cristo presente entre os homens» (São Josemaria Escrivá, *É Cristo que passa*, 112).

2, 11-15. As obrigações descritas explicitam um estilo de vida cristão (v. 12), fundado na esperança (v. 13). Foi Cristo que, com a sua obra redentora, nos alcançou a possibilidade de termos esta vida e esta esperança. Na Eucaristia, alimento da alma, recebemos graças para viver desta maneira; celebramo-la, pois, «"*expectantes beatam spem et adventum Salvatoris nostri Jesu Christi* – enquanto aguardamos a feliz esperança e a vinda do Nosso Salvador, Jesus Cristo" (Missal Romano, *Rito da Comunhão*), pedindo a graça de ser acolhidos "com bondade no vosso reino, onde também esperamos ser recebidos, para vivermos [...] eternamente na vossa glória, quando enxugardes todas as lágrimas dos nossos olhos; e, vendo-Vos tal como sois, Senhor nosso Deus, seremos para sempre semelhantes a Vós e cantaremos sem fim os vossos louvores, por Jesus Cristo nosso Senhor" (Missal Romano, *Oração Eucarística III*)» (*Catecismo da Igreja Católica*, 1404).

O v. 14 é um belo resumo da doutrina da redenção; o texto enuncia quatro elementos essenciais: a entrega que Cristo fez de Si mesmo; a redenção de toda a iniquidade; a purificação; e a apropriação do povo. A entrega de Cristo é uma alusão ao sacrifício voluntário da cruz (cf. Gl 1, 9; 2, 20; Ef 5, 2; 1 Tm 2, 6), mediante o qual Jesus nos livrou da escravidão do pecado; pois, assim como a ação de Deus operou a libertação do povo de Israel no êxodo, constituindo-o em povo de sua propriedade (cf. Ex 19, 4-6), também o sacrifício de Cristo é a causa da liberdade dos filhos de Deus. Com a nova aliança do seu sangue, Cristo faz da Igreja o seu povo eleito, chamado a integrar todas as nações: «Assim como Israel segundo a carne, que peregrinava no deserto, é já chamado Igreja de Deus, assim o novo Israel, que ainda caminha no tempo presente e se dirige para a futura e perene cidade, se chama também Igreja de Cristo, pois que Ele a adquiriu com o seu próprio sangue, a encheu com o seu espírito e a dotou dos meios convenientes para a unidade visível e social» (Concílio Vaticano II, *Lumen gentium*, 9).

3, 1-2. A liberdade dos filhos de Deus, conquistada por Cristo, não implica antagonismo com relação às autoridades civis legítimas, nem uma oposição de princípio às estruturas existentes, mas o anseio por promover as oportunas mudanças, com base num desejo de melhoramento pessoal: «Não se obterão, pois, mudanças sociais que estejam realmente ao serviço do homem senão fazendo apelo às capacidades éticas da pessoa e à constante necessidade de conversão interior» (Congregação para a Doutrina da Fé, *Libertatis nuntius*, 11, 8). Além disto, os cristãos estão obrigados a acatar a autoridade legítima (cf. Rm 13, 1-7; 1 Tm 2, 2; 1 Pd 2, 13-14).

3, 3-8. O fundamento teológico das obrigações sociais referidas é o ponto culminante deste capítulo, condensado num belo cântico a Jesus Cristo (vv. 4-7), no qual se resume a encarnação, a redenção e a aplicação da salvação a cada cristão. Cada batizado é testemunha da história da salvação, da passagem do pecado à graça, de uma etapa de escravidão e erro à era da liberdade e da regeneração inaugurada por Cristo. Experimentar o perdão enche de alegria e move ao agradecimento: «Se o perdão dos pecados não existisse na Igreja, não haveria nenhuma esperança de vida e de libertação eterna. Damos graças a Deus por ter concedido este dom à sua Igreja» (Santo Agostinho, *Sermones*, 213, 9).

3, 9-11. A Igreja não é um lugar para discussões. «Herege» (v. 10) – noutras traduções, «sectário» – refere, nesta passagem, a condição dos falsos mestres que rejeitam os ensinamentos e criam divisões; com o tempo, estes termos tornaram-se mais precisos: «Chama-se heresia a negação pertinaz, após a recepção do batismo, de qualquer verdade que se deva crer com fé divina e católica, ou a dúvida pertinaz a respeito dela; apostasia, o repúdio total da fé cristã; cisma, a recusa de sujeição ao Sumo Pontífice ou de comunhão com os membros da Igreja a ele sujeitos» (*Codex Iuris Canonici*, cânone 751).

***3, 12-15.** As instruções finais da epístola esclarecem a importância da hospitalidade entre os primeiros cristãos.

Tíquico foi companheiro de São Paulo na sua terceira viagem (cf. At 20, 4) e portador das cartas endereçadas aos efésios e aos colossenses. Apolo também é referido nos *Atos dos Apóstolos*, onde se diz que é uma pessoa muito versada nas Escrituras e bom orador (At 18, 24-26); além da sua atividade apostólica em Éfeso, colaborou intensamente em Corinto (cf. 1 Cor 1, 12; 3, 4-6.22; 4, 6; 16, 12).

«Os que nos amam na fé» (v. 15): a expressão designa os cristãos, cujo amor mútuo tem uma origem sobrenatural; comenta São Jerônimo: «Se todos os que amam amassem na fé, São Paulo não teria acrescentado a fé ao amor; as mães amam os filhos e estão dispostas a dar a vida por eles, mas esse amor não é necessariamente na fé; as esposas também amam os maridos e muitas vezes chegam a morrer com eles, mas isso tampouco é amor de fé. Só os santos amam na fé, porque o seu amor também abarca os incrédulos; mais ainda, também amam os seus inimigos. Este é o amor na fé, que tem por fundamento Aquele que prometeu o prêmio a quantos cumprem o mandamento novo» (*Commentarii in Titum*, *ad loc.*).

CARTAS

CARTA A FILÊMON

INTRODUÇÃO

A *Carta a Filêmon* é o escrito mais breve do *corpus* paulino; é por esse motivo que aparece ao final das cartas de Paulo e antes da *Carta aos Hebreus* – que, embora sendo paulina, tem características singulares.

Filêmon era, ao que parece, um proprietário abastado de Colossos que São Paulo conquistara para a fé cristã, provavelmente durante a sua estadia de três anos em Éfeso[1], aonde tinham acorrido pessoas de toda aquela região para ouvir a pregação do Apóstolo. Paulo chama-lhe seu colaborador[2] e trata-o com delicado afeto e confiança[3].

I. ESTRUTURA E CONTEÚDO

Trata-se de uma carta de teor amistoso, que, dentro da sua brevidade e simplicidade, se adequa ao modelo habitual das cartas de São Paulo.

1 Cf. Flm 19.

2 Cf. Flm 1.

3 Cf. Flm 8.17.19.21.

Começa, como de costume, com umas palavras de saudação, nas quais figuram os nomes do remetente e dos destinatários (1-3).

O corpo do escrito inicia-se com uma ação de graças pela caridade e a fé de Filêmon, acompanhada do desejo de que essa fé seja realmente operativa (4-7). Segue-se a seção principal, em que o Apóstolo expõe a razão de ser desta missiva, que consiste em interceder – com base na amizade comum e na fé em Jesus Cristo – em favor de Onésimo, um escravo fugitivo que agora regressa à casa de Filêmon para nela continuar a trabalhar (8-21). A carta termina, segundo o habitual, com uma série de recomendações e saudações (22-25).

II. RAZÃO DE SER DA CARTA

Um escravo de Filêmon, de nome Onésimo, tinha fugido de sua casa, talvez por lhe ter roubado dinheiro ou algum objeto de valor[4]; receando ser castigado, recusava-se a regressar. Enquanto andava fugido, conheceu Paulo, que nessa altura estava preso; graças à bondade e ao zelo do coração do Apóstolo, Onésimo conhece o Evangelho e abraça a fé cristã.

4 Cf. Flm 18.

É possível que, inicialmente, Paulo tivesse considerado a hipótese de manter Onésimo junto de si para o ajudar[5]; mas mudou rapidamente de opinião e decidiu devolvê-lo a Filêmon.

O estilo literário e os modos de expressão e de argumentação são característicos de São Paulo, razão pela qual não há dúvidas acerca da autenticidade desta carta. Em contrapartida, e uma vez que o único dado concreto acerca da sua situação pessoal que comunica é o fato de estar preso, não é possível saber com segurança a data de composição da missiva, já que São Paulo esteve preso em diversas ocasiões. O mais provável é, contudo, que a tenha escrito em Éfeso[6], entre os anos de 54 e 57; trata-se do local mais próximo de Colossos onde esteve preso, e também onde seria mais provável que tivesse conhecido um escravo fugitivo com origem nessa cidade. Mas também é possível que a carta tenha sido escrita em Roma, durante o primeiro cativeiro do Apóstolo, caso em que deverá ser datada de 61 a 63.

III. ENSINAMENTOS

Pela sua extraordinária brevidade, este escrito é uma obra-prima da arte epistolar, cheia de delicada sensibilidade e de caridade fina. O Apóstolo não recorre a um

5 Cf. Flm 13-14.

6 Poderá se tratar do eventual cativeiro sugerido em 2 Cor 1, 8 e 11, 23.

tom de autoridade – embora pudesse fazê-lo –, mas de súplica humilde, apresentando-se a Filêmon como «ancião» e «prisioneiro» por causa do Evangelho[7].

Embora se trate de uma carta essencialmente pessoal, este escrito também contém elementos doutrinais, que não são menos importantes por serem breves. Já houve aliás quem lhe chamasse a *magna carta* da liberdade cristã. São Paulo não pede abertamente a Filêmon que liberte Onésimo, mas que o acolha «como irmão querido»[8], ou seja, como se ele fosse o próprio Paulo[9], convencido de que, desse modo, Filêmon fará mais do que aquilo que lhe pede[10]. E que mais é este? Deixando este aspecto em suspenso no texto, o autor parece orientar-nos para o tema principal da missiva. Com efeito, sem abordar diretamente a questão da escravatura, enuncia os princípios cristãos que haveriam de conduzir à sua abolição; esses princípios assentam na liberdade que Cristo nos conquistou na Cruz, e pela qual somos efetivamente filhos de Deus e irmãos daqueles que participam da nossa fé: «A nova liberdade, trazida pela graça de Cristo, deve necessariamente ter repercussão também no campo social»[11]. É esse o conteúdo do mais que São Paulo esperava de Filêmon, pois este estava chamado a tratar Onésimo como verdadeiro

7 Cf. Flm 9.

8 Flm 16.

9 Cf. Flm 17.

10 Cf. Flm 21.

11 Congregação para a Doutrina da Fé, *Libertatis nuntius*, 13.

irmão na fé, em plano de igualdade, sem fazer qualquer acepção de classe ou de condição social.

CARTA A FILÊMON

Saudação

1 1 Paulo, prisioneiro de Cristo Jesus, e o irmão Timó-
teo ao amado Filêmon, nosso cooperador, 2 a Ápia,
nossa irmã, a Arquipo, nosso companheiro de armas, e
à igreja que se reúne em tua casa: 3 graça a vós e paz da
parte de Deus nosso Pai e do Senhor Jesus Cristo.

Ação de graças

4 Dou graças ao meu Deus sempre que faço memória
de ti nas minhas orações, 5 por saber da tua caridade e da
fé que manifestas para com o Senhor Jesus e para com
todos os santos. 6 Possa a generosidade da tua fé tornar-se
eficaz pelo conhecimento de todas as obras boas que se
fazem entre nós por amor de Jesus Cristo. 7 De fato, tive
grande alegria e consolação pela tua caridade, porquanto
os corações dos santos foram confortados por ti, irmão.

Intercessão em favor de Onésimo

8 Pelo que, ainda que eu tenha muita liberdade em
Cristo para te mandar o que convém, 9 prefiro pedir-te

por caridade. Eu, Paulo, o velho Paulo, e atualmente até prisioneiro de Cristo Jesus, 10 venho rogar-te por meu filho Onésimo, que gerei nas prisões, 11 o qual outrora te foi inútil, mas agora é muito útil para ti e para mim. 12 De novo to mando a ele, que é como o meu próprio coração. 13 Eu queria demorá-lo comigo para que me servisse em teu lugar nestas cadeias que eu suporto pelo Evangelho, 14 mas, sem o teu consentimento, nada quis fazer, para que o teu benefício não fosse como que forçado, mas voluntário. 15 Porque talvez ele se tenha apartado de ti por algum tempo para que tu o recobrasses para sempre, 16 não já como escravo, mas muito mais que um escravo: como um irmão caríssimo principalmente a mim; quanto mais não fará por ti, não só segundo a carne, mas também segundo o Senhor!

17 Portanto, se me tens por íntimo, recebe-o como a mim. 18 Se algum dano te fez ou te deve alguma coisa, passa isso para a minha conta. 19 Eu, Paulo, escrevi por meu próprio punho: eu pagarei. Não te quero lembrar que és meu devedor e que me deves a tua própria pessoa. 20 Sim, irmão; obtenha eu de ti essa satisfação no Senhor. Recreia o meu coração em Cristo. 21 Escrevi-te estas coisas contando com a tua docilidade, sabendo que farás ainda mais do que peço.

Últimas recomendações e saudações

22 Ao mesmo tempo, prepara-me pousada, pois espero que, pelas vossas orações, serei dado a vós. 23 Epafras,

que está preso comigo por Cristo Jesus, saúda-te, 24 e
igualmente Marcos, Aristarco, Demas e Lucas, meus co-
laboradores.
25 A graça do Senhor Jesus Cristo seja com o vosso
espírito.

NOTAS À *CARTA A FILÊMON*

***1-3.** A brevidade desta carta permite-nos compreender melhor o esquema que São Paulo utilizava em sua correspondência: saudações; ação de graças a Deus ou oração; conteúdo que quer transmitir; despedida. Por outro lado, esta missiva tem grande interesse como guia para análise e orientação das situações sociais em que vivem os cristãos.

É possível que Ápia e Arquipo sejam membros da família de Filêmon, talvez a mulher e o filho; Arquipo tinha um cargo importante na igreja de Colossos (cf. Cl 4, 17).

São Jerônimo faz notar que «Paulo não usa a expressão "prisioneiro por causa de Cristo Jesus" em mais nenhuma carta, embora seja claro que se encontra na prisão por causa da sua fé, segundo o conteúdo das cartas aos efésios, aos filipenses e aos colossenses. Parece-me que tem maior orgulho em afirmar que está prisioneiro por Cristo do que em dizer que é Apóstolo. "Saíram da sala do Sinédrio cheios de alegria, por terem sido considerados dignos de sofrer vexames por causa do nome de Jesus" (At 5, 41). A autoridade que lhe confere a prisão faz com que, ao interceder por Onésimo, seja tal a força do pedido, que obtém aquilo que pede» (*Commentarii in Philemonem, ad loc.*).

4-7. O v. 5 sintetiza um ensinamento de grande importância teológica: Paulo declara que, para além de amar e ter fé em Cristo, um cristão deve, por Ele e nele, amar os outros cristãos; assim, Filêmon e Onésimo devem confiar um no outro porque são irmãos em Cristo. Esta argumentação voltará a aparecer no v. 16, e está ainda presente nos vv. 17-21.

Embora tenha uma redação obscura, o v. 6 significa que, participando na mesma fé, os cristãos alcançam a comunhão com Cristo e com os outros crentes; além disto, Paulo confia em que a fé de Filêmon seja uma fé prática, operativa, com uma compreensão profunda de que todos os bens que os cristãos alcançam estão em estreita relação com Cristo: «Era razoável que o mestre desse uma ordem ao discípulo, recorrendo à sua autoridade apostólica; mas, como Filêmon era bom cristão, [o Apóstolo,] enquanto ancião e prisioneiro de Cristo, apela ao amor para suscitar a obediência» (Ambrosiastro, *Ad Philemonem*).

8, 21. São Paulo gerou Onésimo, escravo fugitivo de Filêmon, para a fé. O Apóstolo joga com o significado do nome «Onésimo», que significa útil, para interceder por ele junto do seu senhor e pedir a Filêmon que volte a recebê-lo.

Note-se que o Apóstolo levou a mensagem do Evangelho a todos, sem distinção de classes nem de condições sociais; mais ainda, dando provas de especial afeto pelos mais desfavorecidos, que não considera – ao contrário do que era frequente acontecer na época – seus inferiores, mas irmãos muito amados: «Vede como Paulo escreve a favor de Onésimo, um escravo fugitivo, sem se envergonhar de lhe chamar seu filho, seu coração, seu irmão, seu bem-amado» (São João Crisóstomo, *In Philemonem*, 2, *ad loc.*).

Com efeito, os cristãos são chamados a estimar todos os homens como irmãos, valorizando a dignidade da pessoa humana e, consequentemente, os seus direitos. Ninguém pode sentir-se alheio a essa atitude, nem assumir os seus deveres com uma inibição que seria um pecado social, ofendendo a Deus e a sociedade dos homens; São João Paulo II é muito claro a esse respeito: «É social todo o pecado cometido contra a justiça, quer nas relações de pessoa a pessoa, quer nas da pessoa com a comunidade, quer ainda nas da comunidade com a pessoa. É social todo o pecado contra os direitos da pessoa humana, a começar pelo direito à vida, incluindo a do nascituro, ou contra a integridade física de alguém; todo o pecado contra a liberdade de outrem, especialmente contra a suprema liberdade de crer em Deus e de O adorar; todo o pecado contra a dignidade e a honra do próximo. É social todo o pecado contra o bem comum e contra as suas exigências, em toda a ampla esfera dos direitos e dos deveres dos cidadãos. Pode ser social tanto o pecado de comissão como o de omissão: da parte dos dirigentes políticos, econômicos e sindicais, por exemplo, que, embora podendo, não se empenhem com sabedoria no melhoramento ou na transformação da sociedade, segundo as exigências e as possibilidades do momento histórico; como também da parte dos trabalhadores que faltem aos seus deveres de presença e de colaboração, para que as empresas possam continuar a proporcionar bem-estar a eles próprios, às suas famílias e a toda a sociedade» (*Reconciliatio et paenitentia*, 16).

21. São Paulo não trata diretamente o tema da escravidão, que fazia parte da estrutura social da época, mas introduz os princípios cristãos que constituem o gérmen da abolição da mesma nos locais onde o espírito cristão impregnou as consciências dos cidadãos e as leis dos povos. Ainda assim, o Apóstolo reclama delicadamente um comportamento que seja coerente com a doutrina do Evangelho; é esse o conteúdo do mais que Paulo esperava de Filêmon – que tratasse Onésimo como um verdadeiro irmão na fé, em plano de igualdade, sem fazer qualquer tipo de acepção de classe ou de condição social: «Convencei-vos de que só com a justiça não resolvereis nunca os grandes problemas da humanidade. Quando se faz justiça a seco, não vos admireis de que a gente se sinta magoada: pede muito mais a dignidade do homem, que é filho de Deus. A caridade tem que ir dentro e ao lado, porque tudo dulcifica, tudo deifica: *Deus é amor* (1 Jo 4, 16). Temos de agir sempre por Amor de Deus, porque torna mais fácil querer bem ao próximo e porque purifica e eleva os amores terrenos» (São Josemaria Escrivá, *Amigos de Deus*, 172).

22-25. A par das saudações das pessoas que acompanham o Apóstolo naquele momento, e que são referidas em Cl 4, 10-14, surge a costumeira bênção final, que teria enorme importância para a cristandade nascente de Colossos e para a casa de Filêmon. Estamos perante mais um exemplo do papel desempenhado pelas famílias cristãs na difusão do Evangelho (cf. nota a Rm 16, 1-23).

CARTAS

CARTA AOS HEBREUS

INTRODUÇÃO

A *Carta aos Hebreus* é um dos escritos de maior importância e elevação literária do Novo Testamento; foi colocada no final do *corpus* paulino por se tratar de um elo entre os escritos de São Paulo e as cartas católicas. Histórica e doutrinalmente, tem relação estreita com o corpo das cartas paulinas, pois encontramos nela um eco fiel da sua pregação. No entanto, a elegância e a perfeição formal do texto, escrito num grego polido e culto, contrasta com o grego vigoroso de São Paulo; ao mesmo tempo, a maneira de encarar os temas doutrinais e o modo peculiar de referir o Antigo Testamento são diferentes dos utilizados pelo Apóstolo das gentes. Daí que já desde os primeiros séculos se tenham colocado dúvidas sobre sua autenticidade paulina e, consequentemente, que não tenha sido fácil a sua recepção em todas as igrejas como escrito sagrado.

No Oriente, a carta foi geralmente reconhecida como paulina desde tempos antigos. São Policarpo conhece-a, embora não refira o autor, e Clemente de Alexandria, segundo testemunho de Eusébio, cita-a como sendo de São Paulo, mas não sem mencionar que fora traduzida do hebraico por Lucas[1]. Por sua vez,

1 Eusébio de Cesareia, *Historia ecclesiastica*, 6, 14, 2.

Orígenes, no século III d.C., fala da possível existência de um redator das ideias de São Paulo como autor da carta: «As ideias da epístola são certamente do Apóstolo; a dicção e a composição parecem, no entanto, de outra pessoa, como quem escreve as palavras de um mestre»[2]; mas reconhece que «só Deus sabe»[3] quem terá sido o redator da carta. São João Crisóstomo, grande admirador e profundo conhecedor dos escritos do doutor das gentes, considera que a carta é de Paulo; e Eusébio, recolhendo os dados da tradição, inclui-a entre os escritos recebidos como canônicos[4].

No Ocidente, por sua vez, a sua autenticidade foi mais questionada, apesar de São Clemente de Roma ter usado o texto, embora sem o citar explicitamente. O autor do primeiro comentário completo em latim a São Paulo, um nome conhecido por Ambrosiastro, evita comentar a carta. O próprio São Jerônimo recolhe e exprime já algumas dúvidas quanto à autoria paulina direta, e o mesmo faz Santo Agostinho a partir de 409; em anos posteriores, no entanto, e influenciados pela força da tradição, tanto o bispo de Hipona como o tradutor da Bíblia foram admitindo não só a inspiração da carta, mas também a sua autenticidade[5]. No final do século IV, o escrito aparece nas listas dos concílios africanos e, do século VI ao século XVI, é unanimemente reconhecido como paulino;

---

2 *Ibidem*, 6, 25, 14.

3 *Ibidem*.

4 *Ibidem*, 3, 25, 2-3.

5 São Jerônimo, *Commentarium in Matthaeum*, 4, 26.

o Concílio de Trento sancionou-o de forma solene como canônico e inspirado[6].

Alguns teólogos renascentistas, entre os quais Erasmo e o cardeal Caetano, voltaram a impugnar a autoria paulina da carta, e desde então a maioria dos exegetas considera que o texto grego propriamente dito não foi escrito por São Paulo. Convém salientar, no entanto, que esta questão não põe em causa a sua canonicidade; com efeito, a *Carta aos Hebreus* é um livro inspirado e canônico, vinculado, em muitos aspectos, ao pensamento e à doutrina de Paulo, embora se desconheça o seu autor

I. ESTRUTURA E CONTEÚDO

A estrutura literária da *Carta aos Hebreus* foi objeto de estudos minuciosos, mas nem por isso é fácil descrevê-la. Ao longo da missiva, vão se alternando partes explicativas de tipo doutrinal com partes exortativas; com efeito, o conteúdo moral ou parenético é deliberadamente entrelaçado com o dogmático, com as verdades de fé sendo apresentadas pelo autor como fundamento do comportamento prático que é recomendado e pedido aos destinatários do escrito. Neste sentido, a carta constitui um

---

6 Sessão IV, 1546. Cf. Denzinger-Schönmetzer, *Enchiridion symbolorum*, 2176.

exemplo admirável da unidade entre doutrina e vida que é tão própria do Novo Testamento e, portanto, um modelo da melhor literatura religiosa cristã.

O texto nos permite, ainda assim, reconhecer com certa facilidade cinco seções doutrinais: 1) a pré-existência de Cristo, sua condição divina e sua atividade criadora (1, 1-4); 2) a superioridade de Cristo relativamente aos anjos (1, 5-2, 8); 3) a superioridade de Cristo em relação a Moisés (3, 1-4, 13); 4) o sacerdócio de Cristo como mais excelente que o sacerdócio levítico (4, 14-7, 28); e 5) o sacrifício de Cristo como superior a todos os sacrifícios da Lei antiga (8, 1-10, 18).

O conteúdo ascético, exortatório e moral também pode ser agrupado em seções oportunamente intercaladas com as cinco anteriores; em linhas gerais, estas seções se voltam para: 1) o seguimento de Jesus como imprescindível para a salvação (2, 1-4); 2) a necessidade de imitar os fiéis que aceitaram a revelação para entrar no repouso de Deus (3, 7-4, 13); 3) a esperança gozosa e as normas de vida cristã (5, 11-6, 20); d) os motivos e exemplos incomparáveis que devem animar o fiel a perseverar na fé, a despeito das dificuldades (10, 19-12, 29); e) últimas recomendações (13, 1-19).

Os versículos 7-17 do capítulo 13 parecem resumir os assuntos principais da carta e contêm uma exortação final à retidão e à vibração espiritual que devem caracterizar a vida cristã.

II. COMPOSIÇÃO

A carta foi escrita por um cristão culto de origem judaica, bom conhecedor da Sagrada Escritura e das questões teológicas que se colocavam quando da redação da missiva, bem como muito próximo do pensamento e da atividade de São Paulo. Pelo conteúdo, percebe-se que se tratava de um homem de cultura helenística, com grande zelo pastoral e profundo conhecimento da vida religiosa do povo hebraico e do culto do Templo de Jerusalém – um homem cuja personalidade parece ocultar-se deliberadamente por trás da grandeza e da importância do tema que expõe. Foram muitas as tentativas feitas com vistas à identificação desta personalidade, tendo sido aventados os nomes de Barnabé, Lucas, Clemente Romano, Filipe, Silvano e Apolo, o discípulo mencionado em At 18, 24ss. Nenhuma destas propostas, porém, é satisfatória.

A missiva corresponde a um gênero intermédio, entre o epistolar e o próprio de um discurso ou sermão escrito (cf. 13, 22: «palavra de exortação»); pela estrutura, a ordem e o método, recorda o gênero do ensaio teológico. Devido ao ritmo majestoso dos versículos e à grandiosidade dos temas expostos, é um texto amplamente utilizado pela Igreja na liturgia. Num grego muito correto e elegante, o autor recorre a um vocabulário abundante e exprime o seu pensamento de forma gráfica, com o contributo de numerosos recursos de estilo, de citações e de exemplos da Sagrada Escritura; depois de Lucas, este é, sem dúvida, o modelo mais elevado de obra literária no Novo Testamento.

Apesar de não ser original – deverá datar do século II d.C. –, o título corresponde com precisão à natureza e ao conteúdo do livro. É muito provável que os hebreus que são os destinatários da missiva fossem, antes de mais nada, cristãos provenientes do judaísmo, bons conhecedores quer de grego, quer da cultura hebraica, em especial das cerimônias do culto mosaico. O principal propósito da carta é mostrar a superioridade do cristianismo relativamente à Antiga Aliança, mas nem o estilo nem a intenção são polêmicos.

O escrito mostra que a nova Lei é a perfeição, o cumprimento e a superação da Lei antiga; para tanto, centra-se na superioridade do sacerdócio e do sacrifício de Cristo em comparação com os dos levitas. É este o fundamento doutrinal que sustenta a exortação à perseverança na fé que o autor dirige aos destinatários e que constitui o outro motivo primordial da carta.

Como data de composição, há quem sugira a década de 60, ou seja, o período anterior à destruição de Jerusalém pelos exércitos romanos de Vespasiano e de Tito, que ocorreu no ano de 70; com efeito, a queda da cidade não é referida em nenhuma passagem, e há várias que sugerem que o Templo e o culto mosaico continuam em vigor[7]. Foram muitos os autores que apontaram para o ano de 67 como data de redação da carta, mas não se

7 Cf. Hb 8, 4; 9, 7.13.25; 10, 1-2; 13, 11.

pode descartar uma data mais avançada ainda no século I, embora sempre anterior à da *Primeira Carta de Clemente* (90-100), que a cita.

Tendo em consideração as palavras de 13, 24, «os irmãos da Itália saúdam-vos», há quem considere que o local de composição foi Roma; todavia, esta expressão também pode ser entendida como a saudação de um grupo de cristãos provenientes dessa cidade que residiam no local de onde a carta é remetida – que poderia ser a Palestina ou Alexandria.

III. ENSINAMENTOS

A doutrina da carta é fundamentalmente cristológica; com efeito, a consideração da figura de Cristo – Deus e homem, sumo sacerdote da nova Lei – é como que o eixo em torno do qual gira todo o documento, o foco que aglutina as diversas seções e que imprime ao conjunto sua extraordinária unidade.

Cristologia

O autor sagrado expõe, antes de mais nada, a redenção universal operada por Cristo mediador por meio do sacrifício da cruz e do derramamento do seu sangue.

Cristo é, simultaneamente, a vítima perfeita que expia todos os pecados dos homens e o verdadeiro sumo sacerdote, que oferece a Deus Pai o culto agradável, verdadeiro e eterno. Trata-se, em última análise, de uma ideia de base da teologia paulina. Porém, antes de abordar o tema da redenção e do sacerdócio, a carta enuncia nos versículos iniciais, de forma breve mas solene, a pré-existência eterna do Verbo, a sua atividade criadora e a sua igualdade com o Pai[8]; são palavras que recordam alguns aspectos da revelação do Verbo expostos por São João no prólogo do seu Evangelho.

Em consonância com o tema geral da carta, que é a salvação operada por Cristo, verdadeiro Deus e verdadeiro homem, a atenção do autor sagrado centra-se no sacerdócio de Nosso Senhor, pelo qual não só é constituído superior aos anjos, ao legislador da Lei antiga e ao sacerdócio levítico, como se torna capaz de redimir de forma superabundante o gênero humano; assim, a redenção operada por Cristo é uma solução universal para uma necessidade universal.

O sacrifício de Cristo, que não consiste – ao contrário do que acontece no Antigo Testamento – no derramamento ritual do sangue de animais, é irrepetível e produziu os seus efeitos salvadores de uma vez por todas; dada a sua eficácia infinita, não pode, pois, ser repetido: a intercessão de Cristo sacerdote a favor dos homens é eficaz, definitiva e permanente. A tarefa do homem redimido

8 Cf. Hb 1, 1-3.

consiste em aplicar a si próprio, com fé, os frutos provenientes do sacrifício do Senhor e em crescer na caridade que salva.

Jesus Cristo exprime o seu ser e a sua atividade sacerdotal tanto no rebaixamento como na exaltação: ambos os momentos foram necessários para realizar a tarefa sacerdotal e redentora. O rebaixamento e a humilhação de Cristo dão-nos a conhecer a sua obediência absoluta à vontade do Pai, a força das tentações por que passou e que perturbaram a sua natureza humana, bem como as dores impressionantes que sofreu na carne mortal que quis assumir[9].

As considerações do autor sagrado, cheias de emoção e de *pathos*, convergem na afirmação que constitui o núcleo da carta: «temos um pontífice tal, que está sentado nos céus à direita do trono da Majestade»[10]; esta verdade, que ocupa o centro do dogma cristão, constitui ao mesmo tempo – como se torna patente na missiva – uma estimulante exortação à esperança. Além de apresentar a figura e a obra de Jesus Cristo do ponto de vista do seu sacerdócio eterno, desenvolvendo portanto as implicações de títulos como «sacerdote» e «mediador», a carta aplica a Jesus quatro títulos principais, que exprimem aspectos do ser de Cristo: «Filho», «Messias», «Jesus» e «Senhor»; usa ainda designações como «santificador», «herdeiro», «mediador», «pastor» e «Apóstolo», sendo a ocorrência

---

9 Cf. Hb 5, 7.

10 Hb 8, 1.

desta última a única em todo o Novo Testamento. Deste modo, o autor sagrado chama a atenção para o significado sempre atual da existência de Cristo como sacerdote e como mediador definitivo para todos e cada um dos cristãos: Ele é ontem, hoje e para sempre[11].

Judaísmo e cristianismo

A carta mostra, sem qualquer intenção polêmica, que a superioridade objetiva do cristianismo sobre o judaísmo é o fato decisivo da história salvífica; a argumentação não aponta para uma desqualificação religiosa do judaísmo, limitando-se a atribuir-lhe um lugar preparatório no plano divino da salvação. A ideia central deste escrito é a de que a Lei mosaica é impotente para salvar o homem caído em Adão; neste sentido, fica estabelecida a caducidade religiosa da antiga Lei, abolida por Cristo e substituída pela Lei evangélica. Estamos diante de outro princípio básico do pensamento paulino.

A superioridade do Novo Testamento em relação ao Antigo não afeta, contudo, a unidade entre ambos – uma unidade que a carta exprime essencialmente por meio da utilização de figuras ou tipos do Antigo Testamento. Com efeito, todas as figuras da Antiga Aliança se orientam

11 Cf. Hb 13, 8.

para Cristo e esperam nEle; Moisés e Melquisedec são, respectivamente, tipos do Messias e do sacerdote da nova Lei. O cristianismo constitui, portanto, o culminar do judaísmo, de tal modo que, isolada do Evangelho, a religião mosaica se torna ininteligível.

Fé e revelação

A *Carta aos Hebreus* é uma «palavra de exortação»[12] à perseverança na fé. Embora sejam muitas as passagens em que trata esta virtude, Hb 11, 1 apresenta uma definição concisa, mas rica de fé – definição que se tornou clássica nos comentários dos Padres e dos doutores da Igreja: a fé é como que uma disposição para a fidelidade às promessas de Deus. Ora, o conteúdo dessas promessas era o próprio Jesus Cristo e os bens que Ele alcançaria para os homens mediante seu sacrifício redentor. Com efeito, a fé está ancorada em Jesus, «autor e consumador da fé»[13]: Ele próprio é a causa da nossa fé, e é nEle que cremos antes de mais nada; partindo da fé em Jesus, chegaremos à contemplação do seu rosto na pátria definitiva. Daqui nasce a estreita vinculação da fé à esperança, pois a fé em Cristo é o ponto de apoio

12 Hb 13, 22.

13 Hb 12, 2

da esperança cristã. Cristo penetrou nos Céus, abrindo assim caminho a todos os homens; por isso, vale a pena sofrer, vale a pena resistir às tribulações[14].

Contudo, a fé em Cristo é fé na revelação, uma vez que Cristo é a máxima revelação do Pai: Deus mostrou-nos o seu próprio Filho, a Palavra perfeita do Pai que falou aos homens[15]. Desta forma, a fé em Cristo não exige apenas fé na sua pessoa, mas também fé nos seus preceitos e ensinamentos. Daí que as numerosas exortações de caráter moral, entrelaçadas com as de caráter dogmático, sejam consequências da fé no Filho de Deus e naquilo que Ele nos revelou.

Escatologia

O tema da escatologia percorre todo este escrito, fornecendo uma chave interpretativa para compreender bem as relações entre o provisório e o definitivo, representadas, respectivamente, pelo judaísmo e o cristianismo. O judaísmo foi uma preparação para o cristianismo, e o cristianismo é a perfeição e o acabamento da religião de Moisés. Ao mesmo tempo, o cristianismo tem duas dimensões: já está realizado aqui na terra, mas encontrará a sua realização perfeita no Céu. A terra prometida de Abraão era indubitavelmente a Palestina, mas também

14 Cf. Hb 10, 19ss.

15 Cf. Hb 1, 1-2; Concílio Vaticano II, *Dei Verbum*, 4.

muito mais do que isso – era a graça de Cristo, que é penhor da glória futura; a terra prometida, na qual todos estamos chamados a entrar, é pois o Céu. Neste sentido, o êxodo, no decurso do qual Moisés conduziu o povo à posse da terra prometida, é uma figura da vida cristã, na qual Jesus, novo Moisés, conduzirá o povo à posse da pátria definitiva. Por isso, a exortação «Se ouvirdes hoje a sua voz, não endureçais os vossos corações»[16], dirigida aos seguidores Moisés, tem vários sentidos: por um lado, convida-os a fazerem um ato de fé parecido com o de Abraão, ou seja, a gozarem, pela fé, do descanso da graça; mas também os convida à fidelidade até o último instante da vida, para depois entrarem no descanso do Céu. Esta tensão, orientada para as realidades do outro mundo, está presente ao longo de toda a carta e é um modo de apresentar a vida do cristão como um caminho, com base na salvação que já foi realizada mas ainda não foi consumada, até o reino da cidade futura, cujo construtor é Deus[17] e cuja cabeça é Jesus.

A epístola também refere com frequência a segunda vinda de Cristo (ou Parúsia), agora como juiz dos vivos e dos mortos[18]; anuncia o juízo futuro[19]; e menciona a renovação final do mundo[20].

---

16 Hb 3, 7-8; 4, 7.

17 Cf. Hb 11, 10; 12, 8.

18 Cf. Hb 10, 25.

19 Cf. Hb 10, 27; At 24, 25.

20 Cf. Hb 12, 26-28.

A vida temporal dos cristãos

A existência cristã no mundo é concebida e ensinada como uma peregrinação em direção à pátria celeste, quando se entra no repouso de Deus. Fiel a esta perspectiva da vocação cristã, a missiva acentua com frequência as virtudes da fé e da esperança, que são próprias do homem que caminha. O percurso em direção à pátria, no qual não faltarão dificuldades nem obstáculos, é feito com Cristo como guia; trata-se, na verdade, de uma teologia do êxodo, mas segundo a perspectiva cristã ou neotestamentária: os cristãos realizam um novo êxodo, que lhes permite sair do judaísmo e do pecado, e fazem-no com segurança e com a total garantia de que chegarão à verdadeira terra prometida[21].

21 Cf. Hb 4, 11; 9, 11; 11, 8-10; 13, 13.

CARTA AOS HEBREUS

A grandeza do Filho de Deus encarnado

1 [1] Deus, tendo falado outrora muitas vezes e de muitos
modos a nossos pais pelos profetas, [2] nestes dias, que
são os últimos, falou-nos por meio de seu Filho, a quem
constituiu herdeiro de tudo, por quem criou o mundo,
[3] o qual, sendo o resplendor da sua glória e a figura da
sua substância, sustentando tudo com a sua poderosa pa-
lavra, depois de ter feito a purificação dos pecados está
sentado à direita da Majestade nas alturas, [4] feito tanto
mais superior aos anjos quanto o nome que herdou é
mais excelente que o deles.

PRIMEIRA PARTE
A EXCELÊNCIA DA RELIGIÃO REVELADA POR CRISTO

I. SUPERIORIDADE DE CRISTO EM RELAÇÃO AOS ANJOS

Afirmações da Sagrada Escritura

[5] Com efeito, a qual dos anjos disse jamais:

Tu és meu filho;
eu te gerei hoje?

E outra vez:

Eu serei para ele um pai,
e ele será para mim um filho?

6 E novamente, quando introduz o seu Primogênito
no mundo, diz:

Todos os anjos de Deus o adorem.

7 Acerca dos anjos diz:

Ele faz dos seus anjos sopros de vento,
e dos seus ministros chamas ardentes.

8 Mas ao Filho diz:

O teu trono, ó Deus, subsistirá pelos séculos dos séculos;
é um cetro de equidade o cetro do teu Reino.
9 *Amaste a justiça e aborreceste a iniquidade;*
por isso Deus, o teu Deus, te ungiu com óleo de alegria,
de preferência aos teus companheiros.

10 E noutro lugar:

Tu, Senhor, no princípio fundaste a terra,
e os céus são obra das tuas mãos.

11 *Eles perecerão, mas tu permanecerás;*
e todos envelhecerão como um vestido;
12 *tu os enrolarás como uma capa,*
e eles, como uma veste, serão mudados;
tu, porém, és sempre o mesmo,
e os teus anos não terão fim.

13 E a qual dos anjos disse alguma vez:

Senta-te à minha direita,
até que eu ponha os teus inimigos
por escabelo dos teus pés?

14 Porventura não são todos espíritos destinados a servir, enviados para exercer o seu ministério a favor daqueles que hão de receber a herança da salvação?

Necessidade de manter a fé

2 1 Portanto, é necessário guardar mais cuidadosamente as coisas que temos ouvido para não andarmos sem
rumo. 2 Porque, se a palavra anunciada pelos anjos ficou
firme e toda a prevaricação e desobediência recebeu a justa retribuição que merecia, 3 como escaparemos nós se
desprezarmos tão grande salvação, a qual, tendo começado a ser anunciada pelo Senhor, foi depois confirmada

entre nós pelos que a ouviram, 4 comprovando Deus o
seu testemunho por meio de sinais, maravilhas, toda espécie de milagres e dons do Espírito Santo, distribuídos segundo a sua vontade?

Jesus, irmão dos homens, foi coroado de glória e honra acima dos anjos

5 Com efeito, não foi aos anjos que Deus submeteu o
mundo futuro de que falamos. 6 Ora, alguém deu teste-
munho, em certo lugar, dizendo:

Que é o homem para que te lembres dele,
ou o filho do homem para que o visites?
7 *Tu o fizeste por pouco inferior aos anjos,*
e o coroaste de glória e de honra.
8 *Tu puseste todas as coisas sob seus pés.*

Ora, sujeitando-lhe todas as coisas, nada deixou que
lhe não ficasse sujeito. E, contudo, nós agora não vemos
ainda que lhe esteja sujeito tudo. 9 Mas aquele Jesus, que
por um pouco de tempo foi feito inferior aos anjos, nós
o vemos, pela paixão da morte, coroado de glória e de
honra, para que, pela graça de Deus, sofresse a morte
por todos.

[10] De fato, convinha que aquele para quem e por
quem são todas as coisas, querendo levar muitos filhos à
glória, aperfeiçoasse pelos sofrimentos o autor da salva-
ção deles. [11] Porque o santificador e os santificados vêm
todos de um só. Por essa causa, não se envergonha de lhes
chamar irmãos, dizendo:

[12] *Anunciarei o teu nome aos meus irmãos;*
louvar-te-ei no meio da assembleia.

[13] E outra vez:

Eu confiarei nele.

E de novo:

Eis-me aqui, eu e os filhos que Deus me deu.

[14] Por isso, visto que os filhos participaram da carne
e do sangue, ele também participou das mesmas coisas,
a fim de destruir pela morte aquele que tinha o império
da morte, isto é, o demônio, [15] e para livrar aqueles
que, pelo temor da morte, estavam em escravidão toda
a vida. [16] Realmente, em nenhum lugar ele vem em
auxílio dos anjos, mas vem em auxílio da descendência
de Abraão. [17] Daí vem que ele teve de ser em tudo se-
melhante a seus irmãos, a fim de ser diante de Deus um

pontífice misericordioso e fiel para expiar os pecados
do povo. 18 Precisamente porque ele mesmo sofreu e foi
tentado é que pode socorrer aqueles que são tentados.

II. SUPERIORIDADE DE CRISTO EM RELAÇÃO A MOISÉS

Comparação entre o mistério de Moisés e o de Cristo

3 1 Pelo que, irmãos santos que sois participantes da
vocação celestial, considerai o Apóstolo e Pontífice
da fé que professamos, Jesus, 2 o qual é fiel ao que o
constituiu, assim como também Moisés o era em toda a
casa dele. 3 Contudo, Ele é considerado digno de tanta
maior glória do que Moisés, quanto o que edificou a
casa tem maior honra que a mesma casa. 4 Efetivamente,
toda a casa é edificada por alguém, mas o que construiu
todas as coisas é Deus. 5 Moisés na verdade era fiel em
toda a casa de Deus como um servo, para testificar aque-
las coisas que se deviam anunciar; 6 porém Cristo foi fiel
como um filho posto à frente da sua casa, a qual casa
somos nós, se conservarmos firmes a confiança e a alegre
altivez da esperança.

Necessidade da fé: o mau exemplo da rebeldia do povo eleito

7 Pelo que, como diz o Espírito Santo:

Se ouvirdes hoje a sua voz,
8 *não endureçais os vossos corações,*
como sucedeu no lugar da revolta,
no dia da tentação no deserto,
9 *em que vossos pais me provocaram,*
me experimentaram e viram as minhas obras
10 *durante quarenta anos.*
Por isso indignei-me contra esta geração
e disse: «Estes erram sempre com o coração.
Não conheceram os meus caminhos»,
11 *por isso jurei-lhes na minha ira:*
«Não entrarão no meu descanso».

12 Vede, irmãos, que não haja em algum de vós um
coração mau e incrédulo que o aparte do Deus vivo,
13 mas exortai-vos uns aos outros todos os dias, durante
o tempo que se chama «hoje», para que nenhum de vós
se endureça, seduzido pelo pecado. 14 Em realidade, nós
somos participantes de Cristo, mas contanto que con-
servemos inviolavelmente até o fim a nossa firmeza dos
primeiros dias, 15 enquanto se nos diz:

Se hoje ouvirdes a sua voz,
não endureçais os vossos corações,
como sucedeu no lugar da rebelião.

16 Quais foram os que, depois de terem ouvido a sua
voz, se revoltaram? Não foram todos aqueles que tinham
saído do Egito sob a direção de Moisés? 17 E contra quem
esteve Deus indignado durante quarenta anos? Porven-
tura não foi contra aqueles que pecaram, cujos cadáveres
ficaram estendidos no deserto? 18 E quem são aqueles a
quem jurou que não entrariam no seu descanso, senão os
que foram incrédulos? 19 E, de fato, nós vemos que eles
não puderam lá entrar por causa da sua incredulidade.

Por meio da fé, podemos alcançar o descanso prometido por Deus

4 1 Temamos pois que, desprezando a promessa de en-
trar no seu descanso, haja algum dentre vós que dele
seja excluído. 2 Da mesma forma que eles, também nós
recebemos a boa-nova; porém, a palavra que eles ouvi-
ram não lhes aproveitou, por não ser acompanhada da
fé por parte daqueles que a tinham ouvido. 3 Porém nós,
que cremos, entraremos no descanso, segundo disse:

Como jurei na minha ira:
«Não entrarão no meu descanso»,

ainda que já estivessem concluídas as suas obras desde
a criação do mundo. 4 Com efeito, em certo lugar falou
assim do sétimo dia:

E Deus descansou no sétimo dia de todas as suas obras.

5 E outra vez:

Não entrarão no meu descanso.

6 Como, pois, alguns entram nele, e aqueles a quem
primeiro foi anunciada a boa-nova não entraram por
causa da sua incredulidade, 7 fixa de novo um certo dia,
hoje, dizendo por meio de Davi muito tempo depois o
que acima foi citado:

Hoje, se ouvirdes a sua voz,
não endureçais os vossos corações.

8 De fato, se Josué lhes tivesse dado o descanso, Deus
não teria falado, depois disso, de um outro dia. 9 Res-
ta, portanto, um repouso sabático para o povo de Deus.
10 Realmente, aquele que entrou no descanso de Deus
também repousa das suas obras, como Deus das dele.
11 Apressemo-nos, pois, a entrar naquele descanso para que
ninguém caia, dando tal exemplo de desobediência.

O poder da palavra divina

12 Porque a palavra de Deus é viva, eficaz e mais pe-
netrante do que toda espada de dois gumes; chega até à
separação da alma e do espírito, das junturas e das me-
dulas, e discerne os pensamentos e intenções do coração.
13 Não há nenhuma criatura invisível na sua presença,
mas todas as coisas estão a nu e a descoberto aos olhos
daquele de quem falamos.

III. CRISTO, SUMO SACERDOTE, É SUPERIOR AOS SACERDOTES DA LEI MOSAICA

Nossa confiança se apoia no sacerdócio de Cristo

14 Tendo nós, pois, um grande pontífice que pene-
trou os céus – Jesus, Filho de Deus –, sejamos firmes na
profissão da nossa fé. 15 Não temos um pontífice que
não possa compadecer-se das nossas enfermidades, mas
que foi tentado em tudo à nossa semelhança, exceto no
pecado. 16 Aproximemo-nos, pois, confiadamente do
trono da graça, a fim de alcançar misericórdia e de en-
contrar graça para sermos socorridos em tempo opor-
tuno.

Cristo foi constituído Sumo Sacerdote por Deus Pai

5 1 Todo pontífice tomado dentre os homens é consti-
tuído a favor dos homens naquelas coisas que se re-
ferem a Deus para que ofereça dons e sacrifícios pelos
pecados, 2 o qual se possa condoer daqueles que ignoram
e erram porque também está cercado de enfermidade;
3 por isso deve oferecer sacrifícios pelos seus próprios pe-
cados como pelos do povo. 4 E nenhum se arroga essa
honra senão quem é chamado por Deus, como Aarão.
5 Por isso mesmo Cristo não se deu a si mesmo a gló-
ria de ser pontífice, mas recebeu-a daquele que lhe disse:

Tu és meu filho,
eu hoje te gerei.

6 Como também diz noutro lugar:

Tu és sacerdote eternamente,
segundo a ordem de Melquisedec.

7 Nos dias da sua vida mortal, oferecendo, com gran-
de brado e com lágrimas, preces e súplicas ao que o po-
dia salvar da morte, foi atendido pela sua piedade 8 e,
embora fosse Filho, aprendeu a obediência pelas coisas

que sofreu. 9 Consumado em perfeição, tornou-se a cau-
sa da salvação eterna para todos os que lhe obedecem,
10 sendo chamado por Deus pontífice *segundo a ordem de
Melquisedec.*

Necessidade de receber instrução

11 Sobre esse assunto tínhamos muitas coisas que di-
zer, e coisas difíceis de explicar, porque vos tornastes tar-
dos para compreender. 12 Com efeito, devendo vós ser já
mestres devido ao tempo, tendes ainda necessidade de
que novamente vos ensinem os primeiros rudimentos da
palavra de Deus; tornastes-vos tais que tendes necessi-
dade de leite, e não de alimento sólido. 13 Ora, quem
ainda necessita de leite é incapaz da doutrina da justiça,
porque é menino. 14 O alimento sólido, porém, é para os
perfeitos, para aqueles que pelo hábito têm os sentidos
exercitados para discernir o bem e o mal.

6 1 Contudo, deixando de discorrer sobre os primei-
ros rudimentos acerca de Cristo, elevemo-nos a coi-
sas mais perfeitas, sem voltar de novo aos pontos funda-
mentais do arrependimento das obras mortas e da fé em
Deus, 2 da doutrina sobre os batismos e da imposição
de mãos, da ressurreição dos mortos e do juízo eterno.
3 E isso faremos, se Deus o permitir.

O perigo da apostasia e a necessidade de perseverar

4 É impossível que os que foram uma vez ilumina-
dos, que tomaram gosto ao dom celestial e foram feitos
participantes do Espírito Santo, 5 que gostaram a boa
palavra de Deus e as maravilhas do mundo futuro, 6 e
que depois disso caíram, tornem a ser renovados pela
penitência, pois crucificam de novo o Filho de Deus
em si mesmos e o expõem à ignomínia. 7 De fato, a
terra que absorve a chuva, que cai muitas vezes sobre
ela, e produz erva proveitosa a quem a cultiva recebe a
bênção de Deus. 8 Porém, se *ela produz espinhos e abro-
lhos*, é reprovada e está perto *da maldição*; o seu fim é
a queima.

9 Porém de vós, ó caríssimos, esperamos melhores
coisas e mais vizinhas da salvação, embora assim fa-
lemos. 10 Deus não é injusto, para que se esqueça da
vossa obra e da caridade que mostrastes em seu nome,
vós que servistes aos santos e ainda os servis. 11 Deseja-
mos, porém, que cada um de vós mostre o mesmo zelo
até o fim para tornar completa a vossa esperança, 12 de
modo que não vos torneis tíbios, mas imiteis aqueles
que, mediante a fé e a perseverança, são herdeiros das
promessas.

As promessas feitas a Abraão foram confirmadas com um juramento e são imutáveis

13 Quando Deus fez a promessa a Abraão, não ten-
do ninguém maior por quem jurar, *jurou por si mesmo,*
14 dizendo: *Fica certo de que eu te abençoarei abundan-
temente e abundantemente te multiplicarei.* 15 E assim
Abraão, esperando pacientemente, obteve o cumprimen-
to da promessa. 16 Com efeito, os homens juram pelo
que há de maior que eles, e o juramento, servindo de
garantia, termina todas as contendas. 17 Pelo que, que-
rendo Deus mostrar com mais evidência aos herdeiros
da promessa a imutabilidade da sua resolução, interpôs
o juramento 18 para que, por essas duas coisas inabalá-
veis, nas quais é impossível que Deus minta, tenhamos
uma poderosíssima consolação, nós que pusemos o nosso
refúgio na firme adesão à esperança proposta, 19 a qual
temos como uma âncora segura e firme da alma, e que
penetra até além do véu, no interior do santuário 20 em
que Jesus, nosso precursor, entrou por nós, na qualidade
de pontífice *eterno segundo a ordem de Melquisedec.*

Jesus Cristo é sacerdote segundo a ordem de Melquisedec

7 1 Este *Melquisedec, rei de Salém, sacerdote do Deus
Altíssimo, saiu ao encontro de Abraão quando ele vol-
tava de destroçar os reis e o abençoou;* 2 a ele deu *Abraão o*

dízimo de todos os despojos. O seu nome primeiramente
se interpreta como «rei de justiça», e depois «*rei de Sa-
lém*», que quer dizer «rei de paz». 3 Sem pai nem mãe,
sem genealogia, sem princípio de dias, sem fim de vida,
tornado assim semelhante ao Filho do Deus, ele perma-
nece sacerdote para sempre.

O sacerdócio de Melquisedec é superior ao dos descendentes de Abraão

4 Ora, considerai quão grande devia ser ele, a quem
até o patriarca Abraão deu dízimos das melhores coisas.
5 Certamente, os que dentre os filhos de Levi recebem o
sacerdócio têm ordem, segundo a Lei, de recolher os dízi-
mos do povo, isto é, de seus irmãos, ainda que eles tenham
saído também do sangue de Abraão. 6 Mas este, cuja li-
nhagem não é contada entre eles, recebeu os dízimos de
Abraão e abençoou-o a ele, que tinha as promessas. 7 Ora,
sem dúvida alguma, o inferior é que recebe a bênção do
superior. 8 E aqui, evidentemente, são homens mortais
que recebem os dízimos; mas ali recebe-os um homem de
quem se afirma que vive. 9 E Levi, que recebe dízimos, ele
mesmo, por assim dizer, os pagou na pessoa de Abraão;
10 porque ainda estava ele em gérmen no seu antepassado
quando Melquisedec saiu ao encontro deste.

11 Portanto, se a perfeição tivesse podido ser reali-
zada pelo sacerdócio levítico, que necessidade havia de
que surgisse depois outro sacerdote, *segundo a ordem*

de Melquisedec e não *segundo a ordem de Aarão*? 12 Pois,
mudado o sacerdócio, é necessário que mude também a
Lei. 13 Ora, aquele de quem isso se diz pertence a outra
tribo, da qual ninguém serviu ao altar, 14 porque é no-
tório que nosso Senhor nasceu da tribo de Judá, tribo à
qual Moisés nunca atribuiu o sacerdócio. 15 E isso ain-
da é mais manifesto se se levanta outro sacerdote à se-
melhança de Melquisedec, 16 o qual não foi feito segundo
a lei de um mandamento carnal, mas segundo o poder de
uma vida imperecível. 17 Com efeito, declara:

Tu és sacerdote para sempre
segundo a ordem de Melquisedec.

18 Assim é abolido o mandamento precedente por
causa da sua fraqueza e inutilidade; 19 de fato, a Lei ne-
nhuma coisa levou à perfeição, mas foi introdutora de
melhor esperança, pela qual nos aproximamos de Deus.

Cristo é Sumo e Perfeito Sacerdote, e seu sacerdócio é eterno

20 E, como isso não foi feito sem juramento — por-
que, enquanto os outros foram feitos sacerdotes sem
juramento, 21 este o foi com juramento daquele que lhe
disse:

O Senhor jurou
e não se arrependerá:
Tu és sacerdote eternamente —,

22 Jesus tornou-se, por isso mesmo, o fiador de uma
aliança melhor. 23 Ademais, entre aqueles foram feitos sa-
cerdotes em grande número porque a morte não lhes per-
mitia durar; 24 mas este, porque permanece para sempre,
tem um sacerdócio que não passa. 25 Por isso pode salvar
perpetuamente os que por ele mesmo se aproximam de
Deus, vivendo sempre para interceder em seu favor.
26 Porque convinha que tivéssemos um tal pontífice,
santo, inocente, imaculado, segregado dos pecadores
e elevado acima dos céus, 27 que não tem necessidade,
como os outros sumos sacerdotes, de oferecer todos os
dias sacrifícios, primeiramente pelos seus pecados, depois
pelos do povo; fez isso uma só vez por todas, oferecendo-
-se a si mesmo. 28 Porquanto a Lei constituiu sumos sa-
cerdotes a homens sujeitos à fraqueza, mas a palavra do
juramento, que é posterior à Lei, constitui o Filho per-
feito eternamente.

IV. O SACRIFÍCIO DE CRISTO É SUPERIOR A TODOS OS SACRIFÍCIOS DA ANTIGA LEI

Cristo é Sumo Sacerdote de uma Nova Aliança que substitui a Antiga

8 1 O ponto capital de tudo o que acabamos de dizer é
este: temos um pontífice tal, que está sentado nos céus
à direita do trono da Majestade, 2 ministro do santuário e

do verdadeiro tabernáculo erigido pelo Senhor, e não pelo
homem. 3 Sendo todo pontífice constituído para oferecer
dons e vítimas, é necessário que também este tenha alguma coisa que oferecer.
4 Porque, se ele estivesse sobre a
terra, nem sacerdote seria, visto que os há aí que oferecem
dons segundo a Lei 5 e celebram um culto que é apenas
imagem e sombra das coisas celestiais, como foi dito por
Deus a Moisés quando teve de construir o tabernáculo:
Olha, faze todas as coisas conforme o modelo que te foi mostrado sobre o monte.
6 Mas ele recebeu um ministério tanto
mais elevado quanto melhor a aliança de que é mediador,
a qual foi estabelecida sobre melhores promessas.

7 De fato, se aquela primeira aliança tivesse sido sem
defeito, não se buscaria lugar para uma segunda. 8 Pois
que, repreendendo-os, diz:

Eis que virão dias, diz o Senhor,
em que eu contrairei com a casa de Israel
e com a casa de Judá uma nova aliança,
9 *diferente da aliança que fiz com os seus pais*
no dia em que os peguei pela mão
para os tirar da terra do Egito;
porém, visto que eles não perseveraram na minha aliança,
também me desinteressei deles, diz o Senhor.
10 *Mas esta é a aliança que estabelecerei*
com a casa de Israel
depois daqueles dias, diz o Senhor:
porei as minhas leis no seu espírito,
gravá-las-ei no seu coração

e serei o seu Deus,
e eles serão o meu povo.
11 *Ninguém ensinará mais a seu compatriota,*
ninguém a seu irmão, dizendo: «Conhece o Senhor!»
— porque todos eles me conhecerão,
desde o menor até o maior;
12 *pois perdoarei as suas iniquidades*
e não me lembrarei mais dos seus pecados.

13 Falando de aliança nova, Deus declarou antiquada a primeira. Ora, o que envelhece e se torna antiquado está prestes a perecer.

Descrição dos antigos ritos, figura dos novos

9 1 A primeira aliança teve também regulamentos re-
lativos ao culto e um santuário terrestre. 2 Foi cons-
truído um tabernáculo em cuja parte anterior, chamada
«O Santo», se encontravam o candeeiro, a mesa e os pães
da proposição. 3 Por detrás do segundo véu estava a parte
do tabernáculo chamada «O Santo dos Santos», 4 con-
tendo o altar de ouro para os perfumes e a arca da aliança
coberta de ouro por todos os lados, na qual havia uma
urna de ouro contendo o maná, a vara de Aarão, que ti-
nha florescido, e as tábuas da aliança; 5 sobre ela estavam
os querubins da glória, que cobriam com a sua sombra

o propiciatório. Todavia, não é aqui o lugar de falarmos
dessas coisas uma a uma.
6 Estando assim tudo disposto, os sacerdotes entram
sempre na primeira parte do tabernáculo para exercer
as funções sacerdotais; 7 na segunda só entra o pontífice
uma vez no ano, não sem sangue que ofereça pelas suas
faltas e pelas do povo, 8 significando com isso o Espírito
Santo que o caminho do santuário não está ainda aberto
enquanto subsiste o primeiro tabernáculo, 9 que é uma
figura do tempo presente, no qual se oferecem dons e
sacrifícios que não podem tornar perfeita a consciência
do sacrificante. 10 Tudo isso apenas se refere a alimentos
e bebidas, a diversas abluções e determinações carnais,
impostas somente até o tempo da reforma.

Cristo selou com seu sangue para sempre a Nova Aliança

11 Mas Cristo, vindo como pontífice dos bens futu-
ros, passando pelo meio de um tabernáculo mais exce-
lente e perfeito – não feito por mão de homem, isto é,
não desta criação, 12 e não com o sangue dos bodes ou
dos bezerros, mas com o seu próprio sangue –, entrou
uma só vez no santuário, conseguindo-nos uma reden-
ção eterna. 13 Com efeito, se o sangue dos bodes e dos
touros e a cinza de uma novilha, aspergindo os impuros,
santificam e lhes dão a pureza da carne, 14 quanto mais
o sangue de Cristo, que pelo Espírito eterno se ofereceu

a si mesmo sem mácula a Deus, purificará a nossa cons-
ciência das obras de morte para servir ao Deus vivo!

15 Por isso ele é mediador do novo testamento, a fim
de que, intervindo a sua morte para o perdão daquelas
prevaricações que havia sob o antigo, os chamados rece-
bam a herança eterna que lhes foi prometida. 16 De fato,
onde há um testamento, é necessário que intervenha a
morte do testador, 17 porque o testamento só produz seu
efeito em caso de morte, não tendo força enquanto vive
o testador. 18 Por isso nem mesmo o primeiro testamento
foi inaugurado sem sangue. 19 Efetivamente Moisés, ten-
do lido a todo o povo todos os preceitos da Lei, tomou o
sangue dos bezerros e dos bodes com água, com lã tinta
de escarlate e com hissopo, e aspergiu o mesmo livro,
assim como todo o povo, 20 dizendo: *Este é o sangue da
aliança que Deus contraiu convosco.* 21 Aspergiu igualmen-
te com sangue o tabernáculo e todos os vasos do ministé-
rio. 22 Quase todas as coisas, segundo a lei, se purificam
com sangue: sem efusão de sangue não há remissão.

23 Era, pois, necessário que as figuras das realidades
celestiais fossem assim purificadas, mas que as mesmas
realidades celestiais o fossem por meio de sacrifícios su-
periores. 24 Jesus não entrou num santuário feito por mão
de homem, figura do verdadeiro, mas entrou no mes-
mo céu para se apresentar agora diante de Deus por nós;
25 e não entrou para se oferecer muitas vezes a si mesmo,
como o pontífice entra uma vez por ano no santuário
com sangue alheio. 26 Doutra maneira, ser-lhe-ia neces-
sário padecer muitas vezes desde o princípio do mundo;

apareceu, porém, uma só vez, no fim dos séculos, para
destruir o pecado com o sacrifício de si mesmo. 27 E, as-
sim como está decretado que os homens morram uma só
vez e que, depois disso, se siga o juízo, 28 assim também
Cristo se ofereceu uma só vez para apagar os pecados de
muitos; a segunda vez aparecerá não por causa do peca-
do, mas para a salvação daqueles que o esperam.

Os sacrifícios antigos não podiam apagar o pecado

10 1 Efetivamente a Lei, tendo apenas a sombra
dos bens futuros e não a própria realidade, nun-
ca pode, com aquelas mesmas vítimas que se oferecem
incessantemente a cada ano, tornar perfeitos os que se
aproximam de Deus. 2 Doutra sorte, não teriam cessa-
do de as oferecer, porque os sacrificadores, uma vez pu-
rificados, não mais teriam tido consciência de pecado?
3 Mas nesses sacrifícios faz-se memória dos pecados todos
os anos, 4 porque é impossível que, com o sangue dos
touros e dos bodes, se tirem os pecados.

O sacrifício de Cristo, que se ofereceu a Si mesmo, possui valor infinito

5 Por isso, entrando no mundo, diz:

Não quiseste sacrifício nem oblação,
mas formaste-me um corpo;

[6] *os holocaustos e os sacrifícios pelo pecado*
não te agradaram.
[7] *Então eu disse:*
«Eis-me que venho, segundo está escrito de mim
no rolo do livro,
para fazer, ó Deus, a tua vontade.»

[8] Tendo dito antes: *Não quiseste, nem te são agradáveis,*
os sacrifícios, as oblações, os holocaustos, as vítimas pelo pe-
cado — coisas que se oferecem segundo a Lei —, [9] em
seguida declara: *Eis-me que venho para fazer a tua von-*
tade. Tira o primeiro estado de coisas para estabelecer o
segundo. [10] Por essa vontade somos santificados median-
te a oblação do corpo de Jesus Cristo, feita de uma vez
para sempre.

[11] E, enquanto todo sacerdote se apresenta cada dia a
exercer o seu ministério e a oferecer muitas vezes as mes-
mas hóstias que nunca podem tirar os pecados, [12] este, ao
contrário, tendo oferecido uma só hóstia pelos pecados,
está sentado para sempre à direita de Deus, [13] esperando,
de resto, que os seus inimigos sejam postos por escabelo
de seus pés. [14] Com uma só oblação, tornou perfeitos
para sempre os que foram santificados.

[15] O Espírito Santo no-lo testifica, porque, depois de
ter dito:

[16] *Esta é a aliança que farei com eles*
depois daqueles dias, diz o Senhor:

Porei as minhas leis nos seus corações,
escrevê-las-ei nos seus espíritos,

[17] acrescenta:

E jamais me lembrarei dos seus pecados
e das suas iniquidades.

[18] Ora, onde há remissão de pecados, não é necessária oblação pelo pecado.

SEGUNDA PARTE
A FÉ E A PERSEVERANÇA NA FÉ

V. EXORTAÇÃO À PERSEVERANÇA NA FÉ

Motivos para manter a fidelidade a Cristo

[19] Portanto, irmãos, tendo nós confiança de entrar no
santuário pelo sangue de Cristo, [20] pelo caminho novo
e vivo que nos abriu através do véu, isto é, através da
sua carne, [21] e tendo um pontífice que preside à casa de
Deus, [22] aproximemo-nos com um coração sincero, com

plenitude de fé, purificados os corações de todo mal de
que tivermos consciência e lavado o corpo com uma água
limpa. 23 Conservemos firme a profissão da nossa esperan-
ça, porque é fiel o que fez a promessa, 24 e sejamos solícitos
uns para com os outros, para nos estimularmos à caridade
e às boas obras, 25 não abandonando a nossa assembleia,
como é costume de alguns, mas animando-nos, e tanto
mais quanto mais virdes que se aproxima o dia.

26 Se pecamos voluntariamente depois de termos re-
cebido o conhecimento da verdade, não resta mais sacri-
fício pelos pecados, 27 mas uma expectativa terrível do
juízo e o ardor do fogo que há de devorar os rebeldes.
28 Se alguém violar a Lei de Moisés, *sob a deposição de
duas ou três testemunhas morre*, sem remissão alguma;
29 imaginai vós quanto maiores tormentos merecerá o
que tiver calcado aos pés o Filho de Deus, tiver consi-
derado como profano o sangue da aliança com que foi
santificado e tiver ultrajado o Espírito da graça!

30 Com efeito, sabemos quem é o que disse:

A mim pertence a vingança; darei a cada um o que merece.

E outra vez:

O Senhor julgará o seu povo.

31 É coisa horrenda cair nas mãos do Deus vivo.

[32] Lembrai-vos dos primeiros dias em que, depois
de terdes sido iluminados, sofrestes grande combate de
sofrimentos: [33] umas vezes, expostos publicamente aos
opróbrios e tribulações; outras, tomando parte nos sofri-
mentos daqueles que eram assim tratados. [34] Em realida-
de, compadecestes-vos dos sofrimentos dos encarcerados
e suportastes com alegria o esbulho dos vossos bens, sa-
bendo que tendes um patrimônio mais excelente e durá-
vel. [35] Não percais, pois, a vossa confiança, que tem uma
grande recompensa. [36] Precisais de perseverança para
que, fazendo a vontade de Deus, alcanceis a promessa.
[37] Porque, *ainda mais um pouquinho de tempo*,
e o que *há de vir virá, e não tardará.*

[38] *O meu justo viverá da fé;*
porém, se ele se afastar dela,
não agradará à minha alma.

[39] Nós, porém, não somos daqueles que se afastam
para sua perdição, mas daqueles que guardam a fé para
salvar a sua alma.

O exemplo dos Patriarcas

11 [1] Ora, a fé é o fundamento das coisas que se es-
peram e o argumento das que não se veem. [2] Foi
por a terem possuído que os antigos obtiveram um bom

testemunho. 3 Pela fé reconhecemos que o mundo foi
formado pela palavra de Deus, de sorte que o visível
foi feito pelo invisível.

4 Pela fé ofereceu Abel a Deus um sacrifício melhor
que o de Caim; por ela foi declarado justo, tendo Deus
aprovado os seus dons, e por ela fala ainda depois de
morto.

5 Pela fé foi arrebatado Enoque para que não visse
a morte, *e não foi encontrado, porque Deus o tinha arre-*
batado. Antes dessa trasladação, recebeu o testemunho
de *ter agradado a Deus*. 6 Sem fé é impossível agradar-
-lhe: de fato, é necessário que aquele que se aproxima
de Deus creia que ele existe e que é remunerador dos
que o buscam.

7 Foi pela fé que Noé, avisado por Deus de coisas que
ainda se não viam, com piedoso temor foi aparelhando
uma arca para salvar a sua família; pela fé condenou o
mundo e tornou-se herdeiro da justiça, que se obtém
pela fé.

8 Pela fé aquele que se chama Abraão obedeceu, par-
tindo para o lugar que havia de receber por herança, e
partiu sem saber para onde ia. 9 Pela fé estabeleceu-se
na terra prometida como em terra alheia, habitando em
tendas com Isaac e Jacó, herdeiros com ele da mesma
promessa; 10 porque esperava aquela cidade de sólidos
fundamentos, cujo arquiteto e construtor é Deus. 11 Pela
fé até a mesma Sara, estéril, recebeu a virtude de conce-
ber, apesar da sua idade avançada, porque creu que era
fiel aquele que lho tinha prometido. 12 Por isso, de um só

homem, e esse já amortecido pela velhice, saiu uma pos-
teridade tão numerosa *como as estrelas do céu e inumerável*
como as areias das praias.

13 Na fé morreram todos eles, sem terem ainda rece-
bido as coisas prometidas, mas vendo-as e saudando-as
de longe, e confessando serem estrangeiros e peregrinos
sobre a terra. 14 Em verdade, os que falam assim mostram
bem que buscam a sua pátria. 15 Por certo, se eles tives-
sem na mente aquela donde saíram, tinham na verdade
tempo de voltar para lá; 16 mas era uma pátria melhor –
isto é, a celeste – que eles desejavam. Por isso Deus não
se dedigna de se chamar seu Deus, porque lhes preparou
uma cidade.

17 Pela fé Abraão, posto à prova, ofereceu em sacrifício
Isaac, seu filho unigênito, aquele que tinha recebido as
promessas, 18 aquele a quem havia sido dito: É de Isaac
que sairá a tua descendência. 19 Todavia, considerava que
Deus é poderoso até para ressuscitar os mortos; por isso
o recuperou. E isso é para nós um símbolo.

20 Pela fé Isaac abençoou Jacó e Esaú em vista das coi-
sas futuras. 21 Pela fé Jacó, estando para morrer, abençoou
cada um dos filhos de José *e prostrou-se ante a extremidade*
do cetro dele. 22 Pela fé José, quando estava para morrer,
anunciou a saída dos filhos de Israel e fez disposições so-
bre os seus ossos.

23 Pela fé Moisés, depois de nascido, foi escondido
durante três meses, porque viram que era um menino
formoso, e não temeram o decreto do rei. 24 Pela fé Moi-
sés, depois de grande, negou ser filho da filha de Faraó,

25 escolhendo antes ser afligido com o povo de Deus que
gozar a delícia transitória do pecado, 26 considerando
maior riqueza o opróbrio do Cristo que os tesouros dos
egípcios, porque olhava para a recompensa. 27 Pela fé dei-
xou o Egito, não temendo a cólera do rei: permaneceu
firme, como se visse aquele que é invisível. 28 Pela fé cele-
brou a Páscoa e fez a aspersão do sangue, a fim de que o
exterminador não tocasse os primogênitos dos israelitas.
29 Pela fé passaram o Mar Vermelho como por terra fir-
me, enquanto os Egípcios, tentando a mesma passagem,
foram engolidos pelas águas.

30 Pela fé caíram os muros de Jericó com dar voltas ao
redor deles durante sete dias.

31 Pela fé Raab, a meretriz, não pereceu com os in-
crédulos, por haver acolhido com bondade os explora-
dores.

32 E que mais direi ainda? Faltar-me-ia o tempo, se eu
quisesse falar de Gedeão, de Barac, de Sansão, de Jefté,
de Davi, de Samuel e dos profetas, 33 os quais pela fé
conquistaram reinos, exerceram a justiça, alcançaram as
promessas, fecharam a boca de leões, 34 extinguiram a
violência do fogo, evitaram o fio da espada, convalesce-
ram de enfermidades, tornaram-se fortes na guerra, pu-
seram em fuga exércitos estrangeiros. 35 Mulheres houve,
até, que recobraram ressuscitados os seus mortos. Uns
foram torturados, não querendo o seu resgate para alcan-
çarem melhor ressurreição; 36 outros sofreram ludíbrios,
açoites e até cadeias e prisões; 37 foram apedrejados, fo-
ram torturados, foram serrados, foram passados ao fio da

espada, andaram errantes cobertos de peles de ovelhas e
de cabras, necessitados de tudo, oprimidos e maltratados:
38 eles, de quem o mundo não era digno, tiveram de an-
dar errando pelos desertos, pelos montes, pelas cavernas
e antros da terra.

39 E todos eles, conquanto houvessem recebido um
bom testemunho por causa da sua fé, não se beneficia-
ram da promessa, 40 tendo Deus disposto alguma coisa
melhor para nós, de forma que eles, sem nós, não obti-
vessem a perfeição.

VI. O EXEMPLO DE CRISTO E AS OBRIGAÇÕES DOS CRISTÃOS

O exemplo de Cristo

12 1 Por isso nós também, estando cercados por uma
tão grande nuvem de testemunhas, deixando
todo o peso que nos detém e o pecado que nos envolve,
corramos com paciência na carreira que nos é proposta,
2 pondo os olhos no autor e consumador da fé, Jesus, o
qual, tendo-lhe sido proposto gozo, sofreu a cruz sem
fazer caso da ignomínia, e está sentado à direita do trono
de Deus. 3 Considerai, pois, aquele que sofreu tal con-
tradição dos pecadores contra si, e não vos deixareis cair
no desânimo.

Perseverança nas tribulações

4 Ainda não resististes até o sangue combatendo con-
tra o pecado, 5 e estais esquecidos daquela exortação que
vos é dirigida como a filhos:

Meu filho, não desprezes o castigo do Senhor,
nem desanimes quando por ele és repreendido;
6 *porque o Senhor corrige aquele que ama*
e castiga todo aquele que reconhece como seu filho.

7 É para vossa emenda que sofreis provação. Deus trata-
-vos como filhos. E qual é o filho a quem seu pai não cor-
rige? 8 Se, porém, estais isentos do castigo, do qual todos
são participantes, então sois bastardos, e não verdadeiros
filhos. 9 Além disso, visto que nossos pais segundo a carne
nos castigavam e nós os respeitávamos, quanto mais não
devemos ser obedientes ao Pai dos espíritos para ter a vida?
10 E aqueles castigavam-nos por um período de poucos
dias, como bem lhes parecia; este, porém, castiga-nos para
nosso bem, para nos tornar participantes da sua santidade.
11 Na verdade, toda a correção no presente não parece um
motivo de gozo, mas de tristeza; porém, depois dará fru-
tos de paz e de justiça aos que por ela foram exercitados.
12 Por isso, *levantai as vossas mãos remissas e os vossos joelhos*
vacilantes; 13 *dirigi os* vossos *passos pelo caminho direito*,
para que aquilo que manqueja não se desvie; antes, po-
rém, seja sanado.

Busca da paz, da pureza e da piedade no culto

14 Buscai a paz com todos e a santidade, sem a qual
ninguém verá o Senhor. 15 Atendei a que ninguém falte
à graça de Deus, a que nenhuma raiz amarga, brotan-
do para fora, sirva de embaraço e por ela sejam muitos
contaminados. 16 Que não haja nenhum impudico ou
profanador como Esaú, o qual, por uma iguaria, vendeu
a sua primogenitura. 17 Sabei que, desejando ele ainda
depois herdar a bênção, foi rejeitado, porque não lhe foi
possível fazer com que mudasse de resolução, posto que
lho pedisse com lágrimas.

18 Em verdade, não vos aproximastes de uma monta-
nha palpável, nem de um fogo ardente, nem de nuvens
sombrias, nem de trevas, nem da tempestade, 19 nem do
som da trombeta, nem daquela voz tão retumbante que
os que a ouviram suplicaram que não se lhes falasse mais.
20 De fato, não podiam suportar esta intimação: *Se mes-
mo um animal tocar a montanha, será apedrejado.* 21 Era
tão terrível o que se via, que Moisés disse: *Eu estou ater-
rado e a tremer.*

22 Vós, porém, aproximastes-vos da montanha de
Sião, da cidade do Deus vivo, da Jerusalém celeste, da
multidão de muitos milhares de anjos, 23 da assembleia
dos primogênitos que estão inscritos nos céus, de Deus,
juiz de todos, dos espíritos dos justos perfeitos, 24 de Je-
sus, mediador da nova aliança, e do sangue purificador,
que fala melhor que o de Abel.

25 Vede, não recuseis ouvir aquele que fala. Porque, se
não escaparam aqueles que recusaram ouvir o que publi-
cava os seus oráculos sobre a terra, muito menos nós se
voltarmos as costas ao que nos fala do céu, 26 esse cuja voz
abalou então a terra, mas que agora faz uma promessa,
dizendo:

Ainda uma vez abalarei não só *a terra*,
mas também *o céu*.

27 Ora, quando diz: *Ainda uma vez*, declara que as
coisas abaladas passarão, por serem criaturas, para que
permaneçam as que são inabaláveis. 28 Portanto, receben-
do nós um reino inabalável, mostremo-nos reconhecidos
e prestemos a Deus um culto que lhe seja agradável, com
reverência e temor. 29 Em realidade, o nosso Deus é um
fogo devorador.

Deveres sociais: a caridade, a hospitalidade e a virtude no matrimônio

13 1 Permaneça entre vós a caridade fraterna. 2 Não
vos esqueçais da hospitalidade, porque por ela
alguns, sem o saberem, hospedaram anjos. 3 Lembrai-vos
dos que estão presos como se estivésseis presos juntamen-
te com eles, e também dos aflitos, lembrando-vos de que
também tendes um corpo. 4 Seja por todos honrado o

matrimônio e o leito conjugal sem mácula, porque Deus
julgará os impudicos e os adúlteros. 5 Sejam os vossos
costumes isentos de avareza, contentando-vos com o que
tendes, porque ele mesmo disse:

Não te deixarei nem te abandonarei,

6 de modo que digamos confiadamente:

O Senhor é o meu auxílio e não temerei;
que me poderá fazer o homem?

Deveres religiosos: a obediência aos pastores legítimos e a celebração do culto

7 Lembrai-vos dos vossos chefes, que vos anunciaram
a palavra de Deus, e, considerando o fim da sua vida,
imitai a sua fé. 8 Jesus Cristo é sempre o mesmo, ontem
e hoje; ele o será também por todos os séculos. 9 Não vos
deixeis levar por doutrinas várias e estranhas. É ótimo
fortificar o coração com a graça, e não com alimentos
que nada aproveitaram aos que usaram deles. 10 Nós
temos um altar de que os que servem ao tabernáculo não
têm faculdade de comer. 11 Os corpos daqueles animais,
cujo sangue é levado pelo pontífice ao santuário para

expiação do pecado, são queimados fora dos arraiais.
12 Pelo que também Jesus, para santificar o povo com o
seu sangue, padeceu fora da porta. 13 Saiamos, pois, a
ele fora dos arraiais levando o seu opróbrio, 14 porque
não temos aqui cidade permanente, mas vamos buscan-
do a futura. 15 Ofereçamos, pois, sempre a Deus, por
meio dele, um sacrifício de louvor, isto é, o fruto dos
lábios que confessam o seu nome. 16 Não esqueçais a
beneficência e a liberalidade, porque com tais vítimas se
torna Deus propício.

17 Obedecei aos vossos superiores e sede-lhes sujei-
tos – porque velam pelas vossas almas como quem há de
dar conta delas –, para que façam isso com alegria e não
gemendo, o que não vos seria vantajoso.

18 Orai por nós, pois temos confiança de ter boa cons-
ciência, desejando portar-nos bem em tudo. 19 Com mais
instância vos rogo que façais isso, para que eu vos seja
restituído mais depressa.

Despedida

20 O Deus da paz, que ressuscitou dentre os mortos
aquele que, pelo sangue da aliança eterna, se tornou o
grande Pastor das ovelhas, nosso Senhor Jesus, 21 vos tor-
ne aptos para todo bem para que façais a sua vontade,
operando ele em vós o que é agradável a seus olhos por
Jesus Cristo, a quem seja dada glória pelos séculos dos
séculos. Amém.

[22] Rogo-vos, pois, irmãos, que recebais bem esta pa-
lavra de exortação, porque pouco foi o que vos escrevi.
[23] Sabei que nosso irmão Timóteo foi posto em liberda-
de; com ele, se vier com presteza, irei ver-vos. [24] Saudai
todos os vossos chefes e todos os santos. Os irmãos da
Itália saúdam-vos. [25] A graça seja com todos vós.

NOTAS À *CARTA AOS HEBREUS*

1, 1-4. Tal como acontece no começo do *Evangelho de São João*, os quatro primeiros versículos desta carta constituem uma espécie de prólogo, no qual o autor anuncia o tema que será tratado, de diversos pontos de vista, ao longo do texto: a condição excelsa de Cristo, filho natural e eterno de Deus, mediador universal, sacerdote eterno, que, por causa do seu sacrifício, foi glorificado e Se sentou à direita do Pai, recebendo o nome que está acima de todos os nomes (cf. Fl 2, 6-11; Jo 1, 3.14); o nome que Ele herdou é, pois, o de «Filho», um nome que é superior ao dos anjos. Esta epístola é uma exortação a que o cristão fundamente toda a sua vida nessa fé em Cristo, o Filho de Deus.

Deus comunicou com os homens, já não por meio dos profetas, mas por meio de seu Filho (v. 2). As referências a Cristo são feitas com termos que recordam textos veterotestamentários acerca da sabedoria divina (v. 3; cf. Sb 7, 25-27). Com efeito, aquilo que no Antigo Testamento era descrito como um atributo de Deus revela-se agora como uma Pessoa divina, o Verbo Encarnado: Jesus é apresentado como a plenitude da revelação salvífica; e, sendo Ele a palavra única, perfeita e insuperável do Pai, já não é possível mais nenhuma revelação (cf. *Catecismo da Igreja Católica*, 65). São João da Cruz comenta estes versículos com palavras de grande beleza: «É como se dissesse: aquilo que, antigamente, Deus comunicou de muitos modos aos nossos pais nos profetas, isso mesmo no-lo comunicou no Filho de uma vez, nestes últimos dias. Deste modo, o Apóstolo dá a entender que Deus ficou como que mudo e não tem mais nada a dizer, porque o que dizia anteriormente em partes aos profetas, o comunicou totalmente nele» (*Subida do Monte Carmelo*, 2, 22, 4).

A liturgia da Igreja utiliza este texto na terceira missa do dia de Natal, juntamente com Is 52, 7-10 – o anúncio do mensageiro da paz – e o prólogo do quarto Evangelho (Jo 1, 1-18).

***1, 5-10, 18.** Ao longo deste escrito, os ensinamentos doutrinais e aparecem entrelaçados com os ensinamentos morais; contudo, os primeiros dez capítulos têm um caráter sobretudo doutrinal: o autor sagrado trata da superioridade de Cristo, por ser Filho de Deus, sobre os anjos (1, 5-2, 18) e sobre Moisés (3, 1-4, 13), bem como da superioridade do seu sacerdócio sobre a Lei antiga, quer do ponto de vista do próprio sacerdócio (4, 14-7, 28), quer do ponto de vista do sacrifício (8, 1-10, 18).

***1, 5-2, 18.** A superioridade de Cristo, o Filho de Deus, sobre os anjos dá início ao argumento (1, 5-14). Tendo em conta que a veneração dos anjos estava muito difundida no mundo judaico – onde eram considerados filhos de Deus e mediadores da Lei –, havia o perigo de Cristo ser considerado, pela sua natureza humana, inferior a estas criaturas; ora, a obediência que se Lhe deve é superior à que se deve aos anjos (2, 1-4) e o Filho, por ser homem, é nosso irmão e pode ser nosso mediador (2, 5-18).

1, 5-14. A riqueza cristológica destes versículos é enorme. Combinando citações do Antigo Testamento, a carta mostra que Jesus Cristo é o Messias Rei e o Filho de Deus, e que o é por natureza e não por adoção (v. 5); é a Ele que os anjos devem adoração, dado que são de uma natureza inferior à dele (vv. 6-7), uma vez que Ele tem direito às prerrogativas de Rei Messias, de ungido (vv. 8-9), e que o mundo foi criado por Ele (vv. 10-12). Pelo contrário, os anjos têm a função de servir e adorar a Deus (vv. 7-8.14). Por isso, comentando o v. 7, São Tomás de Aquino observa: «São chama de fogo na medida em que são ministros, porque o fogo é, entre todos os elementos, o mais ativo e o mais eficaz» (*Super Hebraeos, ad loc.*); por sua vez, Orígenes escreve: «Dizemos que os anjos sobem, para irem levar as orações dos homens aos lugares mais puros do mundo, que são os lugares celestes. [...] E descem daí para trazer a cada um, conforme os seus méritos, algum dos benefícios que Deus lhes ordenem que levem. [...] Foi pois a estes que, segundo o seu ofício, aprendemos a chamar anjos ou mensageiros» (*Contra Celsum*, 5, 4).

Os vv. 8-12 constituem um dos textos relevantes do Novo Testamento acerca da divindade de Cristo (cf. também Jo 1, 1; 20, 28; Rm 9, 5; Tt 2, 13; 2 Pd 1, 1). As palavras de Sl 45, 7-8 são tomadas como palavras de Deus Pai, dirigidas ao Filho; desta forma, chama-se expressamente Deus a Jesus, designação que, no Novo Testamento, é geralmente reservada à pessoa do Pai. Por outro lado, nos

vv. 10-12, aplicam-se a Cristo as palavras de Sl 102, 26-28, originalmente dirigidas a Deus criador; e o mesmo acontece no v. 6 em relação ao texto de Dt 32, 43.

A infinita superioridade de Cristo relativamente aos anjos assenta no mistério do seu ser Deus e homem. Os anjos são seres espirituais criados, que têm, no plano da salvação, uma missão subordinada; pelo contrário, «Cristo é o centro do mundo dos anjos. Estes pertencem-Lhe [...] porque foram criados por e para Ele (cf. Cl 1, 16). E pertencem-Lhe mais ainda porque Ele os fez mensageiros do seu plano salvador (cf. Hb 1, 14)» (*Catecismo da Igreja Católica*, 331; cf. notas a Mc 1, 13, no volume anterior, e a At 5, 17-33).

2, 1-4. Surge agora intercalada uma exortação que tem como fundamento a doutrina exposta: se Cristo é superior aos anjos, devemos maior obediência à sua doutrina que à «palavra anunciada pelos anjos» (v. 2), ou seja, à Lei que Deus entregou a Moisés no Sinai, que, de acordo com uma tradição judaica, foi dada por mediação dos anjos (cf. Gl 3, 19). Na antiga aliança, Deus conferiu solidez à sua palavra estabelecendo castigos justos para a infidelidade e a desobediência (cf. Nm 12, 1-9; 16, 1-35; 1 Sm 15, 9-23 etc.). Por isso, o leitor é exortado a estar prevenido contra as infidelidades à nova aliança estabelecida em Jesus Cristo, porque a palavra divina da salvação, por Ele promulgada, reveste-se de um valor incomparável; esta palavra é o maior bem que o homem pode receber, uma vez que, com ela, torna-se capaz de conhecer e glorificar a Deus e, ao mesmo tempo, de alcançar a sua própria felicidade, temporal e eterna.

«Confirmada entre nós pelos que a ouviram» (v. 3): estas palavras constituem uma alusão explícita à pregação dos Apóstolos, que confirma e transmite o anúncio da salvação iniciado pela pregação de Cristo (cf. 1 Cor 11, 23; 15, 3).

2, 5-18. Se, anteriormente (1, 5-14), falou-se da glória e da divindade de Cristo, agora fala-se da sua humanidade e da sua humilhação.

Os cristãos devem ser fiéis a Cristo porque Ele, para além de ser a causa e o começo da salvação, foi constituído senhor do universo: tudo Lhe foi submetido enquanto homem, incluindo «o mundo futuro» (v. 5) – uma expressão que era corrente entre os judeus para designar a época imediatamente posterior à vinda do Messias –, que, embora já tenha começado com a ressurreição e a glorificação de Jesus, só alcançará a plenitude com a sua segunda vinda (v. 8).

As palavras do Salmo 8, que canta a grandeza de Deus e a dignidade do homem, aplicam-se a Cristo, uma vez que Ele é a perfeição da humanidade, o homem perfeito, que, com a sua obediência e humildade, a sua Paixão e morte, foi feito inferior aos anjos, mas mereceu por isso ser coroado de glória e de honra (cf. Fl 2, 6-11; 1 Pd 2, 20-25). Deste modo, pelo seu sofrimento (v. 9), Cristo é o Senhor, e tudo, incluindo a própria morte (cf. 1 Cor 15, 22-28), Lhe foi submetido.

Esta passagem é um dos mais belos textos sobre a encarnação de todo o Novo Testamento. Para levar a cabo a salvação dos homens, Cristo tinha de possuir, tal como eles, uma natureza humana. Deus Pai levou à perfeição (v. 10) o seu Filho, na medida em que, tendo sido feito homem, e assim podendo sofrer e morrer, Ele tem uma capacidade absoluta para ser o representante dos seus irmãos, os homens (vv. 11-16): «Participou do alimento como nós e suportou o trabalho; conheceu a tristeza na sua alma e chorou, e sofreu a morte» (Teodoreto de Ciro, *Interpretatio ad Hebraeos, ad loc.*).

Sendo Deus e homem, Cristo é o único mediador entre Deus e os homens; exerce esta mediação como sumo sacerdote (v. 17) e atravessa, por amor, o abismo inultrapassável que separava a estirpe pecadora de Adão de Deus. O sacerdócio de Cristo consiste em oferecer uma expiação, um sacrifício de reparação e de pacificação pelos pecados dos homens, satisfazendo assim o Pai em nossa vez; ao mesmo tempo, os sofrimentos por que passou são para nós uma fonte de força e de exemplo ante a dor (v. 18): «Ao tomar sobre Si as nossas fraquezas, Cristo alcançou-nos uma fortaleza que vence a nossa debilidade natural. Submetendo-Se, na noite anterior à Paixão, a padecer aqueles temores, angústias e tristezas no horto de Getsêmani, mereceu para nós a coragem de resistir às ameaças dos que querem a nossa perversão e alcançou-nos a coragem de vencer o tédio que experimentamos na oração, na mortificação e noutros exercícios de piedade; e também a fortaleza para sofrer as adversidades com paz e alegria» (Santo Afonso Maria de Ligório, *Reflexões sobre a Paixão*, 9, 1).

***3, 1-4, 13.** Os judeus consideravam que Moisés era o verdadeiro fundador, libertador e legislador do povo eleito. Nestes dois capítulos, fica patente a incomparável superioridade de Cristo, o novo Moisés (cf. notas a Mt 2, 13, 18; 4, 1-11; 5, 17-48, no volume anterior), pois Cristo é o filho e Moisés o servo.

3, 1-6. Partindo da fidelidade à sua missão de que tanto Moisés como Jesus – e Jesus de modo eminente – deram provas, o autor sagrado fundamenta a superioridade de Cristo recorrendo à imagem da casa, umas vezes considerada como edifício, outras como família: o arquiteto é superior ao edifício e o filho, ao administrador; é nele que se fundamenta a nossa esperança (v. 6).

Os títulos de «Apóstolo» e «Pontífice» (v. 1) explicam a missão do Filho no mundo: Jesus é o mensageiro, o enviado de Deus aos homens e o representante dos homens diante de Deus (cf. Ml 2, 7). São Justino observa que Cristo «é chamado mensageiro e Apóstolo porque anuncia o que é preciso conhecer, e é enviado para nos dar a conhecer o que o Pai nos comunica. Foi o mesmo Senhor que o deu a entender ao afirmar: "Quem Me ouve, ouve Aquele que Me enviou"» (*Apologia*, 1, 63, 5). A vocação cristã, a que aqui se chama «vocação celestial» (v. 1), porque vem do Céu e tende para o Céu, é um chamamento pessoal de Deus ao seguimento de Jesus na Igreja.

3, 7-19. Perante o perigo de desânimo que espreitava os destinatários da carta, o autor sagrado exorta-os à fidelidade a Cristo com argumentos retirados da Escritura e relacionados com a vida de Moisés. Visto que Deus descansou no final da criação (cf. Gn 2, 2), o descanso foi estabelecido, no Antigo Testamento, como uma imitação do comportamento divino (cf. Ex 20, 10-11); por outro lado, o êxodo era considerado uma nova criação, no final da qual também houve um descanso, nomeadamente a entrada na terra prometida. O autor da carta dá uma orientação cristã a este episódio: o êxodo é a redenção operada por Cristo, que, qual novo Moisés, nos introduz no descanso eterno; donde a necessidade da fidelidade. Por isso, o autor recorre ao Salmo 95 – onde se alude a uma rebeldia dos israelitas no deserto, quando se queixaram da falta de água (cf. Ex 17, 1-7) – e exorta os destinatários da carta a imitar os que, nesse momento, foram fiéis e acreditaram na promessa de entrarem no «descanso» (v. 11) de Deus; deste modo, ensina que a palavra do Espírito Santo é permanente e continua viva «hoje» (v. 13). Por isso, o castigo do

Senhor pelas faltas de fé nele e em Moisés, pelas murmurações e desobediências do povo escolhido, converte-se num estímulo vivo e atual, não só para a perseverança dos leitores diretos da carta, mas também para a perseverança dos leitores de todos os tempos, pois o cristão também tem a possibilidade de, pela sua infidelidade, não alcançar a vida eterna. Se os apelos de Deus forem habitualmente ignorados, pode criar-se uma situação espiritual de resistência à graça cada vez mais grave, que acabe na perda da fé. Em geral, a incredulidade não é uma situação que surja de forma repentina, mas o culminar de um processo de desobediência interior; donde a necessidade de uma contínua correspondência à graça. Era essa a atitude dos primeiros cristãos, que preferiam morrer a afastar-se do Deus vivo (v. 12); escrevia um desses mártires, com orgulho santo: «Somos decapitados, somos crucificados, somos lançados às feras, na prisão e ao fogo, somos submetidos a todo o tipo de tormentos; mas está à vista de todos que não apostatamos da nossa fé. Pelo contrário, quanto maiores são os sofrimentos, mais se multiplicam os que abraçam a fé e a piedade pelo nome de Jesus» (São Justino, *Dialogus cum Tryphone*, 110, 4).

4, 1-11. Desenvolvendo o que afirmou em 3, 18-19, o autor reitera a exortação à fidelidade. Agora, a comparação entre Moisés e Jesus é ampliada aos israelitas e aos cristãos. Moisés tinha-se dirigido ao povo eleito, exortando-o a ser fiel para alcançar o lugar de descanso (cf. Dt 5, 12-15; Ex 20, 8-11; 35, 1-3; Nm 15, 32-36), em memória do descanso de Deus depois da criação; este era um sinal da aliança e uma figura do descanso eterno (v. 4). Mas o povo de Israel não tinha alcançado esse descanso, nem sequer ao entrar, sob a chefia de Josué, na terra prometida (v. 8): faltou-lhe a fé (v. 2) e a obediência (v. 6). Por essa razão, a promessa continua em aberto, como canta o Salmo 95, escrito depois da entrada na terra prometida: o «hoje» continua em aberto. E, como Cristo prometeu um descanso novo e definitivo – a vida na casa do Pai (cf. Jo 14, 1-3) –, os cristãos receberam um novo convite de Deus para entrarem no repouso divino (v. 3). Começa assim outro «hoje», outro momento em que se pode conquistar a verdadeira terra prometida, como prêmio da fé: «este será realmente o grande sábado, que não terá ocaso, o sábado encarecido pelo Senhor nas primeiras obras da sua criação [...]. Aí, em quietude, veremos que Ele é Deus e, estando já reparados por Ele e consumados por uma graça mais abundante, repousaremos eternamente vendo que Ele é Deus, e seremos cheios dele, quando Ele for tudo em todas as coisas» (Santo Agostinho, *De civitate Dei*, 22, 30). A perda deste repouso é a única coisa que o homem deve realmente temer.

4, 12-13. Para entrar no descanso, é preciso aceitar a palavra de Deus. É possível que, nestes versículos, «palavra» refira a totalidade da revelação, que se manifesta de modo pleno e perfeito em Jesus Cristo, fundamento da vida da Igreja: «É tão grande a força e a virtude da palavra de Deus que ela se torna o apoio vigoroso da Igreja, solidez da fé para os filhos da Igreja, alimento da alma, fonte pura e perene de vida espiritual» (Concílio Vaticano II, *Dei Verbum*, 21).

Diz a epístola que a palavra é viva e eficaz; e tem elementos que inspiram no homem temor e reverência, impedindo-o de se comportar com ligeireza perante ela. A intimidade mais profunda da pessoa – os seus pensamentos, as suas disposições, as suas intenções últimas – ficará a descoberto perante os olhos perscrutadores de Deus. Comentando esta passagem, observa Balduíno da Cantuária: «"É eficaz e mais afiada que uma espada de dois gumes" para os que nela creem e a amam; com efeito, nada há que seja impossível para quem crê ou difícil para quem ama. Quando soa, esta palavra penetra no coração do crente, quais setas aguçadas de arqueiro, e penetra tão profundamente, que atravessa o mais recôndito do espírito; é por isso que se diz que é mais cortante que uma espada de dois gumes, mais incisiva que todo o poder e força, mais sutil que qualquer agudeza humana, mais penetrante que toda a sabedoria e todas as palavras dos doutos» (*Tractatus*, 6).

***4, 14-7, 28.** Tem agora início aquele que é propriamente o tema central da carta, o sacerdócio de Cristo. O texto vai mostrar a superioridade deste sobre o sacerdócio levítico.

4, 14-16. O cristão deve depositar a sua confiança no novo sumo sacerdote, Cristo, que penetrou nos Céus, e na sua misericórdia, porque Ele compadece-Se das debilidades dos homens: «Os que tinham acreditado sofriam naquela altura uma grande tempestade de tentações; por isso, o Apóstolo consola-os, fazendo-lhes ver que o nosso Sumo Pontífice não só conhece, enquanto Deus, a debilidade da nossa natureza, como também, enquanto homem, experimentou os nossos sofrimentos, apesar de estar isento do pecado. Por conhecer bem a nossa debilidade, pode conceder-nos o auxílio de que necessitamos; e, quando tiver de nos julgar, ditará a sua sentença tendo em consideração tal debilidade» (Teodoreto de Ciro, *Interpretatio ad Hebraeos, ad loc.*). A reação à bondade do Senhor há de ser a manutenção da nossa profissão de fé.

A impecabilidade de Cristo, afirmada na Sagrada Escritura (cf. Jo 8, 46; Rm 8, 3; 2 Cor 5, 21; 1 Pd 1, 19; 2, 21-24), é uma consequência lógica da sua condição divina e da sua integridade e santidade humanas. Ao mesmo tempo, a debilidade de Cristo, que foi «tentado em tudo» (v. 15), voluntariamente assumida por amor aos homens, fundamenta a nossa confiança de que obteremos dele forças para resistir ao pecado: «Que segurança nos deve produzir a comiseração do Senhor! *Clamará por mim e eu o ouvirei, porque sou misericordioso* (Ex 22, 26). É um convite, uma promessa que não deixará de cumprir. *Aproximemo-nos, pois, confiadamente do trono da graça, a fim de alcançarmos misericórdia e o auxílio da graça no tempo oportuno* (Hb 4, 16). Os inimigos da nossa santificação nada conseguirão, porque essa misericórdia de Deus nos protege por antecipado; e se por nossa culpa e fraqueza caímos, o Senhor nos socorre e nos levanta» (São Josemaria Escrivá, *É Cristo que passa*, 7).

5, 1-10. Cristo é sumo sacerdote, o sumo sacerdote que pode efetivamente libertar-nos do pecado; mais ainda, Cristo é o único sacerdote perfeito, uma vez que os restantes – os das religiões naturais e os da religião hebraica – não passam de prefigurações de Cristo. Jesus é o verdadeiro sacerdote, porque foi escolhido por Deus (vv. 5-6; cf. Ex 6, 20; 7, 1-2; 28, 1-5 etc.), tal como Aarão; não o foi, porém, segundo a ordem do sacerdócio levítico, ao qual pertenceu Aarão, mas segundo uma ordem superior a esta, a ordem de Melquisedeque (cf. 5, 11-14; 7, 1-28). O termo «ordem» deve ser entendido, nesta passagem, no sentido que os romanos davam aos diferentes níveis no exército, ou às corporações ou corpos civilmente constituídos; esta palavra era utilizada sobretudo para referir o corpo dos governantes, uso que passou para a Igreja na expressão «sacramento da ordem».

As palavras do v. 1 constituem uma definição, breve e precisa, do que é o sacerdote: «O ofício próprio do sacerdote é ser mediador entre Deus e o povo, na medida em que, por um lado, entrega ao povo as coisas divinas, daí lhe vindo o nome de "sacerdote", ou seja, "o que dá as coisas sagradas"; [...] por outro lado, oferece a Deus as orações do povo, e satisfaz a Deus pelos pecados desse mesmo povo» (São Tomás de Aquino, *Summa theologiae*, 3, 22, 1).

O autor ensina que Cristo exerceu o seu sacerdócio especialmente na Paixão (vv. 7-10). Enquanto sumo sacerdote, intercedeu pelos homens com a sua oração – o texto utiliza expressões que recordam a agonia do Senhor em Getsêmani (cf. Mt 26, 39 e par.) – e ofereceu-Se a Si mesmo em sacrifício redentor, morrendo na cruz em obediência perfeita à vontade do Pai. Por isso, não há qualquer contradição entre o fato de ter sido escutado (v. 7) e o fato de ter sofrido (v. 8), uma vez que Jesus não pediu a Deus Pai que O livrasse da morte, mas que se fizesse a vontade do Pai (cf. Mc 14, 36); essa obediência foi de tal maneira grata ao Pai que, com a sua morte, Jesus venceu a morte, tornou-Se perfeito, e é uma fonte de salvação eterna (v. 9). Comentando a sétima petição do Pai-nosso, o *Catecismo da Igreja Católica* cita o v. 8 e acrescenta: «Com quanto mais razão nós, criaturas e pecadores, que nele nos tornamos filhos de adoção [devemos experimentar a obediência]! Pedimos ao nosso Pai que una a nossa vontade à do seu Filho, para que se cumpra a vontade dele, o seu plano de salvação para a vida do mundo. Somos radicalmente impotentes para tal, mas, unidos a Jesus e com o poder do seu Espírito Santo, podemos entregar-Lhe a nossa vontade e decidir escolher o que o seu Filho sempre escolheu: fazer o que é do agrado do Pai (cf. Jo 8, 29» (2825).

A Igreja lê os vv. 5.7-9 na liturgia da Sexta-Feira Santa, antes da descrição da Paixão.

5, 11-6, 3. Para preparar o desenvolvimento da doutrina anunciada (cf. 5, 1-10), o texto enuncia nova exortação. Apresentando-se como mestre e pai espiritual dos leitores, o autor da carta recomenda-lhes que voltem a estudar, tal como as crianças, os rudimentos da fé, pois ainda não estão em condições de se adentrar na «doutrina da justiça» (v. 13), ou seja, no mistério da justificação (cf. Rm 6, 16; 9, 30). Trata-se de um convite a chegar espiritualmente à idade adulta, uma vez que o cristão deve alcançar a sabedoria e a maturidade do varão perfeito, segundo a idade da perfeição de Cristo (cf. Ef 4, 13; 1 Cor 14, 20; Cl 1, 28).

Em 6, 1-3, o leitor encontra um resumo das verdades que tinham de ser explicadas e aceites antes do batismo; era um conjunto de verdades elementares, a partir das quais terá de ir crescendo o conhecimento de Cristo. A «imposição das mãos» (v. 2) refere a efusão do Espírito Santo, que tem lugar, em especial, nos vários sacramentos (cf. At 8, 17; 19, 6; 1 Tm 4, 14; 5, 22; 2 Tm 1, 6; Tg 5, 14 etc.). Para o cristão, esta passagem é um estímulo permanente ao conhecimento e ao estudo da doutrina que a Igreja ensina na sua catequese.

6, 4-12. A maturidade cristã (cf. 6, 1) exige responsabilidade. Os cristãos foram «iluminados», ou seja, receberam o batismo, «que é o princípio da regeneração espiritual, na qual o entendimento é iluminado pela fé» (São Tomás de Aquino, *Super Hebraeos, ad loc.*); significa isto que os cristãos foram bafejados com «o dom celeste», o próprio Espírito Santo, que «é bom» (1 Pd 2, 3), e conheceram a suavidade da boa-nova e a força do reino de Deus, que culminará com a segunda vinda de Cristo. Daí que, se recusarmos voluntária e obstinadamente o Filho de Deus, não poderemos converter-nos (vv. 4-6); não é que não haja perdão para estes apóstatas, mas as suas disposições são tais, que rejeitam a misericórdia de Deus. Trata-se de uma lição que recorda os ensinamentos do Senhor sobre o pecado contra o Espírito Santo (ver a nota a Mt 12, 22-37, no volume anterior), e o que afirma a *Segunda Carta de Pedro* sobre a apostasia (cf. 2 Pd 2, 20-22); a parábola da terra boa e da terra estéril reforça a exortação (vv. 7-8). Não obstante, no meio desta dramática advertência, resplandece o convite à confiança em Deus (vv. 9-12); Deus não é injusto nem Se esquece dos seus, que, se perseverarem, serão premiados: «Por isso, deve-se colocar a vida eterna diante dos olhos dos que agem bem "até o fim" (Mt 10, 22) e esperam em Deus, pois essa é, a um tempo, uma graça prometida misericordiosamente aos filhos de Deus por meio de Jesus Cristo e também "uma espécie de recompensa", que se lhes deve justamente outorgar, segundo a promessa do próprio Deus, graças às suas boas obras e aos seus méritos (Santo Agostinho, *De gratia et libero arbitrio*, VIII, 20)» (Concílio de Trento, *De iustificatione*, cap. 16).

6, 6. Estas palavras são uma impressionante chamada de atenção para a circunstância de que não foram só os apóstatas, mas todos os pecadores, a causa da Paixão e da morte de Cristo; e, enquanto permanecerem obstinados, voltam a crucificá-lo e a escarnecer dele, porque desprezam os frutos da Paixão do Senhor: «A Igreja, no magistério da sua fé e no testemunho dos seus santos, nunca esqueceu que "os pecadores é que foram os autores, e como que os instrumentos, de todos os sofrimentos que o divino Redentor suportou" (*Catecismo Romano*, 1, 5, 11). [...] "Não foram os demônios que O pregaram na cruz, mas tu com eles O crucificaste, e ainda agora O crucificas quando te deleitas nos vícios e no pecado" (São Francisco de Assis, *Admonitia*, 5, 3)» (*Catecismo da Igreja Católica*, 598).

6, 13-20. Os cristãos podem confiar em Deus (cf. 6, 9-12), porque Ele é fiel às suas promessas; prova disso é a história de Abraão, a quem o Senhor fez um juramento, que é um sinal de validade e estabilidade, e que foi o fundamento da esperança israelita (vv. 15-18). «Por essas duas coisas inabaláveis» (v. 18) é uma expressão que refere a veracidade de Deus como autor e fiador do juramento. Por isso, a promessa e o juramento divino são uma espécie de âncora (v. 19), dando segurança em todas as circunstâncias. O cristão, que é o verdadeiro descendente de Abraão segundo a fé (cf. Rm 4, 12) e o destinatário da promessa (cf. Gl 3, 14.16.29), está, portanto, seguro de que Deus cumprirá o que prometeu. E tal esperança não pode faltar, porque tem como fundamento a perenidade do sacrifício e do sacerdócio de Cristo; se, no Antigo Testamento, o sumo sacerdote atravessava o véu do Templo para entrar, uma vez por ano – no dia da Expiação –, no santo dos santos (cf. v. 19), Cristo, com o sacrifício da cruz, penetrou no verdadeiro santuário do Céu e abriu a todos o acesso ao mesmo. O texto afirma que o cristão se refugia na «esperança proposta», que lhe foi oferecida. A esperança é, de certa forma, a posse das coisas prometidas; é, pois, uma espécie de «âncora segura e firme», «porque assim como a âncora lançada do barco não permite que este ande à deriva, embora seja sacudido por inúmeros ventos, mas o torna estável, o mesmo faz a esperança» (São João Crisóstomo, *In Hebraeos*, 11). A âncora, frequentemente desenhada e pintada na arte cristã desde os primeiros séculos, representa muito mais que uma segurança humana; exprime a fé do cristão, a sua certeza da ressurreição do Senhor e na sua própria ressurreição, e, portanto, a confiança que nasce da união íntima com Cristo.

7, 1-3. Na sequência de 6, 20, onde faz referência a Melquisedeque, o autor retoma, após a exortação, o tema principal (cf. 5, 1-10): a superioridade do sacerdócio de Cristo sobre o sacerdócio levítico, agora argumentando com base na superioridade do sacerdócio de Melquisedeque. O autor recorre a duas passagens do Antigo Testamento (Gn 14, 17-20 e Sl 110) que referem esse rei misterioso, sem genealogia nem limites temporais. Assim, Sl 110 afirma sobre Davi que possui um sacerdócio eterno (v. 3); trata-se de um sacerdócio eterno na medida em que Deus, que é fiel às suas promessas, lhe tinha prometido um trono firme para sempre (cf. 2 Sm 7, 16), o trono de Jerusalém, ao qual estava unida a dignidade sacerdotal, mas segundo a dignidade – a ordem – de Melquisedeque, sacerdote não levítico – sem genealogia – que tinha abençoado o pai do povo, Abraão (Gn 14, 17-20). Deste modo, Davi não recebeu o sacerdócio por via da descendência familiar, como os filhos de Aarão e de Levi, mas diretamente de Deus. E Melquisedeque aparece como figura de Cristo, enquanto rei messiânico e Filho de Deus, revestido de um sacerdócio superior ao levítico.

7, 4-19. O autor ratifica a supremacia de Melquisedeque sobre Abraão segundo a lei do dízimo e a bênção. Melquisedeque, que não era da descendência de Abraão (cf. v. 6), recebeu o dízimo deste (v. 9), e Abraão foi abençoado por Melquisedeque por ser «inferior» a ele (v. 7). A conclusão é clara: visto que Melquisedeque era superior a Abraão, e, portanto, aos levitas, descendentes de Abraão, e que o sacerdócio de Cristo pertence à ordem de Melquisedeque (cf. 5, 10), este sacerdócio é superior ao levítico.

A seguir (vv. 11-19), o texto insiste no fato de a superioridade de Cristo se manifestar em termos de perfeição, ou seja, de eficácia (no Antigo Testamento, a expressão grega utilizada para designar a consagração sacerdotal era «tornar perfeito»: Ex 29, 22; Lv 8, 22 etc.). Como o sacerdócio segundo a ordem de Levi não tinha capacidade para conseguir que a Lei mosaica, a Lei que esse sacerdócio servia, permitisse o acesso dos homens a Deus – ou seja, a justificação –, foi necessário instituir um novo sacerdócio que não fosse segundo a ordem de Aarão, ou seja, que não fosse vinculado à tribo de Levi e, portanto, segundo a lei humana (vv. 12-16), mas «segundo o poder de uma vida indestrutível» (v. 16), que o mesmo é dizer, pela graça da ressurreição. A missão da Lei era anunciar uma lei melhor – a de Cristo –, uma lei cheia de esperança, que abre as portas para a vida eterna (cf. v. 19).

7, 20-28. Por último, é demonstrada a superioridade do sacerdócio de Cristo quanto à sua eternidade e à sua unidade. Uma vez que Cristo tem o sacerdócio de Melquisedeque, de acordo com o juramento feito em Sl 110, 4, o seu sacerdócio é eterno, e portanto perpétuo e único. De fato, Cristo é o único verdadeiro e sumo sacerdote pois, enquanto houve muitos sumos sacerdotes levíticos, «porque a morte não lhes permitia durar» (v. 23), Cristo continua a interceder por nós para sempre (v. 25), razão pela qual é superior a todo o sacerdócio.

No final, o texto resume e completa o que ficou dito: a santidade de Cristo e o seu oferecimento de Si mesmo tornaram eficaz o seu sacrifício de uma vez para sempre (vv. 26-27); o juramento – a nova e definitiva palavra de Deus, que substituiu a antiga Lei – constituiu sumo sacerdote o Filho, que é «perfeito eternamente» (v. 28). Deste modo, podemos continuar a aproximar-nos dele para encontrar a salvação: «Por Cristo e no Espírito Santo, o cristão tem acesso à intimidade de Deus Pai e percorre o seu caminho em busca desse reino que não é deste mundo, mas que neste mundo se inicia e se prepara» (São Josemaria Escrivá, *É Cristo que passa*, 116).

O sacerdócio único de Cristo prolonga-se no sacerdócio ministerial cristão: «O sacrifício redentor de Cristo é único, realizado uma vez por todas; e, no entanto, é tornado presente no sacrifício eucarístico da Igreja. O mesmo se diga do sacerdócio único de Cristo, que é tornado presente pelo sacerdócio ministerial, sem diminuição da unicidade do sacerdócio de Cristo» (*Catecismo da Igreja Católica*, 1545).

***8, 1-10, 18.** Fica agora demonstrada a superioridade do sacerdócio de Cristo do ponto de vista do sacrifício, que é a função essencial e específica do sacerdote. Toda a antiga aliança – que prestava culto a Deus por meio de sacrifícios ou oferendas – encontra a sua perfeição em Cristo; a partir de Cristo, começa a nova aliança, que tem um novo sacrifício e um novo Templo.

8, 1-13. A partir da ideia de que Jesus é sumo sacerdote (v. 1; cf. 7, 1-28), o autor sagrado anuncia solenemente o «ponto principal» da epístola: a superioridade do sacerdócio de Cristo. Cristo realiza o seu ministério no Céu – «à direita do trono da Majestade» (v. 1) –, num novo santuário e numa nova tenda, que são verdadeiros (vv. 2-4), por oposição ao santuário e à tenda de Moisés (cf. Ex 25, 40), que eram apenas uma imagem. Por isso, também os sacerdotes levíticos, que servem numa tenda de «sombra» (v. 5), têm um ministério inferior ao de Cristo. Pelo contrário, este sumo sacerdote, que só é explicitamente nomeado em 9, 11, exerce uma mediação superior (v. 6), pois ofereceu na cruz um sacrifício que selou uma nova aliança. No Céu, Cristo apresenta continuamente ao Pai os frutos do seu sacrifício na cruz. Tal ação litúrgica celeste também se torna presente na liturgia terrena, em especial no sacrifício da Missa; neste, Jesus Cristo – o único sacerdote da nova Lei – sacrifica e oferece de modo incruento, por meio dos sacerdotes seus ministros, a mesma vítima, o seu corpo e o seu sangue, que foi imolada de forma cruenta e definitiva na cruz: «Pela Liturgia da terra participamos, saboreando-a já, na liturgia celeste celebrada na cidade santa de Jerusalém, para a qual nos dirigimos como peregrinos, e onde Cristo está sentado à direita de Deus, ministro do santuário e do verdadeiro tabernáculo» (Concílio Vaticano II, *Sacrosanctum Concilium*, 8).

As palavras de Jr 31, 31-34, que anunciavam uma nova aliança entre Deus e o seu povo, em consequência das contínuas infidelidades deste povo à aliança do Sinai, cumpriram-se na aliança estabelecida por Jesus; é nesta que Deus perdoa verdadeiramente as culpas e deixa de Se recordar dos pecados. A antiga aliança não era perfeita (v. 7), e por isso não podia proporcionar uma verdadeira intimidade com Deus (v. 10).

9, 1-10. Para falar da excelência da nova aliança, a que acaba de se referir (cf. 8, 13), o autor descreve o santuário da antiga aliança, a tenda onde o Senhor habitou enquanto o povo de Israel peregrinava pelo deserto, após a saída do Egito, e durante os primeiros tempos da sua estadia na terra prometida (cf. Ex 25, 1-26, 36); e alude (v. 7) ao culto que nele se praticava para expiação dos pecados: o sacrifício do grande dia da Expiação, o *Yom Kippur* (cf. Lv 16, 1-34; 23, 26-32; Nm 29, 7-11). Neste dia, que era celebrado de 10 para 11 do mês de Tishri (setembro-outubro), e que é atualmente, a par da Páscoa, do Pentecostes, da festa dos Tabernáculos e da solenidade do Ano Novo, uma das grandes festas do judaísmo, Israel reconciliava-se com o seu Deus mediante a purificação dos pecados que haviam sido cometidos durante o ano.

Fica assim estabelecido que o culto da antiga Lei era ineficaz, e que era imagem do novo culto, cujo centro é o sacrifício expiatório de Cristo, o único que tem o poder de santificar o homem, abrindo-lhe o caminho para o santuário, isto é, para Deus, e o único que tem o poder de «tornar perfeita a consciência do sacrificante» (v. 9). Um símbolo da ineficácia do culto antigo para alcançar a justificação era a existência de uma primeira tenda que impedia o acesso à segunda. A partir do momento em que deixa de existir o véu que lhe impede a passagem, o homem pode alcançar a união com Deus, a santidade, simbolizada na entrada no santo dos santos. Cristo, que rasgou o véu com a sua morte (cf. Mt 26, 51), é o caminho (cf. Jo 14, 6) e a porta (cf. Jo 10, 7) que permite a entrada no santuário celeste.

9, 11-28. Na Lei antiga, tanto o sacrifício expiatório como o ritual da aliança exigiam o derramamento de sangue. O autor sagrado explica que a mediação sacerdotal de Cristo é a única que pode alcançar o perdão dos pecados e o acesso dos homens a Deus, porque Ele derramou o seu próprio sangue para ratificar a nova aliança (vv. 11-14), abrindo-nos assim, com o seu corpo ressuscitado – a «tenda» (v. 11; cf. Jo 2, 19-22) –, as portas do Céu. «Espírito eterno» (v. 14) é uma expressão que tanto pode referir a divindade presente em Cristo como o Espírito Santo, que «agiu de um modo especial nesta autodoação absoluta do Filho do homem, para transformar o sofrimento em amor redentor» (São João Paulo II, *Dominum et vivificantem*, 40). Unindo-se ao sacrifício de Cristo, o cristão também pode fazer da sua vida um sacrifício para Deus: «Por Ele, que Se dignou fazer-Se sacrifício por nós, o nosso sacrifício pode ser agradável, na presença de Deus» (São Fulgêncio de Ruspe, *Epistulae*, 14, 36). O termo «testamento», constante dos vv. 15 e 17, traduz a palavra grega, *diatheke*, que significa literalmente «disposição», e que era o termo que as traduções do Antigo Testamento para o grego usavam para designar a aliança no Sinai. O autor da carta utiliza o termo nestes dois sentidos – como pacto e como disposição final (testamento) – para ensinar que a morte de Cristo na cruz foi um verdadeiro sacrifício de aliança, como o foi o do Sinai (vv. 18-22; cf. Ex 24, 3-8); e mostra que a morte de Cristo é a última disposição de Deus, que consiste em conceder aos homens a herança do Céu (vv. 23-28).

Em toda esta passagem, fica manifesto o poder redentor do sangue de Cristo, perante o qual é natural que os cristãos se comovam, como acontecia aos santos: «Tenhamos os olhos fixos no sangue de Cristo e compreendamos quão precioso é para seu Pai, porque, tendo sido derramado para nossa salvação, alcançou a graça do arrependimento para o mundo inteiro» (São Clemente Romano, *Ad Corinthios*, 7, 4). «Queres descobrir ainda por outro meio o valor deste sangue? Vê de onde brotou e qual é a sua fonte: começou a brotar da própria cruz e a sua fonte foi o lado do Senhor. [...] O soldado trespassou-Lhe o lado, abrindo uma brecha no muro do templo santo, e eu encontrei o tesouro escondido, e alegro-me com a riqueza que descobri» (São João Crisóstomo, *Catecheses ad illuminandos*, 3, 16). E Santa Catarina de Sena escreve ainda: «Encharca-te no sangue de Cristo crucificado; banha-te no seu sangue; sacia-te com o seu sangue; inebria-te com o seu sangue; veste-te com o seu sangue; dói-te de ti mesmo no seu sangue; alegra-te no seu sangue; cresce e fortalece-te no seu sangue; perde a debilidade e a cegueira no sangue do cordeiro imaculado; e, com a sua luz, corre como cavalheiro viril à procura da honra de Deus, do bem da Santa Igreja e da salvação das almas, no seu sangue» (*Cartas*, 333).

No v. 24, o autor volta a insistir (cf. 7, 25) em que Cristo exerce o seu sacerdócio do Céu «por nós»: «Jesus Cristo, tendo entrado, de uma vez por todas, no santuário dos céus, intercede incessantemente por nós, como mediador que nos garante permanentemente a efusão do Espírito Santo» (*Catecismo da Igreja Católica*, 667).

Os vv. 27-28 enunciam três verdades fundamentais da fé cristã acerca dos novíssimos: 1) o decreto imutável da morte «uma só vez» (ou seja, que não há reencarnação); 2) a existência de um juízo imediatamente após a morte; 3) a segunda e gloriosa vinda de Cristo: «A morte é o fim da peregrinação terrena do homem, do tempo de graça e misericórdia que Deus lhe oferece para realizar a sua vida terrena segundo o plano divino, e para decidir o seu destino último» (*Catecismo da Igreja Católica*, 1013).

A expressão «não por causa do pecado» (v. 28) pretende dizer que, na segunda vinda, Cristo já não terá de reparar o pecado nem de sofrer por ele como vítima.

10, 1-18. O autor sagrado conclui a comparação entre os sacrifícios do Antigo Testamento e o sacrifício de Cristo, pondo-os lado a lado do ponto de vista da sua eficácia (cf. 7, 27; 9, 9-10.12-14). Recorrendo a alguns textos do Antigo Testamento, mostra de que forma o sacrifício de Cristo é superior aos sacrifícios da antiga Lei: estes tinham de ser reiterados (cf. vv. 1-4) e não tinham o poder de apagar os pecados (v. 11); pelo contrário, o sacrifício de Cristo na cruz é único, perfeito e «para sempre» (vv. 12-14), de tal maneira que os que dele participam alcançam a perfeição, ou seja, o perdão dos pecados, a pureza de consciência e o acesso à união com Deus. Por outras palavras, a santidade deriva do sacrifício do calvário.

A eficácia do sacrifício de Cristo radica na obediência perfeita à vontade do Pai (cf. 5, 9); é esta a razão da encarnação, à qual se alude nos vv. 5-7, com uma citação do salmo 40 na versão grega. Por isso, a liturgia da Igreja recorda este texto (vv. 4-10) em vários momentos, nomeadamente na solenidade da anunciação do Senhor: «A *Carta aos Hebreus* faz-nos, por assim dizer, penetrar nos abismos insondáveis deste despojamento do Verbo, deste seu humilhar-Se por amor dos homens até a morte da cruz [...]. Para quê esta obediência, para quê este abaixamento e para quê este sofrimento? Responde-nos o credo: "*Propter nos homines et propter nostram salutem*, por nós, homens, e para a nossa salvação", Jesus desceu do Céu para fazer subir depois lá para cima, com pleno direito, o homem, e, tornando-o filho no Filho, restituí-lo à dignidade perdida com o pecado. [...] Acolhamo-lo. Digamos-Lhe também nós: Eis-me aqui, venho cumprir a tua vontade» (São João Paulo II, *Audiência geral*, 25.03.1981, 4-5).

Recorde-se que a Santa Missa é a renovação deste único sacrifício de Cristo, mas não constitui uma reiteração do mesmo, ao modo dos sacrifícios antigos: «O sacrifício de Cristo e o sacrifício da Eucaristia são *um único sacrifício*: "É uma só e mesma vítima e Aquele que agora Se oferece pelo ministério dos sacerdotes é o mesmo que outrora Se ofereceu a Si mesmo na cruz; só a maneira de oferecer é que é diferente" (Concílio de Trento, *Doctrina de Sanctae Missae Sacrificio*, cap. 2)» (*Catecismo da Igreja Católica*, 1367).

***10, 19-13, 25.** A partir daqui e até o final, a carta tem um caráter mais moral, predominando a exortação a uma fé viva e perseverante (10, 19-11, 40), que permite a aproximação a Cristo tanto nas provações e tribulações, como no comportamento regido pela caridade (12, 1-13, 19). Trata-se de um chamamento à correspondência, a permitir que a redenção operada por Cristo na cruz – da qual se falou nos capítulos anteriores – opere na alma.

***10, 19-11, 40.** O autor sagrado começa por exortar os seus leitores a beneficiarem do sacrifício de Cristo; em seguida, enuncia uma série de motivos e exemplos incomparáveis que devem animar o crente a perseverar na sua fé, a despeito das dificuldades.

10, 19-39. Os cristãos devem confiar na eficácia do sacrifício de Cristo (vv. 19-21). Ao dizer que a carne de Cristo é véu (v. 20), o texto recorda o véu do Templo, que separava o santo dos santos das outras áreas do santuário; e afirma que a humanidade de Cristo é simultaneamente «caminho», porque revela a sua divindade, e «véu», porque a oculta. A união com o sacerdócio de Cristo realiza-se pela fé, a esperança e a caridade (vv. 19-24), que é expressa exteriormente por via do bom exemplo e do culto público (v. 25); por isso, os cristãos devem conservar a fé que receberam e professaram no batismo, e a pureza que no mesmo batismo lhes foi concedida (vv. 26-31). A carta recorda o perigo e a gravidade da apostasia, que equivale a um ultraje ao Espírito Santo (cf. nota a 6, 4-12 e Mt 12, 22-37); o v. 31 conclui toda uma passagem que pretende inspirar horror ao pecado grave deliberado e exortar ao santo temor de Deus: «"*Timor Domini sanctus*" – Santo é o temor de Deus. – Temor que é veneração do filho por seu Pai; nunca temor servil, porque teu Pai-Deus não é um tirano» (São Josemaria Escrivá, *Caminho*, 435).

Recordando as perseguições de que os cristãos foram alvo (vv. 32-34), o autor sagrado renova a exortação à perseverança (vv. 35-39), instando os destinatários da missiva a que regressem, com o pensamento e a meditação, aos começos da sua vocação cristã, altura em que foram «iluminados» (v. 32), ou seja, em que receberam o batismo. Devem, pois, comportar-se como aqueles que competem e lutam em público, sem receio de ser motivo de espetáculo (cf. 1 Cor 4, 9), sem perder a «confiança» (v. 35; cf. 3, 6; 4, 16; 10, 19); esta palavra corresponde ao vocábulo grego *parresia*, que refere a liberdade e a franqueza confiante com que uma pessoa fala com os amigos do peito e com Deus. A exortação à perseverança tem por base duas citações da Sagrada Escritura: a primeira, seguindo o texto grego de Is 26, 20, recorda que Deus julgará os ímpios dentro em breve; a segunda, de Hab 2, 4, que também ocorre noutras cartas paulinas (cf. Rm 1, 17; Gl 3, 11), anuncia o advento da libertação do povo de Israel. Com efeito, o antigo vaticínio cumpriu-se em Cristo, que é «o que há de vir» (v. 37), ou seja, o que virá pela segunda vez;

o cristão deve, pois, manter-se nesta espera gozosa, com «perseverança» (v. 36; cf. 12, 1-13) e «fé» (v. 39; cf. 11, 1-40).

11, 1-22. A exortação à fé de 10, 39 dá lugar a um incendiado elogio à fé dos antepassados, pela qual «obtiveram um bom testemunho» (v. 2), ou seja, foram alvo do reconhecimento divino. O texto começa (v. 1) por definir a essência desta virtude: por meio da fé, o crente adquire uma certeza firme das promessas divinas e uma posse antecipada dos bens celestes; esta fé, que é necessária à salvação, inclui antes de mais a confissão da existência de Deus e da criação a partir do nada (v. 3).

«Por meio dela [da fé], fala ainda depois da morte» (v. 4): com estas palavras, o autor evoca a passagem do *Livro do Gênesis* na qual Deus declara a Caim que «a voz do sangue do teu irmão clama da terra até Mim» (Gn 4, 10); com efeito, Abel é testemunha, mártir de Deus, porque, com a sua fé, o seu sacrifício e a sua generosidade, confessa as grandezas divinas.

Com base em Gn 5, 21-24, a tradição judaica presumia que Enoque (v. 5) não tinha morrido, mas que, tal como Elias, se encontrava na presença de Deus, preparando o advento do Messias. O seu exemplo permite ao autor sagrado afirmar a absoluta necessidade da fé para a salvação (v. 6). A fé é o «começo da salvação do homem» (São Fulgêncio de Ruspe, *De fide ad Petrum*, 1), que se traduz na fé em Cristo: «Para obter a salvação, é necessário acreditar em Jesus Cristo e naquele que O enviou para nos salvar (cf. Mc 16, 16; Jo 3, 36; 6, 40 etc.). "Porque 'sem a fé é impossível agradar-Lhe [a Deus]' (Hb 11, 6) e chegar a partilhar a condição de filhos seus, ninguém jamais pode justificar-se sem ela e ninguém que não 'se mantiver firme até o fim' (Mt 10, 22; 24, 13) poderá alcançar a vida eterna" (Concílio Vaticano I, *Dei Filius*, cap. 3; cf. Concílio de Trento, *De iustificatione*, cap. 8)» (*Catecismo da Igreja Católica*, 161). Por isso, «embora Deus, por caminhos que só Ele sabe, possa conduzir à fé [...] os homens que ignoram o Evangelho sem culpa sua, incumbem à Igreja, apesar de tudo, a obrigação e o sagrado direito de evangelizar» (Concílio Vaticano II, *Ad gentes*, 7).

Noé «condenou o mundo» (v. 7), que significa dizer que, com o seu comportamento coerente, condenou a incredulidade dos seus contemporâneos: «Apresentou o mundo como merecedor de castigo porque o fato de terem presenciado aquela construção não levou os homens a emendarem-se e arrependerem-se» (São João Crisóstomo, *In Hebraeos*, 23, 1).

Entre todos os exemplos de fé, destaca-se o de Abraão (vv. 8-19), que é, no Antigo Testamento, o modelo por antonomásia da fé em Deus (cf. 6, 13ss; Gn 12, 1-4; Rm 4, 1ss; Gl 3, 6-9): «Obedecer (*ob-audire*) na fé é submeter-se livremente à palavra escutada, por a sua verdade ser garantida por Deus, que é a própria verdade. Desta obediência, o modelo que a Sagrada Escritura nos propõe é o de Abraão, e a sua realização mais perfeita é a da Virgem Maria» (*Catecismo da Igreja Católica*, 144).

11, 23-40. Depois dos patriarcas, Moisés era a figura mais venerada pelo povo hebraico, que via nele o seu fundador e o seu legislador (cf. 3, 1-5). O aspecto mais relevante dos ensinamentos desta passagem (vv. 23-29) é a dupla escolha a que a fé obriga: por um lado, a abandonar o pecado e a abraçar o sofrimento do povo de Deus (vv. 24-25); por outro, a desprezar «os tesouros dos egípcios», optando pelo «opróbrio do Cristo» (v. 26). Esta última expressão indica que os sofrimentos pelos quais o povo eleito passou no Egito prefiguram as dores do Messias. Perante esta realidade, o cristão deve aprender que nenhum bem humano é comparável à posse do Senhor por via da graça; nenhum sofrimento é excessivo para seguir o Mestre e se assemelhar a Ele.

Em seguida (vv. 30-40), evocando as proezas e os sofrimentos daqueles que venceram graças à sua fé, o autor sagrado refere os testemunhos de fé prestados pelos heróis, os juízes, os reis, os profetas e os mártires desde o tempo da conquista da terra prometida até o período dos macabeus, limitando-se a enunciar, sem preocupações de rigor cronológico, os juízes mais importantes, Gedeão, Barac, Sansão, Jefté, o mais glorioso dos reis, Davi, e o mais célebre dos profetas antigos, Samuel; finalmente, recorda, sem referir nomes, fatos importantes, reveladores de fé e de fidelidade.

A passagem conclui com a afirmação de que os justos do Antigo Testamento não alcançaram as promessas porque Deus tinha «disposto alguma coisa melhor» (v. 40): tiveram de esperar pela graça que brotaria do sacrifício de Cristo. Observa São João Crisóstomo que Deus é um Pai bondoso, que diz aos seus filhos bem-amados, depois de estes terem concluído os seus trabalhos, que só lhes dará de comer quando chegarem os irmãos:

«Pois se todos formamos um só corpo, este corpo recebe uma alegria maior quando todos são coroados ao mesmo tempo e não só uma parte» (*In Hebraeos*, 28).

***12, 1-13, 25.** Recordados os exemplos de fé e fidelidade dos justos do Antigo Testamento, retira-se a consequência moral: os cristãos não podem ser inferiores a eles.

12, 1-3. A «nuvem de testemunhas» (v. 1) e a referência a Cristo como «autor e consumador» (à letra: «aperfeiçoador») enlaçam com a passagem anterior (cf. 11, 4-38.40). O modelo e o fundamento da perseverança a que o texto fazia referência em 10, 36 é Cristo: Ele é o exemplo perfeito de obediência, de fidelidade à sua missão, de união ao Pai, de paciência no sofrimento. Cristo é apresentado como um atleta forte e generoso, que corre a sua corrida (cf. 1 Cor 9, 24; Fl 2, 16; 1 Tm 6, 12; 2 Tm 2, 5), que sabe iniciar e concluir o seu esforço, que não desfalece e que alcança a vitória; e os cristãos devem viver da mesma maneira. Parece que estamos a ouvir novamente as palavras de Fl 2, 5-9: «Tende entre vós os mesmos sentimentos que teve Jesus Cristo». O exemplo de Cristo estimula os cristãos a ignorar eventuais desprezos e recordar-lhes que não podem achar estranho que a vida lhes apresente, em vez de triunfo e alegria, humilhações e hostilidade (cf. Mt 10, 24-25; Jo 15, 20): «Que te ensina Cristo do alto da cruz, da qual não quis descer, a não ser que te enchas de coragem perante os que te insultam e sejas forte com a força de Deus?» (Santo Agostinho, *Enarrationes in Psalmos*, 70, 1).

12, 4-13. Seguindo o exemplo de Jesus – que deu a sua vida pelos nossos pecados, entregando-Se até a morte –, os cristãos devem lutar contra o pecado e ser perseverantes nas tribulações e perseguições, porque se estas ocorrem é porque Deus as permite, para seu bem. Deus é um Pai bondoso, que educa os filhos com ternura e firmeza, corrigindo-os através das contradições para os tornar santos (v. 10); assim, uma doença ou outro acontecimento que, aos olhos dos homens, é uma desgraça, pode ser o meio previsto por Deus para a pessoa expiar os seus pecados e se configurar mais com Cristo. Os sofrimentos são uma expressão do amor paterno de Deus, e simultaneamente uma prova da nossa condição de filhos (v. 8); convém-nos muito aceitá-los, porque nos fazem bem: «Deus é meu Pai, ainda que me envie sofrimento. Ama-me com ternura, mesmo que me fira. Jesus sofre, para cumprir a Vontade do Pai... E eu, que quero também cumprir a Santíssima Vontade de Deus, seguindo os passos do Mestre, poderei queixar-me se encontro por companheiro de caminho o sofrimento? Será esse um sinal certo da minha filiação, porque Deus me trata como ao seu Divino Filho» (São Josemaria Escrivá, *Via Sacra*, 1, 1).

12, 14-29. O texto exorta os leitores a levarem uma vida exemplar e fiel, que seja, por si mesma, um culto a Deus (cf. v. 28); para tal, recorre, por contraste, ao exemplo de Esaú (vv. 14-17), fazendo uma comparação entre duas cenas (vv. 18-24): o momento terrível do estabelecimento da aliança no Sinai (cf. Ex 19, 12-16; 20, 18), por um lado, e a visão maravilhosa da cidade celeste no monte Sião, morada dos anjos e dos bem-aventurados.

O ponto central do argumento tem como base o momento mais significativo do novo pacto (v. 24): o derramamento do sangue do Senhor, que sela a aliança e realiza a purificação universal (cf. Ex 24, 8; Hb 9, 12-14.20; 1 Pd 1, 2), um sangue que «fala melhor que o de Abel» (v. 24; cf. 11, 4), porque «este exigia vingança, enquanto o sangue de Cristo exige perdão» (São Tomás de Aquino, *Super Hebraeos, ad loc.*). «Pecadores, diz esta epístola, felizes de vós os que, depois de pecar, recorreis a Jesus crucificado, que derramou todo o seu sangue para Se colocar como mediador de paz entre Deus e os que pecam, e recebeis dele o vosso perdão! Se contra vós clamam as vossas iniquidades, a vosso favor clama o sangue do Redentor, e a divina justiça não pode deixar de Se aplacar à voz desse sangue» (Santo Afonso Maria de Ligório, *Prática de amor a Jesus Cristo*, 3).

A responsabilidade dos crentes é grande. Recorrendo a umas palavras do profeta Ageu (v. 26), o autor explica que, assim como a terra tremeu no Sinai quando Deus selou a aliança com Moisés, assim também o céu e a terra tremeram com a nova aliança (cf. Mt 27, 51-52); e, se a antiga aliança exigia obediência e temor (vv. 20-21), a grandeza da nova aliança exige uma maior união com o Senhor (v. 25) e uma vida na graça que seja um verdadeiro culto a Deus (v. 28).

13, 1-6. Esta passagem recolhe um conjunto de ensinamentos morais, que são uma consequência lógica do que ficou dito atrás (cf. 12, 28): o culto autêntico não pode ser separado de um comportamento moral adequado (cf. 13, 15-16); ser fiel a Cristo significa ser fiel à sua pessoa e à sua doutrina, àquilo que Ele ensinou.

O v. 2 alude a episódios da vida de Abraão e de Sara (cf. Gn 17), de Lot (cf. Gn 19), de Manoé (cf. Jz 13, 3-22) e de Tobias (cf. Tb 12, 1-20), que, pensando que acolhiam simples viajantes, hospedaram anjos.

Os vv. 3-4 exortam os leitores a viverem na caridade e na castidade, honrando e valorizando o matrimônio: «Quando a castidade conjugal acompanha o amor, a vida matrimonial torna-se expressão de uma conduta autêntica, marido e mulher compreendem-se e sentem-se unidos; quando o bem divino da sexualidade se perverte, destrói-se a intimidade, e marido e mulher já não se podem olhar nobremente nos olhos» (São Josemaria Escrivá, *É Cristo que passa*, 25).

Os vv. 5-6 ensinam os cristãos a não permitirem que o seu coração se deixe prender às riquezas e a não se preocuparem de forma desordenada com os bens materiais: o autor sagrado recorre a umas palavras de Moisés (cf. Dt 31, 6), ratificadas por Sl 118, 6, para recordar que foi o próprio Deus quem fez o homem, e que por isso não o deixará nem o abandonará: «Quando possuíres Cristo, serás rico e Ele te bastará. Ele será o teu guia e quem cuidará de ti fielmente em todas as coisas, para que não necessites de esperar nos homens. [...] Põe a tua confiança em Deus, e que Ele seja o teu temor e o teu amor. Ele por ti responderá e fará como for melhor» (Tomás de Kempis, *Imitação de Cristo*, 2, 1, 2-3).

13, 7-19. Estes versículos são uma exortação a que os destinatários sejam perseverantes na doutrina imutável que receberam (vv. 7-9.17); a eficácia da vida de cada um depende do «altar» da cruz, ou seja, do sacrifício de Cristo, que se renova na Eucaristia (v. 10). Os vv. 11-13 devem ser entendidos no contexto do cerimonial judaico do dia da Expiação (cf. 9, 1-10 e nota): tendo sido crucificado fora dos muros de Jerusalém – o que também significa que abandonou o culto judaico, considerando-o superado –, Jesus Cristo, cumpriu em Si mesmo a prefiguração das vítimas sacrificadas, que eram queimadas fora do acampamento; de fato, assim como o sacrifício dos novilhos e dos cabritos, imolados pelos pecados do povo, permitia ao sumo sacerdote entrar no santuário, assim também o sangue de Cristo nos abriu o caminho para o santuário do Céu. Quanto participam neste sacrifício, os cristãos têm a possibilidade de dar um sentido sobrenatural à sua vida (v. 14), exercendo um sacerdócio espiritual, mediante o sacrifício da oração e das boas obras (vv. 15-16). Finalmente, o autor pede obediência aos pastores e oração por si próprio (vv. 18-19).

Se a carta tiver sido escrita à igreja de Roma, como consideram alguns exegetas, o v. 7 poderá ser uma alusão a Pedro e a Paulo.

O v. 8 é uma profunda profissão de fé, que exprime o fundamento de toda a vida cristã. A doutrina de Cristo é imutável como Ele e acabará por transformar o mundo; em Cristo, as circunstâncias da vida humana – o trabalho, a vida familiar e social, os afetos e as dores – adquirem um sentido novo e definitivo: «A Igreja [...] acredita que Jesus Cristo, morto e ressuscitado por todos, oferece aos homens, pelo seu Espírito, luz e força para poderem corresponder à sua altíssima vocação; nem foi dado aos homens sob o céu outro nome no qual devam ser salvos. Acredita também que a chave, o centro e o fim de toda a história humana se encontram no seu Senhor e mestre. E afirma, além disso, que, subjacentes a todas as transformações, há muitas coisas que não mudam, cujo último fundamento é Cristo, o mesmo ontem, hoje, e para sempre» (Concílio Vaticano II, *Gaudium et spes*, 10). Donde a segurança e a firmeza de cada cristão: «Jesus é o caminho. Ele deixou sobre este mundo as pegadas límpidas dos seus passos, sinais indeléveis que nem o desgaste dos anos nem a perfídia do inimigo conseguiram apagar. *Iesus Christus heri et hodie; ipse et in saecula*. Quanto gosto de recordá-lo: Jesus Cristo, o mesmo que foi ontem para os Apóstolos e para as multidões que o procuravam, vive hoje para nós e viverá pelos séculos» (São Josemaria Escrivá, *Amigos de Deus*, 127).

13, 20-25. A carta termina de modo semelhante às cartas paulinas: com uma doxologia e umas palavras de despedida, que poderão ter sido acrescentadas à «palavra de exortação» (v. 22), que é o corpo do escrito; a expressão, que exprime o sentido de discurso ou tratado destinado a consolar e a exortar, poderá ser até uma alusão ao tipo de discursos que eram proferidos na sinagoga (cf. At 13, 15).

Jesus é chamado «grande Pastor» (v. 20; cf. 1 Pd 2, 25), o que significa que é superior a Moisés, que também era conhecido como pastor das ovelhas (cf. Is 63, 11); deste modo, volta a insinuar-se o paralelismo entre o êxodo e a antiga aliança, por um lado, e a entrada no Céu, por outro.

O v. 21 faz referência à doutrina sobre a necessidade e

a eficácia da graça de Deus, e a correspondência do homem a essa graça.

A expressão «irmãos da Itália» (v. 24) levou muitos padres e comentadores antigos a supor que esta carta teria sido escrita em Roma, mas a expressão também pode referir um grupo de cristãos originários de Itália que residissem noutra cidade.

Sobre os «santos» (cf. 3, 1), ver a nota a Rm 15, 22-33.

CARTAS

CARTAS CATÓLICAS

INTRODUÇÃO

Depois dos escritos atribuídos a São Paulo, o Novo Testamento apresenta um conjunto de sete cartas normalmente denominadas *cartas católicas*: a de Tiago, as duas de São Pedro, as três de São João e a de São Judas. São do mesmo gênero literário dos escritos de São Paulo, isto é, cartas pelas quais os destinatários são instruídos sobre a obra salvífica de Jesus Cristo. No seu conjunto, caracterizam-se por sua brevidade e seu caráter universal, na medida em que não se dirigem a comunidades ou pessoas específicas, exceto *3 João*. Por isso é que são chamadas de «católicas». Essas cartas nem sempre ocuparam o mesmo lugar ou a mesma ordem no cânon: os grandes códices antigos, exceto o Sinaítico, as colocam após o livro dos *Atos dos Apóstolos*, e esta é a ordem seguida pelo cânon da Igreja Oriental. Seu arranjo atual mostra que o ensinamento de Paulo é completado e corroborado pelo dos outros Apóstolos. Além disso, a breve carta de Judas, que contém algumas questões relacionadas com a apocalíptica judaica, naturalmente dá lugar ao *Apocalipse* de São João.

Já no final do século IV d.C., essas sete cartas que não pertenciam ao *corpus* paulino formaram um grupo sob o nome comum de *cartas católicas*[1]. Não está tão claro por

1 Cf. São Jerônimo, *De viris illustribus*, 2, 4.

que então foram chamadas assim. Clemente de Alexandria (século II-III) chamou de «epístola católica» a carta do Concílio de Jerusalém[2], por ter sido escrita por todos os Apóstolos[3]. Orígenes designava «católica» a *1 Pedro*[4]. Dionísio de Alexandria (+264), com este qualificativo, distinguia *1 João* das outras duas (*2-3 João*), já que não se dirigia a um destinatário concreto, mas a todos, sendo portanto «universal» (católica)[5]. Assim, parece que a palavra «católica», quando aplicada a uma carta, vinha entendida ora como «dirigida a todas as igrejas», ora como «aceita por todas as igrejas», ou seja, canônica. É possível que o termo indicasse, no princípio, o caráter de encíclica que tinha determinada carta; então, por extensão, passou a aplicar-se a outras que eram dirigidas a indivíduos (como *3 João*)[6], mantendo ao mesmo tempo a conotação de um escrito dotado de autoridade.

Cinco das sete cartas – *Tiago*, *2 Pedro*, *2 João, 3 João*, *Judas* – demoraram a ser unanimemente reconhecidas como canônicas. Por esse motivo, às vezes são chamadas de «deuterocanônicas». Eusebio, em seu famoso cânon, recolhe estas cinco cartas entre os escritos discutidos (*antilegômena*), reconhecendo que a maioria as admite como livros inspirados[7]. No Ocidente, a unanimidade foi

2 At 15, 23-29.

3 Clemente de Alexandria, *Stromata*, 4, 15.

4 Cf. Eusébio, *Historia ecclesiastica*, 6, 25, 8.

5 Cf. Eusébio, *Historia ecclesiastica*, 7, 25.7.

6 Cf. Santo Isidoro de Sevilha, *Etymologiae*, 6, 24.

7 Cf. Eusébio de Cesareia, *Historia ecclesiastica*, 3, 25, 3.

completa a partir do século IV, como confirma o Concílio Provincial de Hipona (ano 393) e os Concílios III e IV de Cartago (anos 397 e 419). A partir dessa época, as dúvidas também diminuíram na Igreja do Oriente e, desde o século VII, pode-se afirmar que toda a Igreja admite que são livros inspirados. No século XVI, os protestantes voltaram a levantar velhas dúvidas sobre a canonicidade de alguns deles. Por este motivo, no Concílio de Trento, a Igreja definiu solenemente o que a Tradição atesta: que devem ser recebidos «como sagrados e canônicos todos os livros integralmente, com todas as suas partes, tal como costumaram ser lidos na Igreja Católica e estão contidos na antiga edição latina da *Vulgata*»[8].

Cada carta tem um conteúdo e propósito diferentes, e quase não há partes comuns a serem encontradas. Santo Agostinho diz que elas pretendem refutar os erros que começaram a surgir[9]. Certamente, todas são uma amostra do ensinamento e da catequese que se davam nas primeiras comunidades cristãs. Costumam insistir, com tom pastoral, em instruções doutrinais e ensinamentos morais orientados a uma vida profundamente cristã.

8 Concílio de Trento, *De libris sacris*.

9 Cf. *De fide et operibus*, 14, 21.

CARTAS

CARTA DE SÃO TIAGO

INTRODUÇÃO

A *Carta de Tiago* encabeça o grupo das chamadas «cartas católicas». A exigência de coerência entre fé e conduta, bem como a necessidade de que as obras acompanhem a fé[1], complementando o ensinamento de São Paulo sobre a justificação, torna muito adequada a sua localização atual no cânon, logo a seguir do *corpus* paulino. Além disso, a relação de Tiago com Jerusalém e as comunidades cristãs da Palestina sugere alguma continuidade com a *Carta aos Hebreus*, que a precede imediatamente. Ao longo dos séculos, foi pouco comentada, provavelmente devido às dificuldades que teve em ser universalmente reconhecida como canônica e porque contém mais ensinamentos morais do que doutrinais.

O primeiro testemunho que dela chegou até nós é o de Orígenes (*ac.* 185-254), embora seja possível que anteriormente também tenha sido conhecida por Clemente Romano, pelo autor do *Pastor de Hermas* e por Clemente de Alexandria. No final do século IV d.C., já é aceita por praticamente todas as igrejas e aparece em todos os catálogos de livros inspirados. Lutero chamou-a de «carta de palha» em comparação com o verdadeiro ouro do Evangelho, porque pensou que ia contra a doutrina de São Paulo

1 Cf. Tg 2, 14-26.

da justificação pela fé. No entanto, a tradição protestante, posteriormente, a manteve no cânon bíblico. O Concílio de Trento confirmou-a como canônica e inspirada.

O pequeno número de comentários antigos e a complexidade da língua – um grego altamente culto, com clara origem semítica – explicam por que os estudiosos atuais continuam a fazer perguntas sobre o autor, a data de redação etc. Por outro lado, nas últimas décadas, esta carta suscitou grande interesse, uma vez que reflete fielmente a espontaneidade e a vivacidade na transmissão da mensagem cristã nas primeiras comunidades, e também porque é um claro expoente da unidade entre o Antigo e o Novo Testamento.

I. ESTRUTURA E CONTEÚDO

A carta não apresenta a estrutura de um tratado sistemático. A exemplo dos escritos sapienciais judaicos, tem uma ordem que poderíamos chamar de mais psicológica e pedagógica. Segundo ela, uma palavra sugere um tema diferente daquele que está sendo tratado, e usam-se termos com a mesma assonância, repetindo várias vezes – como em círculos concêntricos – a mesma ideia, inserindo-se breves máximas etc. Desta forma, o ouvinte ou leitor retém mais facilmente os ensinamentos. Embora seja quase impossível estabelecer-lhe uma estrutura clara, quatro seções podem ser distinguidas:

I. A PRIMEIRA (1, 1–2, 13) inclui um conjunto de instruções inter-relacionadas sobre o valor do sofrimento, sobre a necessidade de colocar em prática a palavra ouvida e evitar a acepção pessoas.

II. A SEGUNDA (2, 14-26) recolhe a ideia central de que a fé que não se traduz em obras é morta, citando o testemunho de conhecidas figuras bíblicas.

III. NA TERCEIRA (3, 1–5, 6), as aplicações práticas se multiplicam e entrelaçam. Exorta-se ao controle da língua, à busca da verdadeira sabedoria, a evitar a discórdia, a ser cauteloso contra o orgulho e o desejo de riquezas. Termina com uma severa advertência aos ricos.

IV. A QUARTA (5, 7-20) contém uma chamada a se manter fiel até a vinda do Senhor, com algumas instruções sobre o comportamento que os cristãos devem observar: hão de se apoiar na oração e se preocupar com a salvação de todos.

II. COMPOSIÇÃO

A partir da saudação epistolar – «Tiago, servo de Deus e do Senhor Jesus Cristo, às doze tribos da dispersão»[2] – e de outros dados internos que a carta nos oferece, só podemos deduzir que Tiago era uma pessoa que gozava de grande autoridade pastoral e doutrinal sobre alguns

---

2 Tg 1, 1.

cristãos que viviam fora da Palestina. A tradição reconheceu neste personagem a Tiago o «irmão» do Senhor e «bispo» de Jerusalém. Dele sabemos que era parente de Jesus Cristo, filho de Cléofas e Maria, uma das mulheres que acompanhavam a Virgem junto à Cruz, e irmão de José e de Judas[3]. Com São Pedro, recebeu a visita de São Paulo depois da conversão;[4] e, quando aquele partiu, ficou como cabeça da comunidade de Jerusalém[5]. Foi martirizado por volta do ano 62, por instigação do sumo sacerdote Ananias II[6]. Alguns Padres da Igreja o identificaram com Tiago de Alfeu, um dos Doze Apóstolos.

Pouco se sabe sobre as circunstâncias que motivaram este escrito além do que a própria carta indica. Parece que naquelas comunidades cristãs às quais se dirige (provavelmente constituídas por uma maioria de cristãos provenientes do judaísmo) foram surgindo alguns defeitos que ameaçavam o seu bom andamento. Quase todos os transtornos relatados referem-se ao comportamento de uns e outros: fofocas, invejas e brigas, maledicência[7] etc., e sobretudo aos desentendimentos entre pobres e ricos. Contra estes, ele escreve duramente[8], fazendo-os

3 Mc 15, 40; Mt 27, 56; Jo 19, 25; Jd 1.

4 Cf. Gl 1, 19.

5 Cf. At 12, 17; 15, 13; 21, 18ss; 1 Cor 15, 7.

6 Cf. Flávio Josefo, *Antiquitates iudaicae*, 20, 9.1; Eusébio de Cesareia, *Historia ecclesiastica*, 2, 23, 19-23.

7 Tg 5, 9; 3, 14-16; 4, 1-3.11s.

8 Cf. Tg 2, 1-13; 5, 1-6.

ver que não podem ignorar os mais deserdados e pensar apenas no seu próprio benefício.

Discute-se sobre o local e a data da composição. Um bom número de estudiosos pensa que foi escrita na década de 60, admitindo a possibilidade de que, após a morte de São Tiago, um discípulo a tenha escrito recolhendo alguns de seus ensinamentos. Mas há quem defenda uma data anterior. Outros, observando as dificuldades para ser aceito como canônico e algumas características internas, consideram que foi escrita no final do século I. Jerusalém continua sendo o local mais provável de sua composição.

III. ENSINAMENTOS

O ensinamento que dá unidade a toda a carta é a coerência entre a fé e a vida do fiel: o comportamento do cristão deve refletir sempre a fé que professa. Os elementos doutrinais, embora não sejam abordados diretamente, estão subjacentes ao longo do escrito. Os atributos e ações de Deus surgem com frequência: Criador, Pai, Remunerador e Juiz, Salvador Misericordioso[9]. Com exceção de 1, 1 e 2, 1, não se menciona explicitamente Jesus Cristo, mas ao longo da carta se fala dEle como o Senhor e Salvador, alude-se à Parúsia do Senhor e à sua qualidade

9 Tg 1, 17; 1, 27; 2, 13; 4, 12; 5, 4; 3, 9.

de Juiz[10], além dos ensinamentos seus que ressoam em toda a carta. A Igreja é considerada uma comunidade de fiéis[11], em que os mestres e presbíteros[12] têm funções específicas de direção e administração dos sacramentos[13].

Exortações e advertências fazem-se especialmente abundantes: o comportamento diante de contrariedades e tentações; a equidade no julgamento das pessoas, evitando murmurações, difamações etc.; o desprendimento da riqueza e a preocupação com os pobres e necessitados; a prática da oração; a correção do extraviado. Muitas dessas exortações evocam as palavras de Jesus contidas nos Evangelhos, especialmente as do Discurso da Montanha no *Evangelho de São Mateus*[14]. Entre os temas que merecem especial atenção encontram-se a questão da fé e das obras e o sacramento da unção dos enfermos.

A fé e as obras

Com simplicidade e vivacidade, o autor sagrado expõe a doutrina sobre a fé e as obras, especialmente em Tg 2, 14-26, seção que lembra em tom os livros sapienciais do Antigo Testamento. São Tiago ensina que «a fé, se

10 Tg 5, 8-9.

11 Tg 2, 2.

12 Tg 3, 1; 5, 14.

13 Tg 1, 18; 2, 7; 5, 14.

14 Tg 12; cf. Mt 5, 11-12; Tg 2, 5; cf. Mt 5, 3; Tg 2, 13; cf. Mt 5, 7; Tg 5, 12; cf. Mt 5, 37 etc.

não tiver obras, é morta em si mesma»[15] e que «o homem é justificado pelas obras, e não pela fé somente»[16]. Até o século XVI esta doutrina não apresentou problemas. No entanto, Lutero viu neste texto um obstáculo à sua insistência na justificação somente pela fé, modo como ele interpretava São Paulo. A partir de então, pretendeu-se detectar uma oposição entre São Tiago e os textos paulinos, especificamente Gl 2, 16 (somos «justificados pela fé em Cristo, e não pelas obras da Lei; porquanto nenhum homem será justificado pelas obras da Lei»; cf. também 3, 2.5.11) e Rm 3, 28 («o homem é justificado pela fé, sem as obras da Lei»).

Tal oposição, no entanto, é fictícia. Certamente o vocabulário é idêntico, mas a perspectiva é diferente. As obras para São Tiago são o comportamento moral de quem já acredita em Jesus – um comportamento que deve ser coerente com a verdade aceita; para São Paulo, em polêmica com os judaizantes, as obras são as normas jurídicas da Antiga Lei, que não justificariam mais um gentio, uma vez que Jesus Cristo promulgou a Nova Lei. Para ambos os autores, é necessária a adesão a Deus, uma fé que deve se refletir numa vida cristã de acordo com ela. Esta coerência cristã entre fé e obras que São Tiago reclama também é exigida por São Paulo quando escreve que a fé «obra pela caridade» (Gl 5, 6)[17] e que «aquele que ama o próximo cumpriu a Lei» (Rm 13, 8), ou

15 Tg 2, 17.

16 Tg 2, 24.

17 Cf. também 1 Ts 1, 3; 2 Ts 1, 11.

quando se refere ao justo juízo de Deus, «que há de dar a cada um segundo as suas obras» (Rm 2, 6). Em todo caso, longe de apresentar uma oposição ou correção à doutrina paulina, a *Carta de São Tiago* poderia se deparar com uma má interpretação do ensinamento de São Paulo. São Tiago insistiria em que a fé deve refletir-se no comportamento.

Unção dos enfermos

Com exceção da alusão à unção com óleo[18] em Mc 6, 13 («e [os discípulos] expulsavam muitos demônios, e ungiam com óleo muitos doentes e os curavam»), esta carta é o único lugar do Novo Testamento onde se fala expressamente da unção dos enfermos: «Está entre vós algum enfermo? Chame os sacerdotes da Igreja, e estes façam orações sobre ele, ungindo-o com óleo em nome do Senhor; a oração da fé salvará o enfermo e o Senhor o aliviará; se estiver com pecados, ser-lhe-ão perdoados» (Tg 5, 14-15). O texto ensina que a oração sobre os enfermos e a unção para conseguir sua cura pelas autoridades reconhecidas (os «presbíteros») constituiu uma ação sagrada que continuou a de Jesus[19]. Talvez seja exatamente

18 O óleo era usado na antiguidade para fins medicinais e, ainda, em exorcismos: Lv 14, 10-32 refere-se à unção com óleo para confirmar a cura do leproso; Is 1, 6 fala de feridas aliviadas com óleo; Jr 8, 22 pressupõe o poder curativo do bálsamo de Gileade.

19 Mc 6, 13 e Mt 10, 1 incluem a unção e a cura entre as tarefas dos Doze.

isso que significa «em nome do Senhor», em que é provável que «Senhor» se refira a Jesus, e não a Deus Pai[20].

Nos debates que surgiram durante a Reforma a respeito do número dos sacramentos, a Igreja recorreu a este texto para definir que a Unção é um dos sete sacramentos instituídos por Cristo e que foi promulgada por São Tiago. Ela também ensinou que os «presbíteros» nesta passagem não devem ser entendidos como os mais velhos ou os principais do povo, mas os ministros ordenados (bispos ou presbíteros), e que entre os efeitos da Unção está o perdão dos pecados[21].

---

20 Cf. as referências a exorcismos e curas em nome de Jesus em Mt 7, 22; Lc 10, 17; Mc 16, 17; At 3, 6; 4, 30; 16, 18.

21 Concílio de Trento (DS 1695); cf. *Catecismo da Igreja Católica*, nn. 1499-1532.

CARTA DE SÃO TIAGO

Saudação

1 [1] Tiago, servo de Deus e do Senhor Jesus Cristo, às
doze tribos da dispersão: saudações.

I. INSTRUÇÕES PRÉVIAS

Valor do sofrimento

[2] Meus irmãos, tende por motivo da maior alegria
toda espécie de tribulações que vos afligem, [3] sabendo
que a prova da vossa fé produz a perseverança. [4] Mas a
perseverança faz obras perfeitas, a fim de que sejais per-
feitos e íntegros, em nada necessitados.

[5] Se algum de vós necessita de sabedoria, peça-a a Deus,
que a todos dá liberalmente e não censura, e ser-lhe-á con-
cedida. [6] Mas peça-a com fé, sem nada hesitar, porque
aquele que hesita é semelhante à onda do mar, agitada e
levada de uma parte para a outra pelo vento. [7] Não pense,
pois, tal homem que receberá do Senhor alguma coisa.
[8] O homem de espírito duplo é inconstante em todos os
seus caminhos.

9 O irmão de condição baixa glorie-se da sua exalta-
ção; 10 o rico, pelo contrário, da sua humilhação, porque
ele passará como a flor da erva. 11 O sol rompeu ardente:
secou a erva e a flor cai; perde a beleza de sua aparên-
cia. Assim também murchará o rico nos seus caminhos.
12 Bem-aventurado o homem que sofre a provação, por-
que, depois que tiver sido provado, receberá a coroa da
vida que Deus prometeu aos que o amam.

Origem das tentações

13 Ninguém, quando é tentado, diga: «É por Deus que
sou tentado», porque Deus não é tentado pelo mal, nem
tenta ninguém. 14 Cada um é tentado pela sua própria
concupiscência, que o atrai e alicia; 15 depois a concu-
piscência, quando concebe, dá à luz o pecado; o pecado,
quando tiver sido consumado, gera a morte.

16 Não queirais, pois, enganar-vos, meus irmãos mui-
to amados. 17 Toda dádiva excelente, todo dom perfeito
vem do alto e desce do Pai das luzes, no qual não há
mudança nem sombra de vicissitude. 18 Por sua vontade
nos gerou pela palavra da verdade, a fim de que sejamos
como que as primícias das suas criaturas.

O comportamento deve refletir a palavra ouvida

19 Sabei isto, meus amados irmãos: todo homem seja
pronto para ouvir, porém tardo para falar e lento para se irar,
20 porque a ira do homem não cumpre a justiça de Deus.

21 Pelo que, renunciando a toda impureza e abundância
de malícia, recebei com mansidão a palavra enxertada em
vós, a qual pode salvar as vossas almas. 22 Sede, pois, rea-
lizadores da palavra e não ouvintes somente, enganando-
-vos a vós mesmos. 23 Porque, se alguém é ouvinte da pa-
lavra e não realizador, será comparado a um homem que
contempla num espelho o seu rosto nativo; 24 apenas se
contemplou e, tendo-se retirado, logo esqueceu como era.
25 Mas quem fixar a sua vista na lei perfeita da liberdade e
perseverar nela, não sendo ouvinte negligente mas execu-
tor da obra, esse será bem-aventurado no que fizer.

26 Se alguém, pois, julga que é religioso não refreando
a sua língua, mas seduzindo o seu coração, a sua religião
é vã. 27 A religião pura e sem mácula aos olhos de Deus
Pai é esta: visitar os órfãos e as viúvas nas suas tribulações
e conservar-se puro de toda mancha deste mundo.

Incoerência da acepção de pessoas

2 1 Meus irmãos, não mistureis a fé do glorioso nos-
so Senhor Jesus Cristo com a acepção de pessoas.
2 Se entrar na vossa assembleia um homem com anel de
ouro e vestuário precioso, e entrar também um pobre
com vestuário sujo; 3 e, se atenderdes ao que está vestido
magnificamente e lhe disserdes: «Tu senta-te aqui neste
lugar de honra», e ao pobre disserdes: «Tu fica de pé ali
ou senta-te abaixo do estrado de meus pés»; 4 porventura
não fazeis distinção entre vós e não sois juízes de pensa-
mentos iníquos?

5 Ouvi, meus irmãos amados: acaso não escolheu Deus os pobres segundo este mundo para serem ricos na fé e herdeiros do reino prometido aos que o amam? 6 Mas vós ultrajais o pobre! Porventura não são os ricos que vos oprimem? Não são eles que vos arrastam aos tribunais? 7 Não blasfemam eles o bom nome com que fostes chamados? 8 Se, contudo, cumpris a lei régia segundo as Escrituras: *Amarás o teu próximo como a ti mesmo*, fazeis bem; 9 mas, se fazeis acepção de pessoas, cometeis um pecado, sendo condenados pela Lei como transgressores.
10 Porque qualquer um que tiver observado toda a Lei e faltado num só ponto torna-se réu de todos os outros.
11 De fato, aquele que disse: *Não cometerás adultério*, também disse: *Não matarás*. Se tu, pois, não cometes adultério, porém matas, és transgressor da Lei. 12 Falai, pois, de tal sorte, e de tal sorte procedei, como estando para ser julgados pela lei da liberdade. 13 Com efeito, o juízo será sem misericórdia para aquele que não usou de misericórdia; mas a misericórdia triunfa do juízo.

II. A FÉ E AS OBRAS

A fé sem obras está morta

14 Que aproveitará, meus irmãos, se alguém diz que tem fé e não tem obras? Porventura poderá salvá-lo tal

fé? 15 Se um irmão ou uma irmã estiverem nus e pre-
cisarem do alimento cotidiano, 16 e algum de vós lhes
disser: «Ide em paz, aquecei-vos e saciai-vos», porém
não lhes der as coisas necessárias ao corpo, de que lhes
aproveitará? 17 Assim também a fé, se não tiver obras, é
morta em si mesma.

18 Poderá igualmente alguém dizer: «Tu tens a fé, e eu
tenho as obras». Mostra-me a tua fé sem obras, e eu te
mostrarei a minha fé pelas minhas obras. 19 Tu crês que
há um só Deus? Fazes bem; também os demônios creem
e tremem.

Testemunho de personagens bíblicos

20 Queres tu saber, ó homem tolo, como a fé sem
obras é inútil? 21 Abraão, nosso pai, acaso não foi justifi-
cado pelas obras, oferecendo seu filho Isaac sobre o altar?
22 Tu vês que a fé cooperava com as suas obras e que a sua
fé foi consumada por meio das obras; 23 e cumpriu-se a
Escritura que diz: *Abraão creu em Deus e isso lhe foi impu-
tado como justiça, e foi chamado amigo de Deus.*

24 Vedes, pois, que o homem é justificado pelas obras,
e não pela fé somente. 25 Do mesmo modo também
Raab, a meretriz, não foi justificada pelas obras, receben-
do os mensageiros e fazendo-os sair por outro caminho?
26 Assim como o corpo sem espírito é morto, assim tam-
bém a fé sem obras é morta.

III. APLICAÇÕES CONCRETAS

Domínio da língua

3 1 Não sejais, meus irmãos, muitos de vós a fazer-vos mestres, sabendo que vos expondes a um juízo mais severo, 2 porque todos tropeçamos em muitas coisas. Se alguém não tropeça em qualquer palavra, este é um homem perfeito, capaz de suster com freio todo o corpo. 3 Com efeito, quando pomos o freio na boca dos cavalos para que nos obedeçam, também governamos todo o seu corpo. 4 Vede também os navios: ainda que sejam grandes e se achem agitados por ventos impetuosos, com um pequeno leme se voltam para onde quer o timoneiro. 5 Assim também a língua é um pequeno membro, mas pode gloriar-se de grandes coisas. Vede como um pouco de fogo incendeia um grande bosque! 6 Também a língua é um fogo, um mundo de iniquidade. A língua está entre os nossos membros, contamina todo o corpo e inflama todo o nosso viver, sendo ela mesma inflamada pelo inferno.

7 Todas as espécies de animais selvagens, de aves, de répteis e de animais marinhos se domam e têm sido domadas pelo homem; 8 porém a língua, nenhum homem a pode domar: é um flagelo sem repouso e está cheia de veneno mortífero. 9 Com ela bendizemos o Senhor nosso Pai e com ela amaldiçoamos os homens, que foram feitos à semelhança de Deus. 10 Da mesma boca procede a

bênção e a maldição. Não convém, meus irmãos, que isso
seja assim. 11 Porventura uma fonte lança pela mesma
bica água doce e amarga? 12 Porventura, meus irmãos,
pode a figueira dar uvas, ou a videira figos? Uma fonte de
água salgada não pode dar água doce.

A verdadeira e a falsa sabedoria

13 Quem é entre vós sábio e inteligente? Mostre me-
diante uma boa vida as suas obras feitas com mansidão e
sabedoria. 14 Mas se tendes uma inveja amarga e espírito
de rivalidade em vossos corações, não vos glorieis nem
sejais mentirosos contra a verdade. 15 Tal sabedoria não
vem do alto, mas é uma sabedoria terrena, carnal, dia-
bólica. 16 Em realidade, onde há ciúme e rivalidade, aí
há também desordem e toda obra má. 17 A sabedoria,
porém, que vem do alto primeiramente é pura, depois
pacífica, indulgente, condescendente, cheia de misericór-
dia e de bons frutos, sem parcialidade, sem hipocrisia.
18 Ora, o fruto da justiça é semeado na paz por aqueles
que praticam a paz.

Origem das discórdias

4 1 Donde vêm as guerras e as rixas entre vós? Não
vêm elas das vossas paixões, que combatem em vos-
sos membros? 2 Cobiçais, e não tendes; matais e sois

ciumentos, e não podeis alcançar; litigais e fazeis guer-
ra. Não obtendes o que pretendeis, porque não pedis.
3 Pedis e não recebeis, porque pedis mal, com o fim de
satisfazerdes as vossas paixões. 4 Adúlteros, não sabeis
que a amizade deste mundo é inimiga de Deus? Por-
tanto, todo aquele que quiser ser amigo deste mundo
constitui-se inimigo de Deus. 5 Porventura imaginais
que a Escritura diz em vão: «Deus ama até o ciúme o
espírito que fez habitar em nós»? 6 Dá, porém, maior
graça, segundo a palavra da Escritura:

Deus resiste aos soberbos
e dá a sua graça aos humildes.

7 Sede, pois, sujeitos a Deus. Resisti ao demônio,
e ele fugirá de vós. 8 Aproximai-vos de Deus, e ele se
aproximará de vós. Lavai, pecadores, as mãos e purificai
os corações, ó pessoas dúplices. 9 Senti a vossa miséria,
lamentai e chorai: converta-se o vosso riso em luto, e a
vossa alegria em tristeza. 10 Humilhai-vos na presença do
Senhor, e ele vos exaltará.

11 Irmãos, não digais mal uns dos outros. Quem fala
mal do seu irmão, ou quem julga seu irmão, diz mal da
Lei e julga a Lei. Ora, se julgas a Lei, não és observador
da Lei, mas seu juiz. 12 Não há mais que um legislador e
um juiz, que pode salvar ou perder. Mas quem és tu, que
julgas o próximo?

A confiança na Providência divina

[13] E agora atendei, vós que dizeis: «Hoje ou amanhã
iremos àquela cidade, demorar-nos-emos lá um ano, co-
merciaremos e tiraremos o nosso lucro»; [14] vós que não
sabeis o que sucederá amanhã: efetivamente, o que é a
vossa vida? Sois um vapor que aparece por um instante e,
em seguida, se desvanece. [15] Em vez disso, devíeis dizer:
«Se o Senhor quiser, viveremos e faremos esta ou aquela
coisa». [16] Mas vós, pelo contrário, elevais-vos na vossa pre-
sunção. Toda jactância como essa é má. [17] Aquele, pois,
que conhece o bem que deve fazer e não o faz, peca.

Admoestação aos ricos

5 [1] Agora vós, ó ricos, chorai e dai gritos por causa
das misérias que virão sobre vós. [2] As vossas riquezas
apodreceram e as vossas vestes foram comidas da traça.
[3] O vosso ouro e a vossa prata deterioraram-se, e o seu
estrago dará testemunho contra vós e devorará as vos-
sas carnes como um fogo. Juntastes tesouros nos últimos
dias. [4] Eis que o salário dos trabalhadores que ceifaram os
vossos campos, o qual foi defraudado por vós, clama, e o
clamor dos ceifeiros subiu até aos ouvidos do Senhor dos
exércitos. [5] Vivestes em delícias e prazeres sobre a terra,
banqueteastes-vos para o dia da matança. [6] Condenastes
e matastes o justo; ele não vos resiste.

IV. RECOMENDAÇÕES FINAIS

Exortação à constância

7 Sede, pois, pacientes, irmãos, até a vinda do Se-
nhor. Vede como o lavrador espera o precioso fruto da
terra, tendo paciência até *a chuva temporã e a tardia.*
8 Sede pacientes também vós e fortalecei os vossos cora-
ções, porque a vinda do Senhor está próxima. 9 Não vos
queixeis, irmãos, uns contra os outros, para que não sejais
julgados. Eis que o juiz está à porta. 10 Tomai, irmãos,
por modelo de sofrimento e de paciência os profetas que
falaram em nome do Senhor. 11 Vede que proclamamos
bem-aventurados os que têm constância. Ouvistes falar
da constância de Jó e vistes o desígnio do Senhor, porque
o Senhor é misericordioso e compassivo.

Doutrina sobre o juramento

12 Sobretudo, meus irmãos, não jureis nem pelo céu,
nem pela terra, nem façais outro qualquer juramento.
Mas que o vosso sim seja sim e o vosso não seja não, para
que não caiais sob o peso do juízo.

Valor da oração. Sacramento da unção dos enfermos

13 Alguém está sofrendo entre vós? Faça oração. Está
alegre? Salmodie. 14 Está entre vós algum doente? Chame

os sacerdotes da Igreja, e estes façam orações sobre ele,
ungindo-o com óleo em nome do Senhor; 15 a oração da
fé salvará o doente e o Senhor o levantará; se tiver co-
metido pecado, ser-lhe-ão perdoados. 16 Confessai, pois,
os vossos pecados uns aos outros e orai uns pelos outros
para serdes curados, porque a oração do justo é tornada
eficaz. 17 Elias era um homem sujeito às mesmas misé-
rias que nós: orou com instância para que não chovesse
sobre a terra, e durante três anos e seis meses não cho-
veu. 18 Orou de novo, e o céu deu chuva e a terra deu o
seu fruto.

Preocupação com os pecadores

19 Meus irmãos, se algum de vós se extraviar da verda-
de e alguém o fizer voltar, 20 saiba que aquele que recon-
duzir um pecador do erro do seu caminho salvará a alma
dele da morte e cobrirá uma multidão de pecados.

NOTAS À *CARTA DE SÃO TIAGO*

***1, 1.** Mais do que uma carta dirigida a destinatários conhecidos, este escrito sagrado assemelha-se a um tratado ou homilia de caráter sapiencial. As recomendações sucedem-se sem seguir uma ordem. Começa com instruções sobre paciência nas provações e respeito pela dignidade dos pobres (1, 2-2, 13). Em seguida, mostra a necessidade das obras que devem acompanhar a fé (2, 14-26) e volta a dar recomendações concretas (3, 1-5, 20), entre as quais destacam-se as admoestações aos ricos (5, 1-6) e o valor da oração e da unção sobre os enfermos (5, 13-18).

O título de «servo de Deus» (v. 1) era dado no Antigo Testamento àqueles que se destacavam pela fidelidade ao Senhor, como Moisés, Davi e/ou os profetas. No Novo Testamento, é aplicado a todos os cristãos, e de modo particular aos Apóstolos (cf. At 4, 29; 16, 17; Ap 1, 1), para sublinhar o seu caráter de humildes mensageiros da verdade divina.

«Da dispersão». Originalmente indica judeus residentes fora da Palestina. Seu uso no Novo Testamento é explicado pelo fato de os cristãos se considerarem o novo Israel. Muito provavelmente, aqui se refere a judeus convertidos ao cristianismo.

***1, 2–2, 13.** Recolhem-se instruções inter-relacionadas, nas quais se exorta os destinatários a serem fortes para que não haja rupturas entre a fé e a conduta: ensina o valor do sofrimento (1, 2-12); enfatiza que só o bem pode vir de Deus (1, 13-18); aceitar o que vem de Deus implica pôr em prática a palavra ouvida (1, 19-27) e evitar a acepção de pessoas (2, 1-13).

1, 2-12. São Tiago aponta qual deve ser o comportamento do cristão diante das provações e sofrimentos: estes devem ser recebidos com alegria (vv. 2-4) e quando é difícil entender o seu significado, devemos pedir a Deus a necessária sabedoria (vv. 5-8). Entre as provações estão a pobreza e a riqueza (vv. 9-11; cf. 5, 1-6; Lc 6, 20.24). Por fim, lembra que a recompensa prometida por Deus torna bem-aventurados os que vencem as adversidades (v. 12). Ao longo do trecho transparece a doutrina do Sermão da Montanha (cf. Mt 5, 1-7, 27).

O problema do sofrimento dos justos e, em contraste, da prosperidade dos ímpios nesta vida é um assunto tratado no Antigo Testamento, especialmente nos Salmos e em Jó. Mas a sua iluminação plena e definitiva vem com Jesus Cristo. A «sabedoria» de que fala São Tiago (v. 5) é, pois, a sabedoria da cruz (cf. 1 Cor 1, 18ss).

É preciso pedir com fé (v. 6): «Se alguém tem fé, peça; mas se duvida, que não peça. Porque, não acreditando, não receberá o que deveria pedir» (Ecumênio, *Comentários em Jacobum, ad loc.*). O «homem de espírito duplo» (v. 8) é aquele que se move entre a confiança e a desconfiança. São Beda, o Venerável, comenta: «É um homem vacilante que se ajoelha para pedir a Deus, profere palavras de súplica e, no entanto, sentindo-se acusado interiormente pela sua consciência, desconfia [...]. Aquele que quer se alegrar com o mundo aqui, e ali reinar com Deus" (*In Epistolam Jacobi, ad loc.*). No mesmo sentido exorta São Josemaria Escrivá: «Não é lícito viver mantendo acesas, como diz o povo, uma vela a São Miguel e outra ao diabo. É preciso apagar a vela do diabo. Temos de consumir a nossa vida fazendo-a arder por completo ao serviço do Senhor» (*É Cristo que passa*, n. 59).

1, 13-18. Dadas as provas a que são submetidos os destinatários, São Tiago é claro: só o bem pode vir de Deus. A inclinação para o pecado nunca pode ser atribuída a Deus (cf. Eclo 15, 11-13). Também não se pode dizer que, ao dar liberdade, Deus é a causa do pecado. Este surge quando se cede à sedução da concupiscência. Somos responsáveis por nossas ações, mesmo que sejamos tentados. Por isso, com o pedido do Pai-nosso «não nos deixeis cair em tentação», pedimos a Deus «que não nos deixe tomar o caminho que conduz ao pecado» (*Catecismo da Igreja Católica*, n. 2846).

«Pai das luzes» (v. 17). Designa Deus como criador dos astros (cf. Gn 1, 14ss; Sl 136, 7-9) e – tendo em conta o simbolismo habitual da luz – como fonte de todos os bens. Os cristãos, gerados de novo por Deus através da «palavra da verdade» – o Evangelho –, pertencem a Deus porque são as suas «primícias» (v. 18; cf. Dt 26, 1-11).

1, 19-27. Em 1, 18, o autor sagrado referiu-se à «palavra da verdade» e à sua eficácia sobrenatural. Agora, por meio de imagens expressivas, ele especifica que, mesmo que tenha esse poder, não basta apenas ouvi-lo: é preciso ouvi-lo com docilidade – «quem falou, muitas vezes se arrependeu; quem se calou, nunca» (Ecumênio, *Comentários in Iacobum, ad loc.*) –, e isso tem consequências práticas para o comportamento (vv. 22-27; cf. Mt 7, 24; Lc 11, 28). Mais tarde voltará a insistir (cf. 2, 14-26).

«Lei perfeita da liberdade» (v. 25) é a boa-nova trazida por Jesus Cristo, que com sua doutrina e sua vida tornou os homens filhos de Deus e os libertou da escravidão da Lei Antiga e da escravidão do diabo, do pecado e da morte.

2, 1-13. Entre os cristãos a quem a carta é dirigida, parecia haver um abuso: a aceitação ou discriminação de pessoas por causa de seu nível social (vv. 1 -4). Era uma incongruência manifesta entre fé e conduta. A Lei de Moisés (Dt 1, 17; Lv 19, 15; Is 5, 23 etc.) condenava a discriminação de pessoas (vv. 8-11), também oposta ao Evangelho (vv. 5-7), visto que Jesus Cristo corrigiu as interpretações restritas daquela Lei. Destaca-se que esta maneira de se comportar será severamente punida por Deus no julgamento (vv. 12-13).

A carta recorda a predileção da Igreja pelos pobres (v. 5; cf. Mt 5, 3; Lc 6, 20) e convida-nos a lutar resolutamente pela justiça: «As iniquidades e opressões de todo tipo que hoje atingem milhões de homens e mulheres estão em aberta contradição com o Evangelho de Cristo e não podem deixar em paz a consciência de nenhum cristão» (Congregação para a Doutrina da Fé, *Libertatis conscientia*, n. 57). O fundamento está na Escritura Sagrada: o amor ao próximo resume a Lei e os mandamentos. Jesus Cristo levou à plenitude este preceito (cf. Mt 22, 39-40) e formulou o «mandamento novo» (cf. Jo 13, 34). Além disso, tanto na Antiga Lei (vv. 10-11) como na Nova Lei, «transgredir um mandamento é infringir todos os outros. Não é possível louvar a outrem sem louvar a Deus, seu criador; nem se pode adorar a Deus sem amar todos os homens, suas criaturas» (*Catecismo da Igreja Católica*, n. 2069). E, como comenta Santo Agostinho, «quem guarda toda a lei, se peca contra um mandamento, torna-se culpado de todos, porque age contra a caridade, da qual depende toda a lei. Portanto, ele se torna culpado de todos os preceitos quando peca contra aquele do qual todos eles derivam» (*Epistolae* 167, 5, 16).

«Entrar na vossa assembleia»: o termo aqui usado para se referir à Igreja é «sinagoga», única ocorrência assim em todo o Novo Testamento; em Tg 5, 14, o termo *ekklesia* é empregado para a mesma finalidade.

2, 7. O «bom nome» poderia referir-se tanto ao de Jesus – invocado sobre eles no batismo – como ao de «cristãos», com o qual já estariam designados aqueles primeiros seguidores do Mestre (cf. At 11, 26).

***2, 14-26.** A ideia central está condensada aqui: a fé que não se traduz em obras é morta (vv. 14-19) e cita-se o exemplo de personagens bíblicos (vv. 20 – 26). Quando São Tiago fala de «obras», fica claro que não se refere às obras da Lei de Moisés (ver *Introdução*).

Com um argumento cíclico e repetitivo, afirma-se que uma fé sem obras não pode salvar (vv. 14.17.18.20.26). Este ensinamento está em perfeita continuidade com o do Mestre: «Nem todo aquele que me diz: Senhor, Senhor, entrará no Reino dos Céus; mas aquele que faz a vontade de meu Pai que está nos céus» (Mt 7, 21). A pergunta retórica inicial (v. 14) e o exemplo simples e vivo (vv. 15-16) chamam a atenção e predispõem a aceitar o ensinamento básico (v. 17). Mantendo o tom do diálogo no estilo da diatribe greco-romana, citam-se três exemplos de fé: primeiro – um exemplo negativo –, a fé dos demônios, que é estéril (vv. 18-19); em contraste, a de Abraão, modelo e pai dos crentes (vv. 20-23); e, finalmente, a fé de uma pecadora que foi salva por suas obras, Raab, a prostituta (vv. 24-25). A última frase volta a repetir a ideia essencial (v. 26).

2, 14-19. O exemplo dos vv. 15-16 é semelhante ao de 1 João: «Se alguém que possua bens deste mundo vir o seu irmão em necessidade e lhe fechar o seu coração, como está nele a caridade de Deus?» (3, 17). A conclusão é semelhante: «Meus filhinhos, não amemos de palavra e com a língua, mas por obra e em verdade» (3, 18). São Paulo, por sua vez, enfatiza: «O Reino de Deus não consiste em palavras, mas em atos» (1 Cor 4, 20). As obras medem a autenticidade da vida do cristão, revelando se a sua fé e a sua caridade são verdadeiras: «Assim como conhecemos a sua vida pelo movimento do corpo, também conhecemos a vida de fé pela boa fé. Porque a vida do corpo é a alma, pela qual se move e sente, e a vida da fé, a caridade [...]. Assim, esfriando-se a caridade, morre a fé, assim como morre o corpo quando dele se retira a alma» (São Bernardo, *Na Oitava Pascal, Sermo* 2.1).

A doutrina cristã também chama de «fé morta» à daquele que está em pecado mortal (cf. v. 17). «O dom da fé permanece naquele que não pecou contra ela [...]. Privada da esperança e da caridade, a fé não une plenamente o fiel a Cristo nem o torna membro vivo do seu Corpo» (*Catecismo da Igreja Católica*, n. 1815).

2, 20-26. São Tiago recorre a Gn 15, 6, passagem também utilizada por São Paulo para mostrar a fé de Abraão, e ao episódio de Raab (Js 2, 1-21; 6, 17-25). A justificação de que fala aqui São Tiago refere-se à perfeição moral que a fé supõe e que se alcança, uma vez conferida a graça, com o exercício das virtudes. Em São Paulo (Rm 4, 1-25; Gl 3, 6-9), indica-se a união com Deus pela graça, mas que também atua pela caridade (cf. Gl 5, 6). Com o exemplo desses personagens bíblicos, fica claro que Deus chama todos os homens à fé, e que todos podem e devem demonstrá-la com um comportamento exemplar.

O Magistério da Igreja remete aos vv. 22-24, quando ensina que a justificação recebida gratuitamente no sacramento do batismo ganha ainda mais força por meio da correspondência do cristão à graça, que se manifesta na observância dos mandamentos de Deus e da Igreja. Assim, os justificados «crescem na mesma justiça, recebida pela graça de Cristo, "a fé cooperando com as boas obras"» (Tg 2, 22), e justificam-se ainda mais, como está escrito: «Quem é justo, justifique-se mais» (Ap 22, 11)» (Concílio de Trento, *De iustificatione*, cap. 10).

***3, 1–5, 6.** Este conjunto é uma mistura de aplicações específicas que traz consigo um comportamento consistente com a fé. Exorta-se a dominar a língua (3, 1-12); buscar a verdadeira sabedoria e rejeitar a falsa (3, 1 3-18); detectar a origem das discórdias (4, 1-12); e confiar plenamente na providência divina, sem se fechar nos próprios negócios (4, 13-17) nem nas riquezas, porque daí decorrem flagrantes injustiças (5, 1-6).

3, 1-12. Os pecados da língua são fáceis de cometer, mas podem causar danos tremendos (vv. 3-12). Por meio de exemplos, a carta, de estilo semelhante ao dos livros sapienciais do Antigo Testamento (cf. Pr 10, 11-21; Eclo 5, 9-15; 28, 13-26), mostra como uma causa pequena é capaz de produzir resultados desproporcionalmente grandes (vv. 3-12), especialmente nos que estão constituídos em autoridade (vv. 1-2). O fio condutor do discurso abrange três pontos: em sentido positivo, como resumo de tudo o que se segue, afirma: «Se alguém não peca em qualquer palavra, este é um homem perfeito» (v. 2). Em segundo lugar, explica a virulência da língua, com três comparações gráficas, como de costume nesta carta (vv. 3-6); por fim, recomenda dominar a língua, sob pena de causar danos irreparáveis (vv. 7.12). O ensinamento é claro: é preciso falar sempre na presença de Deus buscando o bem do próximo: «Todo bom cristão deve ser mais rápido em salvar a proposição do próximo do que em condená-la; e se ele não puder salvá-la, perguntará como ele a entende e, se ele a entender mal, corrija-o com amor; e se não for suficiente, procure todos os meios adequados para que, entendendo-a bem, se salve» (Santo Inácio de Loyola, *Exercícios espirituais*, 22).

«Homem perfeito» (v. 2): isso não significa que não possa cometer outros pecados; indica que o dominar a língua traz consigo o autocontrole e é um claro sintoma de resistência a outras tentações. A Igreja, a partir deste versículo, ensina que o homem não pode evitar todos os pecados veniais durante toda a sua vida, «se não for por especial privilégio de Deus, como ensina a Igreja acerca da bem-aventurada Virgem» (Concílio de Trento, *De iustificatione*, can. 23; cf. cap. 16).

3, 13-18 Estes versículos expõem as qualidades da sabedoria cristã (cf. 1, 5). Diante da falsa sabedoria do mundo, a verdadeira sabedoria (cf. 1 Cor 1, 18-3, 3) produz frutos de mansidão, misericórdia e paz (cf. Mt 5, 5.7.9; Gl 5, 22).

4, 1-12. Em contraste com o que se acaba de expor (cf. 3, 17-18), São Tiago refere-se às discórdias e altercações entre cristãos que dificultam e perturbam a convivência. Enumera as principais causas: cobiça e inveja (vv. 1-3); amor desordenado pelas coisas do mundo, orgulho e soberba (vv. 4-10); e, como resultado, murmurações e maledicência (vv. 11, 12).

A citação do v. 5 não aparece literalmente na Bíblia. É possível que São Tiago não se refira a uma passagem específica, mas à ideia de Deus como um amante ciumento, repetida com frequência (ex. Ex 20, 5; 34, 14; Zc 1, 14; 8, 2 etc.). A do v. 6 corresponde a Pr 3, 34 (segundo a versão grega dos Setenta, também citada em 1 Pd 5, 5) e chega a ser como um resumo de toda a passagem. Santo Agostinho comenta que «quase não há página nos livros sagrados em que não ressoe que *Deus resiste aos soberbos e dá graça aos humildes*» (*De doctrina christiana* 3, 23, 33). A ideia de fundo é que para voltar a Deus é absolutamente necessário reconhecer o próprio pecado e reconhecer-se pecador (cf. nota ao Ap 2, 1-7).

4, 4. «Adúlteros»: o texto grego simplesmente diz «adúlteras», no plural feminino, pode ser por se tratar de pessoas adúlteras, enquanto que a *Neovulgata* traz o plural masculino, «adúlteros», talvez para indicar homens/cristãos adúlteros. Não parece referir-se ao pecado de adultério, mas sim que quer repreender aqueles que são infiéis a Deus por causa de seu amor desordenado pelos bens desta terra, de acordo com a tradição bíblica dos esponsais entre Deus e seu povo (cf. Os 1, 2ss); Jr 3, 7-10 etc.). Alguns interpretam como dizendo «almas adúlteras».

4, 13-17. A confiança presunçosa na própria capacidade é uma forma de soberba, ao esquecer que é Deus quem – com a sua providência – governa a existência dos homens (cf. Pr 27, 1). A expressão do v. 15: «Se o Senhor quiser», também usada por São Paulo (cf. 1 Cor 4, 19), passou para a linguagem cristã popular. É um sinal de abandono e confiança em Deus e submissão à providência divina. Como em outros lugares da carta (cf. 1, 12; 2, 13; 3, 18), a passagem termina com um aforismo geral (v. 17). Neste caso, com advertência sobre os pecados de omissão (cf. Lc 12, 47).

5, 1-6. São Tiago, com um tom que lembra os profetas (cf., por exemplo, Is 3, 13-26; Am 6, 1ss; Mq 2, 1ss), reprova os ricos pela sua soberba, vaidade e avareza, pela sua entrega aos prazeres, ao mesmo tempo que os adverte da proximidade do Juízo de Deus. A descrição da vida destes ricos recorda a parábola do rico Epulão (cf. Lc 16, 19ss). Tem sido doutrina constante da Igreja o dever de eliminar as injustas desigualdades entre os homens, frequentemente recriminadas na Sagrada Escritura. Aqueles que possuem bens materiais abundantes devem usá-los a serviço de outros homens. A este respeito, a Igreja ensina que «têm a obrigação moral de não manter capitais improdutivos e, nas aplicações, olhar sobretudo para o bem comum [...]. O direito à propriedade privada é inconcebível sem alguns deveres em vista do bem comum. Está subordinado ao princípio superior do destino universal dos bens" (Congregação para a Doutrina da Fé, *Libertatis conscientia*, n. 87).

«Juntastes tesouros nos últimos dias» (v. 3). Refere-se ao dia do julgamento, o mesmo que «o dia da matança» do v. 5 (cf. ex. Is 34, 6; Jr 12, 3; 25, 34).

A fraude do salário (v. 4) já era condenada no Antigo Testamento (cf. ex. Lv 19, 13; Dt 24, 14-15; Ml 3, 5). É um dos pecados que «clamam ao céu», porque exigem urgentemente um castigo exemplar; o mesmo afirma a Escritura do homicídio (Gn 4, 10), da sodomia (Gn 18, 20-21) e da opressão das viúvas e dos órfãos (Ex 22, 21-23).

São Beda entende que «o justo» (v. 6) é Jesus (cf. *In Epistolam Iacobi, ad loc.*), que é o justo por excelência (cf. p. ex. At 3, 14; 7, 52). Assim, ensina-se que o próprio Jesus Cristo deve ser visto nos mais necessitados (cf. Mt 25, 31-45).

***5, 7-20.** Nesta seção final ele insiste em permanecer fiel com paciência e constância (5, 7-11); ensina o valor da oração (5, 13-18) e, finalmente, recomenda o cuidado que os cristãos têm uns pelos outros (5, 19-20).

5, 7-11. São Tiago renova a exortação à paciência com que iniciou a carta (cf. 1, 2-4.12). Constitui um apelo à serenidade na esperança até a vinda do Senhor: «Dizemos que o homem possui a sua alma pela paciência (cf. Lc 21, 29), na medida em que arranca pela raiz as perturbações causadas pelas adversidades que tiram a paz da alma» (Santo Tomás de Aquino, *Summa theologiae*, 2-2.136, 2 ad 2).

«Vistes o desígnio do Senhor» (v. 11). Segundo esta tradução, refere-se ao fato de Jó, vencendo pacientemente as provas que o Senhor permitia, ter recebido de Deus o dobro dos bens que havia perdido (cf. Jó 42, 10ss). Outra tradução possível da frase, embora menos provável, seria: «Vistes o desenlace (ou o fim) do Senhor», referindo-se ao exemplo de paciência oferecido por Jesus Cristo com a sua Paixão e morte na Cruz. Assim é interpretado, por exemplo, por São Beda e Santo Agostinho.

Esta exortação, numa época em que facilmente se abusava do juramento, é um eco quase literal das palavras do Senhor: «Seja o vosso falar: Sim, sim; não, não. Tudo o que disto passa procede do Maligno» (Mt 5, 37). «A discrição no recurso a Deus, ao falar, anda a par com a atenção respeitosa à sua presença, testemunhada ou desrespeitada em cada uma das nossas afirmações» (*Catecismo da Igreja Católica*, n. 2153).

5, 13-18. A oração é necessária e eficaz contra a tristeza (v. 13); a oração dos presbíteros, juntamente com a aplicação do óleo aos enfermos, cura o pecado e a doença (vv. 14-15); orar uns pelos outros contribui para o reconhecimento («confessai») e para o perdão dos pecados (v. 16). O exemplo da poderosa oração de Elias confirma isso (vv. 17-18).

O verbo grego que costuma ser traduzido como «alguém está triste» (v. 13) inclui a ideia de sofrer algum mal; por isso, na tradição espiritual, a tristeza é considerada uma certa doença da alma. «A tristeza é a escória do egoísmo. Se queremos viver para o Senhor, não nos faltará a alegria, mesmo que descubramos os nossos erros e as nossas misérias. A alegria penetra na vida de oração, e de tal maneira que a certa altura não há outro jeito senão romper a cantar: porque amamos, e cantar é coisa de enamorados» (Josemaria Escrivá, *Amigos de Deus*, n. 92).

O Magistério da Igreja aponta que neste texto (vv. 14-15) é promulgado o sacramento da unção dos enfermos (cf. nota sobre Mc 6, 6-13). «O sacramento da unção dos enfermos tem por finalidade conferir uma graça especial ao cristão que enfrenta as dificuldades inerentes ao estado de doença grave ou de velhice» (*Catecismo da Igreja Católica*, n. 1527). Com esta unção e oração dos presbíteros, recorda o Concílio Vaticano II, «toda a Igreja confia os enfermos ao Senhor sofredor e glorificado, para que os acalme e salve. Ele até os encoraja a participar livremente na paixão e morte de Cristo e assim contribuir para o bem do povo de Deus» (*Lumen gentium*, n. 11). «A graça especial deste sacramento tem os seguintes efeitos: a união do doente à paixão de Cristo, para o seu bem e para o de toda a Igreja; o conforto, a paz e a coragem para suportar cristãmente os sofrimentos da doença ou da velhice; o perdão dos pecados, se o doente não pôde obtê-lo pelo sacramento da Penitência; o restabelecimento da saúde, se tal for conveniente para a salvação espiritual; a preparação para a passagem para vida eterna» (*Catecismo da Igreja Católica*, n. 1532).

A oração de intercessão do profeta Elias (vv. 17-18; veja-se 1 Rs 17-18; Eclo 48, 3) ensina o imenso poder da oração, eficaz também para obter a ajuda de Deus nas necessidades materiais.

5, 19-20. Termina com um encorajador apelo ao zelo apostólico, como manifestação da verdadeira caridade (cf. 1 Pd 4, 8). «Ele (Deus) valoriza uma alma que através de nossa indústria e oração ganhássemos por sua misericórdia, mais do que todos os serviços que podemos prestar-lhe» (Santa Teresa de Jesus, *Fundações*, 1, 7).

CARTAS

PRIMEIRA CARTA DE SÃO PEDRO

INTRODUÇÃO

Depois da *Carta de São Tiago*, cujos destinatários estavam mais ligados às tradições judaicas, encontra-se a *Primeira Carta de São Pedro*, escrito dirigido aos cristãos que vieram principalmente dos gentios[1]. É como um elo entre Jerusalém (Tiago), Ásia Menor (Paulo) e Roma (Pedro)[2]. Esta carta petrina mostra a missão e a coesão da Igreja primitiva em meio a uma sociedade distante de Deus. Ensina o que deve ser a presença cristã no mundo e as consequências do batismo para os cristãos que vivem em ambiente hostil. O batismo e a Cruz são as duas referências constantes ao longo deste escrito.

A *Primeira Carta de Pedro* foi reconhecida unanimemente como canônica. Há ecos disso em *1 Clemente* (ano 97), na *Carta aos filipenses* de São Policarpo e em São Justino Mártir. O primeiro testemunho indireto é o de Pápias de Hierápolis[3]. Santo Irineu de Lyon (final do século II) cita-o várias vezes, atribuindo-o explicitamente a São Pedro[4]. Parece que Clemente de Alexandria (+ 214)

---

1 Ambos coincidem em dirigir-se aos cristãos da «diáspora» (1 Pd 1, 1 e Tg 1, 1).

2 Sugere-o também a menção de Silas (Silvano) e Marcos (cf. 1 Pd 5, 12-13), visto que estiveram em Jerusalém e, finalmente, encontraram Pedro em Roma. Eles também eram conhecidos pelos cristãos como colaboradores de Paulo (At 15, 36-41).

3 Cf. *Historia ecclesiastica*, 3, 39, 17.

4 Cf. *Adversus haereses*, 4, 9, 2; 16, 5; 5, 7, 2.

foi o primeiro a escrever um comentário sobre esta carta, embora não tenha sido preservado[5]. Eusébio (+339 ou 340) resume a tradição cristã até o seu tempo quando afirma que a carta pertence àqueles escritos do Novo Testamento que são aceitos por todos, sem nenhuma oposição[6].

I. ESTRUTURA E CONTEÚDO

Não é fácil descobrir na carta um esboço preciso. Frequentemente, questões doutrinais são abordadas em conexão com a exortação. No entanto, a estrutura básica pode ser a seguinte:

1. Saudação habitual (1, 1-2) e um hino introdutório de ação de graças (1, 3-12), que fala da dignidade dos cristãos, fundamento da exortação que se segue.

2. Corpo da carta (1, 13–5, 11), no qual, mesmo sem um roteiro estrito, é possível distinguir três seções e algumas exortações finais:

a. A primeira seção (1, 13–2, 10) contém elementos característicos de uma catequese batismal. É um convite vibrante à busca da santidade, consequência da vocação

5 Cf. *Stroma*, 4, 7, 47; *hipótese*.

6 Cf. *Historia ecclesiastica*, 3, 3, 1; 3, 25, 2.

recebida no batismo, mediante o qual o cristão se torna membro de um povo sacerdotal que é a Igreja.

b. A segunda (2, 11-3, 12) indica as várias obrigações dos cristãos nas circunstâncias hostis em que vivem: devem levar uma vida pública e privada exemplar, perante os estranhos e perante os cristãos.

c. A terceira (3, 13-4, 19) desenvolve a atitude que o cristão deve assumir diante das perseguições e contrariedades: o batizado participa do mistério redentor de Cristo.

d. No final da carta (5, 1-14), São Pedro dirige algumas exortações aos sacerdotes e a todos os fiéis, encorajando-os a confiar no Senhor.

II. COMPOSIÇÃO

Na saudação inicial da carta, o remetente aparece como Pedro, «apóstolo de Jesus Cristo», alguém que, segundo se dirá mais adiante, é também testemunha dos sofrimentos de Cristo[7]. A tradição, desde os tempos antigos, atribuía-a ao Apóstolo São Pedro. Pouco sabemos sobre ele depois que saiu de Jerusalém, nos primeiros anos da expansão da Igreja. Há informações de que esteve em Antioquia por um tempo e novamente em Jerusalém durante a Assembleia Apostólica[8]; e de que,

7 Cf. 1 Pd 1, 1; 5, 1.

8 Cf. Gl 2, 11-14; At 15, 7-11.

segundo uma tradição segura, achava-se no comando da igreja de Roma, quando morreu sob o imperador Nero. Não há registro, porém, do momento e da situação de sua chegada a Roma, nem do tempo que ali permaneceu, nem do ano exato de seu martírio (provavelmente em 64 d.C). A data de redação da carta pode ser situada entre 57-58 d.C – ano em que São Paulo provavelmente escreve a *Carta aos Romanos*, na qual não há referência a Pedro (é por isso que se supõe que não estava em Roma na época) – e o ano em que foi martirizado. No entanto, também não se pode descartar uma data posterior, se entendermos que foi escrita por Silvano[9] – companheiro de São Paulo na evangelização da Ásia Menor, também chamado Silas[10] – ou algum outro discípulo, assumindo e transmitindo o ensinamento de São Pedro. Isso também explicaria os pontos de contato desta carta petrina com as cartas paulinas.

A *Primeira Carta de São Pedro* é dirigida às comunidades cristãs que vivem em várias regiões da Ásia Menor. O ambiente em que os cristãos atuavam era adverso à sua fé, o que poderia representar perigo para a perseverança dos fiéis. Eles formaram provavelmente a primeira geração de cristãos na região, em sua maioria convertidos do paganismo[11], e haviam recentemente abraçado a fé.

---

9 «Por intermédio de Silvano, a quem julgo um irmão fiel, vos escrevi brevemente» (1 Pd 5, 12).

10 Cf. At 15, 22-18, 5; 2 Cor 1, 19; 1 Ts 1, 1; 2 Ts 1, 1.

11 Cf. 1 Pd 1, 14.18; 2, 9-10, 25; 4, 2-4.

É também por isso que são constantemente lembrados de seu batismo[12].

A missiva está escrita em bom grego, quase da mesma qualidade que o do grego da *Carta de São Tiago*: tem um vocabulário rico e um estilo simples, mas cuidadoso. Como indica a despedida, foi escrito na «Babilônia», ou seja, em Roma, capital do Império, que simbolicamente era identificada como tal[13].

III. ENSINAMENTOS

O objetivo fundamental do Apóstolo parece ter sido o de consolar e exortar os cristãos a permanecerem firmes na fé em meio às dificuldades e perseguições, lembrando-lhes as consequências da vocação a que foram chamados ao receber o batismo.

As perseguições

As circunstâncias específicas que motivaram esta carta foram, possivelmente, as perseguições mencionadas. Eram provações de todo tipo: calúnias, injúrias,

---

12 1 Pd 1, 3.23; 2, 2; 3, 21.

13 Cf. Ap 14, 8; 16, 19; 17, 5; 18, 2.10.21.

insultos[14] etc., a tal ponto que São Pedro chega a afirmar que eles estão como que no fogo do sofrimento[15], que os pode fazer hesitar. É improvável que esteja se referindo a perseguições oficiais: a de Nero não se estendeu às províncias da Ásia Menor; e as que afetaram todo o império sob Domiciano (+ 96 d.C) e Trajano (+ 117 d.C) não só foram mais tardias, mas certamente teriam sido evocadas de maneira mais viva. Deve, antes, referir-se a vexações vindas do meio social pagão, que se incomodava com o comportamento dos recém-convertidos[16]; daí os mal-entendidos e discriminações que sofreram. Esta situação incômoda afeta toda a comunidade em relação aos seus concidadãos[17], mas também se estende ao ambiente familiar, onde os escravos têm de suportar as injustiças de seus senhores[18] e as mulheres, a intolerância de seus maridos[19]. A carta tem traços claros de conforto e exortação. Os aborrecimentos que os batizados suportam não são inúteis: devem servir para purificar, na consciência de que é Deus quem julga, e não os homens[20]. Acima de tudo, os fiéis devem saber que o sofrimento – à imitação de Jesus Cristo – atrairá muitos bens, entre eles a fé, para seus próprios

---

14 Cf. 1 Pd 1, 6-7; 2, 12-15; 3, 9-17; 4, 4.

15 Cf. 1 Pd 4, 12-16.

16 Cf. 1 Pd 4, 4.

17 Cf. 1 Pd 2, 11-12.

18 Cf. 1 Pd 2, 18-25.

19 Cf. 1 Pd 3, 1-3.

20 Cf. 1 Pd 4, 19.

perseguidores[21]. O autor sagrado não se limita a dar conselhos esporádicos de humildade[22], mas – em coerência com a doutrina do Senhor[23] – chama-os bem-aventurados e os encoraja a suportar o sofrimento com alegria[24]. Desenvolve uma ideia profunda e consoladora: o cristão é incorporado a Cristo e participa do seu mistério pascal; assim como Jesus Cristo, que, para redimir os homens, sofreu a paixão e a morte, ressuscitando depois para uma vida imperecível, também os cristãos alcançarão a sua salvação e a de muitos outros por meio das contradições e sofrimentos. Jesus Cristo é o modelo, e é também ele que dá pleno sentido às perseguições sofridas pelo cristão[25].

O batismo

Embora só mencione explicitamente o batismo numa ocasião, Pedro repetidamente alude a este sacramento, por meio do qual se realiza a incorporação a Jesus Cristo e o início de uma nova vida: Deus, «segundo a sua grande misericórdia, nos regenerou para uma esperança viva»[26]. Através destas alusões é possível descobrir elementos da

21 Cf. 1 Pd 2, 12.

22 Cf. 1 Pd 5, 5-7.

23 Cf. Mt 5, 10-12.

24 Cf. 1 Pd 4, 13.

25 Cf. 1 Pd 4, 12-19.

26 1 Pd 1, 3.

liturgia batismal e da catequese que se ministrava aos que se aproximavam do batismo. Três aspectos podem ser destacados em seus ensinamentos: 1) o batismo traz consigo um novo nascimento: os cristãos foram «regenerados» de um gérmen incorruptível[27] e, «como crianças recém-nascidas»[28], devem viver com bondade e simplicidade, desejando o alimento espiritual que lhes vem por meio da Palavra de Deus e dos sacramentos; 2) o batismo supõe a libertação do pecado: os cristãos romperam com o pecado[29] e passaram da escravidão à liberdade de filhos de Deus, porque foram redimidos com o «precioso sangue de Cristo, o cordeiro sem defeito e sem mancha»[30]. Muitas alusões implícitas – e não citações explícitas – recordam o êxodo dos israelitas da terra do Egito, como se aquela antiga libertação operada por Deus prefigurasse a que se realiza no batismo[31]; 3) o batismo opera a salvação, também prefigurada em Noé. É neste contexto que a palavra batismo aparece explicitamente na carta[32]. São Pedro não afirma um paralelismo exato entre os dois eventos, mas indica claramente a eficácia deste sacramento. A água por si só serve para a «purificação das imundícies da carne»[33]; o batismo limpa a alma da mancha do

---

27 Cf. 1 Pd 1, 23; 1, 3.

28 1 Pd 2, 2.

29 Cf. 1 Pd 4, 1-6.

30 1 Pd 1, 19. Cf. nota a 1, 1-2.

31 1 Pd 1, 19 (cf. Ex 12.5); 1, 18 (cf. Ex 12, 11); 2, 9 (cf. Ex 19, 5-6) etc.

32 Cf. 1 Pd 3, 21.

33 1 Pd 3, 21.

pecado original e de qualquer outro pecado, purificando o coração de todas as manchas, banhando o corpo com água pura, água batismal[34].

Outros aspectos doutrinais

Com base na catequese batismal, a carta inclui outros pontos doutrinais importantes para que os cristãos permaneçam firmes na fé[35]. Por um lado, indica a atividade das três Pessoas divinas[36], a divindade de Jesus Cristo, sob o título de *Kyrios*-Senhor,[37] e a sua obra redentora: com a sua paixão, morte e ressurreição, realizou a salvação para toda a humanidade[38]. Além disso, a Igreja, embora não seja mencionada, está constantemente presente: os cristãos, irmãos entre si[39], são as pedras vivas do edifício espiritual cuja pedra fundamental é Cristo[40]; eles são o novo povo sacerdotal que Deus constituiu[41]. Jesus Cristo é o pastor supremo e, em seu nome, os presbíteros devem guiar os fiéis com abnegação e amor[42].

---

34 Cf. Hb 10, 22.

35 Cf. 1 Pd 5, 9.

36 Cf. 1 Pd 1, 2-12; 4, 14.

37 Cf. 1 Pd 1, 3; 2, 13; 3, 15.

38 Cf. 1 Pd 1, 17-21; 3, 18-22.

39 Cf. 1 Pd 3, 8-12.

40 Cf. 1 Pd 2, 4-10.

41 Cf. 1 Pd 2, 9.

42 Cf. 1 Pd 2, 25; 5, 1-4.

Por outro lado, a esperança na vida definitiva estimula os cristãos em sua peregrinação terrena[43]; eles foram regenerados para obter uma herança incorruptível[44]; as contrariedades e perseguições que sofrem são passageiras, até que chegue a hora da retribuição definitiva e gloriosa dos fiéis, bem como da punição dos culpados[45]. Esta esperança é um sinal distintivo dos que creem, e eles devem estar prontos para a justificar, dando testemunho de fé perante os outros cidadãos com uma vida exemplar[46].

Por fim, a referência à pregação de Jesus aos espíritos cativos[47] é um texto importantíssimo para a doutrina da descida de Cristo à mansão dos mortos, testemunho da universalidade da Redenção.

---

43 Cf. 1 Pd 1, 1.17; 2, 11.

44 Cf. 1 Pd 1, 4.

45 Cf. 1 Pd 4, 17-19.

46 Cf. 1 Pd 3, 15.

47 1 Pd 3, 18-22.

PRIMEIRA CARTA DE SÃO PEDRO

Saudação

1 [1] Pedro, apóstolo de Jesus Cristo, aos eleitos que são
forasteiros da dispersão do Ponto, Galácia, Capadó-
cia, Ásia e Bitínia, [2] segundo a presciência de Deus Pai
e santificados pelo Espírito para prestarem obediência a
Jesus Cristo e serem aspergidos com o seu sangue: graça
e paz vos sejam dadas em abundância.

Louvor e ação de graças a Deus

[3] Bendito seja Deus, Pai de nosso Senhor Jesus Cristo,
que, segundo a sua grande misericórdia, nos regenerou
para uma esperança viva pela ressurreição de Jesus Cris-
to dentre os mortos [4] para uma herança incorruptível,
que não pode contaminar-se nem murchar, reservada nos
céus para vós, [5] a quem o poder de Deus guarda pela fé
para a salvação, que está preparada para se manifestar no
último tempo. [6] Por isso exultais, embora presentemente
convenha que sejais afligidos por um pouco de tempo
com várias provações [7] a fim de que a prova da vossa fé,
muito mais preciosa que o ouro – o qual, embora pere-
cível, se prova com o fogo –, se ache digna de louvor,

de glória e de honra quando Jesus Cristo se manifestar. 8 Este Jesus, vós o amais sem nunca o ter visto, credes nele sem o ver ainda, e exultais com uma alegria inefável e cheia de glória, 9 seguros de obter o fim da vossa fé: a salvação das vossas almas.

10 Dessa salvação inquiriram e indagaram os profetas que predisseram a graça que havia de vir a vós, 11 procurando descobrir qual o tempo e quais as circunstâncias indicadas por aquele que estava neles, o Espírito de Cristo, ao predizer os sofrimentos reservados a Cristo e as glórias que se lhes seguiriam. 12 Foi-lhes revelado que eles, não para si, mas para vós, eram dispensadores daquelas coisas que agora vos são anunciadas por aqueles que, pelo Espírito Santo enviado do céu, vos pregaram o Evangelho. Nessas coisas reveladas os próprios anjos desejam penetrar com os seus olhares.

I. EXORTAÇÃO À SANTIDADE

Os cristãos chamados a ser santos

13 Portanto, cingidos os rins da vossa mente e sendo sóbrios, esperai inteiramente naquela graça que vos será oferecida na manifestação de Jesus Cristo. 14 Como filhos obedientes, não vos conformeis com os desejos do vosso passado, quando estáveis na ignorância, 15 mas, à imitação

do Santo que vos chamou, sede vós também santos em
todas as ações, 16 porque está escrito: *Sereis santos, porque
Eu sou santo.*

Resgatados pelo sangue de Cristo

17 E, se invocais como Pai aquele que sem acepção
de pessoas julga segundo as obras de cada um, vivei em
temor durante o tempo da vossa peregrinação, 18 sabendo
que fostes resgatados da vossa vã maneira de viver recebi-
da de vossos pais, não a preço de coisas corruptíveis, com
prata ou ouro, 19 mas pelo precioso sangue de Cristo, o
cordeiro sem defeito e sem mancha, 20 designado antes
da criação do mundo e manifestado nos últimos tempos
por amor de vós. 21 Por ele tendes fé em Deus, o qual o
ressuscitou dos mortos e o glorificou, de maneira que a
vossa fé e a vossa esperança estejam em Deus.

Viver a caridade fraterna

22 Purificando as vossas almas na obediência à verdade
para vos amardes como irmãos, do íntimo do coração
amai-vos, pois, intensamente uns aos outros, 23 renas-
cidos como sois não de uma semente corruptível, mas
incorruptível: a palavra de Deus, que vive e permanece
eternamente. 24 Com efeito,

toda a carne é como a erva,
e toda a sua glória como a flor da erva;
seca-se a erva e cai a sua flor,
25 *mas a palavra do Senhor permanece eternamente.*

Ora, essa palavra é a que vos foi anunciada.

Como crianças recém-nascidas

2 1 Deixando, pois, toda malícia, todo engano, dissi-
mulações, invejas e toda sorte de detrações, 2 desejai
ardentemente, como crianças recém-nascidas, Cristo, o
puro leite espiritual, para por meio dele crescerdes para a
salvação, 3 se é que *saboreastes como é doce o Senhor.*

Sacerdócio comum dos fiéis

4 Aproximai-vos dele, pedra viva, rejeitada pelos ho-
mens, mas escolhida e honrada por Deus, 5 e vós também,
como pedras vivas, prestai-vos a entrar na edificação de
uma casa espiritual, a fim de formar assim o sacerdócio
santo para oferecer sacrifícios espirituais, agradáveis a
Deus por Jesus Cristo. 6 Por isso se lê na Escritura:

Eis que ponho em Sião uma pedra angular,
escolhida, preciosa;
e quem confiar nela não será confundido.

7 Honra, pois, a vós crentes; para os incrédulos, porém,

a pedra que os construtores rejeitaram
tornou-se pedra angular,
8 *pedra de tropeço e rocha de escândalo.*

Eles tropeçam porque se recusam a crer na palavra; é a isso que estão destinados.

9 Vós, porém, sois *uma geração escolhida, um sacerdócio real, uma gente santa, um povo adquirido por Deus para que publiqueis as perfeições* daquele que das trevas vos chamou à luz admirável:

10 vós, que outrora *não* éreis *povo*,
agora sois *povo de Deus*;
vós, que não tínheis alcançado misericórdia,
agora *alcançastes misericórdia.*

II. CONDUTA DOS CRISTÃOS DIANTE DO MUNDO

Ser exemplo entre os gentios

11 Amados, rogo-vos que, como estrangeiros e forasteiros, vos abstenhais dos desejos carnais que combatem
contra a alma. 12 Tende boa conduta entre os gentios para

que, naquilo mesmo sobre o que vos caluniam como
malfeitores, cheguem, observando nas vossas boas obras,
a dar glória a Deus no dia em que os visitar.

Obedientes à autoridade legítima

13 Sede submissos a toda instituição humana por
causa do Senhor: quer ao rei, como a soberano, 14 quer
aos governadores, como enviados por ele para punir os
malfeitores e louvar os bons; 15 porque a vontade de
Deus é que, fazendo o bem, façais emudecer a ignorân-
cia dos homens insensatos. 16 Procedei como homens
livres, não como homens que têm a liberdade por véu
para encobrir a malícia, mas como servos de Deus.
17 Honrai a todos, amai os irmãos, temei a Deus, res-
peitai o rei.

Obrigações dos servos. Exemplo de Cristo

18 Servos, sede obedientes aos vossos senhores com
grande respeito, não só aos bons e moderados, mas
também aos perversos; 19 porque é uma coisa agradá-
vel a Deus alguém suportar contrariedades, sofrendo
injustamente pelo conhecimento do que deve a Deus.
20 Efetivamente, que glória mereceis se, depois de ter co-
metido uma falta, suportais pacientemente a punição?
Mas se, fazendo o bem, sofreis com paciência, isso é que

é agradável diante de Deus. [21] Com efeito, para isso é
que vós fostes chamados, pois que

Cristo também sofreu por vós,
deixando-vos o exemplo para que sigais as suas pisadas:

[22] *ele não cometeu pecado,*
nem se encontrou engano em sua boca;

[23] quando o injuriavam, não injuriava;
sofrendo, não ameaçava,
mas entregava-se ao justo juiz;
[24] foi *ele mesmo* que *levou* os nossos *pecados* em seu corpo
sobre o madeiro,
a fim de que, mortos para os pecados, vivamos
para a justiça:
por suas *chagas fostes sarados.*
[25] Porque vós éreis *como ovelhas desgarradas*,
mas agora vos convertestes ao Pastor
e Guarda das vossas almas.

Exemplos na vida familiar

3 [1] Igualmente vós, mulheres, sede submissas a vos-
sos maridos, para que, se alguns não creem na pa-
lavra, sejam ganhados pelo proceder de suas mulheres

sem a palavra, 3 considerando a vossa vida casta e cheia
de respeito. 3 Não seja o vosso adorno exterior: cabelos
frisados, adereços de ouro, gala e preparo dos vestidos,
4 mas no interior do vosso coração, na incorruptibili-
dade de uma alma doce e serena; eis o que é de grande
valor diante de Deus. 5 Era também assim que outrora se
adornavam as santas mulheres, que esperavam em Deus
submissas a seus maridos: 6 como Sara, que obedecia a
Abraão chamando-lhe «senhor», da qual sois filhas se fi-
zerdes o bem sem temer ameaça alguma.

7 Do mesmo modo vós, maridos, convivendo segundo
conhecimento como com o vaso mais fraco, ao feminino,
atribui-lhe honra, como coerdeiras da graça da Vida, a
fim de que não sejam obstruídas as vossas orações.

Amar uns aos outros como irmãos

8 Finalmente, sede todos de um mesmo coração, com-
passivos, amantes dos irmãos, misericordiosos, humildes,
9 não retribuindo mal por mal nem injúria por injúria,
mas, pelo contrário, bendizendo, pois para isso fostes
chamados, a fim de que possuais a bênção como herança.

10 Quem *quiser amar a vida*
e viver dias felizes
refreie a sua língua do mal
e os seus lábios não profiram engano;
11 *aparte-se do mal e faça o bem,*
busque a paz e vá após ela;

[12] *porque os olhos do Senhor estão sobre os justos,*
e os seus ouvidos estão atentos às suas orações,
mas o seu rosto está contra os que fazem o mal.

III. ATITUDE DO CRISTÃO DIANTE DOS PADECIMENTOS

Bem-aventurado o que sofre injustamente

[13] E quem é que vos poderá fazer mal se fordes zelosos
pelo bem? [14] Até se alguma coisa sofrerdes pela justiça,
sereis bem-aventurados. *Não temais as suas ameaças e não*
vos turbeis, [15] mas *tratai santamente* o Cristo Senhor em
vossos corações, sempre prontos para responder a todo
aquele que vos pedir razão a respeito da esperança que há
em vós; [16] fazei isso, porém, com doçura e respeito, tendo
uma boa consciência para que, naquilo em que vos calu-
niam, sejam confundidos os que difamam o vosso bom
proceder em Cristo. [17] Com efeito, é melhor sofrer, se
Deus assim quiser, fazendo o bem, que fazendo o mal.

Padecimentos e glorificação de Cristo

[18] Porque também Cristo morreu uma vez pelos nos-
sos pecados, o justo pelos injustos, para nos levar a Deus,
sendo efetivamente morto segundo a carne, mas vivificado

pelo espírito. 19 Com esse mesmo espírito, ele também foi
pregar aos espíritos que estavam na prisão, 20 os quais ou-
trora tinham sido incrédulos, quando nos dias de Noé a
paciência de Deus estava esperando enquanto se fabricava
a arca em que um pequeno número – isto é, oito pessoas
apenas – se salvou através da água. 21 Essa água prefigurava
o batismo que agora vos salva, o qual não é a purificação
das imundícies da carne, mas o pedido feito a Deus de
uma boa consciência, graças à ressurreição de Jesus Cristo,
22 que, tendo subido ao céu, está à direita de Deus, depois
de ter recebido a submissão dos anjos, das dominações e
das potestades.

O cristão rompeu com o pecado

4 1 Tendo, pois, Cristo sofrido na carne, armai-vos
também vós com a mesma mentalidade: aquele que
sofreu na carne deixou de pecar, 2 para viver durante o
tempo que lhe resta na carne, não segundo as paixões
humanas, mas segundo a vontade de Deus. 3 Pois basta
no tempo passado terdes feito a vontade dos gentios,
entregando-se aos desregramentos, às paixões, à embria-
guez, aos excessos do comer e do beber e ao ilícito culto
dos ídolos. 4 Por isso é que estranham agora que não con-
corrais ao mesmo transbordar de devassidões e enchem-
-vos de vitupérios. 5 Mas eles darão conta àquele que
está pronto para julgar os vivos e os mortos. 6 Por isso
foi o Evangelho também pregado aos mortos, para que,

julgados diante dos homens na carne, vivam segundo
Deus no espírito.

Exortação à caridade

7 Ora, o fim de todas as coisas está próximo. Portan-
to, sede prudentes e sóbrios para vos entregardes à ora-
ção. 8 Antes de qualquer coisa, tende entre vós mesmos
um amor fervoroso, porque o amor cobre uma multi-
dão de pecados. 9 Exercei a hospitalidade uns com os
outros sem murmuração. 10 Cada um ponha ao serviço
dos outros o dom que recebeu, como bons despenseiros
da multiforme graça de Deus. 11 Se alguém fala, fale
com palavras de Deus; se alguém exerce um ministério,
exerça-o como por uma virtude que Deus dá, para que
em todas as coisas seja Deus honrado por Jesus Cristo,
a quem pertence a glória e o império pelos séculos dos
séculos. Amém.

Sentido cristão das contradições

12 Amados, não estranheis o fogo que se acendeu no
meio de vós para vos provar, como se vos acontecesse
alguma coisa de extraordinário, 13 mas alegrai-vos de
serdes participantes dos sofrimentos de Cristo, para que
vos alegreis também e exulteis quando se manifestar a
sua glória. 14 Se sois ultrajados por causa do nome de

Cristo, bem-aventurados sois, porque o Espírito de gló-
ria, o Espírito de Deus, repousa sobre vós. 15 Nenhum
de vós sofra como homicida, ladrão, malfeitor ou dela-
tor; 16 mas, se sofre como cristão, não se envergonhe;
antes, glorifique a Deus por tal nome. 17 Porque chegou
o tempo de começar o juízo pela casa de Deus. Ora, se
começa por nós, qual será o fim daqueles que não obe-
decem ao Evangelho de Deus?

18 *Se o justo a custo será salvo,*
o que acontecerá ao ímpio e ao pecador?

19 Por isso também aqueles que sofrem segundo a
vontade de Deus encomendem as suas almas ao Criador
fiel praticando o bem.

IV. EXORTAÇÕES FINAIS

Aos anciãos

5 1 Aos anciãos que estão entre vós rogo eu, ancião como
eles e testemunha dos sofrimentos de Cristo, e que
tomarei parte com eles naquela glória que será manifes-
tada um dia: 2 pastoreai o rebanho de Deus que vos está
confiado e tende cuidado dele, não forçadamente, mas

de boa vontade, segundo Deus; nem ganänciosamente,
mas livremente; [3] não como para dominar aqueles que
vos couberam em sorte, mas fazendo-vos exemplares do
rebanho. [4] Quando aparecer o príncipe dos pastores, re-
cebereis a coroa imarcescível de glória.

A todos os fiéis

[5] Igualmente vós, ó jovens, obedecei aos anciãos.
Revesti-vos todos de humildade nas vossas relações mú-
tuas, porque

Deus resiste aos soberbos
e dá a sua graça aos humildes.

[6] Humilhai-vos, pois, sob a mão poderosa de Deus,
para que ele vos exalte no tempo determinado. [7] Des-
carregai sobre ele todas as vossas preocupações, porque
ele tem cuidado de vós. [8] Sede sóbrios e vigiai, porque o
diabo, vosso adversário, anda em roda como um leão que
ruge, procurando a quem devorar. [9] Resisti-lhe fortes na
fé, sabendo que os vossos irmãos espalhados pelo mundo
sofrem as mesmas coisas. [10] Mas o Deus de toda a gra-
ça, que vos chamou em Jesus Cristo à sua eterna glória,
depois que tiverdes sofrido um pouco, vos aperfeiçoará,
fortificará, consolidará e tornará inabaláveis. [11] A ele, o
império pelos séculos dos séculos. Amém.

Despedida

12 Por meio de Silvano, que tenho por irmão fiel, vos
escrevo estas poucas palavras, exortando-vos e garantindo-
-vos que a verdadeira graça de Deus é esta; estai firmes nela.
13 Saúda-vos, em Babilônia, a coeleita, e Marcos, o meu
filho. 14 Saudai-vos uns aos outros com ósculo do amor.
Paz a vós todos em Cristo.

NOTAS À *PRIMEIRA CARTA DE SÃO PEDRO*

1, 1-2. O autor dirige esta carta preferencialmente aos cristãos convertidos do paganismo. Nela, depois de dar graças a Deus por nos ter salvado por meio de Jesus Cristo (1, 3-12), desenvolve alguns aspectos da vida cristã derivados do batismo: o chamado à santidade (1, 13-2, 10), a conduta exemplar do cristão no meio do mundo (2, 11-3, 12), a paciência nas tribulações, grandes ou pequenas (3, 13-4, 19) e, finalmente, o bom comportamento dos sacerdotes para com os fiéis e vice-versa (5, 1-11). Conclui detalhando algumas das circunstâncias em que a carta foi escrita (5, 12-14).

Na saudação, o autor sagrado utiliza o nome que Jesus lhe deu: Pedro (v. 1) é a tradução grega da palavra aramaica *Kefa*, que significa pedra (cf. Jo 1, 42 e nota correspondente). Apresenta-se como «apóstolo de Jesus Cristo», isto é, testemunha qualificada da vida e das obras do Senhor (cf. Gl 2, 9). O termo «dispersos» originalmente designava os judeus que residiam fora da Palestina. Mas aqui o significado é mais profundo: São Pedro dirige-se aos eleitos «que são estrangeiros dispersos», isto é, cristãos, que já constituem o novo povo de Deus e que vivem nesta terra como peregrinos rumo à sua pátria definitiva, que é o Céu (cf. 1, 17; 2, 11 e, por exemplo, Gn 47, 9; todo o livro do Êxodo; Sl 39, 13; 119, 19; Hb 11, 13). As regiões mencionadas no v. 1 estavam na Ásia Menor, atual Turquia. Possivelmente o primeiro anúncio do cristianismo foi levado ali por alguns judeus vindos daqueles lugares, convertidos em Jerusalém no dia de Pentecostes (cf. At 2, 9) ou em outras ocasiões.

O v. 2 vem a ser uma profissão de fé na Santíssima Trindade: a eleição é atribuída ao Pai desde toda a eternidade; ao Filho, a redenção; ao Espírito Santo, a santificação.

1, 3-12. Os destinatários da carta encontravam-se em um mundo hostil, sofrendo por causa de sua condição de cristãos. São Pedro desenvolve o que é afirmado no v. 2, apontando as razões que eles têm para se consolar e perseverar na fé: foram salvos por Deus em Cristo. O cristão renasceu (cf. Jo 3, 3-8; Gl 6, 15 etc.) e está revestido de grande dignidade.

Deus Pai, por sua escolha, destinou os batizados a uma maravilhosa herança no Céu (vv. 3-5); para alcançá-la, são necessários amor e fé em Cristo, apesar das tribulações (vv. 6-9); o Espírito de Deus, que no Antigo Testamento anunciara a salvação como fruto dos sofrimentos de Cristo, agora proclama o seu cumprimento por meio daqueles que anunciam o Evangelho (vv. 10-12). Nestes versículos aparece a função do Espírito Santo como causa e guia da atividade evangelizadora da Igreja.

A esperança da salvação operada por Cristo dá alegria ao cristão em meio às dificuldades. As dores da vida terrena provam a qualidade da sua fé: «São Pedro diz que é conveniente estar aflito porque as alegrias eternas não podem ser alcançadas senão através das aflições e tristezas deste mundo que passa. *Durante algum tempo,* diz, no entanto, porque quando se retribui com uma recompensa eterna o que nas tribulações deste mundo parecia pesado e amargo, parece ser muito breve e leve» (São Beda, *In 1 Epistolam Sancti Petri, ad loc.*). Como diz Santo Agostinho: «A dor aparece, o meu descanso virá. Se a tribulação é oferecida, minha purificação virá. Por acaso o ouro brilha na fornalha do ourives? Ela vai brilhar no colar, vai brilhar no adorno. Porém, agora suporta o fogo para que, purificado das impurezas, adquira o brilho» (*Enarrationes in Psalmos*, 61, 11).

***1, 13–2, 10.** Inicia-se propriamente o corpo da carta. Como consequência da vida nova conferida pelo batismo, os cristãos são chamados a buscar a santidade. Baseia-se em dois argumentos: a santidade de Deus que os chamou (1, 13-16) e o Sangue de Cristo que os redimiu do pecado (1, 17-21). A santidade deve manifestar-se na caridade (1, 22-25) e no esforço para crescer na vida cristã (2, 1-3), conscientes de que, como pedras vivas, constituem a edificação da Igreja (2, 4- 10). A seção contém muitos elementos típicos de uma catequese batismal.

1, 13-16. Tendo como pano de fundo o êxodo do Egito e a Aliança do Sinai, São Pedro recorda que os cristãos são o novo povo eleito, libertado da escravidão do pecado e chamado a viver plenamente a santidade, tendo como modelo o próprio Deus.

«Cingidos os rins da vossa mente» (v. 13) e «os desejos do vosso passado» (v. 14) aludem ao relato do Êxodo. Em Ex 12, 11 é narrada a prescrição de Deus aos israelitas para celebrarem o sacrifício pascal com as roupas cingidas, sandálias calçadas e bastão na mão; e em

Nm 11, 5 referem-se à saudade da comida do Egito por parte dos israelitas.

Sobre a vocação universal à santidade ver notas em Mt 5, 17-48 e Lc 12, 22-34.

1, 17-21. O fundamento da libertação do pecado e da santidade é o sacrifício de Cristo. São Pedro recorre à imagem e ao vocabulário da redenção de um escravo que se torna um homem livre. É também uma alusão ao êxodo: depois da imolação do cordeiro pascal, Israel foi libertado por Deus da escravidão do Egito (cf. Ex 12, 5); porém, o preço desse resgate «não foi calculado em dinheiro, mas em sangue, visto que Cristo morreu por nós; Ele nos libertou com seu precioso sangue [...]; precioso porque é o sangue de um cordeiro imaculado, porque é o sangue do Filho de Deus, que nos resgatou não só da maldição da Lei, mas também da morte perpétua implícita pela impiedade» (Santo Ambrósio, *Expositio Evangelii secundum Lucam, in 12.6-7*). A figura do Cordeiro aplicada a Jesus Cristo é uma forma expressiva de referir-se ao sacrifício expiatório da cruz e, ao mesmo tempo, à inocência imaculada do Redentor (cf. Jo 1, 29).

1, 22-25. A caridade fraterna é uma das manifestações fundamentais da santidade. A Palavra de Deus é fundamento e garantia da vida nova conferida pelo batismo (v. 23). Confirma-o a imagem da flor do feno, tirada de Is 40, 6-8 (cf. Tg 1, 10), que sublinha o contraste entre a transitoriedade do terreno e a validade perene da Palavra de Deus.

2, 1-3. A liturgia aplica este texto aos novos batizados, que são como crianças recém-nascidas para a vida da graça, pedindo a Deus: «Ó Deus de eterna misericórdia, que reacendeis a fé do vosso povo na renovação da festa pascal, aumentai a graça que nos destes. E fazei que compreendamos melhor o batismo que nos lavou, o espírito que nos deu nova vida e o sangue que nos redimiu» (Missal Romano, *Segundo Domingo de Páscoa, Oração coleta*).

É possível que o «leite espiritual» (v. 2) se refira às promessas feitas por Deus de dar ao povo eleito uma terra «que mana leite e mel» (Ex 3, 8). A expressão indica o conjunto de graças que o Senhor concede no batismo para alcançar a salvação.

2, 4-10. Todo o trecho – composto de uma rede de citações do Antigo Testamento, talvez usadas na catequese apostólica primitiva – gira em torno da imagem do edifício. O batismo torna os cristãos membros do edifício espiritual da Igreja, cuja pedra angular é Jesus Cristo (vv. 4-8). Os cristãos, pedras vivas, devem estar unidos a Ele pela fé e pela graça, para edificar solidamente o templo onde se oferecem «sacrifícios espirituais, agradáveis a Deus» (v. 5). Quanto mais íntima for a união com Jesus Cristo, mais sólido será o edifício: «Todos nós que cremos em Cristo Jesus somos chamados *pedras vivas* [...]. Para que te prepares com maior interesse, tu que estás me ouvindo, para a construção deste edifício, para que sejas uma das pedras próximas ao fundamento, deves saber que o próprio Cristo é o fundamento deste edifício que estamos descrevendo» (Orígenes, *In Iesu nave* 9.1).

«A isso que estão destinados» (v. 8). Não há homens que estejam condenados antecipadamente. É uma forma bíblica de expressar a livre ação dos homens, como algo previsto nos desígnios de Deus.

Diante dos incrédulos, os que creem são o verdadeiro e novo Povo de Deus (vv. 9-10). Os privilégios de Israel agora pertencem aos cristãos. As predições do Antigo Testamento foram cumpridas na Igreja. Nesta santa cidade, só há um sacerdote, Jesus Cristo, e um só sacrifício, aquele que ele ofereceu na cruz e se renova em cada Missa, que é celebrada cotidianamente em toda a Igreja espalhada pelo mundo. Todos os cristãos, pelos sacramentos do batismo e da confirmação, participam do sacerdócio de Jesus Cristo, e estão habilitados a realizar a mediação sacerdotal entre Deus e os outros homens e a participar ativamente do culto divino. É o chamado sacerdócio comum dos fiéis. «Todas as suas obras, orações, tarefas apostólicas, vida conjugal e familiar, trabalhos cotidianos, descanso espiritual e físico, se forem realizados no Espírito, até os desconfortos da vida, se forem suportados com paciência, tudo isto se torna sacrifícios espirituais agradáveis a Deus por Jesus Cristo, que eles oferecem com toda a misericórdia a Deus Pai na celebração da Eucaristia, unindo-os à oferenda do corpo do Senhor. Desta forma, também os leigos, como adoradores que por toda parte levam uma conduta santa, consagram o próprio mundo a Deus» (Concílio Vaticano II, *Lumen gentium*, n. 34).

***2, 11–3, 12.** A carta reúne agora algumas indicações sobre a exemplaridade da atuação dos fiéis em meio a um mundo hostil. Indica as várias obrigações do cristão na sociedade: perante o mundo, a autoridade (2, 11-17), e na vida familiar (2, 18-3, 12). Devem viver sempre com esmero a fraternidade (3, 8-12).

O fundamento é o exemplo de Cristo (2, 21-25).

2, 11-12. O cristão, pelo batismo, tem uma dignidade incompatível com uma vida mundana. Como consequência, é inevitável que os mundanos o caluniem por se mostrar diferente deles. No entanto, sua vida exemplar fará com que também estes adorem a Deus: «Assim brilhe a vossa luz diante dos homens, para que vejam as vossas boas obras e glorifiquem vosso Pai que está nos céus» (Mt 5, 16). E como exortava São João Crisóstomo: «Não haveria necessidade de pregar se a nossa vida estivesse resplandecente de virtudes. Palavras não seriam necessárias se mostrássemos as obras. Não haveria pagãos se fôssemos verdadeiramente cristãos» (*In 1 Timotheum*, 10).

2, 13-17. O temor filial do Senhor é o fundamento do respeito pela autoridade. Jesus havia ensinado o dever de cumprir fielmente as obrigações próprias de cidadãos (cf. Mt 22, 21-22; 17, 24-27) e São Paulo, fazendo eco aos ensinamentos do Mestre, recorda que toda autoridade vem de Deus (cf. Rm 13, 1-7 e nota; Jo 19, 11). «O dever de obediência impõe a todos a obrigação de conferir à autoridade as honras que lhe são devidas, e de cercar as pessoas que a exercem com respeito e, segundo o seu mérito, gratidão e benevolência» (*Catecismo da Igreja Católica,* n. 1900).

2, 18-25. A boa conduta também implica respeitar a harmonia doméstica. No caso dos servos, inclui suportar com paciência até mesmo o castigo injusto, olhando para o exemplo de Jesus. Os vv. 21-25 formam um belo hino a Cristo na cruz, no qual se cumpriram as profecias do Servo sofredor contidas no livro de Isaías (52, 13-53, 12). Por maiores que sejam os sofrimentos que nós, cristãos, padeçamos, nunca serão tantos nem tão injustos como os do Senhor. São Bernardo, depois de passar em revista estes sofrimentos, comenta: «Acreditei que a verdadeira sabedoria consistisse em meditar nestas coisas [...]. Algumas vezes me serviram como uma bebida saudável, embora amarga, e outras vezes os usei como uma unção de alegria suave e agradável. Isso me sustenta na adversidade, me mantém humilde na prosperidade e me faz caminhar com firmeza e segurança no caminho real da salvação, através do bem e do mal desta vida, livrando-me dos perigos que me ameaçam à direita e à esquerda» (*In Cantica Canticorum*, 43.4).

«Pastor e Guarda das vossas almas» (v. 25). As profecias messiânicas sobre o Servo sofredor contêm a imagem do rebanho perdido e disperso (cf. Is 53, 6), à qual Jesus Cristo alude ao desenvolver a alegoria do Bom Pastor (Jn 10, 11-16). Parece que São Pedro, incumbido de apascentar o rebanho do Senhor (cf. Jo 21, 15-19), tinha um carinho especial por estas imagens.

3, 1-7. As advertências e conselhos do Apóstolo pretendem orientar o amor entre os esposos na busca do bem maior para o outro cônjuge: a conversão. Atendendo aos costumes da época, exorta os esposos a se comportarem de modo cristão, dando alguns conselhos práticos, baseados na sua igual dignidade (v. 7). A igualdade essencial entre o homem e a mulher não se opõe à diversidade das funções que competem a cada um no matrimônio, derivadas da vocação à paternidade e à maternidade.

3, 8-12. As manifestações específicas da virtude da caridade devem presidir a vida cristã cotidiana, pois a caridade informa as virtudes morais. A promessa da bênção do Senhor é proclamada com o texto do Salmo 34, 13-17, do qual já havia extraído algumas palavras (cf. 2, 3 e Sl 34, 9). «Pedro já não dirige a sua exortação ao marido e à mulher, mas estabelece uma lei de amor comum a todos, da qual nasce toda a virtude: a compaixão, a misericórdia, a humildade e as outras virtudes que depois demonstrou» (Santo André de Creta, *Catena, ad loc.*).

***3, 13-4, 19.** Esta seção da carta trata de como o cristão, por meio de seus sofrimentos, participa do mistério redentor de Cristo: quando ele sofre injustamente pode sentir-se bem-aventurado (3, 13-17), pois Cristo sofreu até a morte antes de ser glorificado (3, 13-17). 18-22). O cristão, incorporado a Jesus Cristo, rompeu com o pecado (4, 1-6) e deve viver a caridade (4, 7-11). Termina voltando ao valor espiritual do sofrimento na perseguição injusta (4, 12-19).

3, 13-17. Esses versículos servem como introdução ao tema que será desenvolvido a partir de agora e parecem ir ao encontro daqueles que podem ser surpreendidos por sofrer perseguições, apesar de fazerem o bem (v. 13). A coerência de vida será uma oportunidade para aqueles que caluniam se retificarem (v. 16).

Com as palavras de Isaías referindo-se a Deus, manda-se glorificar – literalmente, «santificar» – Cristo Senhor (v. 15), ou seja, prestar-lhe o culto devido somente a Deus, mesmo em meio às contradições: «O que é, glorificar a Cristo em nossos corações, mas sentir, por mais incompreensível que seja a glória, sua santidade no fundo de nossos corações? Que grande força para conquistar quem tem esperança é dada pelos inestimáveis esplendores da santidade» (São Beda, *In 1 Epistolam Sancti Petri, ad loc.*).

3, 18-22. Na passagem é possível encontrar elementos de um Credo da primitiva catequese cristã do batismo. O cerne da fé em Jesus Cristo está claramente expresso, tal como foi pregado desde o início pelos Apóstolos e passou ao Símbolo Apostólico: morreu, desceu à mansão dos mortos, ressuscitou e ascendeu ao céu.

O v. 19 reflete a fé da Igreja na descida de Cristo à mansão dos mortos, manifestação da universalidade da salvação: «Cristo morto, na sua alma unida à pessoa divina, desceu à morada dos mortos. E abriu aos justos, que O tinham precedido, as portas do céu» (*Catecismo da Igreja Católica*, n. 637). A expressão «espíritos cativos» foi interpretada de várias maneiras: esses espíritos podem simbolizar as almas dos justos do Antigo Testamento, mantidas no seio de Abraão. Assim o interpretam alguns Padres da Igreja. Mas também podem ser os anjos caídos que foram mantidos nas profundezas tenebrosas. Desta forma, a vitória de Cristo sobre o diabo seria sublinhada. As águas do dilúvio são uma figura das do batismo: como Noé e sua família foram salvos na Arca em meio as águas, agora os homens são salvos pelo batismo, pelo qual são incorporados à Igreja de Cristo (vv. 20-22).

4, 1-6. O comportamento do cristão não pode ser como o de antes do batismo, nem como o de quem não foi batizado, ainda que isso o possa levar a sofrer incompreensões e calúnias. O cristão, ao morrer misticamente com Cristo no batismo (v. 1), foi absolvido dos seus pecados, e não tem sentido continuar a viver neles (cf. Rm 6, 1ss; 1 Jo 3, 9; 5.18). Devemos ter em mente que todos nós compareceremos perante o Juiz dos vivos e dos mortos, Jesus Cristo (vv. 5-6).

O v. 6 é de difícil interpretação. Pode aludir à descida do Senhor ao seio de Abraão ou aos cristãos que morreram sem ver o triunfo final de Cristo. Em todo caso, estaria falando daqueles que permaneceram fiéis a Deus, cuja passagem por esta terra parece um absurdo para aqueles que carecem de visão sobrenatural. O texto evoca Sb 3, 1-4.

4, 7-11. Com a Encarnação de Jesus Cristo começaram os últimos tempos, que se estendem até o fim do mundo e o Juízo Final. Por isso, a última etapa deste mundo «está próxima»

(v. 7). Nesta situação, o autor sagrado exorta à prática da oração, da caridade e da hospitalidade.

«A caridade cobre uma multidão de pecados» (v. 8). É uma alusão a Pr 10, 12, que pode ser entendida como referindo-se aos pecados alheios – que a caridade compreende, perdoa e desculpa – e aos próprios. «O amor nos une a Deus; o amor cobre a multidão de pecados; o amor suporta tudo; Ele é paciente com tudo. No amor nada é vulgar, nada soberbo. O amor não causa cisma, o amor não se insurge, o amor faz tudo em harmonia. No amor todos os eleitos de Deus alcançaram a perfeição; sem amor nada agrada a Deus» (São Clemente Romano, *Ad corinthios*, 49, 5).

4, 12-19. Voltamos ao tema central desta seção. Quem participar dos sofrimentos de Cristo (cf. 1, 6-7; 2, 18-25; 3, 13-17) participará também da sua glória. «Deus quer abrir-vos os olhos para considerar quantos favores nos faz naquilo que o mundo considera inconvenientes, e como nos sentimos honrados por sermos desonrados por buscar a honra de Deus» (São João de Ávila, *Epístola*, 58). Diante do iminente julgamento divino – outro dos temas frequentes na carta –, ninguém pode se mostrar seguro (vv. 17-18). As duras advertências do Apóstolo recordam as de Jesus, no caminho do Calvário, às mulheres de Jerusalém: «Se isto se faz no lenho verde, o que se fará no seco?» (Lc 23, 31). Em suma, não há dúvida de que ter sofrido por Cristo nesta vida ajuda a enfrentar o juízo com maior confiança (cf. Mt 5, 11-12; 10, 32).

***5, 1-14.** A parte final da carta inclui várias exortações dirigidas aos sacerdotes (5, 1-4) e aos fiéis (5, 5-11), nas quais ainda está presente o tema dos sofrimentos de Cristo. O epílogo (5, 12-14), como em outras cartas do Novo Testamento, envia as saudações da Igreja remetente e termina com algumas palavras de bênção.

5, 1-4. Estas exortações recordam as do Senhor falando do Bom Pastor (Jo 10, 11) e as que dirigiu a Pedro depois da ressurreição: «Apascenta os meus cordeiros... Apascenta as minhas ovelhas» (Jo 21, 15-17). Os pastores devem dar o exemplo (cf. v. 3). «A palavra que traz o aval da vida de quem, ao comandar, ajuda com o exemplo a cumprir o mandato, penetra mais agradavelmente no coração dos ouvintes» (São Gregório Magno, *Regula pastoralis*, 23).

«Anciãos» (v. 1). Em muitos escritos do Novo Testamento, os termos gregos *presbyteros* e *episkopos* parecem equivalentes, sendo usados alternadamente para designar os pastores das comunidades locais (cf. p. ex. At 11, 30; 20, 28). A partir do século II, a terminologia permanece fixa: os *episkopoi* (bispos) possuem a plenitude do sacramento da ordem e governam as igrejas locais; os *presbyteroi* (presbíteros) exercem o ministério sacerdotal como colaboradores de seus bispos.

5, 5-11. Diante das tribulações que Deus permite, o Apóstolo exorta à unidade dos fiéis fundada na humildade e na docilidade (vv. 5-6). A luta ascética para resistir às tentações é sustentada pela confiança nEle (vv. 7.11). A humildade "é a fonte e o fundamento de todo tipo de virtudes, é a porta pela qual passam as graças que Deus nos concede; é ela que tempera todos os nossos atos, comunicando-lhes tanto valor, e tornando-os agradáveis a Deus. Por fim, torna-nos donos do coração de Deus, a ponto de torná-lo, por assim dizer, nosso servo; porque Deus nunca foi capaz de resistir a um coração humilde» (São João Maria Vianney, *Sermão do décimo domingo depois de Pentecostes*).

Os cristãos, «fortes na fé» (v. 9), resistirão aos ataques do inimigo. As tribulações que temos de sofrer supõem um meio necessário de purificação e uma garantia da glória que Deus nos dará: «Porque a leve tribulação de um instante se torna para nós, incomparavelmente, uma glória eterna e consistente» (2 Cor 4, 17). «O bem que espero é tão grande que toda dor é um prazer para mim» (São Francisco de Assis, *Considerações sobre as chagas*, cons. 1).

5, 12-14. Na despedida, como em outras cartas do Novo Testamento, São Pedro saúda a Igreja remetente e termina com algumas palavras de bênção.

Silvano, chamado Silas em At 15, 22, acompanhou São Paulo em sua segunda viagem apostólica pela Ásia Menor e Grécia (At 15, 36-18, 22). Pode ter sido o portador da carta, ou o secretário que a escreveu por ditado, ou mesmo o autor das ideias de São Pedro.

«Babilônia» (v. 13), paradigma desde os profetas de uma cidade idólatra e mundana, é uma forma figurativa de designar Roma (cf. também Ap 16, 19; 17, 5 etc.).

Marcos é o autor do segundo Evangelho, a quem a tradição atribui o ofício de intérprete de São Pedro em Roma. O Apóstolo lhe dá o título de filho, em sentido espiritual.

CARTAS

SEGUNDA CARTA DE SÃO PEDRO

INTRODUÇÃO

Depois da *Primeira Carta de São Pedro*, há outra atribuída ao mesmo apóstolo. Se a primeira se dirige aos cristãos da Ásia Menor, a segunda se dirige a todos os cristãos, refletindo o caráter universal da autoridade de Pedro. O escrito reflete o esforço dos primeiros cristãos em viver e transmitir fielmente a fé recebida pela tradição apostólica num ambiente que constituía uma ameaça contínua à fidelidade. A esperança na segunda e definitiva vinda de Cristo anima todo o escrito.

É um dos livros do Novo Testamento cuja autenticidade e, portanto, canonicidade levantou as maiores dificuldades. Os primeiros testemunhos da sua atribuição a Pedro datam do século III d.C. e provêm da Igreja oriental. Orígenes, sabendo das dúvidas sobre seu autor, cita 2 Pd 1, 4 como palavras de São Pedro[1]; e, alhures, afirma que «Pedro clama com as trombetas de suas duas epístolas»[2]. Desta época é o testemunho de Firmiliano – bispo de Cesareia, na Capadócia (+269) – em sua *Carta a Cipriano*[3]. O Papiro Bodmer VIII (P72) mostra pelo menos que a carta foi copiada no Egito quando do século III d.C., data em que também foi

1 Cf. *In Leviticum homiliae*, 4, 4.

2 *In Iesu nave*, 7, 1.

3 *Cf. Epistula ad Cyprianum*, 75, 6.

traduzida para o copta. No século IV d.C., Eusébio de Cesareia colocou esta carta entre os escritos «discutidos» do Novo Testamento, ou seja, entre aqueles não aceitos por todos, embora já aceito pela maioria[4]. Santo Atanásio, São Basílio, São Gregório Nazianzeno e Dídimo de Alexandria utilizam-na em suas obras. Na Igreja ocidental não há testemunhos dela antes da segunda metade do século IV d.C. São Jerônimo refere dúvidas sobre a autenticidade petrina da carta e levanta os motivos disso, mas a aceita como canônica[5]. A partir dos séculos IV e V, essas dúvidas vão se dissipando, e nos séculos VI e VII d. C. já é universalmente aceita. Aparece nas mais antigas listas magisteriais de livros canônicos, como as dos Concílios de Hipona (393), Cartaginense III (397) e IV (419), bem como na carta do Papa Inocêncio I (405). Junto com os outros livros da Bíblia, o Concílio de Trento definiu solenemente sua canonicidade e inspiração, confirmando a lista dos livros da Vulgata.

I. ESTRUTURA E CONTEÚDO

A carta tem uma estrutura bastante clara. Começa com a saudação epistolar, semelhante à de outros escritos

---

4 Cf. *Historia ecclesiastica*, 3, 25, 3.

5 *De viris illustribus*, 1; *Epistula ad Hedibiam*, 120, 11.

do Novo Testamento (1, 1-2), e termina com uma exortação à perseverança (3, 17-18). O corpo da carta tem três seções diferenciadas:

1. A PRIMEIRA (1, 3-21) é um chamado a permanecer fiel à doutrina recebida.

2. A SEGUNDA (2, 1-22) é uma longa diatribe contra os falsos doutores que levam uma vida pervertida e tentam corromper os outros.

3. A TERCEIRA (3, 1-16) trata da Parúsia, refuta as falsas opiniões e propõe o verdadeiro ensinamento.

II. COMPOSIÇÃO

No início da carta, o autor se apresenta como «Simão Pedro, servo e apóstolo de Jesus Cristo»[6]. Ao longo do texto, que é como um testamento espiritual, há também algumas alusões à vida de São Pedro: foi testemunha ocular da Transfiguração de Jesus[7]; pela segunda vez ele escreve àqueles mesmos leitores[8], referindo-se a *1 Pedro;* chama São Paulo de «nosso amado irmão»[9], manifestando certa autoridade sobre ele ao interpretar as Escrituras;

6 2 Pd 1, 1.

7 Cf. 2 Pd 1, 16-18.

8 Cf. 2 Pd 3, 1.

9 Cf. 2 Pd 3, 15.

e fala de sua própria morte, talvez aludindo às palavras proféticas de Jesus sobre seu martírio[10].

No entanto, uma análise interna coloca dificuldades em atribuir a carta ao Príncipe dos Apóstolos: o vocabulário e o estilo – cultivado e um tanto barroco – são notavelmente diferentes dos da *Primeira Carta de São Pedro*, com expressões que seriam mais típicas de uma época posterior. Também apresenta inúmeras semelhanças em estilo e conteúdo com a *Carta de São Judas*, que o autor provavelmente usa e desenvolve em sua argumentação[11]. Nenhuma das teorias desenvolvidas para resolver essas dificuldades explica satisfatoriamente as questões sobre o autor, a data e os destinatários do escrito. Quer seja São Pedro, por meio de algum redator ou secretário, quer seja um discípulo anônimo seu que, igualmente inspirado pelo Espírito Santo, quis transmitir alguns ensinamentos coerentes com os dele, a *Segunda Carta de São Pedro* foi associada pela Tradição da Igreja à figura do Apóstolo São Pedro.

A carta é dirigida àqueles «que receberam uma fé tão preciosa como a nossa»[12], isto é, aos cristãos em geral, embora algumas expressões – o fato de que poderia ser o mesmo público que o da *1 Pedro* e de algumas cartas de São Paulo[13] – sugiram que os destinatários imediatos sejam as comunidades cristãs da Ásia Menor ou da Grécia,

---

10 2 Pd 1, 14; cf. Jo 21, 18-19.

11 Comparar 2 Pd 2, 1-3, 3 com Jd 4-18.

12 2 Pd 1, 1.

13 Cf. 2 Pd 3, 1.15-16.

às quais a missiva deseja alertar contra os ensinamentos dos falsos médicos.

As datas propostas de composição vão de depois de 60 até as primeiras décadas do século II d.C. (até o ano 120), sendo Roma o local mais provável de escrita.

III. ENSINAMENTOS

Junto com a refutação de teorias errôneas sobre a segunda vinda de Cristo apresentadas por alguns mestres falsos e as consequentes exortações morais, vale destacar a doutrina sobre a inspiração das Escrituras Sagradas (1, 19-21) e a avaliação dos escritos de São Paulo (3, 15-16). Nesse sentido, seu ensinamento é de grande importância, pois contém alguns dos critérios que determinam a canonicidade de um livro sagrado: autoridade apostólica e inspiração.

Por outro lado, entre os versículos mais comentados pelos Padres da Igreja, encontra-se 2 Pd 1, 4, em que se fala de como os cristãos receberam a oportunidade de serem «participantes da natureza divina». Ao mesmo tempo, na carta destaca-se a doutrina escatológica sobre a segunda vinda de Cristo (Parúsia). Isso certamente acontecerá, pois é o que o Senhor declarou, e as Escrituras Sagradas o provam[14]. Contra aqueles que objetaram que a Parúsia foi adiada, a carta ensina que o tempo é muito

14 Cf. 2 Pd 1, 16-19.

relativo em comparação com a eternidade de Deus, para quem «um dia [...] é como mil anos, e mil anos como um dia»[15]; e que, se Deus atrasa o momento final, é por sua misericórdia, já que não quer «que nenhum pereça»[16]. Sobre o caminho concreto e os detalhes daquela vinda gloriosa de Cristo, aparecem na carta expressões difíceis. É possível que o autor sagrado tenha usado linguagem enigmática – como o Senhor fizera[17] – para estimular os fiéis à vigilância e sublinhar a transcendência deste misterioso desígnio de Deus. A verdade da vinda gloriosa de Jesus Cristo para julgar os vivos e os mortos está registrada desde os primeiros Símbolos da Igreja e foi solenemente definida como dogma de fé por Bento XII, na constituição apostólica *Benedictus Deus*, de 1336[18].

---

15 2 Pd 3, 8.

16 2 Pd 3, 9.

17 Cf. Mt 24, 36ss e par.

18 Veja-se também o *Catecismo da Igreja Católica,* nn. 1020-1060.

SEGUNDA CARTA DE SÃO PEDRO

Saudação

1 [1] Simão Pedro, servo e apóstolo de Jesus Cristo, aos
que receberam uma fé tão preciosa como a nossa, pela
justiça de nosso Deus e Salvador Jesus Cristo: [2] Graça e
paz vos sejam dadas em abundância pelo conhecimento
de Deus e de Jesus, nosso Senhor.

I. FIDELIDADE À DOUTRINA RECEBIDA

Os bens concedidos por Deus

[3] O seu divino poder deu-nos todas as coisas que di-
zem respeito à vida e à piedade, por meio do conheci-
mento daquele que nos chamou pela sua glória e virtude.
[4] Por elas nos deu estas preciosas e magníficas promessas,
a fim de que assim vos torneis participantes da nature-
za divina, fugindo da corrupção que há no mundo pela
concupiscência.

As virtudes cristãs

5 E também por isso, todo o esforço tendo reunido,
adicionais à vossa fé a virtude, à virtude o conhecimen-
to, 6 ao conhecimento o domínio próprio, ao domí-
nio próprio a perseverança, à perseverança a piedade,
7 à piedade o amor fraterno, ao amor fraterno a carida-
de. 8 Com efeito, se essas coisas se encontrarem e abun-
darem em vós, não vos deixarão vazios nem infrutuo-
sos pelo conhecimento de nosso Senhor Jesus Cristo.
9 Quem não tem essas coisas é um míope, um cego, e
esquece-se de que foi purificado dos seus pecados anti-
gos. 10 Portanto, irmãos, ponde cada vez maior cuidado
em tornardes certa a vossa vocação e eleição. Fazendo
isso, não pecareis jamais. 11 Desse modo, vos será con-
cedida largamente a entrada no reino eterno de nosso
Senhor e Salvador Jesus Cristo.

Testamento espiritual

12 Pelo que não cessarei de vos admoestar sempre so-
bre essas coisas, embora estejais instruídos e confirmados
na presente verdade. 13 Sim, considero meu dever, en-
quanto estou nesta tenda, despertar-vos com admoesta-
ções, 14 sabendo que, dentro em breve, deixarei a minha
tenda, segundo o que me deu a entender nosso Senhor
Jesus Cristo. 15 Mas terei cuidado de que, mesmo depois

da minha morte, possais, em qualquer ocasião, recordar estas coisas.

A Transfiguração é garantia da Parúsia

[16] Efetivamente, não foi seguindo fábulas engenhosas
que vos fizemos conhecer o poder e a vinda de nosso Se-
nhor Jesus Cristo, mas foi depois de termos sido especta-
dores da sua grandeza. [17] De fato, ele recebeu de Deus Pai
honra e glória, quando da majestosa glória desceu a ele
uma voz que dizia: «Este é o meu Filho amado, em quem
pus as minhas complacências». [18] Nós mesmos ouvimos
essa voz vinda do céu, quando estávamos com ele sobre
o monte santo.

As profecias e a Parúsia

[19] Temos ainda a palavra mais firme dos profetas, à
qual fazeis bem em receber como uma lâmpada brilhan-
do num lugar escuro até que venha o dia e a estrela da
manhã nasça em vossos corações. [20] Sabei, antes de tudo,
isto: que nenhuma profecia da Escritura surge de in-
terpretação própria. [21] Com efeito, a profecia nunca foi
trazida por vontade humana, mas movidos pelo Espírito
Santo, os homens falaram da parte de Deus.

II. DENÚNCIA DOS FALSOS MESTRES

Os danos que causam

2 1 Ora, assim como no povo de Israel houve falsos pro-
fetas, do mesmo modo haverá entre vós falsos douto-
res, que introduzirão seitas perniciosas e que, renegando
aquele Senhor que os resgatou, atrairão sobre si mesmos
uma pronta ruína. 2 Muitos seguirão as suas dissoluções,
por causa dos quais será blasfemado o caminho da verda-
de. 3 Por cobiça, com palavras falsas vos explorarão, mas
a sua condenação já desde há muito não tarda, e a sua
destruição não dorme.

O castigo a eles reservado

4 Em realidade, se Deus não perdoou aos anjos que
pecaram, mas, lançados no Tártaro, os entregou às ca-
deias das trevas para serem reservados até o juízo; 5 se
não perdoou ao mundo antigo, mas somente salvou oito
pessoas incluindo Noé, pregador da justiça, quando fez
vir o dilúvio sobre o mundo dos ímpios; 6 se condenou
a uma total ruína as cidades de Sodoma e de Gomorra,
reduzindo-as a cinzas para servir de exemplo àqueles que
venham a viver impiamente; 7 se, enfim, livrou o jus-
to Ló, que se afligia pelo viver em libertinagens desses
iníquos 8 (pois esse justo que habitava entre eles sentia,
diariamente, a sua alma atormentada, vendo e ouvindo

as suas obras iníquas), [9] é porque o Senhor sabe livrar os
justos da tentação e reservar os maus para o dia do juízo
a fim de serem castigados, [10] principalmente aqueles que
vão atrás da carne na imunda concupiscência e despre-
zam a soberania.

Sua conduta arrogante e licenciosa

Audaciosos e arrogantes, não temem blasfemar contra
as glórias, [11] enquanto os anjos, maiores em fortaleza e
robustez, não levantam diante do Senhor acusação inju-
riosa contra elas. [12] Mas estes, como animais irracionais
naturalmente feitos para presa e para perdição, blasfe-
mando das coisas que ignoram, perecerão da mesma
morte, [13] recebendo a injustiça como paga da injustiça.
Fazem consistir a sua felicidade nas delícias de cada dia;
eles, que são manchados e viciados, põem o seu pra-
zer em vos enganar banqueteando-se convosco. [14] Têm
os olhos cheios de adultério e de um contínuo pecado;
atraem com afago as almas inconstantes; têm o coração
exercitado na cobiça; são filhos da maldição! [15] Deixando
o caminho direito, extraviaram-se seguindo o caminho
de Balaão, filho de Bosor, o qual amou a recompensa de
iniquidade, [16] mas foi repreendido pela sua culpa: um
animal de carga mudo, falando com voz humana, refreou
a insânia do profeta. [17] São fontes sem água e névoas
agitadas por um turbilhão, para os quais está reservada a
obscuridade das trevas.

18 Com palavras arrogantes e ocas, atraem pelos dese-
jos desregrados da carne aqueles que pouco antes tinham
fugido dos que vivem no erro. 19 Prometem-lhes a liber-
dade quando eles mesmos são escravos da corrupção;
pois que se é escravo daquele por quem se foi vencido.

Gravidade da apostasia

20 Porque se, depois de terem fugido das corrupções
do mundo pelo conhecimento do Senhor e Salvador Jesus
Cristo, por elas são novamente envolvidos e vencidos, o
seu segundo estado tornou-se-lhes pior do que o primeiro.
21 Melhor lhes era não conhecer o caminho da justiça, do
que, depois de o terem conhecido, tornar para trás daquele
mandamento santo que lhes havia sido dado. 22 Dessa for-
ma, realizou-se neles aquele provérbio verdadeiro:

«*Voltou o cão ao seu próprio vômito*»,

e este outro:
«A porca lavada tornou a revolver-se no lamaçal».

III. A PARÚSIA DO SENHOR

Doutrina da tradição

3 1 Amados, eis que esta é a segunda epístola que vos
escrevo; em ambas procuro despertar em vós com

lembranças uma sã inteligência. 2 Lembrai-vos das coi-
sas preditas pelos santos profetas e dos mandamentos do
Senhor e Salvador, transmitidos pelos vossos apóstolos.

Erros a respeito da Parúsia

3 Sabei, antes de tudo, que nos últimos tempos virão
zombadores com zombarias, vivendo segundo os seus
desejos. 4 Dirão: «Onde está a promessa da sua vinda?
Desde que os pais morreram, tudo continua como no
princípio da criação.»

Doutrina escatológica

5 Mas isso é porque eles ignoram voluntariamente que
antigamente existiram os céus e uma terra, que a palavra
de Deus fez surgir da água e pela água, 6 e que por essas
mesmas causas o mundo de então pereceu submergido
na água.

7 Mas os céus e a terra que agora existem são guarda-
dos pela mesma palavra e reservados para o fogo, no dia
do juízo e da perdição dos homens ímpios.

8 Há, porém, uma coisa, amados, que não deveis ig-
norar: é que um dia para o Senhor é como mil anos, e
mil anos como um dia. 9 Não retarda o Senhor a sua
promessa, como alguns pensam, mas usa de paciência
convosco, não querendo que nenhum pereça, mas que

todos se convertam à penitência. [10] Todavia, como um
ladrão virá o dia do Senhor, no qual passarão os céus com
grande estrondo e os elementos com o calor se dissolve-
rão, assim como a terra e as obras que há nela.

Consequências morais

[11] Portanto, visto que todas essas coisas estão desti-
nadas a ser desfeitas, quais não deveis ser em piedade e
santidade de vida, [12] esperando e correndo ao encontro
da vinda do dia de Deus, no qual os céus, ardendo, se
desfarão, e os elementos, com o ardor do fogo, se hão de
fundir! [13] Realmente esperamos, segundo a sua promessa,
novos céus e uma nova terra, nos quais habite a justiça.
[14] Portanto, amados, esperando essas coisas, procu-
rai com diligência ser encontrados por ele sem mancha
e irrepreensíveis na paz. [15] Crede que a longanimidade
de nosso Senhor é para vossa salvação, conforme tam-
bém nosso amado irmão Paulo vos escreveu segundo a
sabedoria que lhe foi dada, [16] como aliás faz em todas as
suas cartas em que fala disto, nas quais há alguns pon-
tos difíceis de entender, que os indoutos e inconstantes
adulteram (como também as outras Escrituras) para sua
própria perdição.

Exortação final e doxologia

[17] Vós pois, amados, sabendo de antemão, tende
cuidado para que não caiais da vossa firmeza levados

pelo erro desses insensatos, [18] mas crescei na graça e no
conhecimento do nosso Senhor e Salvador Jesus Cristo.
A ele seja dada glória, agora e até o dia da eternidade.
Amém.

NOTAS À *SEGUNDA CARTA DE SÃO PEDRO*

1, 1-2. Esta carta, semelhante à de São Judas, visa a reafirmar a esperança na segunda vinda do Senhor. O cristão deve desenvolver a fé que recebeu e a confiança na doutrina apostólica (1, 3-21), guardando-se dos falsos mestres que, não esperando aquela segunda vinda, entregam-se e incitam os outros a uma vida licenciosa que lhes trará o castigo divino (2, 1-22). Pelo contrário, a segunda vinda do Senhor, embora pareça tardia, é algo certo (3, 1-16), que exige vigilância (3, 17-18).

O «conhecimento» de Deus e de Jesus Cristo (v. 2) é obtido através da fé correta e implica um comportamento coerente com ela (cf. 1, 5-11). Este ponto é enfatizado desde o início porque o autor quer lidar com falsos ensinamentos que obscurecem a retidão da fé.

Este é um dos textos mais explícitos do Novo Testamento sobre a divindade de Jesus Cristo, chamado «nosso Deus e Salvador» (v. 1; cf. 1, 11; 2, 20; 3, 2.18).

A saudação contém os dois termos habituais, «graça e paz» (cf. 1 Pd 1, 2), que resumem os bens do cristão.

***1, 3-21.** Diante daqueles que negaram a última vinda do Senhor, o autor sagrado os exorta a serem fiéis à doutrina recebida dos Apóstolos. Em primeiro lugar, o compromisso com a virtude é encorajado com um argumento simples e profundo ao mesmo tempo (vv. 3-11). A seguir (vv. 12-21), lembra-nos que a esperança na parúsia – a vinda gloriosa de Jesus Cristo – é garantida e pertence ao depósito da fé.

1, 3-4. Deus, com o seu poder, escolheu os Apóstolos e concedeu-lhes graças admiráveis para que todos os homens se tornem «participantes da natureza divina» (v. 4). Nesta breve fórmula, que desempenhou um papel muito importante na reflexão teológica e sobretudo na doutrina da graça, se resumem os frutos que estes bens preciosos produzem nos cristãos. Como consequência da união da natureza humana e da natureza divina na Pessoa do Verbo, o homem é divinizado: «O Filho de Deus se fez homem para nos fazer Deus» (Santo Atanásio, *De incarnatione*, 54, 3; cf. *Catecismo da Igreja Católica*, n. 460). Esta «divinização» é, ao mesmo tempo, o início e a meta definitiva da vida cristã. O início, enquanto incorporação a Cristo pelo batismo, leva consigo – pela graça e pela filiação divina adotiva – à participação na própria vida de Deus. Meta definitiva, na medida em que essa participação chegue à sua plenitude e se aperfeiçoe definitivamente no Céu, contemplando a Deus «como Ele é» (1 Jo 3, 2). Em todo o caso, a Santíssima Trindade habita – já nesta vida – na alma em graça (cf. p. ex. Jo 14, 17-23; 1 Cor 3, 16; 6, 19). «A fé diz-nos que o homem em estado de graça se encontra *endeusado*» (Josemaria Escrivá, *É Cristo que passa*, n. 103).

1, 5-11. A iniciativa divina deve ser respondida com fé e prática das virtudes, e assim alcançar a meta e a plenitude a que Deus chama. Para o cristão, as virtudes não são um fim em si mesmas, mas um meio necessário para chegar ao conhecimento de Cristo (v. 8); quem não se exercita nas virtudes será incapaz de vê-lo (v. 9). «Através destas virtudes, se as pusermos em prática, Deus deixa-nos vê-lo; mas, se não os praticarmos, não poderemos ver a Deus» (Cesário de Arles, *In 2 Petrum, ad loc.*). Por isso, Santa Teresa de Jesus insistia na necessidade de não separar a contemplação do esforço para crescer na virtude: «Volto a dizer que é preciso não se basear apenas na oração e na contemplação; porque, se não buscares as virtudes e as exercitares, ficarás sempre anão, e até agrada a Deus que seja só para não crescer, porque já sabes que quem não cresce, diminui» (*Moradas* 7, 4, 9). Entre as virtudes, a fé (v. 5) e a caridade (v. 7) são mencionadas como «princípio e fim da vida. O começo é a fé; o termo, a caridade. As duas, unidas, conduzem a Deus, e tudo o mais que diz respeito à perfeição e à santidade decorre delas» (Santo Inácio de Antioquia, *Ad ephesios*, 14, 1-2).

1, 12-15. Esta passagem reflete o propósito da carta, que tem o caráter de um testamento espiritual: trazer à memória as verdades cristãs e encorajar os fiéis na prática das virtudes. A imagem da tenda dos nômades (v. 13, Cf. Is 38, 12; 2 Cor 5, 1) é muito expressiva da natureza efêmera da vida do homem na terra. «É semelhante a como os peregrinos, deixando as tendas, regressam para casa depois de terminada a peregrinação. Ou como os que partiram em campanha regressam à pátria, depois de fugirem ou derrotarem o inimigo. Porque sabem que só no céu está a sua própria casa, a sua cidade e a sua pátria» (São Beda, *In 2 Epistolam Sancti Petri, ad loc.*).

1, 16-18. A autoridade apostólica sobre o *status* divino de Jesus não se baseia em «fábulas engenhosas» (v. 16), mas em testemunhas oculares da revelação de Deus no Tabor. A Transfiguração de Jesus Cristo é uma garantia da verdade da parúsia ou segunda vinda de Cristo, que alguns negaram. Se então o Senhor deixou vislumbrar momentaneamente a sua divindade, no fim dos tempos se manifestará plenamente e para sempre.

1, 19-21. O testemunho dos profetas é também uma garantia da verdade da parúsia, porque é a Palavra de Deus. Portanto, a palavra dos profetas (as Escrituras) não tolera uma interpretação «privada», arbitrária. Não pode ser deixada ao sentimento pessoal, às especulações míticas (cf. 1, 16).

O v. 21 revela o fato e a natureza da inspiração bíblica. A Sagrada Escritura foi escrita sob a inspiração do Espírito Santo. Deus e o autor humano intervêm na composição dos livros sagrados de tal maneira que a escrita resultante é – ao mesmo tempo – toda de Deus e toda do homem. Por isso, como aponta o escritor sagrado, a interpretação da Sagrada Escritura não pode ser arbitrária (v. 20). Foi a Igreja que recebeu o mandato e o serviço de conservar e interpretar a Palavra de Deus: «O ofício de interpretar autenticamente a palavra de Deus escrita ou transmitida foi confiado unicamente ao Magistério vivo da Igreja, cuja autoridade se exerce em nome de Jesus Cristo. Este Magistério, evidentemente, não está sobre a Palavra de Deus, mas a serve, ensinando somente o que lhe foi confiado, por mandato divino e com a ajuda do Espírito Santo, escuta-a com misericórdia, guarda-a com exatidão e a expõe com fidelidade, e deste depósito único de fé tira tudo o que propõe como verdade revelada por Deus que deve ser acreditada" (Concílio Vaticano II, *Dei Verbum*, n. 10).

***2, 1-22.** O autor sagrado, antes de refutar o erro fundamental dos falsos mestres – negar a parúsia –, denuncia seus desvios morais: cobiça e impureza. A passagem correspondente da *Carta de São Judas* (vv. 4-16), que parece ter inspirado o autor de *2 Pedro* (cf. *Introdução*), completa e ilustra os ensinamentos do capítulo.

2, 1-3. Os falsos mestres que pretendem enganar o povo já foram anunciados na Sagrada Escritura. Os cristãos, portanto, não devem se surpreender, embora o autor lamente os danos que causam. Pelo tom desses versículos, parece que esses cristãos pervertidos ainda faziam parte das comunidades fiéis.

2, 4-10. O castigo eterno que aguarda os falsos mestres é ilustrado com três exemplos bíblicos bem conhecidos: os anjos rebeldes, o dilúvio e a destruição de Sodoma e Gomorra. Na passagem paralela de Jd 5-10, ao invés do dilúvio, fala-se da punição dos israelitas rebeldes durante o êxodo. Em contraste com a condenação que aguarda os ímpios, Deus concede a salvação àqueles que permanecem fiéis, como Ele salvou Noé e Lot. Este é um estímulo para perseverar no bem, mesmo que o ambiente seja contrário.

O v. 4 fala do pecado dos anjos. «O diabo e os outros demônios foram criados por Deus com uma boa natureza, mas eles se fizeram maus» (Concílio de Latrão IV, *De fide catholica*). «A queda consiste na livre opção destes espíritos criados, que radical e irrevogavelmente recusaram Deus e o seu Reino» (*Catecismo da Igreja Católica*, n. 392). A Sagrada Escritura não explica em que consistiu o seu pecado. Muitos santos – Santo Agostinho, São Tomás de Aquino, por exemplo, acham que deve ter sido um pecado de soberba. A condenação dos anjos deve servir de lição: mesmo sendo criaturas privilegiadas, sofreram um castigo severo. Tal punição ajuda a entender o mal do pecado.

Parece que o pecado mais difundido entre os falsos mestres, e o que mais pervertia os fiéis, era o da luxúria (v. 10), como aconteceu em Sodoma e Gomorra (cf. nota em Jd 5-7). Este vício ofusca a mente de tal maneira que quem nele está imerso passa a subestimar "a autoridade do Senhor" (cf. Jd 8-10). Por outro lado, a castidade "é uma virtude que honra o ser humano e que lhe permite ter um amor verdadeiro, desinteressado, generoso e respeitoso para com os outros" (Congregação para a Doutrina da Fé, *Persona humana*, n. 12).

2, 10-19. O texto paralelo da Carta de São Judas (vv. 8-16) ajuda a entender melhor algumas expressões dessa passagem, na qual é descrito o comportamento pervertido dos falsificadores.

As «glórias» (v. 10) seriam os anjos como um todo ou os anjos caídos que governam o mundo, cuja dignidade é considerada inferior à dos anjos que servem na presença do Senhor (cf. Jd 8-10). A passagem pode ser entendida como se os ímpios, cegos por seu orgulho, ousassem blasfemar contra seres que lhes são superiores: uma audácia ainda maior, quando nem os próprios anjos se atrevem a pronunciar um julgamento injurioso contra os demônios. Talvez eles desprezassem o poder dos demônios, pensando que não poderiam fazer mal a eles, justificando assim sua vida depravada. Também poderia ser entendido que eles invocavam anjos como patronos de seus vícios.

Balaão (v. 15) havia permanecido como exemplo de homem perverso e ganancioso por induzir os israelitas à idolatria e à fornicação (cf. Nm 31, 16; Ap 2, 14), quando antes abençoara o povo de Israel (Nm 22, 1-24, 25).

O triste resultado da atividade dos falsários é a sedução de alguns recém-convertidos: pouco antes eles se afastaram dos vícios; mas agora são arrastados de volta, sob promessas de liberdade, como se isso consistisse em seguir instintos e paixões desordenadas (vv. 18-19). «Cristo, nosso Libertador, libertou-nos do pecado e da escravidão da lei e da carne, que é sinal da condição do homem pecador. É, portanto, a nova vida da graça, fruto da justificação, que nos liberta. Isso significa que a escravidão mais radical é a escravidão do pecado. Por isso, as outras formas de escravidão encontram sua última raiz na escravidão do pecado. Portanto, a liberdade em seu sentido cristão pleno, caracterizada pela vida no Espírito, não pode ser confundida com a licença para ceder aos desejos da carne. Ela é vida nova na caridade» (Congregação para a Doutrina da Fé, *Libertatis nuntius*, n. 4, 2).

2, 20-22. Com dois provérbios populares (v. 22) – o primeiro, tirado de Pr 26, 11; o outro, conhecido nas tradições semítica e grega –, o autor sagrado ilustra a gravidade da situação em que se encontram aqueles que, depois de terem conhecido a doutrina salvífica de Jesus Cristo, voltam aos seus pecados anteriores. Aos ímpios, e aos seduzidos por eles, aplica-se o que o Senhor havia dito sobre aqueles que, depois de terem se livrado do demônio, voltam a cair em seu poder: «o último estado daquele homem torna-se pior do que o primeiro» (Mt 12, 45). São Gregório Magno comenta: «Quem chora o pecado cometido, mas, no entanto, não o abandona, é culpado de maior culpa; porque despreza o perdão que o choro poderia implorar, e suja-se como em água barrenta, porque quando, apesar das suas lágrimas, impede a pureza da sua vida, aos olhos de Deus faz com que as próprias lágrimas se manchem» (*Regula pastoralis*, 3.30).

***3, 1-18.** A verdade mais diretamente negada pelos falsos mestres era a segunda vinda do Senhor; ao rejeitá-la, eles desvalorizavam as exigências morais do cristianismo. Diante dessa situação, a carta trata agora de refutar seus argumentos e propor a doutrina sobre escatologia. A dificuldade para compreender algumas das expressões da carta deve-se, em parte, ao fato de que os raciocínios dos hereges aqui combatidos não chegaram até nós. Ver também Jd 16-17.

3, 1-2. O autor exorta a uma vida cristã baseada em critérios corretos (v. 1), que têm sua origem nas palavras do Senhor transmitidas pelos Apóstolos (v. 2). A sua menção junto com os profetas indica que, desde o início, eles têm uma função semelhante à dos profetas do Antigo Testamento, como transmissores autorizados da Revelação: «O que os Apóstolos transmitiram inclui tudo o que é necessário para uma vida santa e para uma fé crescente do Povo de Deus» (Concílio Vaticano II, *Dei Verbum*, n. 8).

3, 3-4. Os falsos profetas negaram a parúsia, alegando que nada havia mudado, nem havia ocorrido nenhuma das catástrofes que eles consideravam iminentes.

«Pais» (v. 4) pode se referir à primeira geração de cristãos ou também aos ancestrais do Antigo Testamento. De acordo com os falsificadores, se de lá para cá nenhuma mudança aconteceu, também não vai acontecer no futuro.

3, 5-10. O autor sagrado repreende os falsos mestres por sua falta de fé e ensina que as coisas não são as mesmas desde o início: Deus realizou a criação com sua Palavra e através dela enviou o castigo do dilúvio, causando uma profunda transformação no universo (vv. 5-6). Portanto, é preciso acreditar que também por meio de sua Palavra toda a criação passará por uma profunda mudança que dará origem a «novos céus e uma nova terra» (cf. 7.10; 3, 12-13). Além disso, o tempo é muito relativo em relação à eternidade de Deus (v. 8), e se Deus retarda o momento final é por sua misericórdia, porque quer que todos os homens se salvem (v. 9; cf. 1 Tm 2, 4; Rm 11, 22). Uma coisa é certa: devemos permanecer vigilantes, porque o dia do Senhor chegará sem aviso prévio (v. 10; cf. Mc 13, 32-36).

«Como não sabemos o dia nem a hora, é necessário, segundo a admoestação do Senhor, vigiar constantemente para que, findo o único período da nossa vida terrena (cf. Hb 9, 27), mereçamos entrar com Ele nas bodas e ser contados entre os eleitos (cf. Mt 25, 31-46), e não sejamos mandados, como servos maus e preguiçosos (cf. Mt 25, 26), para o fogo eterno (cf. Mt 25, 41)» (Concílio Vaticano II, *Lumen gentium*, n. 48).

3, 11-16. A consideração do fim do mundo e da parúsia do Senhor fundamenta a exortação moral. «No fim dos tempos, o Reino de Deus chegará à sua plenitude. Depois do Juízo final, os justos reinarão para sempre com Cristo, glorificados em corpo e alma, e o próprio universo será renovado. [...] A esta misteriosa renovação, que há de transformar a humanidade e o mundo, a Sagrada Escritura chama "os novos céus e a nova terra"» (*Catecismo da Igreja Católica*, nn. 1042-1043). O cristão deve aguardar esses eventos, não com medo, mas com esperança (vv. 12-14). Ao mesmo tempo, esta expectativa não pode levá-lo a ignorar as realidades humanas: «A expectativa de uma nova terra não deve enfraquecer, mas sim intensificar a preocupação de cultivar esta terra, onde cresce aquele corpo da nova família humana, que já pode oferecer um certo esboço do novo século» (Concílio Vaticano II, *Gaudium et spes*, n. 39).

A referência aos escritos de São Paulo (vv. 15-16) é um testemunho evidente de como, desde os primórdios do cristianismo, a unidade na fé é considerada essencial.

3, 17-18. A conclusão é uma síntese apertada de alguns pontos fundamentais da carta: solicitude pastoral, meios de defesa contra os falsos mestres e fé na divindade de Jesus Cristo.

Normalmente as doxologias que aparecem no Novo Testamento são de louvor a Deus Pai (cf. Jd 25; Rm 16, 27); esta é dirigida a Cristo, cuja divindade, como em outras passagens da carta, é abertamente confessada.

CARTAS

PRIMEIRA CARTA DE SÃO JOÃO

INTRODUÇÃO

Segundo uma tradição que remonta ao século II, o Apóstolo São João escreveu suas três cartas em Éfeso, ao regressar do exílio de Patmos, no final do século I da nossa era. São Policarpo já ecoa a Primeira Carta de João por volta do ano 150, citando a frase: «Quem não confessa que Jesus veio em carne...»[1]. Santo Irineu, por volta do ano 180, supõe que o apóstolo São João a escreveu, pois cita passagens da carta atribuindo-as ao «discípulo do Senhor»[2]. Clemente de Alexandria, por volta do ano 200, além de escrever um comentário sobre a *Primeira Carta de São João* que só chegou até nós em fragmentos, cita-a com frequência em suas obras, atribuindo-a explicitamente ao apóstolo São João[3]. O mesmo fazem Orígenes (+ 253)[4] – que sublinha a relação entre o quarto Evangelho e *1 João* – e Tertuliano (+ 222 *ca.*)[5]. Nos antigos catálogos ou cânones de livros inspirados, sempre figura esta carta, apontando São João como seu autor.

---

1 1 Jo 4, 2; cf. S. Policarpo, *Ad philippenses*, 7, 1, 2.

2 Por ex., 1 Jo 2, 18.19.21; 4, 1-3; 5, 1; cf. S. Irineu, *Adversus haereses*, 3, 16, 5.8.

3 Cf. *Stromata*, 2, 15, 66; 3, 4, 32; 3, 5, 44; 3, 6, 45.

4 Conforme o testemunho de Eusébio de Cesareia, *Historia ecclesiastica*, 6, 25, 8.

5 Cf. *Adversus Praxeam*, 15; *Scorpiace*, 12; *Adversus Marcionem*, 5, 16.

I. CONTEÚDO E ESTRUTURA

Na estrutura da carta, pode-se delimitar com bastante precisão um prólogo (1, 1-4) e um breve epílogo (5, 13), seguido de um apêndice (5, 14-21). O prólogo, muito semelhante ao do quarto Evangelho, enuncia a ideia fundamental da carta: a comunhão ou união do cristão com Deus, que se manifesta na fé em Jesus Cristo e na prática da caridade fraterna. Essa ideia é resumida no epílogo: «Estas coisas vos escrevo para que saibais que tendes a vida eterna, vós que credes no nome do Filho de Deus» (5, 13). Por outro lado, não é fácil encontrar divisões precisas para a parte central da carta, porque o pensamento se desenvolve como numa espiral: volta sempre às ideias fundamentais, iluminando-as de diferentes ângulos. No entanto, distinguem-se três partes:

1. Na primeira (1, 5-2, 29), que começa com a mensagem: «Deus é luz», desenvolvem-se as exigências de santidade exigidas pela vida cristã, apresentada como um caminhar na luz[6].

2. Na segunda (3, 1-24), que começa com a declaração da filiação divina do cristão, exortam-se novamente às mesmas exigências, considerando-as como consequência daquela condição de filhos de Deus.

6 Cf. 1 Jo 1, 7.

3. Na terceira (4, 1-5, 12), os temas centrais da carta são desenvolvidos com nova amplitude e profundidade, formando com eles um tríptico literário: a fé em Jesus Cristo (4, 1-6), o amor (4, 7-21) e, novamente, a fé no Senhor (5, 1-12).

II. COMPOSIÇÃO E CONTEXTO HISTÓRICO

O nome do autor não é mencionado na carta, nem o dos destinatários; tampouco aparecem as habituais saudações ou a despedida no final. Esses dados sugerem que se trata de uma espécie de carta circular enviada às comunidades cristãs de toda uma região. Segundo uma tradição transmitida por Santo Irineu[7], o apóstolo São João, voltando do exílio na ilha de Patmos, passou os últimos anos de sua vida em Éfeso, então capital da província romana da Ásia. De lá dirigiu as várias igrejas da Ásia Menor, cujos nomes são citados no *Apocalipse* (Ap 2-3).

Segundo esta tradição, a carta deve ter sido escrita depois do ano 95 ou 96, quando – sob o governo de Nerva – São João voltou de Patmos. Embora os argumentos não sejam definitivos, a maioria dos autores tende a pensar que é posterior ao quarto Evangelho, pois parece assumir os ensinamentos ali expostos. Das três cartas do

7 *Adversus haereses*, 3, 1, 1.

Novo Testamento atribuídas a São João, parece que esta é cronologicamente a última, escrita no final do primeiro século da era cristã.

Como se depreende do seu conteúdo, alguns falsos mestres – «anticristos», «falsos profetas» que enganam, «filhos do diabo», como são chamados por João[8] – haviam surgido dentro dessas jovens igrejas e, embora provavelmente tenham se dissociado delas[9], continuaram a ameaçar com seus erros a pureza da fé e os costumes cristãos. O Apóstolo escreve com o propósito de denunciar esses desvios e fortalecer os fiéis na fé. Tais desvios se referiam à Pessoa e à obra salvadora de Cristo, negando que Jesus fosse o Messias, o Filho de Deus[10]. Além disso, a insistência de São João em que Jesus Cristo veio «em carne»[11] parece indicar que eles rejeitavam a realidade da Encarnação do Verbo de Deus[12]. Junto com esses erros cristológicos, uma visão errônea da vida cristã foi propagada também no nível moral: pretendiam não ter pecado[13]; afirmavam ter alcançado um conhecimento especial de Deus, que os isentava de guardar seus mandamentos[14]; diziam amar a Deus e viver em união com Ele, mas

8 Cf. 1 Jo 2, 18.26; 3, 7.10; 4, 1.

9 Cf. 1 Jo 2, 19.

10 Cf. 1 Jo 2, 22; 4, 3.14s.

11 Cf. 1 Jo 4, 2.

12 Cf. também o prólogo da carta: 1 Jo 1, 1-4.

13 Cf. 1 Jo 1, 8.

14 Cf. 1 Jo 2, 4-6.

não amavam seus irmãos[15]. Diante de ambos os erros, o Apóstolo deixa claro o seu ensinamento.

III. ENSINAMENTOS

A comunhão com Deus

São João desenvolve amplamente a doutrina da comunhão ou união do cristão com Deus. A razão deve ter sido – pelo menos em parte – o escopo dos falsos mestres, que reivindicavam um conhecimento superior de Deus – gnose – desvinculado dos ensinamentos cristãos tradicionais, bem como uma união permanente com Ele, graças à qual não se consideravam obrigados a guardar os mandamentos, sobretudo o da caridade fraterna. Diante de tais erros, São João enfatiza que somente quem permanece em comunhão com os Apóstolos e aceita sua mensagem pode alcançar a união com o Pai e com o Filho[16]. Para descrever esta comunhão, ele utiliza frases claras e ousadas: conhecer a Deus[17]; estar em Deus[18]

---

15 Cf. 1 Jo 2, 9-11.

16 Cf. 1 Jo 1, 3.

17 Cf. 1 Jo 2, 3.13.14; 3, 1.6; 4, 6-8; 5, 20.

18 Cf. 1 Jo 2, 5; 5, 20.

ou na luz[19]; ter o Pai[20] ou o Filho[21] e, portanto, a vida eterna[22]; e, sobretudo, a expressão «permanecer» em Deus[23], que atinge seu ápice nas chamadas fórmulas de reciprocidade: permanecer em Deus e Deus nele[24].

O conhecimento amoroso de Deus se manifesta na observância de seus mandamentos[25], de modo que «quem observa os seus mandamentos está em Deus, e Deus nele»[26]; e resplandece especialmente no mandamento da caridade fraterna[27]. Numa palavra: «quem permanece na caridade permanece em Deus, e Deus nele»[28].

A fé em Jesus Cristo

Desde o início[29] até o final[30], a fé na Pessoa e na obra redentora do Filho de Deus, Jesus Cristo, aparece repetidamente. Tanto para combater os erros como para

19 Cf. 1 Jo 2, 9.

20 Cf. 1 Jo 2, 23.

21 Cf. 1 Jo 5, 12.

22 Cf. 1 Jo 3, 15; 5, 12.

23 Cf. 1 Jo 2, 6.24.27; 3, 6.24.

24 1 Jo 3, 24; cf. 1 Jo 4, 13-16.

25 Cf. 1 Jo 2, 3-6.

26 1 Jo 3, 24.

27 Cf. 1 Jo 2, 9-11; 3, 14-17; 4, 12.

28 1 Jo 4, 16.

29 Cf. 1 Jo 1, 1-3.

30 Cf. 1 Jo 5, 13.20.

fortalecer os cristãos na fé recebida desde o início, o Apóstolo insiste na divindade de Jesus Cristo, na sua Encarnação redentora e no seu papel de único Mediador entre Deus e os homens. O prólogo já resume as afirmações dogmáticas mais importantes sobre Jesus Cristo[31]: afirma que é o Verbo[32] – isto é, a segunda Pessoa da Santíssima Trindade – ou o Filho de Deus[33]; sua existência eterna junto do Pai[34]; e também sua Encarnação no tempo, insistindo na realidade da sua natureza humana[35]. Trata-se da mesma Vida imperecível que por Ele é comunicada aos crentes. Essas afirmações são desenvolvidas ao longo da carta.

A caridade

Eis o tema central da carta. São João usa tanto o substantivo «amor»[36] como o verbo «amar»[37]. Duas vezes afirma que «Deus é amor»[38]. Como diz Santo Agostinho,

---

31 1 Jo 1, 1-4. Cf. também o prólogo do Evangelho de São João (Jo 1, 1ss), com o qual está tão aparentado.

32 1 Jo 1, 1.

33 1 Jo 1, 3.

34 Cf. 1 Jo 1, 1-2.

35 *Ibidem.*

36 Dezoito vezes. No original grego, o termo é sempre o mesmo – *ágape* –, ainda que na tradução apareça algumas vezes «amor» e, outras, «caridade».

37 Vinte e oito vezes.

38 1 Jo 4, 8.16.

nesta carta o Apóstolo «disse muitas coisas, praticamente todas, sobre a caridade»[39]. Deus é amor porque em si mesmo, na sua vida intratrinitária, é comunidade viva de amor. São João chega a esta expressão como fruto de uma meditação profunda – sob a inspiração do Espírito Santo – sobre o modo como Deus opera na história da salvação, em especial na Encarnação redentora: «Nisto se manifestou a caridade de Deus para conosco: em que Deus enviou o seu Filho Unigênito ao mundo para que por ele tenhamos a vida»[40].

A filiação divina

A comunhão com Deus e a vida de graça recebida por meio de Jesus Cristo constituem o cristão como filho de Deus. «Considerai que amor nos mostrou o Pai: que sejamos chamados filhos de Deus; e nós o somos!»[41]. Embora distinta da filiação natural de Jesus Cristo[42], a filiação divina do cristão é uma maravilhosa realidade sobrenatural. Deus, por meio de Jesus Cristo, dá aos homens sua Vida, tornando-os participantes de sua própria

39 *In Epistulam Ioannis ad Parthos*, prólogo.

40 1 Jo 4, 9.

41 1 Jo 3, 1.

42 São João utiliza, inclusive, palavras distintas em grego para se referir ao Filho de Deus – *hyiós* – e aos cristãos como filhos de Deus – *teknia*. Ao se dirigir a seus discípulos, chamando-os carinhosamente de «filhinhos», utiliza outros termos: *teknia*, *paidía*.

natureza divina[43]: portanto, São João costuma falar dos cristãos como «nascidos de Deus»[44]. Não se trata, pois, de uma relação meramente extrínseca, como um título honorário ou uma simples adoção à maneira humana: somos verdadeiramente filhos de Deus[45].

43 Cf. 2 Pd 1, 4.

44 Cf. 1 Jo 2, 29; 3, 9; 4, 7; 5, 1.4.

45 Cf. 1 Jo 3, 1.

PRIMEIRA CARTA DE SÃO JOÃO

Prólogo

1 [1] O que era desde o princípio, o que ouvimos, o que
vimos com os nossos olhos, o que contemplamos, o
que apalparam as nossas mãos relativamente ao Verbo da
vida — [2] porque a vida se manifestou: nós a vimos, da-
mos dela testemunho e vos anunciamos a vida eterna,
que estava no Pai e nos apareceu —, [3] isso que vimos
e ouvimos, vo-lo anunciamos para que vós também te-
nhais comunhão conosco e para que a nossa comunhão
seja com o Pai e com seu Filho, Jesus Cristo. [4] Estas coisas
vos escrevemos para que a nossa alegria seja completa.

I. A UNIÃO COM DEUS

Deus é luz

[5] A nova que ouvimos dele e que vos anunciamos é
esta: Deus é luz e não há nele nenhumas trevas.

Caminhar na luz. Rechaçar o pecado

6 Se pretendemos ter comunhão com Ele e andamos
nas trevas, mentimos e não praticamos a verdade. 7 Po-
rém, se andamos na luz, como Ele mesmo também está
na luz, temos comunhão recíproca, e o sangue de Jesus
Cristo, seu Filho, nos purifica de todo o pecado.
8 Se fingimos não ter pecado, enganamo-nos e não
há verdade em nós. 9 Porém, se confessamos os nossos
pecados, Ele é fiel e justo para no-los perdoar e para nos
purificar de toda a iniquidade. 10 Se fingimos não ter
pecado, fazemo-lo mentiroso, e a sua palavra não está
em nós.

2 1 Filhinhos meus, eu vos escrevo estas coisas para que
não pequeis; mas, se algum pecar, temos um advoga-
do junto do Pai, Jesus Cristo, o justo. 2 Ele é a vítima de
propiciação pelos nossos pecados; e não somente pelos
nossos, mas também pelos de todo o mundo.

Cumprir os mandamentos

3 Sabemos que o conhecemos por isto: se guardamos
os seus mandamentos. 4 Quem diz que o conhece e não
guarda os seus mandamentos é um mentiroso, e a verdade

não está nele. [5] Mas quem guarda a sua palavra, nesse o
amor de Deus é verdadeiramente perfeito; por isso conhe-
cemos que estamos nele. [6] Quem pretende estar nele deve
também andar como ele andou.

[7] Caríssimos, não vos escrevo um mandamento
novo, mas um mandamento velho, que recebestes des-
de o princípio; este mandamento velho é a palavra que
ouvistes. [8] Mas, por outro lado, eu vos escrevo um man-
damento novo — o qual é verdadeiro nele e em vós —,
pois que passaram as trevas e já resplandece a verdadeira
luz. [9] Quem pretende estar na luz e odeia o seu irmão
está ainda nas trevas. [10] Quem ama o seu irmão per-
manece na luz, e nele não há ocasião de queda. [11] Mas
quem odeia seu irmão está nas trevas, anda nas trevas
e não sabe para onde vai, porque as trevas cegaram os
seus olhos.

Confiança nos fiéis

[12] Eu vos escrevo, filhinhos, porque os vossos pecados
vos são perdoados pelo seu nome.

[13] Eu vos escrevo, pais, porque conhecestes aquele que
é desde o princípio.

Eu vos escrevo, adolescentes, porque vencestes o Maligno.

[14] Eu vos escrevi, meninos, porque conhecestes o Pai.

Eu vos escrevi, jovens, porque sois fortes, porque a palavra de Deus permanece em vós e porque vencestes o Maligno.

Guardar-se do mundo

15 Não ameis o mundo nem as coisas do mundo. Se
alguém ama o mundo, não há nele o amor do Pai, 16 por-
que tudo o que há no mundo — concupiscência da carne,
concupiscência dos olhos e orgulho da riqueza —, isso
não vem do Pai, mas do mundo. 17 Ora, o mundo passa, e
a sua concupiscência com ele, mas quem faz a vontade de
Deus permanece eternamente.

Permanecer na verdade diante dos hereges

18 Filhinhos, é a última hora. Como ouvistes dizer,
o Anticristo está para vir; mas digo-vos que já há mui-
tos Anticristos, donde conhecemos que é a última hora.
19 Eles saíram de entre nós, mas não eram dos nossos,
porque, se tivessem sido dos nossos, ficariam certamen-
te conosco; mas saíram de entre nós para que se conhe-
ça que nem todos são dos nossos. 20 Porém, vós rece-
bestes a unção do Santo e tendes a ciência. 21 Não vos
escrevi como a ignorantes da verdade, mas como a quem
a conhece e sabe que da verdade não vem nenhuma
mentira. 22 Quem é mentiroso, senão aquele que nega

que Jesus é o Cristo? Este é um Anticristo, que nega o Pai
e o Filho. 23 Todo aquele que nega o Filho também não
possui o Pai; aquele que confessa o Filho possui também
o Pai. 24 O que ouvistes desde o princípio permanece em
vós. Se em vós permanecer o que ouvistes desde o princí-
pio, também permanecereis no Filho e no Pai. 25 Esta é a
promessa que ele mesmo nos fez: a vida eterna.

26 Eis o que eu vos tinha a escrever acerca daqueles
que vos seduzem. 27 Permanece em vós a unção que re-
cebestes dele. Não tendes necessidade de que ninguém
vos ensine; mas porque a sua unção vos ensina todas as
coisas, e ela é verídica e não mentirosa, permanecei nele
segundo ela vos ensinou.

28 E agora, filhinhos, permanecei nele para que, quan-
do aparecer, tenhamos confiança e não sejamos confun-
didos por ele na sua vinda. 29 Se sabeis que ele é justo,
sabei também que todo aquele que pratica a justiça nas-
ceu dele.

II. A FILIAÇÃO DIVINA

Somos filhos de Deus

3 1 Considerai que amor nos mostrou o Pai: que se-
jamos chamados filhos de Deus; e nós o somos!
O mundo não nos conhece, porque não o conheceu a

Ele. 2 Caríssimos, agora somos filhos de Deus, mas não se
manifestou ainda o que seremos. Sabemos que, quando
ele se manifestar, seremos semelhantes a ele, porque o
veremos como ele é.

O que nasceu de Deus não peca

3 Todo aquele que tem esta esperança nele torna-se
puro, assim como também ele é puro. 4 Todo aquele que
comete pecado comete iniquidade, porque o pecado é
uma iniquidade. 5 Sabeis que ele apareceu para tirar os
pecados e que nele não há pecado.

6 Todo aquele que permanece nele não peca; todo o
que peca não o viu nem o conheceu. 7 Filhinhos, nin-
guém vos seduza. Aquele que pratica a justiça é justo,
como também ele é justo. 8 Aquele que comete o pecado
é do diabo, porque o diabo peca desde o princípio. Para
destruir as obras do diabo é que o Filho de Deus se ma-
nifestou. 9 Todo aquele que nasceu de Deus não comete o
pecado, porque a semente de Deus permanece nele: não
pode pecar porque nasceu de Deus. 10 Nisto se distin-
guem os filhos de Deus dos filhos do diabo: todo aquele
que não pratica a justiça não é de Deus, e também não o
é aquele que não ama seu irmão.

Prática da caridade fraterna

11 Porque a mensagem que ouvistes desde o princípio
é esta: Amemo-nos uns aos outros. 12 Não como Caim,

que era do Maligno e matou seu irmão. E por que o
matou? Porque as suas obras eram más e as de seu irmão,
justas. 13 Não vos admireis, irmãos, de que o mundo vos
tenha ódio. 14 Sabemos que fomos trasladados da morte
para a vida porque amamos os nossos irmãos. Aquele que
não ama permanece na morte. 15 Todo aquele que tem
ódio a seu irmão é um homicida, e vós sabeis que a vida
eterna não tem morada em nenhum homicida.

16 Nisto conhecemos o amor: em ter ele dado a sua
vida por nós. Igualmente nós devemos dar a vida pe-
los nossos irmãos. 17 Se alguém que possua bens deste
mundo vir o seu irmão em necessidade e lhe fechar o
seu coração, como está nele a caridade de Deus? 18 Meus
filhinhos, não amemos de palavra e com a língua, mas
por obra e em verdade.

19 Por isso conhecemos que somos da verdade e tran-
quilizaremos os nossos corações diante de Deus, 20 seja
qual for a censura que o nosso coração nos dirija, por-
que Deus é maior do que o nosso coração e conhece to-
das as coisas. 21 Caríssimos, se o nosso coração nos não
condenar, tenhamos confiança diante de Deus; 22 tudo
o que lhe pedirmos receberemos dele, porque guarda-
mos os seus mandamentos e fazemos o que é agradável
a seus olhos.

23 E este é o seu mandamento: que creiamos no nome
de seu Filho Jesus Cristo e nos amemos uns aos outros,
como ele nos mandou. 24 Quem observa os seus manda-
mentos está em Deus, e Deus nele; pelo Espírito que nos
deu sabemos que ele permanece em nós.

III. A FÉ EM JESUS CRISTO E O AMOR FRATERNO

Fé em Jesus Cristo diante dos falsos profetas

4 [1] Caríssimos, não acrediteis em todo espírito, mas
examinai os espíritos para ver se são de Deus, porque
muitos falsos profetas apareceram no mundo. [2] Nisto
se conhece o Espírito de Deus: todo espírito que con-
fessa que Jesus Cristo veio em carne é de Deus; [3] todo
espírito que não confessa Jesus não é de Deus, mas é do
Anticristo, do qual vós ouvistes que vem, e agora está já
no mundo.

[4] Vós, filhinhos, sois de Deus e alcançastes vitória
sobre eles, porque o que está em vós é mais poderoso
que o que está no mundo. [5] Eles são do mundo; por
isso falam a linguagem do mundo e o mundo os ouve.
[6] Nós somos de Deus. Quem conhece a Deus ouve-nos;
quem não é de Deus não nos ouve. Nisso reconhecemos
o espírito da verdade e o espírito do erro.

Deus é amor. A caridade fraterna, sinal dos cristãos

[7] Caríssimos, amemo-nos uns aos outros, porque a
caridade vem de Deus. Todo aquele que ama nasceu de
Deus e conhece a Deus. [8] Quem não ama não conheceu
a Deus, porque Deus é caridade. [9] Nisto se manifestou a
caridade de Deus para conosco: em que Deus enviou o

seu Filho Unigênito ao mundo para que por ele tenha-
mos a vida. 10 A caridade consiste nisto: em não termos
sido nós os que amamos a Deus, mas em ter sido Ele que
nos amou e enviou o seu Filho, como vítima de propicia-
ção pelos nossos pecados.

11 Caríssimos, se Deus nos amou assim, devemos nós
também amar-nos uns aos outros.

12 Ninguém jamais viu a Deus. Porém, se nos amamos
mutuamente, Deus permanece em nós e a sua caridade em
nós é perfeita. 13 Por isto conhecemos que estamos nele e
ele em nós: porque nos comunicou o seu Espírito.

14 Nós vimos e testificamos que o Pai enviou o seu
Filho como Salvador do mundo. 15 Todo aquele que con-
fessar que Jesus é o Filho de Deus, Deus permanece nele,
e ele em Deus. 16 Reconhecemos a caridade que Deus
tem por nós e cremos nela. Deus é caridade; quem per-
manece na caridade permanece em Deus, e Deus nele.

17 Nisto é perfeita em nós a caridade de Deus: em
que tenhamos confiança no dia do Juízo, porque qual é
ele, tais nós somos neste mundo. 18 Na caridade não há
temor; a caridade perfeita lança fora o temor, porque o
temor supõe pena; e aquele que teme não é perfeito na
caridade.

18 Nós, portanto, amemos, porque ele nos amou
primeiro. 20 Se alguém disser: «Eu amo a Deus», e odiar
o seu irmão, é um mentiroso. Aquele que não ama o seu
irmão, a quem vê, não pode amar a Deus, a quem não vê.
21 Temos de Deus este mandamento: que aquele que ama
a Deus ame também o seu irmão.

O que crê em Jesus vence o mundo

5 [1] Todo aquele que crê que Jesus é o Cristo nasceu
de Deus; e todo aquele que ama quem o gerou ama
também aquele que nasceu dele. [2] Nisto conhecemos que
amamos os filhos de Deus: se amamos a Deus e guarda-
mos os seus mandamentos. [3] Efetivamente, o amor de
Deus consiste em guardarmos os seus mandamentos,
mandamentos que não são custosos. [4] Todo o que nasceu
de Deus vence o mundo; a vitória que venceu o mundo
é a nossa fé. [5] Quem é que vence o mundo, senão aquele
que crê que Jesus é o Filho de Deus?

O testemunho a respeito do Filho

[6] Este Jesus Cristo é aquele que veio pela água e pelo
sangue; não com água somente, mas com água e com
sangue. E o Espírito é o que dá testemunho, porque o
Espírito é a verdade. [7] Com efeito, são três os que dão tes-
temunho: [8] o Espírito, a água e o sangue, e estes três estão
de acordo. [9] Se admitimos o testemunho dos homens, o
testemunho de Deus é maior. Ora, esse testemunho de
Deus é o que ele deu de seu Filho. [10] O que crê no Filho
de Deus tem em si esse testemunho. O que não crê em
Deus faz dele um mentiroso, porque não crê no testemu-
nho que Deus deu de seu Filho. [11] E esse testemunho é
que Deus deu-nos a vida eterna e que esta vida está em

seu Filho. 12 Aquele que tem o Filho tem a vida; aquele
que não tem o Filho de Deus não tem a vida.

IV. CONCLUSÃO

13 Estas coisas vos escrevo para que saibais que tendes
a vida eterna, vós que credes no nome do Filho de Deus.

Pedir pelos pecadores

14 Esta é a confiança que temos nele: que, se lhe pedi-
mos algo conforme a sua vontade, ele nos ouve. 15 E, já
que sabemos que nos ouve em tudo quanto lhe pedimos,
sabemos que obtemos o que lhe tivermos pedido.

16 Se alguém sabe que seu irmão comete um pecado
que não é de morte, ore, e Deus lhe dará a vida. Falo
daqueles cujo pecado não conduz à morte, pois há um
pecado que conduz à morte: não digo que rogue alguém
por este. 17 Toda iniquidade é pecado, mas há pecado que
não conduz à morte.

A segurança do cristão, filho de Deus

18 Sabemos que todo aquele que nasceu de Deus não
peca: o Gerado de Deus o guarda, e o Maligno não lhe
toca. 19 Sabemos que somos de Deus e que todo o mundo

está sob o Maligno. 20 Mas sabemos que veio o Filho de
Deus e nos deu entendimento para que conheçamos o
Verdadeiro. Ora, nós estamos no Verdadeiro, em seu Fi-
lho Jesus Cristo. Este é o Verdadeiro Deus e a vida eterna.
21 Filhinhos, guardai-vos dos ídolos.

NOTAS À *PRIMEIRA CARTA DE SÃO JOÃO*

1, 1-4. Embora não haja saudação ou despedida, esta carta reflete a intimidade entre o autor e os destinatários. O tema central é a comunhão com Deus, com Cristo e com os irmãos. Para animar essa comunhão, São João reflete sobre alguns temas que aparecem entrelaçados e são contemplados como círculos concêntricos com profundidade crescente. São como os pontos essenciais de uma catequese batismal, através da qual o cristão pode discernir o que é comunhão autêntica e o que não é. A comunhão com Deus se alcança caminhando na luz, na sinceridade, guardando os mandamentos e permanecendo na verdade de Cristo e em Cristo (1, 5-2, 29). Uma comunhão com Deus que é filiação e que exige romper com o pecado e viver com as obras o mandamento do amor fraterno (3, 1-24). Uma comunhão que implica a confissão da verdade sobre Cristo, amando como Deus ama e acreditando na ação de Deus que nos deu o seu Filho (4, 1-5, 12). A carta conclui reafirmando o poder da oração e a segurança que a fé dá (5, 14-21).

O prólogo (v. 1-4), que enuncia a ideia fundamental da escrita, tem fortes semelhanças com a do quarto Evangelho (Jo 1, 1-18): Jesus é o Verbo (a Palavra) da vida manifestada aos homens. Comentando esta passagem, o *Catecismo da Igreja Católica* diz: «A transmissão da fé cristã é, antes de mais, o anúncio de Jesus Cristo, para Levar à fé nEle. Desde o princípio, os primeiros discípulos arderam no desejo de anunciar Cristo: "Nós é que não podemos deixar de dizer o que vimos e escutamos" (At 4, 20). E convidam os homens de todos os tempos a entrar na alegria da sua comunhão com Cristo» (*Catecismo da Igreja Católica*, n. 425).

A finalidade do testemunho do autor sagrado sobre Cristo (vv. 3-4) é dupla: comunhão e alegria plena. A comunhão com os Apóstolos, expressa com o termo técnico *koinonia*, implica, antes de tudo, ter a mesma fé de quem viveu com Jesus Cristo: «Eles viram o Senhor presente corporalmente», recorda Santo Agostinho, «e ouviram as palavras de sua boca e no-las anunciaram; nós também os ouvimos, mas não o vimos [...]. Eles o viram, nós não o vimos, mas estamos unidos a eles, porque temos a mesma fé» (*In Epistolam Ioannis ad Parthos*, 1, 3).

A alegria completa é fruto da união com Deus (v. 4). A maioria dos manuscritos diz «nossa alegria»: outros, entre eles a *Vulgata*, acrescentam «vossa». A variante não é importante, porque o pronome «nosso» inclui os Apóstolos e os fiéis, sobretudo tendo em conta a mencionada «comunhão» (cf. Jo 15, 11; 17, 13).

***1, 5-2, 29.** Esta seção expõe a natureza da união com Deus e as exigências que ela implica.

1, 5. Com a imagem da luz, vislumbra-se o que significa a revelação: Deus é a luz, Jesus Cristo no-la deu a conhecer, e a revelação cristã é o esplendor dessa luz. A afirmação «Deus é luz» servirá a São João para exortar os cristãos a se comportarem corretamente. Assim também faz Santo Agostinho, quando comenta que «devemos expulsar as trevas para que a luz entre, porque as trevas não se compaginam com a luz» (*In Epistolam Ioannis ad Parthos* 1.5).

1, 6-2, 2. A fórmula iniciada por «Se...» introduz três suposições plausíveis e que, de fato, devem ter ocorrido entre alguns dos primeiros hereges, especialmente os gnósticos, que, vangloriando-se de terem alcançado a sabedoria plena, consideravam-se impecáveis.

Para levar uma vida de união com Deus, o cristão deve reconhecer-se pecador e lutar contra o pecado. Assim, Cristo, que é o advogado perante o Pai (2, 1), purifica-o de todo o pecado com o seu sangue (v. 7). A aceitação da misericórdia divina exige de cada um de nós a confissão das suas faltas. A penitência imposta no sacramento da reconciliação ajuda-nos a configurar-nos com Cristo, o único que expiou os nossos pecados de uma vez por todas (cf. *Catecismo da Igreja Católica*, n. 1460).

Caminhar na escuridão – caminhar na luz: expressa graficamente a conduta pecaminosa e a conduta justa. São João insiste que uma vida de pecado não pode ser justificada invocando uma suposta comunhão com Deus: «A mera confissão de fé não é de modo algum suficiente», esclarece São Beda, «se faltar a confirmação com as boas obras» (*In Epistolam Sancti Ioannis, ad loc.*).

São João Paulo II aponta a relevância do v. 8: «Iludidos pela perda do sentido do pecado, às vezes tentados por alguma pequena ilusão cristã de impecabilidade, os homens de hoje precisam ouvir novamente, dirigida pessoalmente a cada um, a advertência de São João: "Se dissermos que não há pecado, enganamo-nos a nós mesmos, e a verdade não está em nós', mais ainda, 'o mundo inteiro jaz no Maligno" (1 Jo 5, 19). Cada um, portanto, é convidado pela voz da Verdade divina a ler realisticamente dentro de sua consciência e a confessar que foi engendrado na iniquidade, como dizemos no Salmo *Miserere* (cf. Sl 51, 7)» (*Reconciliatio et paenitentia*, n. 22).

Santo Agostinho assim explica v. 9: «Se confessares o pecado, em ti está a verdade: a verdade é luz. A tua vida ainda não brilha em todo o seu esplendor, porque há pecados em ti; mas começas a ser iluminado, pois confessas as tuas iniquidades» (*In Epistolam Ioannis ad Parthos*, 1, 6).

«O Apóstolo São João» – diz Santo Afonso Maria de Ligório – «exorta-nos a evitar o pecado; mas, temendo que desfaleçamos, quando nos lembramos de nossas faltas passadas, ele nos encoraja a esperar o perdão, desde que tenhamos a firme resolução de não cair, dizendo-nos que devemos confiá-las a Cristo, que não morreu apenas para nos perdoar, mas também, depois de sua morte, tornou-se nosso advogado perante o Pai celestial» (*Reflexões sobre a Paixão*, 9, 2).

2, 3-11. Ao longo da carta, «conhecer a Deus» não significa conhecimento teórico, mas estar unido a Ele pela fé e pelo amor, vivendo a vida da graça.

A novidade do mandamento não está no preceito – já se encontra no Antigo Testamento (cf. Lv 19, 18) –, mas na medida que Jesus exige – «como eu vos amei» (Jo 13, 34) – e na sua universalidade: amor por todos os homens, amigos e inimigos, independentemente de raça, ideologia ou posição social. «Qual é a perfeição do amor? Amar os inimigos e amá-los para que se tornem irmãos» (Santo Agostinho, *In Epistolam Ioannis ad Parthos*, 1, 9). «O principal apostolado que nós, os cristãos, temos de realizar no mundo, o melhor testemunho de fé, é contribuir para que dentro da Igreja se respire o clima da autêntica caridade» (Josemaria Escrivá, *Amigos de Deus*, n. 226).

2, 12-14. Estes versículos podem ser entendidos como uma exortação dirigida a todos os cristãos, cada um segundo a sua situação. «Filhinhos» e «meninos» podem ser referência aos novos batizados, enquanto «pais» e «adolescentes» seriam àqueles que já passaram por várias etapas em sua fé; seja porque são capazes de gerar outros nessa mesma fé, seja porque lutam e, com graça, vencem as tentações do mundo: «Lembrai-vos de que sois pais; se vos esqueceis dAquele que é desde o princípio, perdestes a paternidade. Considerai também repetidamente que sois jovens: lutai por vencer; vencer para serdes coroados; sede humildes para não sucumbirdes na luta» (Santo Agostinho, *In Epistolam Ioannis ad Parthos* 2, 7).

Comentando a frase: «Vencestes o Maligno!» (v. 13), ensina o Papa São João Paulo II: «É conveniente voltar constantemente às raízes do mal e do pecado na história da humanidade e do universo, assim como Cristo voltou a essas mesmas raízes em seu mistério pascal da Cruz e da Ressurreição. Não se deve ter medo de chamar pelo nome o primeiro arquiteto do mal: o Maligno» (*Carta aos jovens*, n. 15).

2, 15-17. «Mundo» aqui tem o sentido pejorativo de inimigo de Deus e do homem, abrangendo tudo o que se opõe a Deus: o reino do pecado. «Orgulho da riqueza» (v. 16) tem sido geralmente traduzido como «soberba da vida». «São João distingue três espécies de cobiça ou concupiscência [...]. Seguindo a tradição catequética católica, o nono mandamento proscreve a concupiscência da carne; o décimo proíbe a cobiça do bem alheio» (*Catecismo da Igreja Católica*, n. 2514).

A enumeração que São João faz das manifestações da vida mundana (v. 16) é um compêndio do que se opõe à fidelidade ao amor de Deus. «A concupiscência da carne não se reduz exclusivamente à desordem da sensualidade: estende-se ao comodismo e à falta de vibração, que impelem a procurar o mais fácil, o mais agradável, o caminho aparentemente mais curto, mesmo à custa de concessões no caminho da fidelidade a Deus [...]. O outro inimigo, escreve São João, é a concupiscência dos olhos, uma avareza de fundo que leva a apreciar apenas o que se pode tocar: os olhos que ficam como que colados às coisas terrenas, mas também os olhos que, por isso mesmo, não sabem descobrir as realidades sobrenaturais. Portanto, podemos entender a expressão da Sagrada Escritura como uma referência à avareza dos bens materiais e, além disso, a essa deformação que nos leva a observar o que nos rodeia – os outros, as circunstâncias da nossa vida e do nosso tempo – com visão exclusivamente humana. Os olhos da alma embotam-se; a razão julga-se autossuficiente e capaz de entender todas as coisas prescindindo de Deus.

É uma tentação sutil, que se escuda na dignidade da inteligência; da inteligência que nosso Pai-Deus outorgou ao homem para que o conheça e o ame livremente. Arrastada por essa tentação, a inteligência humana considera-se o centro do universo, entusiasma-se novamente com o "sereis como deuses" e, enchendo-se de amor por si mesma, vira as costas ao amor de Deus. Deste modo, a nossa existência pode entregar-se sem condições às mãos do terceiro inimigo, a *superbia vitae*. Não se trata simplesmente de pensamentos efêmeros de vaidade ou de amor-próprio: é um endurecimento generalizado. Não nos enganemos, porque tocamos o pior dos males, a raiz de todos os extravios. A luta contra a soberba deve ser constante, porque, como já se disse graficamente, essa paixão morre um dia depois de a pessoa morrer. É a altivez do fariseu, a quem Deus reluta em justificar por encontrar nele uma barreira de autossuficiência. É a arrogância que leva a desprezar os demais homens, a dominá-los, a maltratá-los: porque *onde houver soberba, aí haverá também ofensa e desonra* (Pr 11, 2)» (Josemaria Escrivá, *É Cristo que passa*, nn. 5-6)

2, 18-29. A existência de hereges leva a pensar que se cumpriu a predição do Senhor sobre a vinda do Anticristo (cf. Mt 24, 15-28 e par.), e começou «a última hora» (v. 18). Isso reflete o anseio dos primeiros cristãos pela segunda vinda de Cristo ou parúsia, e significa que tudo o que acontece está preparando essa vinda.

A expressão «Anticristo» aparece apenas nas cartas de São João (2, 18.22; 4, 3; 2 Jo 7), embora as suas características sejam semelhantes às do «homem do pecado», «o que se oporá», do qual São Paulo fala (cf. 2 Ts 2, 1-12), e às «bestas» do Apocalipse (cf., por exemplo, Ap 11, 7; 13, 1ss): a sua qualidade comum e distintiva é a oposição brutal Cristo, sua doutrina e seus seguidores. Não é fácil interpretar com certeza se o Anticristo tem um sentido individual ou coletivo. Este último pode ser deduzido das cartas de São João: designaria o grupo daqueles que se opõem a Jesus Cristo – os «muitos anticristos» – que atuam desde as origens do cristianismo e continuarão lutando contra o Senhor até o fim dos tempos. Cf. nota a 2 Ts 2, 1-12 e Ap 20, 1-6.

«A unção do Santo» (vv. 20 e 27) refere-se à ação do Pai e do Filho pelo Espírito Santo que se desenvolve no cristão através do batismo. Os cristãos não precisam ouvir ensinamentos estranhos aos da Igreja, mas, ao contrário, guiados pelo

Espírito Santo, possuem a certeza da fé «"quando, desde os bispos até o último dos leigos cristãos" (Santo Agostinho, *De praedestinatione sanctorum*, 14, 27), mostram que estão totalmente de acordo em questões de fé e moral» (Concílio Vaticano II, *Lumen gentium*, n. 12). Este é o chamado sentido sobrenatural da fé dos fiéis (*sensus fidelium*).

O v. 22 contém uma verdade fundamental da fé: para ser cristão é preciso crer que Jesus, aquele que viveu entre nós, é o Messias, o Filho de Deus. «As opiniões segundo as quais não seria revelado e conhecido que o Filho de Deus subsiste desde a eternidade no mistério de Deus, diferente do Pai e do Espírito Santo, opõem-se claramente a esta fé; e também as opiniões segundo as quais deve ser abandonada a noção da pessoa única de Jesus Cristo, nascido do Pai antes de todos os séculos segundo a natureza divina, e no tempo da Virgem Maria segundo a natureza; e, finalmente, a afirmação segundo a qual a Humanidade de Jesus Cristo existiria não como assumida na pessoa eterna do Filho de Deus, mas, sim, em si mesma como pessoa humana e, consequentemente, o mistério de Jesus Cristo consistiria no fato de que Deus, revelando-se, estaria supremamente presente na pessoa humana de Jesus» (Congregação para a Doutrina da Fé, *Mysterium Filii Dei*, n. 3).

A «unção» (v. 27) refere-se ao Espírito Santo, que atua nos fiéis, instruindo-os «em todas as coisas».

***3, 1-24.** Nesta segunda seção, São João fundamenta suas exortações na condição do cristão ser filho de Deus.

3, 1-2. A filiação divina é uma realidade esplêndida através da qual Deus dá gratuitamente aos batizados uma dignidade estritamente sobrenatural, que nos introduz na intimidade divina e nos faz *domestici Dei*, familiares de Deus (cf. Ef 2, 19). «Esta é a grande ousadia da fé cristã: proclamar o valor e a dignidade da natureza humana e afirmar que, mediante a graça que nos eleva à ordem sobrenatural, fomos criados para alcançar a dignidade de filhos de Deus» (Josemaria Escrivá, *É Cristo que passa*, n. 133).

3, 3-10. Chegar a ver Deus (cf. 3, 2) é a esperança que sustenta e anima o cristão no caminho da santidade e que o leva a lutar contra o pecado. O pecado é «iniquidade» (v. 4).

«Esta expressão» – explica São João Paulo II –, «na qual ressoa o eco do que São Paulo escreve sobre o mistério da iniquidade (cf. 2 Ts 2, 7), pretende fazer-nos perceber o que há de obscuro e indescritível no pecado. Isso é, sem dúvida, obra da liberdade do homem; mas dentro do seu próprio peso humano atuam fatores pelos quais o pecado se situa além do que é humano, naquela região limítrofe onde a consciência, a vontade e a sensibilidade do homem estão em contato com as forças obscuras que, segundo São Paulo, trabalham no mundo até dominá-lo (cf. Rm 7, 7-25; Ef 2, 2; 6, 12)» (*Reconciliatio et paenitentia*, n. 14).

Diante dos hereges que reivindicavam um conhecimento especial de Deus (*gnose*), que os colocava acima do bem e do mal, de modo que o pecado lhes era indiferente, São João faz eco das palavras do Senhor: «pelo fruto se conhece a árvore» (Mt 12, 33). Os critérios de discernimento são: a prática da justiça, ou seja, a luta pela santidade e contra o pecado, e a prática do amor fraterno (v. 10). A expressão «filhos do diabo» não é usada em sentido estrito, mas sim de acordo com um modo de falar semítico muito frequente, que significa «partidários do diabo».

3, 11-24. Quem não vive o amor fraterno é tão assassino quanto Caim (v. 12). Em contraste, o modelo é Cristo, que deu a vida por nós (vv. 13-16). O amor fraterno deve ser manifestado, portanto, com obras e verdade (vv. 17-18), e resulta em plena confiança em Deus, que tudo sabe (vv. 19-22). «Creio que esta é a pérola que procurava o mercador descrito no Evangelho, que, encontrando-a, vendeu tudo o que tinha e comprou-a (cf. Mt 13, 46). Esta é a pérola preciosa: a caridade. Sem ela, tudo que tens é inútil; se só possuis esta, é o suficiente. [...] Podes dizer-se: "Eu não vi Deus"; mas pode me dizer: "não vi o homem?" Ama teu irmão. Se amas o teu irmão que vês, também verás a Deus, porque verás a caridade e dentro dela habita Deus» (Santo Agostinho, *In Epistolam Ioannis ad Parthos*, 5, 7).

Com um exemplo muito semelhante ao de Tg 2, 15-16, São João indica nos vv. 17-18 que o verdadeiro amor se manifesta em obras concretas. «Obras quer o Senhor» – dizia Santa Teresa –, «e se vês vir uma pessoa doente a quem podes dar algum alívio, não te importes de perder a devoção e te compadeceres dela; e se ele tem alguma dor, doa em ti; e se necessário, jejua para que ela coma, não tanto por causa dela, mas porque tu sabes que teu Senhor o quer; esta é a verdadeira união com a sua vontade, e que se tu visses uma pessoa ser muito elogiada, te alegres muito mais do que se elogiassem a ti» (*Moradas*, 5, 3, 11).

Os mandamentos divinos se resumem em um duplo aspecto (vv. 22-24): fé em Jesus Cristo e amor aos irmãos. «Nem podemos amar-nos corretamente sem a fé em Cristo; nem podemos crer verdadeiramente no nome de Jesus Cristo sem amor fraterno» (São Beda, *In 1 Epistolam Sancti Ioannis, ad loc.*).

***4, 1-5, 12.** Nesta seção, os temas centrais da carta são desenvolvidos com nova amplidão e profundidade, como em um tríptico em que a fé em Jesus Cristo (4, 1-6; 5, 1-12) enquadra o mandamento do amor (4, 7 -21).

4, 1-6. Acreditar na verdadeira encarnação do Filho de Deus é o sinal distintivo da fé cristã. «As primeiras heresias negavam menos a divindade de Jesus Cristo do que a sua verdadeira humanidade (docetismo gnóstico). Desde os tempos apostólicos, a fé cristã insiste na verdadeira encarnação do Filho de Deus, "vindo na carne"» (*Catecismo da Igreja Católica*, n. 465).

A vitória sobre o pecado leva à humildade: «Não te orgulhe, olhe quem venceu em ti. Por que venceste? *Porque aquele que está em vós é mais poderoso do que aquele que está no mundo.* Sê humilde; leva o teu Senhor; sê um cordeirinho de teu cavaleiro. É conveniente para ti que Ele te guie, que Ele te conduza; porque se não O tiveres como cavaleiro, levantarás a cabeça, darás coices: mas ai de ti sem guia! Essa liberdade te levaria a ser comido pelas feras» (Santo Agostinho, *In Epistolam Ioannis ad Parthos*, 7, 2).

4, 7-21. O fio condutor da argumentação é o seguinte: Deus é amor e foi ele quem nos amou primeiro (vv. 7-10); o amor fraternal é a resposta obrigatória ao amor de Deus (vv. 11-16); quando há amor perfeito não há medo (vv. 17-18); o amor fraternal é uma manifestação do amor de Deus (vv. 19.21).

O tema central da carta se resume na expressão «Deus é caridade» (vv. 8-16). Estas palavras «exprimem com clareza cristalina o coração da fé cristã: a imagem cristã de Deus e também a consequente imagem do homem e do seu caminho. [...] "Acreditamos no amor de Deus": assim o cristão pode exprimir a escolha fundamental da sua vida. Não se começa a ser cristão por uma decisão ética ou por uma grande ideia, mas pelo encontro com um acontecimento, com uma Pessoa que dá à vida um novo horizonte e, com ela, uma orientação decisiva» (Bento XVI, *Deus Caritas est*, n. 1).

«Precisamente porque há pecado no mundo que "Deus tanto amou [...] que deu o seu Filho unigênito" (Jo 3, 16), Deus que é amor não pode revelar-se senão como misericórdia. Isto corresponde não só à verdade mais profunda daquele amor que é Deus, mas também à verdade interior do homem e do mundo que é a sua pátria temporal» (São João Paulo II, *Dives in misericordia*, n. 13).

A Encarnação e a Morte redentora de Cristo são a manifestação suprema desse amor. Apoiado nesse amor, o cristão pode vencer todo medo (v. 18). «A solução é amar. O Apóstolo São João escreve umas palavras que me atingem muito: *Qui autem timet, non est perfectus in caritate*». Eu o traduzo assim, quase ao pé da letra: quem tem medo não sabe amar. – Portanto, tu, que tens amor e sabes amar, não podes ter medo de nada! – Para a frente!» (*Forja*, n. 260).

É impossível amar a Deus sem amar o próximo. Clemente de Alexandria recolhe uma bela frase da tradição cristã: «Ver o irmão é ver Deus» (*Stromata*, 1, 19; 2, 15). E São João Clímaco escreve: «Não se compreende o amor de Deus se não leva consigo o amor ao próximo. É como se eu sonhasse que estava andando. Seria apenas um sonho: eu não andaria. Quem não ama o próximo não ama a Deus» (*Scala paradisi*, 33).

5, 1-5. O batizado, pela fé em Jesus Cristo, torna-se filho de Deus. Como consequência, ele ama seus irmãos homens – não se concebe o amor ao pai sem amar os irmãos –, cumpra os mandamentos e participe da vitória de Cristo sobre o mundo. A fé em Jesus Cristo é tão importante que todo batizado participa por meio dela do triunfo do Senhor. Jesus venceu o mundo (cf. Jo 16, 33) com a sua morte e ressurreição, e o cristão – incorporado a Ele pela fé – tem ao seu alcance as graças necessárias para vencer as tentações e participar da mesma glória. Neste texto, o termo «mundo» tem um significado pejorativo: significa tudo o que se opõe à obra redentora de Cristo e à consequente salvação dos homens.

5, 6-12. Parece que alguns gnósticos afirmaram que Jesus de Nazaré se tornou Filho de Deus pelo batismo e deixou de sê-lo antes da Paixão. São João refuta esses erros e com a alusão – com os termos água e sangue – afirma que o batismo e morte de Jesus Cristo na cruz são fatos são inseparáveis do testemunho do Espírito, e negá-los seria fazer Deus mentiroso (cf. v. 10).

Os Santos Padres, que compreenderam as palavras do v. 8 como referidas aos sacramentos, costumam comentar como a graça de Deus se faz presente internamente neles e se manifesta externamente. Nessa linha escreve São Beda: «O Espírito Santo nos torna filhos adotivos de Deus; a água da fonte sagrada nos lava; o sangue do Senhor nos redime: o sacramento espiritual nos dá duplo testemunho, um visível, outro invisível» (*In 1 Epistolam Sancti Ioannis, ad loc.*).

***5, 13-21.** Após uma breve conclusão (v. 13) que resume o tema central da epístola, São João acrescenta algumas recomendações finais como apêndice.

5, 14-17. O autor sagrado reforça a confiança na oração e exorta à necessidade de rezar pelos pecadores. «Pecado que leva à morte» (v. 16), recorda o pecado contra o Espírito Santo (cf. Mt 12, 31-32) e o da apostasia (cf. Hb 6, 4-8). «João parece querer acentuar a gravidade incalculável daquilo que é a essência do pecado, a rejeição de Deus, que se realiza sobretudo na apostasia e na idolatria, isto é, no repúdio da fé na verdade revelada e na equiparação de certas realidades criadas a Deus, elevando-as ao nível de ídolos ou falsos deuses» (São João Paulo II, *Reconciliatio et paenitentia*, n. 17).

Se São João não manda expressamente rezar por aqueles pecadores, isso não significa que sejam irrecuperáveis, considerando a onipotência e a misericórdia de Deus. O Papa São Gelásio I ensina: «Há pecado de morte para quem permanece no mesmo pecado; não há pecado de morte para quem se desvia do mesmo pecado. Certamente não há pecado pelo qual a Igreja não peça perdão, ou do qual, pelo poder que lhe foi concedido divinamente, ela não possa absolver aqueles que dele se desviam» (*Ne forte*).

5, 18-21. Jesus Cristo, Deus e homem verdadeiro, é também a vida eterna, porque só nEle a podemos alcançar. Na afirmação de São João de que «aquele que nasceu de Deus não peca» (v. 18) – ensina São João Paulo II – «há uma indicação de esperança, baseada nas promessas divinas: o cristão recebeu a garantia e a força necessária para não pecar» (*Reconciliatio et paenitentia*, n. 20).

Nas palavras finais, São João usa três vezes a mesma expressão – «sabemos que...» (vv. 18.19.20) – para expressar a solidez do fundamento da vida do cristão: a ação de Deus a seu favor. «Acreditamos no amor de Deus: é assim que o cristão pode expressar a escolha fundamental de sua vida. Não se começa a ser cristão por uma decisão ética ou por uma grande ideia, mas pelo encontro com um acontecimento, com uma Pessoa que dá um novo horizonte à vida e, com ela, uma orientação decisiva» (Bento XVI, *Deus caritas est*, n. 1).

CARTAS

SEGUNDA E TERCEIRA CARTAS DE SÃO JOÃO

INTRODUÇÃO

Estas duas cartas, que por sua brevidade são também designadas como «epístolas menores de São João», respondem em sua estrutura ao modelo das cartas da época em ambiente greco-romano: têm no início um protocolo – com o nome do remetente, dos destinatários e a saudação – e, ao final, a despedida. O autor é apresentado em ambos como «o ancião»[1] («presbítero»). A segunda é dirigida «à Senhora eleita e a seus filhos»[2], expressão que é uma forma figurativa de designar uma igreja local, muito provavelmente da Ásia Menor. A terceira é dirigida a um cristão chamado Gaio[3], e talvez, por meio dele, a um grupo de fiéis. A grande difusão que tiveram desde o início – apesar de sua brevidade – constitui um testemunho implícito da autoridade do seu autor. A isto juntam-se os abundantes testemunhos que, desde os tempos mais remotos, atribuem estas missivas ao Apóstolo São João. Assim, São Policarpo (+156) – um discípulo do Apóstolo –, em sua *Carta aos Filipenses*[4], parece usar o texto de 2 Jo 7. Santo Irineu (+202) – discípulo do primeiro – cita 2 Jo 7 e 11, atribuindo expressamente

1 2 Jo 1; 3 Jo 1.

2 2 Jo 1.

3 3 Jo1.

4 Cf. *Ad philippenses*, 7, 1.

esta carta a São João[5]. Também Tertuliano (+ca. 222), testemunha da Igreja na África do Norte, alude a 2 Jo 7[6]. Um testemunho indireto é encontrado em Clemente de Alexandria (+214), que, para introduzir uma citação de 1 João, usa a fórmula: «João, na sua epístola maior...", dando a entender que conhecia pelo menos outra carta menor do mesmo autor[7]. Citações explícitas das duas cartas são encontradas em vários escritores dos séculos III ao V: São Dionísio de Alexandria[8], Santo Atanásio[9], São Cirilo de Jerusalém[10], São Gregório Nazianzeno[11], Santo Agostinho[12] etc. Ambas as cartas figuram, na condição de obras do Apóstolo São João, junto com 1 João nas mais antigas listas ou cânones de livros inspirados. Junto com esse amplo consenso – refletido em tantos testemunhos de várias partes da Igreja –, surgiram também certas dúvidas nos primeiros séculos sobre a autenticidade joanina dessas duas missivas. Orígenes (+253) já menciona as dúvidas existentes em seu tempo[13]. Eusébio coloca ambas as cartas entre os "escritos discutidos" do Novo

5 Cf. *Adversus haereses*, 1, 16, 3; 3, 16, 8.

6 Cf. *De carne Christi*, 24.

7 Cf. *Stromata*, 2, 16, 76.

8 Cf. Eusébio de Cesareia, *Historia ecclesiastica*, 7, 25, 11.

9 *Epistulae*, 39.

10 *Catecheses*, 4, 36.

11 *Carmina*, 1, 12, 37.

12 *De doctrina christiana*, 2, 8, 12.

13 Cf. *In Ioannem*, 5, 3; cf. Eusébio de Cesareia, *Historia ecclesiastica*, 6, 25, 7-10.

Testamento, ou seja, aqueles que não foram admitidos por todos como canônicos[14], embora ele próprio os tenha aceitado pessoalmente[15]. O mesmo se pode dizer de São Jerônimo, que os considerava autênticos, mas sem deixar de apontar as dúvidas que existiam a esse respeito em seu tempo[16]. A origem dessas dúvidas é um texto de Pápias de Hierápolis (escrito por volta do ano 130) que menciona um João «presbítero» diferente, ao que parece, do João «apóstolo»[17].

I. CONTEÚDO

Em 2 João, os destinatários são a Senhora eleita e seus filhos (v. 1). Muito provavelmente, esta não é uma nobre senhora cristã e sua família, mas uma igreja local. De modo semelhante, na despedida, a comunidade cristã de onde escreve o Apóstolo, provavelmente Éfeso, é chamada de «tua irmã eleita» (v. 13). As recomendações do autor coincidem com os temas tratados mais amplamente em 1 João: o amor fraterno e a observância dos mandamentos (vv. 4-6), bem como a cautela contra sedutores (vv. 7-11). Perante estes, que «não confessam que Jesus Cristo tenha vindo em carne» (v. 7), o Apóstolo exorta os fiéis a permanecerem na doutrina de Cristo (v. 9), que é

14 Cf. *Historia ecclesiastica*, 3, 25, 3.

15 Cf. *Demonstratio evangelica*, 3, 5, 88.

16 Cf. *Ad Paulinum*, 53, 8; *De viris illustribus*, 9.

17 Eusébio de Cesareia, *Historia ecclesiastica*, 3, 39, 4.

o Filho do Pai (v. 3), para assim viverem em comunhão com o Pai e o Filho (v. 9).

A terceira carta de João é dirigida a um cristão chamado Gaio (v. 1), de quem não temos mais notícias. São João o elogia por ser um verdadeiro cristão (vv. 3-4), o que demonstrou praticando a hospitalidade com os enviados do Apóstolo (vv. 5-8), expressando assim, ao mesmo tempo, o seu respeito pela pessoa de São João. Esta atitude contrasta com a de Diótrefes, que deve ter sido o líder daquela comunidade (v. 9): não acata a autoridade do Apóstolo, não recebe os seus enviados e até se atreve a excomungar quem o fizer (vv. 9-10). Por esta razão, uma carta que o Apóstolo havia escrito anteriormente (v. 9) não surtiu efeito. Um certo Demétrio também é mencionado: é provavelmente o portador da carta, e dele «todos dão bom testemunho» (v. 12). Costuma-se supor que Demétrio foi apontado para substituir Diótrefes no governo da comunidade ou para instituir Gaio nesta posição.

II. COMPOSIÇÃO E ENSINAMENTOS

Além dos testemunhos da Tradição, também as semelhanças em expressão e conteúdo de ambas as cartas com o primeiro e o quarto Evangelhos falam a favor da autoria de São João. Com efeito, não há dúvida de que as duas epístolas são do mesmo autor: basta comparar a saudação inicial e a despedida, dotadas de formulações quase idênticas[18]. Por outro lado, ambas, particularmente a segunda, contêm uma série de locuções e ideias características de São João. Assim, as expressões são tipicamente joaninas: «amar a verdade»[19]; «conhecer a verdade»[20]; «permanecer em Cristo» ou «na doutrina de Cristo»[21]; «possuir o Pai e o Filho»[22]. Também se referem ao ensino cristão primitivo com a expressão: «como ouvistes desde o princípio»[23]; insistem no amor fraterno – «amemos uns aos outros»[24] –, mandamento que não é novo, pois o temos desde o princípio[25], e em que o amor de Deus consiste em guardar os seus mandamentos[26]. Quem faz o bem, ademais, «é de Deus»[27], enquanto aquele que pratica o mal «não viu a Deus»[28]. As duas primeiras cartas falam dos «muitos anticristos», «falsos profetas» ou «sedutores» que apareceram no mundo[29]; são aqueles que «não

18 Cf. 2 Jo 1 com 3 Jo 1; 2 Jo 4 com 3 Jo 3, 4; 2 Jo 12 com 3 Jo 13, 14.

19 1 Jo 3, 18; 2 Jo 1; 3 Jo 1.

20 1 Jo 2, 21; 2 Jo 1.

21 Cf. 1 Jo 2, 28; 2 Jo 9.

22 Cf. 1 Jo 2, 23; 2 Jo 9.

23 1 Jo 2, 24; 3, 11; 2 Jo 6.

24 1 Jo 3, 11.23; 4, 7; 2 Jo 5.

25 Cf. 1 Jo 2, 7; 2 Jo 5.

26 Cf. 1 Jo 5, 3; 2 Jo 6.

27 1 Jo 3, 10; 3 Jo 11.

28 1 Jo 3, 6; 3 Jo 11.

29 1 Jo 2, 18; 4, 1; 2 Jo 7.

confessam que Jesus Cristo veio em carne»[30]. Também em ambas o Apóstolo expressa o desejo de que «nossa alegria seja completa»[31]. Como se vê, dificilmente há um versículo em 2 João que não tenha paralelo em 1 João. De fato, a segunda costuma ser considerada um primeiro esboço – ou melhor, um resumo – da primeira.

Na ausência de outros dados da Tradição, pode-se razoavelmente supor que essas cartas foram escritas nos últimos anos do primeiro século, como um alerta numa época em que o perigo de hereges e dissidentes ainda não se fazia tão grave quanto revela 1 João.

30 1 Jo 4, 2; 2 Jo 7.

31 1 Jo 1, 4; 2 Jo 12.

SEGUNDA CARTA DE SÃO JOÃO

Saudação

1 1 O ancião à Senhora eleita e a seus filhos que eu amo
na verdade – e não somente eu, mas também todos
os que têm conhecimento da verdade —, 2 por causa da
verdade que permanece em nós e que será conosco eter-
namente. 3 Conosco serão a graça, a misericórdia e a paz
da parte de Deus Pai e da de Jesus Cristo, Filho do Pai,
em verdade e em caridade.

O mandamento da caridade

4 Muito me alegrei por ter encontrado alguns de teus
filhos que seguem o caminho da verdade, segundo o
mandamento que recebemos do Pai. 5 E agora te rogo,
Senhora, não como se te escrevesse um novo manda-
mento, mas o que tivemos desde o princípio: que nos
amemos uns aos outros. 6 A caridade consiste em que
andemos segundo os seus mandamentos. Esse é o man-
damento segundo o qual deveis caminhar, como ouvistes
desde o princípio.

Cuidados com os hereges

7 Porque muitos sedutores se têm levantado no mun-
do, que não confessam que Jesus Cristo tenha vindo em
carne: eis o sedutor e o Anticristo. 8 Estai alerta sobre vós,
para que não percais o fruto de vossos trabalhos, mas re-
cebais uma plena recompensa. 9 Todo aquele que se apar-
ta e não permanece na doutrina de Cristo não tem Deus;
quem permanece na doutrina, esse tem o Pai e o Filho.
10 Se alguém vem a vós e não traz essa doutrina, não o
recebais em vossa casa nem o saudeis, 11 porque quem
o saúda participa das suas obras más.

Conclusão e saudações

12 Embora eu tivesse muitas coisas a escrever-vos, não
quis fazê-lo por papel e tinta, porque espero ir ter con-
vosco e falar-vos de viva voz, para que a nossa alegria seja
perfeita. 13 Saúdam-te os filhos de tua irmã eleita.

NOTAS À *SEGUNDA CARTA DE SÃO JOÃO*

1-3. Seguindo o modelo epistolar da época (saudação, corpo central e despedida), a carta inclui recomendações a uma comunidade cristã, que coincidem com os temas tratados mais amplamente na primeira carta de João: amor fraterno, observância dos mandamentos (vv. 4-6) e cuidado com os sedutores (vv. 7/11).

«O Ancião» (v. 1). No Novo Testamento e nos primórdios do cristianismo, os títulos «presbítero» e «epíscopo» eram usados alternadamente para designar os párocos das comunidades locais, instituídas pelos Apóstolos (cf. At 20, 28; nota a Tt 1, 5 -9). Aqui, o artigo – *o* Ancião – indica que é uma pessoa bem conhecida dos destinatários da carta e com autoridade sobre eles. Esse Presbítero por excelência não é outro senão o próprio São João. A «Senhora Eleita» ou *Electa* é, provavelmente, uma metáfora para uma igreja particular na Ásia Menor.

O termo «verdade» aparece quatro vezes. Significa a revelação de Deus que culmina em Jesus Cristo e que inclui o conjunto de verdades em que devemos crer. Mas é também, e sobretudo, um princípio interior de vida e de atividade sobrenatural: «amar na verdade» é «amar em Cristo».

No v. 5, São João atesta, segundo São Beda, «que a graça, a misericórdia e a paz que são concedidas aos fiéis vêm também de Cristo, como de Deus Pai; e para mostrar que é igual e coeterno com o Pai, diz que os dons do Filho são iguais aos do Pai» (*In 2 Epistolam Sancti Ioannis, ad loc.*).

4-6. Os mandamentos se resumem no amor a Deus e ao próximo. «Ouve de uma vez por todas um breve preceito: ama e faze o que quiseres. Se calar, cala por amor; se chorar, clama por amor; se corrigir, corrige por amor; se perdoar, perdoa por amor» (Santo Agostinho, *In Epistolam Ioannis ad Parthos*, 7, 8). A tradição é tão firme neste ponto que quem ensina doutrinas diferentes é enganador e sedutor. Os falsos mestres causam um dano duplo: além de corromper a fé, destroem a unidade e o amor mútuo.

7-11. Esses versículos são um resumo do que é declarado em 1 João. O autor sagrado aponta o critério para distinguir esses hereges: eles não confessam a divindade de Jesus Cristo encarnado. Indica que quem se desvia da boa doutrina se afasta do Pai e do Filho.

Entre os orientais, a hospitalidade e os cumprimentos não eram simples sinais de boas maneiras ou cortesia: traziam consigo maior solidariedade e afinidade. É por isso que se adverte que dar hospitalidade ou saudações a essas pessoas (vv. 10-11) significaria cumplicidade em suas más ações, com o consequente perigo de escândalo para outros fiéis.

O dever de salvaguardar a fé – buscando tanto os bons como o arrependimento dos culpados – é a razão pela qual a Igreja, em casos excepcionais, recorra a medidas disciplinares, quando verifica «que a correção fraterna, a repreensão ou outros meios de solicitude pastoral não são suficientes para reparar o escândalo, restabelecer a justiça e obter a emenda do acusado» (*Codex Iuris Canonici,* can. 1341).

Sobre o «Anticristo» (v. 7), ver 1 Jo 2, 18-29.

12-13. A saudação do v. 13 refere-se aos fiéis da igreja de onde ele escreve, provavelmente a de Éfeso.

TERCEIRA CARTA DE SÃO JOÃO

Saudação

1 1 O ancião ao caríssimo Gaio, a quem eu amo na ver-
dade. 2 Caríssimo, desejo que prosperes em tudo e
tenhas saúde, como a tem ditosamente a tua alma.

Elogio a Gaio

3 Alegrei-me muito com a chegada dos irmãos e com
o testemunho que deram da tua verdade, isto é, do modo
como tu andas na verdade. 4 Eu não tenho maior alegria
do que ouvir dizer que os meus filhos andam no caminho
da verdade. 5 Caríssimo, tu procedes fielmente em tudo
o que fazes com os irmãos, e particularmente com os es-
trangeiros, 6 os quais deram testemunho da tua caridade
diante da Igreja; farás bem em prover às suas viagens de
um modo digno de Deus. 7 De fato, foi pelo Nome que
eles partiram, não recebendo nada dos gentios. 8 Nós,
pois, devemos receber esses tais, para cooperarmos com
eles na verdade.

Abusos de Diótrefes

9 Escrevi uma palavra à Igreja; porém Diótrefes, que
gosta de ter a primazia entre eles, não nos recebe; 10 por
isso, se eu lá for, recordar-lhe-ei as obras que ele faz, pal-
rando com palavras más contra nós. Como se isso não
lhe bastasse, não só recusa hospedagem aos irmãos, mas
proíbe recebê-los àqueles que os recebem, e lança-os fora
da Igreja.

Recomendação de Demétrio

11 Caríssimo, não imites o mal, mas o bem. Quem
faz o bem é de Deus; quem faz o mal não viu a Deus.
12 De Demétrio todos dão bom testemunho, e a mesma
verdade lho dá. Nós lho damos também, e tu sabes que o
nosso testemunho é verdadeiro.

Conclusão e saudações

13 Eu tinha mais coisas a escrever-te, porém não que-
ro fazê-lo por meio de tinta e pena; 14 espero ver-te em
breve, e falaremos de viva voz. 15 A paz seja contigo. Os
amigos saúdam-te. Tu saúda os amigos, um a um.

NOTAS À *TERCEIRA CARTA DE SÃO JOÃO*

1-2. A forma desta carta é muito semelhante à da anterior. Foi escrita por ocasião de alguns conflitos que surgiram em uma comunidade cristã. São João elogia Caio, o destinatário da carta, por praticar a hospitalidade com os enviados pelo Apóstolo (vv. 3-8) e condena a conduta de Diótrefes (vv. 9-10), ao mesmo tempo que recomenda um certo Demétrio (vv. 11, 12).

Um antigo escrito cristão (*Constitutiones apostolicae*, 7, 46) menciona Gaio como bispo de Pérgamo, e Demétrio (v. 12), como bispo de Filadélfia; mas são dados incertos. Com base nas indicações da carta, não parece que Caio tivesse ocupado, pelo menos até então, qualquer cargo hierárquico; seria um cristão ilustre que vivia fielmente a sua missão na Igreja.

Quatro vezes o autor aplica a denominação de «caríssimo» a Caio (vv. 1.2.5.11). É obviamente um sinal de afeto especial, um alegre testemunho da profunda fraternidade dos primeiros cristãos, distante das frias formalidades. O mesmo se pode dizer de sua preocupação com a saúde física, pois sua alma era excelente. «Que bem puseram os primeiros cristãos em prática esta caridade ardente, que sobressaía com excesso para lá dos cumes da simples solidariedade humana ou da benignidade de caráter! Amavam-se entre si, doce e fortemente, enraizados no Coração de Cristo. Um escritor do século II, Tertuliano, transmitiu-nos o comentário que os pagãos faziam ao contemplarem, comovidos, a conduta dos fiéis do seu tempo, tão cheia de atrativo sobrenatural e humano: *Vede como se amam*, repetiam" (Josemaria Escrivá, *Amigos de Deus*, n. 225).

3-8. São João expressa com simplicidade o motivo que alegra seu coração de pai: a boa conduta de Gaio (vv. 3-4), que se manifesta na sua caridade (vv. 5-8). A retidão na conduta de Gaio é expressa com um toque semítico significativo: «Andas na verdade». «Caminhar em Cristo» (Cl 2, 6), «na luz» (1 Jo 1, 7), «na verdade» (2 Jo 4), são expressões equivalentes e significam viver em união vital com Cristo, comportando-se Como um verdadeiro cristão no pensar e agir. «Pelo Nome» (v. 7) significa «por meio de Cristo» (cf. At 5, 41; Fl 2, 9-10; Tg 2, 7).

«Cooperarmos com eles na verdade» (v. 8). O Concílio Vaticano II aplica estas palavras aos leigos para explicar como o seu apostolado e o próprio ministério dos pastores se complementam: «O apostolado da Igreja e de todos os seus membros é ordenado, antes de tudo, a manifestar ao mundo a mensagem de Cristo através de palavras e ações, e para comunicar a sua graça. Isso se faz principalmente através do ministério da palavra e dos sacramentos, confiados de modo especial ao clero, mas no qual também os leigos devem desempenhar um papel de grande importância, sendo "cooperadores da verdade"» (Concílio Vaticano II, *Apostolicam actuositatem*, n. 6).

9-12. Nesses versículos, a conduta de Diótrefes é contrastada com a de Demétrio. Nenhuma outra informação é conhecida sobre Diótrefes além das fornecidas por esses versículos. Ao que tudo indica, ele exercia um poder aparentemente análogo ao de um bispo. Sua ambição o leva a cometer vários abusos: não reconhece a autoridade de São João; propaga várias calúnias sobre ele; recusa-se a acolher os irmãos enviados pelo Apóstolo – missionários itinerantes – e até impede que outros o façam. Também não temos mais informações sobre Demétrio além desta passagem. É possível que tenha sido um dos missionários enviados por São João, e talvez o portador desta carta. A passagem é mais um exemplo de como a Igreja está atenta à conduta dos seus pastores: «No exercício da sua função de pai e pastor, os bispos devem ser servidores no meio dos seus: bons pastores, que conhecem as suas ovelhas e a quem eles também conhecem; verdadeiros pais, que se distinguem pelo espírito de amor e preocupação para com todos» (Concílio Vaticano II, *Christus Dominus*, n. 16).

No v. 11, o Apóstolo resume a doutrina que é longamente exposta em várias passagens da sua primeira carta (cf., por exemplo, 1 Jo 2, 18-29; 3, 3-10; 5, 18-20): aquele que pratica o bem mostra com sua conduta que é de Deus – filho de Deus –, que está unido a Jesus Cristo e permanece nEle. Por outro lado, aquele que peca rompe sua união com Deus e passa para o lado do diabo.

13-15. «A paz seja contigo». É a saudação habitual em hebraico, que os Apóstolos continuam a usar nas suas cartas, dando-lhe um sentido cristão.

CARTAS

CARTA DE SÃO JUDAS

INTRODUÇÃO

Depois das cartas vinculadas às colunas da Igreja – Tiago, Pedro e João –, vem a de Judas. O gênero epistolar e seu conteúdo escatológico, com elementos típicos da apocalíptica judaica, fazem dele uma ponte entre as cartas e o *Apocalipse de São João*, que vem a seguir, como último livro do conjunto dos livros do Novo Testamento. Perante os falsos doutores, que sustentavam que a liberdade perante a Lei liberta os cristãos da obrigação moral, esta breve carta exorta à fidelidade na fé e mostra as implicações morais do Evangelho.

Deixando de lado algumas possíveis alusões na *Didaquê* e na *Carta aos Filipenses* de São Policarpo, a *Carta de Judas* está incluída no Cânon Muratoriano (final do segundo século), que o lista entre os escritos canônicos do Novo Testamento. Aos testemunhos de Orígenes[1] e Tertuliano[2], acrescenta-se o de Clemente de Alexandria, que – além de citá-la em suas obras[3] – escreveu um comentário sobre a missiva[4]. Também o papiro P^{72} e P^{78}

1 *Cf. Commentarii in Romanos*, 5, 1.

2 Cf. *De cultu feminarum*, 1, 3.

3 Cf. *Paedagogus*, 3, 8; *Stromata*, 3, 2.

4 Cf. Eusébio de Cesareia, *Historia ecclesiastica*, 6, 14.

sugerem que a carta foi usada como Sagrada Escritura nos séculos III-IV d.C. No século IV d.C., Santo Atanásio[5] e São Cirilo de Jerusalém[6], entre outros, atestam sua canonicidade. Eusébio de Cesareia afirma que foi admitida pela maioria como canônica, embora também houvesse algumas vozes contrárias; por esta razão, ele a coloca entre os escritos «discutidos»[7]. Sabemos por São Jerônimo o principal motivo dessas dúvidas: «Judas, irmão de Tiago, deixou uma breve epístola, que está entre as sete epístolas católicas e é rejeitada por muitos por citar o testemunho do Livro de Enoque, um apócrifo; no entanto, por sua antiguidade e pelo uso que dela se fez, não carece de autoridade e situa-se entre as Sagradas Escrituras»[8]. Desde meados do século IV d.C., está em todas as listas de livros inspirados. Sua canonicidade, juntamente com a dos outros livros do Antigo Testamento e do Novo Testamento, foi solenemente declarada no Concílio de Trento (1545-1563), assim como o Concílio de Florência (1431-1445); ela já aparece na lista do Concílio Romano, com o Papa Dâmaso, de 382, e no Decreto do Papa Gelásio, de 492-396.

---

5 Cf. *Epistula*, 39.

6 Cf. *Catecheses*, 4, 35.

7 Cf. *Historia ecclesiastica*, 3, 25, 3; 6, 13, 6; 14, 1.

8 *De viris illustribus*, 4.

I. ESTRUTURA E CONTEÚDO

A estrutura é bastante clara. Além da saudação inicial (vv. 1-2) – seguida do motivo da carta (vv. 3-4) – e de uma solene doxologia final (vv. 24-25), o corpo do escrito tem duas seções principais destinadas a expor os falsos doutores (vv. 5-16) e exortar os fiéis a viverem segundo a fé (vv. 17-23). Na primeira seção, depois de mostrar com alguns exemplos bíblicos o castigo que aguarda os ímpios (vv. 5-7), a carta recrimina sua conduta blasfema e perversa (vv. 8-13), para terminar recordando o juízo divino (vv. 14-16). Na seção exortatória, recorda que, já na sua primeira pregação, os Apóstolos tinham anunciado o aparecimento de falsos mestres (vv. 17-19) e nos encoraja a basear a vida na fé, na oração, na caridade e na esperança (vv. 20-21). Finalmente, diz qual deve ser o comportamento com aqueles que se deixaram influenciar por ensinamentos ímpios (vv. 22-23).

II. COMPOSIÇÃO

O autor se apresenta a seus leitores como «Judas, servo de Jesus Cristo e irmão de Tiago»[9]. A indicação

9 Jd 1.

«irmão de Tiago» serve de referência de autoridade para seus destinatários, uma vez que São Tiago tinha sido o responsável pela igreja de Jerusalém (cf. *Introdução à Carta de São Tiago*). O nome de Judas (não o Iscariotes) aparece junto com o de São Tiago e outros «irmãos» de Jesus, isto é, como um dos parentes do Senhor, em Mt 13, 55 e Mc 6, 3, e possivelmente a ele é preciso atribuir a carta. Alguns Padres o identificam com um dos Doze, o chamado Judas de Tiago ou Judas Tadeu[10].

Sobre os destinatários imediatos desta carta faltam indicações precisas, pois a saudação inicial usa uma designação genérica, válida para todos os cristãos: «aos eleitos, amados por Deus»[11]. Pode-se pensar que eles eram, pelo menos em sua maioria, cristãos convertidos do judaísmo. Isso também explicaria as alusões a tradições judaicas extrabíblicas e escritos apócrifos. Possivelmente o fato de não serem mencionados destinatários específicos motivou a sua inclusão entre as «cartas católicas», o que se deu já desde Orígenes[12]. A referência explícita a Tiago poderia indicar que a carta era dirigida ao mesmo grupo de leitores, entre os quais Tiago deve ter gozado de autoridade especial.

Alguns autores acreditam que deve ter sido escrita antes do ano 70 d.C., já que não faz alusão à destruição de Jerusalém. Para outros, esse silêncio não prova nada.

---

10 Lc 6, 16; At 1, 13; Mt 10, 3; Mc 3, 18. A dificuldade reside no fato de Jd 17 parecer distinguir-se dos Apóstolos.

11 Jd 1.

12 Cf. Introdução geral às Cartas Católicas.

As datas propostas vão de 50 d.C. até o final do século I d. C, ou mesmo o início do século II d. C. É provável que tenha sido escrita na Palestina, onde os parentes de Jesus gozavam de grande prestígio e chefiavam igrejas locais[13].

III. ENSINAMENTOS

O autor pretende exortar os fiéis a lutar pela fé recebida[14], lembrando-lhes o que os Apóstolos já haviam predito sobre o aparecimento de homens maus dominados por suas paixões[15]. A notícia de que esses homens ímpios já haviam se infiltrado naquelas comunidades cristãs pode ter sido o motivo imediato por trás da redação[16].

Segundo os dados da carta, tais erros ocorreram sobretudo no campo moral: são ímpios «que trocam a graça do nosso Deus em luxúria»[17] e que defendem uma falsa interpretação da liberdade cristã, erro contra o qual São Paulo também lutou[18]. Mencionam-se, sobretudo,

---

13 Eusébio de Cesareia, *Historia ecclesiastica* 1.7.14; 3, 19, 1-20, 8.

14 Cf. Jd 3.

15 Cf. Jd 17-18.

16 Cf. Jd 4.

17 Jd 4.

18 Cf., por exemplo, Rm 6, 1-15; 1 Cor 6, 12ss; Gl 5, 13ss.

vícios impudicos e avareza[19]. Em todo caso, parece que é um movimento ainda incipiente: eles estão produzindo divisões[20], mas ainda participam da vida da comunidade[21], e aparentemente há esperança de conseguir salvar boa parte deles[22].

O problema dos falsos mestres e sua influência perniciosa entre os fiéis também é abordado na *Segunda Carta de São Pedro*; entre as duas há grande semelhança de ideias e, até, de terminologia, especialmente entre Jd 4-18 e 2 Pd 2, 1-3, 3. A comparação dos dois textos sugere que a *Carta de Judas* influencia *2 Pedro*, em que algumas das expressões são elaboradas e qualificadas, ou que os dois beberam de uma fonte comum. O autor da *Carta de São Judas* usa argumentos retirados da tradição bíblica e extrabíblica e cita passagens de escritos apócrifos, como a *Assunção de Moisés*[23] e o *Livro de Enoque*[24]. O livro de Enoque foi muito apreciado entre os judeus, mas isso não significa que deva ser considerado inspirado. Nem mesmo a frase «Enoque [...] profetizou»[25] leva a essa conclusão, pois simplesmente reflete o costume da época de chamar profeta a uma figura bíblica de prestígio. Para que um livro seja aceito como inspirado, deve ter sido

19 Cf. Jd 4.8.11.13.16.23.

20 Cf. Jd 19.

21 Cf. Jd 12.

22 Cf. Jd 22-23

23 Cf. Jd 9.

24 Cf. Jd 14-15.

25 Jd 14.

reconhecido como canônico em Israel ou, posteriormente, na Igreja. Além do mais, São Judas poderia simplesmente estar usando tradições judaicas e cristãs que não precisavam ser registradas em nenhum livro canônico.

CARTA DE SÃO JUDAS

Saudação e bênção

1 1 Judas, servo de Jesus Cristo e irmão de Tiago, aos
eleitos, amados por Deus Pai e guardados por Jesus
Cristo: 2 misericórdia, paz e caridade vos sejam dadas
abundantemente.

Motivo da carta

3 Amados, todo esforço, fazendo eu, para escrever-vos
acerca da nossa comum salvação, tive necessidade de es-
crever para vos exortar a batalhar pela fé que foi dada aos
santos uma vez por todas. 4 Efetivamente, introduziram-
-se entre vós certos homens ímpios – dos quais está es-
crito há muito tempo que viriam a cair nesta condena-
ção –, que trocam a graça do nosso Deus, pervertendo
em libertinagem e negando o único Soberano e Senhor
nosso, Jesus Cristo.

I. DENÚNCIA DOS FALSOS MESTRES

O castigo reservado a esses ímpios

5 Ora eu quero recordar-vos, embora já saibais tudo,
que o Senhor, salvando o povo da terra do Egito, depois

destruiu aqueles que não creram; 6 e os anjos que não
conservaram o seu principado, mas abandonaram o seu
domicílio, reteve-os com cadeias eternas nas trevas, para
o juízo do grande dia. 7 Como Sodoma, Gomorra e as
cidades ao redor, de maneira semelhantes, estes, tendo
praticado imoralidade e tendo ido atrás de outra carne,
estão postas como exemplo de fogo eterno, sofrendo
punição.

Sua conduta imoral e escandalosa

8 Da mesma maneira também estes, no seu delírio,
contaminam a sua carne, desprezam a autoridade e insul-
tam as glórias. 9 Quando o Arcanjo Miguel, disputando
com o diabo, altercava sobre o corpo de Moisés, não se
atreveu a proferir contra ele uma acusação injuriosa, mas
disse: «*Repreenda-te o Senhor*!». 10 Estes, porém, blasfe-
mam de todas as coisas que ignoram e perdem-se como
animais sem razão em todas aquelas coisas que conhecem
naturalmente. 11 Ai deles, porque andaram pelo caminho
de Caim e, por lucro, precipitaram-se no erro de Balaão,
e pereceram na rebelião de Coré. 12 Eles são as máculas
dos vossos festins, em que se banqueteiam sem respeito
apascentando-se a si mesmos; nuvens sem água que os
ventos levam de uma parte para a outra; árvores de fim
de outono sem fruto, duas vezes mortas e desarraigadas;
13 ondas furiosas do mar que arrojam as espumas da sua

torpeza; estrelas errantes para quem espessas trevas estão
reservadas por toda a eternidade.

O juízo de Deus

14 Também Enoque, o sétimo patriarca depois de
Adão, profetizou destes, dizendo: «Eis que vem o Senhor
com as suas santas miríades 15 a fazer juízo contra todos
e a confundir todos os ímpios de todas as obras de im-
piedade que cometeram, bem como de todas as palavras
injuriosas que os pecadores ímpios têm proferido contra
ele». 16 Eles são uns murmuradores queixosos que andam
segundo as suas paixões, e a sua boca profere coisas sober-
bas, as quais mostram admiração pelas pessoas segundo
convém ao seu próprio interesse.

II. EXORTAÇÕES AOS FIÉIS

Foi predita a aparição dos ímpios

17 Mas vós, amados, lembrai-vos do que foi predito
pelos apóstolos de nosso Senhor Jesus Cristo, 18 os quais
vos diziam: «Nos últimos tempos virão impostores que
andarão segundo as suas paixões cheias de impiedade».

19 Esses são os que provocam divisões, seres sensuais que não têm o Espírito.

As virtudes teologais

20 Vós porém, amados, edificando-vos a vós mesmos
sobre o fundamento da vossa santíssima fé e orando no
Espírito Santo, 21 conservai-vos no amor de Deus, espe-
rando a misericórdia de nosso Senhor Jesus Cristo para
a vida eterna.

Comportamento com aqueles que vacilam

22 Tratai com compaixão os que vacilam: 23 salvai
aqueles que podeis arrancar ao fogo; de outros tende
compaixão com temor, abominando até a túnica que está
contaminada pela sua carne.

Doxologia final

24 Àquele que é poderoso para vos conservar sem pe-
cado e para vos apresentar imaculados e cheios de alegria
diante da sua glória, 25 ao Deus único, Salvador nosso
por Jesus Cristo nosso Senhor, seja dada glória, magnifi-
cência, força e poder, antes de todos os tempos, agora e
por todos os séculos. Amém.

NOTAS À *CARTA DE SÃO JUDAS*

***1-2.** Nesta carta encontramos, de forma abreviada, temas semelhantes aos da *Segunda Carta de São Pedro*. O autor, depois de explicar o motivo que o leva a escrever esta certa (vv. 3-4), lembra como Deus puniu aqueles homens cuja conduta blasfema e licenciosa alguns agora estão imitando (vv. 5:16). Em contraste, encoraja os fiéis a permanecerem firmes na fé e na caridade (vv. 17-23). Conclui com louvor solene a Deus por meio de Cristo (vv. 24-25).

Com as expressões com que designa os seus destinatários (v. 1), o autor descreve o que é um cristão: a sua vida começa com a chamada divina, progride graças ao amor de Deus e culmina em Jesus Cristo.

«Aos eleitos» (v. 1). Literalmente, «aos chamados» (cf. Rm 1, 6; 1 Cor 1, 24). À mesma raiz grega pertence também a palavra «Igreja», que é a comunidade daqueles que Deus «das trevas vos chamou à luz admirável» (1 Pd 2, 9), o novo povo de Deus, por Ele escolhido livre e gratuitamente.

3-4. Estes versículos declaram o motivo da carta e o propósito de seu autor. A fé «dada aos santos» supõe um depósito de verdades já formado, que o autor sagrado quer defender (cf. p. ex. Gl 1, 6-9; 1 Cor 11, 23ss; 15, 1ss). Agora é a Igreja que continua a tarefa: «É ela que transmite, de geração em geração, a confissão de fé dos Apóstolos. Tal como uma mãe ensina os seus filhos a falar e, dessa forma, a compreender e a comunicar, a Igreja, nossa Mãe, ensina-nos a linguagem da fé, para nos introduzir na inteligência e na vida da fé» (*Catecismo da Igreja Católica*, n. 171).

«Introduziram-se» (v. 4). O termo grego, que significa «entrar de fora», expressa bem o comportamento dos falsos mestres; provavelmente eram pregadores itinerantes, indo de uma comunidade para outra. Aponta-se um duplo erro: um de ordem prática e moral, pois transformam a graça em libertinagem; e outro de ordem doutrinal, porque negam Jesus Cristo. Sob o pretexto da liberdade conquistada por Cristo, baixaram as exigências da luta contra o pecado. Pelo contrário, a realidade é que, para mergulhar no verdadeiro alcance da liberdade, é preciso olhar para Jesus Cristo. «A liberdade adquire o seu sentido autêntico quando é exercida em serviço da verdade que resgata, quando a gastamos em proclamar o Amor infinito de Deus, que nos desata de todas as escravidões» (Josemaria Escrivá, *Amigos de Deus*, n. 27).

***5-16.** Esta seção da carta desmascara os «ímpios», anunciando o fim que os espera.

5-7. Os três exemplos bíblicos parecem apontar para três vícios fundamentais (cf. v. 8): os israelitas incrédulos e caluniadores que pereceram no deserto (Nm 14) são um paradigma de incredulidade; os anjos que, segundo a tradição judaica, rebelando-se contra Deus, pecaram com as mulheres, para serem acorrentados no inferno por Deus (Gn 6, 1-2; *Livro de Enoque* 10, 4-6; caps. 12 e 13), são manifestações de desobediência e soberba; as perversões de Sodoma e Gomorra (Gn 18, 16ss) são o protótipo da impureza. Ver também 2 Pd 2, 4-10.

O v. 7 é uma condenação explícita da homossexualidade (cf. Rm 1, 24-27; 1 Cor 6, 9; 1 Tm 1, 10). Baseando-se nestes e em outros textos da Escritura, «a Tradição sempre declarou que "os atos de homossexualidade são intrinsecamente desordenados" (Congregação para a Doutrina da Fé, *Persona humana*, n. 8). São contrários à lei natural, fecham o ato sexual ao dom da vida, não procedem de uma verdadeira complementaridade afetiva sexual, não podem, em caso algum, ser aprovados» (*Catecismo da Igreja Católica*, n. 2357). Cf. nota a Rm 1, 18-32.

«O Senhor» (v. 5). Em outros manuscritos gregos lê-se «Jesus», atribuindo assim mais expressamente a libertação do povo de Israel da terra do Egito a Cristo, e assim interpretando o Antigo Testamento à luz do Novo Testamento, que é a sua plenitude.

«A pena do fogo eterno» (v. 7) manifesta o caráter irrevogável do julgamento divino. A fé da Igreja fez eco desta expressão ao ilustrar as penas que os condenados sofrem no inferno (cf. nota sobre Ap 20, 7-10). No entanto, a existência do inferno, e dos outros «novíssimos», é uma doutrina cristã, revelada não para causar terror, mas para estimular a conversão e a perseverança no bem: «Só nesta visão escatológica se pode ter a medida exata do pecado e sentir-se decididamente impelido à penitência e à reconciliação» (João Paulo II, *Reconciliatio et paenitentia*, n. 26).

8-13. Para melhor ilustrar a maldade do comportamento

dos "intrusos" (cf. v. 4), o autor sagrado (vv. 9-10) recorre à lenda popular recolhida no apócrifo *A assunção de Moisés*, segundo a qual, quando São Miguel ia enterrar o corpo de Moisés, o diabo tentou arrebatá-lo. São Miguel o impediu, mas não insultou o diabo, apenas apelou para o julgamento de Deus. Ver também nota de 2 Pd 2, 10-19.

Com três outros exemplos bíblicos (vv. 11-13) destaca o comportamento perverso dos falsários: Caim (Gn 4, 3; cf. 1 Jo 3, 12), Balaão (Nm 31, 16; Ap 2, 14; cf. 2 Pd 2, 15), Coré e seus seguidores que se rebelaram contra Moisés (Nm 16).

Os falsos mestres não têm problema em frequentar as celebrações cristãs, mas levam uma vida amoral. Participam das refeições fraternas cristãs – ágapes – (cf. nota sobre 1 Cor 11, 17-22), onde dão largas à sua gula e propagam os seus erros. Eles são, portanto, uma «mácula» (v. 12). O termo grego traduzido desta forma é equivalente a escândalo. Originalmente significa «recife», isto é, uma rocha que está à superfície da água e por isso é perigosa para a navegação, mas também pode ser traduzida como «mácula», no seu sentido próprio ou moral, tal como o faz a *Neovulgata*. São Beda comenta: «Manchado é aquele que peca. O próprio pecado é uma mancha que contamina aquele que peca» (*In Epistolam Iudae, ad loc.*). São «nuvens sem água», porque «eles não têm em si a fecundidade da palavra divina» (Clemente de Alexandria, *Exegese in Iudam, ad loc.*).

«Duas vezes mortas» (v. 12). Talvez se refira ao fato de que o seu afastamento da fé é pior do que o estado anterior ao batismo (cf. 2 Pd 2, 20-22).

14-16. Agora é expressamente citado o *Livro de Enoque*, apócrifo escrito anos antes de Jesus Cristo, que reúne muitas histórias lendárias sobre textos obscuros do Antigo Testamento. Enoque era uma figura misteriosa de grande prestígio na tradição judaica. Ele andou na presença de Deus e foi levado para o céu antes de morrer. Foi elogiado por sua bondade (cf. Gn 5, 6.22-24; cf. Eclo 44, 16; 49, 14; Hb 11, 5). Existem outras alusões ao *Livro de Enoque* ao longo da carta (vv. 6-7). Na linguagem apocalíptica desse tipo de literatura, fala-se de eventos futuros como se já tivessem acontecido. São Judas o alude para ilustrar a doutrina sobre a punição dos «ímpios».

***17-25.** Diante dos erros dos falsos mestres, esta seção da carta exorta a guardar a fé, a praticar as virtudes e a dar o bom exemplo.

17-19. Essas advertências remontam, em última análise, ao que Cristo havia predito: «porque se levantarão falsos cristos e falsos profetas, e farão grandes milagres e prodígios, de tal modo que, se fosse possível, enganariam, até os escolhidos» (Mt 24, 24).

Os «últimos tempos» (v. 18) é uma expressão que se refere à era messiânica, iniciada com a vinda de Cristo (cf. Gl 4, 4).

«Seres sensuais» (v. 19). Seriam literalmente «homens psíquicos». Como em alguns textos de São Paulo (cf. 1 Cor 2, 14; 15, 44-46), eles se opõem aos homens «espirituais», ou seja, aos cristãos que possuem o Espírito Santo e são dóceis a ele (cf. Rm 5, 5; 8, 14). Por outro lado, aqueles que «não têm o Espírito», que é o princípio da vida sobrenatural, julgam e vivem guiados unicamente pela natureza humana, ferida pelo pecado original. A sua sabedoria é meramente terrena (cf. Tg 3, 15), carnal (cf. 1 Cor 3, 3). São eles que criam divisões entre os que creem: «Quem é inimigo da unidade não participará da caridade divina. E, assim, quem está fora da Igreja não tem o Espírito Santo» (Santo Agostinho, *Epistolae*, 185, 11, 50).

20-21. Como em outros lugares do Novo Testamento, a invocação das três Pessoas divinas é acompanhada por uma exortação às três virtudes teologais: «as virtudes teologais referem-se diretamente a Deus e dispõem os cristãos para viverem em relação com a Santíssima Trindade. Têm Deus Uno e Trino por origem, motivo e objeto» (*Catecismo da Igreja Católica*, n. 1812).

22-23. Os cristãos devem sempre tratar aqueles que se desviam da boa doutrina com misericórdia, evitando perigos para suas almas. «É típico dos perfeitos que nos pecadores eles não odeiem nada mais do que os pecados; e que amam esses mesmos homens» (Santo Agostinho, *Contra Adimantum*, 17, 5).

24-25. A *doxologia* ou louvor a Deus Pai por meio de Jesus Cristo ensina que Jesus é o Mediador tanto da nossa salvação quanto do nosso louvor ao Pai. Desde a sua origem, a Igreja teve o costume de dirigir a oração litúrgica ao Pai por meio de Jesus Cristo, no Espírito Santo. São Beda, o venerável, comentando o v. 25, escreve: «Este versículo atribui ao Pai e ao Filho glória e poder iguais e coeternos para todo o sempre. E acusa de erro os que creem que o Filho é inferior e posterior ao Pai, pois diz que a glória, a majestade, o império e o poder são do Pai por Jesus Cristo, nosso Senhor. E isso não começou em algum momento, mas antes dos séculos, e agora, por todos os séculos. Amém» (*In Epistolam Iudae, ad loc.*).

APOCALIPSE

APOCALIPSE DE SÃO JOÃO

INTRODUÇÃO

O *Apocalipse* fecha a coleção de livros da Sagrada Escritura. Pode-se ver nele certo paralelismo com o livro Gênesis, com o qual a Bíblia se inicia. Os últimos capítulos do Apocalipse referem-se especificamente ao rio que regava o paraíso (cf. Gn 2, 6; Ap 22, 1) e à árvore da vida (cf. Gn 2, 8; Ap 22, 14).

Os testemunhos mais antigos do *Apocalipse* datam do século II e são unânimes em reconhecer o Apóstolo João como o autor do livro. São Justino, por volta do ano 150, relata que «um homem chamado João, um dos apóstolos de Cristo», havia recebido as revelações contidas no *Apocalipse*[1]. Do mesmo período é um comentário sobre o *Apocalipse* escrito por São Melitão, bispo de Sardes, de quem temos notícias de Eusébio de Cesareia[2]. Outros autores desse mesmo século atestam a autenticidade do *Apocalipse*, como Pápias, bispo de Hierápolis[3], e Santo Irineu, que o cita frequentemente[4]. No terceiro século, Orígenes de Alexandria diz que o autor do *Apocalipse* também escreveu o Evangelho e teve a felicidade

1 *Diálogo com Trifão*, 81.

2 Cf. *Historia ecclesiastica*, 4, 26, 2.

3 Cf. André de Cesareia, *Commentarium in Apocalypsim*, prólogo.

4 Cf. *Adversus haereses*, 4, 20.

de repousar a cabeça no peito de Jesus[5]. Tertuliano, no Ocidente, também atribui o *Apocalipse* a São João[6]. No entanto, durante este período houve vozes discordantes, como a de um presbítero romano chamado Gaio que considerava que o *Apocalipse* fora escrito por Cerinto, um gnóstico contemporâneo de São João[7] a que alguns autores da época chamavam *alogoi* por negar a Cristo como *Logos*[8]. Dionísio de Alexandria, em meados do século III, não aceitou a canonicidade do *Apocalipse* porque os milenaristas recorreram a ela para defender seu erro[9]; mas, no século IV, Santo Atanásio, bispo de Alexandria, o reconheceu como canônico, usando-o em sua luta contra os arianos[10]. São Basílio e São Gregório de Nissa também aceitam a tradição em favor da autenticidade. No entanto, na escola de Antioquia houve relutância em aceitá-lo, e São Cirilo de Jerusalém, São João Crisóstomo, Teodoreto e outros o dispensaram. Eusébio de Cesareia se mostra indeciso[11]. Essa ambiguidade de alguns escritores da Igreja oriental é mitigada pela unanimidade da Igreja latina, que sempre o aceitou como canônico e autêntico. Desaparecido o perigo da heresia milenarista, foi aceito unanimemente até Lutero, que, a princípio, negou a

---

5 Cf. *In Ioannem*, 1, 14.

6 Cf. *Adversus Marcionem*, 3, 14; *De resurrectione carnis*, 25.

7 Cf. Eusébio de Cesareia, *Historia ecclesiastica*, 3, 28, 2.

8 Cf. Santo Epifânio, *Adversus haereses* (Panarion), 51, 1- 35.

9 Cf. Dionísio de Alexandria, *Ex libro de promissione*, 3-7.

10 Cf. *Oratio II, contra Arianos*, 23.

11 Cf. *Historia ecclesiastica*, 3, 25, 2.

autenticidade e a canonicidade do livro, mas depois as aceitou[12].

I. CONTEÚDO E ESTRUTURA

Duas partes claramente distinguíveis encontram-se no livro: uma composta pelas cartas dirigidas às sete igrejas da Ásia (1, 4-3, 22) e outra por visões escatológicas (4, 1-22, 15). Ambas são precedidas de um prólogo, no qual o autor e o livro são apresentados (1, 1-3), e se encerram com um epílogo a título de conclusão, o qual contém um diálogo entre Jesus e a Igreja e algumas advertências ao leitor com a despedida (22, 16-21).

A parte dedicada às cartas começa com uma solene saudação epistolar (1, 4-8), seguida de uma introdução na qual se afirma que o Cristo glorioso ordena a João escrever (1, 9-20). Por fim, recolhe as cartas às igrejas de Éfeso (2, 1-7), Esmirna (2, 8-11), Pérgamo (2, 12-17), Tiatira (2, 18-29), Sardes (3, 1-6), Filadélfia (3, 7-13) e Laodiceia (3, 14-22).

A parte dedicada às visões começa com uma visão introdutória em que o autor contempla Deus na sua glória, de onde dirige os destinos do mundo e da Igreja. Estes constituem um mistério que só Cristo pode revelar, pois é o único capaz de abrir os sete selos (caps. 4-5). Em seguida, vem uma primeira seção, na qual são

12 Cf. Lutero, *Praefatio in Apocalypsim*.

apresentados os eventos anteriores ao desfecho final, descritos de acordo com uma série de visões que culminam na sétima trombeta (6, 1-11, 14). Ao som disso, uma segunda seção começa a se desenvolver: aquela relativa à vitória de Cristo sobre os poderes do mal e a glorificação da Igreja (11, 15-22, 5). Primeiro são apresentados os adversários: a Igreja e o Cordeiro, de um lado; a serpente e as bestas, de outro (12, 1-16, 21). Em seguida, anunciam-se os castigos que receberão antes de sua derrota (17, 1-18, 24) e é descrita a alegria que isso causa no céu (19, 1-10). Depois vêm os combates, que têm por resultado o triunfo de Cristo, o Juízo Final e o aparecimento da nova criação e da Jerusalém messiânica (21, 1-22, 5). Finalmente, o vidente é encarregado de dar a conhecer as visões (22, 6-15).

Ao longo da segunda parte há temas que parecem repetir-se, como os castigos antes do fim[13], o triunfo dos escolhidos[14], a queda da Babilônia[15] e outros. Por vezes, o relato de uma visão é abruptamente interrompido para dar lugar a outra[16]. Há também temas que parecem quebrar o ritmo da narrativa, como o das duas testemunhas[17] ou o da mulher celestial[18]. Além disso, o autor parece expor a totalidade de sua mensagem em cada uma das

---

13 Ap 6, 1-15; 8, 6-9, 21; 16, 1-21.

14 Cf. Ap 7, 9-17; 14, 1-5;19, 1-10.

15 Cf. Ap 14, 6-11; 18, 1-3.

16 Cf. Ap 8, 2; 10, 1; 12, 1 etc.

17 Cf. Ap 11, 1-14.

18 Cf. Ap 12, 1-18.

visões, sem se sentir obrigado a seguir critérios temáticos ou cronológicos, usuais em obras de outros gêneros. Por meio de alguns artifícios literários, ele consegue dar ao livro um aspecto de novidade crescente que prende a atenção do leitor até o final. Assim, ele usa o número sete como elemento literário básico; depois das sete cartas às sete igrejas[19], contempla um livro selado com sete selos[20], ouve o som de sete trombetas[21] e vê o conteúdo de sete taças derramadas sobre a terra: as sete pragas[22].

II. COMPOSIÇÃO

No começo, em 1, 9-10, o livro refere-se às circunstâncias em que o hagiógrafo escreve: «Eu, João, vosso irmão e companheiro no sofrimento, [...] na ilha chamada Patmos, [...] no dia do Senhor». Patmos é uma pequena ilha no Mar Egeu, parte das Espórades. Escrevia num domingo, «Dia do Senhor», aquele em que os cristãos – desde o início da Igreja – dedicavam ao culto divino, em vez do sábado judaico. Santo Irineu estima que foi escrito no final da época de Domiciano, por volta do ano 96[23], opinião que é confirmada pelos dados oferecidos pelo

19 Cf. Ap 1, 4-3, 22.

20 Cf. Ap 5, 1-8, 1.

21 Cf. Ap 8, 2-11, 15.

22 Cf. Ap 15, 5-16, 17.

23 Cf. *Adversus haereses*, 5, 30.

livro. Com efeito, foi a partir dos anos 70 que o primeiro dia da semana cristã passou a ser chamado *Dies Domini*, ou «domingo»; por outro lado, o desenvolvimento das comunidades da Ásia Menor refletido no *Apocalipse* supõe uma fase avançada da implantação da Igreja. O livro é dirigido às «sete igrejas que há na Ásia»[24]. Parece que é um número simbólico e que, na realidade, o livro se destina à Igreja universal.

O objetivo da obra é alertar os cristãos para os graves perigos que existiam para a fé e, ao mesmo tempo, consolar e encorajar aqueles que sofreram o peso da tribulação, devido sobretudo às terríveis e longas perseguições de Domiciano. As primeiras heresias já estavam causando estragos naquelas comunidades: os nicolaítas preconizavam certo conformismo com a idolatria e os costumes pagãos[25], e viam-se a perda do primeiro fervor[26] e a decadência da caridade[27]. A perseguição veio tanto dos judeus como dos pagãos. Os primeiros são chamados de «sinagoga de Satanás» e falsos judeus[28]. Os pagãos já haviam empreendido a primeira grande perseguição com Nero, cuja memória sobrevive no final do primeiro século[29]. Diante dessa situação de injustiças e ultrajes cruéis, São João tenta confortar os cristãos e manter viva

24 Ap 1, 4.

25 Cf. Ap 2, 6.14.

26 Cf. Ap 2, 4.

27 Cf. Ap 3, 2.

28 Cf. Ap 2, 9-10.

29 Cf. Ap 6, 9-11 e 17, 6.

a esperança no triunfo final de Cristo e dos que lhe são fiéis – até a morte, se preciso[30].

O gênero utilizado pelo autor do *Apocalipse* assemelha-se a outras obras do seu tempo, judaicas ou cristãs, que se distinguem especialmente por duas características: a) abordar o tema dos últimos tempos, quando o bem triunfará e o mal será aniquilado; b) e recorrer ao simbolismo do reino animal, à astrologia, a expressões numéricas etc. para descrever a história passada e presente, projetando-as ao mesmo tempo para o fim dos tempos. São obras que, justamente por sua semelhança com a de São João, receberam o nome de «apocalipse». Pelo conteúdo e pela forma, essas obras são uma derivação tardia da literatura profética, pois os profetas já anunciavam o «dia do Senhor»[31] e usavam imagens simbólicas para expressar sua mensagem[32]. Além disso, nos apocalipses as visões se misturam com recomendações de ordem moral, com convites à reflexão e com promessas de bem-aventurança ou castigo futuro. O *Apocalipse* de São João é apresentado, com efeito, como uma «profecia»[33]; e, mesmo utilizando normalmente linguagem e simbolismo semelhantes aos apocalipses judaicos, a sua mensagem apresenta uma dimensão diferente: aquela que a história humana adquire sob o senhorio de Cristo, reconhecido e celebrado na Igreja, o novo povo de Deus, que no presente sofre, como seu

---

30 Cf. Ap 2, 10.

31 Cf. Am 5, 18-20; Is 2, 6-21; Jr 30, 5-7; Jl 2, 1-17 etc.

32 Cf. Am 7, 1-8, 3; Os 13, 7 8; Jl 2, 10-11; Ez 1-2 etc.

33 Ap 1, 3. Cf. Ap 22, 7.9.10.18.19.

Senhor, a perseguição das forças do mal. Para o autor do Apocalipse, o desfecho final já foi revelado na Ressurreição e Ascensão de Cristo, estando já sendo preparado ao longo da história por meio da santidade, das boas obras e do sofrimento dos justos. Por fim, virá o triunfo definitivo de Cristo e a exaltação da Igreja num mundo novo, onde não haverá mais choro nem dor[34].

III. ENSINAMENTOS

A declaração central do *Apocalipse* é a segunda vinda do Senhor – a Parúsia – e a instauração definitiva do seu Reino no fim dos tempos. Em torno desta afirmação está o seu ensinamento sobre Deus, Jesus Cristo, o Espírito Santo, os anjos e a Igreja.

Deus é chamado de «o Alfa e o Ômega», «o começo e o fim»[35], também «aquele que é, que era e que vem»[36]. São expressões que explicam o nome de *YHWH*, «Eu sou o que sou», revelado a Moisés[37]. Assim se ensina que Deus é o que já foi no passado – sua eternidade; o que é – o que está atuando desde a criação do mundo até hoje; e aquele que há de vir, isto é, o que continuará presente no

34 Cf. Ap 21, 4.

35 Ap 1, 8; 22, 13.

36 Ap 1, 4.

37 Ex 3, 14.

tempo futuro, com uma presença dinâmica e salvadora que nunca cessará. Nada escapa à sua providência divina; Ele é um Pai justo e verdadeiro que se mostrará como herança do vencedor: «Eu serei seu Deus, e ele será meu filho»[38]. No final, seu poder criativo e seu amor infinito levarão Deus a restaurar tudo e a criar um novo mundo[39]. Ele também é um Juiz universal e inapelável, de cujo julgamento ninguém pode escapar[40].

Jesus Cristo é constantemente apresentado como redentor em razão de sua morte na Cruz[41]. Sobressai especialmente a grande e humilde figura do Cordeiro, que aparece com frequência «imolado»[42], a vítima sacrificial por excelência. No entanto, o aspecto glorioso predomina sob o símbolo do Cordeiro que está entronizado no monte Sião, de onde brota o rio da água da vida[43]. Será ele quem alimentará e guiará seu povo, acompanhado pelos vencedores[44]. Combatê-lo-ão, mas ele acabará por derrotar seus inimigos[45]. Ele é digno de receber poder e glória, de ser adorado por toda a criação[46]. Jesus Cristo também ganha o título de «Filho do Homem», destinado a receber

---

38 Ap 21, 7.

39 Cf. Ap 21, 5.

40 Cf. Ap 20, 12.

41 Ap 1, 7; 7, 14; 11, 8; 12, 11.

42 Cf. Ap 5, 12; 13, 8; 22, 14.

43 Cf. Ap 5, 6; 14, 1; 22, 1.3.

44 Cf. Ap 7, 17.

45 Cf. Ap 17, 14.

46 Cf. Ap 5, 12.

domínio e poder sobre todas as nações e línguas[47]. É «Rei dos reis e Senhor dos senhores»[48]; está acima dos anjos que envia e, ao contrário deles, recebe o culto de adoração que só pertence a Deus[49].

O Espírito Santo é mencionado em momentos diferentes: quando se fala dos sete espíritos que estão diante do trono ou das sete lâmpadas acesas[50], e quando se diz que Ele fala às igrejas[51]. No final, a voz do Espírito se une à da Esposa para implorar pela vinda de Cristo. O Espírito Santo é apresentado em função da Igreja, que ele anima com a sua palavra e com um impulso interior que a impele a implorar pela vinda do Senhor.

A Igreja está presente, mais ou menos explicitamente, ao longo de todo o livro. Ensina-se que é una e universal, a Esposa de Cristo que clama insistentemente pela vinda do Senhor[52]. Apresenta-se sob várias imagens, cujo simbolismo nos ajuda a compreender a sua beleza e imponência. Assim falamos da Cidade Santa, a nova Jerusalém, que está próxima de Deus, também chamada de Cidade Amada[53], e cuja glória e esplendor são descritos em grande detalhe[54]. É chamada de Templo de Deus,

---

47 Cf. Dn 7, 13- 14; Ap 1, 13-16.

48 Cf. Ap 17, 14; 19, 16.

49 Cf. Ap 1, 1; 22, 6; 19, 10; 22, 8-9.

50 Cf. Ap 1, 4; 4, 5.

51 Cf. Ap 2, 7.11.17 etc.

52 Cf. Ap 22, 17.20.

53 Cf. Ap 3, 12; 20, 9; 21, 2.10.

54 Cf. Ap 21, 16-27; 22, 1-2.

onde está a Arca da Aliança e onde a incontável multidão de eleitos adora a Deus[55]. A Mulher que o vidente contempla no céu[56], ainda que possa ser interpretada como referindo-se à Santíssima Virgem ou ao antigo Israel, pode significar sobretudo a Igreja submetida a grandes tribulações.

Mas a Igreja também se apresenta como uma realidade localizada nas diversas cidades da Ásia proconsular[57]. Estas comunidades não constituem uma igreja distinta da Igreja enquanto tal, mas a ideia de que a Igreja universal está presente nas comunidades dos que creem já pode ser percebida, de alguma forma, «como partes que são da única Igreja de Cristo»[58].

Os anjos têm um papel importante ao longo do livro. Eles estão no Céu, na presença de Deus, louvando incessantemente a Deus e ao Cordeiro[59] e intercedendo pelos homens[60]. São mediadores da Revelação divina[61], os encarregados de proteger os homens[62] e os responsáveis pelas igrejas[63] – embora este último item pudesse ser a representação simbólica dos bispos das igrejas em questão,

55 Cf. Ap 3, 12; 7, 15; 11, 19.

56 Cf. Ap 12.

57 Cf. Ap 2-3.

58 Concílio Vaticano II, *Christus Dominus*, n. 6.

59 Cf. Ap 5, 11; 7, 11 etc.

60 Cf. Ap 8, 3-4.

61 Cf. Ap 1, 1; 7, 2; 8, 2-11, 15; 14, 6-19; 16, 17; 19, 17; 22, 6.16.

62 Cf. Ap 7, 1; 21, 12.

63 Cf. Ap 1, 20; 2, 1.8.12.18; 3, 1.7.14.

cuja função era fundamentalmente zelar por elas. Às vezes, também são os executores de punições divinas[64]. Encabeçados pelo arcanjo São Miguel, os anjos travam a grande batalha do Bem contra o Mal no meio do Céu[65], em oposição àquele «grande dragão, a antiga serpente, chamada Diabo e Satanás, que se chama Diabo e Satanás, que seduz todo o mundo»[66]. Mas essa luta continua ao longo da história. Assim se diz que os demônios, soltos por algum tempo e livres na terra, causam guerras e extravios entre os homens[67], mas no final serão lançados no inferno, onde serão atormentados para sempre[68].

IV. INTERPRETAÇÃO DO APOCALIPSE

Devido ao seu caráter especialmente simbólico, o *Apocalipse* recebeu várias interpretações ao longo dos séculos.

Na época antiga, era entendido sobretudo como uma descrição antecipada e profética da história da Igreja; viam-se, pois, anunciar nas suas palavras os momentos mais importantes pelos quais a Igreja passou ou ainda há de passar, até que chegue o reino dos mil anos que Cristo e seus seguidores devem estabelecer antes do fim do

64 Cf. Ap 9, 15; 14, 18 etc.

65 Cf. Ap 12, 7ss.

66 Ap 12, 9.

67 Cf. Ap 20, 7-8.

68 Cf. Ap 12, 9; 20, 10.

mundo, conforme anunciado em Ap 20, 1-7 e entendido ao pé da letra. Esta interpretação foi válida nos primeiros séculos e na Idade Média. Foi corrigida a partir do século XVIII por aqueles que viam no conteúdo do livro apenas um anúncio e uma premonição para os últimos tempos, isto é, para a era escatológica. Esta interpretação é atualmente mantida por alguns autores.

Em contraste com tais interpretações, também se compreendeu o *Apocalipse* como um livro que contém exclusivamente a história contemporânea de São João e que dá conta das perseguições e dificuldades da Igreja no seu tempo. Essa interpretação começa no século XVI e hoje tem seus seguidores na crítica racionalista.

A interpretação mais comum atualmente, e também mais alinhada com o texto e com a Tradição, é aquela que entende o *Apocalipse* como uma visão teológica de toda a história, enfatizando seu aspecto transcendente e religioso. São João apresenta a situação da Igreja em seu tempo e um amplo panorama dos tempos últimos, mas com a particularidade de que esses tempos definitivos já foram inaugurados com a vinda de Jesus Cristo, o Filho de Deus feito homem.

APOCALIPSE DE SÃO JOÃO

Prólogo

1 [1] Revelação de Jesus Cristo, que, para mostrar aos seus
servos as coisas que em breve devem acontecer, Deus
lhe fez. Ele a comunicou, por meio do seu anjo, ao seu
servo João, [2] o qual atesta ser palavra de Deus e testemu-
nho de Jesus Cristo o que viu. [3] Bem-aventurado aquele
que lê e aquele que ouve as palavras desta profecia, e ob-
serva as coisas que nela estão escritas, porque o tempo
está próximo.

PRIMEIRA PARTE
CARTAS ÀS SETE IGREJAS

Saudação e destinatários

[4] João, às sete igrejas que há na Ásia: graça a vós e paz
da parte daquele que é, que era e que vem, da parte dos
sete espíritos que estão diante do seu trono [5] e da parte
de Jesus Cristo, que é a testemunha fiel, o primogênito

dentre os mortos, o soberano dos reis da terra. Àquele que
nos ama e nos livrou dos nossos pecados pelo seu sangue,
6 e fez de nós um reino e sacerdotes para Deus e seu Pai:
a ele a glória e o poder pelos séculos dos séculos. Amém.
7 *Eis que ele vem sobre as nuvens, e todos os olhos o ve-
rão, mesmo aqueles que o trespassaram, e se lamentarão, por
causa dele, todas as tribos da terra*. Sim. Amém. 8 Eu sou
o Alfa e o Ômega, diz o Senhor Deus, aquele que é, que
era e que vem, o Todo-poderoso.

Motivo deste escrito

9 Eu, João, vosso irmão e companheiro no sofrimen-
to, no reino e na paciência em Jesus, estive na ilha cha-
mada Patmos por causa da palavra de Deus e do testemu-
nho de Jesus. 10 Caí em êxtase, no dia do Senhor, e ouvi
por detrás de mim uma grande voz, como de trombeta,
11 que dizia:

«O que vês, escreve-o num livro e envia-o às sete igrejas: a Éfeso, a Esmirna, a Pérgamo, a Tiatira, a Sardes, a Filadélfia e a Laodiceia.»

12 Voltei-me para ver a voz que falava comigo e,
voltando-me, vi sete candeeiros de ouro 13 e, no meio dos
candeeiros, *alguém semelhante a um Filho de homem*, ves-
tido com uma longa túnica e *cingido* pelo peito com um
cinto *de ouro*; 14 *a sua cabeça e os seus cabelos eram brancos
como lã* branca, *como neve*; *os seus olhos eram como* uma
chama *de fogo*; 15 *os seus pés eram semelhantes ao bronze*

incandescente numa fornalha; *a sua voz era como o ruído
de muitas águas.* 16 Tinha na sua direita sete estrelas; saía
da sua boca uma espada afiada de dois gumes e o seu rosto
era como o sol quando está na sua força.

17 Logo que o vi, caí diante de seus pés como morto.
Porém, ele pôs a sua mão direita sobre mim, dizendo:

«Não temas! Eu sou o primeiro e o último, 18 e o que
vive. Fui morto, mas eis que estou vivo pelos séculos dos
séculos, e tenho as chaves da morte e do inferno. 19 Escre-
ve, pois, as coisas que viste: não só as que são, mas tam-
bém as que hão de suceder depois destas. 20 Eis o mistério
das sete estrelas que viste na minha mão direita, e dos sete
candeeiros de ouro: as sete estrelas são os anjos das se-
te igrejas, e os sete candeeiros são as sete igrejas.

Carta à igreja de Éfeso

2 1 «Escreve ao anjo da igreja em Éfeso: "Isto diz aquele
que tem as sete estrelas na sua direita, e anda no meio
dos sete candeeiros de ouro: 2 Conheço as tuas obras, o
teu trabalho, a tua paciência; sei que não podes suportar
os maus e que experimentaste os que dizem ser apóstolos
e não o são, e os achaste mentirosos. 3 Tens paciência,
sofreste pelo meu nome e não desanimaste. 4 Mas tenho
contra ti que deixaste a tua primeira caridade. 5 Lembra-
-te, pois, donde caíste, arrepende-te e volta às tuas pri-
meiras obras; de contrário, virei a ti e removerei o teu
candeeiro do seu lugar, se não fizeres penitência. 6 Isto,

porém, tens de bom: que aborreces as ações dos nicolaí-
tas, que eu também aborreço".
7 «Aquele que tem ouvidos ouça o que o Espírito diz
às igrejas. Ao vencedor darei a comer da árvore da vida,
que está no paraíso de Deus.

Carta à igreja de Esmirna

8 «Ao anjo da igreja em Esmirna, escreve: "Isto diz o
primeiro e o último, o que foi morto e que retomou a
vida: 9 Conheço a tua tribulação e a tua pobreza — ainda
que sejas rico — e que és caluniado por aqueles que se
dizem judeus e não o são; antes, são uma sinagoga de
Satanás. 10 Não temas nada do que terás de sofrer: eis que
o diabo fará meter na prisão alguns de vós a fim de serdes
provados; tereis tribulação durante dez dias. Sê fiel até a
morte, e eu te darei a coroa da vida".
11 «Aquele que tem ouvidos ouça o que o Espírito diz
às igrejas. Quem sair vencedor ficará ileso da segunda
morte.

Carta à igreja de Pérgamo

12 «Ao anjo da igreja em Pérgamo, escreve: "Isto diz
aquele que tem a espada afiada de dois gumes: 13 Sei onde
habitas – ali onde Satanás tem o trono; sei que te con-
servas ligado ao meu nome e não renegaste a minha fé,

mesmo naqueles dias em que Antipas, minha fiel teste-
munha, foi morto entre vós, onde Satanás habita. 14 Mas
tenho contra ti alguma coisa: tens contigo sequazes da
doutrina de Balaão, o qual ensinava Balac a pôr tropeços
diante dos filhos de Israel, impelindo-os a comer carnes
imoladas aos ídolos e a praticar a fornicação. 15 Assim
tens tu também sequazes da doutrina dos nicolaítas.
16 Faze, pois, penitência; de contrário, virei a ti em breve
e pelejarei contra eles com a espada da minha boca".

17 «Aquele que tem ouvidos ouça o que o Espírito diz
às igrejas. Darei ao vencedor maná escondido; dar-lhe-ei
uma pedrinha branca e um nome novo escrito na pedri-
nha, o qual ninguém conhece, senão quem o recebe.

Carta à igreja de Tiatira

18 «Ao anjo da igreja em Tiatira, escreve: "Isto diz o
Filho de Deus, que tem os olhos como uma chama de
fogo e cujos pés são semelhantes ao bronze: 19 Conheço
as tuas obras, a tua caridade, a tua fé, o teu serviço, a
tua paciência; sei que as tuas últimas obras são mais nu-
merosas que as primeiras. 20 Porém, tenho contra ti que
toleras Jezabel, essa mulher que se diz profetisa; ela en-
sina e seduz os meus servos, para fornicarem e comerem
das carnes sacrificadas aos ídolos. 21 Dei-lhe tempo para
fazer penitência e ela não quer arrepender-se da sua for-
nicação. 22 Eis que a prostarei num leito, a ela e aos seus
companheiros de adultério, numa grande tribulação, se

não fizerem penitência das suas obras. 23 Ferirei de morte
os seus filhos, e todas as igrejas conhecerão que eu sou
aquele que sonda os rins e os corações, e darei a cada um
de vós segundo as vossas obras. 24 Quanto a vós, os res-
tantes de Tiatira, que não seguis essa doutrina e que não
conhecestes as profundidades, como eles lhes chamam,
de Satanás, declaro-vos que não porei sobre vós outro
peso. 25 Todavia, guardai bem aquilo que tendes até que
eu venha. 26 Àquele que vencer e que praticar as minhas
obras até o fim, *eu lhe darei* poder sobre *as nações*, 27 e *as*
regerá com vara de ferro como se quebram vasos de argila,
28 como também eu o recebi de meu Pai; e dar-lhe-ei a
estrela da manhã".

29 «Aquele que tem ouvidos ouça o que o Espírito diz
às igrejas.

Carta à igreja de Sardes

3 1 «Ao anjo da igreja em Sardes, escreve: "Isto diz aquele
que tem os sete espíritos de Deus e as sete estrelas: Co-
nheço as tuas obras; sei que tens a reputação de que vives,
mas estás morto. 2 Sê vigilante e confirma o que resta e
está para morrer, porque não achei as tuas obras perfeitas
diante do meu Deus. 3 Lembra-te, pois, do que recebeste
e ouviste, observa-o e faze penitência. Se não vigiares, virei
a ti como um ladrão, e não saberás a que hora virei a ti.
4 Tens, porém, algumas pessoas em Sardes que não conta-
minaram os seus vestidos: acompanhar-me-ão vestidas de

branco, porque são dignas disso. 5 Aquele que vencer será
assim revestido de vestiduras brancas, e eu não apagarei o
seu nome do livro da vida; e confessarei o seu nome diante
de meu Pai e diante dos seus anjos".

6 «Aquele que tem ouvidos ouça o que o Espírito diz
às igrejas.

Carta à igreja de Filadélfia

7 «Ao anjo da igreja em Filadélfia, escreve: "Isto diz
o Santo, o Verdadeiro, aquele que tem *a chave de Davi,*
aquele que abre e ninguém fechará, e que fecha e ninguém
abrirá: 8 Conheço as tuas obras; eis que pus diante de ti
uma porta aberta que ninguém pode fechar, porque, tendo pouca força, mesmo assim guardaste a minha palavra
e não negaste o meu nome. 9 Eis que te vou dar da sinagoga de Satanás os que dizem que são judeus e não o são,
mas mentem; e farei com que eles venham e se prostrem
a teus pés e reconheçam que te amei. 10 Porque guardaste
a palavra da minha paciência, também eu te guardarei
da hora da tentação que virá sobre todo o mundo para
provar os habitantes da terra. 11 Eis que venho em breve;
guarda o que tens, para que ninguém tome a tua coroa.
12 Aquele que vencer, fá-lo-ei uma coluna no templo do
meu Deus, e não sairá jamais dele. Escreverei sobre ele o
nome do meu Deus e o nome da cidade do meu Deus, a
nova Jerusalém que desce do céu vinda do meu Deus, e
o meu novo nome".

13 «Aquele que tem ouvidos ouça o que o Espírito diz
às igrejas.

Carta à igreja de Laodiceia

14 «Ao anjo da igreja em Laodiceia, escreve: "Isto diz
o Amém, a testemunha fiel e verdadeira, o princípio da
criação de Deus: 15 Conheço as tuas obras, que não és
nem frio nem quente. Oxalá foras frio ou quente! 16 Mas,
porque és morno, nem frio nem quente, vou vomitar-
-te da minha boca. 17 Porque dizes: Sou rico, enchi-me
de bens, de nada tenho falta — e não sabes que és um
infeliz, um miserável, pobre, cego e nu! 18 Aconselho-te
a que me compres ouro provado no fogo para te fazeres
rico, roupas brancas para te vestires e ocultares a vergo-
nha da tua nudez, e um colírio para ungir teus olhos para
que vejas. 19 Aos que amo repreendo e castigo. Tem, pois,
zelo e faze penitência. 20 Eis que estou à porta e bato. Se
alguém ouvir a minha voz e me abrir a porta, entrarei
em sua casa e cearei com ele, e ele comigo. 21 Aquele que
vencer, fá-lo-ei sentar comigo no meu trono, assim como
eu mesmo também venci e me sentei com meu Pai no
seu trono.

22 «Aquele que tem ouvidos ouça o que o Espírito diz
às igrejas.»

SEGUNDA PARTE
VISÕES ESCATOLÓGICAS

I. VISÃO INTRODUTÓRIA

Deus no trono de sua glória

4 1 Depois disso, tive uma visão: Uma porta estava aber-
ta no céu, e a voz, aquela primeira voz que eu tinha
ouvido como de trombeta, falava comigo, dizendo:

«Sobe aqui e mostrar-te-ei as coisas que devem
acontecer depois destas.»

2 Logo caí em êxtase: e eis que um trono estava colo-
cado no céu, sobre o qual estava alguém sentado. 3 Aquele
que estava sentado era no aspecto semelhante a uma pe-
dra de jaspe e de sardônica, e em volta do trono estava
um arco-íris que se assemelhava à cor de esmeralda. 4 Em
volta do trono havia outros vinte e quatro tronos, e so-
bre esses tronos estavam sentados vinte e quatro anciões
vestidos de roupas brancas, tendo em suas cabeças coroas
de ouro. 5 Do trono partem relâmpagos, vozes e trovões.
Diante do trono ardem sete lâmpadas ardentes, que são os
sete espíritos de Deus. 6 Em frente do trono há como que
um mar de vidro semelhante a cristal e, no meio do trono
e em volta do trono, quatro animais cheios de olhos por

diante e por detrás. 7 O primeiro animal é semelhante a
um leão, o segundo é semelhante a um novilho, o terceiro
tem o rosto como de homem, e o quarto é semelhante a
uma águia que voa. 8 Os quatro animais têm cada um seis
asas, e em volta e por dentro estão cheios de olhos, e não
cessam, dia e noite, de dizer:

«*Santo, Santo, Santo é o Senhor,*
Deus Onipotente,
o que era, o que é, e o que vem».

9 E, quando aqueles animais dão glória, honra e ação
de graças ao que está sentado sobre o trono e que vive
pelos séculos dos séculos, 10 os vinte e quatro anciões
prostram-se diante do que está sentado no trono e ado-
ram o que vive pelos séculos dos séculos, e lançam as suas
coroas diante do trono, dizendo:
11 «Tu és digno, ó Senhor e Deus nosso,
de receber a glória, a honra e o poder,
porque criaste todas as coisas
e pela tua vontade é que elas existiam e foram criadas».

O livro selado e o Cordeiro

5 1 E vi na mão direita do que estava sentado sobre o
trono um livro escrito por dentro e por fora, selado
com sete selos. 2 E vi um anjo forte que gritava em al-
ta voz:

«Quem é digno de abrir o livro e de quebrar os seus
selos?»

3 E ninguém podia, nem no céu, nem na terra, nem
debaixo da terra, abrir o livro, nem olhar para ele. 4 E eu
chorava muito, porque não se tinha encontrado ninguém
que fosse digno de abrir o livro, nem de olhar para ele.
5 Então um dos anciões disse-me:

«Não chores; eis que o leão da tribo de Judá, a estirpe
de Davi, venceu, de maneira a poder abrir o livro e os
seus sete selos.»

6 Então vi no meio do trono e dos quatro animais, e
no meio dos anciões, um Cordeiro de pé, como imola-
do, o qual tinha sete chifres e sete olhos, que são os sete
espíritos de Deus mandados por toda a terra. 7 Ele veio e
recebeu o livro da mão direita do que estava sentado no
trono. 8 E, tendo aberto o livro, os quatro animais e os
vinte e quatro anciões prostraram-se diante do Cordei-
ro, tendo cada um uma cítara e taças de ouro cheias de
perfumes, que são as orações dos santos. 9 Cantam um
cântico novo, dizendo:

«Digno és de receber o livro
e de abrir os seus selos,
porque foste morto e resgataste para Deus,
com o teu sangue,
homens de toda a tribo, língua, povo e nação,
10 e fizeste deles, para o nosso Deus,
um reino de sacerdotes,
e reinam sobre a terra.»

11 Depois olhei e ouvi a voz de muitos anjos em volta
do trono, dos animais e dos anciões. O número deles era
de miríades de miríades e de milhares de milhares, 12 os
quais diziam em alta voz:
«Digno é o Cordeiro que foi morto
de receber o poder, a riqueza, a sabedoria,
a fortaleza, a honra, a glória e a bênção.»

13 E toda criatura que há no céu, sobre a terra, debaixo da terra e sobre o mar, e todas as coisas que aí se encontram, ouvi-os dizer:
«Ao que está sentado sobre o trono e ao Cordeiro,
bênção, honra, glória e poder
pelos séculos dos séculos.»

14 E os quatro animais diziam:
«Amém.»
E os anciões prostraram-se e adoraram.

II. ACONTECIMENTOS PRÉVIOS AO DESENLACE FINAL

Cristo abre os seis primeiros selos. Visão dos quatro cavaleiros

6 1 E vi, no momento em que o Cordeiro abriu um dos sete selos, e ouvi que um dos quatro animais dizia, como em voz de trovão:
«Vem.»

2 Olhei e vi um cavalo branco. O que estava montado
sobre ele tinha um arco; foi-lhe dada uma coroa e saiu
como vitorioso e para vencer.
3 Quando abriu o segundo selo, ouvi o segundo ani-
mal, que dizia:
«Vem.»
4 E saiu outro cavalo, vermelho. Ao que estava mon-
tado sobre ele foi dado o poder de tirar a paz da terra e
de fazer com que se matem uns aos outros, e foi-lhe dada
uma grande espada.
5 Quando abriu o terceiro selo, ouvi o terceiro animal,
que dizia:
«Vem.»
Olhei e vi um cavalo negro. O que estava montado
sobre ele tinha na sua mão uma balança. 6 E ouvi como
que uma voz no meio dos quatro animais, que dizia:
«Uma medida de trigo por um denário, e três medidas
de cevada por um denário; mas não causes dano ao azeite
nem ao vinho.»
7 Quando abriu o quarto selo, ouvi a voz do quarto
animal, que dizia:
«Vem.»
8 Olhei e vi um cavalo macilento. O que estava mon-
tado sobre ele tinha por nome Morte, e seguia-o o infer-
no. Foi-lhe dado poder sobre um quarto da terra, para
matar à espada, à fome, com a peste e por meio das feras
da terra.

9 Quando abriu o quinto selo, vi debaixo do altar as
almas dos que tinham sido mortos por causa da palavra

de Deus e do testemunho que tinham. [10] Clamaram em
voz alta, dizendo:

«Até quando, Senhor santo e verdadeiro, dilatas tu o fazer justiça e vingar o nosso sangue dos que habitam sobre a terra?»

[11] E foi dada a cada um deles uma túnica branca, e
foi-lhes dito que esperassem ainda um pouco de tempo,
até que se completasse o número dos seus conservos e
irmãos que haviam de padecer, como eles, a morte.

[12] Quando abriu o sexto selo, vi que sobreveio um
grande terremoto. O sol tornou-se negro como um saco
de crina, a lua tornou-se toda como sangue [13] e as estre-
las caíram do céu sobre a terra, como quando a figueira,
agitada por um forte vento, deixa cair os seus figos verdes.
[14] O céu recolheu-se como um livro que se enrola, e todos
os montes e ilhas foram tirados dos seus lugares. [15] Os reis
da terra, os grandes, os capitães, os ricos, os poderosos e to-
dos os homens, servos e livres, se esconderam nas cavernas
e entre os penhascos dos montes. [16] *E diziam aos montes e
aos rochedos*:

«*Caí sobre nós e escondei-nos* da face daquele que está
sentado sobre o trono e da ira do Cordeiro, [17] porque che-
gou o grande dia da sua cólera; e quem poderá subsistir?»

A grande multidão dos salvos

7 [1] Depois disso, vi quatro anjos que estavam de pé
sobre os quatro ângulos da terra, detendo os quatro

ventos da terra para que não soprassem sobre a terra,
nem sobre o mar, nem sobre árvore alguma.

2 E vi outro anjo que subia do oriente e tinha o selo
do Deus vivo, o qual clamou em alta voz aos outros qua-
tro, a quem fora dado o poder de fazer mal à terra e ao
mar, 3 dizendo:

«Não façais mal à terra, nem ao mar, nem às árvores,
até que assinalemos, sobre a sua fronte, os servos do
nosso Deus.»

4 E ouvi o número dos que foram assinalados: cento e
quarenta e quatro mil selados de todas as tribos dos filhos
de Israel. 5 Da tribo de Judá, doze mil assinalados; da tribo
de Rúben, doze mil; da tribo de Gade, doze mil; 6 da tribo
de Aser, doze mil; da tribo de Neftali, doze mil; da tri-
bo de Manassés, doze mil; 7 da tribo de Simeão, doze mil;
da tribo de Levi, doze mil; da tribo de Issacar, doze mil;
8 da tribo de Zabulon, doze mil; da tribo de José, doze
mil; da tribo de Benjamin, doze mil assinalados.

9 Depois disso, vi aparecer uma grande multidão que
ninguém podia contar, de todas as nações, tribos, povos
e línguas, que estavam em pé diante do trono e diante do
Cordeiro revestidos de vestiduras brancas e com palmas
nas suas mãos. 10 E clamavam em alta voz, dizendo:

«A salvação ao nosso Deus, que está sentado sobre o
trono, e ao Cordeiro!»

11 Todos os anjos estavam de pé em volta do trono,
dos anciões e dos quatro animais, e prostraram-se so-
bre os seus rostos diante do trono, e adoraram a Deus,
12 dizendo:

«Amém. Bênção, glória, sabedoria, ação de graças,
honra, poder e fortaleza ao nosso Deus, pelos séculos dos
séculos. Amém.»

13 Então um dos anciões, tomando a palavra, disse-
-me:

«Estes que estão revestidos de vestiduras brancas,
quem são? Donde vieram?»

14 «Meu Senhor, tu o sabes», respondi-lhe.

E ele disse-me:

«Estes são aqueles que vêm da grande tribulação;
lavaram as suas vestes e as embranqueceram no sangue
do Cordeiro. 15 Por isso estão diante do trono de Deus
e o servem de dia e de noite no seu templo. O que está
sentado sobre o trono os abrigará sob o seu tabernáculo;
16 *não terão mais fome nem sede, nem cairá sobre eles o sol,*
nem calor algum, 17 porque o Cordeiro, que está no meio
do trono, *os apascentará e levará às fontes das águas da*
vida, e Deus enxugará toda a lágrima dos seus olhos.»

Abertura do sétimo selo

8 1 Tendo aberto o sétimo selo, fez-se silêncio no céu
quase por meia hora.

2 E vi os sete anjos que estavam em pé diante de Deus,
aos quais foram dadas sete trombetas. 3 Depois veio outro
anjo e parou de pé diante do altar com um turíbulo de
ouro, e foram-lhe dados muitos perfumes, a fim de os
oferecer com as orações de todos os santos sobre o altar

de ouro que está diante do trono. 4 E o fumo dos perfu-
mes com as orações dos santos subiu da mão do anjo até
a presença de Deus. 5 Depois o anjo tomou o turíbulo,
encheu-o de fogo do altar e lançou-o sobre a terra. Houve
então trovões, vozes, relâmpagos e um grande terremoto.
6 Os sete anjos que tinham as sete trombetas prepararam-
-se para as tocar.

O toque das seis primeiras trombetas. Os três lamentos

7 O primeiro tocou a trombeta, e houve granizo e fogo misturados com sangue que foram atirados sobre a terra. Foi abrasada a terça parte da terra, foi queimada a terça parte das árvores e toda erva verde.

8 O segundo anjo tocou a trombeta, e foi lançado
no mar como que um grande monte ardendo em fogo.
Converteu-se em sangue a terça parte do mar, 9 e a terça
parte das criaturas que viviam no mar morreu, e a ter-
ça parte das naus foi destruída.

10 O terceiro anjo tocou a trombeta, e caiu do céu
uma grande estrela a arder como um facho; caiu sobre a
terça parte dos rios e sobre as fontes das águas. 11 O nome
da estrela é Absinto. A terça parte das águas converteu-se
em absinto, e muitos homens morreram por causa da-
quelas águas, porque se tornaram amargosas.

12 O quarto anjo tocou a trombeta, e foi ferida a ter-
ça parte do sol, assim como a terça parte da lua e a terça

parte das estrelas, de maneira que se obscureceu a sua terça parte, e o dia perdeu a terça parte do seu brilho, como também a noite.

13 E vi, e ouvi a voz de uma águia que voava para o zênite, a qual dizia em alta voz:

«Ai, ai, ai dos habitantes da terra por causa dos restantes toques de trombeta que os três anjos estão prestes a tocar!»

9 1 O quinto anjo tocou a trombeta, e vi uma estrela
caída do céu sobre a terra. Foi-lhe dada a chave do
poço do abismo. 2 Ela abriu o poço do abismo, e subiu
um fumo do poço, como fumo de uma grande fornalha, e escureceram-se o sol e o ar com o fumo do poço.
3 Do fumo saíram gafanhotos para a terra, e foi-lhes dado
um poder como o poder que têm os escorpiões da terra.
4 E foi-lhes ordenado que não fizessem dano à erva da
terra, nem a verdura alguma, nem a árvore alguma, mas somente aos homens que não têm o selo de Deus sobre
as suas frontes. 5 Foi-lhes concedido não que os matassem, mas que os atormentassem durante cinco meses. O tormento que causam é como o tormento do escorpião quando fere um homem. 6 Naqueles dias, os homens buscarão a morte e não a encontrarão; desejarão morrer e a morte fugirá deles.

7 Os gafanhotos eram parecidos a cavalos aparelhados para a batalha; sobre as suas cabeças tinham uma espécie de coroas semelhantes ao ouro, e os seus rostos

eram como rostos de homens; 8 tinham os cabelos como
os cabelos das mulheres e os seus dentes eram como os
dentes dos leões; 9 tinham um tórax como uma couraça
de ferro, e o ruído das suas asas era como o ruído de
carros de muitos cavalos que correm ao combate. 10 Têm
caudas semelhantes às dos escorpiões e aguilhões nas suas
caudas, em que está o poder de fazer mal aos homens
durante cinco meses; 11 têm sobre si como rei o anjo do
abismo, chamado em hebreu Abadon e em grego Apo-
líon. 12 O primeiro «ai» já passou, e eis que vêm ainda
dois «ais» depois destas coisas.

13 O sexto anjo tocou a trombeta, e ouvi uma voz que
saía dos quatro cantos do altar de ouro que está diante
da face de Deus, 14 a qual dizia ao sexto anjo que tinha
a trombeta:

«Solta os quatro anjos que estão atados sobre o grande rio Eufrates.»

15 Então foram desatados os quatro anjos que esta-
vam preparados para a hora, dia, mês e ano, a fim de
matarem a terça parte dos homens. 16 O número dos de
cavalaria era de duas miríades de miríades: ouvi dizer o
seu número. 17 Eis como vi na visão os cavalos e os que
estavam montados neles: estes tinham couraças de cor
de fogo, de jacinto e de enxofre. As cabeças dos cavalos
são como cabeças de leões, e da sua boca sai fogo, fumo
e enxofre. 18 Por essas três pragas, isto é, pelo fogo, pelo
fumo e pelo enxofre que saíam da sua boca, foi morta a
terça parte dos homens. 19 O poder dos cavalos está na
sua boca e nas suas caudas; com efeito, as suas caudas

assemelham-se a serpentes, têm cabeças e é com elas
que fazem mal.
20 Os outros homens, que não foram mortos por essas
pragas, não fizeram penitência das obras das suas mãos:
continuaram a adorar os demônios e *os ídolos de ouro,*
de prata, de bronze, de pedra e de pau, que não podem
ver, nem ouvir, nem andar. 21 Não fizeram penitência dos
seus homicídios, nem dos seus malefícios, nem da sua
fornicação, nem dos seus furtos.

O livrinho dado de comer ao vidente

10 1 Depois vi outro anjo forte, que descia do céu
vestido de uma nuvem e com o arco-íris sobre a
sua cabeça; o seu rosto era como o sol, e as suas pernas
como colunas de fogo. 2 Tinha na sua mão um livrinho
aberto e pôs o pé direito sobre o mar, o esquerdo sobre a
terra, 3 e gritou em alta voz, como um leão quando ruge.
Quando gritou, sete trovões fizeram ouvir as suas vozes.
4 Quando os sete trovões fizeram ouvir as suas vozes,
eu dispunha-me a escrever, mas ouvi uma voz do céu que
dizia:
«Sela as palavras dos sete trovões e não as escrevas.»
5 E o anjo que eu vira de pé sobre o mar e sobre a
terra *levantou a sua mão direita ao céu* 6 *e jurou por aquele*
que vive pelos séculos dos séculos, que criou o céu e tudo
o que há nele, a terra e tudo o que nela há, o mar e tu-
do o que há nele:

«Não haverá mais tempo, 7 mas nos dias da voz do
sétimo anjo, quando começar a soar a trombeta, se cum-
prirá o mistério de Deus como ele o anunciou pelos pro-
fetas, seus servos.»

8 E a voz que eu tinha ouvido do céu novamente me
falava e dizia:

«Vai e toma o livrinho que está aberto na mão do anjo
que se mantém de pé sobre o mar e sobre a terra.»

9 Fui ter com o anjo, dizendo-lhe que me desse o livri-
nho. Ele respondeu-me:

«Toma-o e devora-o; ele fará amargar o teu ventre,
mas na tua boca será doce como mel.»

10 Tomei o livrinho da mão do anjo e devorei-o; na
minha boca era doce como mel, mas, depois que o devo-
rei, o meu ventre amargou-se. 11 Então disse-me:

«É necessário que ainda profetizes a muitos povos,
nações, línguas e reis.»

Morte e exaltação das duas testemunhas

11 1 Depois foi-me dada uma cana semelhante a uma
vara, e foi-me dito:

«Levanta-te e mede o templo de Deus, o altar e os
que nele adoram. 2 Mas o átrio, que está fora do templo,
deixa-o de parte e não o meças, porque ele foi dado aos
gentios e eles calcarão a cidade santa durante quarenta e
dois meses. 3 E darei às minhas duas testemunhas o poder
de profetizar, revestidas de saco, durante mil duzentos e

sessenta dias: 4 são as duas oliveiras e os dois candeeiros
postos diante do Senhor da terra. 5 Se alguém lhes quer
fazer mal, sai fogo da sua boca que devora os seus inimi-
gos; se alguém as quer prejudicar, é assim que deve mor-
rer. 6 Elas têm poder de fechar o céu para que não chova
durante o tempo da sua profecia, e têm poder sobre as
águas para as converter em sangue, e de ferir a terra com
todo o gênero de pragas todas as vezes que quiserem.
7 E, quando tiverem acabado de dar o seu testemunho,
a besta que sobe do abismo fará guerra contra elas,
vencê-las-á e matá-las-á. 8 Os seus cadáveres ficam es-
tendidos nas praças da grande cidade, que se chama es-
piritualmente Sodoma e Egito, onde também o Senhor
deles foi crucificado. 9 E homens de todos os povos, tri-
bos, línguas e nações olham os seus cadáveres durante
três dias e meio, sem permitir que esses cadáveres sejam
sepultados. 10 E os habitantes da terra se alegram por
causa deles e se felicitam; e mandarão presentes uns aos
outros, porque esses dois profetas tinham atormentado
os que habitavam sobre a terra.»

11 Mas, depois de três dias e meio, um espírito de vida
entrou neles da parte de Deus, e eles puseram-se de pé,
e apoderou-se um grande temor dos que os contempla-
vam. 12 E ouviram uma grande voz do céu, que lhes dizia:

«Subi para cá.»

E subiram ao céu numa nuvem, à vista dos seus inimi-
gos. 13 Naquela mesma hora, deu-se um grande terremo-
to: caiu a décima parte da cidade e no terremoto foram
mortos sete mil homens; os restantes foram atemorizados

e deram glória ao Deus do céu. 14 Passou o segundo «ai»; o
terceiro «ai» virá em breve.

III. VITÓRIA DE CRISTO SOBRE OS PODERES DO MAL E GLORIFICAÇÃO DA IGREJA

O toque da sétima trombeta

15 O sétimo anjo tocou a trombeta, e ouviram-se no
céu grandes vozes, que diziam:

«O reino deste mundo passou a ser de nosso Senhor
e do seu Cristo,
e ele reinará pelos séculos dos séculos.»

16 Então os vinte e quatro anciões que estão sentados
diante de Deus sobre os seus tronos prostraram-se sobre
os seus rostos e adoraram a Deus, 17 dizendo:

«Graças te damos,
Senhor Deus onipotente,
que és e que eras,
porque assumiste o teu grande poder
e reinaste.
18 As nações irritaram-se,
mas chegou o teu furor,
assim como o tempo de julgar os mortos
e de dar a recompensa aos profetas, teus servos,
aos santos
e aos que temem o teu nome,

pequenos e grandes,
e de exterminar os que destroem a terra.»

19 Então abriu-se o templo de Deus no céu, e apare-
ceu a arca da sua aliança no seu Templo. E sobrevieram
relâmpagos, vozes, trovões, um terremoto e uma grande
saraivada.

A mulher perseguida pela serpente

12 1 Depois apareceu no céu um grande sinal: uma
mulher vestida de sol com a lua debaixo de seus
pés e uma coroa de doze estrelas sobre a sua cabeça. 2 Ela
está grávida e clama com dores, atormentada para dar à
luz. 3 Foi visto ainda outro sinal no céu: era um grande
dragão cor de fogo, que tinha sete cabeças e dez chifres,
e nas suas cabeças sete diademas. 4 A sua cauda arrasta
a terça parte das estrelas do céu, e precipitou-as na ter-
ra. Depois o dragão parou diante da mulher, que estava
para dar à luz, a fim de devorar o seu filho logo que ela
o tivesse dado à luz. 5 Ela deu à luz um filho varão, que
deve reger todas as gentes com vara de ferro. E o seu filho
foi arrebatado para Deus e para o seu trono. 6 A mulher
fugiu para o deserto, onde tinha um retiro que Deus lhe
havia preparado para aí a sustentarem durante mil e du-
zentos e sessenta dias.

7 Houve no céu uma batalha: Miguel e os seus anjos
pelejavam contra o dragão, e o dragão com os seus anjos
pelejava contra ele; 8 porém estes não prevaleceram, nem

o seu lugar se encontrou mais no céu. 9 E foi precipitado
aquele grande dragão, a antiga serpente, que se chama
Diabo e Satanás, que seduz todo o mundo; foi precipi-
tado na terra e foram precipitados com ele os seus anjos.
10 E ouvi uma grande voz no céu, que dizia:
«Agora foi estabelecida a salvação,
a força, o Reino do nosso Deus
e o poder do seu Cristo,
porque foi precipitado o acusador
de nossos irmãos,
que os acusava de dia e de noite
diante do nosso Deus.
11 Porém eles venceram-no pelo sangue do Cordeiro
e pela palavra do seu testemunho,
e desprezaram a sua vida
até a morte.
12 Por isso, ó céus, alegrai-vos,
e vós que habitais neles.
Ai da terra e do mar,
porque o Diabo desceu a vós
com grande ira,
sabendo que lhe resta pouco tempo.»

13 Quando o dragão se viu precipitado na terra, perse-
guiu a mulher que tinha dado à luz o filho varão, 14 mas
foram dadas à mulher duas asas de uma grande águia, a
fim de voar para o deserto, ao lugar do seu retiro, onde é
sustentada por um tempo, por dois tempos e por metade
de um tempo, fora da presença da serpente. 15 Então a
serpente lançou da sua boca, atrás da mulher, água como

um rio, para fazer que ela fosse arrebatada pela corrente.
16 Porém, a terra ajudou a mulher: abriu a sua boca e
engoliu o rio que o dragão tinha vomitado da sua boca.
17 O dragão irou-se contra a mulher e foi fazer guerra aos
outros seus descendentes, que guardam os mandamentos
de Deus e retêm a confissão de Jesus. 18 E postou-se sobre
a areia do mar.

As bestas que recebem poder da serpente

13 1 Depois vi levantar-se do mar uma besta que ti-
nha dez chifres e sete cabeças, e sobre os chifres
dez diademas, e sobre as suas cabeças nomes de blasfê-
mia. 2 A besta que eu vi era semelhante a um leopardo,
os seus pés como pés de urso, e a sua boca como boca de
leão. O dragão deu-lhe a sua força, o seu trono e uma
grande autoridade. 3 Uma das suas cabeças estava como
ferida de morte, mas a sua ferida mortal tinha sido cura-
da. E toda a terra, cheia de admiração, seguiu a besta.
4 Prostraram-se diante do dragão, que havia dado o poder
à besta, e prostraram-se diante da besta, dizendo:

«Quem há semelhante à besta? E quem poderá pelejar contra ela?»

5 E foi-lhe dada uma boca que proferia coisas arro-
gantes e blasfêmias, e foi-lhe dado poder de agir durante
quarenta e dois meses. 6 Abriu a sua boca em blasfêmias
contra Deus, para blasfemar o seu nome, o seu taberná-
culo e os que habitam no céu. 7 Foi-lhe permitido fazer

guerra aos santos e vencê-los, e foi-lhe dado poder sobre
toda tribo, povo, língua e nação. [8] Adoraram-na todos os
habitantes da terra cujos nomes não estão escritos, desde
a fundação do mundo, no livro da vida do Cordeiro que
foi imolado.

[9] Se alguém tem ouvidos, ouça:

> [10] *Se alguém está destinado ao cativeiro,*
> *para o cativeiro* irá;
> *se alguém matar à espada,*
> importa que seja morto à espada.

Aqui está a paciência e a fé dos santos.

A besta da terra

[11] Depois vi outra besta, que subia da terra e que
tinha dois chifres semelhantes aos de um cordeiro, mas
que falava como um dragão. [12] Ela exerce todo o poder
da primeira besta na sua presença e faz com que a terra
e os seus habitantes adorem a primeira besta, cuja ferida
mortal havia sido curada. [13] Opera grandes prodígios,
de sorte que até faz descer fogo do céu sobre a terra à
vista dos homens. [14] Seduz os habitantes da terra com
os prodígios que se lhe permitiram fazer diante da besta,
dizendo aos habitantes da terra que fizessem uma estátua
em honra da besta que sobreviveu ao golpe da espada.
[15] Foi-lhe concedido animar a estátua da besta, de modo

que falasse a estátua da besta, e fazer com que fossem
mortos todos aqueles que não se prostrassem diante da
estátua da besta. 16 Consegue que todos, pequenos e
grandes, ricos e pobres, livres e escravos, sejam marcados
na sua mão direita ou na sua fronte, 17 e que ninguém
possa comprar ou vender, exceto aquele que tenha o si-
nal, o nome da besta ou o número do seu nome.
18 Aqui está a sabedoria. Quem tem inteligência cal-
cule o número da besta, porque é o número de um ho-
mem: o seu número é seiscentos e sessenta e seis.

O Cordeiro e seu séquito

14 1 E olhei, e eis que o Cordeiro estava de pé sobre o
monte de Sião, e com ele cento e quarenta e qua-
tro mil que tinham escrito sobre as suas frontes o nome
dele e o nome de seu pai. 2 E ouvi uma voz do céu, como
o rumor de muitas águas e como o estrondo de um gran-
de trovão; a voz que ouvi era como de tocadores de cítara
que tocavam as suas cítaras. 3 Cantam um cântico novo
diante do trono, diante dos quatro animais e dos anciões.
Ninguém podia aprender esse cântico, senão aqueles cen-
to e quarenta e quatro mil que foram resgatados da terra.
4 Estes são os que se não contaminaram com mulheres,
porque são virgens. Estes seguem o Cordeiro para onde
quer que ele vá. Estes foram resgatados dentre os homens
como primícias para Deus e para o Cordeiro, 5 e na sua
boca não se achou mentira: estão sem mácula.

Anúncio e imagens do Juízo

6 Depois vi outro anjo voando para o zênite, que ti-
nha um Evangelho eterno para pregar aos habitantes da
terra, a toda nação, tribo, língua e povo, 7 dizendo em
alta voz:

«Temei a Deus e dai-lhe glória, porque é chegada a
hora do seu juízo. Prostrai-vos diante daquele que fez o
céu, a terra, o mar e as fontes das águas.»

8 E outro anjo, um segundo, o seguiu, dizendo:

«Caiu, caiu aquela grande Babilônia que fez beber a
todas as gentes do vinho do furor da sua fornicação!»

9 Seguiu-se a estes outro anjo, um terceiro, dizendo
em alta voz:

«Se alguém adorar a Besta e a sua estátua e receber
o sinal dela na sua testa ou na sua mão, 10 também esse
beberá do vinho da ira de Deus, lançado puro no cálice
da sua ira, e será atormentado em fogo e enxofre diante
dos santos anjos e na presença do Cordeiro. 11 O fumo
do seu tormento se levanta pelos séculos dos séculos, sem
que tenham descanso algum, nem de dia nem de noite,
aqueles que adoram a besta e a sua estátua, assim como
aqueles que recebem a marca do seu nome.»

12 Aqui está a paciência dos santos, que guardam os
mandamentos de Deus e a fé de Jesus.

13 E ouvi uma voz do céu, que dizia:

«Escreve: "Bem-aventurados, desde agora, os mortos
que morrem no Senhor. Sim, diz o Espírito, que descansem
dos seus trabalhos, porque as suas obras os seguem".»

A sega e a vindima

14 Depois olhei, e vi uma nuvem branca e alguém sen-
tado sobre a nuvem semelhante a um Filho de homem,
o qual tinha na sua cabeça uma coroa de ouro, e na sua
mão uma foice aguda. 15 Outro anjo saiu do templo,
gritando em alta voz para o que estava sentado sobre a
nuvem:

«Mete a tua foice e sega, porque é chegada a hora de segar, pois a seara da terra está seca.»

16 Então o que estava sentado sobre a nuvem meteu a
sua foice à terra, e a terra foi segada.

17 Outro anjo saiu do templo que há no céu, tendo
também ele mesmo uma aguda foice. 18 Saiu do altar ou-
tro anjo, que tinha poder sobre o fogo, e gritou em alta
voz para o que tinha a foice aguda, dizendo:

«Mete a tua foice aguda e vindima os cachos da vinha da terra, porque as suas uvas estão maduras.»

19 E o anjo meteu a sua foice à terra, vindimou a vi-
nha da terra e lançou no grande lagar da ira de Deus.
20 O lagar foi pisado fora da cidade, e do lagar saiu sangue
até os freios dos cavalos, num espaço de mil e seiscentos
estádios.

O cântico dos salvos

15 1 Depois vi no céu outro sinal grande e admirá-
vel: sete anjos que tinham as sete últimas pragas,

porque com elas é consumada a ira de Deus. 2 E vi
como que um mar de vidro misturado com fogo, e os
que venceram a besta, a sua estátua e o número do seu
nome estavam de pé sobre o mar de vidro, tendo cítaras
divinas. 3 Cantam o cântico do servo de Deus, Moisés,
e o cântico do Cordeiro, dizendo:
«Grandes e admiráveis são as tuas obras,
ó Senhor, Deus Todo-poderoso;
justos e verdadeiros são os teus caminhos,
ó Rei das nações!
4 Quem não temerá, Senhor,
e não glorificará o teu nome?
Com efeito, só tu és santo;
pois todas as nações virão
e se prostrarão na tua presença,
porque os teus juízos foram manifestados.»

As sete taças com as sete pragas

5 Depois disso, vi que se abriu o templo do taberná-
culo do testemunho no céu, 6 e os sete anjos que traziam
as sete pragas saíram do templo, vestidos de linho puro e
brilhante, e cingidos pelo peito com cintos de ouro. 7 En-
tão, um dos quatro animais deu aos sete anjos sete taças
de ouro cheias da ira de Deus, que vive pelos séculos dos
séculos. 8 E o templo encheu-se de fumo, em razão da
glória de Deus e do seu poder. E ninguém podia entrar

no templo enquanto se não cumprissem as sete pragas
dos sete anjos.

16 [1] E ouvi uma grande voz que saía do templo, a
qual dizia aos sete anjos:
«Ide e derramai sobre a terra as sete taças da ira de
Deus.»
[2] E foi o primeiro, derramou a sua taça sobre a terra
e formou-se uma úlcera cruel e maligna nos homens que
tinham o sinal da besta e se prostravam diante da sua
estátua.
[3] O segundo derramou a sua taça sobre o mar, que se
tornou em sangue, como de um corpo morto, e morreu
todo ser vivo que existia no mar.
[4] O terceiro derramou a sua taça sobre os rios e sobre as
fontes das águas, que se converteram em sangue. [5] E ouvi
o anjo das águas, que dizia:

«Justo és, Senhor, que és e que eras, tu, o Santo,
porque executaste estes juízos!
[6] Porque eles derramaram o sangue
dos santos e dos profetas,
lhes deste também a beber sangue,
pois assim o merecem.»

[7] E ouvi o altar, que dizia:

«Sim, Senhor Deus Onipotente,
são verdadeiros e justos os teus juízos.»

[8] O quarto derramou a sua taça sobre o sol, e foi-lhe
dado queimar os homens pelo fogo. [9] Os homens foram

atingidos com queimaduras grandes e blasfemaram do
nome de Deus, que tem poder sobre essas pragas, e não
se arrependeram para lhe darem glória.

10 O quinto derramou a sua taça sobre o trono da bes-
ta: o reino dela tornou-se tenebroso, e mordiam a língua
com a veemência da dor, 11 e blasfemaram contra Deus
do céu por causa das suas dores e das suas úlceras, e não
se arrependeram das suas obras.

12 O sexto derramou a sua taça sobre o grande rio
Eufrates, e secaram-se as suas águas, a fim de se abrir
caminho aos reis do oriente. 13 Vi sair da boca do dragão,
da boca da besta e da boca do falso profeta três espíritos
imundos semelhantes a rãs, 14 que são espíritos de de-
mônios que fazem prodígios e que vão aos reis de toda a
terra, a fim de os juntar para a batalha do grande dia do
Deus onipotente.

15 Eis que venho como um ladrão. Bem-aventurado
aquele que vigia e guarda os seus vestidos, para que não
ande nu e não deixe ver a sua vergonha.

16 Eles os juntaram num lugar que, em hebraico, se
chama Harmagedon.

17 O sétimo derramou a sua taça pelo ar, e saiu uma
grande voz do templo, vinda do trono, que dizia:

«Está feito!»

18 E seguiram-se relâmpagos, vozes e trovões; depois
houve um grande terremoto, tão grande que nunca hou-
ve outro igual desde que existem homens sobre a terra.
19 E a grande cidade foi dividida em três partes, e as cida-
des das nações caíram. Babilônia, a grande, foi recordada

por Deus, para lhe dar a beber o cálice do vinho da in-
dignação da sua ira. 20 Todas as ilhas fugiram e as monta-
nhas não foram achadas. 21 E caiu do céu sobre os homens
uma grande descarga de granizo, do peso de um talento;
e os homens blasfemaram contra Deus por causa da praga
de granizo, porque a praga desse granizo é extremamen-
te grande.

A grande meretriz e a besta

17 1 Depois, um dos sete anjos que tinham as sete
taças veio falar comigo, dizendo:

«Vem; mostrar-te-ei a condenação da grande meretriz,
que está sentada sobre muitas águas, 2 com a qual forni-
caram os reis da terra, e que embriagou os habitantes da
terra com o vinho da sua impudicícia.»

3 E transportou-me em espírito ao deserto, e vi uma
mulher sentada sobre uma besta escarlate cheia de nomes
de blasfêmia, que tinha sete cabeças e dez chifres. 4 A mu-
lher estava vestida de púrpura e de escarlate, adornada de
ouro, de pedras preciosas e de pérolas, e tinha na mão uma
taça de ouro cheia de abominações e das imundícies da sua
fornicação. 5 Estava escrito na sua fronte um nome, um
mistério: «Babilônia, a grande, mãe das impudicícias e das
abominações da terra»". 6 E vi essa mulher ébria do sangue
dos santos e do sangue dos mártires de Jesus. Quando a vi,
fiquei em extremo admirado.

7 O anjo disse-me:

«Por que te admiras? Eu te direi o mistério da mulher
e da besta que a leva, a qual tem sete cabeças e dez chifres.
8 A Besta que viste era e já não é: subirá do abismo e irá à
perdição; e os habitantes da terra, cujos nomes não estão
escritos no livro da vida desde a fundação do mundo,
se encherão de pasmo quando virem aparecer de novo a
Besta, porque era e já não é, mas reaparecerá.
9 «É aqui preciso um espírito dotado de sabedoria. As
sete cabeças são sete montanhas sobre as quais a mulher
está sentada. São também sete reis, 10 dos quais cinco caí-
ram, um subsiste e o outro ainda não veio, mas, quando
vier, deve durar pouco tempo. 11 E a besta que era e que
já não é, ela mesma é o oitavo, e todavia é um dos sete, e
caminha para a perdição. 12 Os dez chifres que viste são
dez reis que ainda não receberam reino, mas receberão
poder como reis durante uma hora com a besta. 13 Estes
têm um mesmo intento de dar a sua força e o seu po-
der à besta. 14 Eles combaterão contra o Cordeiro, mas o
Cordeiro os vencerá, porque ele é o Senhor dos senhores
e o Rei dos reis, e igualmente os que estão com ele, os
chamados, os escolhidos, os fiéis.»
15 E disse-me:
«As águas que viste, onde a meretriz está sentada,
são povos, multidões, nações e línguas. 16 Os dez chifres
que viste, assim como a besta, aborrecerão a meretriz,
torná-la-ão desolada e nua, comerão as suas carnes e
queimá-la-ão com fogo. 17 Porque Deus lhes pôs nos
corações o executarem o seu desígnio, o executarem
um mesmo desígnio e darem o reino à besta, até que se

cumpram as palavras de Deus. 18 A mulher que viste é a
grande cidade que reina sobre os reis da terra.»

Anúncio da queda de Babilônia

18 1 Depois disso vi descer do céu outro anjo, que
tinha um grande poder, e a terra foi iluminada
com a sua glória. 2 Gritou com voz forte, dizendo:
«Caiu, caiu Babilônia, a grande! Tornou-se habitação
de demônios, guarida de todo espírito imundo e albergue
de toda ave impura e abominável, 3 porque todas as na-
ções beberam do vinho da cólera da sua furiosa fornica-
ção, e os reis da terra fornicaram com ela, e os mercado-
res da terra tornaram-se ricos com o excesso do seu luxo.»
4 Depois ouvi outra voz do céu, que dizia:
«Sai dela, povo meu, para não seres participante dos
seus delitos e para não seres compreendido nas suas
pragas, 5 porque os seus pecados se acumularam até o céu
e Deus lembrou-se das suas iniquidades. 6 Tratai-a como
ela tratou e dai-lhe o dobro conforme as suas obras;
na taça em que ela derramou, derramai-lhe o dobro.
7 Quanto ela se glorificou e se deu ao luxo, tanto lhe
dai de tormento e pranto, porque diz no seu coração:
"Estou sentada como rainha, não sou viúva e não verei
o pranto". 8 Por isso, num mesmo dia, cairão sobre ela
as pragas, a morte, o pranto e a fome, e será abrasa-
da em fogo, porque é forte o Senhor Deus que a jul-
gou. 9 Chorá-la-ão e lamentá-la-ão os reis da terra, que

pecaram com ela e viveram em delícias, quando virem
o fumo do seu incêndio. 10 Estando de longe por medo
dos tormentos dela, dirão:
"Ai, ai daquela grande cidade,
Babilônia, aquela cidade forte!
Num só momento veio o teu juízo!"
11 «E os negociantes da terra choram-na e lamentam-
-na, porque ninguém compra mais os seus carregamen-
tos: 12 carregamentos de ouro, de prata, de pedras pre-
ciosas, de pérolas, de linho fino, de púrpura, de seda, de
escarlate, de toda madeira odorífera, de todos os objetos
de marfim e todos os objetos da mais preciosa madeira,
de bronze, de ferro, de mármore, 13 de cinamomo, amor-
no, perfumes, mirra, incenso, vinho, azeite, flor de fari-
nha, trigo, animais de carga, ovelhas, cavalos, carroças,
escravos e até almas humanas. 14 Os frutos desejados pela
tua alma se retiraram de ti, e todas as coisas delicadas e
magníficas se perderam para ti, e não mais, não mais, se
encontrarão.
15 «Os mercadores dessas coisas, que se enriqueceram,
estarão longe dela com medo dos seus tormentos, cho-
rando e lamentando-se, 16 dizendo:
"Ai, ai da grande cidade,
que estava vestida de linho fino, de púrpura e de
escarlate,
e que se adornava de ouro, de pedras preciosas e de
pérolas,
17 porque num só momento foram reduzidas a nada
tantas riquezas!"

«E todos os pilotos, todos os que fazem navegação
costeira, os marinheiros e quantos vivem do mar, ficaram
ao longe 18 e, vendo o fumo do seu incêndio, clamavam,
dizendo: "Que cidade era semelhante a esta grande ci-
dade?"

19 «E lançavam pó sobre as suas cabeças e clamavam,
chorando e lamentando-se assim:
"Ai, ai daquela grande cidade,
de cujas riquezas se enriqueceram
todos os que têm navios no mar,
porque num só momento foi arruinada!"

20 «Exulta sobre ela, ó céu, e vós, os santos, os após-
tolos e os profetas, porque Deus, julgando-a, fez-vos jus-
tiça.»

21 Então um anjo forte levantou uma pedra, como
uma grande mó de moinho, e lançou-a ao mar, dizendo:

«Com este ímpeto será precipitada Babilônia, a grande
cidade, e não será jamais encontrada. 22 Não se ouvirá
mais em ti a voz dos tocadores de cítara, dos músicos,
dos tocadores de flauta e de trombeta; não se encontrará
mais em ti artista algum de qualquer arte, nem se torna-
rá mais a ouvir o ruído da mó, 23 nem luzirá mais a luz de
uma lâmpada; não se ouvirá mais em ti a voz do esposo e
da esposa, porque os teus mercadores eram os príncipes
da terra e, por causa dos teus encantamentos, seduziram
todas as nações. 24 Nesta cidade foi encontrado o sangue
dos profetas e dos santos e de todos os que foram mortos
sobre a terra.»

Os salvos entoam cânticos de triunfo

19 [1] Depois disso, ouvi no céu como a forte voz de
uma grande multidão, que dizia:

«Aleluia!
Salvação, glória e poder ao nosso Deus,
[2] porque verdadeiros e justos são os seus juízos,
porque julgou a grande meretriz
que corrompia a terra com a sua fornicação,
e reclamou da mão dela o sangue de seus servos.»

[3] E outra vez disseram:

«Aleluia!
O fumo dela sobe pelos séculos dos séculos.»

[4] Então os vinte e quatro anciões e os quatro animais prostraram-se e adoraram a Deus, que estava sentado sobre o trono, dizendo:

«Amém! Aleluia!»

[5] E saiu do trono uma voz, que dizia:

«Dai louvor ao nosso Deus,
vós todos os seus servos
e quantos o temeis,
pequenos e grandes.»

[6] Depois ouvi uma espécie de voz de grande multidão, voz como ruído de muitas águas e como o estampido de grandes trovões, a dizer:

«Aleluia!
Tomou posse do seu Reino
o Senhor, nosso Deus onipotente!

7 Alegremo-nos, exultemos,
demos-lhe glória,
porque chegaram as bodas do Cordeiro,
e a sua esposa está ataviada.
8 Foi-lhe dado o vestir-se
de linho fino, resplandecente e puro:
o linho fino são os atos de justiça dos santos.»

9 E disse-me:

«Escreve: "Bem-aventurados os que foram chamados ao festim das bodas do Cordeiro!"»

E ajuntou:

«Estas palavras de Deus são verdadeiras.»

10 Então caí a seus pés para me prostrar diante dele, mas ele disse-me:

«Vê, não faças tal; eu sou servo como tu e como teus irmãos que têm o testemunho de Jesus. Adora a Deus. Com efeito, o testemunho de Jesus é o espírito de profecia.»

11 Depois vi o céu aberto, e apareceu um cavalo bran-
co. O que estava montado sobre ele chama-se Fiel e Ver-
dadeiro, que julga com justiça e combate. 12 Os seus olhos
são como uma chama de fogo; tem sobre a cabeça muitos
diademas; traz um nome escrito que ninguém conhece
senão ele mesmo, 13 e veste uma roupa tingida de sangue:
o seu nome é «Verbo de Deus». 14 Seguem-no os exércitos
que estão no céu em cavalos brancos, vestidos de linho
fino, branco e puro. 15 Da sua boca sai uma espada afiada
para ferir com ela as nações; ele as *apascentará com vara
de ferro*; ele mesmo pisa o lagar do vinho do furor da ira

de Deus onipotente. 16 No seu manto e na sua coxa está
escrito um nome: «Rei dos reis e Senhor dos senhores».

17 E vi um anjo, que estava de pé no sol, clamar com
voz forte a todas as aves que voam para o zênite:

«Vinde e juntai-vos para o grande festim de Deus,
18 a fim de comerdes carne de reis, carne de tribunos, carne
de poderosos, carne de cavalos e dos que neles montam,
carne de todos, livres e escravos, pequenos e grandes!»

19 E vi a besta, os reis da terra e os seus exércitos reuni-
dos para fazerem guerra àquele que estava montado sobre
o cavalo e ao seu exército. 20 A besta foi presa, e com ela
o falso profeta que tinha feito prodígios na sua presença,
com os quais tinha seduzido os que haviam recebido a
marca da Besta e os que se prostravam diante da sua es-
tátua. Foram ambos lançados vivos no tanque de fogo a
arder com enxofre. 21 Os outros foram mortos pela espa-
da do que estava montado sobre o cavalo, espada que saía
da sua boca, e todas as aves se fartaram das suas carnes.

Mil anos de reinado de Cristo e dos seus

20 1 Vi descer do céu um anjo que tinha na sua mão
a chave do abismo e uma grande cadeia. 2 Pren-
deu o dragão, a serpente antiga, que é o Diabo e Sata-
nás, e amarrou-o por mil anos. 3 Meteu-o no abismo,
fechou-o e pôs selo sobre ele, para que não seduza mais
as nações até se completarem os mil anos. Depois disso,
deve ser solto por um pouco de tempo.

4 Em seguida vi tronos, e sentaram-se sobre eles aque-
les a quem foi dado o poder de julgar; vi também as al-
mas daqueles que foram degolados por causa do teste-
munho de Jesus e da palavra de Deus e todos os que não
adoraram a besta nem a sua estátua, nem receberam o
seu sinal sobre a fronte ou sobre a mão; esses viveram e
reinaram com Cristo durante mil anos. 5 Os outros mor-
tos não tornaram à vida até que se completassem os mil
anos. Essa é a primeira ressurreição.

6 Bem-aventurado e santo aquele que tem parte na
primeira ressurreição; a segunda morte não tem poder
sobre estes, mas serão sacerdotes de Deus e de Cristo, e
reinarão com ele durante mil anos.

Segundo combate: Satanás é derrotado

7 Quando se completarem os mil anos, Satanás será
solto da sua prisão, 8 sairá a seduzir as nações que estão
nos quatro ângulos da terra, a Gogue e a Magogue, e
os juntará para a batalha: o seu número é como a areia
do mar. 9 Subiram pela superfície da terra e cercaram os
acampamentos dos santos e a cidade querida, mas desceu
do céu um fogo que os devorou. 10 E o Diabo, que os
seduzia, foi metido no tanque de fogo e de enxofre, onde
também a besta e o falso profeta serão atormentados de
dia e de noite pelos séculos dos séculos.

Juízo final sobre vivos e mortos

11 Depois vi um grande trono branco e o que estava
sentado sobre ele, de cuja vista fugiram a terra e o céu
sem deixar rastro de si. 12 E vi os mortos, grandes e pe-
quenos, de pé diante do trono, e foram abertos os livros.
Também foi aberto outro livro, que é o da vida, e foram
julgados os mortos pelas coisas que estavam escritas nos
livros, segundo as suas obras.

13 O mar deu os mortos que estavam nele, a morte e o
inferno deram os mortos que estavam neles, e fez-se juí-
zo de cada um segundo as suas obras. 14 Depois, a morte
e o inferno foram lançados no tanque de fogo. Esta é a
morte segunda: o tanque de fogo. 15 E todo aquele que
se não achou inscrito no livro da vida foi lançado no
tanque de fogo.

Instauração de um mundo novo: a nova criação. A Jerusalém messiânica

21 1 Depois vi um novo céu e uma nova terra, por-
que o primeiro céu e a primeira terra desaparece-
ram, e o mar já não existia. 2 E vi a cidade santa, a nova
Jerusalém, que descia do céu de junto de Deus, adornada
como uma esposa ataviada para o seu esposo. 3 E ouvi
uma grande voz vinda do trono, que dizia:

«*Eis o tabernáculo* de Deus com os homens: *habitará
com eles e eles serão o seu povo*, e o mesmo Deus será com eles.

4 E enxugará toda lágrima dos seus olhos, e não haverá mais
morte, nem luto, nem grito, nem dor, porque as primeiras
coisas passaram.»

5 E o que estava sentado no trono disse:

«Eis que renovo todas as coisas.»

E ajuntou:

«Escreve: "Estas palavras são seguras e autênticas".»

6 Depois disse-me:

«Está feito. Eu sou o Alfa e o Ômega, o princípio e
o fim. Darei gratuitamente da fonte da água viva ao que
tiver sede. 7 Aquele que vencer terá esta herança, e eu se-
rei seu Deus, e ele será meu filho. 8 Mas, no que toca aos
covardes, aos incrédulos, aos execráveis, aos homicidas,
aos fornicadores, aos feiticeiros, aos idólatras e a todos os
mentirosos, a sua parte será no tanque ardente de fogo e
de enxofre, que é a segunda morte.»

9 Então veio um dos sete anjos que tinham as sete
taças cheias das sete últimas pragas e falou comigo, di-
zendo:

«Vem, e eu te mostrarei a noiva, a esposa do Cordeiro.»

10 E transportou-me em espírito a uma grande e alta
montanha, e mostrou-me a cidade santa, Jerusalém, que
descia do céu de junto de Deus, 11 a qual tinha a glória
de Deus: o seu brilho era semelhante a uma pedra muito
preciosa, a uma pedra de jaspe cristalino; 12 tinha um
muro grande e alto com doze *portas*, e nas portas do-
ze anjos e uns *nomes* escritos, que são os nomes das doze
tribos dos filhos de Israel. 13 *Três portas estavam ao oriente,*
três portas ao setentrião, três portas ao sul e três portas ao

ocidente. 14 O muro da cidade tinha doze fundamentos,
e neles os doze nomes dos doze apóstolos do Cordeiro.

15 E o que falava comigo tinha uma cana de ouro
de medir, para medir a cidade, as suas portas e o muro.
16 A cidade é quadrangular, tão comprida como larga.
Mediu a cidade com a cana: doze mil estádios. O seu
comprimento, a sua altura e a sua largura são iguais.
17 Mediu também o seu muro: cento e quarenta e qua-
tro côvados, medida de homem, que é também medida
de anjo. 18 O muro é construído de pedra de jaspe e a
cidade é de ouro puro, semelhante a puro cristal. 19 Os
fundamentos do muro da cidade são ornados de toda a
qualidade de pedras preciosas. O primeiro fundamento é
de jaspe; o segundo, de safira; o terceiro, de calcedônia; o
quarto, de esmeralda; 20 o quinto, de sardônica; o sexto,
de sárdio; o sétimo, de crisólito; o oitavo, de berilo; o
nono, de topázio; o décimo, de crisópraso; o undécimo,
de jacinto; o duodécimo, de ametista. 21 As doze portas
são doze pérolas; cada porta é feita de uma só pérola.

A praça da cidade é de ouro puro, translúcido como
cristal. 22 Não vi templo nela, porque o Senhor Deus
onipotente, com o Cordeiro, é o seu templo. 23 A cidade
não tem necessidade do sol nem da lua para que a ilumi-
nem, porque a glória de Deus a ilumina, e o seu luzeiro
é o Cordeiro. 24 As nações caminharão à sua luz, e os reis
da terra lhe trarão a sua glória. 25 As suas portas não se
fecharão durante todo o dia, porque ali não haverá noite.
26 Levar-lhe-ão a glória e a honra das nações, 27 e não en-
trará nela coisa alguma contaminada, nem quem cometa

abominação ou mentira, mas somente aqueles que estão inscritos no livro da vida do Cordeiro.

22 [1] Depois mostrou-me um rio de água viva, res-
plandecente como cristal, que saía do trono de
Deus e do Cordeiro. [2] *No meio* da praça da cidade, *e
de uma e de outra parte do rio, estava a árvore da vida*,
que doze vezes dá frutos, *uma em cada mês*, e cujas *fo-
lhas servem para curar* as nações. [3] Não haverá ali jamais
maldição; o trono de Deus e do Cordeiro estará na
cidade; os seus servos o servirão [4] e verão a sua face, e o
seu nome estará sobre as suas frontes. [5] Não haverá ali
mais noite, nem eles terão necessidade de luz de lâmpada
nem de luz do sol, porque o Senhor Deus os alumiará, e
reinarão pelos séculos dos séculos.

Conclusão das visões

[6] E disse-me:

«Estas palavras são muito certas e verdadeiras, e
o Senhor, Deus dos espíritos dos profetas, enviou o
seu anjo a mostrar aos seus servos as coisas que devem
acontecer dentro de pouco tempo. [7] Eis que venho sem
demora. Bem-aventurado aquele que guarda as palavras
da profecia deste livro.»

8 E eu, João, sou quem ouviu e viu essas coisas. De-
pois de ter ouvido e visto, prostrei-me aos pés do anjo
que mas mostrava para o adorar. 9 Porém ele disse-me:
«Vê, não faças tal; eu sou servo como tu, como teus
irmãos, os profetas, e como aqueles que guardam as
palavras da profecia deste livro. Adora a Deus.»
10 E disse-me:
«Não seles as palavras da profecia deste livro, porque
o tempo está próximo. 11 Aquele que é injusto continue
a praticar a injustiça; aquele que é impuro continue na
impureza; aquele que é justo continue a praticar a justi-
ça; aquele que é santo continue a santificar-se. 12 Eis que
venho sem demora, e a minha recompensa está comigo,
para retribuir a cada um segundo a sua obra. 13 Eu sou
o Alfa e o Ômega, o primeiro e o último, o princípio
e o fim. 14 Bem-aventurados aqueles que lavam as suas
vestes para terem direito à árvore da vida e entrarem na
cidade pelas portas. 15 Fora os cães, os feiticeiros, os im-
pudicos, os homicidas, os idólatras e todo o que ama e
pratica a mentira.»

IV. EPÍLOGO

16 Eu, Jesus, enviei o meu anjo para vos atestar essas
coisas a respeito das igrejas. Eu sou a raiz e a geração de
Davi, a estrela resplandecente da manhã.

Oração do Espírito e da esposa. Advertências e despedida

17 O Espírito e a Esposa dizem: «Vem!»
E o que ouve, diga: «Vem!»
E o que tem sede, venha; e o que quer, receba de graça a água da vida.
18 Eu declaro a todos os que ouvem as palavras da profecia deste livro: se alguém lhes juntar alguma coisa, Deus descarregará sobre ele as pragas descritas neste
livro. 19 Se alguém tirar qualquer coisa das palavras da profecia deste livro, Deus lhe tirará a sua parte da árvore da vida e da cidade santa, que estão descritas neste livro.
20 O que dá testemunho destas coisas diz: «Sim, venho sem demora».
Amém. Vem, Senhor Jesus!
21 A graça do Senhor Jesus seja com todos.

NOTAS AO *APOCALIPSE DE SÃO JOÃO*

***1, 1-3.** O livro contém a revelação que o ressuscitado e glorioso Jesus Cristo faz à sua Igreja por meio do apóstolo São João. Após uma introdução com o título da obra, destinatários e indicação da origem divina do seu conteúdo (1, 1-20), vêm as cartas às sete igrejas (2, 1-3, 22) e a exposição dos divinos desígnios relativos ao futuro do mundo e da Igreja (4, 1-22, 21).

Revelação em grego se diz *apokalypsis*, e por isso este livro da Sagrada Escritura é designado por esse nome. Por revelação entende-se sempre o revelar algo que antes estava oculto; neste caso, o que vai acontecer no futuro. Isso é conhecido pelo Deus Pai (o texto grego aqui usa o artigo definido antes de «Deus», como o Novo Testamento costuma se referir a Deus Pai) e Jesus Cristo, que, como Filho, participa desse conhecimento e o transmite ao autor do livro. É chamada de «revelação de Jesus Cristo» não apenas porque João a recebeu por meio de Jesus Cristo, mas também porque Nosso Senhor é o objetivo principal, o começo e o fim dessa revelação. Com efeito, é Ele quem ocupa o centro daquelas grandiosas visões, nas quais se rompem os véus que ocultam o além e as sombras se dissipam para dar lugar à Luz, que é o próprio Jesus Cristo (cf. 21.23; 22.5).

Jesus Cristo continua a falar à sua Igreja através dos Apóstolos, agora por São João (vv. 1-2). Ao dizer «em breve», o autor não quer especificar uma data imediata, mas fortalecer a esperança e transmitir a certeza de que Cristo derrotará definitivamente o mal, pois sua vitória já começou a acontecer. Feliz quem assim acredita e permanece fiel. As circunstâncias do momento exigiam as exortações e advertências deste escrito. São palavras que requerem uma resposta decidida e pronta, que extinga dúvidas e hesitações. Por outro lado, constituem uma séria ameaça para aqueles que impedem o Reino de Deus que há de vir e que, de certa forma, já chegou.

***1, 4-3, 22.** O livro é dirigido a toda a Igreja, representada pelas sete igrejas da Ásia Menor. O autor sagrado explica primeiro como recebe a revelação divina e o mandato para comunicá-la (1, 4-20) e, depois, o que o Senhor diz a cada Igreja na sua situação específica: o que corrige e o que promete aos que derrotam o mal.

1, 4-8. A revelação vem do Deus todo-poderoso e onisciente – isso é indicado pelo nome divino (aquele que é, que era e que vem) e os espíritos que o servem (v. 4) – e de Jesus Cristo morto e ressuscitado, Dono da história, Redentor do homem e Senhor da sua Igreja.

No v. 5, três títulos messiânicos tirados do Sl 89, 28-38 são aplicados a Jesus Cristo, mas com um novo significado à luz da fé cristã: 1) Jesus Cristo «é a testemunha fiel» porque Deus cumpriu as promessas feitas no Antigo Testamento de um Salvador, filho de Davi (cf. 2 Sm 7, 12-14; Ap 5, 5): com efeito, a salvação veio com Cristo. Por isso, mais adiante São João chamará Jesus Cristo de «Amém» (3, 14), o que equivale a dizer que, com a obra de Cristo, Deus ratificou e cumpriu a sua Palavra; e também o chamará de «Fiel e Verdadeiro» (19, 11), pois em Jesus Cristo se manifesta a fidelidade de Deus e a verdade das suas promessas. 2) Jesus é posteriormente proclamado o «primogênito dentre os mortos», na medida em que sua Ressurreição foi a vitória da qual participarão todos os que estão unidos a Ele (cf. Col 1, 18). 3) E é «soberano dos reis da terra», pois a Ele pertence o domínio universal, que se manifestará plenamente na sua segunda vinda, mas que já começou, tendo sido derrotado o poder do pecado e da morte.

O Senhor não se contentou em libertar-nos dos nossos pecados, mas fez-nos participar da sua dignidade real e sacerdotal. Por isso Ele merece elogios para sempre. «Os batizados, com efeito, pelo novo nascimento e pela unção do Espírito Santo, são consagrados como casa espiritual e sacerdócio santo, para que ofereçam, pelas obras próprias do cristão, sacrifícios espirituais e anunciem o maravilhas daquele que vos chamou das trevas para a sua luz admirável» (Concílio Vaticano II, *Lumen gentium*, n. 10).

Embora o texto diga, no presente, «ele vem sobre as nuvens» (v. 7), deve-se entender no futuro: o profeta contemplava as coisas futuras como se já estivessem presentes (cf. Dn 7, 13). Será o dia do triunfo definitivo de Cristo, quando aqueles que O crucificaram, «aqueles que o trespassaram» (Za 12, 10; cf. Jo 19, 37) e aqueles que o rejeitaram ao longo da história verão, maravilhados, a grandeza e glória do Crucificado.

Comentando esta passagem do Apocalipse, São Beda

diz: «Aquele que veio oculto e para ser julgado na sua primeira vinda virá, então, manifestamente. Por isso [João] traz essas verdades à mente, para que a Igreja, que agora é perseguida por seus inimigos e que então reinará com Cristo, possa suportar bem esses sofrimentos» (*Explicação do Apocalipse*, 1, 1).

1, 9-20. A ilha de Patmos era uma prisão. O domingo (v. 10) é o dia consagrado pela Igreja desde os tempos apostólicos – em vez do sábado da Lei mosaica – porque é o dia em que Jesus Cristo ressuscitou. A cena da visão tem uma coloração litúrgica, deixando claro que o autor a recebe durante a celebração de uma liturgia dominical, o que mostra que a liturgia da terra está unida à do céu.

Enumeram-se aqui as sete igrejas, que simbolizam a Igreja universal; por isso, as palavras contidas nas sete cartas são dirigidas a todos os cristãos que, de uma forma ou de outra, se encontram em situações semelhantes às daquelas igrejas da Ásia.

Na visão, os candelabros (v. 12) representam as igrejas em oração, lembrando o candelabro de sete braços – *menorá* – que brilhava no Templo de Jerusalém. Jesus Cristo, como Filho do Homem (cf. Dn 7, 13), é o Juiz escatológico, e os traços da sua figura simbolizam o seu sacerdócio («longa túnica»; cf. Ex 28, 4; Zc 3, 4); a sua realeza («cinto de ouro»; cf. 1 Mac 10, 89); a sua eternidade («os cabelos brancos»; cf. Dn 7, 9); o seu conhecimento divino («olhos como uma chama de fogo»; cf. 2, 18); e o seu poder («pés semelhantes ao bronze»; cf. Dn 10, 6; «ruído de muitas águas»; cf. Ez 43, 2). O Senhor segura as igrejas em suas mãos como sinal de sua proteção sobre elas.

O Cristo ressuscitado se apresenta como aquele que dá segurança ao cristão (vv. 17-18) não só porque tem domínio absoluto sobre todas as coisas – Ele é o primeiro e o último –, mas também porque participou da condição mortal do homem. Por sua Morte e Ressurreição, derrotou a morte e tem poder tanto sobre ela quanto sobre o misterioso mundo da vida após a morte: o *Hades*, ou lugar dos mortos (cf. Nm 16, 33). «*Cristo* vive. Esta é a grande verdade que enche de conteúdo a nossa fé. Jesus, que morreu na Cruz, ressuscitou, triunfou da morte, do poder das trevas, da dor e da angústia» (Josemaria Escrivá, *É Cristo que passa*, n. 102).

2, 1-7. As sete estrelas à direita do Senhor significam seu domínio sobre toda a Igreja, pois é Ele quem pode dar ordens aos anjos que regem o destino de cada uma delas. Cristo caminhando no meio dos candelabros manifesta sua vigilância e cuidado amoroso sobre as igrejas, simbolizadas nos candelabros por sua oração e vida litúrgica. Visto que a igreja em Éfeso era a principal das sete, Cristo se apresenta a esta igreja como o Senhor de todas elas. Éfeso, de fato, era a maior metrópole da Ásia Menor e tinha a preeminência entre as igrejas da região. Cristo elogia sua paciência e força em manter a verdadeira fé e corrige sua perda de fervor, a fim de que não perca essa preeminência. «Ele não a acusou de falta de caridade», diz São Francisco de Sales, «mas de que não era tão fervorosa, tão pronta, tão fecunda quanto no início, como costumamos declarar de um homem que, de valente, jovial e galante, se transformou em abatido, triste e desanimado» (*Tratado sobre o amor de Deus*, 4, 22).

No v. 5, exorta-se à conversão, a uma mudança de atitude que envolve três momentos. Em primeiro lugar, é necessário o reconhecimento da própria culpa, a humildade de saber-se pobre pecador: «Reconhecer o próprio pecado, ou melhor — indo mais ao fundo na consideração da própria personalidade —, reconhecer-se pecador, capaz de pecar e de ser induzido ao pecado, é o princípio indispensável do retorno a Deus» (São João Paulo II, *Reconciliatio et paenitentia*, n. 13). Depois vem a «dor de amor» ou contrição, que nos move a mudar de comportamento. E, finalmente, as obras de penitência, que nos conduzem a uma nova vida mais próxima de Deus, na intimidade entranhável com nosso Senhor.

Os nicolaítas (v. 6), aparentemente, sustentavam a possibilidade de compatibilizar a vida cristã com a adoração de ídolos.

A imagem da árvore da vida (v. 7; cf. também 22, 2) alude a Gn 2, 9; 3, 22, onde essa árvore aparece no meio do Paraíso, fora do alcance do homem, como símbolo da imortalidade. Agora é Cristo quem dispõe do fruto daquela árvore e o promete a quem alcançar a vitória: «Não podemos parar. O Senhor pede-nos uma luta cada vez mais rápida, cada vez mais profunda, cada vez mais extensa. Estamos obrigados a superar-nos, porque, nesta competição, a única meta é chegar à glória do céu. E se não chegarmos ao céu, nada terá valido a pena» (Josemaria Escrivá, *É Cristo que passa*, n. 77).

2, 8-11. Diante desta igreja, implantada numa cidade que se distinguia pelo culto que ali se prestava ao imperador, Cristo apresenta-se como verdadeiro Deus, «o primeiro e o último» (v. 8; cf. 1, 8). Ele encoraja os cristãos a permanecerem firmes em meio à perseguição lançada contra eles por alguns judeus.

A dura acusação do v. 9 refere-se àqueles judeus que em tal circunstância específica denunciaram os cristãos com calúnias e, assim, colaboraram com a idolatria, em vez de defender os adoradores do verdadeiro Deus; por isso não mereciam o título honorífico de «judeus», mas de servos de Satanás, o adversário de Deus.

Para ser salvo é preciso perseverar até o fim (v. 10), viver – nas palavras de Santa Teresa de Jesus – «com uma grande e muito decidida determinação de não parar até alcançá-la [a vida eterna], venha o que vier, aconteça o que acontecer, trabalhe o que se trabalhe, murmure quem murmurar, até chegar lá, até morrer no caminho, mesmo que não se tenha devoção pelo trabalho que há nele, mesmo que o mundo desabe» (*Caminho de perfeição*, 21, 2).

«Segunda morte» (v. 11). Refere-se à condenação final. Mais adiante se explica em que consiste e quem a sofrerá (cf. 20, 6.14; 21, 8).

2, 12-17. Em Pérgamo havia, entre muitos outros templos pagãos, um altar-monumento dedicado a Zeus. Os cristãos foram tentados a participar de cultos idólatras. Alguns até o recomendavam, como fez Balaão nos tempos antigos, que aconselhava as mulheres moabitas a casarem-se com israelitas e atraí-los para o culto de Belfegor, deus de Moab (cf. Nm 31, 16). Quanto aos nicolaítas, alguns autores antigos acreditam que foi uma heresia provocada por Nicolau, um dos primeiros sete diáconos (cf. At 6, 5); no entanto, esta opinião não parece ter fundamento sério.

Eles são lembrados de que Cristo é o juiz com a espada. Na promessa do maná escondido que os vencedores receberão, pode-se ver o contraste com o pecado de participar de banquetes idólatras. A «pedrinha branca» refere-se ao costume de mostrar uma pedra, devidamente lacrada, como senha ou bilhete de entrada para poder participar de uma festa ou banquete. O nome esculpido indica, no nosso caso, a participação do cristão nos bens que o Senhor concede apenas aos vencedores.

2, 18-29. Tiatira era uma pequena cidade com indústrias de fundição, tecelagem e tinturaria. Lídia veio dela (cf. At 16, 13-15). Cristo é apresentado a esta igreja como o Filho de Deus com poder e a exorta a rejeitar comportamentos idólatras.

Mais uma vez, o Senhor recrimina a tolerância daqueles cristãos face à participação de alguns fiéis em cultos pagãos, que implicava em idolatria e perversão moral. Com a figura de Jezabel, a esposa do rei Acabe, que levou grande parte do povo ao pecado da idolatria (cf. 1 Rs 16, 31; 2 Rs 9, 22), destaca-se a perversão daqueles comportamentos. Pode ser que se trate de uma mulher real – simbolicamente designada por esse nome bíblico – que se fizera passar por profetisa e enganara a muitos, induzindo-os a participar de ritos e banquetes idólatras. Em tal situação, o silêncio não era admissível, pois, se o erro deveria ser apontado e não cometido, cai-se em certa cumplicidade com ele.

A carta revela a paciência de Deus, que esperou uma correção e, enfim, teve de condenar a obstinação no pecado (v. 21). Trata-se de uma condenação que deve ser levada em conta por quem se apega ao pecado, porque, «quanto mais demorarmos para sair do pecado e voltar para Deus», admoestava o Santo Cura d'Ars, «maior o perigo em que nos colocamos de perecer na culpa, pela simples razão de que os maus hábitos adquiridos são mais difíceis de superar. Cada vez que desprezamos uma graça, o Senhor se afasta de nós, ficamos mais fracos e o diabo assume maior ascendência sobre nós. Disto concluo que, quanto mais tempo permanecemos no pecado, em maior perigo nos colocamos de nunca nos convertermos» (*Sermão do Quarto Domingo da Quaresma*).

3, 1-6. Sardes era um importante centro de comunicação e tinha um ambiente moral relaxado. Cristo é apresentado à Igreja desta cidade como aquele que envia o Espírito capaz da transformação interior. Sardes é acusada de aparecer como uma comunidade cristã, quando muitos de seus membros continuam no pecado e sem vida interior. Nosso Senhor já havia descrito a situação do filho pródigo como uma morte: «Este meu filho», exclama o pai na parábola, «estava morto e reviveu» (Lc 15, 24); da mesma forma, São Paulo convida os cristãos a se oferecerem a Deus «como vivos depois de terdes estado mortos» (Rm 6, 13). Agora, nesta passagem do *Apocalipse*, nos é dito que esta situação de morte – espiritual, mas real – se deve ao fato de que as obras daquela igreja não eram boas perante Deus (v. 2); eram obras que produziam a morte interior, o que chamamos de pecado mortal. «Seguindo a tradição da Igreja», declara São João Paulo II, «chamamos *pe-*

cado mortal o ato pelo qual um homem, com liberdade e conhecimento, rejeita Deus, sua lei, a aliança de amor que Deus lhe propõe, preferindo voltar-se para si mesmo, para alguma realidade criada e finita, para algo contrário à vontade divina (*conversio ad criaturam*) [...]. O homem sente que esta desobediência a Deus rompe a união com seu princípio vital: é um *pecado mortal*, isto é, um ato que ofende gravemente a Deus e acaba por se voltar contra o próprio homem com uma obscura e poderosa força de destruição» (*Reconciliatio et paenitentia*, n. 17).

A expressão «virei a ti como um ladrão» (v. 3) encontra-se também noutros escritos do Novo Testamento (cf. Mt 24, 42-51; Mc 13, 36; Lc 12, 39ss; 1 Ts 5, 2; 1 Pd 3, 10). Isso não significa que o Senhor esteja à espreita para surpreender o homem desprevenido, como um caçador tentando derrubar sua presa. É simplesmente uma advertência para que vivamos na graça de Deus, preparados para prestar contas ao Senhor: «Há de chegar também para nós esse dia, que será o último e que não nos causa medo. Confiando firmemente na graça de Deus, estamos dispostos desde este momento, com generosidade, com fortaleza, com amor nos pormenores, a acudir a esse encontro com o Senhor levando as lâmpadas acesas. Porque nos espera a grande festa do Céu» (São Josemaria Escrivá, *Amigos de Deus*, n. 40).

3, 7-13. Filadélfia era a porta de entrada para a região da Frígia. Sofreu um terremoto em 17 a.C. e, quando foi reconstruída, seu nome foi mudado para Neocesareia, que logo caiu em desuso. Neste contexto, o nome aqui prometido (cf. v. 12) permanecerá para sempre. Com a metáfora da porta aberta (v. 8) é assegurado o seu sucesso apostólico, não obstante as dificuldades que os inimigos causarão (cf. 1 Cor 16, 9; 2 Cor 2, 12; Col 4, 3). Estas palavras também podem ser interpretadas como uma promessa de livre entrada no Reino. Sobre a «sinagoga de Satanás», cf. 2, 9. A promessa de que os inimigos reconhecerão a sua derrota e acatarão o vencedor recorda Is 49, 23 e 60, 14, onde se prevê a homenagem e o acatamento que as nações professarão ao Povo Eleito. Antes, porém, virá uma tribulação de alcance universal, conforme descrito mais adiante (cf. 8-9 e 16). Então, aqueles que permaneceram fiéis serão protegidos. Sobre a chegada iminente que se anuncia, recordemos o que foi dito em 1, 1 sobre a amplitude com que devemos considerar o valor temporal destas frases. No final, depois da luta e da vitória, a igreja de Filadélfia será uma coluna do templo, ou seja, ocupará um lugar de destaque (cf. Gl 2, 9). Aos fiéis daquela cidade se lembrará que Cristo possui as chaves do Reino de Deus, e eles podem estar certos da conversão de muitos judeus.

3, 14-22. Laodiceia era uma cidade próspera. Essa prosperidade pode ter contribuído para a situação de frouxidão e tibieza de alguns cristãos. Cristo é apresentado como eterno junto a Deus e fiel às suas promessas, exigindo um amor ardente. A existência de fontes termais, próximas à cidade, dá margem a uma comparação tão expressiva (vv. 15-16) que manifesta a repugnância divina face à mediocridade e o aburguesamento.

A imagem de Cristo batendo à porta é uma das mais belas e tocantes da Bíblia. Lembra o Cântico dos Cânticos, onde o marido exclama: «Abre-me, minha irmã, minha amada, minha pomba, minha imaculada! Que a minha cabeça está coberta de orvalho e os meus cabelos, da geada da noite» (Ct 5, 2). É uma forma de expressar o anseio divino que nos chama a uma maior intimidade, o que se dá de mil maneiras ao longo de nossa vida. «Pouco a pouco, o amor de Deus – embora não seja coisa de sentimentos – torna-se tão palpável como uma farpada na alma. É Cristo que nos persegue amorosamente: *Eis que estou à tua porta e bato*» (Josemaria Escrivá, *É Cristo que passa*, n. 8).

Jesus Cristo afirma que aqueles que vencerem se sentarão com Ele em Seu trono. Deu uma resposta semelhante a São Pedro quando prometeu aos Apóstolos que eles se sentariam em doze tronos para julgar as doze tribos de Israel (cf. Mt 19, 28; 20, 20ss). Por «trono» entende-se o poder soberano que Cristo recebeu do Pai. Portanto, a promessa de sentar-se nele é uma forma de expressar a participação no triunfo e na realeza de Cristo por aqueles que lhe são fiéis (cf. 1 Cor 6, 2-3).

***4, 1-22, 21.** Após a mensagem de Cristo a cada uma das igrejas, expõe-se o plano de Deus para a humanidade e para a Igreja, tal qual manifestado ao autor do livro em forma de visões. Inicia-se com uma magnífica visão celeste que serve de introdução às demais (4, 1-5, 14). Seguem-se outras em que se contemplam os acontecimentos da história anteriores ao combate final (6, 1-11, 14). Finalmente, há as visões daquele combate em que o mal é definitivamente derrotado e o Reino de Deus e a Jerusalém celeste manifestam-se em todo o seu esplendor (11,

15-22, 15). O trecho chega ao fim com um epílogo em que o conteúdo do livro é ratificado (22, 16-21).

***4, 1-5, 14.** Esta grande visão do Céu inclui Deus na sua glória (4, 1-11) e o Cristo ressuscitado, que revela ao homem os misteriosos desígnios divinos (5, 1-14).

4, 1-8. «Ter uma visão», «ser elevado ao céu» ou «cair em êxtase» são três formas diferentes de expressar a mesma realidade: que Deus revela algo ao autor do livro. Aparecem imagens tiradas do Antigo Testamento: o trono recorda as visões de Is 6, 1 e Ez 1, 26-28; o arco-íris como sinal da Aliança de Deus encontra-se em Gn 9, 7-17; relâmpagos aparecem na teofania do Sinai (Ex 19, 16); o mar cristalino e os quatro seres fazem parte da descrição do templo de Jerusalém em 1 Rs 7, 23-26 e Ez 10, 14. A aparência destes seres é o que já contemplava o profeta Ezequiel em sua visão do «carro do Senhor» transportado por quatro seres celestiais, anjos que representam a inteligência, a nobreza, a força e a agilidade (cf. Ez 1, 10; 10, 12; Is 6, 2). A tradição cristã, desde Santo Irineu, considerou os quatro seres representações dos quatro evangelistas, por serem eles os portadores da figura de Jesus Cristo: o homem simboliza São Mateus, cujo Evangelho começa com a genealogia humana de Cristo; o leão a São Marcos, que começa sua obra falando da voz que clama no deserto, onde se ouve o rugido do leão; o touro refere-se aos sacrifícios no Templo, lugar onde São Lucas coloca o início da sua história; e a águia representa São João, que sobe ao ponto mais alto para contemplar a divindade do Verbo.

Com as imagens utilizadas e outros simbolismos, como as cores, descreve-se a majestade de Deus e o louvor que recebe no Céu. Os vinte e quatro anciãos (v. 4) poderiam representar a Igreja celestial, que inclui o antigo e o novo Israel (doze tribos e doze apóstolos) e que no Céu rende louvor perfeito a Deus e intercede pela Igreja na terra. Às vezes, o significado de elementos simbólicos não é fácil de determinar. É o caso da imagem do mar cristalino e dos quatro seres viventes no meio e ao redor do trono. Podemos pensar que esta pintura é como uma réplica celestial da disposição do templo construído por Salomão, no qual ante o *sanctum sanctorum*, lugar da presença de Deus, havia uma grande pia de água para as purificações, chamada *mar de bronze*, com figuras de animais: doze touros (cf. 1 Rs 7, 23-26; 2 Cr 4, 2-5). Esta semelhança entre o Céu e o Templo seria uma expressão da relação entre a liturgia terrena e a celeste.

4, 9-11. A voz dos quatro seres une todo o povo de Deus representado nos vinte e quatro anciãos, ou seja, a Igreja triunfante no Céu. Jogar as coroas é reconhecer que seu triunfo é devido a Deus, e só a Ele pertence o poder. O motivo fundamental do louvor é aqui a obra criadora de Deus. Ao narrar esta visão, o autor do *Apocalipse* convida a Igreja peregrina ainda na terra a unir-se à adoração e ao louvor que se presta a Deus Criador no Céu. A Igreja faz seu este louvor na liturgia eucarística, quando, no final do Prefácio, entoa-se o cântico angélico do *Sanctus* como preparação imediata para a recitação do Cânon. Mas toda a liturgia da Igreja tende a unir-se a esse louvor do céu: «A nossa união com a Igreja do céu realiza-se da maneira mais nobre quando celebramos com alegria compartilhada os louvores da grandeza de Deus, sobretudo na sagrada liturgia, em que o poder do Espírito Santo age em nós através dos sacramentos. Nela todos os redimidos pelo sangue de Cristo de toda linhagem, língua, povo e nação, reunidos em uma única Igreja, proclamam a grandeza de Deus, uno e trino, com o mesmo cântico de louvor» (Concílio Vaticano II, *Lumen gentium*, n. 50).

5, 1-5. O livro selado simboliza o plano divino para cada homem e para a história. Aqueles que não o conhecem estão mergulhados na escuridão e na angústia. Mas Cristo, por sua condição divina, sua obra redentora na Cruz e sua vitória sobre a morte, revelou esses desígnios ao homem. «Cristo, o novo Adão, na própria revelação do mistério do Pai e do seu amor, manifesta plenamente o homem ao próprio homem e revela-lhe a grandeza da sua vocação» (Concílio Vaticano II, *Gaudium et spes*, n. 22).

5, 6-14. Cristo glorioso merece a mesma adoração do Pai. A grandeza de Cristo-Cordeiro é reconhecida e proclamada pelo culto que recebe, primeiro, dos quatro seres viventes e dos vinte e quatro anciãos; depois, de todos os anjos; e, finalmente, de toda a criação (vv. 11-13). São três os momentos que São João aponta para destacar o louvor da Igreja celeste, ao qual se une a Igreja peregrina na terra por meio da oração simbolizada na imagem dos cálices de ouro (v. 8).

A grande multidão de anjos ao redor do trono como guarda de honra (v. 11) proclama a plenitude da perfeição divina de Cristo, o Cordeiro. De fato, são listados sete atributos que refletem a plena posse da glória divina do Cordeiro (v. 12).

Depois do canto das criaturas espirituais e invisíveis, ressoa o hino dos seres materiais e visíveis. Este cântico (v. 13-14) difere do anterior porque se dirige também àquele que está sentado no trono. Assim, Deus e o Cordeiro, cuja divindade é proclamada, são colocados no mesmo plano. Desta forma, o louvor cósmico universal culmina na honra do Cordeiro. O retumbante Amém dos quatro seres viventes, juntamente com a adoração dos vinte e quatro anciãos, encerra esta visão preparatória.

Como em outras passagens do *Apocalipse,* fala-se do ofício dos anjos no Céu (v. 11), destacando-se a sua adoração e louvor diante do trono de Deus (cf. 7, 11), a sua missão de executores dos desígnios divinos (cf. 11, 15; 16, 17; 22, 6 etc.) e a sua intercessão perante o Senhor em favor dos homens (cf. 8, 4). «Tem confiança com o teu Anjo da Guarda. Trata-o como amigo íntimo – porque de fato o é –, e ele saberá prestar-te mil e um serviços nos assuntos correntes de cada dia» (Josemaria Escrivá, *Caminho*, n. 562).

***6, 1-11, 14.** Com a imagem do Cordeiro que abre sucessivamente os sete selos (6, 1-7, 17), o autor do Apocalipse mostra o sentido profundo da história sob o senhorio de Cristo e o sentido das desgraças que afligem a humanidade. A expectativa aumenta à medida que se aproxima a abertura do sétimo selo (cf. 8, 1). Ao chegar a hora, começam a soar sete trombetas, também sucessivamente, simbolizando a voz divina (8, 2-11, 14). Só quando soar a última trombeta é que se revelará o mistério do fim (cf. 10, 7; 11, 15); enquanto isso, a expectativa é mantida. Assim, o leitor percebe progressivamente a mão e o poder de Deus ao longo da história.

6, 1-17. Quando os primeiros quatro selos são abertos (vv. 1-8), aparecem quatro cavaleiros. O primeiro simboliza Jesus Cristo e os outros três, a guerra, a fome e a peste. Quando o quinto selo é aberto (v. 9), é revelada a glória dos mártires; com o sexto (v. 12), revelam-se as tribulações anunciadas por Jesus para o fim do mundo.

«O evangelista inspirado não só viu as ruínas causadas pelo pecado, guerra, fome e morte; ele também viu, antes de tudo, a vitória de Cristo. Não há dúvida de que o progresso da Igreja através dos séculos é uma *via crucis*, mas também sempre foi uma marcha triunfante. A Igreja de Cristo, os homens de fé e amor cristãos, são sempre os que trazem luz, redenção e paz à humanidade sem esperança. Jesus Cristo ontem e hoje e o mesmo para sempre» (Pio XII, *Alocução*, 15-XI-1946).

No v. 15 são mencionados sete grupos sociais que abrangem toda a raça humana, do mais poderoso ao mais fraco. Ninguém escapará do juízo final de Deus. É o *dies irae* (v. 17), o dia da cólera do Cordeiro.

7, 1-17. A expectativa cresce pela inserção de duas visões antes da abertura do sétimo selo. A primeira visão (v. 1-8) mostra a proteção divina sobre os cristãos: são uma grande multidão – cento e quarenta e quatro mil – que constituem o novo Povo de Deus. A segunda visão (v. 9-17) mostra a gloriosa situação desfrutada pelos redimidos por Cristo após a morte. «O sangue do Cordeiro que se imolou por todos exerceu em todos os cantos da terra o seu universal e eficaz poder redentor, levando graça e salvação àquela "imensa multidão". Depois de terem passado pelas provas e terem sido purificados no sangue de Cristo, eles – os redimidos – estão seguros no Reino de Deus e o louvam e bendizem para sempre» (São João Paulo II, *Homilia*, 1-XI--1981).

O objetivo da revelação dessas cenas consoladoras é estimular o desejo de imitar esses cristãos, que foram como nós e que agora já estão vitoriosos no céu. Para isso, a Igreja nos convida a pedir: «Ó Deus, que consagrastes com o sangue dos mártires os fecundos primórdios da Igreja de Roma, dai que sua coragem no combate nos obtenha uma força inabalável e a alegria da vitória. Por nosso Senhor Jesus Cristo, vosso Filho, na unidade do Espírito Santo» (Missal Romano, *Santos Protomártires da Santa Igreja Romana, Oração inicial*).

8, 1-6. O silêncio que ocorre após a abertura do sétimo selo é sinal da ansiosa expectativa do que vai ser revelado. É um silêncio que acomoda a oração dos santos simbolizados nos perfumes: «A contemplação é silêncio, este "símbolo do mundo que há de vir" (Santo Isaac de Nínive, *Tract. myst.* 66) ou "linguagem calada do amor" (São João da Cruz, *Carta* 6). Na contemplação, as palavras não são discursos, mas gravetos que alimentam o fogo do amor. É neste silêncio, insuportável para o homem "exterior", que o Pai nos diz o seu Verbo encarnado, sofredor, morto e ressuscitado, e que o Espírito filial nos faz participar da oração de Jesus» (*Catecismo da Igreja Católica*, n. 2717).

Com o sétimo selo começa um novo setenário, o das sete

trombetas. A sétima, por sua vez, dará lugar às sete taças (cf. 11, 15). Mas, primeiro, será narrado (caps. 8-9) o que acontece quando soam as seis primeiras trombetas, que se tornam a execução dos julgamentos de Deus sobre o mundo. Existe certo paralelismo com as pragas do Egito (cf. Ex 7, 14-12, 34). Antes do toque da sétima trombeta, o autor apresenta uma espécie de intervalo (cf. 10, 1-11, 14).

8, 7-13. O soar das trombetas significa a voz de Deus que anuncia e executa o castigo pelos pecados da humanidade. As quatro primeiras trombetas (8, 7-12) alertam para calamidades semelhantes às causadas pelas pragas no Egito, embora muito maiores. Agora os infortúnios virão sobre os elementos criados por Deus: a terra, o mar, as águas da terra e o espaço sideral.

O motivo da águia (v. 13), talvez símbolo de um anjo, cria uma atmosfera de expectativa e ansiedade diante do que o toque das três trombetas restantes trará. Trata-se de um breve trânsito para as últimas três trombetas. Há três gritos de tristeza, três ais de horror e compaixão pelos eventos que ocorrerão quando as últimas trombetas soarem. Com «habitantes da terra», refere-se aos homens idólatras (cf. 3, 10), que perseguem os que creem. Não se encontram, portanto, incluídos os fiéis, mas apenas aqueles que se deixaram seduzir pelos inimigos de Cristo (cf. 6, 10; 11, 10; 13, 8.12.14; 17, 2-8).

9, 1-12. O toque da quinta e da sexta trombetas afeta diretamente os homens; seus efeitos são mais horripilantes que os anteriores (9, 1-21). A estrela caída simboliza Satanás (cf. Lc 10, 18), a quem Deus permite libertar por um tempo os demônios que, segundo o pensamento da época, habitam nos abismos, para que possam fazer mal com tormentos e doenças aos homens que não reconhecem a Deus.

Para descrever os demônios e os estragos que vão causar, o autor recorda aquela que foi a oitava praga do Egito, a dos gafanhotos (cf. Ex 10, 14ss), mas deixando claro que agora se trata de outra realidade, muito mais terrível e de outra ordem. O dano que causam ao homem é tanto que ele desejará morrer, mas terá de suportar o mal por um certo tempo. Os «cinco meses» (v. 5), tempo de vida dos gafanhotos, expressam a limitação temporal desses sofrimentos. Coroas de ouro (v. 7) são características dos vencedores; o rosto humano, de seres inteligentes; a forma do cabelo e dos dentes simbolizam a ferocidade; o peitoral de ferro indica o *status* de guerreiros fortemente armados; e, finalmente, o barulho que fazem e as caudas dos escorpiões expressam extrema crueldade. Eles obedecem a um chefe que é Satanás, cujo nome (*Apolíon*, v. 11) significa destruição e extermínio. Contrasta com o nome de Jesus, que significa "YHWH salva". No fim do *Apocalipse*, o autor contempla que, após a vitória de Cristo, Satanás e seus asseclas serão novamente aprisionados no abismo (cf. 20, 1-3).

9, 13-21. Os anjos amarrados pelo rio Eufrates são os terríveis anjos da morte (9, 15). Estes só podem ser comandados por Deus. A razão última das penas descritas – como no caso dos apelos à penitência dirigidos às igrejas da Ásia Menor (cf. 2, 5.16.21; 3, 3 etc.) – é levar os homens à conversão. Mas estes permanecem teimosos: afastam-se de Deus e entregam-se aos ídolos, autênticos espantalhos diante da grandeza infinita do Deus vivo (cf. Sl 115; Jr 10, 3-5).

A idolatria é, em última análise, a raiz de todos os outros pecados (v. 20), porque, ao afastar-se de Deus, o homem fica sujeito às forças do mal, que não só de fora, mas também de dentro do homem, o empurram para todos os tipos de pecados e perversões. É a mesma ideia que São Paulo expõe na *Carta aos Romanos,* quando se refere àqueles que, afastando-se de Deus, abandonaram-se às próprias paixões e caíram nas ações mais abomináveis (cf. Rm 1, 18-32). O resultado da punição é, às vezes, um endurecimento adicional dos corações, como aconteceu com o Faraó quando não deixou os israelitas saírem do Egito.

10, 1-11. Antes de descrever o toque da sétima trombeta, o autor sagrado insere uma visão que teve na terra. Isso aumenta a tensão e prepara o leitor para enfrentar o que acontecerá quando chegar o terceiro "ai" e a sétima trombeta soar, anunciando os acontecimentos finais (cf. 11, 14-15).

Embora o nome do anjo não seja mencionado (v. 1), pode-se pensar em Gabriel porque é chamado de «poderoso» – em hebraico, *geber* –, e Gabriel, em hebraico *gabri'el,* significa «força de Deus», «varão de Deus» (cf. Dn 8, 15) ou «Deus manifesta-se forte». Em todo caso, Gabriel é o nome dado ao anjo encarregado de explicar as profecias messiânicas a Daniel e de comunicar a notícia de Deus a Zacarias (cf. Lc 1, 19) e à Santíssima Virgem (cf. Lc 1, 26). Desempenhava uma função paralela ao anjo que aparece em 8, 3-5, que costuma ser identificado como São Miguel. As características impressionantes com as quais é descrito acentuam sua natureza celestial e seu poder.

O homem não pode conhecer a totalidade dos planos de Deus, proclamados nos sete trovões (v. 4), mas pode saber o que Deus revela a João, o vidente. O livrinho aberto carregado pelo anjo é diferente do livro fechado com sete selos na visão de 5, 2. Agora se trata de um símbolo da revelação divina aos profetas. É aberto, o que significa que seu conteúdo pode ser conhecido. Mas não sabemos o que é, sinal de que o que o autor está tentando fazer com aquela imagem é destacar sua condição de profeta. Por outro lado, quer assinalar que as suas profecias atingem toda a criação: a terra e o mar (cf. v. 6). É um livro semelhante ao pergaminho da visão descrita pelo profeta Ezequiel (cf. Ez 2, 9-3, 1), destinado a ser comido pelo vidente (vv. 9-10). Significa que Deus fala através da Sagrada Escritura, prometendo bênção e punição. O leitor deve tomar como verdadeiro o que lê no livro.

Com um gesto e uma fórmula de juramento solene, o anjo garante que chegará o estabelecimento definitivo do Reino de Deus, quando já não haverá mais tempo para este mundo (vv. 6-7). Mas nenhuma data é indicada para quando isso acontecerá: diz-se apenas que será quando o Mistério de Deus, o seu desígnio de salvação, atingir a sua plenitude; no tempo da colheita (cf. Mt 13, 24-30), porque tanto o bem como o mal – o trigo e o joio – terão se manifestado plenamente (cf. 2 Ts 2, 6ss).

11, 1-14. Esses versículos contêm a profecia do vidente que comeu o livrinho. Referem-se à tribulação da Igreja, como preâmbulo dos acontecimentos finais, que se seguirão à sétima e última trombeta (11, 15ss). A Igreja é simbolizada no Santuário e no altar de Jerusalém, que Deus protege. O resto da cidade é a humanidade que não pertence à Igreja e diante da qual dá testemunho até sofrer o martírio.

Jerusalém foi pisada pelos gentios, nos tempos de Antíoco Epifânio, que profanou o Templo e introduziu nele a estátua de Zeus Olímpico (cf. 1 Mac 1, 54); e, sobretudo, pelos romanos, que destruíram o Templo e a cidade, não deixando pedra sobre pedra (cf. Mt 24, 21; Mc 13, 14-23; Lc 21, 20-24). Com base nestes acontecimentos, São João profetiza que o mesmo nunca acontecerá com a Igreja, pois foi preservada por Deus do poder dos seus inimigos (cf. Mt 16, 16-18). Os cristãos podem sofrer perseguições de um tipo ou de outro, com violência física ou moral, mas a Igreja não pode ser derrotada porque Deus a preserva: «A Igreja "vai peregrinando entre as perseguições do mundo e as consolações de Deus" (Santo Agostinho, *De civitate Dei*, 18, 51, 2), anunciando a Cruz do Senhor até que Ele venha (cf. 1 Cor 11, 26). Fortalece-se, com a virtude do Ressuscitado, para triunfar com paciência e caridade sobre as suas aflições e dificuldades, tanto internas como externas, e revelar fielmente o seu mistério ao mundo, mesmo nas sombras, até que se revele em todo o seu esplendor no fim dos tempos» (Concílio Vaticano II, *Lumen gentium*, n. 8).

As duas testemunhas (v. 3) simbolizam o testemunho da Igreja. A identidade dessas duas testemunhas não foi determinada. Elas são chamadas de «oliveiras», como Zorobabel, príncipe da linhagem de Davi, e Josué, sumo sacerdote (cf. Zc 3, 3-14). Mas a elas são atribuídos os traços de Elias, que "fecharam" os céus para que não chovesse (cf. 1 Rs 17, 1-3; 18, 1), e de Moisés, que transformou as águas em sangue (cf. Ex 7, 14-16). Também os inimigos de Elias e de Moisés foram devorados pelo fogo que desceu do céu (cf. 2 Rs 1, 10; Nm 16, 35). Mas, como as duas testemunhas dão testemunho de Jesus Cristo e morrem mártires, a tradição os identificou com São Pedro e São Paulo, martirizados em Roma, que seria a cidade à qual aqui aludiria, em forma simbólica, o *Apocalipse*. Alguns comentaristas antigos (por exemplo, Ticônio e São Beda) identificaram as duas testemunhas com o Antigo e o Novo Testamento; mas esta interpretação não teve grande eco. São Jerônimo (*Epistulae*, 59) diz que as testemunhas são Elias e Enoque, e seguem esta interpretação Santo Agostinho (*De civitate Dei*, 39) e São Gregório Magno (*Moralia*, 9, 4).

A tribulação é, em última análise, causada pelas forças do mal, ou seja, a besta, figura do Anticristo, que aparece na Cidade Santa (v. 7). Durante certo tempo – o tempo da história, simbolizado pelos quarenta e dois meses, os mil duzentos e sessenta dias ou os três dias e meio –, há momentos em que prevalecem as forças adversas, levando muitos a prevaricar. Simultaneamente, aparecem as testemunhas do verdadeiro Deus, que pregam a penitência (vv. 3-6) e, por isso, são martirizados, para a grande alegria de seus adversários (vv. 7-10). Mas Deus intervém a favor destes mártires, elevando-os ao Céu e dizimando à morte os seus inimigos; por medo, os sobreviventes reconhecem a Deus (vv. 11- 13). «Alguns cristãos, desde os primeiros tempos, foram chamados, e sempre continuarão a ser, a dar este supremo testemunho de amor diante de todos, especialmente diante dos perseguidores. Portanto, o martírio, no qual o discípulo se assemelha ao Mestre que livremente aceitou a morte para a salvação do mundo e se conforma com Ele no derramamento do seu sangue, é considerado pela Igreja como um dom exímio e prova suprema de amor. E se é um dom concedido a poucos, porém, todos devem estar prontos para confessar a Cristo diante dos homens e segui-lo, no caminho da cruz, em meio às perseguições que nunca faltam à Igreja» (Concílio Vaticano II, *Lumen gentium*, n. 42).

As tribulações correspondentes às três últimas trombetas são especialmente destacadas, fazendo-as coincidir com os três infortúnios anunciados do Céu (cf. 8, 13), que, como um grito de lamento, acentuam o seu caráter terrível. Agora o segundo «ai» acabou de ser descrito como algo já ocorrido, e o terceiro está anunciado. Assim, após o parêntese de 10, 1-11, 13, retoma-se o fio da narração em torno do som das trombetas e alerta-se para a importância do que vem a seguir.

***11, 15-22, 15.** O soar da última trombeta abre esta nova seção em que se vai descrever o triunfo de Cristo, já anunciado desde o início (11, 15-19). Primeiro são apresentados os competidores: Cristo e seus seguidores, de um lado; a serpente e a besta, do outro (12, 1-14, 5). Em seguida, são anunciados o juízo (14, 6-20) e as tribulações dos últimos tempos, significadas pelo derramamento das sete taças (15, 1-16, 21). A seguir descreve-se a besta e anuncia-se a sua queda após a vitória do Cordeiro (17, 1-19, 10), ao que se narram as batalhas escatológicas até a derrota total de Satanás (19, 11-20, 10) e a realização do juízo (20, 11-15). Segue-se a visão do mundo novo com a Jerusalém descida do céu (21, 1-22, 5) e, por fim, a ordem dada ao vidente para dar a conhecer tudo isto (22, 6-15).

11, 15-19. Esses versículos, que proclamam a chegada final do reinado de Cristo, são como uma introdução para toda a seção. As vozes celestiais, expressão da revelação divina, anunciam que o plano de Deus para que Cristo reine eternamente sobre todo o universo foi consumado. Assim se cumprem as palavras do Salmo 2. Com efeito, a Igreja "constitui o germe e o início deste Reino na terra. Crescendo pouco a pouco, anseia pela plena realização do Reino e espera e deseja com todas as suas forças encontrar seu

Rei na glória" (Concílio Vaticano II, *Lumen gentium*, n. 5). O triunfo final de Cristo já está presente, e antes dessa revelação surge a adoração e a ação de graças de todo o Povo de Deus, representado pelos vinte e quatro anciãos (cf. 4, 4). A visão agora contempla a morada de Deus e descobre que Deus mantém sua Aliança.

A promessa do v. 18, «que excede todas as possibilidades humanas, afeta diretamente nossa vida no mundo, porque a verdadeira justiça deve chegar a todos e deve responder aos tantos sofrimentos sofridos por todas as gerações. Na verdade, sem a ressurreição dos mortos e o julgamento do Senhor, não há justiça no sentido pleno da palavra. A promessa da ressurreição satisfaz gratuitamente o desejo de verdadeira justiça que está no coração do homem» (Congregação para a Doutrina da Fé, *Libertatis conscientia*, n. 60). Os fenômenos atmosféricos que acompanham o aparecimento da arca (v. 19) lembram os da teofania do Sinai e expressam a intervenção efetiva de Deus (cf. 4, 5; 8, 5), a qual, agora, também será acompanhada da punição dos ímpios, como indica a alusão ao terremoto e à forte chuva de granizo (cf. Ex 9, 13-35). Os autores antigos frequentemente entendiam que a arca era a Santíssima Humanidade de Cristo, e São Beda explica que, assim como o maná era guardado na arca antiga, assim a divindade de Cristo está escondida em seu corpo santo (cf. *Explanatio Apocalypsis*, 11, 19).

***12, 1-14, 5.** A fidelidade de Deus à sua Aliança, simbolizada no aparecimento da arca (11, 19), manifestar-se-á na vitória de Cristo e da Igreja sobre as forças do mal. O confronto ocorre no nível celestial com o ataque do dragão ou demônio contra a Mulher e seu Filho, o Messias, e com a luta de Miguel com o demônio (12, 1-12). Depois continua no nível terrestre ou histórico, com o ataque da besta e do falso profeta contra os filhos da Mulher (12, 13-13, 18); mas Cristo, a quem pertence a vitória, aparecerá junto com os seus (14, 1-5).

12, 1-6. Que este ataque do dragão ocorra no céu significa que o nascimento de Cristo e a impotência do diabo na frente dEle era algo predeterminado por Deus desde a eternidade.

A figura da Mulher é caracterizada por traços aplicáveis a Israel, à Santíssima Virgem e à Igreja. A passagem é iluminada e enriquecida pela luz da Revelação como um todo. Com efeito, São Lucas, ao narrar a Anunciação, vê em Maria a representação do resto fiel de Israel: o anjo dirige-lhe a saudação transmitida à filha de Sião em Sf 3, 15 (cf. notas sobre Lc 1, 26- 38). Mas o texto sagrado do *Apocalipse* deixa aberto o caminho para ver diretamente na mulher a Santíssima Virgem, cuja maternidade acarretaria as dores do Calvário (cf. Lc 2, 35) e fora profetizada como «sinal» em Is 7, 14 (cf. Mt 1, 22-23). Por outro lado, já São Paulo, em Gl 4, 26, vê numa mulher, Sara, a alegoria da Igreja que é nossa mãe, e não é incomum na literatura judaica não canônica contemporânea ao *Apocalipse* personificar a comunidade na figura de uma mulher. Assim, é coerente ver o povo de Deus, a Igreja, representada na figura de Maria. Aplicando a figura da mulher à Igreja, São Gregório Magno escreveu: «O sol representa a luz da verdade e a lua, a mutabilidade do temporal; a Igreja santa está como que vestida de sol porque é protegida pelo esplendor da verdade sobrenatural, e tem a lua sob seus pés porque está acima dos bens temporais" (*Moralia*, 34, 12). Aplicando-o à Virgem, São Bernardo dizia: «No sol há cor e esplendor estáveis; na lua, apenas um brilho completamente incerto e mutável, pois nunca permanece no mesmo estado. Com razão, então, Maria aparece vestida de sol, pois ela penetrou o profundo abismo da sabedoria divina além do que se poderia acreditar» (*Dominica infra octavam Assumptionis*, 3).

Enquanto a Igreja peregrina na terra, «a Mãe de Jesus, já glorificada no céu em corpo e alma, é imagem e princípio da Igreja que atingirá a sua plenitude no século vindouro. Também neste mundo, até que chegue o dia do Senhor, resplandece diante do Povo de Deus em marcha, como sinal de certa esperança e consolação» (Concílio Vaticano II, *Lumen gentium*, n. 68).

12, 7-12. A luta entre a serpente e os seus anjos contra Miguel e os seus, bem como sua derrota, aparece intimamente relacionada com a morte e a glorificação de Cristo (cf. v. 11; 12, 5). Ao mesmo tempo, a menção a Miguel e à "antiga" serpente, assim como aos efeitos da luta – ser lançado do céu –, sugere a origem do demônio. Este, que era uma criatura angelical muito sublime, segundo algumas tradições judaicas (cf. *Vida latina de Adão e Eva*, 12-16) tornou-se demônio quando Deus criou o homem à sua imagem e semelhança (cf. Gn 1, 26; 2, 7). O diabo não concordou em se curvar diante do homem porque ele era a imagem de Deus. Miguel, por outro lado, obedeceu. Então o diabo e outros anjos, considerando o homem inferior a eles, rebelaram-se contra

Deus. É por isso que o diabo e seus seguidores angelicais foram lançados no inferno e na terra, e não param de tentar o homem para que, ao pecar, ele também seja privado da glória que lhe foi dada por ser imagem divina.

Em Dn 10, 13 e 12, 1, diz-se que o arcanjo São Miguel é quem defende, em nome de Deus, o povo eleito. Seu nome significa: «Quem como Deus?», e sua função está em zelar pelos direitos divinos contra aqueles que querem usurpá-los, como os príncipes dos povos ou o próprio Satanás, ao tentar apoderar-se do corpo de Moisés segundo a *Carta de São Judas* (v. 9). Por isso, também no *Apocalipse* São Miguel aparece como aquele que enfrenta Satanás, a antiga serpente, embora a vitória e o castigo correspondente sejam decididos por Deus ou por Cristo. Por isso, a Igreja invoca São Miguel como seu guardião nas adversidades e contra as astúcias do demônio (cf. Liturgia das Horas, *Hino do Ofício das Leituras de 29-XI*).

Os Santos Padres interpretam estes versículos do *Apocalipse* como testemunho da luta entre Miguel e o diabo no início da história, consequência da prova que os espíritos angélicos tiveram de passar. E, à luz do *Apocalipse,* entenderam, referindo-se àquele momento primordial, as palavras que o profeta Isaías pronunciou contra o rei da Babilônia: «Como caíste do céu, Luzeiro [ou Lúcifer], filho da aurora! Foste derrubado por terra, tu que prostravas as nações!» (Is 14, 12). Eles também viram nesta passagem do *Apocalipse* a luta que Satanás trava contra a Igreja ao longo da história e que se radicalizará no fim dos tempos: «O céu é a Igreja», escreve São Gregório Magno, «que na noite da vida presente, enquanto possui em si as inumeráveis virtudes dos santos, brilha como as radiantes estrelas celestes; mas a cauda do dragão lança as estrelas para a terra [...]. As estrelas que caem do céu na terra são aquelas que, tendo perdido a esperança nas coisas celestiais, cobiçam, sob a guia do demônio, o reino da glória terrena» (*Moralia*, 32, 12).

12, 13-18. O ataque da serpente é agora contemplado a partir da situação da Igreja sofredora. A mulher que dá à luz um filho varão é a imagem da Mãe do Messias, a Virgem Maria, e da Igreja que, "cumprindo fielmente a vontade do Pai, é também constituída Mãe pela palavra de Deus fielmente recebida" (Concílio Vaticano II, *Lumen gentium*, n. 64). Por meio da Igreja, os cristãos são incorporados a Cristo, contribuindo para o crescimento do seu Corpo (cf. nota sobre Ef 4,

13). Neste sentido pode-se dizer que a Igreja é a Mulher que gera Cristo.

A luta que a Igreja trava contra os poderes do mal é aqui descrita com representações do Êxodo, visto que aquele foi também o momento de maior perigo para o povo de Israel. Deus conduziu-o então pelo deserto «sobre asas de águia» (Ex 19, 4), isto é, de modo extraordinário, superior às possibilidades humanas. Quando o profeta Isaías anuncia a libertação do cativeiro na Babilônia, diz também que subirão com asas de águia (cf. Is 40, 31). A Igreja, ao longo da história, goza dessa mesma proteção divina para viver a união com o seu Senhor representada pelo deserto. O período de «um tempo, dois tempos e meio» (v. 14), que equivale a três anos e meio, é considerado – pelo menos a partir de Dn 7, 25 – o tempo convencional de qualquer perseguição.

O rio de água (v. 15) simboliza as forças destruidoras do mal, que procedem do diabo. Do mesmo modo que no deserto do Sinai a terra engoliu os que se rebelaram contra Deus (cf. Dt 16, 30-34), assim essas forças serão anuladas no seu ataque contra a Igreja, porque, como o Senhor prometeu, "as portas do inferno não prevalecerão contra ela" (Mt 16, 18). Não deve nos surpreender, portanto, que a Igreja sofra perseguições: «Não é algo novo. Desde que Jesus Cristo nosso Senhor fundou a Santa Igreja, esta nossa mãe tem sofrido constantes perseguições. Talvez em outras épocas os ataques fossem organizados abertamente; agora, em muitos casos, trata-se de perseguição dissimulada» (Josemaria Escrivá, *O fim sobrenatural da Igreja*).

13, 1-10. Satanás, a antiga serpente, lança o seu ataque por meio das bestas às quais comunica o seu poder (cf. v. 1; 13, 11). A maioria dos Santos Padres viu na besta do v. 1 o Anticristo, e assim escreve Santo Irineu: «Na besta que surge, toda maldade e toda mentira se resumem, de modo que toda a força da apostasia se concentra e se cumpre nela, é lançada na fornalha» (*Adversus haereses*, 5, 29). As bestas representam, em geral, os poderes históricos nos quais, de uma forma ou de outra, as forças do mal se encarnam.

A primeira besta (v. 1-10) simboliza o poder político exacerbado a ponto de suplantar Deus; a segunda (cf. 13, 11-12), aquelas forças do mal que defendem, justificam e propagam uma deificação do poder, mostrando-o como bom.

As bestas, apresentadas com características tiradas das

descrições dos inimigos de Israel feitas pelos profetas, aludem imediatamente ao Império Romano; mas este é considerado ao mesmo tempo, em alguns aspectos, instrumento de uma potência diabólica que, traspassando aquele tempo concreto, paira constantemente sobre o homem e se manifesta com mais força à medida que se avizinha o final da história. «A idolatria é uma forma extrema da desordem introduzida pelo pecado. Substituindo o culto do Deus vivo pelo culto da criatura, distorce as relações entre os homens e acarreta várias formas de opressão» (Congregação para a Doutrina da Fé, *Libertatis conscientia*, n. 39).

13, 11-18. Mais adiante (cf. 16, 13; 19, 20), esta segunda besta será identificada com o falso profeta, pois, com efeito, o seu papel é seduzir os homens para que adorem a primeira besta. Com o poder do mal, realiza prodígios semelhantes aos dos profetas – como Elias, que fez descer o fogo do céu (cf. 1 Rs 18, 38) –, e até parece imitar o poder do Espírito que dá vida, animando as imagens da besta. Este é um símbolo dos regimes e ideologias que rejeitam Deus e exaltam falsamente o homem. Trata-se de um materialismo enganoso que, «se às vezes fala também do "espírito" e das "questões do espírito", por exemplo, no campo da cultura ou da moral, o faz apenas porque considera alguns fatos como derivados (epifenômenos) da matéria [...]. De acordo com esta interpretação, a religião só pode ser entendida como uma espécie de "ilusão idealista", que deve ser combatida com as formas e métodos adequados, dependendo dos lugares e das circunstâncias históricas, para eliminá-la da sociedade e do próprio coração do homem» (São João Paulo II, *Dominum et vivificantem*, n. 56).

14, 1-5. Diante dos poderes do mundo que, induzidos por Satanás, se opõem a Deus e à Igreja, está o Cordeiro, o Cristo ressuscitado, com os seus, que cantam a sua glória e o seu triunfo. O Monte Sião representa a Igreja protegida por Cristo e reunida em torno dEle. Há aqueles que pertencem a Cristo e ao Pai e, portanto, trazem sua marca: filhos de Deus. São um número incalculável, mas completo em si mesmo e estabelecido na mente de Deus: o Povo de Deus representado numa figura que resulta da multiplicação de 12 (as tribos) por 12 (os Apóstolos) e por 1.000 (um número exorbitante). Eles ainda não estão no céu, mas na terra, de onde louvam a Deus participando da liturgia celestial.

O autor do *Apocalipse* refere-se a todos os membros da Igreja como santos, chamados à santidade; mas o simbolismo que usa carrega uma realidade profunda: que a virgindade e o celibato para o Reino dos Céus é uma conquista singular e um sinal evidente daquela dimensão esponsal da Igreja. «Deste modo, a continência "pelo Reino dos Céus", a opção pela virgindade ou o celibato vitalício, veio a ser, na experiência dos discípulos e seguidores de Cristo, o ato de uma resposta particular ao amor do Esposo Divino, e por isso adquiriu o significado de ato de amor esponsal: isto é, de doação esponsal de si mesmo, para corresponder de modo especial ao amor esponsal do Redentor; um dom de si entendido como renúncia, mas feito sobretudo por amor» (São João Paulo II, *Audiência geral*, 25-IV-82).

14, 6-20. A aparição do Cordeiro (14.1-5) é como sua vitória antecipada; por isso, é possível anunciar a derrota da besta (14, 6-13) e o juízo que está por vir (14, 14-20).

14, 6-13. Três anjos anunciam o Juízo (vv. 6.8.9); Cristo, o Filho do homem, o pronunciará (14, 14), e três outros anjos o executarão (14, 15-20). Todos os homens são capazes de reconhecer e amar o seu Criador: aqueles que o fizerem serão recompensados no Dia do Juízo. Este é o «Evangelho eterno» (v. 6).

A bem-aventurança divina (v. 13) anuncia a alegria de quem termina a vida sendo fiel a Cristo. Os mestres judeus ensinavam que, «quando um homem morre, prata e ouro, pedras preciosas e pérolas não o acompanham, mas a lei e as boas obras» (*Pirkei Avot*, 6, 9). Não é apenas uma questão de os justos serem recompensados por suas obras, mas de que elas – de alguma forma – permanecem com eles; como ensina a Igreja, «todos estes valores da dignidade humana, da comunhão fraterna e da liberdade, fruto da natureza e do nosso trabalho, depois de os termos difundido na terra, no Espírito do Senhor e segundo o seu mandamento, voltaremos de novo a encontrá-los, mas então purificados de qualquer mancha, iluminados e transfigurados, quando Cristo entregar ao Pai o reino eterno e universal: "reino de verdade e de vida, reino de santidade e de graça, reino de justiça, de amor e de paz"» (Concílio Vaticano II, *Gaudium et spes*, n. 39).

14, 14-20. A descrição antecipada do Juízo Final é apresentada em duas cenas: a colheita (cf. 14-16) e a vindima (cf. vv. 17-20), seguindo a profecia de Joel a respeito do julgamento de Deus sobre os povos inimigos de Israel: «Levantem-se as nações e subam ao vale de Josafá, e ali me assentarei para julgar todas as nações de Israel. Metei a foice, a colheita já está madura. Vinde, pisai, o lagar está cheio, os porões transbordam, porque abundam suas maldades» (Jl 4, 12-13).

Em ambas as cenas destaca-se a presença de um anjo que dá a ordem (cf. 15.18). A saída deste anjo do Santuário e do altar significa que este fim está relacionado com as orações dos santos e dos mártires, que movem Cristo a agir (cf. 8, 3-4). Por isso, logo após a presença de Cristo no altar pela Consagração das espécies eucarísticas, a Igreja clama pela sua segunda vinda – a Parúsia –, que será o seu triunfo definitivo: «Anunciamos, Senhor, a vossa morte e proclamamos a vossa ressurreição. Vinde, Senhor Jesus» (Missal Romano, *Aclamação eucarística após a Consagração*).

***15, 1-16, 21.** Com a aparição do Cordeiro (14, 1-5) aproxima-se o fim, e isso já produz um cântico de louvor no céu (15, 1-4) e, na terra, o advento das tribulações do fim, simbolizado no derramamento das sete taças (15, 5-16, 21).

15, 1-4. O terceiro sinal (cf. os outros dois em 12, 1.3) anuncia a chegada do desfecho final da tensão existente entre as potestades do mal e a Igreja de Jesus Cristo. O resultado é apresentado com o simbolismo do número sete repetido pela terceira vez, depois dos sete selos (cf. 5, 1) e das sete trombetas (cf. 8, 2). O mar de cristal pode recordar a salvação do Êxodo (cf. Sb 19, 6-7) ou o mar de bronze para as purificações do Templo de Jerusalém (cf. 4, 6-7). Em todo caso, mais uma vez a oração de louvor da Igreja precede a intervenção de Deus. «O louvor é a forma de oração que mais imediatamente reconhece que Deus é Deus! Canta-O por Si próprio, glorifica-O, não tanto pelo que Ele faz, mas sobretudo porque ELE É. Participa da bem-aventurança dos corações puros que O amam na fé, antes de O verem na glória» (*Catecismo da Igreja Católica*, n. 2639).

15, 5-16, 21. A tenda (15, 5), como a arca em 11, 19, simboliza a presença de Deus, que age definitivamente por meio de seus anjos. As sete taças de ouro são o instrumento para lançar as pragas no mundo; por isso se diz que estão cheias da ira de Deus, ou seja, cheias da justiça divina que vai se manifestar plenamente. Assim, as taças de ouro são tanto um símbolo da oração dos santos – que motiva a intervenção divina (cf. 5, 8) – como das suas consequências: vitória do bem e castigo dos poderes do mal. Seu conteúdo não é propriamente identificado com as pragas, mas com os efeitos da oração: a ação de Deus que traz consolo – como um perfume – para os justos e punição – a fúria de Deus – para os que seguem a besta, isto é, os que praticam a iniquidade.

As imagens para expressar os castigos (16, 1-16) inspiram-se nas pragas do Egito. As quatro primeiras intervenções referem-se a elementos da natureza (cf. 16, 2-9 e 8, 7-13); a quinta e a sexta, a forças ou poderes que atuam na história (cf. 16, 10-16 e 9, 1-21). O nome *Harmagedon* significa, em hebraico, «a montanha de Megido», o lugar onde o rei Josias foi derrotado (cf. 2 Rs 23, 29-30) e que se tornou símbolo de derrota para os exércitos reunidos (cf. 12, 11).

No meio da profecia, o autor do Apocalipse introduz uma exortação à vigilância e à fidelidade (16, 15), semelhante à que deu em 3, 1-3, 18, pois Deus, que sempre pode vencer, prefere convencer, como se percebe no mesmo Salmo 2: «Agora, reis, compreendei bem; deixai-vos instruir, vós que julgais na terra...» (Sl 2, 10).

O mal está em alta. Os males são fruto do pecado, e a cólera de Deus manifesta-se entregando os homens aos desejos do seu coração idólatra (cf. Rm 1, 18-32). À medida que a história da humanidade avança, parece que também cresce a manifestação do pecado, cujos efeitos são as novas pragas que pairam sobre o mundo. «É necessário acrescentar que, no horizonte da civilização contemporânea – especialmente a mais avançada no sentido técnico-científico – os *signos e sinais de morte* tornaram-se particularmente presentes e frequentes. Basta pensar na corrida armamentista e no perigo que ela acarreta, de autodestruição nuclear. Por outro lado, torna-se cada vez mais evidente para todos a grave situação de vastas regiões do planeta marcadas pela miséria e pela fome, que levam à morte. São problemas não só econômicos, mas também e sobretudo éticos. Mas "sinais de morte" ainda mais sombrios surgem no horizonte de nosso tempo; difundiu-se a prática – que em alguns lugares corre o risco de se tornar uma instituição – de tirar a vida de seres humanos antes mesmo de nascer, ou mesmo antes de atingirem a meta natural da morte» (São João Paulo II, *Dominum et vivificantem*, n. 57).

A ação simbólica de derramar a sétima e última taça

no ar (16, 17-21) significa a universalidade de seus efeitos, que atingem toda a terra. O caráter definitivo e irreversível é proclamado pela voz celeste. O fato de essa voz sair do templo e do trono expressa que Deus age movido pelas orações dos santos.

Com a sequência da sétima taça, introduz-se a última cena do livro, na qual são descritas as batalhas finais, a vitória de Cristo e o estabelecimento completo de seu reinado. É apresentado em três quadros: primeiro a prostituta (*porné*) ou Babilônia (cf. 16, 19; 17, 5; 18, 8.10.25), já mencionada anteriormente (cf. 14, 8), e seu julgamento, condenação e destruição pelo fogo (cf. caps. 17-18); no centro, a vitória de Cristo, o Cordeiro, «o Senhor dos senhores e o Rei dos reis» (17, 14), com louvor e descrição das suas batalhas (cf. 19, 20); por fim, o triunfo da noiva (*nynphé*) e esposa do Cordeiro (cf. 19, 7), a Igreja ou Jerusalém celeste (cf. caps. 21-22).

A intervenção de Deus exprime-se através dos fenômenos da tempestade, como na teofania do Sinai (cf. Ex 19, 16) e em passagens anteriores do *Apocalipse* (cf. 4, 5; 8, 5; 11, 9). Agora estes fenômenos surgem exacerbados por um terremoto, acentuando a sua novidade com as palavras do profeta Daniel: nunca existiram em tão grande medida (cf. Dn 12, 1). Desta forma, entende-se que a intervenção de Deus atinge o seu ponto culminante, comovendo-se diante dela a terra e o mar. As enormes pedras de granizo – um talento equivalia a quarenta quilos – recordam a sétima praga no Egito (cf. Ex 9, 24) e representam a natureza do castigo. Acima de tudo, comove-se a grande cidade, Roma, cuja sentença de ruína já foi decretada (16, 19).

Esses acontecimentos são a última chamada para a conversão; chamada inútil, porque os homens, diante desses horrores, em vez de se converterem e se voltarem para Deus, blasfemam seu nome, enraivecidos diante de tais infortúnios (16, 21).

***17, 1-19, 10.** Antes de passar a narrar a derrota da besta, ela é descrita com mais detalhes (17, 1-18), assim como os lamentos que haverá na terra por sua queda (18, 1-24) e os cantos de alegria que haverá no céu (19, 1-10).

17, 1-18. A grande prostituta é a cidade de Roma, descrita como um enigma (v. 9) por meio de imagens que no livro de Isaías haviam sido aplicadas a Tiro e a Nínive (cf. Is 23, 16-17; Na 3, 4). As muitas águas, conforme explicado no v. 15, representam as cidades dominadas pela grande prostituta. Chama-se também Babilônia porque esta cidade é o símbolo das cidades inimigas de Deus (v. 5; cf. Is 21, 9; Jr 51, 1-19) e protótipo da luxúria. A besta, com suas cabeças e chifres (v. 7), designa o Anticristo encarnado nos imperadores que perseguem a Igreja. Deles, o sexto (v. 10), aquele que está vivo quando São João escreve, seria Domiciano (anos 81-96), e os cinco primeiros: Calígula (37-41), Cláudio (41-54), Nero (54-68), Vespasiano (69-79) e Tito (79-81); o sétimo seria Nerva (96-98). A besta constitui o número oito, embora o autor a identifique com um dos sete (v. 11): provavelmente com Nero, que segundo uma lenda da época iria reaparecer. Os dez reis (v. 12) simbolizam aqueles que Roma estabeleceu como reis nas nações conquistadas, permanecendo sob o poder e controle do imperador.

Na imagem da grande meretriz (v. 1) e da poderosa influência que ela exerce, também se viu significada a luxúria. Assim explica a passagem, por exemplo, São João da Cruz: «É digno de nota que diga que *se embriagaram*. Porque, por pouco que se beba do vinho desse gozo, logo arrebata e cativa o coração e faz o mal de obscurecer a razão como aos ávidos de vinho. E é de tal forma que, se logo alguma teriaga não for tomada contra esse veneno a fim de jogá-lo prontamente fora, a vida da alma está em perigo» (*Subida do Monte Carmelo*, 3, 22).

18, 1-24. A queda e ruína de Roma são contempladas de acordo com o uso profético de prever um evento futuro como se já tivesse ocorrido: sua queda é anunciada (vv. 1-3), o Povo de Deus é exortado a distanciar-se dela e das suas depravações, causa dos castigos (vv. 4-8), e são descritos os lamentos daqueles que colaboram com ela (vv. 9-17). Por fim, manifesta-se a alegria de quem sofreu sob o seu jugo e agora contempla a justiça de Deus (v. 20). Entre os pecados que são imputados à grande cidade e que a levaram à ruína está o luxo desenfreado (cf. vv 7.12-14). Situações desse tipo levam à degradação e autodestruição de uma sociedade, como se vê na história das civilizações e nos nossos dias. O desejo de consumismo e posse é, sem dúvida, um dos flagelos do nosso tempo. Já o denunciava Pio XI quando dizia que «a grande doença da Idade Moderna, a principal fonte dos males que todos nós deploramos, é a falta de reflexão, essa efusão contínua e verdadeiramente febril para as coisas exteriores, esse desejo imoderado de riquezas e prazeres que, pouco a pouco, enfraquece os mais nobres ideais nos espíritos e os submerge nas coisas terrenas e transitórias e não lhes permite elevar-se às considerações das coisas eternas» (*Mens nostra*, n. 5).

Em contraste com os lamentos anteriores (vv. 16.10.19), destaca-se no v. 20 um convite à alegria e ao gozo, cuja resposta temos em 19, 1-8, em que se narra como os eleitos cantam alegremente os cânticos de louvor ao Senhor Todo-poderoso. O gesto de lançar a grande pedra ao mar (v. 21) tem caráter de ação profética e vem de Jr 51, 60-64, que assim prediz o colapso total da Babilônia. Como sinal de grande infortúnio, também o encontramos em Lc 17, 2.

19, 1-10. A alegria dos justos quando derrotado o poder que os perseguia se manifesta em louvores que culminam no grito de Aleluia (louvado seja o Senhor) e que cantam, unidos à Igreja celeste, não só a destruição e a superação do mal, mas a plena instauração do Reino de Deus, que é amor e se manifesta num banquete de bodas, nas núpcias já iminentes do Cordeiro. Com estas núpcias, contempladas na perspectiva do fim da história, mostram-se a Igreja de todos os tempos e a tarefa objetiva e cotidiana dos cristãos: preparar o seu vestido de noiva – por meio das boas obras, do louvor e da vida santa – para entrar no banquete de núpcias.

***19, 11-20, 15.** A narração profética, em forma de anúncio, da queda de Roma é seguida pela descrição de Cristo, que se mostra com poder e vence em duas batalhas: a primeira, sobre as bestas e os poderes terrenos que as sustentam (19, 11-21), diminuindo o poder do diabo (20, 1-6); a segunda, encerrando definitivamente o demônio no inferno (20, 7-10). Depois disto virá o juízo universal (20, 11-15).

19, 11-21. A derrota das forças históricas do mal é apresentada na ordem inversa de sua aparição ao longo do livro: na primeira fase, os reis da terra são derrotados (vv. 17-18), e depois a besta e o falso profeta (vv. 20-21; cf. 17, 16-17).

A visão de Cristo glorioso e vitorioso (vv. 11-16) é semelhante à do início do livro: fixando-se nas várias partes do corpo, embora sem seguir um esquema rígido (cf. 1, 5.12-16), identifica-o com o cavaleiro que monta um cavalo branco, mencionado precisamente quando foi aberto o primeiro dos sete selos (cf. 6, 2).

«Ao longo de toda a história da humanidade, está se desenrolando uma árdua batalha contra os poderes das trevas, a qual, já iniciada desde a origem do mundo, durará até o último dia, conforme diz o Senhor. Inserido nesta luta, o homem deve lutar continuamente para aderir ao que é bom, e não sem grandes esforços, com a ajuda da graça de Deus, é capaz de alcançar a unidade em si mesmo» (Concílio Vaticano II, *Gaudium et spes*, n. 37).

A circunstância de ser lançado vivo ao fogo (v. 20) evoca uma das mais dolorosas experiências humanas e indica o horror da situação final dos ímpios. Frustração e vazio eternos acompanham seu afastamento de Deus. O tormento dos sentidos é terrível, mas muito pior é perder Deus. É por isso que São João Crisóstomo afirma: «A dor do inferno é verdadeiramente insuportável. Mas, se alguém fosse capaz de imaginar dez mil infernos, esse sofrimento não seria nada em comparação com a dor produzida por ter perdido o céu e ser rejeitado por Cristo» (*In Matthaeum*, 28).

20, 1-6. Sucumbiram a meretriz – Roma – (18, 1-24) e a besta com o seu falso profeta – os poderes perseguidores – (19, 1-21), mas resta ainda o dragão – Satanás – de quem se fala no cap. 12, e cuja derrota implica o desfecho final do combate ali iniciado. A batalha entre Satanás e Deus é apresentada em dois momentos: no primeiro, o Diabo é dominado e temporariamente privado de seu poder (vv. 1-3); na segunda, é narrado seu último ataque contra a Igreja e seu destino (20, 7-10). Entre esses dois momentos, está o reinado de Cristo e dos seus seguidores por mil anos (vv. 4-6). Na antiguidade, alguns autores cristãos interpretaram a passagem ao pé da letra e entenderam que esse reinado de Cristo se estabeleceria na história antes da chegada do fim do mundo. Outros, entre os quais se destaca Santo Agostinho, entenderam o reinado de mil anos como referência ao tempo que decorre desde a Encarnação do Filho de Deus até a sua vinda, no fim dos séculos – um tempo em que a atividade do demônio é cortada e de certa forma acorrentada. Embora «ele queira fazer o mal, não pode porque este poder está sob outro poder, [...] porque Aquele que dá poder ao tentador também dá a sua misericórdia ao tentado. Ele limitou a permissão do diabo para tentar» (Santo Agostinho, *De Sermone Domini in monte*, 2, 9, 34). «O Reino não se consumará, pois, por um triunfo histórico da Igreja (cf. Ap 13, 8) segundo um progresso ascendente, mas por uma vitória de Deus sobre o último desencadear do mal (cf. Ap 20, 7-10), que fará descer do Céu a sua Esposa (cf. Ap 21, 2-4). O triunfo de Deus sobre a revolta do mal tomará a forma de Juízo (cf. Ap 20, 12), após o último abalo cósmico deste mundo passageiro (cf. 2 Pd 3, 12-13)» (*Catecismo da Igreja Católica*, n. 677).

A primeira ressurreição (v. 6) deve ser entendida de modo espiritual e aplicada ao batismo, que regenera o homem e lhe dá vida nova, libertando-o do pecado e tornando-o filho de Deus. A segunda ressurreição é aquela que acontecerá no fim dos tempos, quando o corpo recobrar a vida e o ser humano gozar para sempre, na alma e no corpo, da bem-aventurança eterna. O resto dos mortos de que se fala aqui são os que não receberam o batismo. Estes também ressuscitarão no último dia para serem julgados de acordo com as suas obras.

20, 7-10. Deus permitirá que a ação diabólica seja especialmente intensa nos últimos dias, "quando os mil anos terminarem" (v. 7). Assim o ensinou também o Senhor, quando predisse para aquele tempo uma tribulação como nunca houvera antes (cf. Mt 24, 21-22); São Paulo, por sua vez, menciona o homem iníquo que virá sentar-se no Templo e proclamar-se Deus (cf. 2 Ts 2, 3-8). Gogue e Magogue simbolizam poderes terríveis e devastadores (cf. Ez 38-39). O lançamento do diabo no tanque de fogo e enxofre representa sua derrota; com ela termina a ação do mal na terra. Lá, junto com a besta e o falso profeta, os ímpios serão eternamente atormentados. Mais uma vez as Sagradas Escrituras ensinam a duração eterna do castigo (cf. Mt 18, 8; 25, 41.46; Mc 9, 43.48). «A doutrina da Igreja afirma a existência do Inferno e a sua eternidade. As almas dos que morrem em estado de pecado mortal descem imediatamente, após a morte, aos infernos, onde sofrem as penas do Inferno, "o fogo eterno". A principal pena do inferno consiste na separação eterna de Deus, o único em Quem o homem pode ter a vida e a felicidade para que foi criado e a que aspira» (*Catecismo da Igreja Católica*, n. 1035).

20, 11-15. Uma vez derrotado o mal e uma vez sua raiz, o diabo, removida do meio, acontecerão a ressurreição e o Juízo Universal. O Juízo é descrito com a imagem dos livros: em alguns são consignados os atos dos homens (cf. Dn 7, 10); em outro especial, os nomes dos predestinados à vida eterna (cf. Dn 12, 1). Com o símbolo dos livros, o *Apocalipse* ensina-nos duas verdades cuja relação permanece sempre no domínio do mistério: a graça da predestinação e a liberdade. A «morte segunda» (v. 14) é a condenação eterna.

Sobre a verdade do Juízo Final, São Paulo VI ensina: «Ele [Cristo] subiu ao Céu e voltará, desta vez com glória, para julgar os vivos e os mortos, cada um segundo os seus méritos: aqueles que responderam ao Amor e à Misericórdia de Deus irão para a vida eterna; aqueles que o rejeitaram até o fim, para o fogo inextinguível [...]. Cremos na vida eterna. Cremos que as almas dos que morrem na graça de Cristo, tanto os que ainda devem ser justificados no Purgatório como os que, desde o momento em que deixam seus corpos, são levados por Jesus ao Paraíso como fez com o Bom Ladrão, constituem o Povo de Deus para além da morte, que será definitivamente derrotada no dia da Ressurreição, quando essas almas reencontrarem os seus corpos» (*Credo do Povo de Deus*, nn. 12 e 28).

21, 1-22, 5. Eliminadas todas as forças do mal, inclusive a morte, o autor contempla agora, como momento culminante do livro, a plena instauração do Reino de Deus: um novo mundo no qual habitará a humanidade renovada – a nova Jerusalém (21, 1- 4; cf. Is 65, 12-25) –, e cuja chegada é garantida pela Palavra do Deus eterno e onipotente (21, 5-8). Essa humanidade – o Povo de Deus – é apresentada como a Esposa do Cordeiro e detalhadamente descrita como uma cidade maravilhosa na qual reinam Deus Pai e Cristo (21, 9-22, 5). A visão é semelhante à do profeta Ezequiel quando contemplava a nova Jerusalém e o futuro Templo (cf. Ez 40, 1-42, 20). Aqui, no entanto, se destaca que a cidade desce do céu, expressando assim que o estabelecimento pleno, e tão almejado, do reino messiânico se fará pelo poder de Deus e segundo a sua vontade.

Em 21, 5-8, fala pela primeira e única vez em todo o *Apocalipse* o próprio Deus, a partir do seu domínio absoluto, a fim de ratificar o que acaba de ser exposto. Ele afirma que está fazendo (no presente) o novo mundo. Com efeito, embora este novo mundo chegue à sua plenitude no último dia, já agora, desde que Jesus Cristo morreu e ressuscitou, começou a renovação final. «O reino da vida começou», ensina São Gregório de Nissa, «e o império da morte foi dissolvido. Surgiu outra geração, outra vida, outra forma de viver, a transformação da nossa própria natureza. De que geração fala? Daquela que não vem do sangue, nem do amor carnal, nem do amor humano, mas de Deus. Perguntas como isso é possível? Explicarei em poucas palavras. Este ser é engendrado pela fé; a regeneração do batismo o faz nascer; a Igreja, como uma enfermeira, cuida dele com sua doutrina e instituições, e o alimenta com seu pão celestial; atinge a meia-idade com a santidade da vida; seu casamento é a união com a Sabedoria; seus filhos, esperança; sua casa, o Reino; sua herança e suas riquezas, as delícias do paraíso; seu desenlace não é a morte, mas a vida eterna e feliz na mansão dos santos» (*Oratio 1 in Christi ressurrectionem*). Como ensina o Concílio Vaticano II, «o Reino já está misteriosamente presente em nossa terra; quando o Senhor vier, sua perfeição será consumada» (*Gaudium et spes*, n. 39).

Os nomes das tribos de Israel e dos Doze Apóstolos (21, 12-14) exprimem a continuidade entre o antigo Povo Eleito e a Igreja de Cristo, e ao mesmo tempo indicam a novidade da Igreja, que se fundamenta nos Doze Apóstolos do Senhor (cf. Ef 2, 20). A disposição das portas (21, 21) simboliza a universalidade da Igreja, à qual todas as pessoas devem atender para alcançar a salvação. Neste sentido, Santo Agostinho ensina que «fora da Igreja Católica tudo se pode encontrar, menos a salvação» (*Sermo ad Caesariensis ecclesiae plebem*, 6). Surpreendentemente, ao contrário da visão de Ezequiel, nela não há Templo (21, 22), pois não haverá necessidade de sinal da morada divina, uma vez que os bem-aventurados verão Deus e o Cordeiro face a face. Se a água da vida é símbolo do Espírito Santo (cf. 21, 6), com razão alguns Padres da Igreja e autores modernos veem nesta passagem um significado trinitário: o Espírito Santo, que procede do Pai e do Filho, é representado pelo rio que nasce do trono de Deus e do Cordeiro.

Esta passagem de *Apocalipse* alimenta a fé e a esperança da Igreja – não só da geração contemporânea de João, mas ao longo de toda a história – enquanto ainda caminha neste mundo. Assim o proclamou o Concílio Vaticano II: «Ignoramos o momento da consumação da terra e da humanidade, e não sabemos como se transformará o universo. Certamente a forma deste mundo, deformada pelo pecado, desaparece, mas somos ensinados que Deus preparou uma nova morada e uma nova terra na qual habita a justiça e cuja bem-aventurança preencherá e superará todos os desejos de paz que se levantam nos corações dos homens. Então, vencida a morte, os filhos de Deus serão ressuscitados em Cristo, e o que foi semeado em fraqueza e corrupção será revestido de incorruptibilidade; e, permanecendo a caridade e suas obras, toda aquela criação que Deus fez por causa do homem será libertada da escravidão da vaidade» (Concílio Vaticano II, *Gaudium et spes*, n. 39).

22, 6-15. A maravilhosa realidade descrita contrasta de tal forma com a situação atual da Igreja peregrina que só é possível vislumbrá-la pela fé nas palavras daqueles que falam em nome de Deus (vv. 6-9). O autor sagrado está ciente de ter escrito da mesma forma que os profetas falaram, inspirados pelo «Deus dos espíritos dos profetas» (v. 6). Por isso, seu escrito se apresenta como «profecia»: uma profecia proferida não como um segredo esotérico, mas para que todos a conheçam – o livro deve permanecer aberto – e para que os ajude a se converter, porque com a redenção de Cristo começou a etapa final. Este é o significado do «devem acontecer dentro de pouco tempo» (v. 6). A passagem é, portanto, uma exortação ao progresso contínuo na santidade (cf. v. 11). «Não merece o nome de bom quem não aspira a ser melhor; e, quando começas a não querer ser melhor, então deixas de ser bom» (São Bernardo, *Epistolae*, 91).

***22, 16-21.** Jesus Cristo ratifica solenemente a autenticidade do conteúdo profético do livro. Mais tarde, é ratificado pela Igreja orante (v. 17) e pelo autor do escrito (vv. 18-19); então, novamente, antes da saudação epistolar, Cristo o confirma (v. 20).

22, 17-21. A Esposa é a Igreja que, em resposta à promessa de Cristo (cf. 22, 12), anseia e implora ardentemente pela vinda do Senhor. A Igreja reza movida pelo Espírito Santo, de modo que as vozes de ambos se fundam no mesmo chamado. Cada cristão é convidado a unir-se a essa mesma oração e a encontrar na Igreja o dom do Espírito, simbolizado na água da Vida (cf. 21, 6), que nos faz saborear antecipadamente os bens do Reino.

O próprio Cristo responde ao apelo da Igreja e do Espírito: «Sim, venho sem demora» (v. 20). A ideia se repete sete vezes ao longo do livro (cf. 2, 16; 3, 11; 16, 15; 22, 7.12.17 e 20), indicando assim a firmeza e a segurança daquela promessa. «Apoiados nesta certeza, retomamos a nossa marcha pelas estradas do mundo, sentindo-nos mais unidos e solidários uns com os outros e, ao mesmo tempo, levando no coração o desejo que se tornou mais ardente de comunicar aos nossos irmãos, ainda envoltos nas sombras da dúvida e do desespero, o "anúncio jubiloso" de que "a resplandecente estrela da manhã" surgiu no horizonte da sua existência (Ap 22, 16): o Redentor do homem, Cristo Senhor» (São João Paulo II, *Homilia*, 18-V-1980).

A esperança cristã não é vã porque está fundamentada na vitória de Cristo e prefigurada na da Mulher: «A vitória sobre o "príncipe deste mundo" (Jo 14, 30) foi alcançada, de uma vez para sempre, na "Hora" em que Jesus livremente Se entregou à morte para nos dar a sua vida. Foi o julgamento deste mundo, e o príncipe deste mundo foi "lançado fora" (Jo 12, 31; Ap 12, 11). "Pôs-se a perseguir a Mulher" (Ap 12, 13), mas não logrou alcançá-la: a nova Eva, "cheia da graça" do Espírito Santo, foi preservada do pecado e da corrupção da morte (Imaculada Conceição e Assunção da Santíssima Mãe de Deus, Maria, sempre Virgem). Então, "furioso contra a Mulher, foi fazer guerra contra o resto da sua descendência" (Ap 12, 17). Eis porque o Espírito e a Igreja rogam: "Vem, Senhor Jesus!" (Ap 22, 17.20), já que a sua vinda nos libertará do Maligno» (*Catecismo da Igreja Católica*, n. 2853).

Direção geral
Renata Ferlin Sugai

Direção de aquisição
Hugo Langone

Produção editorial
Sandro Gomes
Gabriela Haeitmann
Juliana Amato
Sérgio Ramalho
Ronaldo Vasconcelos
Roberto Martins

Revisão
Cristian Clemente

Capa
Douglas Catisti

Projeto gráfico e diagramação
Gabriela Haeitmann

ESTE LIVRO ACABOU DE SE IMPRIMIR
A 13 DE MAIO DE 2024,
EM PAPEL **BOOK CREAMY IMUNE 68** g/m².